Die Welt des Lesens

# Die Welt des Lesens

## Von der Schriftrolle zum Bildschirm

Herausgegeben von

Roger Chartier und Guglielmo Cavallo

Campus Verlag · Frankfurt/New York
Editions de la Maison des Sciences
de l'Homme · Paris

Die Originalausgabe »Storia della lettura nel mondo occidentale« erschien 1995
bei Editori Laterza.


Übersetzungen: Aus dem Englischen von H. Jochen Bußmann (Kapitel 7) und
Ulrich Enderwitz (Kapitel 3, 5, 12); aus dem Französischen von Klaus Jöken (Kapitel 4, 8, 9, 10)
und Bernd Schwibs (Kapitel 1); aus dem Italienischen von Martina Kempter
(Einleitung, Kapitel 2, 6, 13).

Dieses Buch erscheint im Rahmen eines 1985 getroffenen Abkommens zwischen der
Wissenschaftsstiftung Maison des Sciences de l'Homme und dem Campus Verlag.
Das Abkommen beinhaltet die Übersetzung und gemeinsame Publikation deutscher und
französischer geistes- und sozialwissenschaftlicher Werke, die in enger Zusammenarbeit
mit Forschungseinrichtungen beider Länder ausgewählt werden.

Cet ouvrage est publié dans le cadre d'un accord passé en 1985 entre la Fondation de la
Maison des Sciences de l'Homme et le Campus Verlag. Cet accord comprend la traduction et la
publication en commun d'ouvrages allemands et français dans le domaine des sciences sociales et
humaines. Ils seront choisis en collaboration avec des institutions de recherche des deux pays.

Die Deutsche Bibliothek – CIP-Einheitsaufnahme

Die *Welt des Lesens* : von der Schriftrolle zum Bildschirm / hrsg.
von Roger Chartier und Guglielmo Cavallo. [Übers.: Aus dem Engl.
von H. Jochen Bußmann und Ulrich Enderwitz, aus dem Franz. von
Klaus Jöken und Bernd Schwibs, aus dem Ital. von Martina
Kempter]. – Frankfurt/Main ; New York : Campus-Verl. ; Paris : Ed.
de la Fondation Maison des Sciences de l'Homme, 1999
Einheitssacht.: Storia della lettura <dt.>
ISBN 3-593-36079-9


Umschlaggestaltung: Guido Klütsch, Köln
Umschlagmotiv: AKG, Berlin
Satz: TypoForum GmbH, Singhofen
Druck und Bindung: Druckhaus Beltz, Hemsbach
Gedruckt auf säurefreiem und chlorfrei gebleichtem Papier.
Printed in Germany

# Inhalt

# Einleitung

*Guglielmo Cavallo und Roger Chartier*

»Weit davon entfernt, Schreibende zu sein, Gründer einer Heimstatt auf den Erblanden der Sprache, Bauern der Vergangenheit, Bohrer von Brunnen und Erbauer von Häusern, sind Leser Reisende: Sie ziehen wie Nomaden durch fremdes Gebiet, wildern auf Feldern, die nicht ihre Handschrift tragen, und plündern alle Schätze Ägyptens, um sich daran zu erfreuen. Das Schreiben häuft an, lagert ein, widersteht der Zeit durch die Schaffung einer Heimstatt und vermehrt seine Erzeugnisse durch eine auf Expansion bedachte Vervielfältigung. Das Lesen sichert sich nicht ab gegen den Verschleiß durch die Zeit (man vergißt sich und man vergißt es), es bewahrt das Erworbene nicht oder nur schlecht auf, und jeder Ort, an dem es vorbeikommt, ist eine Wiederholung des verlorenen Paradieses.«[1]

Dieser Text von Michel de Certeau trifft eine grundsätzliche Unterscheidung zwischen dem Geschriebenen, gleich welcher Art, das fixiert, dauerhaft und bewahrend ist, und den Lektüren dieses Geschriebenen, die sich stets in der Ordnung des Vorübergehenden, der Pluralität und der Erfindung bewegen. Damit definiert er auch das Projekt dieses von mehreren Händen geschriebenen Buches, das auf zwei grundlegenden Ideen beruht. Die erste besagt, daß ein Text seine Lektüre nicht von vornherein festlegt; vielmehr ist immer ein Unterschied denkbar zwischen dem Sinn, der ihm (vom Autor, dem Verleger, dem Kritiker, der Tradition usw.) beigelegt wird, und der Art, wie seine Leser ihn benutzen und interpretieren können. Die zweite Idee erkennt an, daß ein Text nur existiert, insofern er einen Leser findet, der ihm Bedeutung verleiht:

»Ob es sich nun um die Zeitung oder um Proust handelt, einen Sinn hat der Text nur für seine Leser; mit ihnen verändert er sich; seine Ordnung findet er nach Gesetzen der Wahrnehmung, die ihm selbst fremd sind. Zum Text wird er nur, indem er sich zu der Äußerlichkeit des Lesers in Beziehung setzt, durch ein implikationsreiches und listiges Spiel zwischen zwei miteinander kombinierten Arten von ›Erwartung‹, deren eine einen *lesbaren* Raum (eine Buchstäblichkeit) und deren andere eine für die *Verwirklichung* des Werkes notwendige Methode (eine Lektüre) organisiert.«[2]

Die Aufgabe der Historiker, die an diesem Werk mitgearbeitet haben, bestand daher darin, die verschiedenen, von den westlichen Gesellschaften seit der Antike ausgeprägten Weisen des Lesens in ihrer Unterschiedlichkeit und Eigenart zu rekonstruieren.

Bei einem solchen Vorhaben muß man seine Aufmerksamkeit auf die Art und Weise konzentrieren, wie die Begegnung zwischen der »Welt des Textes« und der »Welt des Lesers« erfolgt, um eine Formulierung von Paul Ricœur aufzugreifen.[3] Will man einen solchen Prozeß in seinen historischen Dimensionen rekonstruieren, muß man zuallererst berücksichtigen, daß die Bedeutungen der Texte von den Formen und den Umständen abhängen, durch die ihre Leser (oder Hörer) sie rezipieren und sich aneignen. Diese Leser setzen sich nie mit abstrakten, idealen, von jeglicher Materialität losgelösten Texten auseinander: Sie befassen sich mit Gegenständen und hören Wörter, die in ihrer Beschaffenheit das Lesen und Hören leiten und dadurch das mögliche Textverständnis formen. Gegen eine rein semantische Definition des Textes – wie sie nicht nur die strukturalistische Kritik in all ihren Varianten, sondern auch die stark um eine Rekonstruktion der Werkrezeption bemühten Literaturtheorien beherrscht hat – muß man sich vor Augen halten, daß die Formen Sinn erzeugen und daß ein Text eine neue Bedeutung und einen neuen Status erhält, wenn die Träger wechseln, die ihn der Lektüre darbieten. Jede Geschichte der Lesepraktiken ist daher zwangsläufig eine Geschichte der geschriebenen Gegenstände und der Lesewörter.

Außerdem muß man sich vor Augen halten, daß das Lesen als Praxis stets in bestimmten Gesten, Räumen und Gewohnheiten Gestalt gewinnt. Im Unterschied zu einem phänomenologischen Ansatz, der von den konkreten Umständen des Lesens absieht und es als anthropologische Invariante betrachtet, muß man die spezifischen Merkmale ermitteln, durch die sich Gemeinschaften von Lesern, Lektüretraditionen und Leseweisen im einzelnen unterscheiden.

Diese Methode setzt die Anerkennung verschiedener Reihen von Unterschieden voraus. Erstens zwischen den Lesekompetenzen. Der grundlegende, jedoch unzureichende Gegensatz zwischen Alphabetisierten und Analphabeten erschöpft nicht die in der Beziehung zum Geschriebenen bestehenden Unterschiede. Nicht alle, die Texte lesen können, lesen sie in derselben Weise, und in jedem Zeitalter gibt es einen großen Abstand zwischen virtuosen und weniger fähigen Lesern. Unterschiede, zweitens, zwischen Lesenormen und -konventionen, die für jede Gemeinschaft von Lesern legitime Verwendungsweisen für das

Buch, Arten des Lesens, Mittel und Verfahren der Interpretation festlegen. Unterschiede schließlich zwischen den stark differierenden Erwartungen und Interessen, die verschiedene Gruppen von Lesern in die Lesepraxis einbringen. Von diesen die Praxis leitenden Festlegungen hängt es ab, wie Texte auf verschiedene Weise gelesen werden können, und zwar von Lesern, die nicht über dieselben intellektuellen Techniken verfügen, die nicht dasselbe Verhältnis zum Geschriebenen haben, die ein und derselben Geste – dem Lesen eines Textes – augenscheinlich weder dieselbe Bedeutung noch denselben Wert beilegen.

Eine große Zeiträume durchmessende Geschichte der Lektüren und der Leser muß sich also mit der Geschichtlichkeit der Gebrauchs-, Verstehens- und Aneignungsweisen der Texte befassen. Sie berücksichtigt die »Welt des Textes« als eine Welt von Gegenständen, Formen und Ritualen, deren Konventionen und Kombinationen die Sinnkonstruktion leiten und bedingen. Andererseits berücksichtigt sie, daß sich die »Welt des Lesers« aus »Interpretationsgemeinschaften« – so der Ausdruck von Stanley Fish[4] – zusammensetzt, denen die einzelnen Leser (und Leserinnen) angehören. In ihrer Beziehung zum Geschriebenen verfügt jede dieser Gemeinschaften über die gleiche Gesamtheit von Kompetenzen, Gewohnheiten, Regeln, Interessen. Von daher rührt eine doppelte Aufmerksamkeit, die alle Beiträge dieses Bandes durchzieht: für die Materialität der Texte einerseits und die Praktiken ihrer Leser andererseits.

»Neue Leser bringen neue Texte hervor, und ihre neuen Bedeutungen sind eine Funktion ihrer neuen Formen.«[5] Sehr scharfsinnig hat Donald F. McKenzie so die doppelte Gesamtheit von Veränderungen benannt – nämlich der Formen des Geschriebenen und der Identität des Publikums –, die jede Geschichte des Lesens berücksichtigen muß, wenn sie die wechselnde und vielfältige Bedeutung von Texten rekonstruieren möchte. Wir haben uns diese Erkenntnis im vorliegenden Buch in verschiedener Weise zunutze gemacht: indem wir die wichtigsten Unterschiede deutlich machen, die auf lange Sicht verschiedene historische Weisen des Lesens gegeneinander abgrenzen; indem wir die Praktiken verschiedener Lesergemeinschaften innerhalb ein und derselben Gesellschaft in ihrer Unterschiedlichkeit beschreiben; indem wir auf den Wandel der Formen und Regeln achten, die gleichzeitig den Status und das Publikum der verschiedenen Textgattungen modifizieren.

Eine solche Perspektive steht zwar deutlich in der historiographischen Tradition, die sich mit der Geschichte des Buches befaßt, hat aber die Tendenz, deren Fragestellungen und Methoden zu verschieben. Die Geschichte des Buches hat sich nämlich lange Zeit darauf konzentriert zu ermitteln, in welchem unterschiedlichen Maß die verschiedenen Gruppen, aus denen sich eine Gesellschaft zusammensetzt, überhaupt Zugang zu Büchern hatten. So gelangte man zu – im übrigen unabdingbaren – Indikatoren, die für die Aufdeckung kultureller Abstände geeignet sind: so etwa der ungleiche Buchbesitz an einem bestimmten Ort zu einer bestimmten Zeit, die auf der jeweiligen Titelzahl beruhende Rangfolge der Bibliotheken oder auch, ausgehend von dem Raum, den die verschiedenen bibliographischen Kategorien beanspruchen, die thematische Charakterisierung der Sammlungen. In dieser Perspektive bedeutet die Untersuchung von Lektürepraktiken vor allem, Zahlenreihen aufzustellen, Schwellenwerte festzusetzen, Statistiken zu errechnen. Im Grunde geht es darum herauszufinden, wie sich soziale Unterschiede in kulturellen Unterschieden niederschlagen.

Ein solcher Ansatz hat zur Anhäufung eines Wissens geführt, ohne welches die anderen Fragestellungen undenkbar gewesen wären – und dieses Buch unmöglich. Trotzdem reicht er nicht aus, um eine Geschichte der Lesepraktiken zu schreiben. Vor allem geht er stillschweigend davon aus, daß die kulturellen Dichotomien zwangsläufig den bereits vorhandenen sozialen Klassifikationen entsprechen. Die Unterschiede zwischen den Praktiken werden also zu vorab konstruierten sozialen Gegensätzen in Beziehung gesetzt, sowohl auf der Ebene grober Unterscheidungen (zwischen Herrschenden und Beherrschten, Eliten und dem gemeinen Volk) als auch feinerer Differenzierungen (beispielsweise zwischen Gesellschaftsgruppen, die durch ihre unterschiedliche soziale, berufliche und ökonomische Lage hierarchisiert werden).

Nun richten sich die kulturellen Differenzierungen aber nicht zwangsläufig nach einem feststehenden gesellschaftlichen Einteilungsraster, das über die ungleiche Verteilung von Gegenständen und die Unterschiedlichkeit von Praktiken entscheidet. Vielmehr muß die Blickrichtung umgekehrt und müssen diejenigen Milieus oder Gemeinschaften ermittelt werden, die ein und dieselbe Beziehung zum Geschriebenen haben. Wenn man auf diese Weise von der Verbreitung von Gegenständen und der Übereinstimmung von Praktiken und nicht von Klassen oder Gruppen ausgeht, erkennt man die Vielfalt der Differenzierungsprinzipien, die kulturelle Abstände anzeigen können: zum Beispiel die Geschlechts-, Generations- oder Religionszugehörigkeit, den Zusammenhalt in einer Gemeinschaft, Traditionen der Erziehung oder bestimmter Körperschaften usw.

In jeder der auf diese Weise identifizierten »Interpretationsgemeinschaften« sind an der Beziehung zum Geschriebenen bestimmte Techniken, Gesten und Seinsweisen beteiligt. Das Lesen ist nicht nur eine abstrakte intellektuelle Verrichtung: Dabei wird der Körper ins Spiel gebracht, schreibt man sich in einen Raum ein, setzt sich zu sich selbst oder zu anderen in Beziehung. Das ist der Grund, weshalb in diesem Buch ein besonderes Augenmerk den heute verschwundenen oder zumindest an den Rand gedrängten Arten des Lesens gilt. Zum Beispiel dem lauten Lesen in seiner doppelten Funktion: um denen das Geschriebene mitzuteilen, die es nicht entziffern können, aber auch, um geschlossene Formen der Geselligkeit zu zementieren, die ebenso vielen Formen des Privaten entsprechen – der Intimität der Familie, der Geselligkeit einer Tischgesellschaft, dem Einverständnis unter Gelehrten. Eine Geschichte des Lesens darf sich nicht auf die Genealogie unserer heutigen Praxis beschränken, leise und mit Hilfe der Augen zu lesen. Sie hat ebenso, und vielleicht vor allem, die Aufgabe, vergessene Gesten und verschwundene Gewohnheiten wiederzufinden. Gewinnbringend erscheint dies, weil auf diese Weise nicht nur die Ferne und Fremdheit einstmals alltäglicher Praktiken erkennbar wird, sondern auch der ursprüngliche und spezifische Status der Texte, die eigentlich für andere Lektüren als die der heutigen Leser verfaßt worden sind. In der Welt der Antike, im Mittelalter, aber auch noch im 16. und 17. Jahrhundert ist die implizit angelegte wie auch die tatsächlich durchgeführte Lektüre zahlreicher Texte eine »Vermündlichung«, und ihre »Leser« sind Zuhörer einer vorlesenden Stimme. An Auge und Ohr gleichermaßen gerichtet, spielt der Text mit Formen und Formeln, die das Geschriebene den Erfordernissen der mündlichen Performance anpassen.

»Was immer Autoren auch tun mögen, Bücher schreiben sie keine. Bücher werden gar nicht geschrieben. Sie werden hergestellt – von Schreibern und anderen Kunsthandwerkern, Arbeitern und anderen Technikern, Druckerpressen und anderen Maschinen.«[6]

Entgegen der von der Literatur selbst in die Welt gesetzten und von der zumeist quantitativ argumentierenden Geschichte des Buchs wiederaufgegriffenen Vorstellung, wonach der Text »an sich«, losgelöst von jeder Materialität, existiert, muß man daran erinnern, daß es keinen Text gibt ohne den Träger, der ihn der Lektüre (oder dem Gehör) zugänglich macht, und ohne die Umstände, unter denen er gelesen (oder gehört) wird. Autoren schreiben keine Bücher: Sie schreiben Texte, die zu geschriebenen – handgeschriebenen, gravierten, gedruckten und heute computerisierten – Objekten werden und von leibhaftigen Lesern, deren Leseweisen je nach Zeit, Ort und Kontext wechseln, unterschiedlich gehandhabt werden.

Diesen allzuoft vergessenen Prozeß haben wir in den Mittelpunkt unseres Werks gerückt. Es ist bestrebt, in jedem der untersuchten Zeitabschnitte die grundlegenden Veränderungen aufzuspüren, durch die sich die Lektürepraktiken und, darüber hinaus, die Beziehungen zum Geschriebenen in der abendländischen Welt gewandelt haben. Daher rührt der zugleich chronologische und thematische Aufbau unseres Bandes, der sich in dreizehn Kapitel gliedert, die von der Erfindung des leisen Lesens im alten Griechenland bis zu den neuen, durch die elektronische Revolution unserer Gegenwart ermöglichten und zugleich erzwungenen neuen Praktiken reichen.

## Die griechische und hellenistische Welt: Die Unterschiedlichkeit der Praktiken

»Ist sie aber einmal geschrieben, so treibt sich eine jede Rede *(lógos)* überall umher *(kylindeĩtai)*, bei denen, die sie verstehen, ganz ebenso wie bei denen, für die sie sich nicht ziemt, und sie weiß nicht, zu wem sie reden soll und zu wem nicht.« In dieser Überlegung, die Platon im

*Phaidros* dem Sokrates in den Mund legt, dreht sich alles um das Verb *kylíndo* (»rollen«), das sich wirkungsvoll auf das Buch in Rollenform bezieht, welches sich auf seinem Weg zu den Lesern metaphorisch in alle Richtungen »rollt«, während sein »Reden« *(légein)* sich nur auf die mündliche, laute Lektüre beziehen kann (die daher von jetzt an besser als »stimmliches Lesen« bezeichnet wird). Platon fährt fort: »Wird sie aber beleidigt *(plemmeloúmenos)* oder ungerecht geschmäht, so bedarf sie stets der Hilfe ihres Vaters. Denn allein vermag sie sich nicht zu wehren noch sich zu helfen.«[7] Das Verb *plemmeléo* (wörtlich: »bei der Aufführung von Musik falsch klingen«), das Platon in diesem Satz verwendet, deutet seinerseits eine Lektüre an, bei der das stimmliche Lesen, wenn es »falsch klingt«, das heißt nicht mit der Absicht des Autors übereinstimmt, die schriftliche Rede entstellen und deshalb beleidigen kann.

Direkt oder indirekt wirft die Platonstelle noch weitere wesentliche Fragen für die Geschichte des Lesens in der klassischen griechischen Welt auf. Vor allem sollte man über die Beziehung zwischen den Kommunikationssystemen nicht nur in Begriffen von Mündlichkeit/Schriftlichkeit nachdenken, sondern auch innerhalb der Mündlichkeit selbst differenzieren, da diese sich verschieden darstellt, je nachdem, ob es sich um eine bloß gesprochene Rede oder um die stimmliche Wiedergabe von etwas Schriftlichem durch einen einzelnen Leser handelt. Die gesprochene Rede – die Platon als dem Erkenntnisprozeß dienliche »Rede der Wahrheit« versteht – wählt sich ihre Dialogpartner aus, deren Reaktionen sie beobachten, deren Fragen sie klären, deren Angriffe sie parieren kann. Die geschriebene Rede hingegen ist wie ein Bild: Wenn man eine Frage an es richtet, antwortet es nicht, es wiederholt sich nur *ad infinitum* selbst. Auf einem stofflich greifbaren, leblosen Träger verbreitet, weiß das Geschriebene nicht, an wen es sich wenden soll, wo es verstanden wird und wen es nicht ansprechen darf, wo es nur auf Unverständnis stoßen kann, kurz, es weiß nicht, wer ihm bei seiner unkontrollierten Verbreitung das Instrument der Stimme zur Verfügung stellen und wer ihm durch die Lektüre einen Sinn abgewinnen wird. Jede Lektüre stellt also eine andere Interpretation des Textes dar, die direkt vom Leser bestimmt wird. Positiv ausgedrückt, genießt das Buch – trotz Platons Vorbehalten – die Freiheit, sich in jede Richtung zu »rollen«, und erlaubt eine freie Lektüre, eine freie Interpretation und einen freien Gebrauch des Textes.

Diese Neuheit des Buches, das einen geschriebenen, zum Lesen bestimmten *lógos* transportiert, hat noch andere Folgen. Zu dieser Zeit nämlich beginnt sich die Kluft – deren Entstehung in Griechenland zwischen dem 6. und späten 5. Jahrhundert v. Chr. angesetzt wird – zwischen einer schwachen Präsenz des Buches und einer im Gegensatz dazu recht weit verbreiteten Lese- und Schreibfähigkeit (vielleicht waren sogar die unteren urbanen Schichten in der Lage, öffentliche oder private Inschriften zu lesen) allmählich zu schließen. In einem tieferen Sinn rührte diese Kluft an die Funktion, die die Schrift in dieser Zeit hatte, stellten doch für die öffentliche Lektüre bestimmte Inschriften und vor allem die formelle Art ihrer Veröffentlichung und die Typenvielfalt ihrer Botschaften seit der Errichtung der athenischen Demokratie (508/507 v. Chr.) eines von deren charakteristischen Kennzeichen dar.

Wenn die Schrift, wie Jesper Svenbro schreibt, in den Dienst der mündlichen Kultur gestellt wird, um zur Produktion von Klang, von wirkungsvollen Worten und hallendem Ruhm beizutragen, betrifft diese Funktion die Schriftproduktion in der Phase der »Auralität« (mündlichen Veröffentlichung) der griechischen Literatur: Es handelt sich vor allem um Epik oder im weiteren Sinn um Werke in Versen; und zu dieser Kategorie dürfen auch Inschriften oder auf Gegenstände geschriebene Kleinsttexte gezählt werden. Doch die Funktion der Schrift und insbesondere des Buches war noch eine andere, und zwar die der Aufbewahrung des Textes. Das alte Griechenland hatte ein klares Bewußtsein davon, daß die Schrift »erfunden« worden war, um Texte festzuhalten und sie so wieder in Erinnerung zu rufen, sie praktisch zu konservieren. In dieser Hinsicht erweisen sich antike Zeugnisse zu dichterischen oder philosophisch-wissenschaftlichen Werken, die in Tempeln geweiht und aufbewahrt wurden, als zuverlässig. Gleiches gilt für den Gebrauch der *sphregís* (»Autorensiegel«), die die Authentizität des Textes eines Werks beglaubigen sollte und sich deshalb nur in der Perspektive eines Buches rechtfertigt, das den geschriebenen Text eher konservieren denn zum Klingen bringen soll (auch wenn Formen des lauten öffentlichen Vorlesens, möglicherweise durch den Autor selbst, nicht ausgeschlossen sind).

Das späte 5. Jahrhundert v. Chr. markiert offenbar die Grenzlinie zwischen einem Buch, das fast nur der Festlegung und Konservierung von Texten dient, und einem Buch, das für die Lektüre bestimmt ist.[8] Die attische Vasenmalerei dieser Zeit dokumentiert den Übergang von Szenen, die Bücher als Schulbücher, auf einer gewissen Ebene also zu Ausbildungszwecken, zeigen, zu regelrechten Leseszenen, in denen zunächst ausschließlich männliche, bald aber auch weibliche Figuren von Lesern auftauchen. Diese Figuren treten nicht isoliert auf, sondern erscheinen in repräsentativen Unterhaltungs- und Konversationszusammenhängen – ein Zeichen dafür, daß die Lesepraxis vor allem als Gelegenheit zum sozialen (oder geselligen) Leben begriffen wurde. Die ganz individuelle Lektüre ist zwar nicht unbekannt, erweist sich aber doch als selten, zumindest, wenn man nach den wenigen – ja äußerst seltenen – überlieferten Bild- oder Schriftzeugnissen urteilt.

Eine weitere Frage ist mit den Arten des lauten Lesens verbunden, das in der Antike durchgängig am stärksten verbreitet war. Man hat hervorgehoben, daß es auf der Notwendigkeit beruhte, dem Leser den Sinn einer ohne den Stimmklang gleichförmigen und leblosen *scriptio continua* verständlich zu machen. Dennoch ist seit sehr alter Zeit auch ein stilles Lesen bezeugt.[9] Einerseits muß man sich fragen, inwieweit sich die beiden Praktiken zum Zweck der Lektüre einer *scriptio continua* unterscheiden, und andererseits, ob es die beiden Praktiken nicht immer schon gleichzeitig gab und sie vielleicht nur von der jeweiligen Lesesituation abhingen.

Die ersten Zeugnisse bei Euripides und Aristophanes, die ein stilles Lesen belegen, gehen auf das 5. Jahrhundert v. Chr. zurück und beziehen sich auf andere Objekte als das Buch (eine Nachricht auf einer Schreibtafel und ein Orakelspruch). Es handelt sich um sichere Belege, doch kann man sich fragen, ob es zu jener Zeit in manchen Situationen nicht auch schon eine stille Buchlektüre gab. »Als ich an Bord des Schiffes für mich selbst die *Andromeda* [von Euripides, aufgeführt im Jahr 413] las«, bekennt Dionysos in den *Fröschen* von Aristophanes (V. 52–53); und der Protagonist in einem Fragment aus dem *Phaon* des Komödiendichters Platon von Athen (Fragm. 173, 1–5 Kock), ungefähr ein Zeitgenosse von Aristophanes, ruft aus: »dieses Buch möchte ich für mich selbst in der Einsamkeit lesen *(dieltheĩn)*«, während er dann, abgelenkt durch die Einmischung eines neugierig gewordenen Gesprächspartners, auf dessen Bitten hin das Buch, eine Abhandlung über die Kochkunst, laut vorzulesen beginnt. Es ist nicht auszuschließen, daß der Ausdruck *pròs emautón* (»für mich selbst«) in diesen Fällen auf eine nicht nur individuelle, sondern auch lautlose Lektüre hinweist, auf eine ganz und gar verinnerlichte und deshalb nur an den Leser selbst gerichtete Lesestimme.

Noch eine andere Dimension der Lektüre gilt es hier zu erfassen: Offensichtlich waren im alten Griechenland Reiselektüren und mithin, in einem gewissen Sinne, Lektüren »zur Unterhaltung« außerhalb beruflicher Verpflichtungen nicht unbekannt, auch wenn Dionysos als eng mit der Dramenkunst verbundener Gott praktisch mit einer Lektüre befaßt ist, die zu seinem »Beruf« gehört. Diese Frage ist jedoch umfassender und betrifft das Problem der Leserschichten und der Ausdehnung der Lesepraktiken von dem Augenblick an, in dem sich Bücher zu verbreiten beginnen. Bei den in Platons Dialogen behandelten geschriebenen *lógoi* handelte es sich gewöhnlich um jene philosophischen Texte, die in den Kreisen der Akademie zirkulierten.[10] Tatsächlich sind die ersten bekannten Büchersammlungen, auch die privaten, professioneller Art, und als solche hat man beispielsweise auch jene des Euripides und Aristoteles anzusehen.

Gleichwohl entstand in derselben Zeit auch ein anderes Modell privater Büchersammlungen. »Möchtest du vielleicht Rhapsode werden?« fragt Sokrates den Euthydemos und fügt hinzu: »Es heißt nämlich, du besitzest den ganzen Homer.« (Xenophon, *Memorabilia* IV, 2, 8–10) Euthydemos möchte nicht Rhapsode werden, doch Sokrates' Frage ist in anderer Hinsicht aufschlußreich: Was dieser von Xenophon berichtete Dialog nämlich deutlich macht, ist der für Sokrates selbstverständliche Zusammenhang zwischen dem Besitz gewisser Schriften *(grámmata)* und der Ausübung eines bestimmten Berufes oder Faches, von der Medizin zur Astrologie, von der Architektur und der Geometrie bis hin zur Rhapsodendichtung. Doch Euthydemos, der diese obligatorische Verknüpfung ablehnt, möchte sich nur möglichst viele Bücher zur Lektüre beschaffen, das heißt eine nicht nur professionelle Bibliothek. Andere Zeugnisse scheinen noch weiter zu gehen. Im *Erechtheus* von Euripides können sich die Verse »die Lanze möge ruhen (...), und ich, da der thrakische Schild hängt (...), kann die Stimme der Tafeln erklingen lassen, aus denen die Weisen Ruhm schöpfen« (Fragm. 60 Austin) nur auf ein – lautes – Lesen (wenn auch von Tafeln und nicht einer Schriftrolle) außerhalb jedes professionellen Zusammenhangs beziehen. Das Buch über die Kochkunst, von dem bei dem Komödiendichter Platon die Rede ist, zeigt andererseits, daß es bereits zu jener Zeit – das heißt zu Anfang des 4. Jahrhunderts v. Chr. – bestimmte »Gebrauchslektüren« gab.

Im Fragment des *Phaon* werden mehrere Lesetechniken zur Sprache gebracht.[11] Das Verbum *diérchomai* (Infinitiv des Aorists: *dieltheĩn*), das der Komödienschriftsteller hier verwendet, bezeichnet das Lesen mit höchster Aufmerksamkeit, ein »Durchgehen« des Textes in jedem Detail, im Widerspruch – was die komische Wirkung erzielen soll – zur Banalität des Buches, das der Protagonist lesen möchte: eine bescheidene kulinarische Abhandlung. Die Vielfalt der Verben, die im Griechischen zur Bezeichnung des »Lesens« benutzt werden, enthält, zumindest in der ersten Phase ihrer semantischen Bestimmung, verschiedene Bedeutungen oder Bedeutungsnuancen. Verben wie *némein* oder seine Komposita *(ananémein, epinémein)* bezeichnen das Lesen hauptsächlich im Sinn des »Verteilens«, das heißt des Verbreitens des Inhalts der Schrift, was aus eben diesem Grund eine laute Lektüre impliziert; *anagignóskein* fokussiert das Lesen auf den Moment des »Wiedererkennens«, des »Entzifferns« der Buchstaben und ihrer Abfolge in Silben, Wörtern und Sätzen, eines »Wiedererkennens«, dem adverbiale Bestimmungen verschiedene Niveaus zuweisen: *tachéos* (»schnell«), *bradéos* (»mühsam«), *ortós* (»richtig«), *katà syllabén* (»Silbe um Silbe«); während Verben, die spezielle räumliche Metaphern benutzen, *diérchomai* und *diéxseimi* (»durchgehen«) sich auf einen »durchschrittenen«, aufmerksam »von Anfang bis Ende durchquerten« und deshalb gründlich gelesenen Text beziehen.

In der Antike scheint ein Übergang stattzufinden von einer Lektürepraxis im Sinne der »Verbreitung eines Textes« durch wenige Schreib- und Lesekundige an viele Analphabeten zu einer breiteren Lektüre im Sinne eines direkten, auf einem gewissen Niveau sich bewegenden »Wiedererkennens« der Buchstaben bis hin – zwischen dem 5. und 6. Jahrhundert v. Chr. – zu einem Lesen, das den Text aufmerksam »durchgeht«, also betrachtet, untersucht, auslotet. Ein Zeugnis von Isokrates *(Panathenaikos* 246) läßt keinen Zweifel an der semantischen Unterscheidung *anagignóskein/diéxeimi:* Dort stellt der Redner denjenigen, die eine Rede »oberflächlich lesen«, diejenigen gegenüber, »die sie hingegen ganz und aufmerksam durchgehen«. Im selben Kontext taucht mit dem Gebrauch des Verbums *patéo* im Medium erstmals das Bild des ständig »benutzten« (wörtlich: »zertretenen«), also mehrmals gelesenen Buches auf. Handelt es sich dabei um eine Form intensiver Lektüre?

Auf jeden Fall zeigt all dies, daß das alte Griechenland verschiedene Lektürepraktiken kannte, die mit unterschiedlichen Kompetenzen und Funktionen verbunden waren, wie dem breiten Spektrum der in der Sprache dokumentierten Ausdrucksmöglichkeiten zu entnehmen ist, auch wenn in späterer Zeit manche ursprünglich unterschiedlichen Verbbedeutungen synonym benutzt wurden oder nicht immer wahrnehmbare Bedeutungsnuancen erhielten.

Es ist schwer zu sagen, ob der neue und vermehrte Umgang mit der Schriftkultur in hellenistischer Zeit – erkennbar vor allem an der Hervorbringung und Benutzung großer Mengen von Dokumenten – über eine umfassendere Bildung und also einen ausgedehnteren schulischen Unterricht hinaus auch zu einer stärkeren Verbreitung von Lesegewohnheiten beigetragen hat. Man kann beobachten – ohne dem jedoch allzuviel Bedeutung beizumessen –, daß in den Schriftstücken des einen oder anderen Verwaltungsbeamten gelehrte Lektüren – Kallimachos oder Poseidippos – ihre Spuren hinterlassen haben.

Zu unterstreichen ist jedoch, daß das Buch in hellenistischer Zeit bereits eine wesentliche Rolle spielt, auch wenn Formen der Oralität weiterbestehen. Die Literatur jener Zeit hängt bereits ganz von Schrift und Lektüre ab: Komposition, Verbreitung und Erhaltung der Werke sind diesen Instrumenten anvertraut. Die alexandrinische Philologie überführt sogar, indem sie Texte zuschreibt, überprüft, transkribiert und kommentiert, eine ganze, ursprünglich nicht für das Buch bestimmte Literatur einer früheren Zeit in Buchform, wenn auch lediglich für ein gelehrtes Lesepublikum.[12] Mit der alexandrinischen Philologie setzt sich also die Auffassung durch, daß der Text ein geschriebener Text ist und daß dieser Text rezipiert werden kann mit Hilfe von Lektüren, die dank dem Buch erhalten bleiben. Die Bibliothek von Alexandria, der Archetyp der großen hellenistischen Bibliotheken[13], ist eine zugleich »universelle« und »rationale« Bibliothek: universell, weil sie die Bücher aller Zeiten und der ganzen bekannten Welt aufbewahren sollte, und rational, weil in ihr die Bücher in eine Ordnung gebracht werden mußten, in ein Klassifikationssystem (man denke an die *Pinakes* des Kallimachos), das es erlauben sollte, sie nach Verfassern, Werken und Inhalten zu ordnen. Doch »Universalität« wie auch »Rationalität« konnten nur direkt aus einer Schrift erwachsen, die man kritisch bewerten, abschreiben, in ein Buch fassen, zusammen mit anderen Büchern klassifizieren und ordnen konnte.

In dieser Perspektive bilden sich sowohl für die Texte der Vergangenheit als auch für die neuen langsam eine genauere Strukturierung in *volumina*/Schriftrollen sowie die äußerlichen Merkmale des *volumen* selbst heraus. Nachdem dessen Standardmaß innerhalb einer bestimmten Schwankungsbreite in Höhe und Länge des Formats festgelegt ist, enthält jede Schriftrolle normalerweise einen unabhängigen Text – wobei anzumerken ist, daß der Textumfang in enger Beziehung zum literarischen Genre und zur Struktur des Werks steht – oder nur ein Buch einer aus mehreren Büchern bestehenden Schrift. Ausnahmen stellen sehr umfassende Texte/Bücher dar, die in zwei Schriftrollen/Teilbände unterteilt sind, oder auch sehr kurze Texte/Bücher, die zu einer einzigen Schriftrolle zusammengefaßt werden. Ebenso bilden sich eine Spaltenanordnung der Schrift, Betitelungssysteme und eine Reihe von Vorrichtungen heraus (Zeichen für *parágraphos*, Koronides), die Texte und Textabschnitte unterteilen. Diese Neuordnung der Schriftproduktion und technisch-bibliothekarische Disziplin kommen einerseits der Schaffung großer Bibliotheken, andererseits erneuerten Lesepraktiken entgegen.

Die großen hellenistischen Bibliotheken waren jedoch keine Bibliotheken für die Lektüre. Einerseits waren sie Machtbekundung der herrschenden Dynastien (Ptolemäer, Attaliden), andererseits Arbeitsfeld und -mittel für einen Kreis von Gelehrten und Literaten. Auch wenn sie technisch also für die Lektüre prädestiniert waren, wurden die Bücher doch eher angehäuft als gelesen. Für die hellenistischen Bibliotheken bleiben weiterhin die Buchsammlungen der wissenschaftlich-philosophischen Schulen, die einer sehr begrenzten Anzahl von Lehrern, Schülern und Anhängern vorbehalten waren, als Bezugsmodell wirksam.

Von den großen Bibliotheken, deren Ruf uns die Quellen überliefern, einmal abgesehen, sind uns nur wenige andere öffentliche Bibliotheken aus hellenistischer Zeit bekannt. Wenn mittlerweile auch bezweifelt wird, daß die Gymnasien Bibliotheken in eigens dafür errichteten Räumlichkeiten hatten,[14] muß man – auf archäologischen Grundlagen verschiedenster Art – doch zugeben, daß in mehreren Städten der hellenistischen Welt Bibliotheken eingerichtet wurden. Man muß sich aber fragen: mit welcher Funktion? Und wie viele Menschen konnten sie tatsächlich besuchen? Das Publikum, das, so klein es auch war, zu lesen vermochte, scheint seiner Lektüre eher im Privaten nachgegangen zu sein. Aus den mehr oder weniger umfänglichen griechisch-ägyptischen Schriftrollenfragmenten ergibt sich das traditionelle Repertoire, bestehend zum Großteil aus Texten der klassischen Zeit. In der hellenistischen Periode läßt sich auch eine Blüte technischer Lehrbuchliteratur beobachten, etwa von Texten philologischer und literarischer Kritik oder von Abhandlungen zur rein praktischen Verwendung (militärische Taktik, Landwirtschaft). Doch im letztgenannten Fall handelt es sich vielleicht eher um Texte für den professionellen Gebrauch als um solche für ein größeres Publikum. Die Plastik und die Grabkunst der Zeit zeigen immer häufiger Darstellungen von Lesern; doch anders als in klassischer Zeit hat man es hier fast immer mit individuellen Lektüren zu tun, so als ob sich eine intimere, privatere Beziehung zum Buch hergestellt hätte. Von der Lektüre als einem Moment des gesellschaftlichen Lebens der *pólis* hat ein Übergang stattgefunden zum Lesen als einem Rückzug auf sich selbst, als Erforschung des Inneren, worin sich übrigens auch kulturelle Einstellungen und Gedankenströmungen der hellenistischen Kultur widerspiegeln.

Gegenüber der vorausgehenden Epoche fehlen gleichwohl nicht die Anzeichen, daß das Lesen etwas breiteren Raum einnimmt. Außerhalb der institutionellen Gelehrtenkreise wird die neue Rolle des Buchs in jener Zeit unterstrichen durch die Abfassung von Epigrammen zur Widmung und editorischen Präsentation, in denen das Buch zum Gegenstand einer Anrede wird oder sogar »spricht«. Das laute Vorlesen läßt das Buch »belebt« erscheinen, so wie es seit archaischer Zeit andere mit Inschriften versehene Objekte (Grabstelen, Gegenstände des persönlichen Gebrauchs) »belebt« erscheinen ließ, ein Zeichen dafür, daß

Geschriebenes nun stärker in Buchform rezipiert wird. Auf jeden Fall bringt das Buch eine ihm eigene Persönlichkeit in das Spiel der Beziehungen zu seinen Lesern ein, zu allen, die sich ihm zuwenden und ihm ihre Stimme »leihen«. Das Motiv des »belebten« Buches sollte später bei den lateinischen Autoren der Kaiserzeit, in der Epoche der stärksten Verbreitung des Lesens, großen Erfolg haben.[15]

Der Autor schafft zur selben Zeit auch noch in anderer Hinsicht eine engere Beziehung zwischen Buch und Leser, indem er den Zugang zum Text, vor allem zum schwierigen und in mehrere Bücher untergliederten Text, erleichtert: Polybios schreibt zum 11. Buch seiner *Historien* ein Vorwort, weil es »die Aufmerksamkeit derer auf sich zieht, die lesen wollen, die Leser anregt und ermuntert und einem bequem zu finden erlaubt, was man sucht« (XI, 1a, 2). Die Historiker schicken im allgemeinen jedem einzelnen Teil ihres Werks eine Zusammenfassung voraus, um das Lesen und Auffinden von Stellen zu vereinfachen. Diese Praxis wird später weitergeführt und findet sich auch bei lateinischen Autoren wie Ovid, der in seine Werke Querverweise einfügt, um zwischen Phasen der Veröffentlichung oder Argumenten Verbindungen zu schaffen, oder Plinius, der am Anfang seiner *Naturalis historia* nach der Widmung an Titus für die sechsunddreißig folgenden Bücher Zusammenfassungen gibt, die Buch für Buch durchnumeriert sind und Hinweise auf die jeweiligen Quellen enthalten.

Es ist kein Zufall, daß in hellenistischer Zeit – auf Spuren, die bis zu den Sophisten und Aristoteles zurückgehen – vor allem durch Dionysios Thrax eine regelrechte Theorie des Lesens definiert wird, vermittelt durch Rhetoriklehrbücher und Grammatikabhandlungen mit sehr detaillierten Vorschriften, welche der Gestaltung des stimmlichen Ausdrucks beim Lesen dienen sollen.[16] Ohne die Kunst des Lesens ist das Geschriebene dazu verurteilt, eine Reihe unverständlicher Spuren auf dem Papyrus zu bleiben. Jede individuelle oder im Beisein von Hörern vorgenommene *anágnosis* – »Lektüre« – muß eine *hypókrisis* sein, eine stimmliche und gestische »Interpretation«, die sich weitmöglichst darum bemüht, die literarische Gattung und die Absichten des Autors zu vermitteln; andernfalls kann sich der Leser nur lächerlich machen. Die Theorie der Lektüre leitete sich tatsächlich aus der *actio* der Redekunst ab, die ihrerseits mit der Theaterpraxis zusammenhing. Deshalb suchten die Alten nach einer hermeneutischen Methode, die imstande sein sollte, die vom Text selbst gebotenen Indizien zu erfassen, um sie in eine korrekte Lektüre überführen zu können.

## Modalitäten des Lesens in Rom: Neue Texte und neue Bücher

Es steht außer Zweifel, daß Rom von der griechischen Welt die physischen Gestaltungsprinzipien des literarischen *volumen* und manche Lektürepraktiken übernahm, zumindest seit der Zeit der Scipionen und vor allem im Laufe des 2. Jahrhunderts v. Chr. Vor dieser Zeit muß man den Umgang mit der Schriftkultur in der römischen Welt im wesentlichen auf die Priesterkaste und die Schicht der Patrizier beschränkt sehen, und deshalb dürfte es außer den von den Priestern verfaßten *annales maximi*, den *commentarii augurum*, das heißt den Büchern der Deuter, und den *libri Sybillini* sowie wenigen anderen in *loca secreta* aufbewahrten *libri reconditi* kaum Bücher gegeben haben. Was die Adelsschicht angeht, so sind in diesem Bereich eher Archivdokumente als Bücher bezeugt, etwa *commentarii* zu den bekleideten Ämtern und *laudationes* auf Verstorbene. Man darf also von einer Lesepraxis ausgehen, die über öffentlich zugänglich gemachte Inschriften oder Dokumente wahrscheinlich nicht hinausging. Vom 3. bis 2. Jahrhundert v. Chr. an wird in einer nun im Wandel begriffenen Gesellschaft vom Buch aber ganz offensichtlich ein umfassenderer und differenzierterer Gebrauch gemacht. Doch handelt es sich dabei weitgehend um griechische Bücher, wie etwa jene, die die Komödienschreiber benutzten, um daraus Inspiration und Scherze zu ziehen, also zu professionellen Zwecken. Sogar die Entstehung einer lateinischen Literatur ist zu dieser Zeit an griechische Vorbilder und daher Bücher gebunden.

Zunächst ist die Praxis des Bücherlesens auf die oberen Schichten beschränkt und ganz privat. Im 2. und 1. Jahrhundert v. Chr. kommen griechische Bücher als Kriegsbeute an: Im Jahr 168 bringt Aemilius Paullus Bücher aus Mazedonien mit, im Jahr 86 Sulla aus Athen, in den Jahren 71/70 Lucullus vom Pontus. Aufbewahrt in den Wohnhäusern ihrer Eroberer, bilden diese Bücher bald private Lesebibliotheken, in denen und um die herum sich der kleine Kreis der Gebildeten trifft: Polybios erinnert sich der Jahre seiner Freundschaft mit Scipio Aemilianus und Aemilius Paullus und bringt sie mit Buchausleihen und Gesprächen in Verbindung, die durch diese Ausleihen angeregt wurden; später macht sich Cicero die Bibliothek des Faustus Sulla zunutze, des Sohns des Diktators, und Cato Uticensis versenkt sich in der Bibliothek, die der junge Lucullus von seinem Vater geerbt hat, in die Lektüre der Stoiker. Die nach hellenistischem Vorbild errichtete römische Bibliothek ist mit einem Garten und Säulengängen verbunden, doch als exklusiver und reservierter Raum schickt sie sich an, zu einem »Lebensraum« zu werden.

Die Kaiserzeit markiert bei den Lektürepraktiken einen neuen Wendepunkt, der vor allem damit zu tun hat, daß die Alphabetisierung zunimmt. Die nunmehr griechisch-römische Welt ist – wenn auch mit Unterschieden zwischen den einzelnen Perioden, zwischen Zentrum und Provinzen, einer Gegend und der anderen und innerhalb ein und derselben Gegend zwischen Stadt und Land und den Städten untereinander – eine Welt mit einer stark zirkulierenden Schriftkultur. Neben Inschriften verschiedenster Art – von öffentlichen Epigraphen bis hin zu Graffiti – ist eine große Zahl schriftlicher Erzeugnisse in Umlauf: Schilder, bei Umzügen in die Höhe gereckt und auf Votivgaben oder siegreiche Feldzüge bezogen, Heftchen oder Flugblätter in Versen oder Prosa, zu polemischen oder verleumderischen Zwecken an öffentlichen Orten verteilt, Münzen mit Legenden, beschriebene Stoffe, Kalender, Beschwerdeschriften, Briefe, Nachrichten. Zu berücksichtigen sind außerdem die zivilen und militärischen Urkunden sowie Schriftstücke aus der Rechtsprechungspraxis. Es handelt sich um eine immense Produktion von Schriftlichem, auch wenn sie sich nur zum geringsten Teil direkt oder indirekt belegen läßt.

Vor diesem Hintergrund einer verbreiteteren Lesefähigkeit und daher auch Zirkulation von Schriftstücken steigt die Nachfrage nach Büchern und Lesestoff, die auf dreierlei Weise befriedigt wird: durch die Schaffung öffentlicher und die Zunahme privater Bibliotheken sowie die damit einhergehende Blüte von Abhandlungen, die den Leser bei der Auswahl und beim Einkauf von Büchern anleiten sollen; das Angebot neuer (oder umgearbeiteter) Texte für neue Leserschichten; die Herstellung und Verbreitung eines anderen Buchtyps, des Kodex, der den Ansprüchen der neuen Leserschichten und den Erfordernissen veränderter Lesepraktiken besser entspricht.

Über die Funktion der öffentlichen Bibliotheken in Rom als Orte der Lektüre ist nur wenig bekannt. Mit Sicherheit waren sie keine reservierten Bibliotheken wie die hellenistischen; eher muß man von »Bildungsbibliotheken« sprechen, in dem Sinne, daß sie jedem offenstanden, der Zugang suchte. Tatsächlich handelte es dabei um ein Lesepublikum der Mittel- bis Oberschicht, demselben, das – jedenfalls zumeist – auch über Privatbibliotheken verfügte. Aus diesem Grund kann ihre Zunahme nur bis zu einem gewissen Grad mit bestimmten gestiegenen Lesebedürfnissen in Zusammenhang gebracht werden. Wurden sie auf Wunsch des Princeps eingerichtet, handelte es sich eher um zu feierlichen Anlässen erbaute Denkmäler, in denen Geschichtszeugnisse aufbewahrt wurden (tatsächlich dienten sie auch als Archive) und das überkommene Schrifttum sortiert und kodifiziert werden sollte. Auch wurden öffentliche Bibliotheken durch private Wohltätigkeit als urbane Stätten gepflegter Unterhaltung errichtet.

Die von den öffentlichen Bibliotheken vorgenommene Sortierung konnte bei Texten, die den Machthabern mißfielen, mitunter zur regelrechten Zensur werden. Dies war bei einem Autor wie Ovid der Fall. Doch die Verbreitung unter den Zeitgenossen und die Überlieferung der Ovidschen Texte zeigen andererseits auch, wie weit die Bibliotheken davon entfernt waren, die Entscheidungen der Leser zu lenken oder zu bestimmen, denn privat konnten diese von der öffentlichen Aufbewahrung ausgeschlossene (oder jedenfalls zensierte) Werke auch weiterhin erwerben, abschreiben lassen, lesen oder sich vorlesen lassen. Damit sorgten sie dafür, daß es mehr Exemplare und folglich auch für diese Werke die Chance zum Weiterleben gab.[17]

Die Zunahme privater Bibliotheken hing zweifellos von gestiegenen Lesebedürfnissen ab. Auch in den Fällen, in denen diese Bibliotheken nur der eitlen Zurschaustellung wirtschaftlicher Macht und der Bildungsheuchelei dienten (man denke nur an die Buchsammlungen eines wenig gebildeten Emporkömmlings wie des Trimalchio bei Petronius oder an den Bücher anhäufenden Unwissenden, über den sich Lukian lustig macht), zeigen sie, daß Bücher und Lektüre in der auf Repräsentation bedachten Welt der griechisch-römischen Gesellschaft jener Zeit zu den Annehmlichkeiten und Verhaltensweisen eines begüterten Lebens gehörten. Auch Trimalchio schlug das eine oder andere *librum* auf und las darin den einen oder anderen Satz; und Lukians Unwissender hatte immer ein Buch in der Hand und konnte sehr gewandt lesen, auch wenn er vom Sinn des Geschriebenen nicht sehr viel begriff. Auf griechisch abgefaßte Abhandlungen aus der Kaiserzeit, die verloren sind, von denen man aber Kenntnis hat, darunter *Die Bücher kennen* von Telephos von Pergamon, oder *Über Erwerb und Auswahl von Büchern* von Herennius Philon, oder auch *Der Bücherfreund* von Damophilos von Bithynien zielten offensichtlich darauf ab, dem Leser bei der Auswahl und Sammlung von Büchern Orientierung zu geben. Dies läßt überdies vermuten, daß es sowohl eine verwirrende, da im Verhältnis zu früheren Zeiten größere und vielfältigere Buchproduktion gab als auch, spiegelbildlich, ein nicht mehr nur elitäres und deshalb oftmals wenig sachverständiges oder in seinen Entscheidungen unsicheres Publikum.

Eine weitere Antwort auf den gestiegenen Bedarf an Lektüre war das Aufkommen neuer Texte. Dabei handelte es sich um eine komplexe Operation, wie uns wiederum Ovid bezeugt: Mit der Sensibilität eines Autors, der stark auf die Veränderungen bei seinem Publikum, auf dessen Bedürfnisse und Stimmungen achtet, fügt der Dichter seiner zunächst zweiteilig angelegten *Ars amatoria* ein drittes Buch nur für Frauen hinzu. In der Kaiserzeit emanzipieren sich die Frauen allmählich. Zumindest einige von ihnen erobern die Welt des geschriebenen Wortes und können so den *libellus* lesen, den Ovid an sie richtet. Andeutungsweise vom klassischen Griechenland vorweggenommen, wird die »Leserin« vielleicht erst zu dieser Zeit eine wirkliche Figur in der antiken Welt. Ovid erwähnt aber auch Bücher, die leichte Kost boten, die etwa Gesellschaftsspiele und andere Arten des Zeitvertreibs lehrten. Und wenn solche Bücher bei gebildeten und vielleicht hochgelehrten Menschen in Umlauf waren, so gab es auch Schriften für ein größeres, weniger differenziertes und manchmal auch recht wenig gebildetes Publikum, Texte, die für neue und intellektuell weniger geschulte Leserschichten geschaffen (oder gezielt zurechtgestutzt) waren.

Einer größeren Nachfrage nach Lektüre entspricht schließlich der Kodex, die Buchform, die sich von der Schriftrolle unterscheidet und seit dem 2. Jahrhundert n. Chr. allmählich an deren Stelle rückt. Er wird zum bevorzugten Buch für die christlichen Schriften und deshalb auch der christlichen Leser. Vor allem seit der Zeit des Commodus und der Severer hatte diese breitere Nachfrage nach Lektüre nämlich dazu geführt, daß zwischen dem Bedarf an neuen Texten – darunter die des sich ausbreitenden Christentums – und den Mechanismen der Buchproduktion und -verteilung, wie sie der traditionellen, auf der Schriftrolle basierenden Kultur eigen waren, ein Mißverhältnis entstand. Die Schriftrolle blieb an Sklavenarbeit gebunden, an mehr oder weniger kostspielige Werkstätten, an den Papyrus, das aus Ägypten importierte Schreibmaterial. Der Erfolg des Kodex – des »aus Seiten bestehenden« Buchs – war durch verschiedene Faktoren gewährleistet: vor allem durch die geringeren Kosten, denn das Schreibmaterial wurde beidseitig genutzt. Außerhalb Ägyptens benutzte man normalerweise Pergament als Grundlage, ein tierisches Produkt, das sich überall herstellen ließ. Die praktischere Form des Kodex war besser geeignet für eine nicht professionelle Fertigung, eine Verteilung über neue Kanäle, eine in ihren Bewegungen freiere Lektüre und für die geistig konzentrierten (christlichen, juristischen) Kommentare, die in der Spätantike allmählich in den Vordergrund rückten.

Veränderungen des Buches und Veränderungen der Lesepraktiken konnten gar nicht anders als parallel zueinander erfolgen.

## Das Mittelalter: Vom monastischen Schreiben zum scholastischen Lesen

Der Kodex leitet zu den Leseweisen des Mittelalters über. Dabei ist jedoch zu bemerken, daß der Bruch zwischen den alten und neuen Praktiken – von der gemeinsamen Buchtypologie einmal abgesehen – im lateinischen Westen viel stärker als im griechischen Osten war. Vor allem gilt es, die zentrale Stellung zu betonen, die das Buch in Byzanz behielt. »Sag mir bitte, wie und wann wird das Ende dieser Welt kommen?« fragt Epiphanios seinen Lehrer, den heiligen Andreas den Narren, und fährt fort: »Welche Zeichen werden anzeigen, daß die Zeiten erfüllt sind, wie wird unsere Stadt vergehen, das neue Jerusalem? Was wird aus (...) den Büchern?« (*PG*, III, 854a). Mehr vielleicht als jedes andere führt dieses Zeugnis das Buch als Objekt und Instrument der Kultur von Byzanz vor. Hier blieb im übrigen das ganze Mittelalter hindurch sowohl auf niedriger als auch auf höherer Stufe ein öffentlicher und privater Unterricht lebendig. Das Lese- und Schreibvermögen, das durch die Kontinuität einer im Zentrum wie in der Peripherie vorhandenen Bürokratie gefördert wurde, nahm in der weltlichen Gesellschaft nie ab, und gewöhnlich hatte, wer in religiöse Einrichtungen ging, früher und außerhalb davon lesen und schreiben gelernt. Es hielten sich Lesekreise und Privatbibliotheken; das Buch war nach wie vor eine Ware, hergestellt von Kopisten (bisweilen auch Mönchen), die ihre Arbeit als Handwerk oder aber aus Leidenschaft ausübten. Zumindest für liturgische Zwecke wurden sogar verbreitet Schriftrollen eingesetzt, wenn auch mit einer anderen Anordnung der Schrift als beim antiken Typ. Es ist bezeichnend, daß das Lesemodell in Byzanz dasselbe blieb, wie es viele Jahrhunderte zuvor von Dionysios Thrax formuliert worden war und in den byzantinischen Kommentaren zu dem Grammatiker fortgeschrieben wurde. Es schrieb dem Leser vor – bei jedem beliebigen Buch –, auf Titel, Autor, Absicht, Einheitlichkeit, Aufbau und Ergebnis des Werkes zu achten, sorgte also für eine Ordnung der Lektüre, ein überlegtes Ausloten des Textes.[18] In Byzanz blieb auch die antike, ehemals griechisch-römische Gepflogenheit des lauten Lesens gegenüber dem gemurmelten oder leisen Lesen des mittelalterlich-lateinischen Abendlandes erhalten: ein lautes Lesen, das die geschriebene Rede der gesprochenen, gepredigten, verkündeten Rede annäherte. Das alte, nie abgelegte Erbe einer kultivierten Sprache und bereits erstarrter rhetorischer Fügungen erklärt diese von Evelyne Patlagean als »archéologie culturelle« von Byzanz bezeichnete Konservierung der Lesepraktiken nur zum Teil.[19] Dieses bislang noch nicht geschriebene Kapitel der Geschichte des Lesens in Byzanz ist eine neue Herausforderung für Historiker der Schriftkultur.

Tief hingegen war der Bruch im lateinischen Abendland. An die Stelle des Lesens als literarisches *otium* (Muße), das sich in der Welt der

Antike zumeist zwischen Gärten und Säulengängen abspielte, aber auch auf Plätzen und Straßen der Stadt die Ausstellung und Lektüre von Schriften vorsah, traten im abendländischen Frühmittelalter Lesepraktiken, die sich auf den geschlossenen Raum von Kirchen, Zellen, Refektorien, Kreuzgängen, religiösen Schulen, manchmal von Höfen konzentrierten, wobei sich die Lektüre in der Regel überdies auf die Heilige Schrift und auf Texte zur spirituellen Erbauung beschränkte. Nur innerhalb der kirchlichen und monastischen Räume erklang das Loblied auf Bücher, Lektüre und Bibliotheken, und ein Nachdenken darüber dürfte nicht wenig dazu beitragen, die Repräsentationsformen der Lektüre im Frühmittelalter zu umreißen. Im Innern dieser Räume lagen auch die Grabplatten, deren Inschriften sich deshalb an eine sehr beschränkte Zahl Lesender wandten, auch wenn die Formel, die viele von ihnen benutzten – »O du, der du liest (...)« –, ohne Kontinuitätsbruch eine kodifizierte antike Tradition fortleben ließ, den »Leseranruf«, wie er einer bereits untergegangenen Welt mit vielen Lese- und Schreibkundigen eigen war.

Eine weitere Veränderung, die sich im Frühmittelalter in Europa ergab, war der Übergang vom lauten zum lautlosen oder leisen Lesen. Verschiedene Faktoren trugen dazu bei: Bücher las man vor allem, um Gott kennenzulernen, oder für das Seelenheil, also wollten sie verstanden, wieder und wieder bedacht, vielleicht auswendig gelernt sein; der Kodex selbst lud mit seinen Seiten, die den Text unterteilten und damit ein nochmaliges Lesen oder Vergleichen begünstigten, zu einer nachdenklichen Lektüre ein; durch das Gemeinschaftsleben der religiösen Kreise, in denen sich der Akt des Lesens oftmals abspielte, war man genötigt, die Stimme zu dämpfen. Bedeutung und Funktion des Buches hatten sich verändert. Man las wenige Texte, auch wenn viele geschrieben wurden, denn die Mühe des Abschreibens war schon an sich ein Gebet, »ausgeführt nicht mit dem Mund, sondern mit den Händen« (Petrus Venerabilis, *Epist.* 1, 20). Das Buch, das nicht immer zum Lesen bestimmt ist, bietet sich vielmehr, außer als frommes Werk und Heilswerkzeug, auch als Patrimonium an und wird in seinen sakralsten, kostbarsten und monumentalsten Formen auch zum Zeichen des Heiligen und seines Mysteriums.

Hochgebildete Menschen, die – wie etwa Rather, Bischof von Verona – »ihre Nase stets (...) in ein Buch« steckten (*Qualitatis coniectura* 2), gab es nicht viele; die gelesenen Bücher waren in der Regel sehr wenige, und diese wenigen las man nur zu bestimmten Gelegenheiten oder Zeiten (in klösterlicher Umgebung zur Fastenzeit), so daß die mangelnde Übung einem raschen und sicheren Skandieren von Wörtern und Sätzen, wie man es von einer lauten Lektüre verlangte, entgegenstand. All dies ließ ein stilles, allenfalls gemurmeltes, beinahe summendes Lesen geboten erscheinen. Eine direkte Folge davon waren eine Trennung der Wörter, wie sie sich für ein Lesen eignete, das keinem rhetorischen Satzrhythmus mehr entsprach, sowie der Gebrauch graphischer Konventionen, *litterae notabiliores* (»charakteristische Schriften«), die das Auge durch die Texteinteilungen führten. Zudem kam eine andere Praxis der Zeichensetzung auf, die, da sie nun nicht mehr einem rhetorischen Lesen diente, das Verständnis oder ein bestimmtes Verständnis des Geschriebenen erleichtern sollte. Malcolm Parkes hat diese Entwicklung sehr deutlich nachgezeichnet.

Doch so wie für die Antike Arten und Gelegenheiten stillen Lesens bezeugt sind, fehlt es auch im Mittelalter nicht an lauten Lektüren: in der Kirche, während der gemeinsamen Mahlzeit, als scholastische Übung und vielleicht in gewissen Formen einer individuellen klösterlichen *lectio* wurden liturgische oder erbauliche Texte laut vorgelesen. Selbst manche historische Erzählung scheint zum lauten, öffentlichen Vorlesen bestimmt gewesen zu sein. Auch wenn die eine oder andere Art des Lesens in ihrer Zeit jeweils die Norm bildete, gilt es eine allzu klare Zweiteilung zu vermeiden. Zwischenformen wie das halblaute oder gemurmelte Lesen wurden außerdem immer praktiziert: Man denke an das anmutige Flüstern (*lepido susurro*), mit dem Apuleius den Leser am Anfang seines Werks zur Lektüre seiner *Metamorphosen* einlädt, oder an die *ruminatio* des Mönchs, der beim Lesen leise die Wörter vor sich hin murmelte.

Die Jahrhunderte vom ausgehenden 11. bis zum 14. Jahrhundert markieren eine Wende in der Geschichte des Lesens. Die Städte erwachen zu neuem Leben und mit ihnen die Schulen, wo es Bücher gibt – dies im Rahmen einer immer weiteren Verbreitung der Lese- und Schreibfähigkeit, einer Zunahme des Geschriebenen auf allen Ebenen sowie der verschiedenen Arten und Zwecke, vom Buch Gebrauch zu machen. Schreibpraktiken und Lesepraktiken, die im Frühmittelalter in gewisser

Weise getrennt voneinander waren, »greifen ineinander«, bedingen sich in einer organischen und unauflöslichen Wechselbeziehung gegenseitig. Man liest, um zu schreiben: für die *compilatio,* die besondere Methode der Scholastik, Werke zu verfassen. Und man schreibt mit Blick auf die Lektüre.

Es wird also viel und auf unterschiedliche Weise gelesen. Das Lesen ist nicht mehr nur auf das bloße Verstehen des geschriebenen Buchstabens (*littera*) ausgerichtet; dieses Verstehen stellt nur den Anfang dar, von dem man zur Bedeutung (*sensus*) des Textes überzugehen hat, um dann dessen Sinngehalt (*sententia*), verstanden als die Lehre in ihrer ganzen Tiefgründigkeit, zu erfassen.[20] Über Bücher und Lektüre muß die *ratio* die Oberaufsicht führen, die Gesprächspartnerin in Petrarcas Schrift *De librorum copia,* in der dieser die Manie geißelt, überflüssigerweise Band um Band anzuhäufen, und die Umrisse einer Theorie (aber auch einer Geschichte) des Lesens als einer Praxis zeichnet, welche die Bücher »im Kopf«, nicht »in einem Regal unterbringen«[21] soll. Dies sind die Grundlagen der scholastisch-universitären *lectio,* des Vorbilds für eine Lektüre, die tief in das Geschriebene eindringt, einen Kommentar entwickelt und dessen Autorität geltend macht.

Da es für die Lektüre, das Studium, den Kommentar, die Predigt geschrieben wird, nimmt das Buch, oder besser, die beschriebene Seite eine für diese Praktiken funktionale Gestalt an. Die Schrift wird mit Zusammenfassungen durchsetzt, so daß sie sich schneller lesen läßt; der Raum der Seite wird in zwei eher schmale Spalten unterteilt, so daß jede Zeile in ein einziges Blickfeld paßt und deshalb leichter aufzufassen ist; der Text wird in Sequenzen untergliedert, um das Nachschlagen und das Verständnis zu erleichtern. Kurz: das Buch als intellektuelles Arbeitsinstrument, dessen verschiedene Aspekte der Aufsatz von Jacqueline Hamesse behandelt, ist geboren. Das Buch wird jetzt benutzt, es ist die Quelle, aus der man Wissen oder verschiedene Kenntnisse schöpft, nicht mehr der Hort einer Erkenntnis, die es immer wieder zu durchdenken oder auch nur zu bewahren gelte. Untergliedert durch die komplizierten Einteilungen der geschriebenen Seite, bezieht sich die Lektüre jedoch nicht mehr auf den ganzen Text; sie beschränkt sich auf einzelne Abschnitte. An die Stelle einer umfassenden, konzentrierten und wiederholten Lektüre weniger Bücher tritt eine ausschnitthafte Lektüre vieler Bücher, in einer Zeit – der Epoche der Scholastik –, die durch eine immense Zunahme von Schriften und die Nachfrage nach einem zwar fragmentarischen, doch umfangreichen Wissen gekennzeichnet ist.

Von bescheidenen Mitteln zur Untergliederung des Textes und der Texte, wie man sie im Frühmittelalter antrifft – die sich im übrigen weniger durch spezielle Zeichen als vielmehr durch die Verzierung und farbliche Abhebung von Initialen, unterschiedliche Schriften und Ornamente auszeichnen –, gelangt man so zu einem regelrechten System von Hilfstechniken für die Lektüre und Buchbenutzung, die auf das *statim invenire, praesto habere* und *facilius occurrere* angelegt sind: Rubrizierung, Absatzzeichen, Kapitelüberschriften, organische und in wechselseitiger Beziehung stehende Unterteilung von Text und Kommentar, Zusammenfassungen, Begriffskonkordanzen, Inhaltsverzeichnisse und alphabetisch geordnete Register.

Gleichzeitig wird eine neue Ordnung der Bücher begründet. Mit den Bettelorden entsteht im 13. Jahrhundert auch das Modell einer Bibliothek, die nicht mehr auf Besitzanhäufung und die Konservierung von Büchern zielt, sondern auf das Lesen. Es entsteht ein bibliothekarisches System, dessen Angelpunkt ein Katalog bildet, kein bloßes Inventar mehr, sondern ein Instrument zur Benutzung, das darauf abgestellt ist, den Standort der Bücher in einer bestimmten Bibliothek oder sogar Gegend nachzuweisen, und das *memoriale,* eine Karteikarte, auf der die entliehenen Bände verzeichnet werden. Architektonisch betrachtet, besteht diese Bibliothek aus einem länglichen Saal, durch den in der Mitte ein leerer Gang führt und dessen Seitenschiffe von zwei parallel angeordneten Tischreihen eingenommen werden; an den Tischen sind die Bücher festgekettet, können jedoch gelesen und studiert werden. Der Grundriß entspricht im wesentlichen dem der gotischen Kirche, und dieser Rückgriff ist weit mehr als bloß architektonischer Art, kommt in ihm doch die Mentalität zum Ausdruck, die der gesamten Kultur der Gotik zugrunde liegt. Die Bibliothek läßt die Isoliertheit des Klosters oder die Enge der romanischen Bischofskirche hinter sich, wird städtisch und weit, und wie die Kirche zur offen sich darbietenden und benutzbaren Bühne für Bilder, Spitzbögen und Farben geworden ist, so präsentiert sich die Bibliothek als Bühne für das Buch, das dort ausgestellt und verfügbar ist. Der Rahmen, in dem sich dieses neue

Modell von Bibliothek bewegt, ist die Stille: Still ist der Zugang zum Buch, gestört nur durch das beängstigende Rasseln der Kette, mit der es am Tisch festgemacht ist; still ist die Suche nach Autoren und Titeln im Katalog, den man ohne Vermittlung Dritter benutzen kann; still, weil ganz visuell, ist das individuelle und zugleich gemeinschaftliche Lesen.

Paul Saenger widmet sich eingehend den Folgen, die, wenn auch nicht unmittelbar, die ganz besondere und jeder Einmischung entzogene Art des visuellen Lesens für die Gebrauchsweisen des Buchs, für die Herausbildung eines kritischen Bewußtseins gegenüber dem geschriebenen Text, für die Entwicklung des Denkens, für die Andachtspraktiken, den Dissens und die Erotik hatte. Wir befinden uns an der Schwelle zur Neuzeit. Und tatsächlich bewirkte die Verbreitung der Lese- und Schreibfähigkeit unter den Laien im 13. und 14. Jahrhundert, daß sich zur scholastisch-universitären Lektüre nach und nach andere Modelle hinzugesellten. In diese Zeit fällt die Entstehung des volkssprachlichen, bisweilen vom lesenden Bücherkonsumenten selbst geschriebenen Buchs.[22] Obwohl es ihm nicht an Lesern fehlt, die der offiziellen Kultur verpflichtet sind, kursiert das in der Volkssprache geschriebene Buch vor allem bei einem weltlichen »Bürgertum«, unter Händlern und Handwerkern, die mehr oder weniger solide alphabetisiert, doch des Lateinischen nicht oder fast nicht mächtig waren.

Ein weiteres Lektüremodell ist das höfische der gebildeten, manchmal hochgelehrten europäischen Aristokratien. Die Bücher der Höfe sind meistens Unterhaltungs- und Andachtsbücher, aber ihre Funktion geht über das bloße Lesen hinaus. Die Bücher sind auch Schmuck, ein Zeichen von Courtoisie, Kultiviertheit, vornehmer Lebensführung. In ihrer üppigen Ausstattung mit Bildern oder den Einbänden aus kostbarem Leder, feinen Stoffen und Edelmetallen stellen sie Reichtum und Prunk zur Schau. Es sind Objekte, die den Glanz des Fürsten und seines Hofes in Erinnerung bringen, wiederherstellen, zelebrieren. So entstehen, aus zumeist bei erfahrenen Buchhändlern in Auftrag gegebenen, als Geschenk erhaltenen oder verschiedentlich auch ererbten Büchern, die herrschaftlichen Bibliotheken, die ein ganz anderes Repertoire haben als die religiösen: Werke in Volkssprachen, die von Waffen und Liebe singen, mehr oder weniger phantastische Geschichten erzählen oder die großen Texte der klassischen Tradition »in die Vulgärsprache übertragen«. Was den lateinischen Teil angeht, so bestehen sie auch aus Andachtsbüchern, Bibeln, Stundenbüchern, Brevieren. Über diese Bibliotheken bricht im 15. Jahrhundert der Humanismus mit seinen Büchern von Autoren der griechischen und römischen Antike herein, die sich zu denen moderner Autoren und zu den Unterhaltungs- und Andachtsbüchern gesellen. Die Freizeit an den Höfen wird auch mit diesen Lektüren verbracht, und zwar – eher als in der eigentlichen Bibliothek – in den Unterhaltungs-, Vergnügungs- und Erholungsräumen des Herrschaftssitzes.

## Die Neuzeit: Eine kontrastreiche Geographie der Lektüre

Zwischen dem 16. und 19. Jahrhundert hängt die Geographie der Lesepraktiken in der westlichen Welt in erster Linie von den historischen Entwicklungen ab, die die Beziehungen zur Schriftkultur in bestimmte Konjunkturen der Alphabetisierung, in religiöse Entscheidungen und sehr unterschiedliche Industrialisierungsrhythmen einschreiben. Diesbezügliche Unterschiede ziehen feste und dauerhafte Grenzen: zwischen einem frühzeitig und einem erst später alphabetisierten Europa, zwischen katholisch gebliebenen und für die Reformation gewonnenen Ländern, zwischen Gegenden, die sich durch eine frühzeitige Entwicklung auszeichnen, und solchen, die lange von einer traditionellen Wirtschaft beherrscht bleiben. Diese Differenzen wirken sich auf die Ausübung der Zensur, die verlegerische Aktivität, den Buchhandel und den Buchmarkt aus. Bemerkbar machen sie sich daher an den Übergängen, die die »Revolutionen« des Lesens kennzeichnen: Wenn etwa zwischen Mittelalter und Beginn der Neuzeit aus dem stillen Lesen mit den Augen eine verinnerlichte Norm und eine allgemeine Praxis wird; oder wenn die Leser zwischen dem 18. und 19. Jahrhundert mit einer größeren, leichter zugänglichen und für neue verlegerische Formen offenen Produktion von Gedrucktem vertraut werden.

Die geographischen Unterschiede in der Geschichte des Lesens spiegeln sich in den zur Verfügung stehenden Quellen wider. Viele dokumentarische Reihen findet man überall, oder fast überall. So etwa die *post mortem* angelegten Inventare, anhand deren sich der ungleiche Buchbestand und die Zusammensetzung von Privatbibliotheken feststellen lassen. So etwa die Kataloge von Buchhändlern oder von versteigerten Bibliotheken, die das Leseangebot umreißen. So etwa die Reglements und Kataloge jener Institutionen, die vom 18. Jahrhundert an das Lesen ohne Erwerb ermöglichen: einerseits die Leihbibliotheken (*circulating libraries, cabinets littéraires*), andererseits die Lesegesellschaften (*book clubs* oder *subscription libraries, chambres de lecture*). So etwa die Subskriptionslisten, die speziell für ein Buch die erklärten Förderer und potentiellen Leser angeben.

Trotz der gemeinsamen Grundlage solcher massenhaft und serienweise vorhandenen Archive sind die Möglichkeiten, daraus Näheres über den Buchumlauf oder die Lesepraxis zu schließen, je nach der Situation in einem Land sehr unterschiedlich. Im Mittelmeerraum und seinen Kolonialgebieten werden in den Verhören der Inquisitoren Erklärungen der Angeklagten über Werke gesammelt, die sie gelesen, über die Wege, auf denen sie sie bekommen und, noch wichtiger, über die Art und Weise, wie sie sie verstanden haben. In den nordeuropäischen Ländern und den englischen Kolonien in Amerika müssen die Bekenntnisse der gewöhnlichen Leser über ihre Lektüren anderswo gesucht werden: in den vom puritanischen oder pietistischen Protestantismus verlangten spirituellen Autobiographien, in den Lebensbeichten, die persönliche, von der Unwissenheit einfacher Leute bis zur Gelehrtenbildung reichende Entwicklungslinien nachzeichnen, in den Rechnungsbüchern, Tagebüchern und Erinnerungen, die aufgrund des Fortschritts der Alphabetisierung kein ausschließliches Vorrecht von Notabeln und Gelehrten mehr sind, oder auch – ein seltenerer Fall – in den Briefen, die manche Leser an Autoren oder Verleger richteten.

In jedem sprachlich oder kulturell definierten Gebiet stehen die Lesepraktiken auf diese Weise im Zentrum eines wesentlichen historischen Prozesses. In Italien, Spanien, Portugal und auch, ohne Inquisition, in Frankreich müssen die Leser von der Kirche und der Seite des Staates eine Zensur fürchten oder umgehen, durch die die Verbreitung der für die katholische Autorität und die absoluten Herrscher als gefährlich geltenden Ideen verhindert werden soll. In Deutschland verbindet in der zweiten Hälfte des 18. Jahrhunderts eine als Leserevolution charakterisierte neue Art des Lesens die weitläufige Verbreitung der Aufklärung und die Schaffung eines neuen öffentlichen Raums. In England wiederum entwurzelt die industrielle Revolution die traditionellen Praktiken und führt schließlich dazu, daß neue Kategorien von Lesern auftauchen und ein neuer Markt für das gedruckte Buch entsteht. In jedem dieser Fälle erlaubt die Geschichte der Arten und Weisen des Lesens, einen konstitutiven Teil der nationalen Geschichte und Identität auf neue und originelle Art zu betrachten: die Last der von der katholischen Gegenreformation auferlegten Verbote, die besonderen Formen der deutschen Aufklärung, das Geflecht der Beziehungen zwischen den Klassen (und den Geschlechtern) in den protestantischen Gesellschaften in England und Amerika.

## Revolutionen

Die erste der Transformationen, die in der Neuzeit die Lesepraktiken betreffen, ist technischer Natur: Mitte des 15. Jahrhunderts revolutioniert sie die Art und Weise, wie Texte reproduziert und Bücher produziert werden. Aufgrund der beweglichen Lettern und der Druckerpresse ist die handschriftliche Abschrift nicht mehr die einzige zur Verfügung stehende Möglichkeit, die Vervielfältigung und Zirkulation von Texten zu gewährleisten. Indem sie die Herstellungskosten des Buchs, aufgeteilt auf die Gesamtheit der Exemplare einer Auflage, stark senkt und die Herstellungsdauer verkürzt, die zu Zeiten der Handschrift – auch nach der Erfindung der *pecia,* das heißt der Unterteilung des abzuschreibenden Buchs in getrennte Hefte – noch lang war, ermöglicht die Erfindung Gutenbergs die Zirkulation von Texten in einem zuvor undenkbaren Ausmaß. Jeder Leser hat nun Zugang zu einer größeren Anzahl von Büchern. Außerdem erlaubt der Druck die identische (oder wegen eventueller Korrekturen während des Druckens nahezu identische) Reproduktion der Texte bei einer großen Zahl von Exemplaren und verändert damit auch die Bedingungen ihrer Vermittlung und Rezeption.

Muß man also annehmen, daß allein schon die Erfindung und Verbreitung des Buchdrucks eine tiefgreifende Revolution des Lesens mit sich bringen? Vielleicht nicht, und dies aus mehreren Gründen. Zunächst einmal ist klar, daß die neue Technik an den Grundstrukturen des Buchs nichts Grundlegendes ändert. Mindestens bis zum Anfang des 16. Jahrhunderts bleibt das gedruckte Buch abhängig von der Handschrift, deren Seitenaufbau, Schriftbild und Aussehen es übernimmt. Wie die Handschrift geht es bei seiner Herstellung durch mehrere Hände: die Hand des Buchmalers, der Miniaturen und mit Figuren geschmückte oder auch nur verzierte Initialen malt; die Hand des Korrektors (*emendator*), der Satzzeichen, Überschriften und Zwischenüberschriften einfügt; und schließlich die Hand des Lesers, der Zeichen, Anmerkungen oder Randbemerkungen auf die Seite schreibt.

Auch jenseits dieser direkten Abhängigkeit bleibt sich das Buch als Gegenstand vor und nach Gutenberg ähnlich, besteht aus zusammengefalteten Blättern, die zu Heften zusammengefaßt und durch eine Bindung oder einen Einband zusammengehalten werden. Es überrascht daher nicht, daß die Untergliederung und Orientierungshilfen innerhalb eines Textes, die allzuoft mit dem Buchdruck in Verbindung gebracht werden, viel früher eingeführt wurden. So etwa Zeichen wie die Signaturen und Verweise, um die Hefte in der richtigen Seitenfolge zu binden. So die Merkzeichen, die das Lesen erleichtern sollen, indem Seiten, Spalten oder Zeilen numeriert und Untergliederungen der Seite (unter Zuhilfenahme geschmückter Initialen, von Zwischenüberschriften und Randbuchstaben) kenntlich gemacht werden; indem eine analytische und nicht nur räumliche Beziehung zwischen dem Text und seinen Randbemerkungen hergestellt wird; indem durch unterschiedliche Buchstaben oder Tintenfarben der Unterschied zwischen kommentiertem Text und Kommentar hervorgehoben wird. Der Bogenaufbau des Kodex, ob handgeschrieben oder gedruckt, und seine klare Unterteilung gestatten ein leichtes Anlegen von Indizes. Konkordanzen, alphabetische Register, systematische Verzeichnisse verbreiten sich also schon zu Zeiten der Handschrift, und die Organisationstechniken für geschriebene Texte, die die Typographen später aufgreifen, werden in den *scriptoria* der Klöster und den Läden der Lehrbuchhändler erfunden.

In den letzten Jahrhunderten der Handschrift setzt sich schließlich eine dauerhafte Rangordnung der Formate durch, wonach unterschieden wird zwischen dem großen Folioformat, dem *libro da banco*, das, um gelesen werden zu können, irgendwo aufliegen muß und das Buch für Universität und Studium ist, dem leichter handhabbaren humanistischen Buch von mittlerem Format, in dem klassische und neue Texte der Lektüre dargeboten werden, und schließlich dem *libellus*, dem tragbaren Buch für die Tasche oder das Kopfkissen, das vielfältig und von verschiedenen, auch weniger wohlhabenden Lesern zu gebrauchen ist. In der Verbindung von Formaten, Textgattungen, Momenten und Arten der Lektüre erweist sich das gedruckte Buch als direkter Erbe dieser Unterteilung.

Es gibt noch einen weiteren Grund dafür, die Kontinuität zwischen *print culture* und *scribal culture* hervorzuheben. Dafür, daß immer mehr Leser in einem langen Prozeß von einem notwendig lauten Lesen, wie es für das Sinnverstehen als unerläßlich galt, zu einem möglichst lautlosen und visuellen Lesen übergehen, hat die Erfindung des Buchdrucks tatsächlich keine entscheidende Bedeutung. Auch wenn es bereits seit der griechisch-römischen Antike beide Arten des Lesens gibt, so gewinnt, wie Paul Saenger zeigt, die Möglichkeit des stillen Lesens, die zunächst auf den Kreis klösterlicher Schreiber beschränkt war, im Laufe eines langen Mittelalters zuerst die universitären Kreise und wird dann, im 14. und 15. Jahrhundert, eine gemeinsame Praxis der weltlichen und gebildeten Aristokratien. Diese Entwicklung setzt sich nach Gutenberg fort, indem sich nach und nach auch bei den Lesern aus dem einfacheren Volk eine Art des Lesens einbürgert, die keine Vermündlichung mehr voraussetzt. Einen Beweis für diese Entwicklung liefert im Umkehrschluß die Situation der zeitgenössischen westlichen Gesellschaften, in denen unter die Kategorie des »Analphabetismus« nicht nur jener Teil der Bevölkerung eingeordnet wird, der überhaupt nicht lesen kann, sondern in einem weiteren Sinn auch die – noch zahlreicheren – Leser, die einen Text nur verstehen können, wenn sie ihn laut lesen.

Die erste »Leserevolution« der Neuzeit ist deshalb weitgehend unabhängig von der technischen Revolution, die im 15. Jahrhundert die Buchherstellung verändert. Fester ist sie wahrscheinlich in jenem Wandel verwurzelt, der im 12. und 13. Jahrhundert die Funktion der Schrift als solche ergreift, als nämlich an die Stelle des monastischen Modells der Schrift, welches dem Geschriebenen eine von jeglicher Lektüre weitgehend abgelöste Konservierungs- und Gedächtnisfunktion zuweist, das scholastische Lesemodell tritt, welches das Buch zum Gegenstand und zugleich zum Werkzeug geistiger Arbeit macht. Was auch immer die Ursache dafür sein mag, der Gegensatz zwischen zwangsläufig vermündlichtem und möglichst stillem Lesen markiert eine grundlegende Zäsur. Das stille Lesen stellt nämlich eine Beziehung zum Geschriebenen her, die freier, geheimer und völlig innerlich sein kann. Es ermöglicht ein schnelles und gewandtes Lesen, das weder durch die Kompliziertheit des Seitenaufbaus noch durch die vielfältigen Beziehungen zwischen Ausführungen und Randbemerkungen, Zitaten und Kommentaren, Texten und Registern abgelenkt wird. Es ermöglicht auch, daß von ein und demselben Buch verschieden Gebrauch gemacht wird, daß es laut, für andere oder mit anderen gelesen wird, solange die Gesellschaft oder das Ritual es erfordert, oder leise, für sich selbst, in der Zurückgezogenheit des Studierzimmers, der Bibliothek oder des Betsaals. Die Revolution des Lesens ging der des Buches also voraus, denn die Möglichkeit zur stillen Lektüre gab es, zumindest für die gebildeten Leser, Kirchenmänner oder weltliche Notabeln, schon weit vor der Mitte des 15. Jahrhunderts. Ihre neue Art, das Geschriebene zu betrachten und damit umzugehen, darf deshalb nicht übereilt nur der technischen Neuerung (der Erfindung des Buchdrucks) zugerechnet werden.

Dasselbe gilt offensichtlich auch für die zweite »Leserevolution« der Neuzeit, die sich der industriellen Buchproduktion verdankte. Einer klassischen These zufolge soll in der zweiten Hälfte des 18. Jahrhunderts auf das »intensive« Lesen ein anderes gefolgt sein, das als »extensiv« bezeichnet wird. Der »intensive« Leser war mit einem beschränkten und genau umschriebenen, von Generation zu Generation weitergereichten *corpus* von Büchern konfrontiert, die er las und wieder las, sich ins Gedächtnis einprägte und rezitierte, hörte und auswendig konnte. Die religiösen Texte, in den reformierten Ländern in erster Linie die Bibel, waren danach die bevorzugten Gegenstände dieses stark von Sakralität und Autorität durchdrungenen Lesens. Der »extensive« Leser, getrieben von einer »Lesewut«, die sich in der Goethezeit Deutschlands bemächtigt, ist ein ganz anderer Leser: Er konsumiert viele verschiedene, auch kurzlebige Druckerzeugnisse; er liest sie begierig und rasch; er unterzieht sie einer kritischen Betrachtung und nimmt von seinem methodischen Zweifel kein Gebiet mehr aus. Ein gemeinschaftliches, aus Ehrerbietung und Gehorsam bestehendes, respektvolles Verhältnis zum Geschriebenen soll so einem freien, unbefangenen und unehrerbietigen Lesen gewichen sein.

Eine fragwürdige These, die prompt auf Kritik stieß. Zahlreich sind nämlich die »extensiven« Leser zur Zeit der »intensiven« Lektüre. Denken wir nur an die humanistischen Leser. Zwei für ihre Art des Lesens sinnbildliche Gegenstände sind das »Bücherrad« – das das Lesen vieler Bücher gleichzeitig ermöglicht – und die Sammlungen von »Gemeinplätzen«: Zitate, Informationen und Bemerkungen, die Leser unter diversen Rubriken in Heften zusammentrugen. Beide Gegenstände bezeugen eine gelehrte Praxis, die Lektüren anhäuft, Textstellen exzerpiert, umstellt und vergleicht und bei den Gelehrtesten die Grundlage zur Ausübung der philologischen Kritik bildet.

Andererseits entfaltet sich genau zur gleichen Zeit wie diese »Leserevolution« mit Rousseau, Bernardin de Saint-Pierre, Goethe oder Richardson eine höchst »intensive« Lektüre, durch die sich der Roman des Lesers bemächtigt, ihn unter sein Diktat zwingt und ihn beherrscht wie früher der religiöse Text. Die Lektüre der *Nouvelle Héloïse,* von *Paul et Virginie*, der *Leiden des jungen Werther* oder von *Pamela* überträgt althergebrachte Gesten auf eine neue literarische Form. Der Roman wird ständig wieder gelesen, auswendig gelernt, zitiert und rezitiert. Sein Leser wird ganz von einem Text eingenommen, der in ihm lebt; er identifiziert sich mit den Romanfiguren und deutet das eigene Leben im Licht fiktiver Handlungsabläufe. Bei dieser »intensiven« Lektüre neuen Typs wird die gesamte Gefühlswelt in Anspruch genommen. Der Leser (oft eine Leserin) kann weder seine Rührung noch seine Tränen zurückhalten; erschüttert greift er selbst zur Feder, um seinen Gefühlen Ausdruck zu verleihen, vor allem dem Verfasser gegenüber, der mit seinem Werk ein wahrer Gewissens- und Lebensberater geworden ist.

Die Romanleser sind zur Zeit der »Leserevolution« im übrigen nicht die einzigen »intensiven« Leser. Die aus den Titeln wandernder Händler sich speisende Lektüre der meisten und einfachsten Leser wird weiterhin von alten Gewohnheiten beherrscht. Der Griff zu den *chapbooks*, zur *Bibliothèque bleue*, zur *literatura de cordel* behält lange die Züge einer seltenen und schwierigen Praxis, die voraussetzt, daß man zuhört und sich etwas ins Gedächtnis einprägt. Die Texte aus dem Repertoire des Hausierhandels sind so Gegenstand einer Aneignung, die mehr auf Wiedererkennen (von Gattungen, Werken, Motiven) als auf Entdeckung des Unbekannten setzt und an den Erwartungen eiliger, unersättlicher und skeptischer Leser vorbeigeht.

Diese Überlegungen lassen Zweifel an einer allzu einfachen und klaren Gegenüberstellung aufkommen. Doch widerlegen sie Reinhart Wittmann zufolge nicht die Diagnose, daß in der zweiten Hälfte des 18. Jahrhunderts eine der Revolutionen des Lesens anzusetzen ist. In England, Deutschland und Frankreich lassen sich gute Belege zur Stützung dieser These finden: die wachsende Buchproduktion, die sich von Anfang des Jahrhunderts bis in die achtziger Jahre verdreifacht oder vervierfacht; die rasche Zunahme der Tageszeitungen; der Triumph der kleinen Formate; das durch Fälschungen bedingte Sinken des Buchpreises; die Zunahme von Institutionen wie Lesegesellschaften oder Leihbibliotheken, die das Lesen ermöglichen, ohne daß man Bücher kaufen muß. Das am Ende des Jahrhunderts von Malern und Schriftstellern so oft behandelte Thema der abendlichen, patriarchal-bäuerlichen Bibellektüre, bei der der Familienvater allen um ihn gescharten Hausbewohnern laut vorliest, bringt das Bedauern über eine untergegangene Lektüre zum Ausdruck. In dieser idealisierten Darstellung bäuerlichen Lebens, wie sie bei der gebildeten *élite* beliebt war, steht das gemeinschaftliche Lesen für eine Welt, in der das Buch hochgeschätzt und die Autorität respektiert wird. Dieser Mythos dient dabei offensichtlich dazu, die übliche, ganz andere, städtische, nachlässige und zwanglose Lektüre zu denunzieren. Beschrieben als eine Gefahr für die politische Ordnung, als ein »narkotisches Mittel« (der Ausdruck stammt von Fichte), das von der wahren Aufklärung ablenkt, als eine Ausschweifung der Einbildungskraft und der Sinne, beeindruckt die »Lesewut« alle zeitgenössischen Beobachter. Zweifellos spielt sie für den Prozeß des Abfalls der Untertanen von ihrem Fürsten und der Christen von ihren Kirchen überall in Europa, doch vor allem in Frankreich, eine wesentliche Rolle.

Die elektronische Übertragung der Texte und die durch sie diktierte Art des Lesens markieren in unserer Gegenwart die dritte Revolution des Lesens seit dem Mittelalter. Auf einem Bildschirm zu lesen ist in der Tat anders, als in einem Kodex zu lesen. Die neue Darstellung des Geschriebenen verändert in erster Linie den Kontextbegriff, indem sie die physische Nähe von Texten, die sich in ein und demselben Gegenstand (Buch, Zeitschrift oder Zeitung) befinden, aufhebt und sie statt dessen innerhalb von logischen Architekturen positioniert und verteilt, d. h. innerhalb eines Systems von Datenverwaltung, elektronischen Karteien, Verzeichnissen und Schlüsselwörtern, die den Zugang zur Information ermöglichen. Auf diese Weise definiert sie die »Materialität« der Werke neu: Sie bricht die physische Verbindung auf, die zwischen dem gedruckten (oder handgeschriebenen) Gegenstand und dem Text oder den Texten, deren Träger er ist, bestand, und überträgt dem Leser – und nicht mehr dem Autor oder dem Verleger – die Herrschaft über den Ausschnitt oder die Darbietung des Textes, der auf dem Bildschirm erscheint. Das ganze bisherige System der Erkennung und Handhabung von Texten gerät daher aus den Fugen. Wenn er am Bildschirm liest, findet der Leser von heute (oder mehr noch der von morgen) etwas von der Stellung des Lesers in der Antike wieder, der ein *volumen*, eine Schriftrolle, las. Am Computer jedoch – und dieser Unterschied ist nicht unerheblich – entwickelt sich der Text vertikal und ist mit allen Verweissystemen des Kodex (Seitennumerierung, Index, Register usw.) ausgestattet. Die Kreuzung zweier Logiken, die bei der Lektüre früherer Träger der handgeschriebenen oder gedruckten Schrift (*volumen, codex*) wirksam waren, weist deutlich darauf hin, daß sich ein ganz und gar originelles und neues Verhältnis zum Text hergestellt hat.

Dieses neue Verhältnis ist Teil einer vollständigen Umwandlung der »Ökonomie des Schreibens«. Indem sie die Gleichzeitigkeit von Produktion, Übermittlung und Lektüre ein und desselben Textes ermöglicht und die bislang immer getrennten Aufgaben des Schreibens, Herausgebens und Verteilens in ein und demselben Menschen bündelt, hebt die elektronische Darstellung von Texten die alten Unterscheidungen auf, durch die intellektuelle Rollen und soziale Funktionen voneinander getrennt waren. Plötzlich zwingt sie zur Neubestimmung aller Kategorien, die bis jetzt die Erwartungen und Wahrnehmungen der

Leser geformt haben. Das gilt für juristische Begriffe, die den Status des Geschriebenen definieren (Copyright, Schutz geistigen Eigentums usw.); für ästhetische Kategorien, die seit dem 18. Jahrhundert Werke charakterisieren (Vollständigkeit, Beständigkeit, Originalität); wie auch für normative (Ablieferung von Pflichtexemplaren, Nationalbibliothek) und bibliothekarische Grundsätze (Katalogisierung, Klassifizierung, bibliographische Bescheibung), die abhängig von anderen Modalitäten der Herstellung, Konservierung und Mitteilung des Geschriebenen festgelegt wurden.

In der Welt der elektronischen Texte verschwinden zwei bis heute zwingende Bedingungen. Die erste sorgte dafür, daß die möglichen Eingriffe des Lesers in das Buch streng beschränkt blieben. Seit dem 16. Jahrhundert, also der Zeit, als der Typograph die Verantwortung für die Zeichen, Markierungen und Titel übernahm, die zur Zeit der Inkunabeln vom Korrektor oder Buchbesitzer von Hand auf die bedruckte Seite eingetragen wurden, kann der Leser seine Schrift lediglich noch an unbedruckten Stellen im Buch unterbringen. Der bedruckte Gegenstand zwingt ihm seine Form, seinen Aufbau, seine Räume auf. Er ist auf keine materielle, physische Beteiligung des Lesenden angewiesen. Wenn der Leser trotzdem seine Gegenwart verzeichnen möchte, kann er dies nur, indem er im Buch verstohlen die von der typographischen Gestaltung vernachlässigten Zwischenräume besetzt: die Innenseiten der Einbanddeckel, frei gelassene Seiten, die Ränder rings um den Text und so weiter.

Beim elektronischen Text verhält es sich anders. Der Leser kann die Texte nicht nur verschiedenen Operationen unterziehen (sie beispielsweise mit einem Index versehen, kommentieren, kopieren, verschieben, neu zusammensetzen), sondern er kann sogar zu ihrem Koautor werden. Die beim gedruckten Buch sogleich sichtbare Unterscheidung zwischen Schreiben und Lesen, zwischen dem Autor des Textes und dem Leser des Buches, verschwindet zugunsten einer anderen Wirklichkeit: Der Leser am Bildschirm wird einer von mehreren Autoren des Geschriebenen oder ist wenigstens in der Lage, ausgehend von den frei ausgeschnittenen und montierten Fragmenten einen neuen Text herzustellen. Wie der Besitzer von Manuskripten, der in ein und derselben Sammlung, ein und demselben Miszellen-Werk Schriften ganz verschiedener Art zusammenstellen konnte, kann der Leser des elektronischen Zeitalters nach eigenem Belieben originäre Textensembles herstellen, deren Existenz, Gliederung und Aussehen von ihm ganz allein abhängen. Und als ob das noch nicht genügte, kann er in jedem Augenblick in die Texte eingreifen, sie abändern, neu schreiben, sich zu eigen machen. Auf diese Weise ist die Beziehung zum Geschriebenen von Grund auf verändert.

Gleichzeitig erlaubt der elektronische Text erstmals die Aufhebung eines weiteren Zwangs. Seit der Antike plagte die Menschen im Abendland der Widerspruch zwischen dem Traum von einer universalen Bibliothek, in der alle jemals geschriebenen Texte und veröffentlichten Bücher versammelt sein sollten, und der zwangsläufig enttäuschenden Wirklichkeit der tatsächlich existierenden Bibliotheken, die, so groß sie auch waren, nur ein partielles, lückenhaftes und verstümmeltes Bild des universalen Wissens boten. Das Abendland hat dieser Sehnsucht nach der unmöglichen, aber begehrten Vollständigkeit durch zwei exemplarische Mythen Ausdruck verliehen: die Bibliotheken von Alexandria und Babel. Die Elektronik, die Texte über weiteste Entfernungen hinweg mitzuteilen erlaubt, hebt die bislang zwangsläufige Verbindung zwischen dem Ort des Textes und dem Ort des Lesers auf. Sie macht den alten Traum vorstellbar, verheißt ihn neu. Von seinen materiellen Bindungen und ehemaligen Ortsbeschränkungen losgelöst, vermag der Text in seiner elektronischen Darstellung theoretisch jeden beliebigen Ort und Leser zu erreichen. Vorausgesetzt, alle existierenden handgeschriebenen oder gedruckten Texte wären in elektronische Texte umgewandelt, würde die universelle Verfügbarkeit des Schriftbestandes möglich. Jeder Leser wird, gleich wo er sich befindet, jeden beliebigen Text unabhängig von seiner Form und ursprünglichen Lokalisierung einsehen, lesen, studieren können, wenn er nur zu einem Leseplatz mit Anschluß an das Netz Zugang hat, das die Verteilung der elektronisch aufbereiteten Dokumente gewährleistet.

Wie Armando Petrucci zeigt, ist die traditionelle Lektüre in unserer heutigen Welt der Konkurrenz durch das Bild ausgesetzt und zugleich der Bedrohung, ihre durch schulische oder gesellschaftliche Normen vermittelten Repertoires, Regeln und Verhaltensweisen zu verlieren. Zu diesem Umbruch kommt ein zweiter, der vorerst noch kaum ausgeprägt ist und je nach Land unterschiedlich wahrgenommen wird: daß nämlich der Träger des Geschriebenen verändert und der Leser plötzlich zu neuen Gesten und neuen intellektuellen Praktiken gezwungen ist. Der Schritt vom Kodex zum Bildschirm ist ebenso bedeutend wie der von der Schriftrolle zum Kodex. Mit ihm wird die Ordnung der Bücher, die den Männern und Frauen des Abendlandes seit den ersten Jahrhunderten des christlichen Zeitalters vertraut war, in Frage gestellt. So setzten sich neue Arten des Lesens durch oder drängen sich auf, die man in ihrer Gesamtheit noch nicht kennzeichnen kann, die jedoch zweifellos grundlegend neue Lesepraktiken mit sich bringen.

## Typologie

Die Geschichte des Lesens wird vom Mittelalter bis zum 20. Jahrhundert durch drei Revolutionen untergliedert, die ihre Praktiken verändern. Dabei treten einige wesentliche, einander ablösende Modelle zum Vorschein. Das erste davon, das in diesem Buch von Anthony Grafton analysiert wird, kann als »humanistisch« bezeichnet werden. Es kennzeichnet die gebildeten Lektüren der Renaissance ausgehend von einer spezifischen intellektuellen Technik, nämlich der der *loci communes* (Gemeinplätze).

Zwei Gegenstände sind materieller Ausdruck und Symbol dieser Art des Lesens. Der erste ist das Bücherrad, das es schon lange gab, dank der Fortschritte in der Mechanik von den Technikern der Renaissance jedoch perfektioniert wurde. Von einer Reihe von Zahnrädern betrieben, erlaubt das Bücherrad dem Leser, auf den Ständern des Apparates mehrere Bücher vor sich zu haben, d. h. die gleichzeitige Lektüre mehrerer Bücher. Der Leser, der ein Bücherrad benutzt, stellt also Texte nebeneinander und vergleicht sie. Er liest sie, um ihnen Zitate oder Beispiele zu entnehmen und versieht die Absätze, die seine Aufmerksamkeit erregt haben, mit Anmerkungen, um sie leichter wiederfinden und ihnen einen Index zuordnen zu können.

Das Heft der *loci communes* oder Gemeinplätze ist der zweite symbolträchtige Gegenstand des humanistischen Lesens. Es handelt sich dabei um ein pädagogisches Instrument, das zu besitzen sich jeder Schüler oder Student verpflichtet fühlt, und zugleich um eine unverzichtbare Ergänzung zur gelehrten Lektüre. Geordnet nach Themen und Rubriken, trägt der Leser, gleich ob Lehrling oder Fachmann, Fragmente aus gelesenen Texten, die von grammatikalischer Bedeutung, inhaltlichem Interesse oder schlagender Beispielhaftigkeit sind, in Hefte ein. Diese auf der Lektüre basierenden, die alten Gedächtnishilfen ablösenden Hefte der *loci communes* können ihrerseits zur Quelle für die Produktion neuer Texte werden. Aus der Fülle des in ihnen enthaltenen Materials – Textzitate, Gesehenes, Erlebtes und gelesene Exempel – nährt sich das rhetorische Ideal der für jede Argumentation unabdingbaren Menge an Worten und Fakten *(copia verborum ac rerum)*. Die von der gelehrten Lektüre hervorgebrachten Hefte der *loci communes* bilden im 16. Jahrhundert dann ein regelrechtes verlegerisches Genre, sobald angesehene Autoren (Erasmus, Melanchthon) und Verlagsbuchhändler sie vervielfältigen, spezialisieren und dadurch Werke ansammeln, die im Recht, in der Pädagogik und der Theologie Verwendung finden können.

Die Lektüre, die die Technik der *loci communes* charakterisiert, hat ihre Spezialisten: die »Berufsleser«, von den adligen Familien angestellt, um den Söhnen im Studium beizustehen oder bei den Vätern in die vielseitige Rolle des Sekretärs, Vorlesers und, wie Anthony Grafton und Lisa Jardine es nennen, des *facilitator* zu schlüpfen, der die Lektüre »erleichtert«. Sie sind es, die Kurz- und Zusammenfassungen anfertigen, Sammlungen von Zitaten und Exzerpten anlegen, die ihrem Herrn oder adligen Schirmherrn bei der Lektüre der für seinen Rang oder seine Stellung erforderlichen klassischen Autoren behilflich sein sollen. Doch auch abgesehen von diesen »Berufslesern« – oft ehemalige Akademiker oder Universitätslehrer – wird das auf der Methode der *loci communes* fußende Lesen vom gesamten gebildeten Publikum praktiziert. Ein sehr gutes Beispiel dafür bietet Jean Bodin. Er empfiehlt jenen, die die Geschichte kennenlernen wollen, beim Lesen drei Hefte anzulegen, in denen die menschlichen Belange, die Naturereignisse und die göttlichen Dinge zu sammeln sind. Und er scheint diese Technik selbst zu praktizieren, denn sein 1596 veröffentlichtes Buch *Universae Naturae Theatrum* basiert ganz auf der – wie in einer Sammlung von *loci communes* geordneten – Anhäufung von Zitaten, Beobachtungen und

Informationen zu jeder einzelnen behandelten Frage. Als eine solche Sammlung wurde das Buch jedenfalls auch gelesen, wie die Randbemerkungen in manchen Exemplaren zeigen, in denen vom Leser gekennzeichnete Absätze verschiedenen Rubriken einer Nomenklatur von *loci* zugeordnet werden.

Gebildete Leser, die sich von diesem dominanten Modell entfernen, sind in der Renaissance selten. Montaigne ist einer davon. Sein Leseverhalten widersetzt sich den Gepflogenheiten der gebildeten Leser in jeder Beziehung: Er führt beim Lesen kein Heft mit *loci communes*, weigert sich also, abzuschreiben und zu kompilieren; er macht keine Anmerkungen zu den Büchern, die er liest, um Exzerpte und Zitate parat zu haben, sondern gibt in seinem Werk selbst ein Gesamturteil dazu ab; schließlich benutzt er bei der Abfassung seiner *Essais* keine Nachschlagewerke mit *loci communes*, sondern schreibt frei, ohne auf Lektürereminiszenzen zurückzugreifen oder die Kette seiner Gedanken durch Verweise auf Angelesenes zu unterbrechen. Montaigne ist also ein einzigartiger Leser, der die Regeln und Gepflogenheiten der Studienlektüre ablehnt: Er liest nie nachts, er liest nie im Sitzen, er liest unsystematisch, und seine Bibliothek, weit entfernt von einer offenen und häufigen Veränderungen unterworfenen Ressource nach Art aller großen humanistischen Bibliotheken, ist für ihn ein privilegierter Ort der Weltflucht. Nichts vermag die Einzigartigkeit einer solchen Praxis und, im Kontrast dazu, die beherrschende Macht des Modells, dem sie sich widersetzt, besser zu zeigen als die Anstrengungen, die unternommen wurden, um der Fremdheit der *Essais* Herr zu werden durch eine Einteilung nach *loci communes* oder eine thematische Neuaufteilung, die demjenigen Leser eine bequemere Lektüre ermöglichen sollte, der ihnen Exzerpte und Beispiele entnehmen wollte. Die unbestreitbare Originalität Montaignes nimmt man besser vor dem Hintergrund der Konventionen und Gewohnheiten wahr, die das gelehrte Lesen der Renaissance beherrschten.

Die religiösen Reformbewegungen des 16. und 17. Jahrhunderts etablieren im Abendland ein zweites großes Lektüremodell. Wie die Beiträge von Jean-François Gilmont und Dominique Julia zeigen, verändert die massive Verbreitung eines neuen *corpus* christlicher Texte das Verhältnis der Gläubigen zur Schriftkultur tiefgreifend. Es setzen sich neue Klassifikationen durch, welche die klassische historiographische Dichotomie von Protestantismus versus Katholizismus herzlich wenig respektieren. Der so oft beschworene Gegensatz zwischen dem Protestantismus als einer auf die persönliche Lektüre des Bibeltextes gründenden Schriftreligion und dem Katholizismus als einer von der kirchlichen Vermittlung abhängigen Religion des gesprochenen Wortes und des Zuhörens ist heute nicht mehr haltbar.

Zum einen sind beiderseits der Konfessionsgrenze die gleichen Verbote und Vorschriften wirksam, die darauf abzielen, die Gläubigen ausschließlich zu den autorisierten Texten hinzuführen. Zwar haben die Verbote nicht überall die gleiche Strenge oder den gleichen Rückhalt – man denke an die Rolle, die in der römischen Kirche der Index der verbotenen Bücher und die von den Inquisitionsgerichten erlassenen Verurteilungen spielten. Aber alle Kirchen sind bemüht, die Christen zu Lesern zu machen und die im Zuge der religiösen Erneuerung geforderten neuen Verhaltensweisen durch eine vermehrte Produktion von Lehr-, Andachts- und liturgischen Büchern zu unterstützen. In ihrer Festlegung auf das Spirituelle und die Andacht wird die Lektüre so ganz durch das Verhältnis zu Gott bestimmt. Sie findet ihren Zweck nicht in sich selbst, sondern muß dem christlichen Leben des Gläubigen Nahrung sein: Dieser wird durch das Buch, aber über dieses hinaus von den wieder und wieder entzifferten und kommentierten Texten zur einzigartigen und unmittelbaren Erfahrung des Heiligen geführt.

Zum andern scheint sich der Hauptgegensatz in der christlichen Lektüre zwischen Luthertum und Katholizismus einerseits und den reformierten, calvinistischen oder pietistischen Glaubenslehren andererseits entwickelt zu haben. Zumindest bis zum Ende des 17. Jahrhunderts ist das Luthertum genausowenig eine Religion der individuellen Bibellektüre wie der römische Katholizismus. Im lutherischen Deutschland, aber auch in Nordeuropa ist die Bibel ein Buch der Pfarrei, der Pastoren oder Priesterkandidaten, das niemandem in die Hände fallen darf, der es in abweichender oder gefährlicher Weise lesen könnte. Daher rührt in lutherischen wie katholischen Ländern die wichtige Rolle des Priesterwortes und aller Bücher, die die Aufgabe haben, auf die richtige Deutung der Schrift hinzuweisen. Katechismen, Psalter und biblische Geschichten (neue schriftliche Fassungen des Bibeltextes) sind das bevorzugte, im übrigen auf beiden Seiten der Konfessionsgrenze recht ähnliche Material dieser Lektürevermittlung.

In calvinistischen oder puritanischen Gegenden brachte der persönliche und familiäre Umgang mit dem Bibeltext völlig andere Lesepraktiken mit sich. Die direkte, unvermittelte Beziehung des Gläubigen zum heiligen Wort macht die Bibellektüre zu einer grundlegenden spirituellen Erfahrung und zum Vorbild aller möglichen Lektüren. Das Lesen der Bibel – still für sich selbst oder laut vor der versammelten Familie, in der Kirche oder im Privaten – ist keinen Augenblick lang aus dem Leben wegzudenken und definiert eine Beziehung zum Geschriebenen von besonderer Intensität. Dieses besondere Modell der Lektüre, in dem man die vollendete Form des »intensiven Lesens« sehen kann, beherrscht alle Leser, ob sie Geistliche oder Laien, Angehörige calvinistischer oder lutherischer Gemeinden, Puritaner oder, im Gefolge der »zweiten Reformation« seit den letzten Jahrzehnten des 17. Jahrhunderts, Pietisten sind.

Die Geschichte der Lesepraktiken gibt somit Anlaß, von der allzu einfachen Entgegensetzung von Protestantismus und Katholizismus Abstand zu nehmen und eher die lange unbemerkt gebliebenen Ähnlichkeiten zwischen der römischen Kirche und der lutherischen Glaubenslehre sowie dauerhafte Unterschiede im Inneren der reformierten Welt selbst hervorzuheben. Diese Geschichte offenbart zudem grundlegend andere Praktiken in den westlichen Gesellschaften, die einen Kontrapunkt zu den herrschenden christlichen Modellen bilden – etwa jene der jüdischen Gemeinden, die Robert Bonfil in diesem Band analysiert.

Über die Unterschiede in der Beziehung zum Geschriebenen hinaus zeigt sich in dieser oft verbotenen und (denken wir an das spanische Beispiel) verfolgten Lektüre von Minderheiten eine abweichende Aneignung von Texten, die aus Bruchstücken christlicher Werke, in denen ketzerisches Gedankengut verurteilt wird, eine andere Tradition und Religion rekonstruiert. Auch jenseits der jüdischen Gemeinden stellen solche »in die Tiefe gehenden« Lektüren, die Texte entschlüsseln, um genau das zu finden, was diese Texte zensieren und auslöschen wollen, eine Verteidigungspraxis all jener Leser dar (Protestanten in Gebieten der Gegenreformation, Katholiken in reformierten Ländern, rebellische Geister unter absolutistischer Herrschaft usw.), die eine herrschende Ordnung von den verbotenen Werken fernhalten will.

Durch den allgemeinen Anstieg der Alphabetisierung, das Aufkommen neuer Leserschichten (Frauen, Kinder, Arbeiter) in der Schriftkultur der Druckerpresse und die Diversifizierung der Druckerzeugnisse erlebt das 19. Jahrhundert (dem sich Martyn Lyons in seinem Aufsatz widmet) eine starke Auffächerung der Lesemodelle. Groß ist der Kontrast zwischen schulischen Normen, die überall die Festsetzung eines einzigen, kontrollierten und kodifizierten Ideals statthafter Lektüre anstreben, und, auf der anderen Seite, der extremen Verschiedenheit der Praktiken einer jeden Gemeinschaft von Lesern, ob diese nun von alters her mit der Schrift vertraut sind oder zu den neuen Leserkreisen gehören.

Zwar lasen nicht alle Leser unter den absolutistischen Herrschaften des Abendlands auf die gleiche Weise, und zwischen den gewandtesten, die auf Grund ihres Erbes, Berufes oder aus Gewohnheit lasen, und den ungeschicktesten, den Lesern der Druckerzeugnisse fliegender Händler, bestanden große Unterschiede. Doch mit dem nahezu allseitigen Zugang zur Lesefähigkeit, wie er im 19. Jahrhundert in den entwickeltsten Teilen Europas durch die Akkulturation an das Geschriebene in und außerhalb der Schule geschaffen wird, führt die Fragmentarisierung der Leseweisen und der Buchmärkte (oder Zeitungsmärkte) trotz einer augenscheinlich gemeinsamen Kultur zu einer noch extremeren Auffächerung der Praktiken.

Die Typologie der vorherrschenden Modelle der Beziehung zum Geschriebenen, so wie sie seit dem Mittelalter aufeinander folgten (vom monastischen Modell des Schreibens zum scholastischen Modell des Lesens, von der humanistischen Technik der *loci communes* zu den spirituellen und religiösen Lektüren des reformierten Christentums, von den volkstümlichen Arten des Lesens zur »Leserevolution« der Aufklärung), weicht in den zeitgenössischen Gesellschaften einer Aufsplitterung der Gewohnheiten, die derjenigen der sozialen Welt entspricht. Mit dem 19. Jahrhundert tritt die Geschichte des Lesens in das Zeitalter einer Soziologie der Unterschiede ein.

## Das Lesen zwischen Zwängen und Erfindung

Lange wurde die Geschichte des Lesens von zwei unterschiedlichen Forschungsansätzen beherrscht: Die einen wollten die traditionelle Literaturgeschichte ändern oder über sie hinausgehen; die anderen stützten sich auf eine Sozialgeschichte des Umgangs mit dem Geschriebenen. Die Rezeptionsästhetik deutscher Prägung, die *reader-response theory* amerikanischer Herkunft und die Arbeiten, die an den im Vergleich zum französischen und amerikanischen Strukturalismus stärker historisch ausgerichteten russischen und tschechischen Formalismus anknüpften, stehen für ebenso viele Versuche, die Lektüre aus dem Werk »herauszunehmen«, sie als eine Interpretation des Textes zu begreifen, die durch die sprachlichen und diskursiven Verknüpfungen nicht ganz und gar beherrscht wird. Auf der anderen Seite hat die Geschichte des Lesens starke Unterstützung durch die Geschichte der Alphabetisierung und der Versorgung mit schulischen Einrichtungen, die Geschichte der kulturellen Normen und Kompetenzen sowie der Verbreitung und Verwendungen des Buchdrucks gefunden. Sie wirkte wie die mögliche und notwendige Fortsetzung der klassischen Studien, die für mehrere europäische Orte den Zusammenhang zwischen Verlagsproduktion, Soziologie der Buchbesitzer, Kundschaft der Buchhändler, Lesezimmer und Lesegesellschaften dargestellt haben.

Die bibliographische Analyse englischen und amerikanischen Typs hat zwischen diesen beiden Familien von Ansätzen eine mögliche Gliederung vorgeschlagen. Zum einen zeigt sie, wie die Formen des Buches und die Anordnung der Seite die Konstruktion des Textsinns beeinflussen. Zum andern sammelt sie zu einem bestimmten Buch die Spuren seines Umlaufs (Besitzereinträge, Exlibris, Hinweise auf Erwerb, Schenkung, Ausleihe usw.) und seiner Lektüre (Unterstreichungen, Anmerkungen, persönliche Register, handgeschriebene Texte usw.). Dadurch erinnert sie daran, daß die Texte ihren Lesern immer in Formen (handgeschriebenen oder gedruckten, schriftlichen oder mündlichen) vermittelt werden, die sie bestimmten Zwängen aussetzen, ohne jedoch ihre Freiheit zunichte zu machen.

Die Geschichte des Lesens, die wir in diesem Buch gemeinschaftlich vorschlagen, nimmt sich vor, diese verschiedenen Ansätze miteinander zu verbinden, auch wenn sie wohlgemerkt mehr historisch als literarisch orientiert ist. Sie setzt sich ein doppeltes Ziel: die Zwänge zu erkennen, die den Umgang mit Büchern und die Sinnproduktion einschränken, und die möglichen Freiräume des Lesens zu ergründen – Freiräume, die zwar stets in ein Netz vielfacher Abhängigkeiten eingebunden sind, die aber Möglichkeiten bieten, die Vorkehrungen zu ihrer Beschränkung zu ignorieren, zu modifizieren oder zu unterlaufen.

Beschränkungen sind in erster Linie rechtlicher und gesetzlicher Art. Zensur und Selbstzensur, aber auch die das Recht von Urhebern und Erben regelnde Rechtsordnung stellen Mechanismen dar, um die Leser im Zaum zu halten: durch Mangel, indem sie dem Großteil von ihnen die verbotenen Werke vorenthalten, die einer Minderheit, den Privilegierten oder Mutigen, den Kunden der Schwarzhändler, vorbehalten bleiben; durch Verstümmelung, indem Zensoren oder Testamentsvollstrecker Texte entschärfen, verbessern oder umarbeiten, die dann mit ihrer ursprünglichen Form und der Intention ihres Schöpfers nicht mehr viel gemein haben.

Auch die Verlagsstrategien erlegen den Lesepraktiken Beschränkungen auf. Indem sie neue Text- und editorische Genres erfinden und den weniger Begüterten preiswerte Druckausgaben zur Verfügung stellen (zunächst Bücher der *Bibliothèque bleue, chapbooks, pliegos sueltos,* später Tageszeitungen und populäre Reihen), bieten die Verleger dem Publikum ein immer breiteres und differenzierteres Spektrum möglicher Lektüren an. Die Freiheit der Leser kann jedoch nur innerhalb dieser Vorentscheidungen zum Zuge kommen, die ausgehend von Vorlieben oder Interessen – die aber eben nicht zwangsläufig die ihren sind – getroffen werden. Auch wenn diese Vorlieben nicht immer und ausschließlich durch kommerzielle Interessen motiviert sind, bestimmen sie doch die jeweilige Verlagspolitik und gestalten das Leseangebot. Diese »Vorabkontrolle« der Leser durch die Entscheidungen der Verleger, die in der Zeit der Industrialisierung des Buchdrucks, der starken Konkurrenz und neuer Leserschichten entstand, wurde zu einem dauerhaften Merkmal der Gesellschaften des Ancien régime.

Innerhalb der Reviere, die solchermaßen ihren Streifzügen dargeboten werden, eignen sich die Leser die Bücher (oder andere Druckerzeugnisse) an, geben ihnen einen Sinn, stellen sie in ihren Erwartungshorizont. Diese Aneignung ist weder frei von Regeln noch von Grenzen. Erstere rühren von den Strategien der Texte: Sie möchten Wirkungen erzielen, eine Haltung vorschreiben und den Leser in die Pflicht nehmen. Die Fallen, die diesem gestellt sind und in die er tappen soll, ohne es auch nur zu merken, sind konzipiert mit Blick auf die widersetzliche Erfindungsgabe, die ihm grundsätzlich unterstellt wird. Weitere zugleich beschränkende und Alternativen bietende Leseregeln erlegt die Illustration auf. Als häufige Beigabe zum gedruckten Text stellt sie ein Leseprotokoll dar, das entweder zusammen mit anderen Zeichen, aber in ein und derselben Grammatik das im Geschriebenen Formulierte ausdrücken oder in einer speziellen Sprache das, was die Logik der Sprache nicht zu zeigen vermag, dem Blick zu erkennen geben soll. In beiden Fällen (die zwei sehr verschiedene Funktionsweisen der Beziehung zwischen Text und Bild markieren) kann die Illustration, die ja die Deutung leiten soll, trotzdem zur Basis einer »anderen«, vom Buchstaben des Textes losgelösten Lektüre werden, zur Schöpferin eines eigenen Sinnraumes.

Diese Dialektik von Zwang und Erfindung führt zur Überschneidung einer Geschichte der Konventionen, welche die Hierarchie der – Modalitäten und Register der sprachlichen Darstellung bestimmenden – Gattungen regeln, und einer anderen Geschichte, nämlich der Wahrnehmungs- und Beurteilungsschemata, die jeder Gemeinschaft von Lesern eigen sind. Einer der Hauptgegenstände der Geschichte des Lesens liegt deshalb in der Ermittlung der Abstände, die sich auf lange Sicht zwischen den Lesern bzw. den von den Werken konzipierten und anvisierten Ideallesern und den vielen konkreten, aufeinanderfolgenden Leserschaften der Werke herausbilden.

Die Variationen der formalen Textgestaltung der Werke erzeugen ebenfalls einen solchen Abstand. Die der Textpräsentation gegebenen Formen, die je nachdem vom Willen des Autors, den Entscheidungen des Verlegers oder den Gewohnheiten der Drucker (oder Kopisten) abhängen, haben dementsprechend eine doppelte Bedeutung. Zum einen übersetzen sie die Wahrnehmung, die die Produzenten von Texten oder Büchern von den Kompetenzen der Leser haben; zum anderen neigen sie dazu, den Lesern eine bestimmte Art des Lesens, des Verständnisses und der Deutung aufzudrängen. Im Manuskript und im gedruckten Buch sind diese formalen, materiellen Unterschiede auf verschiedenen Ebenen angesiedelt. Da ist zunächst die Linienführung der Schrift, zu der im Frühmittelalter die Trennung der Wörter hinzukam, eine wesentliche Bedingung für das stille Lesen. An zweiter Stelle folgt die Seitengestaltung, die zwei Veränderungen erfuhr: in der Spätzeit des handgeschriebenen Buchs durch das Auftauchen der am Rand stehenden Texte (Zwischentitel, Glossen, Kommentare); im 16. und 17. Jahrhundert durch das Auftreten und später die Generalisierung der Einrückungen und Einteilung in Absätze. Schließlich das Buch selbst, dem die Drucktechnik seine dem Frontispiz aufgeprägte Identität und eine neue Handhabbarkeit verleiht, die durch die Verallgemeinerung und Festlegung von Seitenpaginierung und Indizes sichergestellt wird.

Die in diesem Buch vorgeschlagene Geschichte der Lesepraktiken möchte diese unterschiedlichen Ansätze, diese unterschiedlichen Verstehensweisen der Begegnung zwischen Texten und ihren Lesern miteinander verknüpfen. In allen Aufsätzen ist es dieselbe Idee, die den roten Faden bildet: über die Untersuchung des Wandels der Lektüreweisen einen neuen Blick auf die wichtigsten (kulturellen, religiösen, politischen) Entwicklungen zu richten, welche die westlichen Gesellschaften von der Antike bis heute erschüttert haben. Diese Gesellschaften sind sehr früh, schon in der griechischen Antike, Gesellschaften der Schrift, des Textes, des Buchs gewesen. Lesegesellschaften also. Das Lesen ist jedoch keine anthropologische Invariante ohne jede Historizität. Männer und Frauen des Abendlandes haben nicht immer auf die gleiche Art und Weise gelesen. Viele verschiedene Modelle haben ihre Praktiken geleitet: Viele »Revolutionen des Lesens« haben ihre Verhaltensweisen und Gewohnheiten verändert. Unser Werk möchte eine Bestandsaufnahme dieser Modelle und Revolutionen bieten und zu ihrem Verständnis beitragen.

*Aus dem Italienischen von Martina Kempter*

Kapitel 1

# Archaisches und klassisches Griechenland: Die Erfindung des stillen Lesens

*Jesper Svenbro*

Die alphabetische Schrift bricht um das 8. Jahrhundert v. Chr. in die griechische Kultur ein, und damit in eine Welt, die seit langem von der mündlichen Überlieferung geprägt ist. Doch wenn das gesprochene Wort hier gemäß der bekannten Formel »am Anfang« war, so gilt vielleicht in erster Linie, daß es an der Macht war. Denn im »Griechenland der Anfänge« herrscht das gesprochene Wort unbestritten, ganz besonders in der Form von *kléos* (»Ruf, Berühmtheit«), die den Helden des Epos von den homerischen Sängern übertragen wird. Für die Griechen der archaischen Epoche ist *kléos* ein zentraler Wert, ja eine regelrechte Obsession. Wenn der homerische Held es hinnimmt, im Kampf zu sterben, dann, weil er hofft, »unvergänglichen Ruhm« zu erwerben. Es ist nun bezeichnend, daß dieses durch »Ruf«, »Berühmtheit« oder »Ruhm« übersetzte Wort *kléos* die grundsätzliche Bedeutung »Laut« hat (darauf verweisen die etymologischen Verwandtschaftsbeziehungen dieses Wortes in den germanischen Sprachen, z. B. in dem deutschen Wort »Laut«). Der Ruhm eines Achill ist mithin einer für das Ohr, ein lautlicher, akustischer Ruhm. Im Plural ist *kléos* der Terminus technicus, den Homer zur Bezeichnung seiner eigenen epischen Dichtung verwendet. In seiner lautlichen Gestalt ist das Wort wirksam, sie bringt den Helden zur Existenz.

Die Wertschätzung des Lautlichen ist selbst noch in der Veränderung ausmachbar, die die Griechen am konsonantischen Alphabet vornehmen, das sie von den Semiten übernehmen: Bekanntlich definieren sie eine bestimmte Anzahl von Zeichen neu, um so die Vokale zu notieren. Um zu verstehen, warum und unter welchem Blickwinkel sie sich die phönikische Schrift aneignen, ist es also durchaus sinnvoll, sich diese Wertschätzung des Lautlichen vor Augen zu halten. Es mag paradox erscheinen, denn wozu könnte die »stumme Schrift« in einer Kultur dienen, in der die mündliche Überlieferung vermeint, ihren eigenen Fortbestand ohne weitere Stützen als das Gedächtnis und die Stimme der Menschen sichern zu können? Die einfachste Antwort scheint zu lauten: zur Hervorbringung von immer mehr *kléos*, zum Beispiel anhand der Grabinschriften, die eine neue Form der Posterität des Gestorbenen gewährleisten. Auf diese Weise wäre die Schrift unter einer Perspektive in den Dienst der mündlichen Überlieferung getreten, die dieser selbst nicht fremd ist: nicht zur Rettung der epischen Überlieferung (obwohl sie dies letztlich auch leisten sollte), sondern um zur Hervorbringung von Laut, von wirksamen Worten, widerhallendem Ruhm beizutragen.

Tatsächlich deckt sich diese Antwort mit einer Hypothese über die Art und Weise des Lesens im archaischen Griechenland: Die Annahme scheint zwingend, daß die ersten griechischen Leser laut gelesen haben. Denn in einer Kultur wie der griechischen, die derart das gesprochene Wort wertschätzt, ist die Schrift nur insoweit von Interesse, als sie auf ein oralisiertes Lesen zielt. Nun verändert unsere Hypothese keineswegs die grundsätzliche Vorstellung, die man sich seit langem schon vom Lesen in der Antike macht. Von kulturellen Gegebenheiten aus formuliert, trifft sie sich vielmehr mit einer anderen, allgemein übernommenen Hypothese, die ihrerseits nur die Extrapolation von Zeugnissen aus einer jüngeren Epoche darstellt: Wenn die Griechen der klassischen Epoche mit lauter Stimme lasen, ist davon auszugehen, daß ihre Vorfahren das gleiche taten. Mangels Dokumenten scheint die Annahme logisch, daß lautes Lesen die Urform des Lesens darstellt.

## Das Vokabular des »Lesens« im Griechischen

Wenn auf den ersten Blick Zeugnisse, die uns über das archaische Lesen in Kenntnis setzen, fast vollständig zu fehlen scheinen, zumindest so lange, wie wir unter »Zeugnis« Beschreibungen des Leseakts oder der Reaktionen auf ihn verstehen, so ändert sich die Situation, sobald wir das Vokabular betrachten, das seit der archaischen Epoche entwickelt wurde, um die Vorstellung des Lesens zum Ausdruck zu bringen. Genauer, das Griechische besitzt mehr als ein Dutzend seit etwa 500 v. Chr. bezeugte Verben zur Bezeichnung des »Lesens«. Die hohe Zahl mag überraschen; sie dürfte auf die dialektale Mannigfaltigkeit des Griechischen zurückzuführen sein und darauf, daß die »Versuchsperiode«, in der jene Verben in Umlauf gebracht wurden und die einige von ihnen bevorzugen wird, zu der Zeit noch nicht beendet ist, in der sie in die Inschriften und Texte eingehen, auf die wir stoßen. Tatsächlich bilden diese Verben unseren Hauptzugang zur Logik des archaischen Lesens:

Die Grundbedeutung dieses oder jenes im Sinne von »lesen« verwendeten Verbs wird uns die Art und Weise angeben, in der der Leseakt zum Zeitpunkt seines erstmaligen – wenn nicht sogar späteren – Auftretens in spezialisiertem Gebrauch gedacht wurde. Diese Zeugnisse sind um so kostbarer, als sie den individuellen oder okkasionellen Rahmen überschreiten und auf der Ebene des geteilten Wissens, der Sprache, angesiedelt sind. Man wird unter diesen Umständen verstehen, warum es jetzt notwendig ist, auf vokabular- und grammatikspezifische Tatbestände hinzuweisen, mit denen sich die Hypothese hinsichtlich des Vokalcharakters des archaischen Lesens erhärten läßt. Eine solche Vorgehensweise ist gleichzeitig ein Verweis auf den grundlegend anderen Charakter des Lesens in einer Kultur, die sich von der unseren tiefgreifend unterscheidet, zugleich aber auch nahe genug ist, um einen Vergleich lohnend zu machen.

Wir verfügen seit 1950 über einen den griechischen Verben des »Lesens« gewidmeten Artikel von Pierre Chantraine[1] – ein nützlicher, wenngleich auf die Untersuchung von vier Vokabeln beschränkter Artikel. Unter den von dem bedeutenden französischen Gelehrten vernachlässigten Vokabeln erscheint mir eine ganz besonders wichtig, und von der wollen wir ausgehen. Es ist *némein* (wörtlich: »verteilen«). Nach den uns vorliegenden schriftlichen Dokumenten zu urteilen, wird dieses Verb selten im Sinne von »lesen« gebraucht, und diese seine Seltenheit könnte erklären, warum es vergessen wurde. Außer drei Eintragungen bei dem alexandrinischen Lexikographen Hesychios, der im 5. Jahrhundert n. Chr. lebte, ist es nur ein einziges Mal in nicht-zusammengesetzter Form bezeugt: bei Sophokles (496–406 v. Chr.), der es in einem kurzen Fragment verwendet, das gerade wegen des uns hier interessierenden Gebrauchs aufbewahrt wurde. In der Nacht vor der Abfahrt nach Troja lassen die griechischen Anführer ihre Truppen Revue passieren: »Du, der du auf dem Thron sitzt und die Schrifttafeln in den Händen hältst, lies (*néme*) die Liste, damit man erfahre, ob unter denjenigen, die den Eid geleistet haben, welche fehlen!«[2] Als Tyndareos unter den zahlreichen Bewerbern aus Sparta einen Gatten für seine Tochter Helena auswählen muß, läßt er alle einen Eid darauf schwören, daß sie die Rechte dessen verteidigen, auf den seine Wahl fallen wird. So kann Menelaos auf ein großes Kontingent an Helden zählen, als Paris ihm

Helena entführt. Im zitierten Fragment hält der Lesende die Liste derer in den Händen, die den Eid geleistet haben. Sein Lesen oder, wortwörtlich, seine Zu- bzw. Verteilung wird die möglicherweise Fehlenden offenbar machen. Es handelt sich um ein Lesen mit lauter Stimme vor einer Versammlung, auf die der Inhalt der Schrifttafeln mündlich »verteilt« wird.

Auf diese Weise vermag das Verb *némein*, dessen Grundbedeutung »verteilen« ist, den Sinn von »lesen« anzunehmen, genauer, den von »mit lauter Stimme lesen«. Doch scheint es, daß vor allem zusammengesetzte Verbformen in diesem spezifischen Sinn verwendet wurden, angefangen mit *ana-némein*, das dem Dichter Theokrit zufolge »im dorischen Dialekt« geläufig war.[3] Diese Präzisierung wird durch zwei sehr alte Zeugnisse bestätigt. Das erste findet sich bei dem Dichter Epicharm (etwa 530–440), einem Sizilianer und folglich mit dorischem Dialekt;[4] das zweite auf einer in Sizilien gefundenen Vase mit einer dorischen Inschrift aus den ersten Jahrzehnten des 5. Jahrhunderts.[5] Auch Hesychios kennt dieses Verb im Sinne von »lesen«, wie ebenfalls ein antiker Kommentator Pindars.[6] In *ana-némein* muß folglich mit Theokrit das dorische Verb gesehen werden, das »lesen« bedeutet. Treffen wir mithin im dorischen Dialekt, das heißt in Sparta wie in Sizilien, auf die aktive Form *ana-némein*, finden wir dagegen die mediale Form *ana-némesthai* auf einer in ionischem Dialekt gehaltenen Inschrift aus der ersten Hälfte des 5. Jahrhunderts, die auf Euböa gefunden wurde. Es handelt sich um die Grabstele eines gewissen Mnesitheos; das Epitaph beginnt mit folgenden Worten: »Sei gegrüßt, o Vorübergehender! Ich ruhe tot darunter. Der du dich näherst, lies (*ana-némesthai*[7]), wer hier begraben liegt: ein Fremder aus Aigina mit Namen Mnesitheos.«[8]

Im dorischen Dialekt macht die aktive Form *ana-némein* den Leser zum Instrument im Dienste des Geschriebenen: In Sparta fragt man sich nicht, ob der Leser selbst die Botschaft erhält, die er an andere »verteilt« – diese Festlegung gilt ebenso für das einfache *némein* wie für das zusammengesetzte Verb *epi-némein*, das bei Hesychios im Sinne von »lesen« bezeugt ist. Im Gegensatz dazu hat die im Epitaph des Mnesitheos benutzte mediale Form dieses Verbs eine viel subtilere Bedeutung als »verteilen«. Tatsächlich bedeutet sie »verteilen, indem man sich in der Verteilung mit einschließt«.[9] Der durch die euböische Grabinschrift in Szene gesetzte Leser »verteilt« folglich den Inhalt des Geschriebenen nicht nur an die »Vorübergehenden«, die im Text angesprochen werden, sondern auch an sich selbst. Anders gesagt, die vom Leser ausgesprochenen Worte richten sich ebenso an die Hörer wie an den Leser selbst. Im Grenzfall kann ein solcher Leser den Inhalt des Geschrieben »verteilen«, ohne daß er Hörer hat: er verteilt ihn an sich selbst, wird zu seinem eigenen Zuhörer, so als ob es für ihn zum Verständnis der graphischen Sequenz notwendig gewesen wäre, die Buchstaben für sein Ohr, das deren Sinn erfassen kann, zu vokalisieren. Für ihn ist seine eigene Stimme zum Instrument geworden.

Bei der Reflexion über diesen Leser, der das Geschriebene »auf sich selbst verteilt« und im Akt des Lesen etwas tut, was für uns zweifellos als ein – lauthafter – Umweg erscheint, um zum Sinn zu gelangen, läßt sich nicht der Eindruck vermeiden, daß dessen Entschlüsselung des Geschriebenen langsam und schwierig vonstatten geht. Sein Lesen scheint eine erhebliche Anstrengung darzustellen, die die Vorsilbe *ana-*, wie es Chantraine nahelegt, möglicherweise zum Ausdruck bringen soll.[10] Dieser Arbeitscharakter des Lesens muß nun unter zwei Aspekten, dem der Kompetenz des Lesers und dem der materiellen Darstellung des Geschriebenen, betrachtet werden. Was den ersten Aspekt anbelangt, so wissen wir dank Plutarch, daß sich in Sparta die Unterweisung in die Buchstaben auf das »strikt Notwendige«[11] beschränkte; aller Wahrscheinlichkeit nach war die Situation in Euböa nicht sehr viel anders. Selbst die Kompetenz dessen, der den Vorübergehenden, die sich damit begnügen, ihm zuzuhören, eine Inschrift vorliest, dürfte also mutmaßlich sehr relativ sein. Was den zweiten Aspekt angeht, so ist hervorzuheben, daß eine Inschrift wie die des Mnesitheos praktisch ohne Abstand zwischen den Wörtern geschrieben ist, ihre Buchstaben sind in *scriptio continua* aneinandergereiht, was das Lesen – wie jeder selbst in Erfahrung bringen kann – langsam und stockend werden läßt und unausweichlich dazu führt, daß auf die Stimme zurückgegriffen wird.

Das Verb *némein* steht also im Zentrum einer lexikalischen Familie, deren Glieder »lesen« bedeuten. So daß man zu Recht fragen kann, ob *nómos*, das aus *némein* gebildete Verbalsubstantiv, nicht die Grundbedeutung »Lesen« hat. Aus formaler Sicht ist gegen diese Hypothese nichts einzuwenden. Es stimmt zwar, daß in unseren Wörterbüchern nichts enthalten ist, das eine derartige Bedeutung von *nómos* nahelegte, das in der Regel mit »Gesetz« übersetzt wird. Nichts – außer den *nómoi* der Vögel bei Alkman,[12] einem Dichter des 7. Jahrhunderts v. Chr. Auf den ersten Blick scheinen die »Melodien« der Vögel (denn so muß das Wort hier übersetzt werden) nicht viel mit den Gesetzen der archaischen Gesetzgeber gemein zu haben. Doch man wird eines Besseren belehrt: Die *nómoi* von Charondas, einem der großen Gesetzgeber des archaischen Griechenland, »wurden gesungen«, so der Ausdruck eines antiken Autors.[13] Die Verteilung des Gesetzes kann mithin eine Form des Singens annehmen. Auf diese Weise sind Vögel und Nomoden (*nomodoí*: »Sänger des Gesetzes«[14]) in vollkommen analogen »Verteilungen« eingebunden. Das Gesetz ist eine stimmliche Verteilung, die sich anfangs auf das Gedächtnis, später auf das Geschriebene stützt. Dies entspricht der doppelten Bedeutung von *némein* und *ana-némesthai*. Denn diese beiden Verben können sich auf eine stimmliche, sich auf das Gedächtnis stützende Verteilung beziehen, so wenn ein bestimmtes Sprichwort bei Simonides »zitiert« (*némein*) oder Genealogien bei Herodot »rezitiert« (*ana-némesthai*) werden.[15] Wie wir gesehen haben, können sie sich auch auf eine stimmliche Verteilung beziehen, die sich auf Geschriebenes stützt, das heißt das Lesen einer Liste oder Inschrift. Im 7. Jahrhundert v. Chr. »verteilen« (*némein*) die von Hesiod geschilderten böotischen Könige die Rechtsprechung, die, wie uns Hesiod selbst lehrt, eine »zu hörende« Rechtsprechung ist, eine mündlich verteilte Rechtsprechung.[16] Damit die »Verteilung« dieser Rechtsprechung ein Lesen wird, fehlt ihr nur ein Schriftträger.

Die mündliche Verteilung, auf die sich *némein* und *nómos* beziehen, kann folglich eine solche sein, die sich ebenso auf das Gedächtnis wie auf Geschriebenes stützt, folglich eine Rezitation aus dem Gedächtnis wie ein lautes Lesen. Der *nómos* paßt sich sowohl einer mündlichen als auch einer schriftlichen Situation an. Dies ist jedoch nicht der Fall bei dem in Sparta benutzten Wort für »Gesetz«, nämlich *rhétra*. Denn dank Plutarch wissen wir, daß es in Sparta verboten war, das Gesetz schriftlich zu fixieren.[17] Es ist mithin vollkommen logisch, daß das Wort, das in Sparta »Gesetz« bedeutet, eine Ableitung des Verbs *eírein* (»sagen«) ist. In Rom dagegen scheint das Gesetz das Geschriebene vorauszusetzen. *Lex* ist das Verbalsubstantiv von *legere* (»lesen«) und bezeichnet in seiner Grundbedeutung das »Lesen«[18] (ohne die bei *nómos* zu beobachtende Mehrdeutigkeit). Wir erhalten so das folgende Schema:

| | | |
|---|---|---|
| Mündlichkeit | *eírein* (»sagen«) | *rhétra* |
| Münd-/Schriftlichkeit | *némein* (»rezitieren/lesen«) | *nómos* |
| Schriftlichkeit | *legere* (»lesen«) | *lex* |

Warum haben die Römer das Wort *legere* (»sammeln, zusammenlesen«) für »lesen« gewählt? Um diese Frage zu beantworten, muß man sicher die Tatsache berücksichtigen, daß das griechische *légein*, obwohl dies in den Wörterbüchern nicht auftaucht, die Bedeutung von »lesen« haben kann. Man denke nur an den Satz das Sokrates aus dem *Theaitetos*: »So nimm denn das Buch, Sklave, und lies.«[19] Oder auch an die Formel *lége tòn nómon* (»lies das Gesetz«), die bei den Rednern des 4. Jahrhunderts v. Chr. gebräuchlich war.[20] Und wenn *légo* »ich lese« bedeutet, ist es berechtigt anzunehmen, daß die Römer, als sie den Griechen das Alphabet entliehen, dieses Wort verstanden haben. Was wäre unter diesen Umständen natürlicher, als das lateinische Homonym *lego* (von dem der Imperativ *lege* ebenfalls vollkommen griechisch klingt) als Terminus technicus für »lesen« zu verwenden? Somit wäre die Bedeutung von »sammeln« für die Semantik des lateinischen *legere* (»lesen«) nicht grundlegend, auch wenn es nachträglich eine solche angenommen hat.

Ebenso wie *némein* kann *légein* also »lesen« bedeuten: Und wieder sind es vor allem die zusammengesetzten Formen des einfachen Verbs, die sich in der Bedeutung von »lesen« treffen, angefangen mit *ana-légein*, belegt in einer Inschrift von Teos (auf 470 bis 460 v. Chr. datiert[21]), und *ana-légesthai*, dessen Belege aus späterer Zeit stammen.[22] Was hinsichtlich der Vorsilbe *ana-* gesagt wurde – wie auch des Unterschieds zwischen aktivem *ana-némein* und medialem *ana-némesthai* –, gilt natürlich für diese beiden Verben ebenfalls, und dieser Parallelismus bestätigt zugleich die Bedeutung von »mündlich verteilen« und »lesen« für *némein*. Tatsächlich stehen *némein* und *légein* jeweils im Zentrum einer lexikalischen Familie nach dem Bild des anderen, deren Glieder alle »lesen« bezeichnen, wenn auch mit unterschiedlichen Nuancen.

Damit die Wortfamilie von *légein* (»lesen«) komplett ist, muß allerdings noch ein wichtiges Glied eingefügt werden, nämlich *epi-légesthai*.

Dieses Wort, das »lesen« bedeutet, kommt bei Herodot, dem Autor mit ionischem Dialekt aus dem 5. Jahrhundert v. Chr., häufig vor und wird nur in medialer Form benutzt (während sein Pendant *epi-némein* – »lesen« – nur im Aktiv belegt ist[23]) – einer Form, die sich auf dieselbe Weise erklären läßt wie die medialen *ana-némesthai* und *ana-légesthai* (»verteilen und sich in der Verteilung mit einschließen« und »lesen und sich im Lesen mit einschließen«). Das Medium impliziert, daß der Lesende für eventuelle Zuhörer und für sich selbst laut liest. Was die Bedeutung von *epi-légesthai* betrifft, so bezeichnet dieses Verb im wörtlichen Sinn: »ein Sagen hinzufügen zu«. Der Lesende fügt seine Stimme dem Geschriebenen hinzu, das für sich unvollständig ist. Die Schrift bedarf gleichsam des *légein* oder des *lógos*, das oder den ihr der Lesende hinzufügt; ohne Leser bliebe sie toter Buchstabe. Das Lesen ergänzt folglich als ein »Epi-log« das Geschriebene.

Auf diese Weise erhalten wir folgendes Schema von verblüffender Symmetrie:

| | | | | | |
|---|---|---|---|---|---|
| *epinémein* | *ananémein* | *némein* | *légein* | *analégein* | |
| | *ananémesthai* | | *analégesthai* | | *epilégesthai* |

Das Verb, das einem einfällt, wenn man sich fragt, womit der Grieche »lesen« ausdrückt, ist allerdings zweifellos *ana-gignóskein*, das zum ersten Mal bei Pindar in einem Gedicht belegt ist, das wahrscheinlich aus dem Jahr 474 v. Chr. stammt.[24] Denn wenn *ana-némein* das hauptsächlich verwendete Verb im Dorischen ist und *epi-légesthai* häufig im Ionischen gebraucht wird, so ist *ana-gignóskein* das Verb, das in Athen »lesen« bedeutet. Im attischen Dialekt ist »lesen« also wörtlich »(wieder)erkennen«, denn dies ist die Grundbedeutung von *ana-gignóskein*. Chantraine schreibt: »Dieses Verb war gut geeignet, *lesen* zu bezeichnen, d. h. die Schriftzeichen zu erkennen und sie zu entziffern.«[25] Eine Interpretation, die mit dem angesehenen Wörterbuch von Liddell-Scott-Jones konform geht, meiner Meinung nach allerdings unzulässig ist. Das (Wieder)Erkennen, worauf dieses Verb sich bezieht, betrifft nicht das einzelne alphabetische Zeichen, das im Griechischen durch das Wort *grámma* bezeichnet wird. Wir alle wissen, daß Lesen sich nicht auf die bloße Identifizierung der Buchstaben des Alphabets beschränkt.

Man kann »seine Buchstaben kennen« (*tà grámmata epístasthai*[26]), ohne lesen zu können. Ich möchte ein modernes Beispiel anführen, das veranschaulichen soll, wie nach meiner Vorstellung »(Wieder)Erkennen« beim Lesen verstanden werden muß.

»Doukipudonktan«[27] lesen wir auf der ersten Seite von *Zazie dans le métro* (»Zazie in der Metro«) von Raymond Queneau. Eingedenk unserer normalen Art zu lesen, stehen wir damit mehreren Anomalien gegenüber: 1. der Satz ist in *scriptio continua* geschrieben (ein typisches Merkmal der griechischen Schrift); 2. er ist nicht auf etymologische Weise geschrieben, was im Französischen die Regel ist, sondern auf phonetische Weise (was im Griechischen normal ist); 3. er gehört der Syntax nach zur gesprochenen Sprache (was vor der Bildung eines schriftlichen Idioms, das sich erkennbar von der gesprochenen Sprache unterscheidet, auf jeden Satz im Griechischen zutrifft). Aus diesen drei Gründen fühlt sich der französische Leser irritiert, wenn er zum ersten Mal auf den Satz »Doukipudonktan« stößt. Tatsächlich findet er sich in einer Situation wieder, die der des Lesers im archaischen Griechenland ähnelt: Erst wenn er seine Stimme mit einbringt – die Erfahrung belegt es –, wird er fähig, »(wieder)zuerkennen«, was auf den ersten Blick undurchsichtig ist. Sein Auge (hier endet die Analogie) hätte natürlicherweise die folgende, normalisierte Version desselben Satzes vorgezogen: »[C'est] d'où qu'ils puent, donc, tant?« Ja selbst: »C'est donc de quel endroit qu'ils dégagent tant d'odeur infecte?« Mit anderen Worten, das fragliche (Wieder)Erkennen betrifft die graphische Sequenz (und nicht den einzelnen Buchstaben), genauer: das (Wieder)-Erkennen der graphischen Sequenz als Sprache.

Der Leser, der die Sequenz »Doukipudontkan« zum ersten Mal ausspricht, erkennt sie dank seines Gehörs als Sprache, indem er sich etwa sagt: »Ah, das sollte das also heißen!« Bereits vor ihrem (Wieder)-Erkennen auf diese orale und aurale Weise hat er die Buchstaben identifizieren können, das seltsame Vorkommen zweier K wahrgenommen; doch diese punktuelle Identifizierung ist noch kein Lesen. Der entscheidende Moment, der Moment der (Wieder)Erkennung ist jener, wo sich die auf den ersten Blick hinsichtlich ihres Sinns undurchsichtigen und folglich immer zufällig ausgewählten Buchstaben dank der lesenden Stimme als Buchstaben mit Sinn erweisen. Es ist der Moment, wo sich die alphabetischen Zeichen aus griechischer Sicht in *stoicheia* verwandeln, in »konstitutive Elemente der Sprache« und, genauer, in »Buchstaben, die eine Sequenz bilden«.[28] Indem er die Buchstaben ausspricht, wird der Leser erkennen, ob sie eine intelligible Sequenz bilden oder nicht.

Neben diesen Verben für »lesen« besitzt das Altgriechische freilich noch einige andere, deren Bedeutung sich offenkundig nicht auf mündliches Lesen bezieht. Nach der archaischen Epoche kann der Sachverhalt des Lesens durch solche Verben ausgedrückt werden, die wörtlich »auf-rollen«, »auf-wickeln« bedeuten (*an-elíssein*[29]), nämlich ein Buch, oder auch »durchlaufen«[30], »eine Unterredung«, ja, »Beziehungen haben mit« (*en-tynchánein* und *syn-gígnesthai*[31]). Doch in ihrer überwiegenden Mehrheit zeugen die griechischen Verben für »lesen« nachdrücklich von der Praxis mündlichen Lesens, was sicher mit der Tatsache im Zusammenhang steht, daß man gewöhnlich wenig und mit Schwierigkeit las, vor allem aber mit der extremen Wertschätzung des lautlichen *lógos*, dieses »Fürsten«, wie der Sophist Gorgias sagen wird,[32] in einer Kultur, die aus dem ebenfalls lautlichen *nómos* einen »König« macht.[33]

## Die dreifache Lektion der Verben, die »lesen« bedeuten

Bei der Untersuchung der Verben, die »lesen« bedeuten, konnten wir mindestens drei charakteristische Merkmale des Lesens im alten Griechenland ausmachen, Merkmale, deren Wichtigkeit hier zu unterstreichen ist. Das erste ist der instrumentelle Charakter des Lesenden oder der lesenden Stimme, wie in der Analyse von *némein* und seiner zusammengesetzten Formen zu beobachten war. Das zweite ist der unvollständige Charakter der Schrift, die einer lautlichen Umsetzung bedarf, was durch das Verb *epi-légesthai* belegt wird. Das dritte Merkmal folgt logisch aus den beiden ersten. Denn wenn die Stimme des Lesenden das Instrument ist, dank dessen sich die Schrift in ihrer ganzen Fülle verwirklicht, bedeutet dies, daß die Adressaten des Geschriebenen nicht Leser im strengen Wortsinn sind, sondern »Zuhörer«, so, wie die Griechen sie selbst nannten. Die »Zuhörer« des Textes (*akoúontes* oder *akroataí*) sind nicht dessen Leser, wie es unsere Wörterbücher unterstreichen. Abgesehen vom Leser, »der sich beim Lesen mit einschließt« und der seine eigene Stimme hört, lesen sie absolut nichts. Sie machen nichts anderes, als daß sie einem Lesen zuhören, wie die »Vorübergehenden« des Epitaphs von Mnesitheos.

Verweilen wir zunächst beim – aus griechischer Sicht – unvollständigen Charakter der Schrift. Wenn es stimmt, daß der Text gelesen werden muß, um Vollständigkeit zu erreichen, dann folgt daraus logisch, daß das Lesen zum Text dazugehört. Diese Aussage knüpft an einen Satz an, der für Michel Charles in *Rhétorique de la lecture* den Ausgangspunkt bildet: »Man wird sich hier an diesen wesentlichen Tatbestand halten: das Lesen ist Teil des Textes, es ist ihm eingeschrieben.«[34] Wie stimmt diese Auffassung mit der Situation im antiken Griechenland überein? In welcher Weise ist der lautliche Akt Teil dessen, was für uns ein stummes Phänomen ist? In welcher Weise ist das eine im anderen enthalten? Zunächst einmal ist an den stofflichen Charakter des Geschriebenen in Griechenland zu erinnern, haben wir doch festgestellt, daß die *scriptio continua* die Vokalisierung praktisch unausweichlich macht. Das Fehlen von Zwischenräumen (ebenso wie das einer normierten Orthographie) läßt jedes Lesen zu einer Lauterfahrung werden. Dieses Fehlen programmiert also negativ das oralisierte Lesen, das folgerichtig in den Text eingefügt ist. Doch wir müssen noch weiter gehen. Mit der Etymologie des Worts *Text* (von lateinisch *textus*, »Gewebe«) spielend, würde ich sagen, daß hier alles den Eindruck vermittelt, als wäre der Text aus einer geschriebenen Kette und einem Vokaleinschuß gemacht, die sich im Akt des Lesens verbinden und danach wieder lösen. In einer solchen Konzeption, die meiner Ansicht nach der antiken Erfahrung des Lesens treu bleibt, wäre der Text demnach kein statisches Objekt, sondern die Bezeichnung für die dynamische Beziehung zwischen Geschriebenem und Stimme, zwischen Schreibendem und Lesendem. Der Text würde so zur lautlichen Verwirklichung des Geschriebenen, dieses Geschriebenen, das sich ohne die Stimme des Lesenden nicht verteilen oder aussprechen ließe.

Doch wenn das Geschriebene ohne die Stimme unvollständig ist, heißt das auch, daß es sich eine Stimme aneignen muß, um sich vollständig zu realisieren. Wir haben es gesehen, der Schreiber rechnet mit dem Erscheinen eines Lesers, der bereit ist, seine Stimme in den Dienst des Geschriebenen zu stellen, um dessen Inhalt auf die Vorübergehenden, auf die »Zuhörer« des Textes zu verteilen. Er rechnet mit einem Leser, der dem Zwang des Buchstabens folgen wird. Lesen heißt also, seine eigene Stimme dem Geschriebenen (in letzter Instanz: dem Schreiber) zur Verfügung zu stellen, heißt, für den Augenblick des Lesens seine Stimme abzutreten. Eine Stimme, die das Geschriebene sofort zu der seinen macht, was bedeutet, daß die Stimme während des Lesens nicht dem Lesenden gehört. Der hat sie abgetreten. Seine Stimme unterwirft sich dem Geschriebenen, sie vereinigt sich damit. Gelesen werden heißt folglich, über den Körper des Lesers selbst auf große räumliche und zeitliche Entfernung hin eine Macht auszuüben. Der Schreiber, dem es gelingt, daß er gelesen wird, wirkt auf den Stimmapparat des anderen, dessen er sich, auch nach seinem eigenen Tod, als eines *Stimminstruments* bedient, das heißt als eines Menschen oder einer Sache, die ihm zu Diensten ist, ja, eines Sklaven.

In einer Kultur, in der das Fehlen von Zwängen für den Bürger konstitutiv sein soll, muß eine solche Auffassung vom Lesen notwendig fragwürdig werden. Um am Leben der Polis teilzunehmen, muß der Bürger *eleútheros* (»frei, ohne Zwang«) sein. In der Tat, der Athener, der sich prostituiert und folglich seine Autonomie verkauft, kann im Rat oder in der Versammlung nicht mehr das Wort ergreifen: Tut er es, wird er zum Tode verurteilt, wie wir es beim Redner Aischines erfahren.[35] Wie Michel Foucault sehr schön gezeigt hat, gerät diese Auffassung vom Bürger vor allem mit der päderastischen Praxis in Konflikt, insofern diese die beiden Liebenden in Begriffen der Beherrschung und der Unterwerfung definiert: der Knabe, ein künftiger Bürger, unterwirft sich der Lust des erwachsenen Partners.[36] Was ihn moralisch zu diskreditieren droht, wenn er nicht Zurückhaltung an den Tag legt und es vermeidet, sich mit seiner Rolle zu identifizieren. Wenn der Knabe dem Erastes (*erastés*) nachgibt, darf er es also nicht um der eigenen Lust willen tun, sondern nur um der seines Partners willen. Er darf sich nicht mit seiner Rolle als Instrument identifizieren. Denn im Verhältnis zum Päderasten ist er ebenso instrumentell wie der Leser im Verhältnis zum Schreiber. Demgemäß haben die Griechen die schriftliche Kommunikation in Begriffen der päderastischen Beziehung denken können, und dies seit der dorischen Inschrift aus Sizilien, von der bereits die Rede war.[37] Diese versucht nichts weniger als eine Definition der Art und Weise des Lesens zu geben, eine der ersten, die wir kennen: »Der diese Worte schreibt wird den, der sie liest, sodomisieren (*pygíxei*).« Lesen heißt hier, sich in der Rolle des passiven, verachteten Partners wiederzufinden, während sich der Schreiber mit dem aktiven, dominanten und geschätzten Partner identifiziert.

Die Verachtung des Lesers, die in diesem Bild, das nicht isoliert ist, zum Ausdruck kommt, dürfte erklären, warum man die Aufgabe des Lesens gern einem Sklaven überließ. Denn dessen Funktion ist ja genau die, zu dienen und sich zu unterwerfen. Der Sklave ist ein Instrument, ein »mit Stimme begabtes Instrument«. Nehmen wir die Inszenierung des *Theaitetos*: In diesem Dialog Platons wird der Sklave des Eukleides den *lógos* lesen, den sein Herr schriftlich niedergelegt hat. Terpsion und Eukleides selbst werden die beiden Zuhörer dieses vom Sklaven gelesenen *lógos*. Gleichzeitig erklärt diese Tendenz, die Aufgabe des Lesers abzuwerten, den relativen Widerstand gegenüber dem Lesen, was die Tatsache belegt, daß das Lehren der Buchstaben sich auf das »streng Notwendige« beschränken sollte, in Sparta und sicher auch in anderen Orten. Lesen ist mithin nicht völlig unvereinbar mit der Rolle des Bürgers, doch gewinnt man den Eindruck, daß es mit einer gewissen Mäßigung praktiziert werden muß, um nicht zu einem Laster zu werden: Wer liest, darf sich nicht zu sehr mit der Rolle des Lesers identifizieren, will er frei bleiben, das heißt frei von durch andere auferlegten Zwängen. Besser ist es, man bleibt *tà grámmata phaũlos* (»schwach im Lesen«), um Sokrates' Wendung zu gebrauchen,[38] das heißt lesen zu können, aber auch nicht mehr.

## Das »ich« und die Stimme

Versuchen wir das Problem noch weiter einzukreisen. Wenn man, um die Wahrheit zu sagen, »mit seinen eigenen Worten« (*en idíois logóis*) sprechen muß – eine weitere Wendung von Sokrates –,[39] was ist dann vom archaischen Leser zu denken, der mit lauter Stimme eine Inschrift der Art »Ich bin das Grab des Glaukos«[40] vor einer Gruppe von Zuhörern entziffert? Später werden sich die Komödiendichter für derartige zweideutige Situationen empfänglicher zeigen, das heißt für die Möglichkeit der Verwirrung zwischen gelesener Äußerung und einer Äußerung, die vom Leser selbst stammt; wahrscheinlich ist dieses Phänomen bereits mit den ersten Inschriften aufgetaucht, in denen sich das vorliegende Objekt als »ich« bezeichnet, nämlich mit den ganz frühen griechischen Inschriften aus dem 8. Jahrhundert v. Chr. Der Leser der zitierten Inschrift nimmt ein »ich«, das nicht seines ist, in den Mund. Da sich dieses »ich« nicht beugen läßt, kann er es nicht verändern, indem er sagt: »Er behauptet, er sei das Grab des Glaukos.« Das wäre kein Lesen. Im Gegenteil, die Inschrift muß so ausgesprochen werden, wie sie ist. Tut der Leser dies, so deshalb, weil er tatsächlich im Dienst des Geschriebenen steht, dem er seinen Stimmapparat, seinen Körper, seine Stimme überlassen hat. Er gehört ihm. Folgerichtig gibt es hier keinen Widerspruch, denn entsprechend dem hier vertretenen Gedanken gehört die Stimme, die »ich« sagt, zum Geschriebenen, sie ist mit ihm eins, sie vereinigt sich mit ihm für die Dauer eines Lesens. Kein Widerspruch, aber gewiß eine Form der Gewalt, gegen die es nur eine Waffe gibt: die Weigerung zu lesen.

Nun ist der Gebrauch der 1. Person für das in der Inschrift bezeichnete Objekt so überraschend und zugleich in den griechischen Epitaphen so gängig, daß wir weiter darüber nachzudenken haben. Denn wenn er die Unterwerfung des Lesers unter das Geschriebene kennzeichnet, so ist seine Bedeutung doch damit nicht erschöpft. Er offenbart tatsächlich eine singuläre Art, die von einer ganzen Kultur geteilt wird, das Verhältnis von Schreibendem, Objekt der Inschrift und Leser zu denken. Sie läßt sich wie folgt zusammenfassen: Das Objekt der Inschrift wird in der 1. Person bezeichnet, der Schreibende dagegen in der 3. Person (tatsächlich hat man erst ab 550 v. Chr. Objekte, die ausdrücklich in der 3. Person bezeichnet werden, gleichsam um die wirkliche, vom »ich« gekennzeichnete Gewalt zu kaschieren). Eine Amphore aus dem 6. Jahrhundert kann als Beispiel angeführt werden: »Kleimachos hat mich gemacht und ich gehöre ihm (*ekeínou eimí*).«[41] Zum Zeitpunkt des Lesens wird Kleimachos nicht mehr da sein, er wird abwesend sein, was das Demonstrativum *ekeĩnos* präzise zum Ausdruck bringt (*ekei-nos* ist das Demonstrativpronomen der 3. Person, das darauf hinweist, daß die Person nicht »hier«, sondern »dort«, ja »jenseits« (*ekei*) ist). Dagegen wird die Amphore dasein: Niemand kann mehr als sie Anspruch auf das »ich« der Inschrift erheben. Kleimachos kann das nicht. Er schreibt auf seine eigene Amphore, weil er seine zukünftige Abwesenheit voraussieht (im umgekehrten Fall wäre es nicht der Mühe wert, zu schreiben). Er kennzeichnet sich als abwesend aufgrund des Sachverhalts, daß er die Inschrift geschrieben hat. Das übrige ereignet sich zwischen Amphore mit Inschrift und dem Leser, die einander gegenübergestellt werden wie »ich« und »du«.

Wegen ihrer Inschriften in der 1. Person gehören das Grab des Glaukos und die Amphore des Kleimachos zu einer Kategorie von Objekten, auf die man sich seit längerem unter dem Begriff »sprechende Objekte« bezieht. Mario Burzachechi, Verfasser eines diesen Objekten gewidmeten klassischen Artikels (1962), hat darin versucht, für den erstaunlichen Gebrauch der 1. Person zur Bezeichnung des Objekts der Inschrift eine Erklärung zu geben.[42] Es ist eine animistische Erklärung, da, so Burzachechi, die Tatsache, den Objekten eine Seele und eine Stimme zuzuerkennen, typisch für primitive Kulturen sei, und erst seit der zweiten Hälfte des 6. Jahrhunderts könne man »eine bestimmte Rationalisierung der Statue feststellen, die ihre alte magische Aura verliert«. Die Grundlage dieser Kategorisierung aber gehört einer anderen Ebene an: Sie beruht auf der Beziehung zwischen der Stimme und der 1. Person, die das Objekt der Inschrift bezeichnet (einziges Kriterium der Selektion des Korpus). Indem sich diese Objekte mit einem »ich« oder, manchmal, mit einem »wir« bezeichnen, werden sie für »sprechend« gehalten. Das Objekt wird aus dem einzigen Grund für »sprechbegabt« gehalten, weil es mit einem »ich« bezeichnet wird.

Tatsächlich kann dieses Band zwischen der 1. Person und der Stimme den Anschein von Evidenz vermitteln. Um ihn zu hinterfragen, muß nur folgende Feststellung gemacht werden: Wäre die Stimme konstitutiv für die 1. Person, könnte ein stummer Mensch nicht Anspruch auf ein »ich« erheben. Eine völlige Absurdität, die uns zwingt, das Band zu zerschneiden, wollen wir nicht in einer bestimmten Metaphysik der Stimme gefangen bleiben. Die 1. Person ist nicht mehr mit einer Stimme

– oder einer Innerlichkeit – versehen als die 3. Person. An sich besitzt sie überhaupt keine Stimme. Dagegen *situiert* die 1. Person ihren Referenten, ob dieser Referent nun ein menschliches Wesen ist oder ein Gegenstand. Statt Zeichen eines Animismus zu sein, rührt die Wahl der 1. Person zur Bezeichnung eines Objekts der Inschrift von einer ursprünglichen Inszenierung dieses nämlichen Objekts her, gegenwärtig (»ich«) vor dem Leser (»du«) in der Abwesenheit des Schreibers (»er, sie«). Sie zeugt zugleich – aber das ist eine andere Geschichte – von der geringen psychologischen Tiefe, die die archaischen Griechen dem »ich« zuschrieben.

Wenn deshalb der Ausdruck »sprechendes Objekt« in seiner gängigen Bedeutung vermieden werden muß, so ließe er sich dafür perfekt auf das Objekt der Inschrift anwenden, das sich die Stimme des Lesers aneignet. Denn in einer Kultur, die das oralisierte Lesen praktiziert, ist das Objekt einer Inschrift zwangsläufig ein »sprechendes Objekt«, unabhängig von seiner Aussagestruktur, vorausgesetzt natürlich, daß es einen Leser findet. In dieser Weise verwendet, wäre der Ausdruck sicher leicht zu rechtfertigen, wenn der andere Ausdruck, »Objekt der Inschrift«, nicht bereits das Terrain besetzt hätte. Er scheint folglich klüger, ihn lediglich den Objekten vorzubehalten, die für sich die Metapher der Stimme benutzen, wie jene Inschrift, auf die wir bald des längeren zurückkommen werden: »Jedem, der es mich fragt, antworte ich dasselbe, nämlich, daß Andron, Sohn des Antiphanes, mich als Zehnten geweiht hat.«[43] Die mit dieser Inschrift versehene archaische Statuette ist ein »sprechendes Objekt« aufgrund ihres Gebrauchs nicht der 1. Person (»ich«), sondern eines Verbs, das »antworten« bedeutet – mündlich, wohlgemerkt. Sie erhebt ihre »Stimme«, ihre metaphorische Stimme.

In der archaischen Epoche ist diese Metapher sehr selten, und, um die Wahrheit zu sagen, die zitierte Inschrift, auf das Ende des 6. Jahrhunderts datiert, stellt unser erstes unbestreitbares Beispiel dar. Solange eine derartige Inschrift als »sprechendes Objekt« im Sinne Burzachechis klassifiziert wird, droht ihr ungewöhnlicher Charakter unbemerkt zu bleiben; denn was könnte die Metapher der Stimme einem Objekt hinzufügen, das bereits für sprechend gehalten wird? Verleihen wir an dieser Stelle der Metapher ihr ganzes Gewicht, die in Wirklichkeit so bemerkenswert ist, daß sie uns zu einer gleichermaßen globalen und minutiösen Untersuchung auffordert. Denn die von ihr ins Werk gesetzte Logik scheint quer zu allem zu stehen, was auf den vorangehenden Seiten über das Lesen im antiken Griechenland gesagt wurde. Genauer, in einer Kultur, in der der Leser dem Geschriebenen seine Stimme leiht, damit dieses seine vollkommene, lautliche, Realisierung erfährt, erscheint die Metapher der Stimme, die sich auf das Objekt der Inschrift, das davon Gebrauch macht, bezieht, sonderbar überflüssig. Wenn sie nicht vielmehr die Stimme des Lesenden überflüssig macht: Bereits vor aller lautlichen Realisierung besitzt das »sprechende« Objekt eine »Stimme«, seine eigene metaphorische Stimme, durch die es sich von anderen Objekten der Inschrift unterscheidet. Was bedeutet, daß das »sprechende« Objekt eine »Stimme« besitzt, ohne vom Leser laut gelesen zu werden. Alles hat somit den Anschein, als ob sich die Inschrift des Andron, Sohn des Antiphanes, die Stimme des Lesers ersparen könnte, indem sie ihre eigene metaphorische Stimme erhebt.

Man dürfte begriffen haben, warum auf dem Begriff des »sprechenden Objekts« insistiert und ihm eine neue Definition gegeben werden mußte: Das Objekt, das die Metapher der Stimme zur Bezeichnung seiner eigenen geschriebenen Äußerung (»ich antworte«) verwendet, erlaubt uns in der Tat, hypothetisch die Existenz einer neuen Form des Lesens ins Auge zu fassen. Einer Form des Lesens, die der entgegengesetzt ist, die bisher im Zentrum unserer Überlegungen stand. Denn die Logik der Inschrift des Andron scheint nicht mehr dem traditionellen Lesen zu entsprechen. Unsere Studie hat den Vorteil, daß sie uns empfänglich macht für den fast schockierenden Charakter eines nichtoralisierten Lesens, anders gesagt, eines stummen Lesens. Dessen Ungehörigkeit ist gleichsam eine doppelte: im Hinblick sowohl auf das oralisierte Lesen, das ohne allen Zweifel die herrschende Form des Lesens in der Antike war, als auch auf die moderne Forschung, die im allgemeinen gegenüber der Möglichkeit eines nichtoralisierten Lesens im antiken Griechenland höchst skeptisch geblieben ist.[44] Wenn für die Griechen das Ziel des alphabetischen Schreibens, wie ich oben behauptet habe, die Produktion von Lauten, von wirksamen Worten, von widerhallendem Ruhm war, warum sollten sie dann die Idee gehabt haben, still zu lesen? Warum hätte man in einer Kultur, die Stille, Schweigen zum Synonym von Vergessen erhebt, auf stille Weise lesen sollen? Die Hürde scheint unüberwindbar. Um die Hypothese eines stillen Lesens besser zu begründen, müssen also im kulturellen Kontext der fraglichen Epoche Elemente gesucht werden, die sie plausibel erscheinen lassen. Sie sind in einem Bereich zu finden, der, wie wir gesehen haben, nicht ohne Bezug zum Lesen ist: dem des Gesetzes, des *nómos*, der Rechtsprechung. Einem Bereich, der im Verlauf des 5. Jahrhunderts v. Chr. von einer erstaunlichen Interiorisierung der Stimme zeugt.

In einer sehr theatralischen Szene von Platons *Kriton*, in der Mitte des Dialogs, ergreifen die personifizierten *Nómoi* (»Gesetze«) das Wort und lassen es praktisch bis zum Ende nicht mehr los. Diese *Nómoi*, sich neben Sokrates und Kriton erhebend, erklären des längeren, warum Sokrates nicht aus seinem Gefängnis fliehen darf. Worauf Sokrates, Regisseur dieser Rede im Dialog, folgende Bemerkung macht: »Dies, lieber Freund Kriton, glaube ich zu hören, wie die, welche das Ohrenklingen haben, die Flöte zu hören glauben. Denn auch in mir klingt so der Ton dieser Reden und macht, daß ich andere nicht hören kann. Also wisse nur, was meine jetzige Überzeugung betrifft, daß, wenn du etwas hiergegen sagst, du es vergeblich reden wirst.«[45] Man wird es festgestellt haben: Die Stimme der *Nómoi* ist, trotz ihres »Tons«, keine wirkliche, äußere Stimme. Die von Sokrates in Szene gesetzten *Nómoi* sind solche, die er in sich selbst hört, ohne irgendeinen akustischen Stimulus von außen. Normalerweise verzichtet der innere Dialog des Sokrates – der »Dialog der Seele mit sich selbst« – auf die Stimme, so wie es im *Sophistes* und im *Theaitetos* gesagt wird.[46] Sokrates' Denken produziert sich im Stillen. Hier ist dies also nicht mehr der Fall. Die Stimme der *Nómoi* hat eine solche Kraft, daß Sokrates unfähig ist, »anderes« zu hören, ja selbst »anderen zu gehorchen«. Er wird den *Nómoi* gehorchen, die in ihm »klingen«, nicht aber Kriton, seinem alten Freund. Die äußeren Stimmen zählen nicht mehr. Sokrates hört nur diese innere Stimme, die ihm sagt, was er nicht tun soll.

Sie erinnert auf diese Weise stark an die Stimme des »Dämons«, von der im *Theages*, im *Phaidros* und vor allem in der *Apologie* die Rede ist, wo Sokrates sagt: »Mir aber ist dieses von meiner Kindheit an geschehen, eine Stimme (*phoné*) nämlich, welche jedesmal, wenn sie sich hören läßt, mir von etwas abredet, was ich tun will, zugeredet aber hat sie mir nie.«[47] In derselben Passage erfährt man, daß Sokrates die Angewohnheit hatte, seinen Mitbürgern von dieser inneren Stimme zu erzählen;

die Anklage, die zum Tode führen sollte, scheint darauf anzuspielen. Was wir als »Stimme des Gewissens« bezeichnen würden, erscheint hier mithin als eine Neuheit, die einen Skandal auszulösen vermag. Denn für die meisten Zeitgenossen des Sokrates dürfte die Stimme des *nómos* immer eine äußere, keine verinnerlichte und individuelle Stimme gewesen sein. Für sie verteilt sich der *nómos* auf öffentliche Weise. Sie können sich nur schwer jenen »kleinen Verteiler« vorstellen, der das sokratische *daimónion*[48] ist und der im Innern des Individuums – und zu einem strikt persönlichen Gebrauch – eine Rede hervorbringt, ohne daß diese Rede zur gleichen Zeit von einem anderen gehört werden kann.

So wie man sich ihn in Erinnerung ruft, läßt sich der *nómos* als eine vokale Verteilung begreifen, wie eine Rezitation oder ein Lesen mit lauter Stimme – jedenfalls wie ein lautliches, akustisches Phänomen: Die Verteilung der Gerechtigkeit (*díke*) ist eine äußerliche Operation, deren Instrument die Stimme ist. Folglich ist die *díke* selbst eine äußerliche Gerechtigkeit, öffentlich verteilt, zum Beispiel durch die hesiodischen Könige, auf die ich bei der Untersuchung der Bedeutung von *némein* angespielt habe. Wie nun aber Eric Havelock sehr treffend gezeigt hat, wird diese *díke* erst seit der Zeit des Herodot und Protagoras, Zeitgenossen des Sokrates, interiorisiert, mit dem Auftreten des Wortes *dikaiosýne*, das »Sinn für die Gerechtigkeit« bedeutet.[49] Eine auf lexikalischer Ebene ausmachbare Interiorisierung also, die jene des *nómos* als »Stimme des Gewissens«, wie sie für Sokrates im Werk Platons bezeugt ist, verifiziert. Tatsächlich handelt es sich um ein und dieselbe Interiorisierungsbewegung, die im Verlauf des 5. Jahrhunderts vollzogen wurde, jenem Jahrhundert, das uns auch die ersten direkten Zeugnisse über das stille Lesen liefert, das heißt über die Interiorisierung der Stimme des Lesers, der nunmehr in der Lage ist, »in seinem Kopf zu lesen«.

## Das stille Lesen

In seinem Artikel »Silent Reading in Antiquity« (1968) zitiert Bernard Knox zwei Texte aus dem 5. Jahrhundert v. Chr., die zu zeigen scheinen, daß die Griechen – oder, um genauer zu sein: einige Griechen – das stille

Lesen praktizierten und daß die Dramendichter zur Zeit des Peloponnesischen Krieges auf eine Vertrautheit ihres Publikums mit ihm zählen konnten.[50] Der erste Text ist eine Passage aus dem *Hippolytos* des Euripides (428). Theseus erblickt die Schrifttafel, die an der Hand der toten Phaidra hängt, und fragt sich, was sie ihm wohl ankündigen will. Er bricht das Siegel. Der Chor tritt auf und singt seine Beunruhigung, bis er von Theseus unterbrochen wird: »Weh! Welches Unglück, unerträglich, unsagbar, hat sich dem Unglück zugesellt! Unglückseliger, der ich bin! »[51] ruft dieser aus. Auf Bitten des Chors enthüllt er dann den Inhalt der Tafel – nicht indem er ihn laut vorliest, sondern indem er seinen Inhalt zusammenfaßt. Er hat ihn während des Chorgesangs eindeutig still gelesen.

Der von Knox zitierte zweite Text ist eine Passage aus den *Rittern* von Aristophanes (424). Es handelt sich um das Lesen eines niedergeschriebenen Orakels, das Paphlagon zu stehlen Nikias gelungen ist. »Bring es mir, damit ich es lese«, sagt Demosthenes zu Nikias, der ihm eine erste Schale Wein eingießt und fragt: »Was sagt das Orakel?« Worauf Demosthenes antwortet, in seine Lektüre versunken: »Fülle mir eine weitere Schale!« – »Sagt es wirklich ›Fülle mir eine weitere Schale?‹« fragt daraufhin Nikias im Glauben, Demosthenes habe laut gelesen. Dieser Scherz wird in den folgenden Versen wiederholt und entfaltet, bis Demosthenes Nikias offenbart: »Darin wird gesagt, wie Paphlagon sich selbst vernichtet.«[52] Im Folgenden gibt er eine Zusammenfassung des Orakels. Er liest es nicht vor: er hat es bereits getan – im stillen. Diese Passage stellt uns einen Leser vor, der es gewohnt ist, in seinem Kopf zu lesen – er vermag sogar, während er dies tut, nach Trinkbarem zu fragen! –, neben einem Zuhörer, der anscheinend mit dieser Praxis nicht vertraut ist, sondern die vom Leser geäußerten Worte für gelesene Worte hält, was sie in Wirklichkeit nicht sind.

Die Szene aus den *Rittern* ist ausgesprochen instruktiv, zumindest auf den ersten Blick, verweist sie doch darauf, daß die Praxis des stillen Lesens im Jahr 424 (da ist Platon fünf Jahre alt) nicht aller Welt bekannt ist, auch wenn davon ausgegangen wird, daß sie dem Publikum der Komödie bekannt ist. Es ist eine einem kleinen Kreis von Lesern vorbehaltene Praxis, die sicher einer großen Zahl von Griechen unbekannt ist, vor allem, so könnte man meinen, denjenigen Analphabeten, die das

Schreiben nur von »außen« kennen. Zudem ist daran zu erinnern, daß die beiden zitierten Dokumente attischen Ursprungs sind: An Orten, wo man – wie in Sparta – bemüht war, das Lehren von Buchstaben auf das »streng Notwendige« zu beschränken, dürfte das stille Lesen noch weniger bekannt gewesen oder gar praktiziert worden sein. Bei demjenigen, der selten und sporadisch liest, dürfte das langsame und tastende Entziffern des Geschriebenen nicht das Bedürfnis nach Interiorisierung der Stimme geweckt haben, denn die Stimme ist ja das Instrument, durch das die graphische Sequenz als Sprache erkannt wird. Wie wir gesehen haben, ist die Verlautlichung des Geschriebenen durch das Fehlen von Zwischenräumen negativ programmiert. Und wenn diese Verlautlichung ein Wert an sich ist, warum sollte man dann das Bedürfnis verspüren, die *scriptio continua*, das technische Hindernis für die Entwicklung des stillen Lesens, aufzugeben?

In der Tat war dort das Fehlen von Zwischenräumen ein Hindernis, und so ist es geblieben. Aber es war auch keine unüberwindliche Hürde, wie man es vor dem Hintergrund der mittelalterlichen Erfahrung hätte glauben können, wo nach Paul Saenger die *word division* eine notwendige Voraussetzung dafür war, daß sich das stille Lesen – von den Mönchen praktiziert, die die Texte still kopierten – ausbreiten konnte.[53] Denn die Griechen waren offensichtlich in der Lage, wie wir gerade festgestellt haben, stumm zu lesen und dabei auch ihre *scriptio continua* zu bewahren. Nach der These von Knox war es der zunehmende Umgang mit größeren Textmengen, der in der Antike die Möglichkeit eines stummen Lesens eröffnet hat, eines stummen und damit schnelleren Lesens. Im 5. Jahrhundert hat wahrscheinlich Herodot im Zuge seiner historischen Arbeit das laute Lesen aufgeben müssen, und bereits in der zweiten Hälfte des 6. Jahrhunderts hatten ganz sicher jene, die sich zu gleichsam philologischen Zwecken unter Peisistratos und dessen Nachfolgern mit dem homerischen Text beschäftigten – wie der Dichter Simonides –, Gelegenheit, diese Technik weiterzuentwickeln. Diese Technik war selbstredend einer Minderheit vorbehalten, aber doch einer bedeutsamen, worunter sich sicherlich auch die Dramatiker befanden.

Die Einführung von Zwischenräumen reichte allein nicht aus, um dem stillen Lesen im Mittelalter allgemeine Geltung zu verschaffen. Es bedurfte mehr als dieser technischen Neuerung, zu der es bereits im 7. Jahrhundert n. Chr. kam. Es bedurfte der Anforderungen der scholastischen Wissenschaft, damit die Vorteile des stillen Lesens – Schnelligkeit, Verständlichkeit – entdeckt und in größerem Maßstab ausgenutzt werden konnten. Tatsächlich konnte das stille Lesen erst innerhalb der scholastischen Wissenschaft »anschlagen« – dabei aber praktisch dem Rest der mittelalterlichen Gesellschaft unbekannt bleiben.[54] Analog dazu, so würde ich sagen, ist auch der Umgang mit großen Textmengen allein nicht ausreichend, damit das stille Lesen im Verlauf des 5. Jahrhunderts v. Chr. in bestimmten Kreisen des antiken Griechenland »anschlägt«. Das extensive Lesen erscheint vielmehr als das Ergebnis einer qualitativen Neuerung in der Haltung gegenüber dem Geschriebenen. Als Resultat eines neuartigen und machtvollen mentalen Rahmens, der die Kategorien des traditionellen Lesens zu restrukturieren vermag. Das Quantitative allein hätte das stille Lesen nicht strukturieren können: Tatsächlich zitiert Knox bei seinem Versuch, Beispiele für umfängliches Lesen in der Antike zu nennen, selbst nur nachklassische Autoren – zum Beispiel den hochgelehrten Didymos von Alexandria, Verfasser Tausender von Büchern. Dagegen kann stilles Lesen durch die Erfahrung des Theaters strukturiert werden.

## Das Modell des Theaters

Welche Merkmale der theatralischen Darstellung sind klar und eigenständig genug, um die neue Praxis des stillen Lesens strukturieren zu können? Natürlich denkt man in diesem Zusammenhang zuallererst an die ausgeprägte Trennung von Bühne und Publikum. Diese Trennung begrenzt das fiktive Spiel, das sich auf der Bühne abspielt und macht in gewisser Weise gerade die Originalität des Theaters aus: Das Publikum kann in dieses Spiel nicht eingreifen. Es kann, zum Beispiel, einer Figur auf der Bühne nicht mitteilen, was es bereits über deren Schicksal weiß. Es kann nicht den Lauf der Ereignisse dadurch anhalten, daß es den Figuren erklärt, was sie tun sollen. Es muß ihnen »zuschauen«, sie »betrachten« (*théasthai*), wenn sie im tragischen Spiel ihrer eigenen Vernichtung entgegenlaufen. Die durch diese Situation heraufbeschworene Spannung macht das Geschehen auf der Bühne um so faszinierender: Die Theateraufführung vollzieht sich in einer Autonomie, die das Publikum nicht stören darf – so will es die Regel des »Spiels« (*paidiá*), von dem Thespis spricht, als er Mitte des 6. Jahrhunderts seine neue Kunst gegen die indignierte Kritik Solons verteidigt.[55]

Das Publikum (bereits das von Thespis) soll zuschauen und zuhören – passiv. Die Zuschauer sollen weder aktiv auf der Bühne eingreifen noch den Text lesen, der zwar nicht auf der Bühne gegenwärtig ist, gleichwohl aber die gesamte Handlung beherrscht. Der Text, von den Schauspielern auswendig gelernt, ist in dem Augenblick, da er gesagt wird, nicht sichtbar:[56] an seine Stelle sind die Schauspieler getreten, die ihn eher in eine »Vokalschrift« – ein Begriff, der weiter unten seine volle Begründung erfahren wird – übersetzen denn in ein lautes Lesen. Die Schauspieler lesen ihn nicht: Sie geben eine vokale Kopie davon wieder. Darin unterscheiden sie sich vom gewöhnlichen Leser, der dem Geschriebenen vor sich seine Stimme leiht. Vom gewöhnlichen Leser wird nicht erwartet, daß er beim Lesen eine andere – vokale – Schrift hervorbringt, aus dem einfachen Grund, weil seine Stimme als »natürliche« Verlängerung des Geschriebenen wahrgenommen wird, als dessen Vollendung oder natürliches Supplement. So kann sie also auch nicht als dessen Kopie angesehen werden. Lautes Lesen geschieht in Gegenwart des Geschriebenen, so daß sich der Zuhörer dieses Lesens auch nicht über die Kontiguitätsbeziehung von Schrift und Stimme täuschen kann. Anders als die vom Schauspieler formulierten Wörter sind die des Lesers keine auswendig gelernten (obwohl es jedem Leser freisteht, das Gelesene auswendig zu lernen).

Dagegen erscheint der Abstand zwischen dem dramatischen Text und seiner von den Schauspielern vollzogenen Verbreitung groß genug, damit diese Verbreitung die noch provisorische Bezeichnung »Vokalschrift« verdient. Vor der Aufführung haben die Schauspieler vielleicht den Text zum Auswendiglernen gelesen, doch währenddessen setzt sich ihre Stimme an die Stelle des Geschriebenen. Die Zuschauer hören ihre »Vokalschrift«. Und wie der Schauspieler nicht mit dem Leser zusammenfällt, so macht das Hören dieser Vokalschrift aus den Zuschauern auch keine traditionellen Leser. Als Zuschauer brauchen sie das Geschriebene nicht mittels ihrer eigenen Stimme zu aktivieren oder zu reaktivieren, denn das Geschriebene spricht in voller Autonomie zu ihnen. Sie hören passiv einer Schrift zu, einer Vokalschrift.

Die Trennung zwischen der Bühne, auf der diese Vokalschrift dargeboten wird, und dem Publikum, das zuhört, ist vermutlich deutlich genug, um den Griechen eine analoge Trennung zwischen Geschriebenem und Leser nahelegen zu können, oder vielmehr: um ihnen die Möglichkeit einer neuen Haltung gegenüber dem Geschriebenen zu eröffnen. Der traditionelle Leser, der seine Stimme braucht, um die graphische Sequenz »wiederzuerkennen«, unterhält mit dem Geschriebenen auf der Ebene der Verlautlichung eine spürbar aktive Beziehung (obwohl er gegenüber dem Schreiber, dessen Programm er ausführt, die Rolle des »passiven Partners« einnehmen kann). Um seine instrumentelle Funktion auszuüben, muß er eine geistige und physische Anstrengung vollziehen, sonst blieben die Buchstaben ohne Bedeutung. Demgegenüber hat derjenige, der still zu lesen versteht, eine Beziehung zum Geschriebenen, die eher als passiv erscheint. Er ist nicht mehr Instrument des Geschriebenen, denn das Geschriebene »spricht« allein zu ihm. Es ist am Leser, passiv zuzuhören.

Sagen wir eher: Die Aktivität des still Lesenden wird nicht als eine Anstrengung zur Dechiffrierung erlebt, es ist eine Aktivität, die sich als solche nicht bewußt ist (so wie die interpretative Aktivität des »Ohrs«, das eine bedeutungstragende Lautsequenz hört, eine sich als solche ignorierende Aktivität ist – sie erscheint vielmehr als ein passives Aufnehmen). Ihre »Wiedererkennung« des Sinns ist unmittelbar; ihr geht kein opaker Moment voraus. Der in seinem Kopf Lesende braucht das Geschriebene nicht durch seine Stimme zu aktivieren oder zu reaktivieren. Die Schrift scheint ganz einfach zu ihm zu sprechen. Er hört eine Schrift – so wie der Zuschauer im Theater die Vokalschrift der Schauspieler hört. Das visuell »(wieder)erkannte« Geschriebene scheint die gleiche Autonomie zu besitzen wie die Theateraufführung. Die Buchstaben lesen sich – oder vielmehr: sagen sich – von selbst. Der »stille« Leser braucht nicht auf der Bühne der Schrift einzugreifen: Die Buchstaben, fähig zu »sprechen«, können auf das Eingreifen seiner Stimme verzichten. Sie besitzen bereits eine. Es ist am Leser, bloß »zuzuhören« – im Innern seiner selbst. Die Leserstimme ist verinnerlicht.

Wenn diese »Passivität« des Lesers aus der Passivität des Theaterzuschauers hervorgeht, bis zu welchem geschichtlichen Punkt kann man hoffen, sie zurückverfolgen zu können? Die Untersuchungen Georges Thomsons zu dem Verb *hypokrínesthai* (»eine Rolle spielen«)[57] könnten uns helfen, jenen entscheidenden Moment klarer zu fassen, in dem sich diese Passivität einrichtet. Wie Thomson bemerkt, bedeutet *hypokrínesthai* in den homerischen Gedichten zwei unterschiedliche Dinge: »antworten« und (eine Wahrsagung oder einen Traum) »deuten«. Im Gegensatz zu anderen Gelehrten, die zur Erklärung des Ursprungs von *hypokrités* (»Schauspieler«) zwischen diesen beiden Bedeutungen zu wählen versucht haben, fragt sich Thomson, warum sie durch ein einziges Wort abgedeckt werden, wie in jener Passage aus der *Odyssee*, wenn Peisistratos zu Menelaos sagt: »Ob Gott uns dies Zeichen gesendet, oder dir selber.« Homer fährt fort: »Bei diesen Worten sann Menelaos / Hin und her, um ihm die passende Antwort zu geben (hypokrínaito)«. Man hätte auch übersetzen können: »um ihm die passende Deutung zu geben«.[58] Der Schlüssel des Problems wird Thomson zufolge in einer Passage des *Timaios* geliefert, wo es heißt, daß »die Propheten [*prophētai*] wohl Ausleger [*hypokritaí*] rätselhafter Aussprüche und Zeichen sind, aber keineswegs Wahrsager [*mánteis*, das heißt Seher, die in Ekstase ihre Aussprüche tun]«.[59] Thomson schlußfolgert: *hypokritės* ist ursprünglich die Bezeichnung für eine Person, der man Fragen hinsichtlich »rätselhafter Aussprüche und Zeichen« stellt – seine Deutung bildet seine Antwort. Wenn diese Person an der Spitze eines Chors steht, der einen Ritus vollzieht, dessen Bedeutung den daran Beteiligten entgeht, kann der *hypokritės* auf die Fragen antworten, indem er »deutet«, was sich ereignet, indem er zum Beispiel sagt: »Ich bin Dionysos und diese sind die Töchter von Eleuthera, die ich mit Wahnsinn geschlagen habe.« Später dann, wenn er »Antworten/Deutungen« zu geben beginnt, ohne daß er gefragt wurde, ist er plötzlich kein *hypokrites* im alten Sinne mehr. Er ist dadurch zum Schauspieler geworden. Die Trennung zwischen dem Bühnenraum (nunmehr autonom) und den Zuschauern (nunmehr passiv) ist vollzogen.

Genau das Verb *hypokrínesthai* ist nun auf der Inschrift von Andron, dem Sohn des Antiphanes, zu lesen; auf sie sollten wir jetzt zu sprechen kommen. Diese metrische Inschrift, in Athen gefunden und attischen

Dialekts, gehörte zu einer jetzt verlorengegangenen kleinen Bronzestatue des ausgehenden 6. Jahrhunderts v. Chr.:

| | | | |
|---|---|---|---|
| *pãsin* | *ís'* | *anthrópois hypokrínomai hóstis erotã* | |
| jedem | | Menschen | der fragt |
| | | antworte ich | |
| | identisch | | |

| | | | |
|---|---|---|---|
| *hos* | *m' anéthek* | *Ándron Antiphánous* | *dekáten* |
| daß | | Andron Sohn des Antiphanos | |
| | mich weihte | | als zehnten |

Zu der Inschrift, die auf diese Weise transkribiert und übersetzt wird, sind einige Bemerkungen erforderlich. Ende des 6. Jahrhunderts v. Chr. existiert das Theater bereits in institutionalisierter Form: Die Wettbewerbe der Tragödiendichter beginnen 534, und die Aufführung von Tragödien – vor Aischylos mit einem einzigen Schauspieler und einem Chor – setzt vermutlich etwa dreißig Jahre früher ein.[60] Als die kleine Statue ihre Inschrift erhält, ist der Tragödiendichter Thespis (der Erfinder des Schauspielers) bereits in voller Aktivität. Das Verb *hypokrínomai* hat also notwendig eine reichere Bedeutung, als meine Übersetzung – »ich antworte« – ahnen läßt. Denn im attischen Dialekt entspricht »antworten« nicht wie im ionischen *hypo-krínesthai*. In Athen verwendet man dafür *apo-krínesthai*. Hätte der Verfasser der Inschrift »ich antworte« schreiben wollen, hätte er *apo-krínomai* benutzt, das metrische Äquivalent zu *hypo-krínomai*. Er hat es nicht getan. Damit drängt sich die Annahme auf, daß dieses Verb gewählt wurde, um mehr auszudrücken als den schlichten Gedanken einer Antwort.

Mit der Verwendung von *hypo-krínomai* erhebt die Statue mit Inschrift ihre »Stimme«, sie »spricht«. Und kraft der Umstände ist ihr Sprechen sowohl theatralisch als auch vokal: Durch ihre metaphorische Stimme antwortet die Inschrift auf eine Frage, die ihr nicht gestellt wurde, die sie aber in völliger Autonomie vorwegnimmt. Wie der *hypokrités* im Theater, der seine »Antwort« gibt, ohne daß man ihn danach fragt. Aber wenn *hypo-krínomai* zugleich besagt, daß sie deutet, was sich als ein Rätsel darstellt – das heißt: Welche Bedeutung ist der Statue mit Inschrift zu geben? –, dann deutet sie sich selbst, sie entschlüsselt sich vor den Augen des Zuschauers/Lesers, der keine Anstrengung zur Vokalisierung des Geschriebenen mehr machen muß, da sich das Geschriebene hier selbst »vokalisiert«. Eine heuchlerische Leserin, die uns die Darstellung der Stimme anbietet! Als erste, um ehrlich zu sein. Denn vor der Erfindung des stillen Lesens zielte die Schrift auf die Hervorbringung einer Stimme, nicht auf deren Darstellung. Bis zu ihrer Verlautlichung stellte sie genausowenig dar wie, für uns, von einem Affen getippte Buchstaben.

Wenn sie sich an den Zuschauer/Leser richtet, der seine Stimme nicht hören lassen darf, kann die Inschrift nunmehr ihre Bedeutung unmittelbar dem Auge anbieten: Warum mit lauter Stimme lesen, wenn die Inschrift im stillen zu »sprechen« weiß? Die Bedeutung des Objekts erreicht das Auge des Lesers wie durch eine Art Ausstrahlung oder »Entladung«. Das Objekt strahlt seine Bedeutung auf den Leser aus. Die Bedeutung des Objekts wird nicht mehr mühsam durch die Stimme des Lesers aktiviert. Seine Schrift ist autonom, sie »spricht«. Darin liegt, so scheint mir, die Logik dieser Inschrift, die so auf indirekte Weise (und nicht, wie die Passagen aus dem *Hippolytos* und den *Rittern*, auf direkte Weise) von der Praxis des stillen Lesens im Athen des ausgehenden 6. Jahrhunderts und damit zugleich von der Interiorisierung des Theaterraums in den Raum des Geschriebenen zeugt. Von nun an kann der Schriftraum eine Bühne sein. Diese neue Form des Lesens, bei der der Leser gleichsam zum »passiven« Zuschauer einer aktiven Schrift »gemacht« wird, die ihre Bedeutung ausstrahlt, gehorcht einem Schema, das sich in jener Theorie der visuellen Wahrnehmung findet, wie sie von Empedokles, Leukipp und Demokrit im Laufe des 5. Jahrhunderts ausgearbeitet wurde. Zu Anfang, bei Empedokles, scheint die Situation konfus. Nach den Worten des Aristoteles »ähnelt Empedokles jenem, der zu sehen glaubt, wenn Licht aus dem Auge dringt«.[61] Empedokles nimmt somit die umgekehrte Position zu der durch das stille Lesen implizierten ein, wonach das Geschriebene Bedeutung in Richtung des Auges aussendet. Doch Aristoteles – sehr bedeutsam – fügt hinzu: »Bald erklärt Empedokles, man sehe auf diese Weise, bald unterstreicht er, das Sehen vollziehe sich dank der Emanationen (*apórrhoiai*) der gesehenen Objekte.«[62] Letztere Position wird dann auch bei seinen

Nachfolgern den Sieg davontragen: Die Atomisten, angefangen bei Leukipp, betrachten das Sehen als das Ergebnis eines Ausstrahlens oder Ausströmens (*aporrhoé*), der gesehenen Objekte hin zum Auge. Im 3. Jahrhundert n. Chr. faßt ein Philosoph ihre Theorie folgendermaßen zusammen: »Sie wiesen das Sehen bestimmten Bildern zu, die, von gleicher Form wie das Objekt, unaufhörlich aus den gesehenen Objekten ausfließen und das Auge erreichen: dies war die Position der Schule von Leukipp und Demokrit.«[63] Bei den Atomisten ist das Sehen demnach auf das stete Aussenden von Kleinstteilchen durch das gesehene Objekt zurückführbar, ein Aussenden, das auf mehr oder minder komplizierte Weise (aufgrund von den der atomistischen Theorie inhärenten Zwängen) schließlich vom Auge empfangen wird. Die zwiespältige Position des Empedokles ist sicherlich der Tatsache geschuldet, daß der Philosoph eine anerkannte Theorie fallen lassen mußte, um eine neue, befriedigendere zu erarbeiten. Demgegenüber erscheint die Position der Atomisten – als Erben dieser neuen Theorie – von Beginn an entschieden, zumindest was den uns hier interessierenden Aspekt angeht. Das Auge sendet keinen Strahl aus, um zu sehen, es empfängt die Ausdünstung der gesehenen Objekte: So ist die Richtung, die die visuelle Information nehmen soll.

Dieses analoge Verhältnis zwischen visueller Wahrnehmung und stillem Lesen, worin das Auge passiv die Strahlung des Geschriebenen aufzunehmen scheint, gewinnt sein volles Gewicht jedoch erst, nachdem es mit einem grundlegenden Faktum in der Theorie der Atomisten konfrontiert wird. Die Verbindungen der Elemente in der physischen Welt erklärt sich bei ihnen mit Hilfe des alphabetischen Modells, worin die Wörter sich durch die Verbindungen der 24 Buchstaben bilden: Im Griechischen bedeutet *stoicheĩa* tatsächlich »Buchstaben« und »Elemente« zugleich.[64] »Man schreibt die Tragödie und die Komödie mit denselben Wörtern«, lesen wir bei Leukipp;[65] ähnlich sind es in der physischen Welt dieselben Elemente, die sich verbinden und wieder verbinden und damit die Dinge verändern. Zu Recht wurde von der »Ontographie« der Atomisten gesprochen (Heinz Wismann). So daß in ihrer Theorie die visuelle Wahrnehmung ein Lesen werden kann – ein stilles Lesen der Welt.

Ist im 6. Jahrhundert die von Andron geweihte Statue als »sprechendes« Objekt (im weiter oben präzisierten Sinn) isoliert, so wird diese Metapher im 5. Jahrhundert immer gängiger. Nicht so sehr im Bereich der Inschriften als bei Autoren, die weniger lakonisch schreiben und daher eher in der Lage sind, ihre Lesegewohnheiten zu verändern. Mein erstes Beispiel ist Aischylos, dessen Vorreiterstellung in diesem Bereich sehr bezeichnend ist. (Der Grund wird bald verständlich.) Bei ihm wird der Gebrauch der Metapher durch drei Heldenschilde nahegelegt: das des Kapaneus, des Eteokles und des Polyneikes in den *Sieben gegen Theben*.[66] »Als Wappen«, sagt der Kundschafter zu Eteokles, »führt Kapaneus einen Unbekleideten, der Feuer schwingt; bewaffnet ist er nur mit dieser flammenden Fackel, und er verkündet (*phoneĩ*) in goldenen Lettern: ›Ich werde diese Stadt niederbrennen.‹« In einem Theaterstück, in dem man auf den erstaunlichen, synästhetischen Ausdruck »Ich sehe das Gedröhn« stößt, scheint es logisch, daß die Objekte das Wort ergreifen und daß die gemalte Gestalt auf dem Schild »brüllt« wie auf dem zitierten Schild oder »schreit« (*boã*) wie auf dem Schild von Eteokles, mit Hilfe alphabetischer Buchstaben, die neben ihm gezeichnet sind. Auf dem Schild des Polyneikes schließlich ist die personifizierte Gerechtigkeit zu sehen, identifiziert nicht anhand ihrer traditionellen Attribute, sondern einer Legende: »Und diese gibt sich kund als Gerechtigkeit, wie es die Inschrift neben ihr besagt (*légei*).«

Mein zweites Beispiel ist Herodot. Auch bei ihm beginnen die alphabetischen Buchstaben zu sprechen (*légein*), und zwar massiv; wie auch die geschriebenen Orakel, Stelen und Tripoden ihre »Stimme« erheben oder die steinerne Statue des ägyptischen Königs Sethos, die ihre eigene Inschrift »ausspricht«.[67] Für den Geschichtsschreiber, der viel schreibt und noch mehr liest, zwingt sich das stille Lesen, geistig möglich geworden durch die Theatererfahrung (hier kann daran erinnert werden, daß Herodot der Freund von Sophokles ist), ganz natürlich auf. Er muß schnell lesen, und sei es nur, um sein eigenes geschriebenes Werk besser zu erarbeiten. Und die Geschwindigkeit des stillen Lesens zu beschleunigen bedeutet, an einem bestimmten Punkt notwendig die Leserstimme zu verinnerlichen, von der Stimme zu abstrahieren und in seinem Kopf zu lesen.

## Die »Bühne« der Schrift und die Schrift in der Seele

Die Inschrift von Andron, dem Sohn des Antiphanes, stellt einen entscheidenden Moment in den Beziehungen der Griechen zum Raum des Geschriebenen dar: Es ist kein Zufall, daß Platons *Phaidros* sie mehr als ein Jahrhundert später in einer Passage zur Besonderheit des Geschriebenen wie ein Echo nachahmt.[68] Schrift und Malerei vergleichend, lastet Sokrates darin dem Geschriebenen an, »immer dasselbe zu bedeuten«, also genau das, dessen sich die Inschrift von Andron rühmt. Natürlich hätte der Philosoph denselben Vorwurf an einen Schauspieler richten können, dessen Stimme nur das Instrument eines unwandelbaren Textes ist und nicht das eines Menschen, der im Besitz des Wissens (*epistéme*) ist. Tatsächlich macht er dies auch noch an anderer Stelle. Beide Dinge laufen auf dasselbe hinaus, denn, wie gesehen, sind Geschriebenes und Schauspieler analog, austauschbar. Der Schauspieler setzt sich an die Stelle des Geschriebenen auf der Bühne, das Geschriebene setzt sich an die Stelle des Schauspielers in Androns Inschrift. Indem der Schauspieler eine, wie ich es nenne, »Vokalschrift« produziert, eröffnet er die Möglichkeit einer neuen Haltung gegenüber dem Geschriebenen, die Möglichkeit eines stillen Lesens. Tatsächlich definiert sich die von Andron geweihte Statue mit der Inschrift als »Schauspieler« (*hypokrités*), was diese neue Haltung voraussetzt. Der Raum des Geschriebenen ist eine »Bühne«, deren Logik der Theateraufführung entliehen ist, wobei die Rolle des Zuschauers dem Leser zugewiesen wird. Er verinnerlicht das Theater.

Diese Schlußfolgerung wird sowohl durch die Inschrift von Andron gerechtfertigt als auch durch jene bereits zitierte Passage aus dem *Hippolytos* des Euripides, wo die »Tafel«, das »Blatt« der toten Phaidra »laut ruft, vor Schrecken schreit (*boã boã déltos álasta*). So wie es von Euripides in Szene gesetzt ist, soll das Geschriebene während des Akts des stillen Lesens nicht nur »sprechen«, sondern auch noch »laut rufen«. Es kann sogar singen: »So ist, so ist der tönende Gesang«, fährt Theseus einige Verse später fort, »den ich sich erheben sah aus diesen geschriebenen Zeilen (*hoĩon hoĩon eĩdon en graphaĩs mélos phtengómenon*).«[69] Der die Rolle des Theseus singende Schauspieler (wir sind in einer lyrischen Passage) singt folglich von einem tönenden *mélos*, das aus dem Geschriebenen auftaucht, das heißt von einem Gesang für das Auge.

Auf der Bühne ein singender Schauspieler; auf der Schreibtafel – still gelesen und dadurch den Theaterraum interiorisierend – Buchstaben, die »singen«. Eine instruktivere Darstellung des stillen Lesens als diese ist schwer vorzustellen. Und dies aus zwei Gründen. Zum einen bringt sie in einem auf der Bühne vorgetragenen Gesang der ersten Ebene den übertragenen Gesang des Geschriebenen zum Einsatz und unterstreicht durch diesen Einschluß die Analogie zwischen Theaterraum und still gelesenem Geschriebenem. Zum zweiten stellt sie einen deutlichen Zusammenhang zwischen »sprechendem« Objekt und stillem Lesen her: Der im Zuge des stillen Lesens im Kopf gehörten Stimme entspricht genau das »sprechende« Objekt. Das Zeugnis des *Hippolytos* beschränkt sich mithin nicht auf externe Fakten – die nicht die unbestreitbare Unterscheidung zwischen stillem Lesen und lediglich für andere nicht vernehmbarem Lesen ermöglichen –, sondern umfaßt einen internen Aspekt, der die Interpretation von Bernard Knox erhärtet, indem es Tatsachen hinzufügt, die sich auf die geistige Architektur eines wirklich stillen Lesens beziehen.

Wenn sich auf diese Weise das Theater in das Buch interiorisiert, so interiorisiert sich das Buch seinerseits in den Raum des Geistigen, bald als *phrén*, bald als *psyché* bezeichnet. Und dies weit vor Platon, der in einer Passage des *Phaidros* die gewöhnliche Schrift von der »Schrift in der Seele« unterscheidet.[70] Unser erster Zeuge für die Metapher »das Buch der Seele« ist tatsächlich Pindar, der in einem Gedicht, von dem bereits oben (im Zusammenhang mit der Analyse des Verbs *ana-gignóskein*) die Rede war, ausruft: »Lest in mir den Namen des olympischen Siegers, da wo es in meinem Geist (*phrén*) geschrieben ist (*gráphein*)!«[71] Ihre größte Verbreitung aber findet diese Metapher bei den Tragödiendichtern, bevor sie von Platon wieder aufgegriffen wird. Und das aus gutem Grund: Die Dramendichter, die Texte herstellen, die von den Schauspielern auswendig gelernt werden sollen, erleben sehr konkret die Einschreibung des Textes in den Geist des Schauspielers. Für den Dramendichter erhält der Schauspieler eine Inschrift, nicht anders als der Stein oder das Schreibblatt. Das Innere des Schauspielers ist ein Schriftraum. Was bedeutet, daß der Dramentext in den Geist desjenigen

»eingeschrieben« ist, der ihn auf der Bühne aufsagt. Auf diese Weise rechtfertigt sich der Ausdruck »Vokalschrift«, den ich in diesem Text benutzt habe; und man versteht auch, warum Aischylos – der den zweiten Schauspieler einführt[72] – in das Gedächtnis seiner Schauspieler einschreibt, während ein Homer (selbst wenn er Schreiber gewesen wäre) nicht als jemand angesehen werden kann, der in das Gedächtnis seiner Sänger eingeschrieben hat; sie waren – in Zeit und Raum – zu weit von ihm entfernt, als daß eine solche Metapher hätte zutreffend sein können.

Zitieren wir Beispiele aus dem Werk des Aischylos, obwohl dieselbe Metapher auch bei den beiden anderen großen Tragödiendichtern auftritt. In *Der gefesselte Prometheus* deklariert der Protagonist: »Dir zuerst, Io, nenn ich die Irrtümer deines wirbelnden Laufs: schreib sie ein in die treuen Tafeln deines Gedächtnisses (*phrénes*)!«[73] Prometheus ist eine mit dem Ursprung der Schrift verknüpfte Person; Danaos ist es einer Überlieferung zufolge ebenfalls. Und so wendet sich dieser an seine Töchter: »Und jetzt, zu Lande, fordert euch noch immer meine Besonnenheit auf, meine Ansichten gut in euch eingraviert zu bewahren.« Und etwas später im selben Stück erscheint die Metapher erneut, wenn Danaos sagt: »Jetzt, den zahlreichen Lehren an Bescheidenheit, die von eurem Vater in euch eingeschrieben wurde, fügt die folgende Inschrift hinzu!« In den *Eumeniden* vergleicht der Chor das Gedächtnis des Hades mit einer Schrifttafel: »Hades, unter der Erde, fordert von den Menschen schreckliche Rechenschaft, und seine Seele (*phrén*), die alles sieht, bewahrt treu von allem die Niederschrift.« Und in meinem letzten Beispiel aus Aischylos' *Choephoren* sagt Elektra zu Orest: »Hör und schreib es ein in dein Herz (*phrénes*)«. Diese Formel hätte der tragische Dichter selbst auch benutzen können, wenn er sich an einen seiner Schauspieler wandte.

## In Athen: Die Inszenierung des Alphabets

Auf diese Weise entstehen Interiorisierungsbeziehungen ebenso zwischen Theater und Buch wie zwischen Buch und Seele. Doch diesen beiden Interiorisierungsbewegungen – vom Theater zum Geschriebenen, vom Geschriebenen zur Seele – entsprechen zwei Exteriorisierungsbewegungen, die in die umgekehrte Richtung verlaufen. Zum einen wird der geistige Raum natürlich in das Buch veräußerlicht. Man kann sogar die Existenz einer stillen Schrift postulieren, obwohl dies vielleicht gar nicht nachzuweisen ist. Denn das geschriebene *hypómnema* kann an die Stelle eines nachlassenden Gedächtnisses treten:[74] Es bildet ein äußerliches, objektives Gedächtnis, eine »Zusammenfassung in Stichwörtern«, die nicht mit dem lebendigen Gedächtnis einer Person zu verwechseln ist. Sich der Grenzen dieses objektivierten Gedächtnisses bewußt, greift ein Platon darauf zurück, wie auch der Dramendichter; sein Text stellt ein *hypómnema* dar, geschrieben nicht für Leser der Nachwelt, sondern im Hinblick auf das einzige Schauspiel, für das es eine unabdingbare Voraussetzung zu bilden scheint.

Wie sich der geistige Raum in den des Geschriebenen veräußerlichen kann, so der Raum des Geschriebenen seinerseits in den Theaterraum. Zunächst einmal, natürlich, wenn der Dramentext in Szene gesetzt wird, eine in gewisser Weise ursprüngliche Bewegung in diesem System wechselseitig abhängiger Repräsentationen, da er auslöst, was ich »Vokalschrift« genannt habe. Aber eine solche Veräußerlichung wurde im antiken Griechenland sogar buchstäblich inszeniert, und zwar auf höchst singuläre Weise, nämlich in der *ABC-Komödie* (oder auf griechisch: *Grammatikè theoría*) des attischen Dichters Kallias.[75] Dieses Stück wirft erhebliche Probleme auf hinsichtlich seiner Datierung und Beziehung auf musikalischer und metrischer Ebene zur *Medea* des Euripides (431) und zum *König Ödipus* des Sophokles (kurz nach 430). Hat es beide Stücke inspiriert oder bildet es deren Parodie? Ich kann hier nicht in diese Debatte eintreten, sondern begnüge mich mit einer näherungsweisen Datierung des Stücks auf die zweite Hälfte des 5. Jahrhunderts v. Chr.: Alle vorgeschlagenen Daten fallen in diesen Zeitraum. Auf jeden Fall genügt dieses ungefähre Datum für meine Ausführungen.

Was bietet nun die *ABC-Komödie* der Betrachtung (*theoría*) seiner Zuschauer (*theataî*) dar? Nichts weniger als einen Chor von 24 Frauen, die das ionische Alphabet darstellen, das im Prolog folgendermaßen vorgestellt wird: »Alpha, Beta, Gamma, Delta, Epsilon (der Buchstabe Apollons), Zeta, Eta, Theta, Iota, Kappa, Lambda, My, Ny, Xi, Omikron, Pi, Rho, Sigma, Tau, Ypsilon; Phi ist, ebenso wie Chi, bei Psi zugegen – bis zu Omega!« Danach stellt sich der Chor paarweise auf und läßt uns einer Grundschulübung beiwohnen: »Beta Alpha : Ba; Beta Epsilon : Be; Beta Eta : Be; Beta Iota : Bi; Beta Omikron : Bo; Beta Ypsilon : By; Beta Omega : Bo«; und dann, in der Gegenstrophe: »Gamma Alpha : Ga; Gamma Epsilon : Ge; Gamma Eta : Ge« usw., insgesamt 17 Strophen, die nach ein und derselben Melodie gesungen werden.

Nach diesem »Silbenchor« – der den modernen Spezialisten des Lesenlernens die Haare zu Berge stehen ließe – findet ein Dialog zwischen dem Lehrer und zwei Frauen statt:

> LEHRER – *Alpha* muß für sich ausgesprochen werden, meine Damen, und, an zweiter Stelle, *Epsilon* ganz für sich. – Sie, Sie sagen den dritten Vokal!
> ERSTE FRAU – Dann sage ich also *Eta*.
> LEHRER – Dann sagen Sie den vierten Vokal!
> ZWEITE FRAU – *Iota*.
> LEHRER – Den fünften!
> ERSTE FRAU – *Omikron*.
> LEHRER – Sagen Sie den sechsten!
> ZWEITE FRAU – Das ist *Ypsilon*.
> LEHRER – Den letzten der sieben Vokale, *Omega*, den sage ich Ihnen; und darüber alle sieben ins Metrum gebracht. Wenn Sie sie ausgesprochen haben, sagen Sie sie sich selbst vor!

Im folgenden Fragment macht sich Kallias einen Spaß daraus, detailliert zwei Buchstaben zu beschreiben, ohne daß deren Namen ausgesprochen werden, aber doch so, daß verständlich wird, um welche es sich handelt. Euripides macht im *Theseus* das gleiche: Ein Schäfer, Analphabet, beschreibt die Buchstaben des Namens THESEUS, ohne zu wissen, was sie bedeuten.[76] Bei Kallias versteht man warum, das gleiche Vorgehen ist nicht der Unwissenheit der Buchstaben geschuldet: »Ich bin schwanger, meine Damen«, sagt eine Frau [vielleicht die personifizierte Schrift], »aus Scham, meine Freundinnen, nenne ich euch den Namen des Säuglings, indem ich die Form der Buchstaben beschreibe. Da ist eine lange, gerade Linie; in ihrer Mitte gibt es zwei kleinere nach oben gebogene Linien, eine auf jeder Seite. Danach kommt ein Kreis auf zwei kleinen Füßen.« Es handelt sich um Ψ und Ω, zwei Zeichen des ionischen Alphabets und damit im attischen Kontext Bastarde. Mit genau diesen beiden Buchstaben sollte die siebzehnte Strophe des »Silbenchors« aufhören. Leider kennen wir die genaue – sicher obszöne – Bedeutung von *pso* nicht. In der einen oder anderen Weise dürfte *pso* sich auf etwas beziehen, das auszusprechen sich die Frau schämt. Und da der Scherz auf der Bühne stattfindet, können wir hinzufügen, daß diese beiden Buchstaben eine für obszöne Scherze eigentümliche piktographische Geltung besitzen. Übrigens hat Sophokles in dem satirischen Drama *Amphiaraos* einen Schauspieler auftreten lassen, der auf der Bühne die Form der Buchstaben tanzte.[77]

Wie auch immer, in der zweiten Hälfte des 5. Jahrhunderts v. Chr. wurde auf dem Theater des Dionysos in Athen das ionische Alphabet auf die Bühne gebracht. Das ist ein bemerkenswertes Faktum. Zur gleichen Zeit beginnen im Werk Herodots, des Freundes von Sophokles, die Buchstaben in großem Maßstab zu »sprechen«, ein Phänomen, das auf indirektem Weg die Praxis des stillen Lesens (und, so würde ich hinzufügen, des stillen Schreibens) bezeugt. In einer gegenüber der Inschrift des Andron, die ihm etwa ein Jahrhundert vorausgeht, genau umgekehrten Bewegung macht die *ABC-Komödie* sichtbar, was normalerweise auf dem Theater verborgen ist, nämlich das Geschriebene. Der »große Abwesende« der Szene: Hier hat er endlich seinen Auftritt. Bereits der Titel legt darauf den Nachdruck: *theoría* – wie *théatron* – von *theáomai* (»ich sehe, ich betrachte«) abgeleitet, bedeutet genau »Schauspiel für das Auge«. Man sieht also die Buchstaben auf der Bühne und hört nicht nur die »Vokalschrift« der Schauspieler. Die alphabetischen Buchstaben werden dem Auge dargeboten und sind nicht nur dem Gedächtnis der Schauspieler eingeschrieben. Die gesamte Bühne macht sichtbar, daß sie im Grunde ein Schriftraum ist, ein Schriftraum, der in der Lage ist »zu antworten« – sich laut zu sagen, zu lesen und zu deuten.

Die Vorstellung einer solchen dramatischen Aufführung konnte nur im Geist desjenigen entstehen, für den die Buchstaben bereits autonom sind und für den deren Vokalisierung keine notwendige Voraussetzung zu ihrem Verständnis darstellt. Das heißt im Geist desjenigen, für den die Buchstaben »reine« Vorstellungen einer Stimme sind (einer real transkribierten oder fiktiven Stimme wie im Fall einer stummen Schrift) und für den deren ursprüngliche Finalität – nämlich *kléos*, lautliches Renommee hervorzubringen – nicht mehr die einzige ist. Kurzum, im Geist desjenigen, der mit dem stillen Lesen eng vertraut ist. Eine solche Schlußfolgerung ist dennoch insoweit unangemessen, als sie nahelegt, das stille Lesen habe am Ende in der griechischen Welt obsiegt. Tatsächlich ist dieses ein Randphänomen geblieben, praktiziert von Professionellen des geschriebenen Worts, die umfassend genug lasen, damit eine Verinnerlichung der Lesestimme stattfinden konnte. Für den durchschnittlichen Leser blieb das laute Lesen die Norm, so als wäre es unmöglich gewesen, den primären Daseinsgrund der griechischen Schrift auszulöschen: Laute hervorzubringen, nicht zu repräsentieren. Die Stimme wird in der griechischen Antike nie kapitulieren. Aus kulturellen Gründen ist ihre Herrschaft nie ernsthaft gefährdet. So hat das stille Lesen auch nicht sein eigenes Vokabular entwickelt, sondern lediglich auf bereits bestehende Begriffe zurückgegriffen, wie etwa *anagignóskein*, das sich fortan nicht mehr nur auf das akustische Wiedererkennen des laut vorgelesenen Geschriebenen beziehen kann, sondern auch auf das visuelle Wiedererkennen der unmittelbar zum Auge »sprechenden« graphischen Sequenz. Was seinen ganzen innovativen Charakter anbetrifft, so ist das stille Lesen der Griechen mithin grundlegend determiniert durch das Lesen mit lauter Stimme, das in ihm wie ein nicht zu unterdrückendes Echo bewahrt bleibt.

*Aus dem Französischen von Bernd Schwibs*

Kapitel 2

# Vom Volumen zum Kodex: Lesen in der römischen Welt

*Guglielmo Cavallo*

Ab wann kann man für Rom von richtigen Büchern und von ausgeprägten Lesepraktiken sprechen? Für die ersten Jahrhunderte der römischen Geschichte muß man davon ausgehen, daß der Gebrauch der Schrift auf die Priesterschaft und die Adelsschicht beschränkt war, die Hüter des fundamentalen, sakralen wie rechtlichen Wissens, der Zeitmessung und der Annalen der Stadt. Festgehalten war dieses Wissen wahrscheinlich in Büchern aus Leinenstoff (in denen man besonders das sakrale Wissen niederlegte) oder auf hölzernen *tabulae*. Nimmt man den spezielleren Aspekt der römischen Literatur, so waren deren ursprüngliche Formen an den engen Kreis der Führungsschicht und besondere Erfordernisse des gesellschaftlichen Lebens gebunden: Redeprosa in nüchternem Stil, Totenreden *(mortuorum laudationes)*, Magistratsberichte, Aufzeichnungen zur Stadtgeschichte ohne jeden rhetorischen Schmuck. Cato der Ältere (234–149 v. Chr.) las seine Reden von Schreibtafeln ab.[1] Auch verfaßte und schrieb er selbst – »in großen Buchstaben«, um sie besser lesbar zu machen – eine »Geschichte Roms«, damit sein Sohn beim Erlernen der Grundlagen des Lesens und Schreibens sich gleich die Erfahrung der Vergangenheit zunutze machen konnte.[2] Von richtigen Büchern und Lesepraktiken ist man noch weit entfernt. Doch Catos Zeit markierte eine Wende.

Im Jahr 181 v. Chr. entdeckte man die sogenannten »Bücher Numas«, in Zedernblätter eingewickelte Papyrusrollen. Wie aus nicht ganz widerspruchsfreien Quellen hervorgeht, waren diese Schriftrollen teils griechisch und philosophisch-lehrhaften Inhalts, so daß sie, vielleicht weil sie gegen die offizielle Religion verstießen, verbrannt wurden, teils lateinisch und *de iure pontificum*, das »Pontifikalrecht« betreffend.[3] Es handelte sich um Fälschungen, die »ganz neu aussahen«, wie ihnen Livius nachsagt.[4] Dies bedeutet aber, daß das *volumen*, die in der hellenistischen Welt längst verbreitete Schriftrolle aus Papyrus, in Rom zu jener Zeit bereits bekannt war und sogar Papyrus importiert wurde, so daß man daraus auch Bücher herstellen konnte. Zu eben dieser Zeit findet man bei Ennius und einige Jahrzehnte später bei Lucilius die ersten sicheren Zeugnisse, daß dieses Schreibmaterial in der römischen Welt benutzt wurde und Schriftrollen mithin Träger literarischer Texte waren.[5]

Dieses Phänomen muß mit zwei grundlegenden Umständen in Zusammenhang gebracht werden, die die römische Kultur zwischen

Ende des 3. und Anfang des 1. vorchristlichen Jahrhunderts kennzeichneten: das Entstehen einer lateinischen Literatur nach griechischen Vorbildern und die Ankunft ganzer hellenistischer Bibliotheken, die mit der Kriegsbeute nach Rom kamen. Dies in einer Zeit, in der die griechischen Einflüsse immer stärker wurden und für Gegenstände aus griechischer Herstellung ein Sammelfieber ausbrach. Importierte griechische Bücher wurden auf diese Weise zu Vorbildern für das entstehende lateinische Buch. Werke wie die *Odyssee* von Livius Andronicus und das *Bellum Poenicum* von Naevius waren zwar auf *volumina* aus Papyrus geschrieben, ursprünglich wohl aber nicht nach einer präzisen editorischen Planung in eine geordnete Reihe von Büchern untergliedert.[6] Hingegen weisen die gleich bei ihrer Abfassung in achtzehn Bücher unterteilten *Annales* von Ennius[7] und die später durch den Grammatiker Octavius Lampadio vorgenommene Untergliederung des Epos von Naevius in sieben Bücher darauf hin, daß dank der zunehmenden Präsenz griechischer Buchmodelle allmählich ein Bewußtsein für den Zusammenhang zwischen Text und Buch entstand. Es ging nicht nur darum, *exemplaria Graeca* in einen anderen kulturellen Kontext zu versetzen, sondern sich auch umfassende Regeln der Buchgestaltung anzueignen, mit deren Hilfe der Text nach griechischen Vorbildern nach und nach lesefreundlicher eingerichtet und angeordnet werden sollte.

## Die Entstehung eines Lesepublikums

Von Cato Uticensis wird erzählt, daß er sich vor seinem Selbstmord in sein Zimmer zurückzog, den *Phaidon*, Platons Dialog über die Seele, zur Hand nahm und einen großen Teil davon las. Als er bemerkte, daß sein Schwert nicht an seinem gewohnten Platz hing, verlangte er von einem Sklaven Aufschluß darüber, erhielt aber keine Antwort. Daraufhin las er weiter, trug dem Sklaven aber zwischenzeitlich auf, ihm das Schwert zurückzubringen. Als das Buch jedoch ausgelesen war und ihm immer noch niemand die geforderte Waffe brachte, begann er zu drohen, damit seinem Befehl Folge geleistet würde. Als er sein Ziel dann endlich erreicht hatte, nahm er erneut die Platonische Schrift zur Hand und las sie noch zweimal ganz durch. Schließlich, nachdem er ein Weilchen geschlafen hatte, stieß er sich das Schwert in die Brust und nahm sich das Leben.[8]

Abgesehen von der besonderen psychologischen Situation, in der sich Cato, der Leser, befindet, ist der Rahmen hier der einer trauten Lektüre im eigenen Zimmer, unterbrochen durch Befehle an die Sklaven und das eine oder andere kurze Schläfchen. In der ausgehenden römischen Republik scheint sich parallel zum »Privatleben« auch das zurückgezogene häusliche Lesen herausgebildet zu haben. Nicht zufällig wird hier ein Dialog von Platon gelesen, denn zu jener Zeit, im 1. Jahrhundert v. Chr., waren gelehrte Lektüren vor allem griechischer Autoren in der römischen Führungsschicht bereits verbreitet. Laut Cicero pflegte derselbe Cato mit einem Buch in der Hand auf der Senatsversammlung zu erscheinen, oder er versenkte sich in Tusculum, in der Villa Lucullus' des Jüngeren[9], des Erben einer Bibliothek, die sein Vater in den Jahren 71–70 v. Chr. nach seinem Sieg über Mithridates aus dem Ostreich als *pontica praeda* nach Rom gebracht hatte, in die Lektüre der stoischen Philosophen.

Die ersten privaten Bibliotheken Roms sind eroberte Bibliotheken.[10] Schon vor Lucullus hatte Aemilius Paullus die Bücher des makedonischen Königs Perseus nach Italien gebracht, und der Diktator Sulla hatte in Athen die Bibliothek des Büchersammlers und peripatetischen Philosophen Apellikon von Teos, der sich – auch mit Exemplaren aus dem Besitz des Aristoteles und Theophrastos – eine beneidenswerte Büchersammlung aufgebaut hatte, geplündert und ihre *volumina* in seine Villa nach Pozzuoli gebracht. Diese nach hellenistisch-alexandrinischem Muster angelegten Bibliotheken wurden zur Anregung für die ganz und gar römische Neuschaffung von Privatbibliotheken, zu denen eine gestiegene, wenngleich in der Spätzeit der Republik noch streng auf eine Elite beschränkte Zahl von Lesern den Anstoß gab. Gleichwohl gewann in Rom langsam ein neues Bibliotheksmodell Gestalt, wie aus der Briefsammlung Ciceros hervorgeht, der in der konkreten Ausstattung seiner Bibliotheken (in Rom und in den Villen in Formia und Tusculum) und der seines Bruders Quintus eine Zweiteilung sämtlicher Sammlungen in griechische und in lateinische Bücher beschreibt, welche die beiden Kulturen und die in Rom sich ereignende Begegnung zwischen ihnen zu repräsentieren vermag.

Die Entstehung dieser neuen Bibliotheken – in Betracht kommen die bereits genannten von Cato, Cicero, dessen Bruder Quintus, aber auch jene des Atticus und Varro – wird entscheidend beeinflußt durch die auf lateinischen Schriften basierende Buchproduktion, die allerdings noch weit von den griechischen Qualitätsstandards entfernt ist[11]: »Wohin ich mich wegen der Lateiner wenden soll, weiß ich schon gar nicht, so fehlerhaft wie sie kopiert und verkauft werden«, schreibt Cicero an Quintus[12], der schon eine griechische Bibliothek besitzt, sich aber noch eine lateinische zulegen möchte. Cicero selbst hat Schwierigkeiten, sich die lateinischen Werke zu beschaffen, die er in seinen Jugendjahren gelesen und bewundert hat[13]: Um seine »lateinische Bibliothek« zu vermehren, zögert er nicht, sich die Bücher abschreiben zu lassen, die ihm ein Dichterling wie Vibius geschickt hat;[14] und als ihm Lucius Papirius Paetus die von seinem Bruder ererbte Bibliothek schenkt, versäumt er nicht, die lateinischen Bücher zu erwähnen, über die er sich vielleicht noch mehr freut als über die griechischen.[15]

Wenn Cato sich in Lucullus' Bibliothek in die Lektüre der Stoiker versenkt oder Cicero nicht nur seine eigenen Bücher liest, sondern sich regelmäßig auch die Bestände des Faustus Sulla, Lucullus oder seines Freundes Atticus zunutze macht,[16] so wird daran erkennbar, daß vor diesen Bibliotheken schon die Idee des herrschaftlichen Wohnhauses oder der Villa als ruhige Orte der Muße inmitten von Büchern und Freunden Gestalt angenommen hatte. Nicht nur mit Bibliotheken, sondern auch mit Säulengängen, Erholungsräumen, Gemäldegalerien, Gärten und Räumen ausgestattet, die durch ihre Namen an hellenistische Einrichtungen wie *academia, gymnasium, lyceum, palaestra* erinnern sollten, waren diese Villen Orte der Geselligkeit, die den Hintergrund für die private Lektüre der gebildeten Schichten abgaben.[17] Der Umstand, daß die privaten Bibliotheken externer Nutzung – wenn auch beschränkt auf eine »geschlossene Gesellschaft« – offenstanden, beweist aber auch, daß sie Lesebedürfnissen (Studium, Erholung) entgegenkamen, die gegenüber früher größer geworden waren, durch individuelle Bibliotheken wegen der noch spärlichen, desorganisierten und technisch mangelhaften Buchproduktion jedoch nicht befriedigt werden konnten. So erklärt sich vielleicht, daß erfahrene Kopisten *(librarii)* auch von Freunden zur Verfügung gestellt wurden, wenn ein Autor wie Cicero eine große Menge von Büchern »herauszubringen« hatte. Gleichwohl bezeugen Catull und Cicero als erste die Tätigkeit von Buchläden[18], und als erste unterscheiden sie auch bestimmte Kategorien von Lesern. Auf den Tischen der Buchhändler konnte man – unter Umständen schlecht gemachte – *volumina* von *pessimi poetae* (äußerst schlechten Dichtern) finden, die von Kennern mit gutem Geschmack zwar verachtet wurden, aber trotzdem ihren Leserkreis hatten. Cicero stellt fest, daß viele *(multitudo)* von der simplen *(perfacilis)* und verlockenden Lehre des Epikureers Gaius Amafinius und seiner Gefolgsleute so beeindruckt waren, daß deren Schriften ganz Italien überschwemmten.[19] Andererseits betont Cicero unter Anspielung auf wenig gehaltvolle philosophische Lehren, daß deren Verfechter keine anderen Leser fänden außer sich selbst und ihren Anhängern.[20] Der ebenfalls bei Cicero stehende Hinweis auf Menschen aus bescheidenen Verhältnissen, Handwerker und alte Männer, die Liebhaber der *historia* seien, verlangt einen ausführlicheren Kommentar: Cicero hebt nämlich hervor, daß all diese Menschen aus *voluptas,* aus Spaß am Lesen, Geschichtswerke lasen (oder hörten), nicht wegen der *utilitas* (»Nutzen«), die man daraus ziehen konnte und die der höher gebildete Leser darin suchte.[21] Die verschiedenen Arten des Lesens, von denen Cicero ausgeht, stehen also in Zusammenhang mit dem jeweiligen Lesertyp; und wahrscheinlich konnten Schriften, die in eher einfachem Stil gehalten waren, wie etwa – einige Jahrzehnte später – die Biographien von Cornelius Nepos oder die Heldentaten Caesars, erzählt von seinen Generälen, auch eine weniger gebildete Leserschicht für sich gewinnen.[22] Kurzum, sowohl Catull als auch, noch deutlicher, Cicero beziehen sich polemisch auf kulturelle Rahmenbedingungen und Leserkreise, die im Verhältnis zu den von ihnen selbst repräsentierten Eliten unqualifiziert sind. Doch zu dieser Zeit handelt es sich auf jeden Fall um recht kleine Kreise mit ziemlich begrenzten Interessen.

Den Charakter der ersten privaten Sammlungen, die sowohl »Fach-« als auch »Lesebibliotheken« waren, findet man bei der einzigen übriggebliebenen, der Bibliothek in der sogenannten »Villa dei Papiri« in Herculaneum, wieder. Die griechische Abteilung – nahezu ausschließlich epikureische Bücher, die teils aus dem Ostreich nach Herculaneum gebracht, teils auf Geheiß von Philodemos von Gadara in der Villa selbst hergestellt wurden – ist praktisch eine philosophische Fachbibliothek, während die lateinische Abteilung, von der einige wenige Fragmente zeitgenössischer Schriften, darunter ein *Carmen de bello Actiaco* zeugen[23] – eher für sonstige Lektüren bestimmt war. Diese lateinische Bibliothek führt uns aber schon in die Kaiserzeit, in der sich das Szenarium des Lesens in Rom allmählich wandelt.

Von Cicero bereits angestrebt und von Catull beschrieben, breitet sich in dieser Zeit der *novus liber* aus,[24] das qualitativ hochwertige literarische *volumen* in lateinischer Sprache, bestimmt für die gebildete Lektüre und orientiert an griechischen Vorbildern, wie sie in der hellenistischen Welt seit Jahrhunderten bezeugt sind und in der Zeit zwischen später Republik und Prinzipat auch in Italien hergestellt werden, wie die griechischen Schriftrollen von Herculaneum belegen: erstmals verwendeter, bester Papyrus, durchdachter Umbruch des Textes, akkurate, bisweilen elegante graphische Formen, korrekte Schreibung, Verwendung hervorgehobener Initialen und besonderer Schriften für Autornamen und Werktitel am Ende jeder Bucheinheit, Stäbe zum Aufrollen des *volumen*. Fragmente, die sich der Kaiserzeit zuordnen lassen – sowohl Poesie (von Cornelius Gallus)[25] als auch Prosa (von Sallust)[26] –, sind vermutlich Überreste solch hochwertiger lateinischer Schriftrollen.

Dieses Interesse für das Buch, für seine editorische Aufmachung und seine Lesefreundlichkeit, entwickelt sich parallel zur neuen römischen Literatur von hohem Niveau, die aufgeschlossen ist für die Ansprüche der griechischen Kultur (man denke noch einmal an Catull und an den Dichterkreis der Neoteriker). Daß es andererseits jedoch ein Publikum gab, das, gleichgültig gegenüber der Qualität und technischen Ausstattung des Buches, nur aus *voluptas* und nicht der *utilitas* wegen las, deutet darauf hin, daß das Lesen nach und nach größeren Raum einnahm, bis sich schließlich ein regelrechtes Lesepublikum herausbildete, das man sich als solches nicht mehr nur auf bestimmbare Kreise beschränkt vorstellen darf; vielmehr blieb es anonym und unbekannt für die Autoren, die in der Kaiserzeit, anders als Cicero, in ihren Strategien, ihre Werke an bestimmte Adressaten zu richten, darauf Rücksicht zu nehmen begannen. Auf Italien beschränkt, aber schon zu Augustus' Zeit nicht mehr ganz klein, wurde dieses Publikum bereits gegen Ende der julisch-claudischen Epoche weitaus größer, vielfältiger und fand sich über das gesamte Reichsgebiet verteilt. Es wuchs noch in dem Maße, wie sich die sozio-politische und kulturelle Hegemonie Italiens den Provinzen gegenüber abschwächte und dank einer stärker ausgeprägten ethnischen und sozialen Mobilität Autoren und Leser aus den Mittelschichten und den Provinzstädten hervorgingen. In der begeisterten Vision der Schriftsteller dieser Zeit verbreiteten sich ihre Werke mit Hilfe der Bücher bis an die Grenzen der Welt. Das Lesepublikum blieb jedoch eine Minderheit: »nicht Millionen, auch nicht Hunderttausende, vielleicht in den besten Zeiten kaum mehr als einige Zehntausende«[27] – eine Minderheit allerdings, die eine nach kulturellen Kompetenzen differenzierte Produktion von Literatur und Büchern zu tragen vermochte. Von jedem Versuch, die Zahl der Leser, die »Auflagen« der hergestellten Exemplare und die tatsächlich gelesenen oder am meisten gelesenen Bücher genauer zu bestimmen, muß man freilich absehen.

Zum Lesepublikum zählten vor allem die gebildeten, seit jeher dem *otium* ergebenen aristokratischen Kreise. Diesen eng verbunden, gab es ferner die Schar der Grammatiker und Rhetoren, manchmal Sklaven und Freigelassene, die es gewohnt waren, die »Klassiker« und auch anderes zu lesen. Außerdem gab es noch ein Publikum neuer Leser, das sich einerseits von diesen hochgebildeten literarischen oder schulischen Zirkeln, andererseits von der Masse der Ungebildeten unterschied: ein Publikum von mittlerem Bildungsgrad, das zuletzt bis zur unteren Mittelschicht herabreichte.

Daß die Leseerfahrungen in der Kaiserzeit zunahmen, muß man in direktem Zusammenhang mit einer größeren Verbreitung der Lese- und Schreibfähigkeit zu dieser Zeit sehen. Auf die Frage »War die Alphabetisierung ein Privileg der höheren Schichten?« hat ein Historiker ebenso bündig wie treffend folgendermaßen geantwortet:

> »Aus den ägyptischen Papyri gehen drei Indizien mit Gewißheit hervor: Es gab Analphabeten, die sich die Feder von anderen führen ließen; es gab Menschen aus dem Volk, die schreiben konnten; es gab literarische Texte, Klassiker, in den armseligsten Städtchen (...) Doch so übersichtlich, wie diese Indizien vermuten lassen könnten, waren die Verhältnisse nicht. Die Wirklichkeit steckt in den Nuancen und Unterschieden.«[28]

In einer im engeren Sinn römischen Umgebung findet man schriftliche Spuren dieser komplexen Öffentlichkeit, vom eher bescheidenen bis zum mittelmäßig und gelegentlich höher gebildeten Schreib- und Lesekundigen, auf den Wänden und in den Häusern von Pompeji, wo die Graffiti Obszönitäten, schlüpfrige Späße, den einen oder anderen Vers eines berühmten Dichters und manch hübsches Gedicht wiedergeben.

In Rom ist das Lesen wie das Studieren eine »Zier« der traditionell gebildeten Klassen, die von Schichten neuer Lesekundiger und Parvenus imitiert werden. Auf jeden Fall ist es eine gesicherte Tatsache, daß in der römischen (oder besser griechisch-römischen) Welt vom 1. bis zum 3. Jahrhundert n. Chr. zunehmend gelesen wird, wie unter anderem die sehr hohe, über ein ikonographisches Stereotyp hinausgehende Häufigkeit von Leseszenen in den Fresken, Mosaiken und Reliefs jener Zeit beweist. Nicht immer jedoch ist klar, wie das Publikum Zugang zur Lektüre findet. Die Blüte öffentlicher Bibliotheken läßt sich in Rom und in der römischen Welt nur innerhalb gewisser Grenzen mit gestiegenen Lesebedürfnissen in Zusammenhang bringen.[29] Diese Bibliotheken verdankten sich wohltätigen Stiftungen und wurden, wo auf kaiserliche Initiative, im Kontext einer Konzentration und Aneignung der Schriftkultur von seiten der Macht geschaffen. Sie sollten – zumindest war dies in Rom und bei den größten, etwa der von Augustus auf dem Palatin gegründeten Bibliothek des Apoll oder der Ulpia am Traiansforum, der Fall – ein bestimmtes literarisches Erbe oder die schriftlich niedergelegte, zivile wie religiöse Geschichte Roms sortieren und aufbewahren. Bildquellen, die Leseszenen in einer öffentlichen Bibliothek zeigen, gibt es nicht. Außerdem war die übliche Praxis, laut und manchmal im Stehen, mit Gesten und Körperbewegungen untermalt, zu lesen, für eine gemeinschaftliche Lektüre im Beisein vieler anderer nicht geeignet. Eher suchte man die Bibliotheken auf, um alte oder rare Werke einzusehen, bestimmte Stellen miteinander zu vergleichen, einen Abschnitt zu überfliegen; oder auch, weil sie ein Treffpunkt waren, urbaner »Lebensraum«. Es handelte sich im wesentlichen um Gelehrtenbibliotheken, die ihrer ursprünglichen Konzeption nach für alle zugänglich sein sollten, in Wirklichkeit aber von einem eingeschränkten Publikum professioneller Gelehrter und Literaten aufgesucht wurden. Über ein anderes Repertoire – vor allem, wie man geglaubt hat, Unterhaltungsliteratur – verfügten wahrscheinlich manche kleineren Bibliotheken, die an die »großen Thermen« angebaut waren;[30] gelesen wurden die Werke höchstwahrscheinlich jedoch nicht in den nischenförmigen Anbauten, in denen sich die Bücher befanden, sondern anderswo, auf den Wegen oder in der Basilika oder in den Räumen der Badeanlagen. Im übrigen waren die potentiellen Leser in den öffentlichen Bibliotheken weitgehend identisch mit den möglichen und auch tatsächlichen Besitzern von Privatbibliotheken, wie sie seit der Wende vom 1. vorchristlichen zum 1. nachchristlichen Jahrhundert ebenfalls immer zahlreicher wurden. Die Privatbibliothek wird sogar zum obligatorischen Kennzeichen des Hauses jedes Wohlhabenden, auch wenn dieser nur leidlich gebildet und kein sicherer Leser ist. Buch und Lektüre sind nunmehr zu einem festen Bestandteil der Selbstdarstellung, zu einem sozialen Unterscheidungsmerkmal geworden.

Auch wenn für diese Zeit kein genaues Vertriebssystem für das Buch festgestellt werden kann, muß man nach einer gesicherten Überlieferung doch von einer Buchherstellung innerhalb der Patrizierhäuser ausgehen, die aber auch dem Freundeskreis und den *clientes* des Hausbesitzers zu Diensten stand. Andererseits sind in zunehmender Zahl *tabernae librariae* – Buchhandlungen – bezeugt, die selbständig von Geschäftsleuten ohne hohen gesellschaftlichen Rang, in der Regel Freigelassene, betrieben wurden. In Rom gab es in der Kaiserzeit bereits mehr oder minder berühmte Buchhändler, etwa, um einige Namen zu nennen, die Sosii, Dorus, Trypho und Atrectus, dessen Laden innen mit Regalen und außen mit Werbeschildern für die Bücher ausgestattet war. In der Provinz konnte man unterdessen zumindest in Gallien, in Vienne oder Lyon, aber auch in Britannien Buchhandlungen finden.[31] Diese Buchhandlungen konnten auch Orte der Begegnung und gelehrter Gespräche sein: Gellius erinnert sich, wie er als junger Mann in Rom einmal – wir befinden uns am Anfang des 2. Jahrhunderts – in einer Buchhandlung im Quartier der Schuster einer lebhaften Diskussion über die Frage beiwohnte, wie Sallusts *Geschichten* zu lesen seien.[32] Auch einige Jahrhunderte später, im 6. Jahrhundert, scheinen die Buchhandlungen im Ostreich, in Konstantinopel, noch Orte der gesellschaftlichen Beziehungen, der kultivierten Gewohnheiten und möglicherweise der Unterhaltung für »Pseudo-Intellektuelle« gewesen zu sein.

## Die Modalitäten des Lesens

Das Lesen eines literarischen Buches erforderte ein hohes Maß an technischen Fertigkeiten und Kenntnissen. In anderen Fällen mochte ein gewisser Stand der Alphabetisierung genügen: Insbesondere die Lektüre von Plakaten, Dokumenten oder Bekanntmachungen wurde durch die Wiederholung bestimmter Formeln erleichtert.[33] Bis zum 2. oder 3. Jahrhundert n. Chr. bedeutete »ein Buch lesen« in der Regel »eine Rolle lesen«. Man nahm die Rolle in die rechte Hand und entrollte sie nach und nach mit der linken, die den bereits gelesenen Teil festhielt; am Ende der Lektüre befand sich die Rolle ganz aufgewickelt in der linken Hand. Diese Handhabung ist, ebenso wie gewisse Posen und Begleitumstände, auf bildlichen Darstellungen, vor allem Grabmälern, reich bezeugt.[34] Dort sieht man die Rolle in Gestalt zweier Zylinder, die von beiden Händen gehalten werden und einen mehr oder minder großen Textausschnitt begrenzen, der gerade gelesen wird; die offene Rolle vom Typ der sogenannten »unterbrochenen Lektüre«, gehalten von nur einer Hand, die beide Zylinder an ihren Enden zusammenführt, so daß die zweite Hand frei ist; die bald ausgelesene Rolle, bei der der letzte Teil offen ist und nach rechts hängt; schließlich die vollständig wieder aufgewickelte Rolle in der linken Hand. Sowohl Bild- als schriftliche Quellen bezeugen auch den Gebrauch eines Holzgestells, das die Rolle, die gerade gelesen wurde, hielt; man sieht es entweder auf dem Schoß des sitzenden Lesers, oder es ist auf einem Ständer befestigt. Diesen Umständen der Lektüre entsprechend konnte man den aufgeschlagenen Rollenabschnitt frei variieren, so daß man entweder nur eine oder üblicherweise mehrere beschriebene Spalten vor Augen hatte, vielleicht bis zu fünf oder sechs, wenn man nach der Größe des abgewickelten Teils auf manchen Abbildungen geht; auch in diesem zuletzt genannten Fall blieb das Auge des Lesers jeweils auf die Spalte gerichtet, die gerade gelesen wurde, konnte aber beim Durchgehen des Textes bequem von einer Spalte zur nächsten wandern. Im Fall bebilderter Rollen konnte das Auge eine Bilderfolge nahezu gleichzeitig »lesen« und dabei die zeitlichen und räumlichen Abstände zwischen den dargestellten Szenen in der Phantasie überbrücken.[35]

Die bildlichen Darstellungen zeigen aber auch die Gesamtsituation, in der gelesen wird. Zu sehen ist der Leser allein mit seinem Buch oder während er vor Zuhörern liest; der Lehrer beim Lesen in der Schule; der Redner, der seine Rede hält und dabei den Text vor sich hat; der Reisende, der auf dem Wagen liest; der entspannt liegende Teilnehmer eines Festmahls, dessen Blick auf die Zeilen der Schriftrolle in seinen Händen fällt; das Mädchen, das im Stehen oder in einem Laubengang sitzend aufmerksam liest. Aus schriftlichen Quellen ist auch bekannt, daß man bei der Jagd las, während man darauf wartete, daß sich das Wild in den Netzen verfangen würde, oder nachts, um sich über die Langeweile der Schlaflosigkeit zu retten. Wie in der Neuzeit scheint das Lesen also eine sehr freie Tätigkeit gewesen zu sein, nicht nur, was die Situationen, sondern auch, was die Körperhaltungen angeht.

Die Bedingungen für das Lesenlernen waren je nach Epoche, Stand und Umständen verschieden. In der Regel lernte man es in der Familie oder bei Privatlehrern oder in der öffentlichen Schule. Vielfältig waren auch die Phasen und Niveaus des Lesenlernens selbst, bei dem man sich höchstwahrscheinlich Buchstaben verschiedener Größe zunutze machte und mit den größten begann. Die Lesefähigkeit konnte bei den unabdingbaren Grundlagen stehenbleiben (dem Lesen von »Plakatbuchstaben«, wie bei Petronius' Hermeros[36], oder wenig mehr) oder durch eine abgeschlossene Lehre bei Grammatik- und Rhetoriklehrern sehr fortgeschrittene Stufen bis hin zu wahrer Meisterschaft erreichen. Noch vor dem Lesen lernte man jedoch das Schreiben. Kinder im Schulalter (wobei freilich anzumerken ist, daß dieses je nach Epoche, zwischen Zentrum und Peripherie und je nach Gesellschaftsschicht differiert und sich jedenfalls nicht leicht bestimmen läßt[37]) mußten vor allem »Gestalt und Namen der Buchstaben« in streng alphabetischer Reihenfolge lernen, eventuell mit Hilfe von kleinen Elfenbeinmodellen oder ähnlichen Dingen. Dann lernten sie schreiben, indem sie zuerst die Linien der einzelnen Buchstaben nachfuhren, die der Lehrer auf eine Holztafel geritzt hatte, und dann selbst welche einritzten. Die nächsten Schritte bestanden im Zeichnen von Silben, ganzen Wörtern und, zuletzt, von Sätzen.[38]

Vom Schreibenlernen getrennt, erfolgte das Lesenlernen in einer zweiten Phase, so daß es mit Sicherheit Menschen gab, die über die ersten Schulstufen nicht hinausgelangt waren und deshalb zwar schreiben, aber nicht lesen konnten. Die ersten Leseübungen hatten zunächst ebenfalls die Kenntnis der einzelnen Buchstaben zur Grundlage, dann ihre Verbindungen zu Silben und zu ganzen Wörtern. Das Üben selbst ging mit einer über lange Zeit sehr langsamen Lektüre weiter, bis man nach und nach eine *emendata velocitas* erreichte, das heißt ein beträchtliches Lesetempo, ohne Fehler zu machen. In der Ausbildung wurde laut gelesen, und während die Stimme die bereits gelesenen Wörter aussprach, mußten die Augen auf die nachfolgenden schauen, was Quintilian, der die Quelle dieser Kenntnisse ist, für äußerst schwierig hielt, da es eine *dividenda intentio animi* erforderte, also daß man seine »Aufmerksamkeit auf zweierlei richtete«. Wenn das Lesen sicher und schnell war, lief das Auge dem Mund voraus, und letztlich handelte es sich um ein Lesen, das gleichzeitig Gesichtssinn und Stimme betraf. Petronius' lobender, auf einen jungen Sklaven und *lector* bezogener Ausdruck *librum ab oculo legit* spielt auf diese Fähigkeit des Auges an, das die Schrift unmittelbar zu entziffern versteht, wobei allerdings unklar bleibt, ob es sich dabei nur um ein visuelles (und deshalb lautloses) oder auch die Stimme einsetzendes Lesen handelte.[39]

Jedenfalls war, wie auch aus anderen Stellen bei Quintilian und noch weiteren Zeugnissen hervorgeht, das laute Lesen auf jedem Niveau und in jeder Funktion am gebräuchlichsten.[40] Die Lektüre konnte direkt sein oder auch vermittelt durch einen zwischen Buch und Zuhörer oder Zuhörerschaft stehenden Vorleser. Im Fall bestimmter poetischer Werke wechselten sich je nach Textaufbau mehrere Leserstimmen miteinander ab. Diese Praktiken erklären auch die sehr enge Wechselwirkung zwischen dem literarischen Schreiben und dem Lesen. Ersteres war von der Rhetorik beherrscht, die ihre Kategorien auch bei den literarischen Formen durchsetzte, bei der Poesie, der Geschichtsschreibung sowie den philosophischen und wissenschaftlichen Abhandlungen. Deshalb war, vor allem im Fall von Lesungen vor einem Publikum, ein ausdrucksstarkes, ein in Entsprechung zum besonderen Charakter des Textes und seiner formalen Gestaltung durch Betonung und Tonfall moduliertes Lesen vonnöten. Nicht zufällig ist der Begriff, der das Lesen von Dichtung bezeichnet, oft *cantare* und *canora* dementsprechend die Stimme, die sie vorträgt. Einen literarischen Text zu lesen war, um es kurz zu sagen, beinahe so, als brächte man eine musikalische Partitur zur Aufführung.[41] In Rom sieht schon das Lesen in der Schule vor, daß der *puer* (»Knabe«) lernt, »wo (er) den Atem anzuhalten, wo er den Vers abzusetzen hat, wo ein Gedankengang zu Ende geht, wo er anhebt, wann die Stimme zu heben oder zu senken ist, wie sich jeweils der Ton zu schmiegen hat, was langsamer, was schneller, was erregter, was sanfter vorzutragen ist«[42]. Diese Art von Übung begann man mit der Lektüre von Homer und Vergil: Dann ging man zu den Lyrikern, den Tragikern und Komikern über, wobei man von den erstgenannten – beispielsweise Horaz – nur einige wenige Auszüge las, um gewisse unzüchtige Passagen zu umgehen. Auch archaische Dichter und Prosaiker wurden gelesen. In den Rhetorikschulen schließlich las man die Redner und Geschichtsschreiber, leise, indem man die Lektüre des Lehrers im Buch mitverfolgte, oder abwechselnd auch laut, unter anderem zu dem Zweck, eventuelle formale Mängel des betreffenden Textes festzustellen. Einen schwierigen Autor gründlich zu lesen hieß, nicht bei der »Haut« stehenzubleiben, sondern bis zum »Blut« und zum »Mark« des sprachlichen Ausdrucks vorzudringen.[43]

Daß das laute Lesen bisweilen Kraft kostete, davon zeugt die Heilkunde der Zeit, die das Lesen als solches zu den gesundheitsfördernden körperlichen Übungen rechnet,[44] zumal wenn man bedenkt, daß es gewöhnlich mit mehr oder minder starken Bewegungen des Kopfes, des Brustkorbs und der Arme verbunden war. So läßt sich vielleicht das im Zusammenhang mit der Schriftrollenlektüre recht häufig auftretende Bildmotiv der »unterbrochenen Lektüre« erklären: Man hielt beim Lesen nicht nur aus bestimmten Anlässen inne (um einen Absatz zu kommentieren, sich jemandem im Gespräch zuzuwenden, eine Pause zu machen), sondern auch um eine Hand freizubekommen und einige Momente mit einer stärker ausgeprägten Gestik zu unterstreichen. Stimme und Gebärde verliehen dem Lesen den Charakter einer Performance.

Das ausdrucksvolle Lesen wiederum beeinflußte das literarische Schreiben, das, gerade weil es normalerweise zum lauten Lesen bestimmt war, eine Praxis und einen Stil erforderte, wie sie der Mündlichkeit eigen waren.[45] Die Grenzen zwischen Buch und gesprochenem Wort waren daher durchaus fließend. Die (beim eigenhändigen Schreiben) vom Gemurmel der Stimme begleitete oder diktierte Niederschrift eines Textes wie auch das ebenfalls oft bezeugte Vorlesen, durch das ein Autor seinen Freunden Kostproben seines Werkes gab, waren einem

Geschriebenen angemessen, das wesentlich zum Hören bestimmt war. Abweichungen von den strengen stilistisch-rhetorischen Normen konnten sich daher nachteilig auswirken. Die Stimme gehörte also zum geschriebenen Text auf allen Abschnitten seines Wegs vom Sender zum Empfänger. »Die Wortfügung muß gewöhnlich so vorgenommen werden, wie man auch den Vortrag wird anlegen müssen«, so Quintilian. Das laute Lesen selbst kannte jedoch Unterschiede in der Lautstärke, je nach Gelegenheit und nach der Art des Textes.[46]

Außer im Fall sehr erfahrener oder professioneller Leser war das Lesen eine langsame Verrichtung. Eine erste Schwierigkeit konnte in der Art der Schrift liegen, die manchmal kalligraphisch »wie in einem Buch« war, manchmal aber auch halbkursiv oder kursiv und voller entstellender Zusammenschreibungen: Nicht alle, die mit einer dieser Schriften Übung hatten, waren auch imstande, die andere bequem (oder überhaupt) zu lesen. Das laute Skandieren bremste außerdem die Geschwindigkeit des Blicks, und es tat dies um so mehr, je klarer, sicherer und deutlicher betont die Aussprache war. Es gab jedoch auch noch andere Faktoren, die ein rasches Lesen nicht gerade erleichterten. Bis zum 1. Jahrhundert n. Chr. wurden in Rom *interpuncta* benutzt, Punkte, die die Pausen zwischen den Wörtern anzeigten; doch schon seit Ende desselben Jahrhunderts setzte sich auch in den lateinischen Texten die *scriptio continua* durch, die sich in der griechischen Welt eingebürgert hatte.[47] In der laufenden Schrift wurde nur selten abgesetzt, so daß ihr ununterbrochener Fluß es einem nicht ausreichend geübten Auge schwermachte, sofort die Grenzen eines jeden Wortes zu erkennen und seinen Sinn zu erfassen. Für das Verständnis dieses Sinns gab die stimmliche Artikulation des geschriebenen Textes deshalb eine sichere Hilfestellung, denn das Gehör vermochte – sobald die graphische Struktur des Textes entziffert war – die Aufeinanderfolge der Wörter, die Bedeutung jedes Satzes, den Augenblick, in dem es die Lektüre durch eine Pause zu unterbrechen galt, besser zu erfassen als der Blick. Die diakritischen oder Interpunktionszeichen dienten weniger dem Verständnis des logischen Fortgangs als vielmehr der »rhetorischen« Strukturierung des Geschriebenen, denn sie markierten Atempausen oder rhythmische Pausen für das laute Lesen; allerdings wurden sie weder systematisch benutzt, noch hatten sie eine feste Bedeutung.

Der Gebrauch der *scriptio continua* hatte jedoch auch einen Vorteil. Sie präsentierte dem Leser einen neutralen Text, in den er deshalb auf eigene Initiative Trennungszeichen und Pausen eintragen konnte, im Verhältnis zur Schwierigkeit des Geschriebenen und vor allem je nach dem Niveau seines Textverständnisses, praktisch nach seiner Art des Lesens. Da einem durch den Autor und/oder die editorische Darbietung des Textes keine Richtlinien gegeben waren, erforderte ein gutes Lesen jedenfalls nicht nur kognitive Fähigkeiten und Übung, sondern auch eine angemessene materielle Vorbereitung der Schrift durch Eintragungen, die Wörter abteilen, Pausen markieren, Aussage- und Fragesätze oder metrische Strukturen kennzeichnen sollten.

Einen sehr hohen Stellenwert hatte bei den Römern auch die Praxis des öffentlichen Vorlesens.[48] Auch das »Lancieren« literarischer Werke erfolgte durch ein kollektives Zeremoniell, die *recitationes*,[49] und tatsächlich bezeichnet *recitare* im Lateinischen nicht einen beliebigen auswendigen Vortrag, sondern »den doppelten Einsatz von Blick und Stimme«, also das Lesen eines schriftlichen Textes vor einer Zuhörerschaft.[50] Diese *recitationes* wurden an öffentlichen Orten abgehalten: *auditoria, stationes, theatra.* Die Dauer solcher Lesungen war in der Regel nach dem Inhalt einer Schriftrolle bemessen und folglich variabel innerhalb der Grenzen der technischen Konventionen der Buchherstellung, denen die Schriftrolle, außer in Sonderfällen, unterlag. Noch stärker zu betonen ist jedoch der soziale Charakter dieser öffentlichen Lesungen, die Stärkung gesellschaftlicher Bande und Aufrechterhaltung einer intellektuellen Gepflogenheit. Gerade weil es sich dabei um literarische und soziale »Riten« handelte, nahmen an ihnen nicht nur interessierte und gebildete oder auch weniger bewanderte und deshalb mehr dem Hören als dem Lesen zugeneigte Menschen teil, sondern auch unaufmerksame und gelangweilte Zuhörer. So war aber auch dank dieser »Riten« ein größeres Publikum als das der wirklichen Leser beteiligt, wenn bestimmte Werke »lanciert« und in Umlauf gebracht wurden.

Im Privaten war außer der Praktik der individuellen, intimen Lektüre auch das Vorlesen durch Bedienstete verbreitet, bei dem ein *lector*, ein Sklave oder Freigelassener, eine in den Häusern reicher Römer häufig bezeugte Figur, vorlas. Auch Augustus hatte Lektoren in seinen Diensten; und allgemeiner muß man annehmen, daß sich gemeinhin solche Römer Bücher vorlesen ließen, die auch selbst welche lesen konnten. Hinreichend bezeugt sind für den Privatbereich auch Lesungen eines Lektors anläßlich von Einladungen, vor allem bei Gastmählern. Manchmal gab es auch »Leseproben«, die der Autor einer Schrift einigen wenigen Vertrauten darbot.[51] Diese Lesungen trugen mithin dazu bei, Freundschaften zu festigen, neue soziale Beziehungen einzugehen und gebildete Gewohnheiten fortleben zu lassen beziehungsweise, was die aufstrebenden Schichten betrifft, zu imitieren.

Mit Sicherheit weniger gebräuchlich, doch nicht völlig ungewöhnlich war das leise Lesen.[52] Vielleicht wurden so vor allem Briefe, Dokumente und Benachrichtigungen gelesen, doch ist es, von Horaz bis zu Augustinus, gleichwohl auch für literarische Texte belegt.[53] Tatsächlich waren die Modalitäten, die Haltungen und Umstände des Lesens vor allem im kaiserlichen Rom nicht reglementiert. In der Neuzeit stellt das leise Lesen das Endstadium eines Lernens dar, das mit der Methode des lauten Lesens beginnt und zum gemurmelten Lesen übergeht, so daß der Unterschied zwischen beiden Leseweisen – dem stimmlichen und dem visuellen – als Indikator eines soziokulturellen Abstands in einer bestimmten Gesellschaft betrachtet werden kann.[54] In der Antike bedeutete jedoch das stille Lesen, verglichen mit einer gekonnten lauten Lektüre, keine avanciertere Technik; nach den dazu vorliegenden Zeugnissen zu urteilen, scheint es sich um eine Wahl gehandelt zu haben, die durch spezielle Faktoren oder Umstände, etwa die Gemütsverfassung des Lesers, beeinflußt wurde. Man muß annehmen, daß es von Menschen praktiziert wurde, die sich seiner ebenso wie der lauten Lektüre bedienten. Auch das halblaute Lesen fehlte nicht, das ebenfalls nicht so sehr vom Grad der Lesefähigkeit, sondern eher von anderen, mit der Lesesituation oder der Beschaffenheit des Textes verknüpften Faktoren abhing.

Das stark »expressive« Lesen betraf vor allem einen bestimmten Typ von Texten, nämlich die von der Rhetorik und ihren Kunstgriffen beherrschte Literatur, zu der als Leser oder als Hörer eines vermittelten Lesens nur die Gebildetsten, die mit den Mitteln der Rhetorik vertraut waren, Zugang fanden. Den Ansprüchen eines breiteren Publikums aus unterschiedlichen Schichten, wie man es für die ersten Jahrhunderte der

Kaiserzeit ermittelt hat, kamen andere Lektüren entgegen. Wenn Apuleius in der Einleitung zu seinem Roman sagt, er wolle den Ohren seiner Leser mit »sachtem Gemurmel« (*lepido susurro*) schmeicheln,[55] sieht er für seine *Metamorphosen* auch dieses Publikum und ein individuelles, halblautes Lesen vor. Halblaut oder still dürfte tatsächlich auch die Lektüre nicht nur der erzählenden, sondern allgemein der Unterhaltungsliteratur gewesen sein, die für ein lautes und öffentliches Vorlesen weniger geeignet war.

## Die neuen Räume der Lektüre

Der neue Leser in den ersten Jahrhunderten der Kaiserzeit ist nicht mehr oder nicht mehr nur zum Lesen »verpflichtet« durch seine Eigenschaft als schreibender Autor, als Ausübender irgendeines Berufs, als ziviler oder militärischer Beamter, Schullehrer oder auch bloß Schüler, sondern ein »freier« Leser, der zum Vergnügen oder aus Gewohnheit oder um des Prestiges willen liest. Es handelt sich kurzum um alle Leser, die sich auch außerhalb irgendeiner praktischen Notwendigkeit dem Lesen widmen, oder um alphabetisierte und vielleicht auch gebildete Menschen, die lesen, obwohl sie nichts mit Berufen zu tun haben, die mit Büchern oder der Schriftkultur zusammenhängen.

Lukian, der Autor beißender Satiren, hat das Profil eines Lesers aus dem 2. Jahrhundert n. Chr. umrissen, oder besser einer bestimmten Kategorie von Lesern, nämlich derjenigen, die in ihren Häusern Bücher auf Bücher häufen, vielleicht auch viele davon lesen, doch ohne sonderlich viel von ihrem Gehalt aufzunehmen, da sie unfähig seien, »Vorzüge und Mängel der einzelnen Schriften zu unterscheiden, den Sinn an jeder Stelle zu erfassen, die Anordnung der Wörter zu beurteilen«. Lukian schmäht diesen Lesertypus daher sarkastisch als »unkundig«: Aber es handelt sich immerhin um einen Leser, der »stets ein Buch in der Hand hat«, ständig liest und auch »mit sicherer und gewandter Stimme« zu lesen versteht. Zwar ist Lukians Büchersammler – wie ein anderer »Unkundiger«, der in Korinth die *Bakchen* des Euripides oder ein anderes für seine bescheidene Bildung zu gelehrtes Werk gelesen haben soll – ein Leser, der das Buch »beleidigt«, indem er »seinen Sinn verdreht«, der Autoren, Werke und literarische Gattungen durcheinanderbringt, Poesie und Prosa stockend vorträgt und es nie wagen würde, sich als »Mann von Bildung« auszugeben. Doch er bleibt jemand, der – und auch Lukian gibt das zu – immerhin Bücher liest (oder sich vorlesen läßt).[56]

Das Lesen »hoher« und manchmal »schwieriger« antiker und moderner Poesie oder Prosa konnte nur auf ein gebildetes Publikum beschränkt bleiben, das zwar umfänglicher als in früherer Zeit, aber dennoch nicht besonders groß war; und diejenigen, die sich ihm als törichte Bücher- und Bibliothekenliebhaber ohne die nötige Sachkenntnis zugesellten, waren letztlich eine Beleidigung für die vortrefflichen Autoren und machten sich, wie der unbeleckte Leser bei Lukian, selbst lächerlich. Doch waren Büchernarren oder andere Leser ohne hochkarätige intellektuelle Ausstattung mit Sicherheit in der Lage, weniger anspruchsvolle Lektüren zu verstehen und zu rezipieren, wodurch sie zu einem Teil jener neuen Welt von Lesern wurden, um deren Nachweis es hier geht. Diese Welt – von den Autoren als *vulgus, plebs, media plebs, plebeiae manus* bezeichnet – stellte keine homogene Bildungsgemeinschaft dar, sondern trat sowohl der sozialen Herkunft als auch der genossenen Ausbildung nach als ziemlich differenziertes, deshalb auch durch unterschiedliche Leseinteressen und -entscheidungen gekennzeichnetes Publikum in Erscheinung. Es handelte sich bereits um ein anonymes Publikum, das man zu den Zeiten eines Plinius und eines Tacitus auf dem Forum oder im Zirkus antreffen konnte[57] und das sich im allgemeinen aus einer bald weniger, bald mehr (und manchmal sehr) gebildeten Mittelschicht rekrutierte, bestehend aus Technikern, Beamten und ranghöheren Militärs, aus nicht ungebildeten Kaufleuten, Landwirten und Handwerkern, aus Neureichen, wohlhabenden Frauen, *faciles puellae* (»leichte Mädchen«).

Was die Frauen allgemein betrifft, so finden sie in der Kaiserzeit breiteren Zugang zur Welt des geschriebenen Wortes. Zwar hatte es auch im Rom der Republik *matronae* und *puellae doctae* gegeben, die sehr wohl zu lesen vermochten (man denke an Cornelia, die Mutter der Gracchen, oder an Sempronia, die sich mit griechischer und lateinischer Literatur beschäftigte), aber es handelte sich um einige wenige Persönlichkeiten.

Die lesende Frau tritt nicht vor der augusteischen Zeit auf den Plan, und seit ungefähr dieser Zeit erscheinen in der pompejanischen Malerei und auf den Sarkophagen neben den Bildern männlicher Leser auch Frauen in Lesepose. Doch dieses Vordringen der Frauen in die Schriftkultur ist nicht unangefochten. Einer gewissen in der römischen Gesellschaft und von Autoren jener Zeit vertretenen Auffassung zufolge ist es besser, wenn eine Frau »einiges in den Büchern nicht versteht«, da eine gebildete Frau unerträglich sei.[58]

Ovid hingegen, ein Autor mit einer anderen Sensibilität für die gestiegene Lektürenachfrage seiner Zeit, rechnet die Frau zur *media plebs* seiner Leser. Entsprechend erweist sich Ovid als Schlüsselfigur im Erfassen und Darstellen der neuen Beziehung, die sich zwischen der Frau und der Schriftkultur entwickelt. Byblis, aufgewühlt von der inzestuösen Liebe zu ihrem Bruder, versucht ihren krankhaften und stürmischen Empfindungen mit Worten Ausdruck zu verleihen, die sie auf eine Wachstafel ritzt, tilgt, wieder neu schreibt;[59] Philomela mit ihrer abgeschnittenen Zunge webt das *miserabile carmen* ihrer Vergewaltigung in Stoff ein, so daß ihre Schwester es lesen kann;[60] die *heroides*, etwa Briseis, schreiben eigenhändig Briefe, die mitunter von den bei ihrer Abfassung oder der erneuten Lektüre fließenden Tränen befleckt sind.[61] Den Frauen widmet Ovid das dritte Buch seiner *Ars amatoria*.[62] Frauen sind zwangsläufig die Leserinnen seiner *Medicamina faciei*, einer kleinen Abhandlung über kosmetische Präparate und die Kunstgriffe weiblichen Schminkens. Mit den Liebesqualen der Frauen und nicht allein der *iuvenes* befassen sich die *Remedia amoris*. Jetzt, wo sie Eingang in die Welt des geschriebenen Wortes gefunden haben, können Frauen dargestellt werden, die beim Schreiben oder Lesen weibliche Erfahrungen und Empfindungen ausdrücken oder wiederfinden.

Die Antwort auf die gestiegene Nachfrage nach Lektüre ist unterschiedlich und steht einerseits mit der Rolle des Autors, andererseits mit der soziokulturellen Ausdifferenzierung des Publikums in Beziehung. Diese Unterschiedlichkeit ist vor allem im literarischen Motiv des personifizierten, zur sprechenden Stimme des Autors gemachten Buchs zu greifen.[63] Während Horaz das Buch als einen Jüngling darstellt, der darauf brennt, aus den eigenen vier Wänden hinauszukommen – Zeichen einer potentiellen Verbreitung des Horazschen Werks auch über enge individuelle Kreise hinaus –, jedoch unweigerlich mit einem anonymen *vulgus* ungewissen kulturellen Standes in Berührung kommen wird und sich daher den Gefahren einer vom Autor befürchteten, nicht angemessenen Leseweise stellen muß, sieht Ovid im Buch dagegen den Vermittler zwischen seinem Werk und einem »befreundeten Leser«, den das Buch um Hilfe bittet und der nichts anderes ist als der neue, unbekannte Leser jener *plebs,* für die Ovid im wesentlichen schreibt: einer *plebs,* die zur Zeit Martials dann noch größer und vielfältiger wurde, ja Leserschichten mittlerer bis geringer Bildung erfaßte.

Eine Folge dieser Ausweitung der Leserschichten ist das Aufkommen einer den Rahmen der traditionellen Gattungen sprengenden »Gebrauchs-« oder Unterhaltungsliteratur: Dichtung zum Zeitvertreib, Epik in Nacherzählungen, Geschichte, reduziert auf Biographien oder komprimiert in Kompendien, kurze Abhandlungen über Kochkunst und Sport, kleine Werke für Spiel und Zeitvertreib, Erotika, Horoskope, Texte über Zauberei und Traumdeutung, vor allem aber eine Erzählliteratur voller typischer Situationen, stereotyper Beschreibungen, schematischer Psychologie, Verwicklungen, Ränke und überraschender Wendungen – alles eingepaßt in eine Haupthandlung von Liebe und Abenteuer. Zu dieser auf weite Verbreitung zielenden Literatur muß man auch die sogenannte *pamphleteering literature*[64] (Pamphletliteratur) rechnen, im Grunde genommen die durch die griechisch-ägyptischen Funde bezeugten sogenannten *Acta Alexandrinorum.* Dabei handelte es sich um eine »subversive«, vielleicht geheime Literatur, denn sie erzählte von der Verurteilung und Bestrafung der heidnischen Märtyrer Alexandrias, die sich der römischen Herrschaft widersetzten. Wenigstens einige der Schriften, die Unterhaltungstexte enthielten, mochten sowohl für einen Leser mittleren Bildungsgrades (bei manchen Texten durchaus auch aus dem unteren Bereich dieser Schicht) als auch für einen gebildeten Leser von Interesse sein: kurzum für jenen neuen Leser, der mit seiner Lektüre kein anderes Ziel mehr außer der »Lust am Text« verfolgte. Nicht immer bedeuteten die kulturellen Zäsuren zwischen den Lesern eine differenzierte Lektüreauswahl: Gelesen wurde manchmal dieselbe Schrift, doch wie sie gelesen, verstanden und rezipiert wurde, war jeweils anders. Deshalb handelte es sich um Lektüren, die oftmals »quer durch die Gesellschaft« gingen.

Hier kommen wir erneut auf Ovid zu sprechen, durch den Bücher bezeugt sind, die lehrreiche Literatur in Umlauf brachten, aber auch Empfehlungen für den Zeitvertreib gaben:[65] eine »Bibliothek« aus Abhandlungen und kleineren Schriften, die »als praktischer Leitfaden zur Freizeitgestaltung« angelegt waren und in den Tagen der Saturnalien besondere Aktualität bekamen. Der Leser konnte sich daran erfreuen, da er dort in einfacher literarischer Form Regeln und Belehrungen über die eine oder andere vertraute Art von Unterhaltung fand.[66] Zur Zeit Ovids ist dieser Typ Buch auch Bestandteil und Instrument sozialer Beziehungen, da er sich oft als Geschenk unter gebildeten Freunden anbietet, unter literarisch Interessierten, die eine Lektüre jener weniger anspruchsvollen Literatur nicht verschmähen. Auch Ovid selbst schreibt Bücher zu Unterhaltungszwecken: vor allem jene, die er als erotischer Dichter veröffentlicht und von denen »wahrscheinlich wegen der drängenden Nachfrage des Publikums eines auf das andere folgt«[67]. Schon ein paar Jahrzehnte später jedoch empfiehlt sich diese ganze Art von Literatur und Büchern, vielleicht in vereinfachten und verflachten Formen, allmählich auch als Lesestoff für ein größeres, undifferenziertes Publikum mit nicht so gehobenen intellektuellen Gewohnheiten. Für Martial, der auf eine größere Leserschaft blickt als Ovid, war die Veröffentlichung eines neuen Buchs im Vorfeld der Saturnalien

> »eine willkommene Gelegenheit, die Leser spüren zu lassen, daß seine Dichtung eine lebendige und aktive Möglichkeit angenehmer Unterhaltung darstellte, denn sie bot sich gerade in einem Moment zur Lektüre an, in dem es die römische Gesellschaft am meisten auf Unterhaltung und Zerstreuung abgesehen hatte und auch die Buchproduktion mit ihren Angeboten diesem Bedürfnis nach Vergnügungen und Ablenkungen entgegenkam«.[68]

Vielleicht weist die erotische Literatur die meisten Formen und Abwandlungen auf, um Leser mit zwar unterschiedlichen Fähigkeiten, aber gleichen Unterhaltungsbedürfnissen erreichen zu können. Es gab die Leser der raffinierten erotischen Werke Ovids; es gab Soldaten, welche die ob ihrer Obszönität berüchtigten *Milesiaka* des Aristeides lasen. Sogar regelrechte Erotikführer wie die *molles libelli* von Elephantis waren, wie man weiß, in Umlauf, mit *obscenae tabellae* (»unanständige

Bilder«), wie sie im 1. und 2. Jahrhundert n. Chr. in Mode waren (auch Kaiser Tiberius besaß ein Exemplar davon). Außerdem gab es noch Leser, die Schriftrollen »abrollten«, die zu bloßen Abfolgen von *figurae Veneris* herabgesunken waren.[69]

Einen wichtigen Platz unter den »quer« durch die Gesellschaftsschichten gehenden Lektüren nimmt die erzählende Literatur ein. Vor allem bestimmte griechische Romane aus dem Umkreis der späten Sophistik – besonders *Leukippe und Kleitophon* von Achilleus Tatios, *Daphnis und Chloe* von Longos und die *Äthiopischen Geschichten* von Heliodor – vermochten die Bedürfnisse von Lesern zu befriedigen, die an Texte von höherem literarischen Niveau gewöhnt waren. Doch auf einer anderen Rezeptionsstufe sprachen sie auch Leser und Leserinnen an, die zwar solide alphabetisiert waren, aber wohl kaum Gefallen an den großen Autoren der antiken Literatur gefunden (und sie auch kaum verstanden) hätten. Als »erfreulichen Besitz« bezeichnet Longos seinen Roman und meinte den Trost und die Freude, die er zu spenden vermochte.[70] Das *vulgus,* das diese Erzählwerke lesen konnte, fesselten die rasant erzählten Geschehnisse rund um ein Liebespaar, die sich überstürzenden Ereignisse und jähen Glücksumschwünge der Protagonisten, die sich vor dem Hintergrund einer abwechselnd tragischen oder lustigen, düsteren oder strahlend hellen, andächtigen oder sinnlichen Stimmung unentwegt verloren, wiedervereinigten, verrieten oder wiederfanden.[71]

Die Aufmerksamkeit des gebildeten weiblichen Publikums dürfte dieser Art sentimentaler und phantastischer Literatur auch wegen ihrer Geschichten über Frauen gewiß gewesen sein, die vielleicht eigens, um es anzulocken, in die Handlung eingebaut waren. Antonius Diogenes, ein Romanschriftsteller, dessen Werk ausschließlich durch Fragmente und Zusammenfassungen bekannt ist, widmete seinen Roman *Die Wunder jenseits von Thule* seiner Schwester Isidora:[72] Unabhängig davon, ob sie echt oder fiktiv ist, zeigt diese Widmung, daß es Formen von Literatur gab, wie etwa den Roman, die auch (oder vor allem?) für den weiblichen Konsum bestimmt waren. Fernab von den Beschäftigungen des öffentlichen Lebens konnte sich die Frau, wenn sie über eine gewisse Bildung verfügte, einen ganz privaten Raum als Leserin schaffen, wahrscheinlich von Unterhaltungsliteratur, in der sie häufig eine weibliche Welt fand, in der sie sich wiedererkennen konnte.[73] Leise oder allenfalls gemurmelt, dürfte dieses Lesen ganz anders gewesen sein als das rhetorische, laute und letztlich »männliche« Lesen. Der Rahmen für das weibliche Lesen ist, wie die spät-hellenistisch geprägten Bilder aus Pompeji bezeugen, das Privathaus, in dem die Frau gewöhnlich allein, ganz in die Schriftrolle versunken, liest. Aber auch die in der Öffentlichkeit lesende Frauenfigur ist nicht unbekannt: »Sie hatte ein doppelt aufgerolltes Buch in der Hand und schien im Lesen des einen Teiles noch begriffen zu sein, den andern aber schon gelesen zu haben. Im Fortgehen sprach sie zu einem ihrer Begleiter.«[74] Diese von Lukian beschriebene Frau, die im Gehen liest und die Lektüre von Zeit zu Zeit unterbricht, um sich an jemand aus ihrem Gefolge zu wenden, zeigt uns einen lebendigen Ausschnitt aus der Geschichte des weiblichen Lesens.

Bleibt man im Bereich der erzählenden Literatur, bezieht jedoch auch den lateinischen Roman in die Untersuchung ein, erfaßt man manche der unterschiedlichen Lektüreebenen, wie sie das *Satyrikon* des Petronius und die *Metamorphosen* des Apuleius bieten, vielleicht besser. Dem gebildeten Leser gefielen »die Geschichten von Faulpelzen, Päderasten, kupplerischen Priesterinnen und unanständigen Neureichen«[75] in Petronius' Roman nicht minder als einem Publikum von mittlerer (oder geringerer) Bildung, darunter gerade auch jenen »Neureichen«, die man, wie im Roman, auch in der griechisch-römischen Gesellschaft zu Petronius' Zeit findet. Der gebildete Leser konnte darin aber auch eine tief empfundene innere Suche entdecken, eine bitterere Tiefgründigkeit, als sie sich bei einer oberflächlichen, auf Unterhaltung abgestellten Lektüre offenbaren mochte; und außerdem konnte er die verschiedenen, bewußt eingesetzten Stilebenen goutieren.[76] Eben dies wird bezweckt, wenn sich die *Metamorphosen* des Apuleius vor allem an einen *lector scrupulosus* wenden.[77] Nach Apuleius' Vorstellung vermag der Leser alle Nuancen und Bedeutungen des an ihn gerichteten Textes zu erfassen, allerdings nur, wenn er sich nicht zu schade ist, seine *papyrum Aegyptiam*, die »Rolle aus ägyptischem Papyrus«, die den Text enthält, »unter Beachtung jeder Einzelheit zu lesen« (*inspicere*).[78] Kurz, der Text beziehungsweise das Buch erzählender Literatur wird offenbar zu Zwecken der Unterhaltung geschaffen, aber es handelt sich um eine gebildete Unterhaltung.

Dennoch versetzt die Erweiterung der Leserschichten auch den Erzähltext (oder das entsprechende Buch) in einen anderen kulturellen Rahmen, als er mit seinen ersten Adressaten gegeben war; und deshalb wurden dieselben Texte zunehmend von einem intellektuell weniger gerüsteten Publikum benutzt, das sich mit einer ungefähren Lektüre zufrieden gab und nur die wichtigsten Stationen der Liebschaften, Abenteuer, phantastischen Begebenheiten nachvollzog, die Kohärenz des Textes also nur bedingt erfassen konnte. In diesem Fall war der *lector* nicht *scrupulosus,* da weniger gebildet. Wenn sich dieser nichtskrupulöse Leser nur gerade eben auf der Schwelle zur mittleren Bildung befand, wurden ihm Texte von niedrigerem Niveau vorgeschlagen, die auf die Grundelemente einer phantastischen Erzählhandlung reduziert oder darauf abgestellt waren, ihm die Emotionen einer trivialen Sinnlichkeit zu verschaffen: Man denke an Erzählungen wie die teils erhaltenen *Phoinikika* von Lollianos[79] oder die verlorenen, von einer gelehrten Quelle jedoch zu den »durch und durch unanständigen« Werken gerechneten *Rhodiaka* von Philippos aus Amphipolis.[80] Durch ägyptische Funde erhaltene Erzählwerke von qualitativ niedrigem Niveau verfügen gelegentlich über »Hilfen« für die Lektüre, die, wie etwa auch in Texten für den Schulgebrauch, für »unerfahrene Leser« gedacht gewesen sein müssen.[81] Ein Erzählfragment dieser Art ist etwa das sogenannte »griechische Satyrikon«, das sich durch eine die Lektüre ordnende Textgestaltung auszeichnet.[82] Alles deutet darauf hin, daß es sich in solchen Fällen um Hilfsmittel handelte, um auch weniger beschlagenen Lesern, die vielleicht auf dem Niveau der – wenngleich fortgeschrittenen – Schullektüre stehengeblieben waren, das Textverständnis zu erleichtern.

Gellius zufolge wurden am Hafen von Brindisi griechische Bücher feilgeboten, die er preiswert erstand und in den beiden folgenden Nächten »durchlas«[83]. Diese Bücher enthielten unter anderem Erzählungen von außerordentlichen, unerhörten und unglaublichen Vorfällen, wie sie nur auf Unterhaltungsliteratur schließen lassen, höchst geeignet, auf Überfahrten von unterschiedlich gebildeten Reisenden und selbst von Seeleuten gelesen zu werden. Ferner weiß man von einem Buchangebot durch eine Art von *colporteur* (»Hausierer«), der seine Ware auf der Suche nach Lesern von Tür zu Tür trug.[84] Ein Großteil dieser Leser dürfte einer *plebs* angehört haben, die wahrscheinlich imstande war, literarisch einfach strukturierte und gelegentlich mit Lesehilfen ausgestattete Bücher zu lesen.

Schließlich lohnt es sich, einen Blick auf die in Ägypten wiedergefundenen, illustrierten griechischen Buchfragmente aus der frühen Kaiserzeit zu werfen. Hierbei handelt es sich bald um Texte, die man, etwa im Fall hoher Literatur wie der Homerischen Dichtungen, inhaltlich angepaßt, das heißt bearbeitet, gekürzt und vereinfacht hat, bald um neue Schriften, die aus dem illustrierten Buch ein reines Unterhaltungsprodukt machen sollten. Ob sie nun schlicht und schmucklos oder aufwendig hergestellt waren, solche Exemplare waren nicht für Literaturkenner bestimmt. Es handelte sich um eine Mischung aus Offensichtlichem und Banalem, die sich nur an ein Publikum mit sehr bescheidenen kulturellen Ansprüchen gerichtet haben kann, oder an eine Schicht Neureicher, die sich zwar mit den Insignien der Schriftkultur umgab, jedoch nach Art der Gestalt des Trimalchio bei Petronius, der gleich drei Bibliotheken besaß, aber nur Bücher zu lesen vermochte, die im Text vereinfacht oder wenigstens durch Abbildungen attraktiver und verständlicher gemacht worden waren.[85] In diesen Fällen sieht man sich einer Verfallsform des ursprünglichen Modells des literarischen *volumen* gegenüber, das sich hier in popularisierten Ausgaben auch in Gesellschaftsschichten verbreitet, die nur über eine mittlere bis niedrige Bildung verfügen.

Vom 2. bis zum 3. Jahrhundert gibt es Fragmente, die den Eindruck erwecken, das »Feld des Buches« sei zum Großteil vom Bild beherrscht gewesen, während der Text, reduziert auf einige wenige Grundbestandteile, nahezu ausschließlich den Zweck von Bildunterschriften erfüllte. Zu diesen Fragmenten muß man eine Szene rechnen, welche an die Erzählung von *Amor und Psyche* erinnert,[86] eine Illustration der *Ilias* mit dem Raub der Briseis[87] und eine Art homerisches Flickgedicht, in dem man den Geist des Patroklos sehen kann, der Achill erscheint.[88] Außerdem gab es noch illustrierte Bücher von niedrigstem literarischem und sprachlichem Niveau, etwa ein *volumen* mit den Arbeiten des Herkules, das in einer gewissen Weise an unsere *comic strips* mit karikaturistisch verzerrten Figuren erinnert.[89]

In der Kaiserzeit kommt es also zur Ausbreitung einer von der traditionellen »Gelehrtenliteratur« unterschiedenen »Literatur für die

Schreib- und Lesekundigen«. Zwar fehlte es auch an ersterer nicht, sie blieb aber eben den Gelehrten vorbehalten, welche ihrerseits auch die schlichteren Werke lesen konnten und dies oft auch taten. Es handelte sich um eine komplexe und differenzierte Welt von Lesern, was den Autoren der Zeit nach und nach bewußt wurde, so daß sie den Erwartungen des Publikums nicht nur mit Werken entgegenkamen, die es fesseln sollten, sondern auch auf andere Weise. Seit der Zeit Ovids werden erkennbar Mittel eingesetzt, um das Buch dem potentiellen Nutzer näherzubringen, indem diesem der Zugang zur Literatur erleichtert wird. Dabei handelt es sich um eine bereits in hellenistischer Zeit bekannte Praxis, die in Rom und in der Kaiserzeit aber zum festen Bestand wird. Auf sein anonymes Publikum achtend, flicht Ovid – vor allem in den erotischen Werken, die als seine verbreitetsten anzusehen sind – ständig Hinweise ein, um deutlich zu machen, welche Stelle ein Buch im Verhältnis zu anderen, bereits erschienenen einnimmt, um die Abweichungen einer zweiten Ausgabe gegenüber der ersten anzuzeigen oder im Zusammenhang mit bestimmten Themen auf ein anderes seiner Werke hinzuweisen.[90] Plinius schreibt zur Einleitung seiner imposanten *Naturalis historia* eine ausführliche, nach Büchern gegliederte Inhaltsangabe, um das Werk dem einfachen *vulgus* zugänglicher zu machen, den vielen Landwirten und Handwerkern oder jedenfalls allen, die es lesen und kennenlernen wollen. Auch die Einleitungen zu anderen wissenschaftlich-technischen Werken der Zeit verfolgen diesen Zweck.

In derselben Perspektive, das Buch dem Leser näherzubringen oder diesem, wenn man so will, entgegenzukommen, muß man die Suche nach Alternativen zur Schriftrolle sehen, das heißt die Durchsetzung des *codex*, des Buchs »mit Seiten«. Durch seine einfachere Herstellung verkürzte der Kodex die Herstellungsdauer und erlaubte eine größere Verbreitung des Buchs. Beachtlich war die Einsparung an Schreibmaterial bei gleicher Textmenge, da es auf beiden statt nur auf einer Seite beschrieben wurde, so daß die Kosten eines *codex* weit unter denen eines *volumen* blieben. Dank seiner Form ließ der Kodex eine Hand frei und machte das Lesen dadurch ungezwungener. Am Ende des 1. Jahrhunderts n. Chr. verstreut Martial nicht nur Hinweise auf Läden und Buchhändler in seinen Büchern, um damit ihren Kauf zu erleichtern,[91] sondern als erster unter den Schriftstellern »entdeckt« er die Vorteile, die der Kodex bietet.[92] Nicht zufällig hat Martial, obwohl er auch von recht gebildeten Menschen gelesen wird, beim Schreiben die vielen anderen und weniger wohlhabenden Leser im Blick: den Zenturio, die *puellae*, die *plebs* der *ludi Florales* und alle, die auf verschiedenen Rezeptionsniveaus dennoch das Vergnügen miteinander teilen wollen, seine Verse in handlichen kleinen Büchern zu lesen.

## Volumen und Kodex: Vom erholsamen zum normativen Lesen

In seiner Festlegung als Buch literarischen Inhalts erweist sich der Kodex als eine römische »Erfindung«. Das Buch in Rollenform, das in Rom Jahrhunderte zuvor von den Griechen übernommen worden war, beginnt dort vom 2. nachchristlichen Jahrhundert an wieder an Boden zu verlieren, bis schließlich der Kodex ganz und gar die Oberhand gewinnt. Wann? Das Bild, das die griechische Welt, dokumentiert durch die zahlreichen griechisch-ägyptischen Funde, bietet, weist als Zeitpunkt der endgültigen Durchsetzung des Kodex auf den Beginn des 5. Jahrhunderts. Doch im römischen Westreich scheint er früher die Oberhand zu gewinnen, auch wenn die zur Verfügung stehenden Zeugnisse zu spärlich sind, um eine sichere Antwort geben zu können. Jedenfalls spricht Martial bereits Ende des 1. Jahrhunderts vom Kodex literarischen Inhalts – Homer, Vergil, Cicero, Livius, Horaz, außerdem seinen eigenen *Epigrammen* – als einem in Buchläden, also in einer gewissen Anzahl von Exemplaren hergestellten Buch, wenngleich er zu verstehen gibt, daß es sich dabei um eine Neuheit handelt. Überdies kann man die letzten in Rollenform erhaltenen lateinischen Bücher spätestens auf eine Zeit zwischen dem ausgehenden 3. und dem beginnenden 4. Jahrhundert datieren. Schließlich ist einer der ältesten erhaltenen Kodizes, den man auf das 1. bis 2. Jahrhundert zurückgeführt hat, das Fragment eines lateinischen Werkes, des sogenannten *De bellis Macedonicis*.[93] All dies gibt Anlaß zu der Vermutung, daß die endgültige Durchsetzung des Kodex in der Buchproduktion des römischen Westreiches vielleicht nicht später als Ende des 3. Jahrhunderts anzusetzen ist, also zu einem sehr viel früheren Zeitpunkt als dem für die griechische Welt belegten 5. Jahrhundert.

Noch schneller fand der Kodex im ganzen griechisch und lateinisch geprägten Mittelmeerraum bei den Christen Anklang, so daß die Bücher ihres Bekenntnisses von Anfang an fast alle von dieser Art sind. Daraus darf man allerdings nicht schließen, daß er von den Christen erfunden worden wäre: Der Kodex war – in Gestalt von Wachstafeln, Heften und Notizbüchern – in der römischen Welt schon längst bekannt. Außerdem war das Christentum in seinen Anfängen eine Religion des gesprochenen Wortes, der Predigt, der »lebendigen Stimme«, die sich in der hellenistisch-römischen Tradition auf die Rhetorik, den Schulunterricht oder den Unterricht in den technischen Fächern stützte, auch wenn das Buch eine ergänzende Leitfunktion haben mochte. Doch als das Christentum – in einer Zeit und einer Gesellschaft, in der viele an der Schriftkultur teilhatten – die Verbreitung seiner Botschaft dann dem Buch überantworten wollte, fiel seine Wahl entschieden zugunsten des Kodex aus.

Die Gründe für diese Wahl sind sehr umstritten.[94] Vielleicht beruhte sie darauf, daß der Kodex ein anderes Modell von »Textträger« darstellte als die Schriftrolle, die mit der traditionellen literarischen Kultur der herrschenden Schichten verbunden war. Als das Christentum im Sinne einer an die Allgemeinheit gewandten Schriftreligion auftrat, stützte es sich auf alphabetisierte Schichten unterschiedlichen sozialen und kulturellen Niveaus: nicht so sehr oder nicht ausschließlich auf das traditionelle Publikum der mit Schriftrollen vertrauten Leser, sondern auch auf Menschen mittlerer oder eher geringer Bildung, denen, obwohl ihnen Rollen mit einfacheren Texten oder Unterhaltungs- und volkstümlicher Literatur nicht unbekannt waren, die Schriftkultur in Form bescheidener Schul- oder technischer Fachlektüren näher und vertrauter war. Folglich kamen ihnen auch Bücher in Gestalt des Kodex entgegen, die in ihrer Art am ehesten den Schulheften, Notizbüchern und fachbezogenen Nachschlagewerken entsprachen. Die christliche Entscheidung für den Kodex ging also in die Richtung eben jenes Schrifterzeugnisses, das speziell bei diesem Publikum am bekanntesten und ökonomisch auch am erschwinglichsten war. Der Erfolg des Kodex wurde gleichermaßen durch sein Fassungsvermögen wie durch seine Gliederung in Seiten gesichert: Er konnte eine weitaus größere Textmenge als eine Schriftrolle aufnehmen, die kanonisch gewordenen Schriften der neuen Religion erhielten auf diese Weise eine einheitliche Ordnung, und es wurde leichter, einzelne Abschnitte oder Stellen aufzufinden oder sich darauf zu beziehen. All dies rechtfertigt die christliche Entscheidung, die aber so ausschließlich praktisch nur für die Heilige Schrift galt, während dieselben Christen als Auftraggeber oder Leser von Büchern nicht nur klassischer oder weltlicher Literatur, sondern auch der Schriften der Kirchenväter in manchen Fällen für einige Zeit auch noch die Schriftrolle benutzten. Zur Ablösung der Rolle durch den Kodex trug auch bei, daß Pergament als Schreibmaterial den Papyrus zunehmend verdrängte. Auch dieser Prozeß scheint sich teilweise einer Entscheidung oder zumindest einer Präferenz der Christen zu verdanken.

Auf jeden Fall war der Gebrauch des Kodex in der Spätantike im Ostreich wie im Westreich für jede Art von Schrift, ob weltlich oder christlich, und in jeder Publikumsschicht allgemein verbreitet.

Die Ausbreitung des Kodex veränderte die Lesestrategien in ihrer Gesamtheit nicht unmittelbar. Dieselben Christen, die sich die neue Buchform massiv zu eigen gemacht hatten, bewegten sich diesbezüglich auch weiterhin in traditionellen Gleisen: Bücher wurden geschrieben und unter den Gläubigen ausgetauscht, das Lesen konnte individuell oder auf Gemeindeversammlungen durch die Stimme eines *lector* vermittelt sein, christliche Texte wurden verfaßt und verbreitet mit Blick auf ein Publikum neuer Leser mittleren oder eher niedrigen Bildungsniveaus, das in der Kaiserzeit entstanden war und viele Anhänger des Christentums zählte. Was diesen letzten Punkt betrifft, muß man vermuten, daß jenes »üppige, fast undurchdringliche Dickicht« der frühen christlichen Literatur wie Erzählliteratur gelesen wurde,[95] als eine Reihe von Erzählungen, in denen soziale und geistige Nöte der Zeit zum Ausdruck kamen und wiedererkannt wurden. Erst später wurden bestimmte Texte zu kanonischen erklärt (während die für apokryph befundenen Texte verworfen und verdammt wurden) und entsprechend zur Grundlage der Glaubenslehre erhoben, zu Lektüren, die jeder gute Christ unbedingt absolvieren mußte, wenn er dazu in der Lage war.

Im übrigen waren sowohl die kanonischen als auch die apokryphen Texte – die den Kanon insofern ergänzten, als sie dessen Lücken durch ihre Vorliebe für das Erzählerische mit Figuren, Geschichten und Einzelheiten füllten – sowie apokalyptische Texte, Mysterienliteratur, Geschichten von Märtyrern, Heiligenlegenden, *exempla* und christlich orientierte Erzählungen nur Neuauflagen der heidnischen Unterhaltungsliteratur, besonders des Romans, da sie ganz auf die emotionale Wirkung von Personen und Ereignissen, auf sich wiederholende *tópoi* wie die schreckliche Marter, den unerschütterlichen Glauben, den *amor mortis* bauten. Auch fehlte es nicht an Geschichten über Reisen, Abenteuer und wunderbare Begebenheiten wie im Roman. Auch diese Literatur eignete sich wieder für eine Verbreitung »quer durch alle Schichten«, weil sie sowohl für solide gebildete Kreise bestimmt war, die darin unter anderem bestimmte rhetorische Schemata oder theoretische Bezüge wahrnehmen konnten, als auch für Menschen mittlerer oder eher geringer Bildung, deren Aufnahmefähigkeit sich in der Regel in den Verwicklungen der Erzählung und in einem elementaren Verständnis der christlichen Moral erschöpfte.

Zwischen dem 3. und dem 5. Jahrhundert, zur selben Zeit, in der sich der Kodex ausbreitete, bis er schließlich zur geläufigen Form des Buches wurde, wandelten sich Gesellschaft und Kultur nun aber tiefgreifend. Insbesondere sank die Zahl der Schreib- und Lesekundigen und folglich auch der Leser, gleich ob Heiden oder Christen, immer mehr. Massiv war das Analphabetentum bei den Frauen. Im 4. Jahrhundert ermahnt Kyrillos von Jerusalem Männer und Frauen, bei den liturgischen Zusammenkünften ein Buch in der Hand zu halten, doch nicht zufällig fügt er hinzu, einige der Männer sollten anderen, die vorlesen, zuhören und die Frauen, als Alternative zum Lesen, singen.[96] Der Idealvorstellung eines Augustinus zufolge ist eine Frau allenfalls *litterata*, worunter man sich vorzustellen hat, daß sie lediglich gewisse Grundkenntnisse im Lesen und Schreiben besitzt.[97] In der Spätantike glänzten nur die vornehmen christlichen Damen durch ihre Bildung und stellten manchmal nicht nur Kenntnisse des Griechischen und des Lateinischen, sondern auch des Hebräischen unter Beweis, der zum Studium und Verständnis der Heiligen Schrift notwendigen Sprachen. Die heilige Melanie, eine vornehme Dame, widmete einige Stunden am Tag der

Lektüre von Büchern der Heiligen Schrift oder von Homiliensammlungen. Gegenüber dieser Aufgabe waren die erzählerisch angelegten Viten der Kirchenväter für sie beinahe Unterhaltungsliteratur. Als Buchliebhaberin beschaffte sich Melanie so viele Bücher wie irgend möglich, kaufte sie, lieh sie und fertigte selbst täglich Abschriften an.[98] Doch Melanie gehört wie andere christliche Damen jener Zeit, etwa Blesilla, Paula und Eustochium, zu einer ziemlich kleinen Elite, die überdies nicht lange Bestand hatte. Im 5. und 6. Jahrhundert wurde die Lektüre selbst bei den kirchlichen Würdenträgern zur Seltenheit.

Obwohl sich der Kodex als Antwort auf eine gestiegene Nachfrage nach Lektüre verbreitet hatte, wurde er im 5. und 6. Jahrhundert in einer Gesellschaft, in welcher der bereits im 4. Jahrhundert beträchtliche Analphabetismus noch weiter zunahm, allmählich zu einem Buch für wenige. Er spiegelt also tiefgreifende Veränderungen bei den Lesepraktiken und -weisen wider, die er zugleich auch hervorbrachte. Der Kodex bewirkte vor allem, daß sich der Begriff »Buch« als solcher wandelte. Im Fall der Schriftrolle war er eher stabil, weil er mit bestimmten technischen und inhaltlichen Konventionen verbunden war; tatsächlich konnte der Gegenstand unmittelbar mit einem Werk in Zusammenhang gebracht werden, gleich ob dieses nun in einer einzigen Schriftrolle enthalten oder auf mehrere Schriftrollen verteilt war. Im letztgenannten Fall gab es Text- bzw. Bucheinheiten, die einzeln oder mehr als andere gelesen wurden, sich freilich nicht immer, ja sogar selten mit einem ganzen Werk deckten, so daß der Begriff einer vollständigen Lektüre in Wirklichkeit auf eine einzige Buchrolle oder auf zwei, drei kurze, in einer einzigen Rolle enthaltene Bücher beschränkt sein konnte, auch wenn das ganze Werk aus mehreren Büchern bestand. Indem der Kodex nun eine ganze Reihe von Texteinheiten, zusammenpassende (ein oder mehrere Werke desselben Autors, eine homogene Schriftensammlung) oder nicht zusammenpassende (so unterschiedliche Werke, daß sie eine sogenannte »Bibliothek ohne Bibliothek« bildeten[99]), in ein und demselben Buchträger zusammenfaßte, führte er zu einem grundlegenden Wandel der Begriffe sowohl vom Buch als auch von vollständiger Lektüre: Der erste nämlich wurde, da er nicht mehr unmittelbar mit einem Werk in Verbindung zu bringen war, allmählich deckungsgleich mit einem Gegenstand, in dem Schriften enthalten sein konnten, deren

Qualität und Quantität nicht mehr durch bestimmte Konventionen kontrolliert wurden, und der zweite implizierte ein Lesen, das sich, um vollständig zu sein, auf den Inhalt eines ganzen Kodex-Buchs erstrekken mußte, auch wenn dieses in der Regel mehrere Werke umfaßte.

Gerade die Ansammlung von Büchern ein und desselben Werkes oder mehrerer, mitunter auch ziemlich unterschiedlicher Schriften sorgte zwischen dem 4. und 6. Jahrhundert für die Herausbildung oder Verstärkung »editorischer« Mittel, welche die Teile innerhalb ein und derselben Schrift voneinander abheben oder verschiedene Texte, zumal wenn sie uneinheitlich waren, deutlich voneinander trennen sollten. Beim *volumen* waren solche Mittel nicht nötig, da jede Texteinheit jeweils durch das Buch selbst, in dem sie enthalten war, abgegrenzt, ja definiert wurde. Auf dieses durch den Kodex entstandene Abgrenzungsbedürfnis antwortete die Herausbildung besonderer, von denen des Textes in Art und Form abweichender Schriften für die Anfangs- und Schlußtitel, die oft mit Schmuckelementen versehen oder durch Farbakzente hervorgehoben wurden, so daß eine Trennung der Texte markiert wurde. Dieselbe Funktion erfüllte das System ornamentaler Verzierungen, das sich nach und nach entwickelte und sich oftmals mit den hervorgehobenen Schriften verband. Ein starker Einschnitt in der Abfolge der Texte wurde schließlich durch die Vorrichtung des *explicit-incipit* eingeführt, das innerhalb eines Kodex Ende und Beginn eines jeden Textes oder Teils/Buchs anzeigte. Trotz dieser Unterscheidungen betrachtete der Leser »die im Buch in seiner Hand enthaltenen einzelnen Texte am Ende doch unweigerlich als ein Ganzes« und benutzte sie entsprechend, was die Studierpraktiken stark beeinflußte.

Da der Kodex weitgehend nicht an feste, technische oder herstellungsbedingte Konventionen gebunden war, sondern in Format und Umfang, von handlich bis dickleibig, verschiedene Formen annehmen konnte, veränderte er die Wechselbeziehungen zwischen dem Buch und den Körperhaltungen beim Lesen: Je nach ihrer stofflichen Beschaffenheit verhinderten oder erzwangen bestimmte Bücher manche Körperhaltungen, Posen und Arten des Lesens oder legten sie zumindest nahe. War der Kodex zur Zeit seiner ersten Verbreitung also das Instrument einer wendigen Lektüre mit größerem Bewegungsspielraum gewesen, da man ihn nur mit einer Hand zu halten brauchte, machte sein meistens maximal ausgenutztes Fassungsvermögen in der Spätantike – einer sozial und geistig unruhigen Zeit, die das heidnische und das christliche Erbe retten, systematisieren und bewahren wollte – schließlich ein Buch von mitunter gewaltigen Ausmaßen aus ihm: ein Buch, in dem die Bücher der Bibel nebst den entsprechenden Kommentaren, die *corpora* der Gesetze und die rechtswissenschaftlichen Sammlungen sowie die von den schulischen Kanons übernommenen oder verschiedentlich komprimierten Klassiker gesammelt wurden und allesamt enthalten waren; ein unhandliches Buch, das deshalb auch nicht mehr so sehr zum Lesen als vielmehr zum Nachschlagen und Zitieren bestimmt war, was zuweilen durch die Seitennumerierung und die typographischen Mittel zur Textunterscheidung vereinfacht wurde.

Auf der anderen Seite erlaubte die freie Beweglichkeit einer der beiden Hände auch, daß parallel zur Lektüre Randbemerkungen in den Kodex geschrieben werden konnten. Mit diesem kam dementsprechend auch die Praxis auf, während des Lesens in das Buch selbst hineinzuschreiben. Spätantike Autoren, wie im 6. Jahrhundert Cassiodor, arbeiteten Theorien über die Techniken aus, wie sich Anmerkungen zur Lektüre einfügen und unterbringen ließen.[100] Nach und nach verfügte der Leser im Kodex sogar nicht nur über die Ränder, sondern auch über weiteren nutzbaren und besetzbaren Raum in Form von ganz oder teilweise frei gelassenen Seiten, Deckblättern und Innenseiten der Einbanddeckel, wo sich verschiedenste, auch »anarchische« Notizen unterbringen ließen. Am Rand konnten sich auch, auf die Textauslegung bezogen, Bemerkungen von verschiedener Hand übereinanderschichten; oder es ließen sich aus anderen Büchern ganze Kommentare dorthin übertragen. Der Kodex hielt damit zu einer simultanen und zwischen Haupttext und Zusatztexten koordinierten, in einem solchen Fall entsprechend aufwendigen und in der Interpretation stark durch den Kommentar beeinflußten Lektüre an: zu einer Lektüre, die wenigen vorbehalten blieb.

Vor allem jedoch gab der Kodex den Ausschlag für eine völlig andere Art der Textlektüre. In der Rolle schuf das Aufeinanderfolgen mehrerer Spalten im aufgeschlagenen Abschnitt den sogenannten *panoramic aspect* des Lesens[101], denn das Auge glitt unmittelbar und ohne Unterbrechung von einer Spalte zur nächsten. Im Kodex hingegen war der

Teil des Geschriebenen, der sich dem Leser jeweils darbot, durch das in sich geschlossene Seitenmaß im voraus festgelegt, was ein kontinuierliches Überschauen des Ganzen verhinderte. Dies begünstigte ein zerstücktes, Seite um Seite erfolgendes und den Text mithin in Abschnitte unterteilendes Lesen, welches, besonders im Fall der Heiligen Schrift, oft noch kleinschrittiger wurde durch eine Gliederung in kurze Sequenzen – *cola* und *commata* –, die verschieden visualisiert wurden (durch vergrößerte Anfangsbuchstaben, ihre Anordnung außerhalb des vom Text eingenommenen Raums, durch Überhang oder Einzug der einzelnen Textsequenzen). Daraus ergab sich ein »stückweises« Lesen in bald längeren, bald kürzeren Abschnitten, die »dem Leser den Sinn erhellten«[102], sich aber auch – dank einer aphoristischen Schreibweise und anderer Hilfsmittel, die an jedem Punkt ein nochmaliges Zurückgehen auf bereits gelesene Stellen erlaubten – bequem wiederfinden (und auswendig lernen) ließen. Interpunktierte *codices distincti* wurden zur Norm: Die Interpunktion kam zu den anderen und immer zahlreicheren Mitteln der Textgestaltung hinzu, die zum Zweck einer nicht mehr individuellen, sondern regulierten Textrezeption eingesetzt wurden, deren Interpretationsschemata sich auf anerkannte *auctoritates* beriefen. Für Cassiodor sind die *distinctiones*, die interpunktierenden und diakritischen Zeichen, *viae* (»Wege«), die zu den Bedeutungen hinführen und den *lectores* als erhellender Kommentar klare Instruktionen geben.[103]

Beim illustrierten Buch wurde die Abfolge mehrerer Szenen, die das Auge beim Lesen der Schriftrolle aufnahm und einem kontinuierlichen Erzählverlauf entsprechend verknüpfte, durch ein Bilderrepertoire abgelöst, das isoliert auf einzelne Blätter oder Felder verteilt und nicht mehr in den Kontext eingebettet, sondern zunehmend autonom war, bis hin zur völligen Abkopplung der Bilder vom schriftlichen Text.[104] Und auch bei der Abbildung hebt Cassiodor den großen Erkenntniswert hervor.[105]

Das Lesen um der literarischen Muße willen, bei dem man das Buch in ununterbrochener, durch den Klang der lesenden Stimme skandierter Folge Spalte um Spalte durchlas, wurde abgelöst durch ein immer leiseres, aufmerksames und konzentriertes Lesen, bei dem der Sinn durch präzise Markierungen angezeigt und eine Textrezeption nahegelegt wurde, die durch ihre Autorität auf eine starke Beeinflussung von Denk- und Handlungsweisen zielte. Vom freien, erholsamen Lesen ging man zu einem gelenkten und normativen Lesen über. Auf die »Lust am Text« folgte eine langwierige Interpretations- und Vermittlungsarbeit. Melanie, die sich in ihrer Zelle auf ihre Bücher mit der Heiligen Schrift konzentriert und an ihre Mutter weder ein Wort richtet, noch ihr einen Blick zuwirft, um sich nur ja keinen »Ausdruck« oder »Gedanken« des Gelesenen entgehen zu lassen, bezeugt eine Art des Lesens, die weit, sehr weit von der Lektüre jener anderen Frauenfigur entfernt ist, die einige Jahrhunderte zuvor ihre Schriftrolle – zweifellos ein unterhaltsames Buch – inmitten einer von Leben erfüllten urbanen Umgebung las, wobei sie von Zeit zu Zeit innehielt, um ein Wort an ihre Begleiter zu richten oder ihnen einen Blick zuzuwerfen.

Dieselbe Melanie pflegte das Alte und das Neue Testament drei- oder viermal im Jahr zu lesen und die Psalmen auswendig zu beten. Dieser Umstand verdient Beachtung. Nach und nach war nämlich der Kodex, wenn auch mit den nötigen Abstufungen, zum Instrument des Übergangs von einer »extensiven« Lektüre vieler Texte – wie sie bei einem vielfältigen und nach Schichten differenzierten Publikum in den ersten Jahrhunderten der Kaiserzeit verbreitet gewesen war – zu einer »intensiven« Lektüre weniger Texte, vor allem der Bibel und des römischen Rechts, geworden, die gelesen und wieder gelesen, in Form von Zitaten oder Formeln wiederaufgegriffen, auswendig gelernt und laut vorgetragen wurden. In der Spätantike fußte alle Autorität auf diesen Schriften, mithin auf Buch und Lektüre: an den Spitzen der Macht, bei den geistlichen Würdenträgern, in der weltlichen Gesellschaft, innerhalb der Familie. Diese Autorität aber konnte nur der Kodex repräsentieren.

*Aus dem Italienischen von Martina Kempter*

Kapitel 3

# Klösterliche Lektürepraktiken im Hochmittelalter*

*Malcolm Parkes*

Das frühe Mittelalter übernahm von der Antike eine Lesetradition, die vier Funktionen der grammatischen Beschäftigung mit dem Stoff (*grammaticae officia*) umfaßte: *lectio*, *emendatio*, *enarratio* und *iudicium*.[1] *Lectio* war der Vorgang, durch den ein Leser sich den Text in der Weise erarbeiten mußte, daß er sich über die aus Buchstaben, Silben, Wörtern und Sätzen bestehenden Elemente Klarheit verschaffte (*discretio*), damit er das Ganze dann in sinngemäßer Betonung laut lesen konnte (*pronuntiatio*). Der Vorgang der *emendatio* ergab sich aus der Übertragung der Manuskripte und verlangte vom Leser (oder von dessen Lehrer), daß er in die Abschrift Korrekturen einfügte, womit manchmal die Versuchung einherging, den Text zu »verbessern«.[2] Im Zuge der *enarratio* stellte man Eigentümlichkeiten des Vokabulars sowie der rhetorischen und literarischen Form fest (oder machte Ausführungen zu ihr); vor allem aber diente sie der Interpretation des Textinhalts (*explanatio*). *Iudicium* hieß der Prozeß der Beurteilung der ästhetischen Qualitäten beziehungsweise des moralischen und philosophischen Werts eines Textes (*bene dictorum conprobatio*).

Als Hilfsmittel stand dem Leser außerdem ein von der Spätantike übernommenes Corpus grammatischer Lehren zur Verfügung, die eher dazu taugten, den Lektürevorgang zu erleichtern, als ein Interesse an der Sprache selbst zu wecken. Die damalige Überzeugung, daß sich das Interesse auf die Sprache des Wortes Gottes zu konzentrieren hatte, sowie die Bereitschaft, die Existenz unterschiedlicher Sprachsysteme als zwangsläufige Folge des Turmbaus zu Babel hinzunehmen, ließ diese beschränkte Herangehensweise an die Sprache lange Zeit vorherrschend bleiben.[3] Die traditionellen Grammatiken bauten auf dem Wort als isolierbarem Phänomen auf und benutzten morphologische Kriterien, um eine Reihe von Wortklassen (die »Redeteile« genannt wurden) festzulegen. Sie schufen und erörterten Musterwörter für verwandte Formen (»Deklinationen und Konjugationen«) und beschäftigten sich mit den syntaktischen Oberflächenbeziehungen zwischen den Wörtern in Satzkonstruktionen (»Übereinstimmung«).[4] Auf diese Weise gewährten die Grammatiken dem Leser wesentliche Hilfen bei der Analyse eines Textes und der Identifizierung der Elemente des Lateinischen, dessen thematische und flektierte Elemente wichtige morphologische Informationen enthielten. Solche Hilfe war besonders in der Anfangsperiode des hier behandelten Zeitraumes wertvoll, als die Manuskripte noch in *scriptio continua* kopiert wurden – das heißt ohne Trennung der Wörter oder andere Hinweise auf Zäsuren innerhalb eines Textabschnittes.

## Lesen für das Seelenheil

Christliche Lehrer und Schriftsteller hatten diese Tradition grammatischer Gelehrsamkeit auf die Exegese der Heiligen Schriften angewandt; demzufolge waren religiöse Erziehung und literarischer Unterricht auf sämtlichen Ebenen eng miteinander verknüpft.[5] Das war eine andere Situation als in der heidnischen Antike, wo das höchste kulturelle Niveau einer sozialen Elite vorbehalten blieb.[6] Unter den veränderten Umständen wurden alle Christen, die lesen konnten, ermahnt, davon Gebrauch zu machen, und »niemandem, der auf den Namen Mönch Anspruch erhob, war gestattet, ohne Kenntnis des dazugehörigen Schrifttums zu bleiben«.[7] Wie Dhuoda später in einem Traktat, den sie für ihren Sohn schrieb, hervorhob, lernt man Gott durch die Lektüre von Büchern kennen.[8] Motiv fürs Lesen war jetzt die Errettung der eigenen Seele, und dieses mächtige Motiv spiegelten die gelesenen Texte wider. Das elementare Lese- und Schreibbuch des Kindes wurden die Psalmen (viele Jahrhunderte lang galt ihre Kenntnis als entscheidender Nachweis der Schreib- und Lesefähigkeit).[9] Wem das Lernen anhand von Vorbildern leichter fiel als anhand von Vorschriften, für den gab es die Heiligenviten, die die christlichen Ideale verkörperten. Andere wurden durch ein neues Programm von Texten zu den *libros catholicos* geleitet, jenen theologischen Werken, die dem Leser – im Dienste seines Seelenheils – bei der richtigen Auslegung der Worte Gottes halfen. »Den Kommentaren zur Heiligen Schrift entnimmt man, wie die Tugend erworben und bewahrt wird, aus Wundergeschichten ersieht man, wie das Erworbene und Bewahrte offenkundig wird.«[10] Grammatische Studien und die Beschäftigung mit anderen Texten dienten diesem Zweck und wurden betrieben, um die Kenntnisse des Lesers vom klassischen Schrifttum zu verbessern. Isidorus von Sevilla bemerkt, daß »sogar die Lehren der Grammatiker für unser Leben von Gewinn sein können, vorausgesetzt, man zieht aus ihnen Nutzen für höhere Zwecke.«[11]

## Von der mündlichen zur stillen Lektüre

Eine andere neue Entwicklung veränderte die Haltung gegenüber dem Akt des Lesens als solchem. In der Antike lag das Gewicht auf dem mündlichen Vortrag eines Textes, das heißt darauf, daß man ihn mit der sinngemäßen und dem Rhythmus angemessenen Artikulation lesen konnte; darin spiegelte sich die Tatsache wider, daß der Redner in der antiken Kultur das vorherrschende Ideal darstellte.[12] Das stumme Lesen hatte nur dazu gedient, den Text vorher zu studieren, um ihn angemessen zu verstehen.[13] Die antike Kunst des Lautlesens überlebte in der Liturgie. Im 7. Jahrhundert legte Isidorus dar, welche Eigenschaften jemand für das Amt des Vorlesers in der Kirche brauchte:

> »Wer auch immer zu einem Range dieser Art erhoben wird, muß aufs innigste vertraut mit Lehre und Büchern und gründlich mit der Kenntnis von Bedeutungen und Wörtern ausgestattet sein, damit er bei der Analyse von *sententiae* versteht, wo die grammatischen Grenzlinien verlaufen: wo die Äußerung weitergeht, wo der Satz zu Ende ist. Auf diese Weise wird er die Technik des mündlichen Vortrags (*vim pronuntiationis*) ohne Sprechfehler beherrschen, so daß er die Geister und Empfindungen (*sensus*) aller zum Verständnis bewegen kann, indem er zwischen Vortragsweisen wechselt und die Stimmung (*affectus*) der *sententia* zum Ausdruck bringt: dadurch, daß er den Ton eines Erklärenden, eines Leidenden, eines Scheltenden, eines Ermahnenden oder einen sonstigen, dem richtigen Vortrag gemäßen Ton annimmt.«[14]

Ein Anfänger mußte außerdem laut lesen, damit der Lehrer die Fortschritte seines Schülers einschätzen konnte. Nach dem Einführungsstadium ließen sich die Übung und Gewandtheit im Lateinlesen auch dadurch befördern und beurteilen, daß man die ganze Gruppe laut vorlesen ließ. Im 9. und 10. Jahrhundert wurden vielfach Abschriften von den Komödien des Terenz angefertigt; da diese Texte in der Antike benutzt wurden, um den Vortrag und die Beredsamkeit der Schüler zu verbessern, könnten sie auch im Mittelalter dem gleichen Zweck gedient haben.[15] Im 10. Jahrhundert schrieb Roswita von Gandersheim für ihre Klostergenossinnen Schauspiele, um ihnen eine Alternative zu Terenz zu bieten, die Christenmenschen und Frauen besser zu Gesicht stand.[16] Diese Texte drückten vielleicht nicht so sehr Begeisterung für die literarische Form des Dramas selbst aus, sondern wollten dem spirituellen Leben eine flüssigere Sprache verleihen. Laut oder jedenfalls *sotto voce* zu lesen war auch während der klösterlichen *lectio* üblich, um dem Leser als Grundlage für die *meditatio* eine akustische und muskuläre Erinnerung an die Worte einzuprägen. In den verschiedenen Ordensregeln wurde für diese Art von Lektüre die Bezeichnung *meditari literas* oder *meditari psalmos* verwendet.[17]

Allerdings stellen wir fest, daß vom 6. Jahrhundert an dem stummen Lesen mehr Aufmerksamkeit geschenkt wurde. In der *Ordensregel des Heiligen Benedictus* finden wir Hinweise auf das private Lesen und auf die Notwendigkeit, leise zu lesen, um andere nicht zu stören. Da solche Lektüre überwacht wurde, um sicherzustellen, daß sie nicht für Faulenzerei mißbraucht wurde beziehungsweise daß der Leser nicht in Träumereien verfiel, können wir annehmen, daß stummes Lesen unter diesen Bedingungen keine Seltenheit war.[18] Isidorus hatte dargelegt, was für den lauten Vortrag in der Kirche erforderlich war, weil er in der Vorbereitung auf das Amt des Vorlesers ein Grundelement der Ausbildung zum Geistlichen sah.[19] Er selbst gab dem stummen Lesen den Vorzug, das ein besseres Verständnis des Textes ermögliche; der Leser gewinne vollständigere Einsicht, meinte er, wenn die Stimme schweige. Man könne so ohne körperliche Anstrengung lesen und über die Dinge nachdenken, die man gelesen habe, die dann dem Gedächtnis weniger leicht entschlüpften.[20]

## Die Schrift als sichtbare Sprache

Auch wenn für diese Einstellung gegenüber dem stummen Lesen praktische Erwägungen bestimmend waren, steht sie doch im Zusammenhang mit einer viel grundlegenderen Veränderung in der Haltung gegenüber der Natur des geschriebenen Wortes. Bis man im schriftlichen Medium eine andere Erscheinung der Sprache mit eigenem »Wesen« sah, die dem Gegenstück der gesprochenen Sprache ebenso gleichwertig, wie von ihm unabhängig war, bedurfte es einer langen Entwicklung.[21] Dennoch lassen sich in der hier behandelten Zeit die Anfänge dieser Entwicklung erkennen.[22] Das geschriebene Wort spielte bei der Bewahrung der orthodoxen Traditionen der Kirche, der Übermittlung ihres Erbes und der Aufgabe, die neuen Generationen mit ihm vertraut zu machen, eine wichtige Rolle. Je mehr es als das Medium galt, durch das die Quellentexte der Vergangenheit (die im Mittelalter für viel mehr Menschen maßgebende Bedeutung hatten als zuvor) überliefert wurden, um so weniger erschien es bloß als Aufzeichnung des gesprochenen Worts. Während im 4. Jahrhundert Augustinus in den Buchstaben Lautzeichen sah und in den Lautzeichen wiederum Zeichen der Dinge, die wir denken, hielt Isidorus Buchstaben für lautlose Zeichen, die uns auf stummem Weg (*sine voce*) die Äußerungen von Menschen mitteilen, die abwesend sind. Die Buchstaben als solche sind jetzt Zeichen der Dinge.[23] Geschriebenes ist eine sichtbare Sprache, die durch das Auge unmittelbar den Geist anzusprechen vermag.

Daß man Kinder Verse, die sie aus den Psalmen abgeschrieben hatten, dem Lehrer laut vorlesen ließ, ohne daß sie unbedingt vorher die Buchstaben in der alphabetischen Reihenfolge hatten lernen müssen (was in der Antike Brauch war), ist ebenfalls bezeichnend.[24] Das förderte nicht nur ihre Fähigkeit, die Funktionen von Buchstaben und Wörtern im Text zu erkennen, sondern sollte ihnen auch helfen, den Übergang von einer Kultur der mündlichen Überlieferung zu den graphischen Konventionen jener Schriftkultur zu vollziehen, durch die das christliche Erbe überliefert wurde.

Am bereitwilligsten nahmen indes die Leser an den Rändern (oder außerhalb) des Gebiets der *lingua romana* oder *lingua mixta* des ehemaligen Römischen Reiches das Schriftmedium als eigenständige Spracherscheinung wahr. Sie sprachen keltische und germanische Idiome und für sie war das Lateinische ein fremdes linguistisches System. Trotz der Hilfe, die ihnen grammatische Untersuchungen gewährten, taten sich manche Leser unverändert schwer mit der Analyse der Bestandteile eines lateinischen Textes. Welcher Art diese Schwierigkeiten waren, belegen die in der Landessprache gehaltenen Randglossen, von denen viele durch die lesende Person im Augenblick der Lektüre angefertigt wurden; sie wurden mit einem Griffel in die Seite gekratzt, so daß sie nicht weiter auffielen und für andere Leser unentzifferbar oder unsichtbar blieben.[25]

Einigen Glossen läßt sich entnehmen, daß Buchstaben falsch gelesen und deshalb die Wörter nicht korrekt verstanden wurden. Ein irischer Schreiber schrieb zum Beispiel *aversione* statt *eversione* und *conquinare* statt *concinnare* an den Rand; ein angelsächsischer Schreiber ersetzte *occassu* durch *occasio*.[26] Andere Glossen bezeugen, daß Wörter wegen fehlender Wortabstände nicht richtig erkannt wurden. Ein irischer Schreiber machte *innumero* aus *in numero*, während ein angelsächsischer Schreiber *inoccidu as* zu *occiduas* werden ließ.[27] Manchen Glossen kann man Probleme mit der Syntax entnehmen. Bei der Interpretation von *gratum tibi esse officium est optimum* zog ein irischer Schreiber *optimum* zu *gratum* und gelangte so zu *ambudech forrcimen* (»das beste Dankbare«); *a servo quippe vinctus* wird in der Glosse zu *conarracht assa mugsini* (»der auf Grund seiner Knechtschaft gebunden war«).[28] Andere Glossen zeigen, daß die Unterscheidung zwischen Pronomen und Adverb Schwierigkeiten machte: *quo* (das ein Adverb sein kann oder auch der Singular der männlichen Ablativform des Fragefürwortes *quis*) wird von einem deutschen Schreiber mit *thara* (Adverb: »daher, woher«) wiedergegeben; *thiu* (Instrumentalis von *ther*, Demonstrativpronomen) und *in thiu*; *quam* (das ein Adverb sein kann oder der Singular der weiblichen Akkusativform von *quis*) wird nur erläutert, wenn es als das Adverb *denni* (»da, dann«, »damit«) erscheint. Angelsächsische Schreiber kommentieren häufig das Pronomen dadurch, daß sie das vorhergehende Nomen wiederholen.[29] Manche Glossen helfen dem Leser beim Verständnis der lateinischen Konstruktion durch einen Hinweis auf den Kasus eines bestimmten Wortes, wobei sie in der Landessprache entweder die entsprechende Präposition oder aber das Äquivalent zur lateinischen Flexion, nicht hingegen die Bedeutung des Wortes angeben. So erläuterte etwa ein angelsächsischer Schreiber *mentis* mit *(-)des* (wahrscheinlich die Genitivendung von *modes*) und *reverenter* mit *(-)ce* (einer adverbialen Flexionsform).[30]

## Der Text zwischen graphischen Konventionen und gesprochener Sprache

Das Bedürfnis der Leser nach einem bequemeren Zugang zu den Texten war der Anstoß zu wichtigen Entwicklungen in der Art und Weise, wie die Texte auf den Seiten dargeboten wurden. Britische Schreiber, die im Schreiben vor allem ein Mittel zur Speicherung von Information auf der Manuskriptseite sahen und für die Latein eine »sichtbare Sprache« war, fingen an, gewisse neue Schreibgewohnheiten auszubilden – Neuerungen in Wiedergabe und Darbietung –, die den Zugang zu den Informationen erleichtern sollten, deren Vermittlung dieses sichtbare Medium diente.[31] Die neuen Gewohnheiten entsprangen der Anwendung von Prinzipien, die man von den Grammatikern herleitete. Ich möchte diese Entwicklungen nicht in der chronologischen Reihenfolge ihres Auftretens, sondern am Leitfaden der Stadien des Lesevorgangs erörtern.

Die antiken Grammatiker sahen im einzelnen Buchstaben sowohl die kleinste lautliche als auch die kleinste schriftliche Einheit. Jeder Buchstabe hatte drei Merkmale: seine Gestalt (*figura*), seinen Namen (*nomen*) und seinen phonemischen Referenten (*potestas*).[32] Die kursiven Schriften des späten Römischen Reiches, die weitgehend an die Stelle der Unzial- und Halbunzialschriften getreten waren, umfaßten viele Ligaturen, bei denen die einzelnen Buchstaben eine Reihe von verschiedenen Formen annahmen. Die angelsächsischen Schreiber waren die ersten, die sich bemühten, die Spielarten ein und desselben Buchstabens einzuschränken und *litterae absolutae* oder unveränderliche Buchstaben in Minuskelschrift zu schaffen. Durch Buchstaben, bei denen jede Form nur eine einzige Gestalt hatte, wollten sie die Lesbarkeit der Texte verbessern.[33] In der Folge ging auf dem europäischen Kontinent dieser Schreibusus Hand in Hand mit einer stärkeren Betonung jener Mindestunterschiede, die nötig waren, um zwischen der Form verschiedener Buchstaben zu differenzieren. Das Ergebnis war eine Minuskelschrift, die mehrere Jahrhunderte lang im Westen in Gebrauch blieb und die schließlich zur Grundlage der heutigen Schrift wurde (in der jeder Buchstabe seine eigene Gestalt hat und das Zeichen & – ursprünglich eine *et*-Ligatur – als eigenständige Form gilt).

Bei ihren Abschriften lateinischer Texte gaben die irischen Schreiber die *scriptio continua* in ihren Exemplaren auf und legten ihrer Schreibpraxis die morphologischen Kriterien zugrunde, die ihnen die Analysen der Grammatiker geliefert hatten: Im Zuge ihrer neuen Anordnung der Wörter führten sie Abstände zwischen den Redeteilen ein. Wenn sie dagegen Texte in ihrer Muttersprache abschrieben, gruppierten sie die Wörter, die einen Hauptakzent umgaben und in enger syntaktischer Beziehung zueinander standen, als zusammenhängende Einheit (siehe Cambrai-Homilie, wo *isaireasber* gleich *is aire as ber* ist).[34]

Die irischen Schreiber waren bestrebt, nicht nur die Redeteile, sondern auch die grammatischen Bestandteile innerhalb eines lateinischen Satzes gegeneinander abzugrenzen. Der Interpunktion verliehen sie größere Deutlichkeit, indem sie neue Zeichen einführten und je nach der Bedeutung der Zäsur die Zeichenzahl erhöhten. Sie entwickelten auch die *littera notabilior* (den »auffälligeren Buchstaben«), um den Anfang eines Textes oder Abschnittes klarer sichtbar zu machen. Später übernahmen Schreiber auf dem Kontinent dieses Prinzip: Sie fügten in den Text einzelne Buchstaben aus antiken Schriften für Zwecke einer tertiären Hervorhebung ein, das heißt, um sie als *litterae notabiliores* am Anfang neuer *sententiae* zu verwenden, während der Rest dann in Minuskelschrift kopiert wurde. Wo ein Schreiber für diesen Zweck Buchstaben der *Capitalis rustica* oder der *Capitalis quadrata* verwendete, läßt sich buchstäblich von Kapital- oder Großbuchstaben reden, die zum ersten Mal als Element der Zeichensetzung Verwendung fanden.

Die angelsächsischen Schreiber verknüpften in neuen Buchseitenentwürfen antike Schriften mit Minuskelschriften. Die Heilige Schrift, die Werke der Kirchenväter, die Klosterregeln und die Dokumente, mittels derer die Römische Kirche ihre Amtsgewalt in geistlichen Angelegenheiten ausübte – das alles wurde den Angelsachsen ursprünglich durch Abschriften vermittelt, die in Unzial- und in Rustikaschrift abgefaßt waren. Die angelsächsischen Schreiber hatten sich angewöhnt, die antiken Schriften für diese maßgeblichen Texte als besonders geeignet anzusehen, und fingen an, diese Schriften als Unterscheidungsmerkmal zu verwenden, wenn sie Texte oder Kommentare in Minuskelschrift kopierten, in denen Auszüge aus dem besagten Textcorpus vorkamen.[35] Sie bekräftigten auf diese Weise die Gepflogenheit, Auszüge aus anderen Quellen, die in einen

Text eingefügt waren, von dem Text selbst abzuheben; für den Leser wurde es dadurch viel leichter, die Einfügungen zu erkennen.

Eine andere Praktik, die von britischen Schreibern eingeführt wurde, bestand im Gebrauch von Analysezeichen, um die Syntax von Texten deutlich werden zu lassen, zumal bei Versen, wo die Anordnung der Wörter künstlichen oder stilistischen Zwängen unterworfen war. Die frühesten bekannten Beispiele stammen aus irischen und walisischen Manuskripten, die im 9. Jahrhundert entstanden.[36] Es gab zwei Systeme. Das erste bestand aus Punkten oder Zeichen, die grammatische Übereinstimmung (zwischen Adjektiv und Substantiv) oder Rektion (zwischen Subjekt und Verb) anzeigen, und solchen, die Bestimmungswörter bezeichnen, bei denen Übereinstimmung und Rektion keine Rolle spielen (Adverbien zum Verb). Das zweite und offenbar spätere System bestand aus Zeichen oder Buchstaben, die festlegen, in welcher Anordnung oder Abfolge die Wörter gelesen werden müssen.[37]

Die Verfahrenstechniken der Schreiber auf den britischen Inseln entstanden in Reaktion auf die Bedürfnisse von Lesern, für die Latein eine zweite Sprache war; in ihnen fand die zunehmende Bereitschaft Ausdruck, im geschriebenen Latein eine eigenständige Erscheinungsform dieser Sprache zu sehen. Im Hinblick auf neue wie auch auf die alten Schriften legten sie den Grund für eine Grammatik der Lesbarkeit; für die Leser müssen sie von beträchtlichem Nutzen gewesen sein.

Wenn wir uns demgegenüber ansehen, wie ein Schreiber aus Reims im 9. Jahrhunderts die Sprache seines in *scriptio continua* abgefaßten italienischen Textexemplars aus dem 6. Jahrhundert analysierte, erhalten wir ein ganz anderes Bild.[38] Angesichts der geringen Konsequenz, mit der die Wörter getrennt wurden, müssen wir zu dem Schluß gelangen, daß der Getrenntschreibung keine kriterielle Bedeutung zukam und daß die Analyse auf anderen Grundlagen aufbaute, als das bei den britischen Schreibern und ihrem Anhang der Fall war. Nehmen wir vom persönlichen Sprachsystem des Schreibers aus Reims an, daß es in einer *lingua romana* wurzelte und daß der Betreffende zwischen seinem eigenen Sprachsystem und dem Latein, das er kopierte, eine verwandtschaftliche Beziehung erkennen konnte (mochte die Beziehung auch noch so entfernt sein), so muß auch seine Analyse des Textes Eigenarten aufweisen, die seiner Situation geschuldet sind.

Schon in der Antike wich die gesprochene Sprache in beträchtlichem Maße von der durch die damaligen Schriftsysteme wiedergegebenen ab. Der Grammatiker Velius Longus bemerkte, daß man zwar immer *illum* und *omnium* schreibe, vor einem nachfolgenden Vokal wie etwa in den Verbindungen *illu(m) ego* und *omniu(m) optimum* den Schlußnasal aber nie spreche.[39] Wenn wir uns die aus dem 9. Jahrhundert stammende Abschrift von Hilarius ansehen, können wir häufig feststellen, daß in solchen Verbindungen *m* durch ein Abkürzungszeichen markiert ist: (...) *ad ipsu(m) extra*, *suu(m) inquo* und *legendu(m) est*. Höchstwahrscheinlich erklärt sich das daraus, daß dem Schreiber sein gesprochenes Sprachsystem eine Suspension in diesem Zusammenhang nahelegte, aber nicht zwingend abverlangte: Die Praktik wird nicht konsequent durchgehalten, und die Zeichen sind deshalb immer noch Abkürzungszeichen und keine Form von diakritischen Zeichen. In vergleichbarer Weise bleibt auch bei einer geschriebenen Form wie *clocaret* offen, ob die Form *conclocaret* oder eine Form mit Assimilation – *collocaret* – gemeint war.

Auch wenn die Wortgruppierungen auf einer Seite stets widerspiegeln, wieviel Text ein Schreiber in seiner Vorstellung behalten konnte, während er seine Aufmersamkeit vom Exemplar auf die Abschrift verlagerte, setzt die Gruppierung doch zugleich eine Analyse des Textes durch den das Exemplar lesenden Schreiber voraus und stellt nicht einfach nur eine mehr oder minder große zufällige Buchstabenmenge dar. Beispielsweise finden wir Gruppierungen wie *sermodomini*, *&cumnecessit*, *aequesemper* (wenn von der Trinität die Rede ist), *nonconsequatur*, *aliquodrebus*, *inintelligibleest* und *possibileest*. Diese Beispiele können Niederschlag eines inneren Zusammenhangs sein, den man als »Vorstellungseinheit« bezeichnen könnte, oder sie drücken vielleicht eine situative Beziehung zwischen Wörtern aus, die durch syntaktische Zwänge in der gesprochenen Sprache des Schreibers bedingt ist.

Einer solchen Textanalyse auf der Grundlage des dem Schreiber eigenen Sprachsystems wird es an systematischer Stringenz fehlen, da sie davon abhängig ist, wieviel Einblick der Schreiber in die Beziehungen zwischen den beiden Sprachsystemen – dem Latein, das er kopiert, und der Sprache, die er spricht – zum Zeitpunkt der Analyse hat.[40] Je weniger er mit der Sprache des Textes, den er kopiert, vertraut ist, um so größer ist die Wahrscheinlichkeit, daß seine Analyse willkürlich ist. In einem karolingischen Manuskript des Plinius, das die Abschrift eines anderen erhalten gebliebenen karolingischen Manuskripts darstellt, weicht die Trennung der Wörter von der in der Vorlage ab und differiert auch auf den verschiedenen Seiten der Abschrift selbst. Während zum Beispiel in der Vorlage *»avulpibus quiiocur animaliseius aridum ederint«* steht, findet man in der Abschrift *»a vulpibus quiiocuranimalis eius aridum ederint«* (für: *»a vulpibus qui iocur animalis eius aridum ederint«*). Darin schlagen sich vermutlich die Schwierigkeiten nieder, die die Schreiber an dieser Stelle mit dem Verständnis des Textes von Plinius hatten (der besagt, daß Hühner nicht von Füchsen angegriffen werden, wenn sie mit getrockneter Fuchsleber gefüttert worden sind), sprich, ihre Unfähigkeit, auf Anhieb die benutzten lateinischen Begriffe zu erkennen.[41] Dennoch können wir als wahrscheinlich annehmen, daß die Lesegewohnheiten von Sprechern der *lingua romana* und die Probleme, denen sie begegneten, sich von denen der Sprecher aus keltischen und germanischen Sprachsystemen unterschieden.

Irgendwann in der zweiten Hälfte des 10. Jahrhunderts waren die meisten Schreiber in den westlichen Ländern dazu übergegangen, ihren Praktiken die Analysen der Grammatiker oder die in neueren Abschriften vorgefundenen Konventionen zugrunde zu legen und hatten die Getrenntschreibung der Wörter übernommen. Es dauerte aber bis zum 12. Jahrhundert, ehe die Getrenntschreibung konsequent durchgehalten wurde. Die Schreiber brachten immer noch freie und gebundene Morpheme durcheinander, weil einige Grammatiker der Antike die negative Vorsilbe *in* mit der als Vorsilbe verwendeten Präposition *in* verwechselt hatten, als sie bei der Erörterung nichtabtrennbarer Präpositionen (*praepositiones loquelares*) Wörter wie *indoctus* und *infelix* als Beispiele anführten.[42]

## Textinterpretation und christliche Exegese

Neben grammatischen Abhandlungen, die dem Leser dabei halfen, die Elemente eines Textes zu erkennen, gab es andere Abhandlungen, die sich mit rhetorischen Figuren beschäftigten und dem Leser nicht nur ermöglichten, solche Figuren zu erkennen, sondern ihm mehr noch behilflich waren, beim Lesevorgang die ungewohnten Wortfolgen nachzuvollziehen. Zu den verbreitetsten dieser Abhandlungen zählte *De schematibus et tropis* von Beda. Beda entnahm seine Beispiele der Bibel und bot Erklärungen für Ausdrucks- und Denkfiguren, die sie vom gewohnten, umgangssprachlichen Idiom unterschieden.[43] Zu ihnen gehören die Prolepsis (bei der Glieder, die eigentlich folgen sollten, vorangestellt sind) und die Syllepsis (bei der Substantive mit verschiedenem Kasus einen einzigen Bezug haben, zum Beispiel: *Adtendite populus meus legam meam inclinate aurem vestram*; hier haben der Vokativ und die zweite Akkusativ-Gruppe den gleichen Referenten). Zu den Tropen zählen das Hysteronproteron, bei dem die Wortfolge umgestellt ist, und die Parenthese, die dem Leser ziemliche Schwierigkeiten bereitet haben muß, ehe dann Ende des 14. Jahrhunderts die Klammerzeichen eingeführt wurden. Daß man solche Figuren erkennen konnte, muß den Prozeß der *discretio* sehr erleichtert haben.

Eine andere Technik beim Prozeß der *discretio* bestand darin, Gebrauch von der Analyse der Rhetoriker zu machen und die Attribute eines bestimmten Arguments, einschließlich der in seinem Zusammenhang erwähnten Personen und Umstände, zu ermitteln, um auf diese Weise den Inhalt einer Passage zu erklären oder eine Einführung (*accessus*) in ein Werk zu geben. Diese Attribute waren als die sieben Sachverhalte (*circumstantiae rerum*) bekannt: Person, Handlung, Zeit, Ort, Ursache, Methode und Mittel.[44] Sie wurden häufig in Frageform geltend gemacht: *quis* (wer), *quid* (was), *quando* (wann), *ubi* (wo), *quare vel cur* (warum), *quomodo* (auf welche Weise), *quibus amminiculis* (mit welchen Mitteln). Wir haben Kommentare und eine kurze Abhandlung, die zeigen, wie diese Fragen verwendet werden konnten, um die Position des Subjekts (*quis*), des Verbs und des Objekts (*was*) und verschiedener adverbialer Beifügungen (*quando*, *ubi*, *quomodo*) ausfindig zu machen und damit dem Leser bei der Orientierung auf einer grundlegenderen Ebene zu helfen. So läßt sich etwa der Satz »*Cicero rome diu mire disputat propter communem utilitatem magna excellentia ingenii*« folgendermaßen analysieren: *quis?* »Cicero«; *quid?* »disputat«; *quando?* »diu«; *ubi?* »rome«; *quare?* »propter communem utilitatem«; *quomodo?* »mire«; *quibus amminiculis?* »magna excellentia ingenii«.[45] In manchen Kommentaren werden diese Sachverhalte als *circumstantiae sententiarum* bezeichnet.[46]

Die vorbereitenden Stadien des Lesens führten zur Übung der christlichen Hermeneutik, die der *enarratio* und dem *iudicium* bei heidnischen Texten entsprach und deren Ziel es war, persönliche Auffassungen oder Deutungen des Textes zu erarbeiten. Im späten 8. Jahrhundert verglich Beatus in einem Traktat *adversum Elipandum* das Corpus der Grammatik mit dem Körper des Menschen. Die menschlichen Bedürfnisse gingen darin nicht auf; geradeso, wie ein Mensch aus Körper, Seele und Geist bestehe, müsse auch ein Buch historisch, moralisch und sinnbildlich verstanden werden.[47]

Die einflußreichste Abhandlung über Hermeneutik war in diesem Zeitraum Augustinus' *De doctrina Christiana*, die seit dem 9. Jahrhundert weitere Verbreitung fand. Augustinus sah in der Allegorie ein Geschenk des Heiligen Geistes zur Förderung unseres Verständnisses. Der Vorgang, durch den man die Bedeutung eines Textes herausfand, führe zu einem besseren Verständnis der Wahrheit und sei natürlicher Bestandteil der mönchischen *lectio*.[48] Beda beutete in *De schematibus et tropis* die grammatische Überlieferung aus, um ein exegetisches Handbuch für christliche Leser zusammenzustellen: Ein großer Teil des Abschnittes über Tropen war den verschiedenen Figuren der *allegoria*, einschließlich *enigma*, gewidmet, die durch Beispiele aus der Bibel erläutert wurden. Das Buch wurde weithin verwendet, aber wie schon Bonifatius bemerkt hatte, waren die Schriften der Kirchenväter die besten Leitfäden für alle, die sich dem Studium der Heiligen Schrift verschrieben.[49] Vom 7. bis zum 11. Jahrhundert fahndete man nach den Werken der Kirchenväter und fertigte Abschriften von ihnen an. Diese Suche stützte sich auf ältere Werke, die als verbindliche Bibliographien akzeptiert waren: *De viris inlustribus* von Jeronimus-Gennadius, ergänzt durch Isidorus (der neben den biographischen Einzelheiten auch eine Aufzählung der Werke des behandelten Autors umfaßte); das erste Buch von Cassiodors *Institutiones* (das Bücher unter thematischen Gesichtspunkten empfahl); sowie die von den Autoren selbst gegebenen Aufzählungen, darunter vor allem Augustinus' *Retractiones* (in denen er seine Werke in chronologischer Anordnung unter ihren genauen Titeln anführt und kurz den Inhalt und die Anfangsworte angibt).[50] Bis zum Ende des 11. Jahrhunderts folgte jeder, der die Heiligen Schriften lesen oder erörtern wollte, der patristischen Überlieferung mit der größtmöglichen Genauigkeit. Wenn sich in den Lehren der Kirchenväter Widersprüche auftaten, dann konnte im 9. Jahrhundert ein Gelehrter vom Range eines Duns Scotus solche Ungereimtheiten auf die Vielfalt von Sinnbezügen in der Heiligen Schrift zurückführen, die allesamt mit der Glaubenslehre im Einklang stünden.[51]

Im 9. Jahrhundert schrieb Rabanus Maurus ein Lehrbuch für Geistliche mit dem Titel *De clericorum institutione*. Im dritten Buch erläutert er, wie die Inhalte theologischer Bücher untersucht und gelehrt werden müssen, nebst allem, was an den Wissenschaften und Künsten der Heiden (*gentilium*) von Nutzen ist und womit sich ein Mann der Kirche beschäftigen sollte.[52] Seine Hauptargumente übernimmt er aus Augustinus' *De doctrina Christiana*; dadurch, daß er sie komprimiert, verleiht er ihnen aber zusätzliches Gewicht. Erstens muß alles in der Bibel, was sich nicht unmittelbar um moralische Rechtschaffenheit oder die Wahrheit des Glaubens dreht, sinnbildlich verstanden werden.[53] Zweitens muß bei den symbolischen Auslegungen strikt der Grundsatz befolgt werden, daß alle Deutungen in Übereinstimmung mit dem wahren Glauben stehen müssen.[54] Kurz, jedes Wort oder jede Wendung dient der Stärkung der Seele. Die Tradition der allegorischen Deutung beschränkte sich nicht auf biblische Texte. Zu den Werken, die in der zweiten Hälfte des 9. Jahrhunderts für den Schulgebrauch zurechtgemacht wurden, zählte *De nuptiis Philologiae et Mercurii* von Martianus Capella, eine allegorische Enzyklopädie der Sieben Freien Künste. Wer sich mit klassischen Texten beschäftigte, machte Gebrauch von den allegorischen Deutungen heidnischer Mythen in den *Mithologiae* des Fulgentius Planciades, eines christlichen Gelehrten aus dem 5. Jahrhundert; gegen Ende des 9. Jahrhunderts schuf ein unbekannter Kompilator ein neues Handbuch, das wir heute unter dem Namen »Mythographus II« kennen.[55]

## Die Entwicklung der Interpunktion

In dem Maß, wie der Leserkreis sich erweiterte, führte dieses Interesse an der Bedeutung eines Textes, die sich hinter dem Sinn verbarg, den die syntaktischen Strukturen unmittelbar der Interpretation erschlossen, zu neuen Entwicklungen in der Anwendung der Zeichensetzung. Die folgende Passage ist einer Abschrift von Augustinus' *De civitate Dei* aus dem 9. Jahrhundert entnommen; bei der Stelle handelt es sich um Buch XVI, 1–2. Das moderne Semikolon dient hier zur Wiedergabe des *punctus versus*, der das Ende einer *sententia* anzeigte, während der Punkt Pausen im Satz markiert. Die Interpunktion wurde von einem Korrektor hinzugefügt:

> »; sicut ipsa eiusdem noe . & vinee plantatio & ex eius fructu inebriatio. & dormientis nudatio. & que ibi cetera facta atque conscripta sunt propheticis [s]unt gravidata sensibus . & velata tegminibus. sed nunc rerum effectu iam [in] posteris consecuto que operta fuerant satis aperta sunt;«[56]
>
> (»So auch das Pflanzen der Rebe durch Noah und sein Trunkenwerden durch deren Frucht . und seine Entblößtheit während er schlief . und die anderen Dinge die damals geschahen und niedergeschrieben wurden sind alle voll prophetischer Bedeutungen . und verborgen unter geheimnisvollen Hüllen . jetzt aber da die Ereignisse eingetreten sind die danach geschahen sind jene verborgenen Dinge hinlänglich offenbar;«)

Wenn man die Interpunktion in dieser Abschrift mit der Zeichensetzung in anderen Abschriften vergleicht,[57] so zeigt sich, daß hier der Punkt nach *inebratio* (in der Übersetzung also nach »Frucht«) das Pflanzen der Weinrebe und Noahs Trunkenheit von dem Ereignis seiner Entblößung trennt. Der Punkt nach *sensibus* (»Bedeutungen«) trennt zwischen Prophezeiung und Mysterium und macht aus ihnen zwei verschiedene Vorstellungen. Die kurze Pause nach *tegminibus* (»Hüllen«) bezieht sämtliche Vorgänge, die einzeln genannten ebenso wie die als Klasse angeführten, auf die Offenbarung ihrer prophetischen Bedeutung und ihres geheimen Sinns durch die späteren Ereignisse. Den Akzent legt diese Deutung allem Anschein nach darauf, daß die verschiedenen Ereignisse und der Prozeß, durch den ihre Bedeutung offenbar wird, Momente eines einzigen zeitlichen Kontinuums, der Ewigkeit, sind.

Die Verbesserungen im System der Zeichensetzung, zu denen es im 9. Jahrhundert kam, ermöglichten es aber einem damaligen Korrektor des Manuskripts, nicht nur auf den Inhalt, sondern auch auf die Form zu reagieren. Die durchdachte Art, wie im Beispiel der Text gelesen wird, nutzt die Interpunktion des ursprünglichen Schreibers und lenkt durch die Hinzufügung einiger weiterer Markierungen die Aufmerksamkeit auf die Botschaft, die durch die rhetorische Struktur der Augustinischen Prosa übermittelt wird. Die Zeichensetzung unterstreicht die Reime inebriatio/nudatio, sensibus/tegminibus; dadurch, daß die Passage als eine einzige *sententia* gelesen wird, ist es möglich, Entsprechungen zwischen den Vorstellungen Frucht/Wirkung/Bedeutungen/Prophezeiung sichtbar zu machen und die Ideen Entblößtheit/verhüllt/verborgen/offenbart miteinander zu kontrastieren. Von einem Geist, der in den Augustinischen Überlegungen bewandert und mit allegorischen Deutungen vertraut war, ließ sich erwarten, daß er den Doppelsinn im Worte *fructus*, das sowohl »Frucht« als auch »Wirkung« bedeuten konnte, erkannte und die Parallele zwischen der Frucht als etwas, das zutage tritt, und der Entblößtheit als Wirkung des Weines erkannte. Der Korrektor stützt sich hier auf ein breites Erfahrungsspektrum, das sowohl theologische als auch literarische Motive umfaßt, und macht dieses Erfahrungsspektrum für seine Beurteilung und Deutung der Textaussage nutzbar. Die Verwendung der Interpunktion bringt eine hermeneutische Analyse ins Spiel, die vom Leser als integraler Bestandteil des Lesevorganges aufgefaßt wird.

## Schreiben in der Volkssprache

Auch die ältesten, erhalten gebliebenen Abschriften von volkssprachlichen Texten stammen aus diesem Zeitraum. Ein Schreiber, der einen Text in der Landessprache kopierte, konnte davon ausgehen, daß der Leser mit ihr als mit seinem eigenen Idiom vertraut war; in der schriftlichen Wiedergabe der Volkssprache schlugen sich die umgangssprachlichen Eigentümlichkeiten stärker nieder als in der Abschrift lateinischer Texte: In der Verschiedenheit von Schreibweisen kamen möglicherweise die lautlichen Unterschiede der einzelnen Dialekte zum Ausdruck. In den frühesten irischen Texten, die uns überliefert sind, der Abschrift der »Cambrai-Homilie« und den ältesten Glossen, wurden die Wörter in Einheiten gruppiert, die ein Bewußtsein syntaktischer Zwänge verraten. In den romanischen Sprachen wurde das »Verona-

Rätsel« aus dem 8. Jahrhundert immer wieder kopiert und vertikal in den Rand lateinischer Texte eingefügt; in den Straßburger Eiden aus dem 9. Jahrhundert wurden die meisten Wörter getrennt, wobei allerdings einige Gruppierungen Ausdruck syntaktischer Zwänge sind. Durch die Gewohnheit, lateinische Wörter zu kommentieren, lernten die Schreiber es aber, Wortgrenzen in der Volkssprache zu erkennen. In Abschriften des altenglischen *Caedmon's Hymn* aus dem 8. Jahrhundert und in der Abschrift des althochdeutschen *Hildebrandsliedes* aus dem 9. Jahrhundert wurden Wörter und die Elemente von Zusammensetzungen häufig getrennt, wobei aber beim Umgang mit Präpositionen und proklitischen Wörtern eine ähnliche Verwirrung herrschte, wie wir sie vom Umgang mit *praepositiones loquelares* in Abschriften lateinischer Texte kennen. Allmählich übernahmen die Schreiber für volkssprachliche Texte die Worttrennung, die Verwendung von *litterae notabiliores* und die Zeichensetzung, die sie in lateinischen Texten vorfanden, auch wenn die rhythmische Struktur der Verse zu Anfang noch nicht durch die Anordnung der Zeilen angezeigt wurde, wie das bei lateinischen Versen der Fall war.[58]

Nirgends wiederholt sich die Geschichte so sehr wie beim Lesen, wo jede neue Generation von Lesern die gleichen Lernstadien und Erfahrungsprozesse durchläuft wie die vorhergegangenen. Manche Generationen aber bringen Leser mit eigenen, dringenden Bedürfnissen hervor, die den Anstoß zu neuen Entwicklungen geben, deren Ergebnisse sich auf den Seiten der neuen Lektüre niederschlagen. Die vielleicht hervorstechendsten Merkmale der Periode, die hier erörtert wurde, sind die beiden folgenden: Erstens gab es einen neuen wirksamen Beweggrund zum Lesen und dementsprechend bei den Lesern, für die Latein eine Fremdsprache war, die Forderung nach erleichtertem Zugang zu den Informationen des Textes. Zweitens beeinflußten die Prinzipien, die man in den Schriften der antiken Grammatiker fand, die Versuche, ein Schema von Konventionen zur Befriedigung der genannten Forderung zu entwickeln – mit dem Resultat, daß der Grund für eine, wie ich es genannt habe, »Grammatik der Lesbarkeit« gelegt wurde.[59]

*Aus dem Englischen von Ulrich Enderwitz*

Kapitel 4

# Das scholastische Modell der Lektüre

*Jacqueline Hamesse*

Untersucht man das Lesen zur Zeit der Scholastik, sieht man sich einem grundlegenden Wandel gegenüber.[1] Die »Lektüre« wurde zu einer Tätigkeit im Rahmen der Schul- sowie der Hochschulausbildung, die ganz eigenen Gesetzen gehorcht. Der Ort, an dem diese Tätigkeit ausgeübt wurde, war also die Schule, später die Universität. Während sich das Lesen im Hochmittelalter vor allem im Rahmen der Klöster abgespielt hatte – als gemeinschaftliche Lektüre im Gottesdienst, bei den Mahlzeiten oder im Rahmen spiritueller Übungen oder als individuelles Lesen, dem jeder einzelne in den Stunden des Studiums beziehungsweise der Meditation nachgehen konnte –, erfolgte in der Zeit der Scholastik eine radikale Umwälzung in der Konzeption der Lesetätigkeit an sich. Ist es ein Zufall, daß das erste Traktat über die *Kunst des Lesens*, das im 12. Jahrhundert von Hugo von Sankt Viktor verfaßt wurde und den Titel *Didascalicon* trug, die grundlegende Rolle betont, die das Lesen später im Unterrichtswesen spielen sollte?[2]

Tatsächlich ist zu beobachten, daß man sich in dieser Epoche die Tätigkeit des Lesens wirklich bewußt gemacht hat. Von nun an konnte man sich die Lektüre nicht mehr ohne eine gewisse Organisationsform vorstellen. Obwohl dies noch nicht rundweg so geäußert wurde, begegnet man bereits der Vorstellung von Nutzen und Rentabilität, die seit dem 13. Jahrhundert bestimmend werden sollte. Von nun an ging man nicht mehr auf beliebige Weise an ein Buch heran. Ehe man sich an die Lektüre eines Textes machte, wollte man erst die angewandte Methode verstehen. In einem Brief an Hugo von Sankt Viktor äußerte ein Zeitgenosse dieses Interesse sehr anschaulich.[3] Insbesondere der Untertitel des Briefes gibt Aufschluß darüber, wofür sich sein Verfasser besonders interessiert hat: »Über die Art und Ordnung, nach der man sich beim Lesen der Heiligen Schrift richten soll«.

Diese Organisation des Lesens schuf neue Bedürfnisse. Es wurde für einen Leser wichtig, alles, was er in einem Buch suchte, leicht auffinden zu können, ohne lange herumblättern zu müssen. Um diese Ansprüche zu befriedigen, begann man Unterteilungen vorzunehmen, Abschnitte zu kennzeichnen, den einzelnen Kapiteln Überschriften zu geben, Sachregister, Konkordanztabellen und alphabetische Register anzulegen, um die rasche Benutzung eines Werkes und das Auffinden der nötigen Dokumentation zu erleichtern. Diese scholastische Lektüre widersprach gänzlich der in den Klöstern üblichen Methode, die sich ganz auf ein langsames, gründliches Verständnis der gesamten Heiligen Schrift gründete.

## Von der *ruminatio* zur *lectura*

Die *Sacra Scriptura* war im ganzen Mittelalter das Buch par excellence, das jederzeit gelesen wurde und die Grundlage der klösterlichen Spiritualität darstellte. Ist es Zufall, daß die Autoren diesen Prozeß der Bibel-Rezeption und Bibel-Meditation als *ruminatio* (Wiederkäuen) bezeichnet haben? Das Lesen war buchstäblich die spirituelle Nahrung der Mönche. Übrigens könnte man es nach dem treffenden Titel, den Marcel Jousse seinem Werk gegeben hat, auch als »Kauen des Wortes« bezeichnen. Es handelte sich um eine langsame, regelmäßige Lektüre, die in die Tiefe ging. Verschiedene Abschnitte wurden auswendig gelernt, und die Menschen, die ihr Leben Gott geweiht hatten, meditierten ständig über bestimmte Sätze. Oft wurde laut gelesen. Die Gewohnheit, die Silben auszusprechen, war so allgemein verbreitet, daß man die Laute immer, sogar wenn man nur allein für sich las, leise vor sich hin murmelte.[4] Diese Gewohnheit zwang einen äußerst langsamen Leserhythmus auf und half, den Inhalt der Werke zu erfassen. Schließlich wurden den Mönchen zur Bereicherung ihres spirituellen Lebens drei Übungen auferlegt, nämlich das Lesen (*legere*), die Meditation (*meditari*) und die Kontemplation (*contemplari*).

Damals konnte man, wie A. Petrucci schreibt, drei verschiedene Lesehaltungen unterscheiden:

> »das stille Lesen (in silentio); das Lesen mit leiser Stimme, Murmeln oder »Wiederkäuen« genannt, das als Träger für die Meditation oder als Hilfsmittel zum Auswendiglernen diente; und schließlich das Vorlesen mit lauter Stimme, das ebenso wie in der Antike eine besondere Technik verlangte und der liturgischen Rezitation oder dem Gesang sehr nahe kam«.[5]

Man befand sich in einer Welt, in der die mündliche Überlieferung Vorrang vor der schriftlichen hatte.[6] Derselben Erscheinung begegnete man beim Lesen. Die Texte der Klassiker oder die Werke der Kirchenväter, die kopiert werden sollten, wurden im *scriptorium* diktiert. Selbst später, als das Kopieren eines Werkes nicht mehr nach dem laut vorgelesenen Text erfolgte – eine Methode, die die Vervielfältigung des Textes gewährleisten sollte – blieb die individuelle Art zu schreiben weiterhin eng mit dem Lesen verbunden, da beim Erfassen und beim Verständnis der abzuschreibenden Wörter das Sehen an die Stelle des Hörens trat. Übrigens lasen viele Schreiber die Sätze, die sie kopierten, weiterhin still vor sich hin, sie sprachen innerlich die Worte, die sie sahen.

Die größte Veränderung, die sich im Rahmen des scholastischen Lesens vollzog, bestand in der Bedeutung, die diese Praktik im Rahmen des Unterrichts einnehmen sollte. Wie Hochwürden M.-D. Chenu schreibt: »Die gesamte mittelalterliche Pädagogik stützte sich auf die Lektüre von Texten. Die Scholastik an den Universitäten institutionalisierte diese Arbeit noch und trieb sie weiter voran.«[7] Hinsichtlich des Unterrichtswesens im Mittelalter kann man nicht von einer öffentlichen Lektüre sprechen, wie sie in der Antike üblich gewesen ist, als sich ein größeres Publikum durch die Vermittlung eines Vorlesers ein kurz zuvor von einem Autor verfaßtes Werk anhören konnte. In der Epoche, die uns hier interessiert, handelte es sich eher um die erläuterte und kommentierte Lektüre eines Werkes, das wesentlicher Bestandteil des Unterrichtsprogramms war. Dies war bei weitem nicht neu. Schon in den Schulen des hohen Mittelalters hatte sich der Unterricht auf die Erklärung und Kommentierung klassischer Texte gestützt. Die vorigen Kapitel spielten bereits auf diese Praxis an. Das Neuartige daran bestand in der Weiterentwicklung und Reglementierung dieser Übung, die nicht mehr einfach irgendwann, irgendwo oder irgendwie stattfand.

Selbstverständlich hat diese im Rahmen des Unterrichtsprogramms organisierte gemeinschaftliche Lektüre den unmittelbaren Kontakt der Intellektuellen mit den Texten der Autoren weder abgeschafft noch ersetzt. Es blieb weiterhin wichtig, sich neben der pädagogischen Ausbildung auch eine persönliche Bildung anzueignen. Doch wie wir noch sehen werden, begann sich im Laufe der Zeit selbst im Bereich der privaten Lektüre eine Entwicklung abzuzeichnen. Denn die Produktionsbedingungen des Buches änderten sich, und die Werke erhielten dadurch größere Verbreitung, was wiederum das Verhältnis zu den Texten tiefgreifend veränderte. Die Flut der literarischen Produktion förderte eine neue Annäherung an die zu lesenden Werke. Aus all diesen Gründen kann man tatsächlich von einer scholastischen Lesehaltung sprechen, die sich von allen unterschied, von denen bisher die Rede war.

Übrigens ist es interessant, darauf hinzuweisen, daß der Ausdruck *legere* im klassischen Latein zweideutig ist, weil er zugleich die Tätigkeit des »Lehrens« und die des »Lesens« bezeichnet. Darauf wies schon Johannes von Salisbury (12. Jh.) im *Metalogicon* hin:

> »Doch weil der Ausdruck *legere* doppelsinnig ist – er bezieht sich nämlich sowohl auf die Arbeit eines Menschen, der unterrichtet oder lernt, als auch auf die Tätigkeit desjenigen, der die Schriften selbst erforscht –, soll ein eigenes Wort, nämlich *praelectio*, für den Austausch zwischen Lehrer und Schüler (um einen Ausdruck von Quintilian aufzugreifen) benutzt werden, während das aufmerksame Studium der Schriften einfach *lectio* genannt werden soll.«[8]

Um die Doppeldeutigkeit der Sprache aufzuheben, schlug Johannes von Salisbury also vor, alles, was mit dem Unterricht zu tun hat, *praelectio* zu nennen, während der Ausdruck *lectio* der persönlichen Lektüre vorbehalten blieb. Es ist interessant, festzustellen, daß sich die Menschen des Mittelalters schon seit dem 12. Jahrhundert dieser doppelten Funktion des Lesens bewußt gewesen sind. Untersucht man das in den städtischen Schulen jener Zeit benutzte Vokabular, stellt man jedoch fest, daß *legere* selten im Sinne von »unterrichten« benutzt wurde. Erst mit dem Aufkommen der Universitäten verallgemeinerte sich der Gebrauch dieses Ausdrucks.[9] Ebenso wurde das Wort *lectio*, mit dem noch Johannes von Salisbury lediglich die unmittelbare Lektüre eines Textes bezeichnet hatte, in der Zeit der Scholastik zum Oberbegriff für den Unterricht. Diese Sinnverschiebungen zeigen den umfassenden Wandel auf, den nicht nur die mittelalterlichen Gewohnheiten erfuhren, sie enthüllen ebenfalls die grundlegenden Änderungen, die sich durch die neu geschaffenen Institutionen ergaben, sowie durch das in einer Übergangszeit übliche Tasten und Zögern.

Durch ihre lateinische Syntax spiegeln zahlreiche Texte die verschiedenen Bedeutungen des Verbs *legere* wider. Der Aufbau eines Satzes war nämlich unterschiedlich, je nachdem ob vom Unterricht des Lehrers, von der Unterweisung des Schülers, oder von der privaten beziehungsweise persönlichen Lektüre die Rede war: Man sprach von *legere librum illi* (»jemandem ein Buch erläutern«), von *legere librum ab illo* (»ein Buch mit Hilfe einer anderen Person erfassen«) oder von *legere librum* (»ein Buch lesen«). Es ist immer interessant, linguistische Phänomene zu analysieren, da sie oft der Realität widersprechen, die eingangs ganz selbstverständlich erschien. Im Gegensatz zu *lectio* und *legere*, die zum klassischen Latein gehörten, war *lectura* nämlich eine mittelalterliche Neuschöpfung, die erst mit der Blütezeit der Universitäten im Rahmen des Unterrichts aufkam, um das Verfahren einer ganz spezifischen Texterläuterung zu bezeichnen.

Ursprünglich erschienen die Glossen in den juristischen Schulen am Seitenrand solcher Manuskripte, die Texte für den Unterricht enthielten. Sie lieferten Erläuterungen, die das Verständnis schwieriger Textpassagen erleichtern sollten. Die *lectura* bezeichnete zunächst nur diese Erklärungsmethode.[10] Erst im 13. Jahrhundert wurde der Ausdruck wirklich im technischen Sinne für den Inhalt einer Unterrichtsstunde oder für die kommentierte, erläuterte »Lektüre« eines Textes benutzt.[11] Im Französischen bezeichneten Lektion (*leçon*) und Lektüre (*lecture*) schon zwei verschiedene Dinge; daher ist es verwunderlich, daß das Substantiv *lectura* erst in der zweiten Hälfte des 12. Jahrhunderts in der lateinischen Sprache auftauchte.

Ein weiteres Phänomen, auf das man hinsichtlich der Verbreitung und Benutzung des Buches zur Zeit der Scholastik hinweisen muß, war die Rolle, die die verschiedenen religiösen Orden dabei gespielt haben. Durch ihre Vermittlung entwickelte sich die Bedeutung des Buches in zweifacher Hinsicht: sowohl aufgrund einer verallgemeinerten Weitergabe der Schriftkultur als auch durch eine Auswahl der zu lesenden Werke.[12] Die Verbreitung bestimmter Texte wurde gefördert, während die kirchlichen Institutionen wiederum andere Texte für zu gefährlich hielten, um sie jedem in die Hand zu geben. Wie wir gesehen haben, hat das Konzept des Lesens an sich seit dem 13. Jahrhundert einen grundlegenden Wandel erfahren, den wir hier exakt analysieren und definieren wollen.

## Der Bezug auf die *auctoritates*

Da die literarische Produktion seit dem 12. Jahrhundert ständig zunahm, mußte man andere, schnellere Lesemethoden entwickeln, die es den Intellektuellen erlaubten, sich mit einer großen Zahl von Werken vertraut zu machen. Diese Methoden waren sehr unterschiedlich. Die visuelle Texterfassung trat an die Stelle des Vortrags. Ab jetzt mußte man schnell lesen können und über die entsprechenden Mittel verfügen, um Passagen, die man benutzen wollte, sowie alle Argumente, die man auf einem bestimmten Gebiet kennen mußte, rasch auffinden zu können. Bei ihren literarischen Kompositionen griffen die Menschen des Mittelalters immer auf die *auctoritates* zurück. Dabei handelte es sich um Sätze, Zitate oder Auszüge aus der Bibel, den Kirchenvätern und klassischen Autoren, die ihrer eigenen Argumentation mehr Gewicht verleihen sollten. Um den Autoren bei der Suche nach diesen Textstellen zu helfen, stellte man Anthologien oder Textsammlungen zusammen, die auswendig gelernt werden konnten und mit deren Hilfe man eine gesuchte Passage leicht auffand. Abgesehen von diesen Anthologien tauchten seit dem 12. Jahrhundert noch andere Hilfsmittel auf, mit denen sich ein Leser leicht in einem Manuskript zurechtfinden und bestimmte Stellen aufspüren konnte, ohne den Text vollständig lesen zu müssen. An die Stelle der fortlaufenden, chronologischen Lektüre eines Werkes – die zwar langsam vonstatten ging, es aber ermöglichte, den gesamten Inhalt des jeweiligen Buches oder doch zumindest seine Kernaussagen zu verstehen – trat nun eine bruchstückhafte, abgehackte Lektüre, die einerseits den Vorteil bot, daß man ausgewählte Stücke dadurch schnell erfassen konnte, die andererseits jedoch nicht mehr dazu anregte, sich intensiv mit dem Text zu beschäftigen und sich die in ihm enthaltene Lehre anzueignen. Zweckmäßigkeit erhielt Vorrang vor dem Wissen.

Wie wir gesehen haben, wurden seit dem hohen Mittelalter auf den unterschiedlichsten Gebieten nach und nach Zitatenlexika zusammengestellt: Anthologien zur Bibelauslegung, zur Theologie, zu den Kirchenvätern, zu asketischen Themen und zu den klassischen Autoren, um nur die wichtigsten Bereiche zu nennen. Die Erstellung dieser Hilfsmittel kam verschiedenen Bedürfnissen entgegen: Sie machten das

Wesentliche eines Buches, das ein Intellektueller nicht für den eigenen Gebrauch erwerben konnte – weil einerseits nur wenige Kopien zur Verfügung standen und diese Manuskripte außerordentlich teuer waren, während die gängige Arbeitsmethode andererseits dazu anhielt, sowohl im Unterricht als auch bei der literarischen Produktion oder bei der Ausarbeitung von Predigten auf die *auctoritates* zurückzugreifen –, in einem Band zugänglich.[13] Diese Bücher enthielten alles Wesentliche zum Werk eines Autors oder zu einem Thema, oft nur in kurzen Sätzen, die leicht zu behalten waren und so den Bedürfnissen der Benutzer entgegenkamen.[14] Allerdings muß man zugeben, daß diese Sammelbände in den Bibliotheken zwar großen Raum einnahmen, daß sie jedoch lediglich als Textreservoir dienten und nicht im entferntesten zu Kreativität anregten. Das Nachschlagen in ihnen hat nie die Aufstellung neuer Theorien oder die Ausarbeitung einer originellen Methodologie gefördert, weder bei der Exegese noch beim Verfassen eines persönlichen Kommentars.[15] Wie wir später noch sehen werden, boten diese Anthologien – deren Verfasser ja über alle Zweifel erhaben waren – zudem noch den Vorteil, daß sie keine Passagen enthielten, die man der Ketzerei verdächtigen konnte. Dieses Argument hat zweifellos mit zu ihrem Erfolg beigetragen.

Mehrere Texte mittelalterlicher Autoren liefern uns interessante Informationen, sowohl über die benutzten Methoden, als auch hinsichtlich der Terminologie. So verfügen wir über das Vorwort zu den *Sentenzen* des Robert von Melun, über das Vorwort zum *Sic et Non* von Abaelard, über Hugo von Sankt Viktors *Didascalicon* und über Johannes von Salisburys *Metalogicon*, um nur die wichtigsten zu nennen. Es gibt noch zahlreiche andere, übrigens auch aus späteren Jahrhunderten. Diese Texte sind für uns unmittelbare Zeugnisse für die Art und Weise, wie die mittelalterlichen Autoren den Unterricht, das Lesen und die Argumentationsweise verstanden. Außerdem enthüllen sie uns die Bedeutung einer Reihe technischer Begriffe, die in dem Bereich, der uns hier interessiert, verwendet wurden. Dies ist wichtig, weil die meisten dieser durchaus aus der Klassik stammenden Termini seitdem allmählich eine andere Bedeutung angenommen haben, um den gewandelten Bedürfnissen des Unterrichtswesens und der Forderung nach einer präzisen Verwendung der Begriffe gerecht zu werden.

In der Tat stellt man fest, daß das Vokabular seit dem 13. Jahrhundert – nachdem sich durch die Gründung der Universitäten und durch das Bedürfnis nach exakten Definitionen zur Bezeichnung neuer Praktiken in allen Bereichen vieles gewandelt hatte – fachspezifischer geworden ist. Das 12. Jahrhundert bildete hier den Übergang; deshalb sind die Texte aus dieser Zeit auch besonders interessant. In ihnen werden die Vokabeln noch in ihrem antiken Sinne verwendet, obwohl parallel dazu auch schon neue Bedeutungen auftauchen. Anhand dieses Phänomens können wir eine Entwicklung erfassen, die später auf allen Ebenen zu Tage treten sollte.

So spielte Robert von Melun (12. Jh.) im Vorwort zu seinen *Sententiae* auf Lektoren (*recitatores*) an, die von Berufs wegen mündlich Texte vortrugen, die sie nicht unbedingt verstanden.[16] Dieser Autor unterschied eine Person, die sich damit begnügt, jemand anderem einen Text laut vorzulesen (*recitator*), von einem gewöhnlichen Leser (lector), der einen Text liest und gleichzeitig versucht, seinen Sinn zu verstehen. Gegenüber der fraglichen Passage findet man übrigens in einem Manuskript, das in Brügge aufbewahrt wird, die folgende Rubrik: »Über diejenigen, die sich befleißigen, Autoritäten zu lesen und zu zitieren, und diese nicht verstehen.« Diese Passagen zeigen, daß die Menschen des Mittelalters durch ihr trainiertes Gedächtnis eine große Anzahl von Texten behalten konnten, ohne unbedingt ihren Sinn zu begreifen.[17] Im 14. Jahrhundert hatte sich diese Situation, trotz der im Unterrichtswesen erzielten Fortschritte und trotz der neuen wissenschaftlichen Ansprüche, kaum geändert, zumindest in gewissen Kreisen. In einem Werk, das fälschlicherweise Wilhelm von Ockham zugeschrieben wurde, wird nämlich in einem Abschnitt genau derselbe Übelstand beklagt.[18]

## Die Hilfsmittel der intellektuellen Arbeit

Die literarische Blüte, die mit dem 12. Jahrhundert einsetzte, machte den Zugang zu den Büchern ausgesprochen kompliziert. Von nun an gab es viel zu viele Texte, als daß man sie alle hätte lesen können. Es wurde schwierig, wenn nicht gar unmöglich, die Menge der verfügbaren Werke im Kopf zu behalten und ein Thema erschöpfend zu behandeln. Es gab nämlich noch keine Bestandsverzeichnisse, Register und Zusammenfassungen, durch die man das Material, das zur Behandlung eines bestimmten Themas unentbehrlich war, zusammentragen konnte. Die damaligen Autoren waren sich dieser Schwierigkeit durchaus bewußt und griffen auf sehr nützliche Gesamtdarstellungen (*summae*) zurück, die mit dem Ziel, eine Lösung für dieses Problem zu finden, verfaßt worden waren. Schon damals konnte man nachschlagen in der *Glossa ordinaria*, einem unentbehrlichen Hilfsmittel für das Verständnis der Bibel, im *Decretum* von Gratian, das den Juristen das gesamte in ihrem Fach unentbehrliche Material zugänglich machte, sowie im *Sentenzenbuch* (*Libri sententiarium*) von Petrus Lombardus, das sich an alle Theologen wandte. Das Vorwort zu letzterem Werk ermöglicht es uns, besser zu verstehen, welche Intention ein Autor des 12. Jahrhunderts verfolgt hat, nämlich: »in einem dünnen Band die Meinungen der Kirchenväter zu versammeln (...), damit der Forschende nicht eine Überfülle von Büchern zu Rate ziehen muß, sondern aufgrund der Kürze der hier versammelten Auszüge mühelos bekommt, was er sucht«.[19]

Wir wissen alle, daß die damaligen Autoren ständig die Bibel, die *Glossa ordinaria*, Gratians *Decretum* und das *Sentenzenbuch* von Petrus Lombardus benutzt haben, da sie mit diesen Texten praktisch großgezogen worden waren. Aber hat man auch die anderen Hilfsmittel, aus denen die Menschen des Mittelalters ständig schöpften, ausreichend berücksichtigt: die *Summa aurea* des Wilhelm von Auxerre, die *Summa* des Kanzlers Philipp oder die *Summa* des Prévotin von Cremona, um nur die bekanntesten zu nennen?

Trotz dieser Bemühungen, den Intellektuellen Hilfsmittel an die Hand zu geben, die das wesentliche Fachwissen in einem bestimmten Bereich bündelten, blieb noch ein weiteres Problem zu lösen. Wie sollte man die gesamte Produktion verarbeiten und sich über Neuerscheinungen auf dem laufenden halten? Diese Frage beschäftigte alle Intellektuellen. Eine der aufgegriffenen Lösungen bestand zunächst in der Zusammenstellung von Enzyklopädien, in denen man das wichtigste Wissen zu einzelnen Fachgebieten versammeln wollte. Es war kein Zufall, daß von diesem Moment an viele bedeutende Unternehmungen dieser Art aufkamen: das *De naturis rerum* von Alexander Neckam (um

1195), das *De finibus rerum* des Arnold von Sachsen (um 1220), das *De proprietatibus rerum* des Bartholomäus Anglicus (um 1240), das *De natura rerum* von Thomas von Cantimpré (um 1245) und das *Speculum maius* des Vinzenz von Beauvais (um 1245–1260), um nur einige der wichtigsten zu nennen. Hieraus erklärt sich bereits, daß dabei bestimmte religiöse Orden eine maßgebliche Rolle gespielt haben. Denn Bartholomäus Anglicus war Franziskaner, während Thomas von Cantimpré und Vinzenz von Beauvais Dominikaner waren.

Abgesehen von den Enzyklopädien waren zahlreiche Glossare und Wörterbücher als unentbehrliche Nachschlagewerke verfügbar, um den Sinn verschiedener Ausdrücke, die in den lateinischen Texten benutzt wurden, angemessen erfassen zu können. Hier kann das *Elementarium* des Papias aus dem 11. Jahrhundert wirklich als Vorläufer gelten. Tatsächlich stellte Papias im Prolog zu diesem Nachschlagewerk zum ersten Mal die Regeln für eine systematische alphabetische Klassifikation auf. Leider setzte sich dieses System zu seiner Zeit noch nicht durch, so daß wir seinen Ordnungsprinzipien erst über ein Jahrhundert später wieder begegnen. Und selbst dann ging man längst nicht immer so systematisch und mit jener wissenschaftlichen Gründlichkeit vor, die er bereits in seinem Prolog bewiesen hatte.

Im Zusammenhang mit der Erstellung dieser Enzyklopädien hat man besonders auf die Bettelorden hingewiesen. Dennoch sind die Dominikaner und Franziskaner keine Pioniere bei der Erstellung von Hilfsmitteln gewesen. Im 12. Jahrhundert sind ihnen schon die Zisterzienser vorangegangen. Diese waren geradezu Meister in der Gliederung einer Dokumentation. Das *Wissen* wurde zum Hauptziel des Lesers. Beim Lesen suchte man nicht mehr in erster Linie nach *Weisheit*, wie dies die Mönche bei ihrer spirituellen Lektüre taten. Um Wissen zu erlangen, mußte man über eine gewisse Zahl von Schlüsseln verfügen, die es ermöglichten, eine Textpassage, die man benutzen wollte, schnell aufzufinden.

Zu diesem Thema muß man die Arbeiten von R. Rouse lesen, will man eine Vorstellung von der Leistung der Zisterzienser erhalten: wie sie einen Text eingeteilt, ihn in Abschnitte gegliedert und die für wichtig gehaltenen Passagen hervorgehoben haben.[20] Hier betreten wir eine neue Welt, die schon an unsere modernen Gewohnheiten erinnert. Nach dieser ersten inhaltlichen Gliederung eines Manuskripts entstanden immer zahlreichere Hilfmittel: Inhaltsverzeichnisse, Begriffsverzeichnisse, Konkordanzen, alphabetisch geordnete kritische Tabellen, Zusammenfassungen und Exzerpte. Man ging sogar so weit, die *Summen* des 12. Jahrhunderts zu einem einzigen Band zusammenzufassen, der zwar sehr handlich war, dessen Inhalt aber nur noch einen schwachen Abglanz von den ursprünglichen Werken bot.

Eine unvermeidliche Folge dieser neuen Literaturgattung war, daß nicht mehr direkt gelesen wurde. Man las durch die Vermittlung eines Kompilators Texte, die den Filter einer Auswahl passiert hatten. Der Bezug zum Buch änderte sich. Man studierte den Inhalt nicht mehr um seiner selbst willen und mit dem Ziel, eine gewisse Weisheit zu erlangen, wie Hugo von Sankt Viktor dies noch propagiert hatte.[21] Das Wissen stand nun an erster Stelle und ging immer vor, selbst wenn es nur bruchstückhaft war. Statt der Meditation hatte nun die Nützlichkeit Vorrang, ein tiefgreifender Wandel, der die Wirkung des Lesens völlig veränderte.

Einige Gelehrte haben die Bedeutung dieser verschiedenen Hilfsmittel für das Mittelalter begriffen,[22] während viele andere Forscher den Einfluß, den diese Literatur auf die Intellektuellen jener Zeit ausgeübt hat, noch immer nicht ermessen. Man muß nur ein Bestandsverzeichnis des 14. Jahrhunderts aufschlagen, um zu erkennen, in welcher Fülle Anthologien, Konkordanzen und Tabellen nicht nur in den Bibliotheken der religiösen Orden, sondern auch in denen der Schulen und Universitäten vorhanden gewesen sind. In vielen Fällen haben diese Nachschlagewerke bewirkt, daß man die eigentlichen Werke der Autoren nicht mehr direkt zu Rate zog oder gar las. Obwohl sie nur eine Sekundärliteratur darstellten, kann man nicht leugnen, daß sie bei der Ausbildung der mittelalterlichen Autoren eine große Rolle gespielt haben. Diese Methode der Kulturaneignung ist uns heutzutage unbekannt, darum fällt es uns schwer einzusehen, daß selbst die großen Autoren jener Zeit diese Mittel, die ihnen zur Verfügung standen, benutzt haben, um sich leichten Zugang zu einer unentbehrlichen Dokumentation zu verschaffen. Wir müssen uns klarmachen, daß zahlreiche Manuskripte, die bis heute auf uns gekommen sind, von der Benutzung und Verbreitung dieser Nachschlagewerke zeugen.

So boten diese Hilfsmittel eine fertige Dokumentation, die man jedesmal heranziehen konnte, wenn man eine große Anzahl leicht aufzufindender Texte brauchte, um seine Thesen oder Argumente zu erhärten. Sie lieferten all denen, die entsprechend der oben erläuterten Arbeitsmethode auf verschiedene *auctoritates* zurückgreifen wollten, ein praktisch zugängliches Material. Weil sie manchmal schwerverständliche Doktrinen mit kurzen, einfach zu behaltenden Sätzen zusammenfaßten, boten sie zudem eine leichtere Einführung in die Werke verschiedener Autoren. Folglich waren sie oft auch Handbücher, die in die Gedankenwelt eines Autors einführten.

Diese Hilfsmittel boten also viele Vorteile, durch die sich erklärt, warum eine persönliche Lektüre der Originalwerke verlorenzugehen drohte und warum an deren Stelle in vielen Fällen nur noch das Nachschlagen von Auszügen trat. Man versteht, weshalb diese Nachschlagewerke von den Studenten der Artistenfakultät so geschätzt wurden. Die jungen Männer wurden schon sehr früh, gleich nach ihrem Eintritt in die Universität, mit manchmal höchst obskuren Doktrinen konfrontiert.[23]

Seit dem 14. Jahrhundert wurden einige Anthologien, zunächst an den deutschen Universitäten, später auch in den anderen europäischen Ländern, sogar als Unterrichtsbücher benutzt, insbesondere an der Artistenfakultät.[24] Hieran zeigt sich, welche Entwicklung diese Nachschlagewerke erfahren haben. Zunächst sollten sie nur als Dokumentation dienen, doch da man durch sie auf sehr bequeme Weise einen Überblick über einen Text erhielt, unterließen es schließlich viele Leute, auf das ursprüngliche Werk zurückzugreifen, um es ganz zu »lesen«.

Erst begnügten sich nur die Studenten mit ihnen als Einführung in das Werk eines Autors, dann wurden sie nach und nach selbst von den Professoren statt der Originaltexte als Grundlage für den Unterricht herangezogen. Hinsichtlich der Kenntnis aller obligatorischen Texte, die im Rahmen der verschiedenen Pflichtprogramme der Universitäten im Unterricht »gelesen« und erläutert werden mußten, registrierte man also eine spürbare Verarmung.

## Anthologien und Exzerpte: Gründe für ihren Erfolg

Zu den Lehrbüchern, die an den verschiedenen Fakultäten als Unterrichtsgrundlage gedient haben, gibt es noch viel zu untersuchen. Eine Erklärung dafür besteht wohl darin, daß zahlreiche Nachschlagewerke noch immer nicht veröffentlicht wurden und deshalb auch noch nicht ausgewertet werden konnten. Außerdem sind manche Historiker, die sich mit der Ideengeschichte beschäftigen, der Ansicht, daß eine Untersuchung dieser Sekundärliteratur uninteressant und lediglich Zeitverschwendung sei. Dennoch haben sich die Menschen des Mittelalters anhand dieser bescheidenen Lehrbücher in alle obligatorischen Wissenszweige eingearbeitet und mit den Werken ihrer Vorgänger vertraut gemacht.[25]

Ursprünglich haben die an den Universitäten gängigen Unterrichtsmethoden jedoch zum Lesen der Texte angehalten.[26] Dabei handelte es sich allerdings nicht mehr um dieselbe Praktik wie zur Zeit der Klöster. Erläuterungen und Kommentare nahmen im Unterricht (*lectio*) den größten Raum ein. Immerhin sah der Aufbau der Universitäten auch andere Unterrichtsmethoden vor: die Diskussion (*disputatio*) und die Predigt (*praedicatio*). Die drei Stufen der Klosterkultur – das heißt Lektüre, Meditation und Kontemplation – wurden zur Zeit der Scholastik abgelöst von drei verschiedenen Arten, an einen Text heranzugehen: Erläuterung und Kommentar (*legere*), die Kunst der Diskussion (*disputare*) und die spirituelle Dimension (*praedicare*). Allerdings wuchs die Bedeutung der Diskussion sehr rasch und verdrängte schließlich die Eigentümlichkeiten der beiden anderen Praktiken. Seit dem 13. Jahrhundert wurde der Einfluß der aristotelischen Philosophie tonangebend. Die Dialektik wurde verstärkt unterrichtet und die Kunst des logischen Schließens vorherrschend. Auf diese Weise setzte sich in der Mitte des 14. Jahrhunderts die Logik in allen Bereichen uneingeschränkt durch. Die Technik der Argumentation wurde um ihrer selbst willen gepflegt, wobei man den Inhalt der Texte hintanstellte. Eine übertriebene Gliederung sowie eine übermäßige Spezialisierung zerstörten das Gleichgewicht der ursprünglichen Ordnung. Lektüre, Diskussion und Predigt galten nicht mehr als gleichberechtigt. All diese

Gründe wirkten dahin, daß man in allen Bereichen lieber auf die vorhandenen Hilfsmittel zurückgriff, als jenen Text zu lesen, der damals die Grundlage jeder Kultur ausmachte: die Bibel. Selbst im Rahmen der theologischen Fakultät stellte man im 14. Jahrhundert fest, daß sich niemand mehr für die *Bibelkommentare* interessierte. Ein veränderter Blickwinkel brachte eine andere Einstellung mit sich ... Man nahm eine völlig andere Lesehaltung an.

Andere Kriterien sollten diese Entwicklung noch begünstigen. Die Studenten waren noch sehr jung, wenn sie an der Universität eintrafen, um dort ihr Studium zu beginnen. Die Artistenfakultät, die man überall – außer in Bologna – durchlaufen mußte, ehe man sich spezialisieren konnte, war so etwas wie die Oberstufe der damaligen Zeit. Die Ausbildung, die die jungen Leute erhalten hatten, bevor sie sich an der Universität einschreiben konnten, hatte sie nicht im geringsten auf ein gründliches Verständnis der vollständigen Werke, die im Unterricht gelesen und kommentiert wurden, vorbereitet. Man mußte eine öffentliche Lektüre aller Pflichttexte des Lehrprogramms einrichten, um es jedem zu ermöglichen, die Originalwerke zu verstehen. Die aus dem 12. Jahrhundert stammende Unterrichtsmethode sah drei Ebenen vor: eine grammatische Erklärung Wort für Wort (*littera*), der wörtliche Kommentar oder die Paraphrase, wodurch man den allgemeinen Sinn und die Feinheiten des Satzes (*sensus*) begreifen sollte, und schließlich eine tiefer schürfende, persönliche Erläuterung der kommentierten Textstelle durch den Professor (*sententia*). Dank dieser Technik gelang es gewöhnlich jedem Studenten, das Werk gründlich zu verstehen.

Die Studenten hatten zum Beispiel in die Werke des Aristoteles, die immerhin die Grundlage des Philosophiestudiums bildeten, vorher nicht die geringste Einführung erhalten. Offenbar ging den meisten von ihnen ein tieferes Verständnis des Stagiriten ab, trotz aller buchstäblichen Erläuterungen und Kommentare, die von den Dozenten pflichtgemäß gegeben wurden, und trotz aller Übungen, die neben den Vorlesungen gehalten wurden, um die Anfänger mit einer Lehre, die ihnen neue Horizonte eröffnete, vertraut zu machen. Eine Blütenlese des Aristoteles bot daher einen bequemen Zugang zu einer bisweilen nebulösen Philosophie, deren Bedeutung selbst für Spezialisten oft nicht leicht zu erfassen war. In den meisten Fällen bemühten sich die Studenten darum, den Text des Autors auf gar keinen Fall zu lesen. Sie begnügten sich mit den Auszügen und Kommentaren, die die Professoren im Unterricht von sich gaben.

Andererseits griffen selbst viele Dozenten nicht mehr auf das Original des Autors, das sie erklären und kommentieren sollten, zurück. Abgesehen von Verständnisschwierigkeiten, die bei einigen von ihnen durchaus gegeben waren, muß man in vielen Fällen noch ein anderes Argument berücksichtigen: den ökonomischen Zwang. Insbesondere zwei Gründe erschwerten den Zugang zu den vollständigen Werken, die man kennenlernen oder benutzen wollte: der Preis für Pergament (man hat ausgerechnet, daß die Häute einer ganzen Herde nötig waren, um das Schreibmaterial für die Herstellung einer einzigen Bibel zu liefern, was wiederum eine beträchtliche Investition darstellte). Andererseits galt die Tätigkeit des Schreibens, also das Kopieren, lange nur als Arbeit für Leibeigene.[27] Bis ins 13. Jahrhundert hinein beschäftigten die meisten Intellektuellen Sekretäre oder ließen ihre Schreibarbeit von bestallten Kopisten verrichten, was wiederum hohe Kosten verursachte. Selbst während der Blütezeit der Universitäten, als die Schreibtätigkeit zwangsläufig in die Gewohnheiten der Intellektuellen überging, verboten einige religiöse Bettelorden ihren Mönchen, die Zeit mit dem Kopieren von Texten zu verbringen.[28] Die Zeit zum Studium sei dazu viel zu kostbar. Man dürfe sie nicht damit vertrödeln, die Werke anderer zu kopieren. Beides zusammen, der wirtschaftliche Faktor und die Geringschätzung, die man allgemein dem Schreiben entgegenbrachte, erklärt, warum man, um den wachsenden Bedarf an Texten zu befriedigen, auf Hilfsmittel zurückgriff, die das Wesentliche eines Werkes zugänglich machten, indem sie als repräsentativ geltende Auszüge oder die Zusammenfassung eines Gesamtœuvres in einem einzigen Band bündelten.

Zur Zeit der Universitäten war es in einigen Bibliotheken möglich, sich Manuskripte auszuleihen. Doch die im Umlauf befindlichen Bücher reichten zahlenmäßig nicht aus, um die ständig wachsende Nachfrage der Intellektuellen zu befriedigen. Zur Lösung dieses Problems führten die Universitäten das Vervielfältigungssystem durch *exemplar* und *pecia* ein.[29] Die akademischen Behörden übten sogar eine strenge Kontrolle über die Qualität der vervielfältigten Texte aus, um zu vermeiden, daß fehlerhafte Versionen in Umlauf gerieten.[30] Trotz all dieser

Bemühungen gingen viele Studenten, um sich mit einem Text vertraut zu machen, den bequemeren Weg und begnügten sich mit Anthologien und Zusammenfassungen. Damit gingen sie gleichzeitig der persönlichen Lektüre des Originals aus dem Weg.

Es ist festzustellen, daß die Tendenz zur Vereinfachung trotz aller existierenden Verbote und zahlreicher Verordnungen wuchs, vor allem an der Artistenfakultät. Es war eben einfacher, den Studenten kurze, leicht zu behaltende Zusammenfassungen an die Hand zu geben, als sich mit umständlichen Erläuterungen von bisweilen schwerverständlichen Gedankengängen, wie sie in einigen Pflichttexten des Unterrichtsprogramms vorkamen, aufzuhalten.

Diese Verarmung des Unterrichtsstoffes erklärt sich durch mehrere Faktoren. Nach der großen Schwarzen Pest, die vor allem in den Städten gewütet hatte, veränderte sich die Zusammensetzung der Hochschulbevölkerung weitgehend. Die Studenten kamen nun eher vom Lande und ihr Bildungsniveau war anscheinend nicht mehr so hoch wie das ihrer Vorgänger. Deshalb gefielen ihnen die ständig zunehmenden Hilfsmittel für das Studium von Texten beim Einarbeiten in die verschiedenen Fächer sogar noch besser. Auch sie gingen lieber den bequemen Weg. Die zahlreichen Übungen, an denen sie im Rahmen des Unterrichtsprogramms teilnehmen mußten, veranlaßten sie ferner dazu, vieles auswendig zu lernen. Um ihre Schreibkünste war es nicht immer gut bestellt, so daß es ihnen manchmal schwerfiel, in den Vorlesungen vollständige und korrekte Mitschriften zu machen. Deshalb griffen sie gern auf die zahlreichen Zusammenfassungen zurück, die in Form von Tabellen, Auszügen, Konkordanzen, Inhaltsverzeichnissen oder Anthologien in Umlauf waren.

Hier findet man sich mit einem Hauptproblem dieser Hilfsmittel konfrontiert: der Auswahl. Der Wert der gewählten Auszüge und die Qualität der übermittelten Textpassagen hing ganz von der Intelligenz des Kompilators ab. Benutzt man eines dieser Nachschlagewerke, drängt sich die grundlegende Frage auf, welche Methode angewandt wurde und welche Ziele jene Person, von der die zu lernenden Auszüge ausgesucht wurden, wohl verfolgt hat. Dies ist nicht immer einfach zu durchschauen. Viele Anthologien sind nämlich anonym, was ein erstes Problem darstellt. Die meisten von ihnen besitzen kein Vorwort, was das zweite Problem ist. Wenn es aber einen Prolog gibt, der die Intentionen des Kompilators erläutert, muß man sich vor allem fragen, ob dieses Vorwort auch wirklich eigenhändig ist oder ob es, was damals häufig vorkam, einfach aus einem früheren Nachschlagewerk abgeschrieben wurde. Sobald man diese Frage gelöst hat, muß man versuchen zu bestimmen, inwieweit die geäußerten Ziele tatsächlich in die Praxis umgesetzt wurden. Es ist nicht immer leicht, in dieser Frage Gewißheit zu erlangen.

Solche Nachschlagewerke, so nützlich sie auch sein mochten, ersetzten natürlich nicht das Nachschlagen in den Werken selbst. Anfangs nur entwickelt, um das Hinzuziehen eines nicht verfügbaren Textes zu ermöglichen, stellt man – wenn man sieht, wie sie verwendet wurden – sehr schnell fest, daß die Anthologien schließlich dazu dienten, das Lesen des gesamten Werkes zu vermeiden. Diese Bemerkung gilt für Anthologien aller Art. Offensichtlich besaß die Literatur der Textsammlungen, Auszüge und Zusammenfassungen im allgemeinen den Nachteil, daß sie die Menschen des Mittelalters von einer unmittelbaren Beschäftigung mit den Autoren abhielt. Eine interessante Anspielung darauf findet man im dritten Band des *Chartularium Universitatis Parisiensis*, dessen Autoren das mangelnde Interesse an den theologischen Studien und den Erfolg des Nominalismus im 14. Jahrhundert der übermäßigen Verwendung von Nachschlagewerken bei der intellektuellen Tätigkeit zuschreiben: »Seit langem haben die Theologen, von einigen Ausnahmen abgesehen, die herrliche Quelle der Theologie, nämlich das Studium der Kirchenväter, vernachlässigt. Tatsächlich enthalten die Kataloge all der Manuskripte, die aus dieser dunklen Zeit stammen, keine Abschriften der Kirchenväter, abgesehen nur von einigen kurzen Traktaten, die gewöhnlich vom spirituellen Leben handeln. Wenn sie damals noch etwas von den Kirchenvätern kannten, entnahmen sie dies älteren theologischen Werken oder alphabetisch geordneten Textsammlungen, in denen die Gedanken der Kirchenväter zusammengefaßt waren. Diese scholastische Methode leitete sich von einer Angewohnheit der Antike ab. Auf diese Weise ist die Theologie unfruchtbar geworden, und ist heute unfruchtbarer denn je, während der Nominalismus die Philosophie beherrscht (...)«.[31]

Dieses strenge Urteil zeigt, in welchem Maße die Literatur der Exzerpte jede Kreativität gehemmt hat und das Studium zur Sterilität verdammen mußte, sobald die Nachschlagewerke nicht mehr nur als Hilfsmittel galten, sondern zum Selbstzweck wurden. War der ursprüngliche Gedanke eines Autors nur auf eine Reihe von mehr oder weniger gut ausgewählten Zitaten, die zudem aus dem Kontext gerissen waren, reduziert, konnte man nicht mehr mit dem ganzen inhaltlichen Reichtum seiner Werke in Berührung kommen. Manche Lehren wurden sogar völlig entstellt. Darüber hinaus war die Auswahl der Zitate völlig dem Gutdünken des Kompilators überlassen, so daß ganze Passagen in Vergessenheit gerieten, sobald man sie bei der Auswahl für unwürdig befunden hatte. Und schließlich verfälschte die Arbeit der Kompilation oft den ursprünglichen Gedanken des Autors. Eine starke Kürzung bedeutete fast immer eine gewaltige Simplifizierung der Lehrgebäude und vor allem das Fehlen aller Zwischentöne.

Darüber hinaus gehörte die Angewohnheit, die *notabilia* (»wichtigste Passage«) eines Textes hervorzuheben, sowohl an der Artistenfakultät als auch in den *studia* der religiösen Orden zur Unterrichtstechnik. Darum ist es nicht verwunderlich, daß allmählich Nachschlagewerke entstanden, in denen sämtliche *notabilia*, die von den Professoren aus den Unterrichtstexten herausgesucht wurden, aufgeführt waren. Dieses Material stellte eine Dokumentation dar, die sofort benutzt werden konnte. Die Erstellung von Hilfsmitteln, die einen raschen, leichten Zugang zu den verschiedenen Texten boten, fand in allen Schichten weite Verbreitung, wobei die Blütezeit der Universitäten in dieser Hinsicht einen Höhepunkt darstellte, denn durch die in den Statuten enthaltenen Vorschriften war der Bedarf an Texten gewachsen. An fast allen Universitäten mußten die Studenten die in den Vorlesungen behandelten Texte selbst besitzen, um den Erläuterungen des Professors folgen zu können.[32] Andererseits setzten die verschiedenen Übungen an den Universitäten eine hinlängliche Bildung der Professoren voraus, damit sie jeweils mit ihren *auctoritates* in die Diskussion eingreifen konnten. Sie mußten viele Texte gelesen haben, um ihren Verstand zu schärfen und in der Lage zu sein, einen eigenen Gedanken ausdrücken zu können. Auf diese Weise wurden zahlreiche Zusammenfassungen, Konkordanzen und Anthologien verfaßt.

## Die Rolle der religiösen Orden

Gleichzeitig förderten die einzelnen religiösen Orden aus verschiedenen, einander ergänzenden Gründen die Herstellung und Verbreitung dieser Nachschlagewerke. Zunächst einmal, um eine irrige Interpretation der Philosophie zu verhindern, da man befürchtete, einige Brüder könnten sich durch solche Interpretationen dazu hinreißen lassen, öffentlich Theorien zu verkünden, die mit der christlichen Lehre unvereinbar waren. Die Ordensleute hatten daher ein besonderes Interesse daran, Nachschlagewerke zu erstellen, die nur eindeutige, leicht verständliche Passagen enthielten und keine heiklen Probleme berührten. Zum Beispiel verbot Jordan von Sachsen kurz nach der Gründung des Dominikanerordens in seinen Ordensregeln allen jungen Brüdern das Lesen philosophischer Werke, es sei denn, ein Lehrmeister des Ordens sei in der Lage, sie ihnen zu erläutern und zu kommentieren.[33] Nur theologische Werke durften allen frei in die Hand gegeben werden. Humbert von Romans bewies ein sehr viel differenzierteres Urteil und unterschied drei Kategorien von Mönchen. Je nach den intellektuellen Möglichkeiten dieser drei Gruppen sollten jeweils andere Regeln gelten.[34]

Ein weiteres wichtiges Kriterium war, daß die Anthologien, Zusammenfassungen und Konkordanzen auf der Grundlage einer Auswahl erstellt worden waren. Der Kompilator, der sie anfertigte, konnte also bewußt jede Textpassage auslassen, die Anlaß zu einer zweideutigen Interpretation, die eventuell nicht mit den Lehren der christlichen Doktrin übereinstimmte, geben konnte. Da die verschiedenen religiösen Orden ketzerische Diskussionen vermeiden wollten, förderten sie die Herstellung und Verbreitung solcher Hilfsmittel, über die sie leicht eine Kontrolle ausüben konnten. Übrigens gelangten diese Nachschlagewerke über verschiedene Umwege sogar bis an den päpstlichen Hof in Avignon. Mit ihrer Hilfe sparten sich in einigen Fällen selbst die Päpste die vollständige Lektüre solcher Werke, die zu lesen sie nicht immer Zeit oder Lust hatten.

Zum Beispiel weiß man, daß Papst Johannes XXII. (1316–1334) die Exzerptenliteratur sehr zu schätzen wußte.[35] Doch obwohl der oberste Kirchenfürst diese Nachschlagewerke ausgiebig benutzt hat, kannte er die vollständigen Werke jener Autoren, die er zitierte, in den meisten

Fällen trotzdem aus eigener Anschauung. Zudem kritisierte er in einer Predigt seine Gegner, die ihre Argumentation ausschließlich auf Zusammenfassungen und Auszügen aufbauten.[36] Da sie keine Zeit hatten, alle Werke vollständig zu lesen, beauftragten mehrere Päpste – entweder aus persönlichem Interesse oder weil sie sich über einige als ketzerisch verschrieene Texte eine eigene Meinung bilden wollten – Ordensgeistliche damit, ihnen Nachschlagewerke mit Auszügen zusammenzustellen.[37] Übrigens taucht in den Katalogen der päpstlichen Bibliothek von Avignon eine große Zahl von solchen Anthologien auf. König Robert von Anjou sowie mehrere andere weltliche Größen ahmten dieses Vorbild nach. Andererseits hat Herzog Friedrich von Urbino (15. Jh.) bei Jordan von Bergamo, einem Dominikaner, eine Anthologie des Aristoteles bestellt.[38] Der Widmungsbrief, der im Manuskript erhalten geblieben ist, erwähnt unter anderen Beweggründen für diesen Auftrag die Schwierigkeit, die aristotelische Philosophie zu verstehen.[39] Hier findet man also eines jener Argumente wieder, die ursprünglich auch zur Erstellung der ersten aristotelischen Anthologien im Rahmen des Unterrichtswesens geführt haben.

Welchen Einfluß haben diese Mönche durch ihre Kompilationsarbeit ausgeübt? Haben sie überhaupt über die nötige Kompetenz verfügt, um eine solche Aufgabe anzugehen? Haben sie den Hilfsmitteln, die sie schufen, nicht – bewußt oder unbewußt – ihren Stempel aufgedrückt? Die Ziele, die sie verfolgten, die Bedürfnisse ihrer Auftraggeber, ihre eigenen Beweggründe sowie die von ihnen erzielten Ergebnisse verdienten es, einmal näher untersucht zu werden, was bisher leider noch nicht geschehen ist.

## Humanistische Kompilationen

Kann man im Zusammenhang mit all diesen Handbüchern wirklich von einem Übergang vom Mittelalter zur Renaissance sprechen? Hochwürden Ch. Lohr hat erst kürzlich darauf hingewiesen, daß man hier von keiner Entwicklung sprechen kann, weil die elementaren Lehrbücher, die Ende des 16. Jahrhunderts im Unterricht benutzt wurden, teilweise dieselben waren wie im 13. Jahrhundert, zumindest im Bereich der Philosophie. Man müßte überprüfen, ob sich diese Feststellung auf alle anderen Fakultäten übertragen läßt oder ob sie sich nur auf ein einziges Fach beschränkt. Andererseits muß man unterstreichen, daß bei der Weitergabe der wichtigsten Lehrbücher für den Unterricht zwar eine Kontinuität bestand, daß sich die Atmosphäre aber deutlich geändert hatte. Die Intellektuellen nahmen nun gegenüber den *auctoritates* eine andere Haltung ein. Der Unterricht in der Logik und die Kunst des vernünftigen Schließens taten im Laufe der Jahrhunderte das Ihre, so daß die *ratio* trotz des Widerstands der Theologen in allen Fächern nach und nach den Vorrang vor der *auctoritas* erhielt. Diese Entwicklung vollzog sich nicht auf der Ebene der Nachschlagewerke mit den zu erklärenden und zu kommentierenden Texten, sondern zeigte sich vielmehr in der Art und Weise, wie die Texte angegangen und diskutiert wurden.

Außerdem hatte sich die Arbeitsmethode in einigen Fällen tatsächlich geändert. Die Humanisten brachten das persönliche Lesen wieder zu Ehren. Sie empfahlen den unmittelbaren Kontakt mit den Originaltexten. Man verfaßte zwar immer noch Textsammlungen mit Exzerpten, aber unter denen, die damals in großer Zahl entstanden, befanden sich viele Anthologien, die nur für den persönlichen Gebrauch bestimmt waren. Sie waren eher das Ergebnis von Notizen, die sich ein Humanist oder ein Gelehrter beim Lesen gemacht hatte. Für diese Zeit ist die Grenze zwischen einer Anthologie und einer Textsammlung oft nur schwer zu ziehen.[40] Wenn es sich um persönliche Notizen handelte, wurden die Kompilatoren aus völlig anderen Gründen zu ihrer Arbeit gedrängt, als dies bei den Menschen des Mittelalters zumeist der Fall gewesen ist. Einige von diesen Werken glichen übrigens eher einer echten Anthologie als einer Blütenlese im eigentlichen Sinne. Demzufolge war es auch unumgänglich, alle Ausdrücke präzise zu definieren.[41] Die meisten dieser für den Privatgebrauch bestimmten Nachschlagewerke haben keine größere Verbreitung gefunden und sind in manchen Fällen sogar nur von ihren Verfassern benutzt worden.

Andererseits spielten die Bettelorden in der Renaissance auch weiterhin eine große Rolle bei der Erstellung philosophischer Hilfsmittel. Man muß nur die Namen des Augustinermönchs Paolo Veneziano, des Franziskaners Antonio Trombetta und des Dominikaners Thomas de

Vio nennen, um sich bewußt zu machen, daß diese Tradition auch über das Mittelalter hinaus fortgewirkt hat.[41]

Die Anthologien verschwanden nicht mit dem Aufkommen des Humanismus, ganz im Gegenteil. Das Genre entwickelte sich in einigen Fällen weiter, erlosch jedoch nicht. Die Produktion war jetzt nur breiter gefächert. Die Nachschlagewerke wurden sowohl von Gebildeten als auch von Predigern oder Dozenten benutzt. Sie dienten als praktische, leicht zugängliche Dokumentationen und wurden auch weiterhin im Unterricht verwendet.[43] Im übrigen wurde ihre Benutzung seit dem 16. Jahrhundert auch von den Jesuiten empfohlen.[44] Dies ist durchaus verständlich, schließlich handelte es sich bei diesen Anthologien ja um gesäuberte Texte, bei denen keine Gefahr bestand, daß sie die Köpfe der Menschen verwirren oder junge Leute auf gefährliche Abwege führen könnten. Etwa um dieselbe Zeit kann man übrigens ein sehr interessantes Phänomen beobachten: die Übersetzung mehrerer im Mittelalter verfaßter lateinischer Nachschlagewerke in die Landessprachen.

## Das Verschwinden des scholastischen Modells

Die Entwicklung der Lesehaltung seit dem 12. Jahrhundert erlaubt es, die scholastischen Lesegewohnheiten von denen, die zuvor praktiziert worden sind, zu unterscheiden. Die Aneignung von Wissen ist wichtiger geworden als die spirituelle Dimension. Die linguistische Entwicklung, die wir analysiert haben, verweist hinlänglich darauf, welche Richtung das Lesen der Texte genommen hat. Der Unterricht und eine möglichst schnelle Aneignung von Bildung traten an die Stelle einer gründlichen Kenntnis der Originalwerke. Von nun an las man diagonal. An die Stelle der Meditation über die *Sacra Scriptura* trat ein – oft oberflächliches – Studium anderer Texte, die ins Unterrichtsprogramm aufgenommen worden waren. Meistens lasen die Akademiker nicht mehr zum Vergnügen, sondern einzig und allein mit dem Ziel, sich die unentbehrlichen Bestandteile einer zweckbetonten Bildung anzueignen.

Weil das Wissen nicht länger nur auf die Welt der Klöster beschränkt und nicht mehr hauptsächlich persönlichkeitsbezogen bleiben sollte, haben Männer wie Petrus Lombardus, Petrus Cantor, Moritz von Sully und Robert von Courçon seit dem 12. Jahrhundert versucht, es der Gemeinschaft zugänglich zu machen. Leider hat diese großzügige Initiative nicht das erhoffte Ergebnis gezeitigt. Eine technische, systematische Lesehaltung verdrängte die spirituelle Lektüre. Der enzyklopädische Standpunkt trat in allen Bereichen an die Stelle des Lesens und der Meditation. Die Logik, die ursprünglich nur den Verstand schulen sollte, faszinierte die Intellektuellen immer mehr und trat unter den Akademikern ihren Siegeszug an. Die Kunst der Diskussion wurde wichtiger als eine gründliche Kenntnis der Texte.[45] Ihr besonders geschultes Gedächtnis half den Menschen des Mittelalters dabei, nicht mehr die Originalwerke zu Rate ziehen zu müssen, sondern sich ausschließlich der von anderen Leuten ausgewählten Exzerpte zu bedienen. Die Arbeitsmethode änderte sich. In vielen Fällen trat die individuelle Kreativität hinter einer sehr strukturierten Kompositionsweise zurück, die sich an einen strengen Rahmen und typisch scholastische Ausdrücke halten mußte. Diese höchst technische Ausdrucksweise bewirkte zudem teilweise den unvermeidlichen Niedergang der scholastischen Methode. Das 14. Jahrhundert war in dieser Hinsicht ein wichtiger Wendepunkt, trotz einiger Persönlichkeiten von überragender Intelligenz.

Allerdings muß man darauf hinweisen, daß es neben den akademischen Techniken, die einen wesentlichen Einfluß auf die Lesepraxis gehabt haben, auch noch andere Arten der Textrezeption gab. Diese wurden vor allem von kultivierten Intellektuellen und Bücherfreunden, die sich die Liebe zum Buch erhalten hatten, gepflegt. Ein gutes Beispiel hierfür war Richard von Bury.[46] Andererseits haben wir das Zeugnis von Richard Fitz-Ralph (14. Jh.), dem Bischof von Armagh, von dem wir erfahren, daß die Klöster der Bettelorden gewaltige Mengen an Büchern aufkauften, um mit ihnen ihre Bibliotheken zu füllen und ihren Mönchen das nötige intellektuelle Wissen zugänglich zu machen. »In Oxford«, schrieb er,

> »kann man kein einziges Buch über Philosophie oder Theologie mehr kaufen. Bücher über Medizin oder Kirchenrecht findet man nur noch bei seltenen Gelegenheiten, weil die Bettelorden, die viele neue Niederlas-

sungen gegründet haben, alles für ihre Klöster hamstern. Als erstes stellt man bei ihnen eine schöne, große Bibliothek für die Gemeinschaft zusammen. Darüber hinaus wird insbesondere jeder Student reichlich mit Büchern ausgestattet. Wegen dieser Aufkäufe der Bettelorden ist auf dem Markt eine solche Knappheit an Arbeitsmitteln entstanden, daß sogar drei oder vier Geistliche, die der Erzbischof nach Oxford geschickt hatte, gezwungen waren, ihr Studium abzubrechen.«[47]

Dieses Zeugnis entspricht ganz der Mentalität dieser religiösen Orden, die es nicht gern sahen, daß ihre Mitglieder die Studienzeit mit dem Kopieren von Texten vertrödelten.

Hier muß man hinzufügen, daß das Problem des Mangels an Büchern und Arbeitsmaterialien – die in verschiedenen Kreisen für das Studium unentbehrlich waren – in der zweiten Hälfte des 14. Jahrhunderts durch die Schwarze Pest, die in ganz Europa die Bevölkerung dezimierte, eine natürliche Lösung fand. Diese Seuche wütete vor allem in den Städten. Da sich die Intellektuellen aus Studiengründen gerade dort konzentrierten, wurden massenweise Professoren und Studenten dahingerafft. Dadurch wurden wiederum große Mengen an Büchern verfügbar. Von diesem Moment an änderte sich das Problem des Erwerbs und der Verbreitung von Texten radikal. Bücher wurden auf einmal wieder erschwinglich, wodurch die Akademiker wieder Freude am Lesen bekamen, ein Genuß, den sie im Jahrhundert davor zugunsten eines nutzorientierten Kontakts mit dem Wissen verloren hatten.

Andererseits begannen nun die Humanisten in Italien, die Texte der Antike aufzuspüren und in Umlauf zu bringen. Dieser Stimmungswechsel, die Einführung des Buchdrucks und die Liebe zur schönen Literatur sollten wiederum das Verhältnis zum Buch ändern. Darüber hinaus versuchten Bewegungen wie die *Devotio moderna* das Lesen, wie es zur Zeit der Klöster praktiziert worden war, wieder in Mode zu bringen.[48] Sowohl die Entwicklung der Städte als auch die Demokratisierung des Unterrichtswesens bewirkten, daß die Interessen der Leser, zu denen nun Bürger und Händler ebenso wie Intellektuelle gehörten, breiter gefächert waren.

*Aus dem Französischen von Klaus Jöken*

Kapitel 5

# Lesen im Spätmittelalter

*Paul Saenger*

Das 12. Jahrhundert gilt im nördlichen Europa allgemein als entscheidende Periode für Neuerungen auf den Gebieten des Rechts, der Theologie, der Philosophie und der Kunst. Für die Geschichte des Lesens dagegen war es hauptsächlich eine Zeit der Fortschreibung und Konsolidierung der auf Worttrennung basierenden Textgestaltung, die im 11. Jahrhundert nicht nur auf den Britischen Inseln, wo es sie seit dem 7. Jahrhundert gab, sondern auch in Frankreich, Deutschland und Lothringen zur Grundlage des Lesens wurde. Die durchgängige Trennung der Wörter, die zwischen die einzelnen Wörter, einsilbige Präpositionen eingeschlossen, klar erkennbare Zwischenräume einfügte, reduzierte die Notwendigkeit des Lesens in Vortragsform auf ein Minimum. Ergänzend zu der neuen Textgestaltung kam eine nicht minder wesentliche linguistische Veränderung hinzu: die Ausbildung von Konventionen der Wortstellung im Lateinischen oder zumindest die Gruppenbildung aus grammatisch zusammenhängenden Wörtern innerhalb der linear fortlaufenden Sätze. Zusammengenommen begünstigten die Trennung der Wörter und die feste Wortstellung jene Genauigkeit und Unzweideutigkeit in der Formulierung von Vorstellungen, die für die Mitteilung der subtilen Unterscheidungen der scholastischen Philosophie unabdingbar war.[1] Sie stellten zugleich die Voraussetzung für die Ausbildung einer syntaktischen Zeichensetzung dar sowie für die Entwicklung der Fähigkeit zu raschem, lautlosem Lesen, die davon abhängig war, daß man die Wortgestalt und größere graphische Umrisse auf der Textseite visuell möglichst schnell erfassen, also den Text in Satzglieder, Sätze und Absätze unterteilen konnte.

## Worttrennung und stilles Lesen

Eines der eindrucksvollsten Beispiele für die neue Form der auf Worttrennung basierenden Kommunikation bieten die Schriften des Guibert von Nogent (gest. ca. 1125). Mitte des 11. Jahrhunderts in der Normandie geboren, verkörpert Guibert geradezu paradigmatisch die Studien- und Schriftgewohnheiten des 11. Jahrhunderts. Schriftzeugnisse von seiner eigenen Hand und der seiner Sekretäre aus der Bibliothek von

Nogent-sous-Coucy in der Nähe von Soissons, die in Paris erhalten sind (BN lat. 2500, 2502 und 2900), weisen strengen Wortabstand mit Endbuchstabenformen, einschließlich des Großbuchstabens S, auf, die das Wortbild hervorheben sollen.[2] Verstärkend auf die deutliche Unterscheidung der Wörter wirkten sich auch monolexische Abkürzungen aus, bei denen kurze Wörter, besonders Funktions- oder Bindewörter, durch unzweideutige Zeichen wiedergegeben wurden; Beispiele hierfür sind das Zeichen &, das für die Konjunktion *et* steht, und die Tironische Note, die das Verb *est* vertritt. Guibert und seine Sekretäre verwendeten alle den *trait d'union*, den Bindestrich.

Auch Hugo von Sankt Viktor (gest. 1141) verwendete die neue Schrift, die mit strikter Trennung der Wörter arbeitete. Die ältesten Manuskripte der Schriften Hugos, die aus dem Augustinerkloster Saint-Victor in Paris stammen, trennen mit Hilfe der Endzeichen für *us*, *tur*, *m* und *orum* sowie des abschließenden runden s, die allesamt die Wortgestalt oder Bouma-Gestalt, wie die heutigen Psychologen sagen, hervorheben. *Traits d'union* fügte der Schreiber ein. Die früheste Abschrift von Hugos *De tribus maximis circumstantiis gestorum*, Paris, BN lat. 15009, verwendet von den monolexischen Abkürzungen die Tironische Note für die Konjunktion *et* und für die Endformen das durchgestrichene große S für *orum*, die Ligatur der Großbuchstaben NS und das große R. Bonn, Universitätsbibliothek, 292/1 enthält *De sacramentis Christianae fidei* und wurde 1155, also nur vierzehn Jahre nach Hugos Tod, für die Zisterzienserabtei Altenburg geschrieben.[3] Wie in den meisten Abschriften der Zisterzienser herrscht auch in diesem Kodex strikte Worttrennung, wobei der Abstand zwei Raumeinheiten beträgt, das heißt das Doppelte des Abstandes zwischen den Grundstrichen des Buchstabens n. Bei diesen und anderen frühen Abschriften von Werken Hugos war die Verwendung großer Anfangsbuchstaben zur Kenntlichmachung von Eigennamen üblich.

Auf den Seiten der frühen Manuskripte Hugos wird ausgiebig Gebrauch von farbigen Anfangsbuchstaben gemacht, die jedem Neuanfang so etwas wie ein eigenes Gesicht verleihen und damit als Gedächtnisstütze fungieren.[4] In seinen grammatischen und historischen Schriften sind die Textseiten so gestaltet, daß sie die Aufnahme der Informationen erleichtern. Die graphische Darstellung der Informationen mit Hilfe von farbigen Anfangsbuchstaben und gestalterischen Elementen, die in Klöstern wie Fécamp und Saint-Germain-des-Près von den Schreibern des 11. Jahrhunderts vervollkommnet worden waren, wurde in Hugos Händen zu einem bewußt eingesetzten pädagogischen Instrument. In *De tribus maximis circumstantiis gestorum* weist er Schuljungen an, den Blick auf das Buch zu heften und sich Farbmuster und Buchstabenformen einzuprägen, um mit Hilfe dieser Anhaltspunkte Informationen im Text leichter aufzufinden.[5] Für Hugo war die visuelle Interaktion zwischen Leser und Buch unerläßlicher Bestandteil des Studiums; im *Didascalicon* unterscheidet er ausdrücklich drei Formen des Lesens: einem anderen vorlesen, zuhören, wie ein anderer liest, und den Text nur mit den Augen aufnehmen (*inspicere*), das heißt still für sich lesen.[6]

Daß Hugo das Verb *inspicere* mit seinen visuellen Assoziationen auf die Lesetätigkeit anwendet, verweist auf Anselm von Canterbury und andere, die zuerst auf den Britischen Inseln und im 11. Jahrhundert dann auch auf dem Kontinent das Wort *videre* als Synonym für Lesen verwendeten. Nach Hugo meisterte der Leser zuerst den grammatischen Aufbau (was ihm durch die Gruppierung zusammengehöriger Wörter auf der Seite erleichtert wurde), machte sich dann den wörtlichen Sinn klar und ging schließlich zur tieferen Bedeutung über – all dies in einer Prozedur, die nichts mehr von der Emphase an sich hatte, die in der Antike auf die mündliche Aussprache und die richtige Betonung gelegt wurde.[7] Es waren exakt diese weitgehend visuellen Prozesse, die im 11. Jahrhundert durch die Umstrukturierung der geschriebenen Sprache befördert wurden. Hugo beschrieb die Zeichen oder *notae* der antiken Grammatiker, einschließlich der Interpunktion, als Merkzeichen, die zur normalen Ausstattung der Bücher gehörten. Sie mußten durch den Schreiber als Verständnishilfen für den Leser eingefügt werden. In früheren Zeiten fiel eher dem Leser als dem Schreiber die Aufgabe zu, Zeichen zur Gliederung des Textes einzufügen. Hugos Ansicht, daß es zu den Aufgaben des Schreibers gehöre, den Text für den Leser vorzubereiten, war Ausdruck der mentalen Veränderungen, die das vorangegangene Jahrhundert bewirkt hatte. Sein *De grammatica* enthält ein umfangreiches Vokabular für kritische Zeichen; er war der erste mittelalterliche Grammatiker, bei dem zu den Zeichen, die der Schreiber dem Leser zur Verfügung stellen sollte, auch Ligaturzeichen gehörten.[8] Diese Zeichen, die vom Leser verlangten, daß er die Augen zu stillen Überlegungen nutzte, nahmen seit dem ausgehenden 10. Jahrhundert zu.

Hugo von Fouilloi, dessen Werke in späteren Jahrhunderten oft irrtümlich seinem Zeitgenossen Hugo von Sankt Viktor zugeschrieben wurden, verfaßte den *Liber rotae verae religionis*, dessen schematische Illustrationen eine entwickelte Form jener Einpassung von Schrift ins Bild darstellten, die in so vielen britischen und nordfranzösischen Handschriften des 11. Jahrhunderts mit dem Wortabstand Hand in Hand ging.[9] Für den Leser von Hugos *Liber rotae verae religionis* wie auch seiner anderen Werke, *Liber avium* und *De pastoribus et ovibus*, verschmolzen die Rollen des Bildbetrachters und des Textlesers vollständig. Der Text des *Liber rotae verae religionis* bezieht sich auf die Miniatur, die in ihrem Inneren einen streng gegliederten Text enthält. In Brüssel, BR II 1076, einem Kodex aus dem ausgehenden 12. Jahrhundert, enthalten die in die Miniaturen eingepaßten Erläuterungen zahlreiche Endformen, darunter auch das abschließende große S, das Zeichen, das zum Markenzeichen der protoscholastischen Schriftkunst des 11. Jahrhunderts geworden war. In diesen Zeichnungen sieht man den »guten Abt«, wie er stillversunken in ein Buch starrt. Diese Ikonographie des stummen Lesens hat ihre Vorläufer in Buchmalereien des 11. Jahrhunderts, die in den Klöstern von Fécamp und Luxeuil kopiert wurden. Bei der Übermittlung der protoscholastischen Neuerungen auf dem Gebiet der Schrift vom 11. bis zum 12. Jahrhundert kam der Schule von Chartres eine wichtige Brückenfunktion zu. Die Worttrennung wurde in Chartres seit der Zeit von Fulbert praktiziert, der Schüler von Gerbert war. Das *Decretum* und die *Panamia* von Ivo von Chartres (1116) wurden nördlich der Alpen ausschließlich in gegliederter Schrift verbreitet, und das galt auch für das *Decretum* von Gratian, das an ihre Stelle trat. Abaelard und Johannes von Salisbury, die beide in Chartres studierten, verfaßten und verbreiteten ihre Schriften nur in Handschriften mit Worttrennung. Wie Hugo von Sankt Viktor unterschied auch Johannes von Salisbury in seinem Vokabular zwischen dem lauten Lesen, das ein Lehrer vor seinen Schülern praktizierte (*prelectio*), und dem privaten, stillen Lesen nur mit den Augen (*lectio*).[10] Wie den Lehrern der *ars lectoria* des ausgehenden 11. Jahrhunderts galt auch

Johannes die Kunst des korrekten Schreibens als Teil der Grammatik; die Interpunktion im Sinne von textbezüglichen Zeichen, die der Verständigung zwischen Autor und Leser dienten, betrachtete er wie die Neumen, die für die musikalische Notenschrift verwendet wurden.[11] Gleichfalls im Einklang mit der Tradition klösterlicher Textkorrektur, wie sie sich im vorangegangenen Jahrhundert entwickelt hatte, maß Johannes dem korrekten Wortabstand große Bedeutung für die Aufrechterhaltung der scharf fokussierten Wahrnehmung bei, die für die genaue Prüfung von Manuskripttexten unerläßlich war.[12] Das Schema war in Frankreich überall das gleiche. Gilbert von Poitiers fügte seine von Vorbildern aus dem 11. Jahrhundert angeregten emblematischen kritischen Zeichen in Manuskripte ein, die wie Troyes, BM 988, mit durchgängigem Wortabstand geschrieben waren.

Die neue Gewohnheit stummen Lesens, die schon Guibert von Nogent, Hugo von Sankt Viktor und Johannes von Salisbury angenommen hatten, wurde von dem Zisterzienser Richalm, Prior in Kloster Schöntal (1216–1219), ausdrücklich thematisiert. In seinem *Liber revelationum de insidiis et versutiis daemonum adversus homines* folgt Richalm weitgehend unserer Vorstellung vom Unterschied zwischen leisem und lautem Lesen, wenn er schildert, wie böse Geister seine stille *lectio* stören, indem sie ihn zwingen, laut zu lesen, und wie sie ihn damit allen Verständnisses und spirituellen Bewußtseins berauben.[13] Daß Richalm dem stummen Lesen den Vorzug gibt, steht vollkommen im Einklang mit der spirituellen Psychologie der Zisterzienser, wie sie Bernhard von Clairvaux, Isaac von Stella, Wilhelm von Saint-Thierry und Aelrède von Rievaulx (gest. 1167) entwickelt hatten.[14] Diesen Zisterziensermönchen galt das Herz als der Sitz des Geistes und das Lesen als ein Hauptmittel, um den *affectus cordis* zu beeinflussen.

Lesen bildete für den einzelnen einen nicht wegzudenkenden Bestandteil und in der Tat eine Grundvoraussetzung der Meditation. Aelrède hielt dafür, daß zur *via meditativa* Bücher wesentlich dazugehören. Dieses Ideal, das erstmals im 11. Jahrhundert durch Johannes von Fécamp und Anselm von Canterbury formuliert wurde, war im Zisterzienserorden allgemein anerkannt. Wilhelm von Saint-Thierry sah in seiner *Epistola ad fratres de monte Dei* die *lectio* mit der *meditatio* aufs engste verknüpft.[15] Der anonyme Au tor von *De interiori domo*, der wahrscheinlich ein Zisterzienser war, beschrieb die *meditatio* durch die Metapher des inneren Lesens.[16] Daß die rein visuellen Lesegewohnheiten bei den Zisterziensern außerordentlich hoch entwickelt waren, zeigen die in der ersten Hälfte des 13. Jahrhunderts von ihnen verfaßten Schriften zum Thema *distinctiones*, die im Anhang über ausgeklügelte Indizes verfügten, deren Grundlage die Blattnumerierung und eine Einteilung der Seite mit Hilfe von Buchstaben waren.[17]

Die neuen Techniken des Arbeitens mit Verweisen und des stillen Lesens waren auch bei gewissen Benediktinern des 12. Jahrhunderts gut entwickelt. Bernard Itier, ein Mönch von Saint-Martial, der 1225 starb, verwendete zum Beispiel in Paris, BN lat. 1338, die Blattzählung, um die vorläufigen Notizen für sein *Chronicon* zu organisieren, indem er etwa die Notizen für das Jahr 1112 auf Folio 112 plazierte.[18]

Peter von Celles, der Verfasser von *De disciplina claustrali*, der im stillen Lesen eine Vorbedingung der Meditation sah, benutzte wie die Schreiber der Britischen Inseln in früheren Jahrhunderten den Begriff *videre* als Synonym für Lesen.[19] Das private Lesen in der zur Meditation anregenden Abgeschiedenheit sah Peter ans Schweigen gebunden. Der *Liber de disciplina claustrali* ist uns ausschließlich in Manuskripten mit durchgängiger Worttrennung erhalten.[20] Eine Abschrift von Peters *Sermones*, die binnen einer Generation nach seinem Tode in Clairvaux angefertigt wurde (Troyes, BM 253), weist strikte Worttrennung auf und enthält monolexische Abkürzungen einschließlich der Tironischen Note für *et*, übergeschriebener Formen und emblematischer Zeichen.[21]

Oderic Vital, der englischstämmige Mönch von Saint-Evroul, dessen *Historia ecclesiastica* zu den wichtigsten normannischen historischen Sammlungen aus der ersten Hälfte des 12. Jahrhunderts zählt, lieferte selbst ein Musterbeispiel für die Schrifterzeugnisse, die er in seiner Chronik beschreibt.[22] In seinen eigenen Schriften waren die Wörter durch mehr als das Doppelte einer Raumeinheit getrennt, und er verwendete Großbuchstaben zur Bezeichnung sowohl von Eigennamen als auch von Endformen.

## Der Autor und sein Text: Vom Diktieren zum selbstgeschriebenen Text

Die gleiche Vertrautheit mit seinem Buch, die der Leser durch die regelmäßige Worttrennung gewann, stellte sich auch zwischen dem Autor und seinem Manuskript her. Quintilian, zu dessen Lebzeiten die Schrift durch eingeschobene Punkte getrennt wurde, hatte den Autoren empfohlen, ihre Werke selbst zu schreiben.[23] In der ausgehenden Antike hatten die Autoren ihre Werke normalerweise und größtenteils diktiert, weil die Bewältigung der *scriptio continua*, die seit dem Ende des 2. Jahrhunderts die übliche Form der Schrift darstellte, schwierig war. Als sich der durch Wortabstand gegliederte Text durchsetzte, entstand ein neues Interesse an der eigenhändigen Abfassung von Schriften. Mit dem neuerwachten Bedürfnis der Autoren, ihre Werke selbst zu schreiben, entwickelte sich auch bei manchen, wie im 11. Jahrhundert bei Othlon von St. Emmeran oder im 12. Jahrhundert bei Guibert von Nogent die Bereitschaft, persönliche Gefühle zu äußern, wie sie bis dahin nicht zu Pergament gebracht worden waren, weil es an der nötigen Privatheit fehlte, solange der Text einem Sekretär diktiert werden mußte. Daß Guibert das Medium der durch Worttrennung gegliederten Schrift beherrschte, hatte Auswirkungen auf sein Selbstverständnis als Autor. In seiner Schrift *De vita sua sive Monodiarum libri tres* beschreibt er eine Erfahrung von Privatheit, die für die spätmittelalterliche Schriftkultur prägend werden sollte. Guibert verfaßte insgeheim Liebesgedichte in schriftlicher Form, die er antiken Mustern nachbildete und die er dann vor seinen Mitbrüdern versteckte.[24] Er verfaßte auch heimlich einen Kommentar zum 1. Buch Mose, den er vor seinem Abt verbarg. Wie Anselm von Bec teilte er seine Schriften bewußt in Kapitel ein, um die private Beschäftigung mit ihnen zu erleichtern.[25] In seinen letzten Lebensjahren zwang Guibert Blindheit dazu, das eigenhändige Schreiben aufzugeben und seine Arbeiten einem Sekretär zu diktieren. In seinen *Tropologiae in Osse, Amos ac Lamentationes Jeremiae* beklagte er sich bitter darüber, daß der Verlust des Augenlichtes ihn zwinge, »*sola memoria, sola voce, sine manu, sine oculis*« Schriften zu verfassen. Er haßte die störende Anwesenheit eines Sekretärs und beklagte, daß er nicht mehr mit eigenen Augen sehen könne, was er geschrieben habe, um stilistische Änderungen anzubringen und an seiner Wortwahl Korrekturen vorzunehmen.[26] Das Spiel der Augen beim stummen Lesen und beim Abfassen von Texten, das der blinde Guibert so schmerzlich vermißte, setzte offensichtlich die Praxis der Worttrennung voraus, die im Jahre 1124, als Guibert starb, in der Gegend von Soissons noch nicht einmal hundert Jahre alt war.

Wie auch andere Autoren des 12. Jahrhunderts hatte Guibert, bevor er erblindete, Berichtigungen in seinen Schriften zwischen den Zeilen eingefügt; daß diese Form von textlichen Erläuterungen in Gebrauch kam, hing eng mit der Praxis der Worttrennung zusammen. Die neuen, von den Autoren selbst geschriebenen Manuskripte, die sich an ihren Streichungen, Berichtigungen und interlinearen Einfügungen erkennen ließen, bildeten ein neues Genre literarischer Quellen, das Zeugnis von einer Entfaltung des intellektuellen Lebens ablegte, die vor dem ausgehenden 10. Jahrhundert undenkbar war.[27] Wie sein Vorgänger, Othlon von St. Emmeran im 11. Jahrhundert, fühlte sich auch Guibert von Nogent sicher genug, um diesem Medium intime Details seiner Träume anzuvertrauen. Besonders gefesselt war Guibert von der Beziehung zwischen objektiviertem schriftlichem Ausdruck und inneren Gefühlen: Voll Reue über seine erotische Dichtung akzeptierte er sie als schriftliches Zeugnis von Gefühlen, die er nicht mehr hegte.[28] Er scheute Sekretäre und schrieb seine Arbeiten im stillen, um sie vor den anderen geheimzuhalten. Odon von Orléans, der ebenfalls erotische Dichtungen verfaßte, setzte als Abt das Kloster Saint-Martin von Tournay wieder instand (1105–1113); er richtete ein neues *scriptorium* ein, in dem Manuskripte mit durchgängiger Worttrennung angefertigt wurden.[29]

Die im 12. Jahrhundert verfaßten *erotica* basierten auf einer neuen Form von Vertraulichkeit zwischen Autor, Schreiber und Leser, die bereits in den Erbauungsschriften von Johannes von Fécamp und Anselm, dem Lehrer Guiberts in dessen Kindheit, angelegt war. Im 12. Jahrhundert läßt sich der Praxis und der zunehmenden Koinzidenz von Lateinkenntnis und Schreibfähigkeit eine immer stärkere Gleichsetzung von Autor und Schreiber entnehmen. Die Ordensregel der Zisterzienser von 1144 betrachtete das Abfassen von Schriften stillschweigend als eine private Schreibhandlung, die juristischer Kontrolle unterlag.[30] Selbst

Bernhard von Clairvaux, der einen Großteil seines Werkes diktierte, schrieb einige Entwürfe mit eigener Hand.[31]

Dem durch die neuen Lesehilfen angestachelten Verlangen der Autoren, ihre Schriften eigenhändig statt im mündlichen Diktat zu verfassen, stand die Schwierigkeit des Schreibens in den förmlichen Buchschriften entgegen, das einen langsamen und gemessenen Duktus erforderte. Demzufolge sehen die meisten vom Autor geschriebenen Manuskripte des 11. und 12. Jahrhunderts so aus wie die Bücher von Berengar von Tours, Geoffroy von Auxerre und Guillaume von Saint-Thierry: Der schreibende und Berichtigungen vornehmende Autor war nur einer von mehreren Beteiligten bei der Anfertigung eines Kodex; die Gehilfen des Autors bekamen von diesem den Text auf Wachstafeln und Pergamentblättern und übertrugen ihn dann in Buchschrift. Manuskripte, die vollständig oder vorwiegend aus der Hand des Autors stammten, wie etwa Cambridge, Corpus Christi College 371, das Eadmers Autograph der *Vita Anselmi* und andere seiner Schriften enthält, brauchten für ihre Abfassung normalerweise lange Zeiträume.[32] Guillaume von Saint-Thierry, der in rascher Abfolge große Mengen Prosa produzierte, war gezwungen, bei der Abfassung seiner Schriften die Hilfe von Sekretären in Anspruch zu nehmen. Das Bedürfnis des Autors, die Entstehung seiner Schrift persönlich und unmittelbar zu kontrollieren, zu dem sich ein Guibert von Nogent offen bekannte, fand seinen indirekten Ausdruck in den Streichungen und den marginalen und interlinearen Zusätzen, die die Autoren in den von ihnen selbst geschriebenen Manuskripten anbrachten.

Die ersten Miniaturen, die den Schreiber als Autor statt als jemanden zeigen, der ein Diktat aufnimmt, stammen aus dem 11. Jahrhundert.[33] Der Dichter Notker Balbulus erscheint in drei Handschriften aus dem 11. Jahrhundert als ein in der Abgeschiedenheit seiner Zelle sinnender Schriftsteller.[34] Die frühesten Abbildungen, die Bernhard von Clairvaux als schreibenden Autor zeigen, stammen aus dem 13. Jahrhundert.[35] Im Laufe des 13. Jahrhunderts kam der Sinn solcher Darstellungen direkt zur Sprache; Alexander von Buxtehude sieht man als Schreibenden unter der Inschrift »hic scribat et dictat«, dazu das Agnus Dei mit einem Spruchband, auf dem steht: »Rorant e celo tibi que scribenda revelo.«[36] Das Verb *dictare* hatte im 12. Jahrhundert seinen eindeutig oralen Sinn eingebüßt und wurde auch für die Tätigkeiten des schriftlichen Abfassens und der Anfertigung von Kopien verwendet.[37]

Diese Veränderungen bedeuteten allerdings nicht, daß die ikonographischen Gewohnheiten, die in der ausgehenden Antike und im frühen Mittelalter entstanden waren, von der Bildfläche verschwanden. Im 11. und 12. Jahrhundert erscheinen Autoren häufig in der Rolle von Diktierenden oder von Schreibenden, die nach Diktat schreiben; die Evangelisten wurden normalerweise in dieser Rolle dargestellt.[38] Der Apostel Paulus erscheint regelmäßig als jemand, der seine Briefe diktiert oder nach Diktat schreibt.[39] In Paris, BN lat. 11624, fol. 94v, einer Handschrift aus dem 11. Jahrhundert, deren Entstehungsort Saint-Bénigne in Dijon ist, sieht man Ambrosius, wie er einem Schreiber über dessen Schulter hinweg diktiert. Eine ähnliche Szene findet sich in einem ebenfalls ins 11. Jahrhundert zu datierenden Manuskript aus Tours (Tours, BM 291, fol. 132). In einer Handschrift, die etwa um 1175 mit Worttrennung geschrieben wurde (Admont, Stiftsbibliothek, 34) wird Abt Irimbert gezeigt, wie er seine *Expositio in libros Judicum et Ruth* einem Schreiber diktiert, der auf Wachstafeln schreibt; in derselben Handschrift findet sich auch eine Miniatur, die den Heiligen Hieronymus zeigt, wie er einem Schreiber diktiert, der Griffel und Tafel hält.[40]

## Das Lesen der Kopisten

Wie die Worttrennung den Wechsel von oralen zu schriftlichen Abfassungsformen beförderte, trieb sie auch den Übergang von oralen zu visuellen Formen der Buchproduktion weiter voran, der im vorangegangenen Jahrhundert begonnen hatte.[41] Für die Praxis des Abschreibens auf visueller Grundlage liefert das *scriptorium* des Guibert von Nogent Belege. Der Schreiber, der im 12. Jahrhundert Hieronymus' *Commentarii in Habacuc* abschrieb und dafür eine aus der Zeit von Lanfranc stammende Kopie aus Canterbury (jetzt Cambridge, Trinity College B.3.5. [84]) benutzte, gab die Interpunktion, die *prosodiae* und die Endformen seiner Vorlage gewissenhaft wieder.[42] Als Anfang des 12. Jahrhunderts Hermanus in seinem *Liber de restauratione sancti Mar-*

*tini Tornacensis* beschrieb, wie im *scriptorium*, das Odon von Orléans eingerichtet hatte, das Abschreiben von Manuskripten vor sich ging, vermerkte er eigens, daß die Schreiber *in silentio* an speziell für ihre Zwecke gebauten Tischen arbeiteten.[43] Einige Miniaturen aus dem 11. und 12. Jahrhundert zeigen Schreiber beim Kopieren einer Handschrift, wobei die Vorlage auf dem Tisch und die Abschrift auf ihren Knien liegt. Im Jahre 1173 wurde Gregorius von Narek in dieser Haltung abgebildet ebenso wie Gregorius von Nazianzus.[44] Andere Miniaturen zeigen Schreiber, die für die Vorlage eine Buchstütze und den Tisch für die Abschrift benutzen. Mobiliar, das speziell fürs Kopieren angefertigt wurde und dem Zweck diente, die Blickverlagerung zwischen Vorlage und Abschrift so gering wie möglich zu halten, beschreibt Johannes von Garland; solche Vorrichtungen findet man in Miniaturen aus dem späten Mittelalter reichlich abgebildet, besonders in volkssprachlichen Texten, die für die Laien bestimmt waren.

Die neuen Einrichtungen im *scriptorium*, die in groben Vorformen zum ersten Mal im 13. Jahrhundert anzutreffen sind, gestatteten dem Schreiber, eine Seite als eine Reihe von visuellen Bildern auf routinierte, mechanische Weise zu reproduzieren und auf die mündliche Wiedergabe als für das Kurzzeitgedächtnis unabdingbares Hilfsmittel zu verzichten.[45] Miniaturen und Holzschnitte, auf denen man spätmittelalterliche *scriptoria* sieht, zeigen die Schreiber mit geschlossenen Lippen, wie sie an Spezialtischen sitzen, die mit Buchstützen ausgestattet sind, und eine Vielzahl neuer, mechanisch gesteuerter Zeilenmarkierungen verwenden, die ihre Augen beim Gang durch den Text der Vorlage leiten sollen.[46] Im 13. Jahrhundert wiesen die handschriftlichen Vorlagen von Universitätsbuchhandlungen, die ausschließlich für Kopierzwecke gebraucht wurden, einen proportional etwas größeren Wortabstand auf; er war zweifellos als Hilfe für die Schreiber gedacht, die nach diesen Vorlagen mechanisch Abschriften anfertigen sollten.[47] Im ausgehenden Mittelalter benutzte Petrarca den Begriff Maler (*pictor*) als Bezeichnung für einen Schreiber, der Texte abschrieb, ohne sie inhaltlich zu verstehen.[48] Die Ikonographie der Stundenbücher des 15. Jahrhunderts glichen Schreiber und Maler einander an, besonders in Darstellungen, die den Apostel Lukas, den Schutzheiligen der Maler, beim Schreiben seines Evangeliums zeigen.[49] In vielen Abbildungen der vier Evangelisten nahmen diese jetzt kein göttliches Diktat mehr auf, sondern wurden gezeigt, wie sie aus einem von Engeln gehaltenen Buch abschrieben. Die kognitiven Leistungen des spätmittelalterlichen Kopisten ähnelten in wachsendem Maße denen einer heutigen Schreibkraft, deren mechanischer Lesevorgang sich von dem eines normalen Lesers unterscheidet.[50] Wie die Schreibkraft las auch der Maler-Leser mit der immer gleichen, vom Auge zur Hand verlaufenden Gedächtnisspanne, während er gedankenlos die Schwarz-auf-Weiß-Bilder seiner Vorlage reproduzierte. Die Herstellung eines ausgeglichenen Textspiegels auf der Seite, das sogenannte Ausschließen, dessen Perfektionierung ins 15. Jahrhundert fällt, setzt diese Art von mechanischem visuellem Abschreiben voraus. Die komplizierte Handhabung der Seite, die das Ausschließen erforderte, wäre mit einem Schreiben nach Diktat nicht zu vereinbaren gewesen.[51]

## Vom Autor zum Leser

Der neue analytische Charakter des scholastischen Lateins in Verbindung mit der neuen, durch Worttrennung und emblematische Zeichensetzung charakterisierten Gliederung des Textes erleichterte es dem Leser, den Sinn des Textes zu erfassen und vom akustischen Gedächtnis unabhängiger zu werden. Im späten Mittelalter trat an die Stelle des lauten Lesens der Antike ein visueller Lesevorgang, der sich auf Texte bezog, die in ihrer Syntax und in ihrem graphischen Ausdruck einfach und analytisch waren. Wortabstand, Wortstellung, emblematische Zeichensetzung, gegliederte Satzteile, die Organisation von Wörtern und Satzteilen innerhalb komplexer Sätze sowie die Verwendung von Konjunktionen und Konjunktionaladverbien zur Konstruktion von zusammengesetzten und komplexen Sätzen – all das erleichterte das kontinuierliche Sinnverständnis im Nachvollzug von Satzteilen und Sätzen. Während sich der Leser der Antike auf das akustische Gedächtnis verließ, das ihm eine wenig eindeutige Reihe von Lauten zur Verfügung stellte, denen er dann Sinn abgewinnen mußte, wandelte der scholastische Leser in Windeseile Zeichen in Wörter und Gruppen von Wörtern in Sinn um und konnte danach die einzelnen Wörter und ihre Anordnung rasch wieder vergessen. Das Gedächtnis war primär damit beschäftigt, eine allgemeines Bild von Satzteilen, Sätzen und Absätzen zu speichern.[52] Albertus Magnus, Thomas von Aquin, Roger Bacon, Duns Scotus und Wilhelm von Ockham schrieben, obwohl sie unterschiedlichen Völkern entstammten, allesamt ein vergleichbar einfaches und schnörkelloses scholastisches Latein, das sich durch eine bemerkenswerte Klarheit und Ausdrucksgenauigkeit auszeichnet, die auf Kosten des Rhythmus, des Metrums und der fließenden Klangfülle des klassischen Lateins erreicht werden.

Diese zweifache Transformation der geschriebenen lateinischen Sprache hatte auf die Kultur des hohen und des späten Mittelalters tiefgreifende Auswirkungen. Die Gelehrten des 13. Jahrhunderts waren zunehmend darum bemüht, die neuen Ideen, die im 12. Jahrhundert aufgekommen waren, zusammenzuführen und in eine systematische Ordnung zu bringen. Angesichts dieser Aufgabe stellten Autoren wie Duns Scotus und Wilhelm von Ockham fest, daß für die Formulierung und Organisation ihrer komplizierten Überlegungen der beschränkte Raum von Wachstafeln nicht mehr ausreichte. Die Abfassung systematischer Werke von großem Umfang erforderte, daß der Autor das Originalmanuskript eigenhändig in gotischer Kursivschrift und mit durchgängiger Worttrennung verfaßte. Daß die Niederschrift in gotischem Kursiv auf Buchbögen oder Pergamentpapier erfolgte, bedeutete, daß die Autoren ihre Texte während der Abfassung überarbeiten und ändern konnten. Die Autoren konnten Texte voller Querverweise verfassen, die voraussetzten, daß der Leser ebenso wie der Autor von Folio zu Folio blättern konnte, um Argumente auf ihre logischen Prämissen zurückzubeziehen und Kommentare zu vergleichen, die sich auf parallele, aber nicht miteinander im Einklang stehende Stellen der Heiligen Schrift bezogen. Das Schreibmedium der Tafel hatte die Entwicklung einer flüssigen und geschwungenen Schrift ebenso behindert, wie es das schon in der Antike getan hatte. Autoren des 13. Jahrhunderts, die bei Pergamenthandschriften die Ränder mit Marginalien und Kommentaren beschrieben, veränderten die Buchstabenformen der *glossularis* und schufen eine Schrift mit Wortabstand, die sich sowohl auf Pergament als auch auf Papier rasch und leicht schreiben ließ. Anfangs war diese

Schrift sehr persönlich geprägt und sogar für die Zeitgenossen nur schwer zu entziffern, aber um die Wende vom 14. zum 15. Jahrhundert wies sie bereits einen fließenden, standardisierten Charakter auf und war oft überaus lesbar.[53]

Vor dem 14. Jahrhundert war das Schreiben auf Pergament eine mühsame Aufgabe. Die Schreibhand wurde in der Weise gehalten, daß nur die Spitze der Feder die Unterlage berührte. Auf frühen Buchmalereien sieht man Schreiber, die mit der einen Hand eine Feder führen und schreiben, während sie in der anderen ein Messer halten. Das Messer diente nicht nur zum Auskratzen von Geschriebenem und zum Anspitzen der Feder, sondern es stellte auch einen Widerhalt für die federführende Hand dar und arretierte die Pergamentunterlage, die für offizielle Bücher verwendet wurde; die fetten Striche der gotischen Prunkschrift erforderten die Ausübung von Druck, dessen Richtung mit dem häufigen Neuansetzen der Feder wechselte.[54] Schrieb man dagegen in der inoffiziellen gotischen Kursivschrift auf lose geschichteten Bögen oder Blättern, so war das weit weniger anstrengend und mit geistiger Tätigkeit besser vereinbar. In Miniaturen des 14. Jahrhunderts sieht man Autoren, die in der neuen Kursivschrift schreiben, in deutlich entspannterer Haltung. Die Unterlage aus Pergamentpapier oder auch aus Papier, auf dem sich viel leichter schreiben ließ als auf Pergament, wurde gewöhnlich in heutiger Manier von der Hand festgehalten.[55] Der Autor, der in den Miniaturen allein in seinem Arbeitszimmer oder gelegentlich auch in einer idyllischen ländlichen Umgebung gezeigt wird, war gleichzeitig die Schwerarbeit des Schreibens und die Abhängigkeit von fremden Schreibern los. Die neue Leichtigkeit, mit der er schrieb, verstärkte beim Autor das Gefühl der Vertrautheit und persönlichen Verbundenheit mit seinem Werk. Sich selbst überlassen, konnte er in eigener Person mit Entwürfen auf verschiedenen Bögen und Blättern hantieren. Er konnte sein Manuskript als ganzes überblicken und war imstande, mit Hilfe von Querverweisen innere Zusammenhänge herzustellen und jene Wiederholungen auszumerzen, die in den diktierten Texten des 12. Jahrhunderts gang und gäbe waren. Er konnte auch nach Gutdünken und an jeder beliebigen Stelle Ergänzungen und Veränderungen in seinen Text einfügen, ehe er ihn zwecks Veröffentlichung einem *scriptorium* übergab. Anfänglich war die schriftliche Abfassung auf lateinische

Texte beschränkt, aber seit Mitte des 14. Jahrhunderts ermöglichten die Kursivschriften auch Autoren von volkssprachlichen Texten, ihre Werke schriftlich niederzulegen.

Die neue und intimere Art, in der die Autoren in aller Stille ihre Texte schufen, prägte zugleich ihre Vorstellung davon, wie ihre Texte gelesen werden würden. In der Antike und im frühen Mittelalter, als man die Texte noch auf dem Wege des mündlichen Vortrags verfaßte, erwarteten die Autoren, daß sie laut gelesen wurden. Im 14. Jahrhundert, als man die Texte im stillen Kämmerlein in Kursivschrift abfaßte, erwarteten die Autoren, daß sie leise gelesen wurden. Nicolas von Lyra, der große franziskanische Bibelkommentator des 14. Jahrhunderts, wandte sich an den Leser, nicht an den Zuhörer.[56] Johannes Gerson riet dem Leser der Heiligen Schrift, sich in den Gemütszustand dessen zu versetzen, der die Texte geschrieben hatte.[57] Die scholastischen Texte des 14. Jahrhunderts, die in Kursivschrift abgefaßt waren, zeichneten sich durch ein neues visuelles Vokabular aus, das deutlich macht, daß man sich sowohl den Autor als auch den Leser mit der Handschrift vor Augen vorstellte.

Während im 14. und 15. Jahrhundert das private Lesen durchweg als stilles Lesen praktiziert wurde, spielten im mittelalterlichen Universitätsleben die öffentlichen Vorlesungen nach wie vor eine wichtige Rolle. Wegen der Kompliziertheit der Themen blieb das visuelle Lesen für das Verständnis des Vorgetragenen allerdings unentbehrlich. Während der Professor aus seinem handgeschriebenen Kommentar laut vorlas, lasen die Studenten in ihren eigenen Büchern den kommentierten Text leise mit. Das war eine Veränderung gegenüber der *lectio divina* der Spätantike und des frühen Mittelalters, wo einer der Mönche den anderen, die ohne die Hilfe eines geschriebenen Textes zuhörten, laut vorlas. Im Jahre 1259 verfügte das Dominikanerhaus der Universität von Paris, die Studenten sollten nach Möglichkeit in den Unterricht eine Abschrift des Textes mitbringen, mit dessen Auslegung sich die öffentliche Vorlesung befaßte. Humbert von Romans (ca. 1194–1277) vertrat die Ansicht, das gemeinsame Gebet werde bereichert, wenn die einzelnen den Text des gemeinsam gesprochenen Gebets vor Augen hätten.[58] Die Vorschrift, daß die Studenten Bücher in den Unterricht mitzubringen hatten, gab es auch in Paris am College de Harcourt und an den Hochschulen von Wien und Ingolstadt.[59] Im Jahre 1309 erklärte Pierre Dubois, der berühmteste unter den Rechtslehrern, die im Dienste Philipps des Schönen standen, Studenten könnten aus Universitätsvorlesungen wenig Nutzen ziehen, wenn sie den Text nicht vor sich liegen hätten.[60] Studenten, die zu arm waren, um sich eigene Textabschriften zu kaufen, konnten sich welche in Bibliotheken wie der von Notre-Dame in Paris leihen, die speziell für diesen Zweck Legate erhielt.[61] Die Satzung der Sorbonne sah vor, daß Bücher gegen Kaution ausgeliehen werden konnten.[62] In den letzten Jahren des 15. Jahrhunderts lieferte die Druckerpresse die Bücher, die für die Verwendung im Unterricht gebraucht wurden.[63]

In dem Maß, wie sich im Privatbereich und im öffentlichen Unterricht das stumme Lesen durchsetzte, kam es zu weiteren Veränderungen in der Gestaltung der Manuskripte. Das mündliche Lesen war gewöhnlich so vor sich gegangen, daß ein Text oder ein beträchtlicher Teil des Textes von Anfang bis Ende laut und ohne Unterbrechung vorgetragen wurde. Die karolingischen Handschriften waren ebensowenig wie antike Schriftrollen in Abschnitte unterteilt, die kürzer als ein Kapitel waren.[64] Vom 13. bis zum 15. Jahrhundert wurden in die klassischen und die frühen mittelalterlichen Texte Unterteilungen eingefügt.[65] In manchen Fällen wurden Texte, die bereits in der Spätantike in Kapitel eingeteilt worden waren, von Universitätsgelehrten noch weiter und vernünftiger unterteilt.[66] Diese neue Art, alte Texte wiederzugeben, wurde zum festen Bestandteil bei der Abfassung neuer Texte, bei denen Kapiteleinteilung und *distinctiones* von vornherein mitgedacht wurden. Dank des Bezugsrahmens, den die neuen Einteilungen schufen, konnten Verzeichnisse mit Kapitelüberschriften, alphabetisch geordneten Sachregistern und lebenden Kolumnentiteln zu Standardmerkmalen der scholastischen Handschrift werden.[67] Im 14. Jahrhundert wurden verzierte Großbuchstaben verwendet, um bei aufeinanderfolgenden Argumentationen deutlich zu machen, wo ein neues Argument begann, im Stil von *ad primum, ad secundum* und so weiter. Eine neue Form von Interpunktion, das farbige Abschnittszeichen, kam Anfang des 13. Jahrhunderts allgemein in Gebrauch, um inhaltlich zusammenhängende Einheiten als solche zu markieren.[68] Das System der Buchstabenfolge am Rand, das der Lokalisierung diente und das zuerst gegen Ende des 10. Jahrhunderts in Büchern aus den Benediktinerabteien Nordfrankreichs aufgetaucht war, wurde für juristische Texte übernommen.[69] Gegen Ende des 14. Jahrhunderts wurde es auch benutzt, um literarische Texte mit Glossen zu versehen. Im 15. Jahrhundert verwandte man Ligaturzeichen, um die Kommentare des Nicolas von Lyra in frühen gedruckten Bibelausgaben kenntlich zu machen.[70] Die komplizierten schematischen Diagramme der scholastischen Texte, die auf Diagramme in protoscholastischen Werken zurückgingen, deren erste, mit Wörtertrennung geschriebene Exemplare aus Reims und Fleury kamen, waren nur einem Leser verständlich, der die Handschrift in Händen hielt und visuell aufnahm.[71] Diese Diagramme waren auch ein wichtiger Bestandteil der neuen humanistischen Übersetzungen von Aristoteles, und sogar noch nach Erfindung des Buchdrucks fügten Schreiber sie in die Inkunabeln als letzten Akt der Fertigstellung des gedruckten Kodexes ein.[72] Die komplizierte Anlage der beschriebenen Seite eines scholastischen Textes im 14. Jahrhundert verlangte einen Leser, der nur mit den Augen las und rasch zwischen Einwand und Erwiderung, Inhaltsverzeichnis und Inhalt, zwischen Diagramm und Text und zwischen Text und Kommentar beziehungsweise Berichtigung hin und her zu wechseln verstand.[73]

## Lesen an der Universität

Die Schreiber des ausgehenden Mittelalters setzten die Tradition der visuell vermittelten Abschrift von Texten fort; die häufig vorgetragene These, scholastische Bücher seien daraus entstanden, daß Studenten in akademischen Vorlesungen die Ausführungen des Professors niedergeschrieben hätten, wird durch zeitgenössische Schilderungen der Vorgänge in den mittelalterlichen Seminaren nicht erhärtet. Die ikonographischen Belege stützen vielmehr die Annahme, daß die Kopiertätigkeit visuell vermittelt war. Folgt man einer Miniatur aus dem 15. Jahrhundert, so entstanden die *Flores Augustini de civitate Dei* von François Mayronnes als Vorlesungsmitschrift durch einen Sekretär.[74] Während eine Reihe von Kupferstichen aus der frühen Neuzeit als Beweis dafür angesehen werden könnten, daß Textbücher in Seminaren mittels Diktat angefertigt wurden, kennen wir aus dem 14. und 15. Jahrhundert keine Buchminiaturen, die Studenten in Seminaren bei der wörtlichen Mitschrift professoraler Vorlesungen zeigen. Tatsächlich verfügte die Schrift im Mittelalter über kein stenographisches System, das die Anfertigung wortgetreuer Nachschriften ermöglicht hätte.[75] Vielmehr zeigen die Buchmalereien als typische Szene, wie ein Professor aus seinem Text Studenten vorliest, die – mit Ausnahme eines protokollführenden Schreibers, der gelegentlich im Bild zu sehen ist – entweder ganz ohne Schreibfedern oder Bücher abgebildet sind oder aber, häufiger noch, bereits geschriebene Bücher in Händen halten.[76]

Die mittelalterliche Erziehung benutzte das Diktat primär als pädagogisches Mittel, um den Kindern Schreiben und Orthographie beizubringen, und in dieser Funktion bilden es die mittelalterlichen Miniaturen ab. Wurde das Diktat für die universitäre Buchproduktion eingesetzt, so geschah das unabhängig von akademischen Vorlesungen über den Text und ging letzteren voraus. So veranstalteten etwa an der neugegründeten Universität von Löwen (gegr. 1425), wo der Buchbestand noch unzureichend war und es an Bibliotheken, in denen man die Bücher hätte ausleihen können, fehlte, die Professoren eigene Diktatsitzungen, so daß die Studenten dann mit den nötigen Büchern in den Unterricht kommen konnten.[77] An der Universität von Paris stellte man im Jahre 1355 fest, daß der künstlich verlangsamte Vorlesungsduktus, durch den man den Studenten ermöglichen wollte, während des Unterrichts ausführliche Aufzeichnungen von den Abschriften zu machen, sich störend auf die Fähigkeit des Studenten auswirkte, die Konzentration für den Text aufzubringen, die nötig war, um die subtilen Gedankengänge des Vortragenden zu verstehen.[78] Außerhalb der Seminare gab es andere und noch wirksamere Methoden zur Verbreitung von Schriften. Im 13. und 14. Jahrhundert lieferten die amtlichen Schreiber des *pecia*-Systems an der Universität von Paris äußerst lesbare, standardisierte Abschriften von den Grundlagentexten des universitären Curriculums.[79] Im 15. Jahrhundert waren die Schreiber der Universität von Angers in der Lage, zu relativ niedrigen Preisen binnen eines Monats Abschriften von professoralen Vorlesungen anzufertigen. Diese Manuskripte wurden unter Umständen sogar vor den Vorlesungen ausgegeben, so daß die Studenten still mitlesen konnten, was der Professor vortrug, und die komplizierte Argumentation leichter zu begreifen vermochten.[80]

Wenn es schon für das Verständnis der schwierigen Überlegungen, die in öffentlichen Vorlesungen zur Sprache kamen, wichtig war, Zugang zu Büchern zu haben, so war dies sogar noch entscheidender für das private Studium, das als Bestandteil des akademischen Lebens zunehmend Anerkennung fand. Buchmalereien in volkssprachlichen Büchern des 14. und 15. Jahrhunderts, die für Laien bestimmt waren, zeigen reglose Gelehrte in Gruppen oder einzeln, die in festgeketteten Büchern mit versiegelten Lippen lesen – ein unmißverständlicher ikonographischer Ausdruck dafür, daß hier Schweigen herrschte.[81] Preiswerte lateinische und volkssprachliche Kompendien von umfänglichen Abhandlungen gewannen große Beliebtheit, weil sie dem wachsenden Bedürfnis der Studenten nach privaten Studien entgegenkamen.[82] Pierre Dubois empfahl die Herstellung solcher Kompendien, weil sie für die von ihm entwickelte Erziehungsreform grundlegend waren.[83] Im Prolog zu seinem *Tractatus de differentia* erklärte Nicolas von Lyra, er habe diese Kurzdarstellung seiner umfänglichen *Postillae* verfaßt, um es armen Studenten zu ermöglichen, sich für das eigene Studium Abschriften zu kaufen.[84]

Veränderungen im Leseverhalten zogen auch Veränderungen in den Bibliotheken nach sich. Die Klosterbibliotheken des 12. Jahrhunderts entsprachen einer Kultur, in der lautes und leises Lesen Seite an Seite existiert hatte.[85] Der geräumige Kreuzgang und die Lesenischen, die durch Steinmauern voneinander getrennt waren, gestatteten es den Mönchen, laut oder mit gedämpfter Stimme vor sich hin zu lesen beziehungsweise in leisem Ton einem Sekretär zu diktieren, ohne daß die Mitbrüder dadurch in ihrer Kontemplation oder in ihrer stummen Lektüre gestört wurden. Weil die mönchischen Autoren große Teile der Heiligen Schrift durch Aufsagen auswendig gelernt hatten, waren förmliche Sammlungen von Nachschlagewerken nicht immer unbedingt erforderlich. Zum Ende des 13. Jahrhunderts fingen die bauliche Anlage und die Ausstattung der Bibliotheken an, sich nachdrücklich zu verändern. In den Colleges von Oxford und Cambridge wie auch an der Sorbonne und in anderen akademischen Einrichtungen in Paris wurden im 13. und 14. Jahrhundert in zentralen Sälen Bibliotheken eingerichtet und mit Tischen, Lesepulten und Bänken ausgestattet, auf denen die Lesenden nebeneinander saßen.[86] Wichtige Nachschlagewerke waren an den Lesepulten festgekettet, so daß sie in der Bibliothek immer verfügbar waren. Die erste Sammlung solcher Nachschlagewerke wurde im Merton College in Oxford eingerichtet.[87] Eine ähnliche Sammlung richtete man im Jahre 1290 an der Sorbonne ein.[88] Mitte des 15. Jahrhunderts wurde an der Philosophischen Fakultät der Universität von Löwen eine umfassende Bibliothek mit scholastischen Nachschlagewerken geschaffen.[89] Zu den Nachschlagewerken, die festgekettet zur Verfügung standen, gehörten normalerweise alphabetische Wörterbücher und Konkordanzen, die *Summae* von Thomas von Aquin, die Bibelkommentare des Hugo von Saint-Cher und des Nicolas von Lyra sowie andere, im akademischen Bereich häufig zitierte, längere Werke. In den Satzungen solcher Bibliotheken wurde besonderes Gewicht darauf gelegt, daß die festgeketteten Bücher für jedermanns Gebrauch und Nutzen waren.[90] Fortan galt die Bibliothek eindeutig als ein Ort, wo Professoren und Studenten sich aufhalten konnten, um zu lesen, zu schreiben und zu studieren.[91] Genau solch eine Bibliothek richtete Karl V. im Louvre ein; er stattete sie mit eigens in Auftrag gegebenen französischen Übersetzungen klassischer und scholastischer Autoren aus.

Die Bibliotheken des ausgehenden 13. Jahrhunderts mit ihren festgeketteten Büchern waren die ersten, die sich ausdrücklich dazu bekannten, daß die Leser Anspruch auf Ruhe hatten. In der Bibliothek der Spätantike und des frühmittelalterlichen Klosters, in der die Leser laut lasen, diente dem einzelnen Leser seine Stimme als ein Schutz, der ihn gegen die Stimmen der benachbarten Leser abschirmte.[92] Als die Leser ausschließlich mit den Augen zu lesen begannen, wurden Geräusche zu einer potentiellen Störquelle. Sogar gedämpftes mündliches Lesen hätte an den dichtbesetzten Tischen der mittelalterlichen Handbibliothek, wo sich die Sammlung mit den festgeketteten Nachschlagewerken befand, den anderen das Studium schwer gemacht. In *De instructione officialium* forderte Humbert von Romans, jedes Haus der Dominikaner müsse an einem ruhigen Platz in der Klosterschule einen allgemein zugänglichen Leseraum einrichten.[93] In Oxford erklärte die Hausordnung von 1412 die Bibliothek zu einem Ort der Ruhe.[94] Die Satzung der Bibliothek der Universität von Angers aus dem Jahre 1431 verbot Unterhaltungen und sogar Gemurmel.[95] Die Satzung der Bibliothek der Sorbonne, die im späten 15. Jahrhundert niedergeschrieben wurde, aber Praktiken festschrieb, die schon länger etabliert waren, erklärte die Handbibliothek mit ihren angeketteten Büchern für einen erhabenen und heiligen Ort, an dem Stille walten müsse.[96] Eine ähnliche Bestimmung existierte in der päpstlichen Bibliothek, die nach dem großen Schisma in Rom wieder eingerichtet worden war.[97] Zu dem Apparat, der den Leser rasch zu den gewünschten Informationen führen sollte, zählten Hilfsmittel für die Benutzung der Bibliothek selbst, wie etwa Kataloge mit alphabetischen Autorenverzeichnissen und spezielle Gesamtkataloge, die Auskunft über die Bestände aller Bibliotheken in einer Stadt oder Region gaben.[98] Die unter Aufsicht vorgenommene Verbesserung älterer Manuskripte durch Hinzufügung von *prosodiae*, Zeichensetzung und Textvarianten war in den mönchischen Gemeinschaften schon seit dem 11. Jahrhundert eine von Schreibern und Initialenmalern regelmäßig geübte Praxis.[99] Durch das ausschließlich visuelle Lesen wurden aber die privaten Leser ermuntert, Bücher in der Weise als Studienmaterial zu nutzen, daß Passagen an den Rändern mit kurzen Bemerkungen, Symbolen und gekritzelten Zeichen versehen wurden, um die Stellen mit den Augen leichter wiederzufinden. In der hochgradig individualistisch geprägten Welt des ausgehenden Mittelalters bedurfte es Vorschriften, durch die diese Verhaltensweisen eingeschränkt wurden, damit die für den allgemeinen Gebrauch bestimmten Sammlungen erhalten blieben.[100]

Indem er für eine neue Qualität von Privatheit sorgte, hatte der Übergang zum stillen Lesen und Verfassen von Texten sowohl für die laizistische als auch für die scholastische mittelalterliche Kultur noch weitreichendere indirekte Folgen. Psychologisch betrachtet ließ das stille Lesen den Leser mutiger werden, weil es die Quelle seines Wissensdurstes vollständig seiner Verfügung unterstellte. Wenn in der noch weitgehend mündlichen Welt des 9. Jahrhunderts jemand häretische Überlegungen anstellte, waren sie in jedem Augenblick, angefangen von ihrer Formulierung und Veröffentlichung bis hin zur Rezeption durch den Leser, der Korrektur durch das Kollektiv zugänglich. Diktat und öffentliche *lectio* stützten faktisch die theologische und philosophische Rechtgläubigkeit. Im 11. Jahrhundert begann die Verknüpfung zwischen Häresie und einzelgängerischer Wißbegierde und Spekulation. Berengar von Tours, der zur zweiten Generation gehörte, die Texte mit Worttrennung schrieb, verfiel dem Irrglauben, als er logische Verfahrensweisen des Aristoteles auf die Eucharistie anwandte.[101] Nur mit den Augen zu lesen und Texte mit eigener Hand zu verfassen bedeutete, daß man seine Gedanken der Billigung und Verwerfung durch die Gruppe entziehen konnte; hier wurde der Nährboden für die akademischen und laizistischen Häresien des 13. und 14. Jahrhunderts geschaffen. Verbreitet wurden diese Häresien durch den privat gelesenen *tractatus*, der ein neues intellektuelles Ausdrucksmittel darstellte.[102] In seinem Studierzimmer sich selbst überlassen, konnte der Autor, mochte er nun ein bekannter Professor sein oder ein unbekannter Student, heterodoxe Ansichten formulieren oder lesen, ohne daß ihn jemand belauschen konnte. Im Seminarraum konnte der Student, still für sich lesend, den orthodoxen Thesen seines Professors lauschen und sie visuell mit den Thesen derjenigen vergleichen, die gegen die etablierte kirchliche Autorität aufbegehrten.[103] Selbst während eines öffentlichen Gottesdienstes konnte man in einem verbotenen Text lesen. Das private, ausschließlich augenvermittelte Lesen und Verfassen von Texten leistete also dem kritischen Denken des einzelnen Vorschub und trug letztlich dazu bei, daß sich Skepsis und intellektuelle Häresien entwickelten. In England war der bloße Besitz von Schriften der Lollarden, der Anhänger Wyclifs, bereits ein hinlänglicher Rechtsgrund, jemanden in aller Form der Häresie anzuklagen.[104]

Die Universitätslehrer des ausgehenden Mittelalters waren sich darüber im klaren, daß sie nicht nur die Besucher ihrer Vorlesungen, sondern auch visuelle Leser außerhalb der Hochschule ansprachen; die Ängste, die diese stille Ausbreitung von Ideen außerhalb des Vorlesungsraums erregte, fanden in den damaligen Universitätssatzungen ihren Niederschlag. Im 13. Jahrhundert gab es Vorschriften gegen das Mitbringen verbotener Bücher zu öffentlichen Vorlesungen.[105] Im 14. Jahrhundert machte man Jagd auf die verbotenen Schriften und vernichtete sie, wie zum Beispiel im Jahre 1323, als das Generalkapitel des Dominikanerordens anordnete, alle in Privatbesitz befindlichen Schriften über die verbotene Kunst der Alchimie zu verbrennen.[106] Im Jahre 1346 verfügte die Universität von Paris die Einäscherung der Schriften des Nicolas von

Autrecourt.[107] Einige Abschriften häretischer Werke mußte man indes aufbewahren, und sei es nur, um den Theologen Gelegenheit zu geben, sie zu widerlegen. Die mittelalterliche Bibliotheksordnung der Sorbonne sah vor, daß häretische Werke nur von Theologieprofessoren benutzt werden durften, die sich mit der Widerlegung von Irrlehren beschäftigten. Aber wie ließen sich die einzelnen Gelehrten beim stillen Lesen überwachen? Ludwig XI. gab im Jahre 1473 eine indirekte Antwort auf die Frage, als er verfügte, daß nicht nur die nominalistischen Lehren nicht gelehrt werden durften, sondern daß darüber hinaus auch alle nominalistischen Bücher in den Bibliotheken der Universität von Paris mit Ketten verschlossen werden sollten.[108] Der König erkannte, daß es keinen Sinn hatte, die Vermittlung der nominalistischen Lehren zu verbieten, wenn gleichzeitig die nominalistischen Schriften in zahlreichen Manuskripten verfügbar waren und jederzeit gelesen werden konnten.

## Volkssprachliche Texte: Bücher, Schriften, Leser

Die Wandlung von der mündlichen klösterlichen Kultur des frühen Mittelalters zur visuellen Kultur der Scholastik hatte anfangs nur begrenzte Auswirkungen auf die Lesegewohnheiten des Laienstandes, zumal im nördlichen Europa, wo das mündliche Lesen volkssprachlicher Texte und die Niederschrift solcher Texte nach Diktat bis mindestens ins 13. Jahrhundert gängige Praxis war. Bis zur Mitte des 14. Jahrhunderts lasen in Frankreich die Könige und der Adel selten selbst, sondern bekamen aus handgeschriebenen Büchern vorgelesen, die eigens für diesen Zweck bestimmt waren. Wenn Fürsten wie etwa Ludwig der Heilige lesen konnten, praktizierten sie häufig das laute Lesen in kleinen Gruppen.[109] Neben liturgischen Texten bestand die Literatur, die Fürsten vorgelesen wurde, aus Chroniken, *chansons de geste*, Romanzen und der Dichtung der provenzalischen Troubadoure beziehungsweise der nordfranzösischen Trouvères. Die meisten dieser Werke waren in Verse gefaßt und für den mündlichen Vortrag bestimmt. Prosasammlungen des 13. Jahrhunderts wie der *Roman du Lancelot* und die *Histoire ancienne jusqu'à César* waren ebenfalls für das laute Lesen abgefaßt. Vom Adligen wurde erwartet, daß er den Heldentaten seiner Vorgänger oder der Großen der Antike lauschte.[110] Die Illustrationen allerdings, die seit dem 12. Jahrhundert in volkssprachlichen Büchern für den Laienstand zahlreicher waren als in den für Gelehrte bestimmten lateinischen Büchern, sprechen dafür, daß auch die Handschriften in der Volkssprache für die private, ausschließlich visuell vermittelte Lektüre gedacht waren.

Im frühen Mittelalter hatte sich im nördlichen Europa die geschriebene Volkssprache komplementär zur Worttrennung entwickelt, um das Lesen zu erleichtern. Vielleicht kann der Umstand, daß volkssprachliche Texte für den Hörer und nicht bloß für den Leser bestimmt waren, erklären, warum bei volkssprachlichen Texten die Praxis einer Abfassung mittels Diktat länger in Kraft blieb als bei den lateinisch geschriebenen scholastischen Werken.[111] Joinville diktierte seine *Histoire de Saint Louis*, und die Abbildung zeigt den Verfasser des *Roman de Lancelot* beim Diktat.[112] Die zögerliche Entwicklung von protokursiven und kursiven Schriften im Bereich der Volkssprache war Folge der verbreiteten Praxis, volkssprachliche Texte zu diktieren, und leistete ihrer Beibehaltung gleichzeitig Vorschub. Ein Großteil der mittelalterlichen volkssprachlichen Dichtung und Prosa wurde mündlich abgefaßt, auswendig gelernt und aufgesagt und erst später niedergeschrieben.[113] Im 13. Jahrhundert, als die Latein schreibenden Autoren anfingen, ihre Gedanken eigenhändig auf lose Blätter und Bögen zu schreiben und zu diesem Zwecke Kursivschriften auszubilden, wurden volkssprachliche Texte nach wie vor in *textualis* geschrieben, nachdem sie vorher mündlich verfaßt worden waren. Die Worttrennung, die in lateinischen Texten des 13. Jahrhunderts geltende Praxis war, blieb in volkssprachlichen Manuskripten aus dem frühen 13. Jahrhundert häufig sehr mangelhaft und wurde – zumal in Italien – noch bis zum Ende des Mittelalters weit weniger streng angewandt als in lateinischen Texten. Schreiber, für die bereits feststand, daß zu einem ordentlichen lateinischen Text Worttrennung gehörte, taten sich noch zu Anfang des 14. Jahrhunderts häufig schwer, den Wortabstand einzufügen, der nötig war, um die Silben- oder Morphemgruppen zu erkennen, aus denen korrekt geschriebene volkssprachliche Wörter bestanden.[114] Die Abtrennung von Funktionswörtern, die in lateinischen Büchern eine Selbstverständlichkeit war, hatte sich in den romanischen Volkssprachen sogar 1500 noch nicht durchgesetzt. Der Artikel war ein Redeteil, den das Altgriechische zwar besaß, der aber in Boethius' Übertragungen der *Logica vetus* entfallen war.[115] Gerade weil die Volkssprache leichter zu verstehen war als Latein, fühlten sich die Schreiber weniger genötigt, dem Leser durch die Einfügung von Abständen zwischen den Wörtern, die der Markierung akustisch nicht wahrnehmbarer Grenzen dienten, zu Hilfe zu kommen. Infolgedessen blieb die graphische Bestimmung des volkssprachlichen Wortes, zumal was Präpositionen und Artikel betraf, uneindeutiger als im Lateinischen, wo der vom Französischen entlehnte Artikel von den Universitätsschreibern im nördlichen Europa stets als eigene graphische Einheit behandelt worden war. Daß in Abschriften ein und desselben volkssprachlichen Textes aus dem 12. und 13. Jahrhundert keine orthographische Übereinstimmung herrscht, bestätigt, daß die Buchstaben der Wörter die Hauptkennzeichen in einem Dekodierungsprozeß waren, der zutiefst mündlich blieb.[116]

Dennoch hatte die endgültige Einführung der Worttrennung in lateinischen Texten tiefgreifende Auswirkungen auf die Gestaltung, die Grammatik und die Orthographie auch der volkssprachlichen Texte. Die Worttrennung und verschiedene neue Gewohnheiten hinsichtlich der Wortfolge, die nach 1200 für den geschriebenen volkssprachlichen Text in zunehmendem Maße typisch wurden, wirkten sich im Sinne eines Abbaues der Flexion aus, die im alten Latein dem Leser dabei geholfen hatte, Wörter richtig zu erkennen und zu betonen. Die Worttrennung erlaubte offenbar der volkssprachlichen Rechtschreibung, besonders im Mittelfranzösischen und im Englischen, sich weniger streng als die lateinische an der Phonetik zu orientieren; denn nachdem sich die volkssprachlichen Wörter als eigene, sichtbare Buchstabengruppen etabliert hatten, blieb die Schreibung oft dieselbe, auch wenn allmähliche Veränderungen in der Aussprache bestimmte Buchstaben stumm werden ließen.[117] Im späten Mittelalter fügten akademisch geschulte Schreiber häufig stumme Konsonanten in die volkssprachlichen Wörter ein, nicht weil sie deren Aussprache verändern wollten, sondern weil sie ihre Ähnlichkeit mit den lateinischen Wörtern, von denen sie abstammten, hervorheben wollten; die Wörter erhielten dadurch eine rein visuelle etymologische Qualität, die an chinesische Schriftzeichen erinnert, während sie dem alten Latein völlig abging.[118] Mitte des 13. Jahrhunderts zogen es die Kopisten volkssprachlicher Texte vor, Exemplare zu benutzen, die sorgfältige Worttrennung aufwiesen und mit Endformen einschließlich dem abschließenden runden s, mit Zeichensetzungen und mit *prosodiae* reichlich versehen waren. Diese Exemplare entsprachen den Vorlagen, die von den professionellen Schreibern des *pecia*-Systems verwendet wurden.[119] Vom 13. Jahrhundert an wurden bestimmte volkssprachliche Texte visuell mit einheitlicher Seite und einheitlicher Textgestaltung kopiert, ähnlich den Ausgaben scholastischer Standardtexte, die in Universitätsbuchhandlungen entstanden. Die Abschriften von Guillaume Fillastres *Thoison d'Or*, die in den sechziger Jahren des 15. Jahrhunderts für den Burgundischen Orden vom Goldenen Vlies angefertigt wurden, zeichneten sich durch die gleichen auffälligen Besonderheiten in der Text- und Seitengestaltung aus, wie sie erstmals im 11. Jahrhundert in Erscheinung getreten waren.[120] Vasque de Lucènes französische Übersetzung des *Leben des Alexander* von Quintus Curtius[121] und Henri Romains *Compendium historial* wurden ebenfalls auf diese Weise für den Burgundischen und den Französischen Hof neu herausgebracht.[122]

Im 14. Jahrhundert, als das lateinische Kursiv voll ausgebildet war, begannen die Autoren diese Kursivschrift in Verbindung mit einer genormten Worttrennung für die Abfassung volkssprachlicher Urkunden und wenig später auch literarischer Texte zu verwenden. In Frankreich war die Verwaltung des Königreiches eine zu komplizierte Angelegenheit geworden, um noch länger von schriftunkundigen Fürsten bewältigt werden zu können, die ganz und gar von Vorlesern und Schreibern abhängig waren. Die königlichen Sekretäre am französischen Hof fingen an, kursive Schriften für volkssprachliche Schriftstücke zu entwickeln, die dem König zur Durchsicht vorgelegt wurden; Karl V. korrigierte mit eigener Hand die Entwürfe seiner Briefe und unterzeichnete die Originale.[123] Ein Jahrhundert später wurde bei bestimmten königlichen Briefen erwartet, daß sie vom König selbst geschrieben waren; bei vielen anderen erwartete man, daß sie die eigenhändige Unterschrift des Königs trugen.[124] Anders als die frühen lateinischen Urkunden, die auf dem Wege des Diktats entstanden, in rhythmischer Prosa abgefaßt und dazu bestimmt waren, laut verlesen zu werden, waren die neuen königlichen Schriftstücke in einer Prosa geschrieben, die ebenso unrhythmisch klang wie das scholastische Latein; dazu waren sie mit Miniaturen geschmückt. Ihre Bestimmung war es, dem Souverän zur Einsichtnahme vorgelegt zu werden.[125]

Mitte des 14. Jahrhunderts begann der französische Adel für die volkssprachlichen literarischen Texte die gleiche Praxis des stummen Lesens und Schreibens zu übernehmen, die sich im vorangegangenen Jahrhundert für die lateinische Literatur an den Universitäten eingebürgert hatte. Die Regierungszeit von Johann II. markierte den Beginn eines umfänglicheren Versuchs, lateinische Literatur ins Französische zu übersetzen.[126] Weil der Satzbau der scholastischen Texte dem der volkssprachlichen stark ähnelte und deshalb das Kurzzeitgedächtnis der Übersetzer außerordentlich entlastet wurde, waren diese Übersetzungen zumeist weit erfolgreicher als die Übertragung der langen Perioden des alten Latein, deren Verständnis spätmittelalterlichen Lesern Schwierigkeiten bereitete.[127] Nachdem Johann in der Verbannung gestorben war, fuhr Karl V. mit der königlichen Förderung von Übersetzungen fort; er war der erste König, der im Turm des Louvre eine echte Hofbibliothek zusammentrug. Die Bibliothek stattete der König mit Mobiliar aus, das den damaligen Universitätsbibliotheken nachgebildet war.[128] Auf einer Miniatur sieht man ihn, wie er in seiner Bibliothek sitzt und mit reglosen Händen und geschlossenen Lippen in stiller, friedlicher Abgeschiedenheit liest. Manuskripte zeigen, wie der König an Vorlesungen teilnimmt und nach Universitätsart mit den Augen in einer Textabschrift verfolgt, was der Dozierende vorträgt.[129] Neue tragbare Gebetbücher für den Privatgebrauch, die eigens dazu bestimmt waren, in die Messe mitgenommen zu werden, enthielten volkssprachliche Texte, die während der öffentlichen Rezitation der entsprechenden lateinischen Texte still gelesen werden sollten.[130] Während nach Ansicht von Theologen liturgische Texte zu den offiziellen Gebetsstunden laut gelesen werden mußten, selbst wenn der Lesende sie nicht verstand, mußten die stumm gelesenen Andachtstexte mit Verständnis gelesen werden. Weil der klösterliche Begriff *in silentio* häufig für leises, gedämpftes Sprechen in *submissa* oder *suppressa voce* gebraucht wurde, verwendeten die volkssprachlichen Autoren des 15. Jahrhunderts ein neues Vokabular fürs Lesen und charakterisierten die innere Erbauung durch einen schriftlichen Text als ein Lesen mit dem Herzen anstelle des Lesens mit dem Mund.[131] Im 15. Jahrhundert wurden das Verb *veoir* und der Ausdruck *lire au cœur* in Texten des Adels gebraucht, um das private, stumme Lesen zu bezeichnen, ganz ähnlich, wie im 11. und 12. Jahrhundert *videre* und *inspicere* als Gegenbegriffe zu *legere* verwendet worden waren.[132] Autoren, die dem französischen Königshaus nahestanden, darunter Jean Froissart und Christine de Pisan, erschienen in den Buchmalereien, die ihre Handschriften schmückten, als Schriftsteller.[133] Sogar Prinzen von Geblüt wurden abgebildet, wie sie ihre eigenen Texte schrieben. Der Großneffe von Karl V., René d'Anjou, ein Vielschreiber, ist zu sehen, wie er seine eigenen Texte im Stile der zeitgenössischen Autoren lateinischsprachiger Werke ins reine schreibt.[134] Im 15. Jahrhundert wurde das Wort *écrire* wie das lateinische *scribere* gleichbedeutend mit dem Verfassen von Texten.[135]

Daß der König und Fürsten wie Jean de Berry, Philipp der Kühne und René d'Anjou das stumme private Lesen kultivierten, hatte dramatische Auswirkungen auf die Anzahl und Beschaffenheit der Bücher, die für königliche und fürstliche Höfe hergestellt wurden. Geradeso, wie die Universitätsbibliotheken des 14. und 15. Jahrhunderts die früheren Klostersammlungen an Größe weit übertrafen, wuchsen auch die Bibliotheken des Königs und des hohen Adels nach 1350 weit über ihren früheren Umfang hinaus. Wie die Gelehrten der damaligen Zeit, die ein viel größeres Bedürfnis nach Büchern entwickelten, weil sie die Gewohnheit des stummen Lesens angenommen hatten, brauchten nun auch die Laien ein größeres Quantum an Lesestoff, insbesondere an Stundenbüchern und volkssprachlichen Werken. Die neuen volkssprachlichen Texte, die für Fürstenhöfe geschrieben wurden, waren im Gegensatz zur früheren Vorliebe für Versdichtungen fast ausschließlich in Prosa abgefaßt. Den neuen Büchern für den Adel fehlte es nicht an Inhaltsverzeichnissen, alphabetischen Glossaren, Sachregistern, lebenden Kolumnentiteln und anderen für die scholastischen Handschriften des 14. und 15. Jahrhunderts typischen intellektuellen Raffinessen. Glossare mit komplizierten Verweisungssystemen begleiteten die neuen französischen Übersetzungen der Bibel und der Schriften des Augustin, des Aristoteles und des Valerius Maximus; das Ganze stellte Textkomplexe dar, die auch für einen geschulten Leser nur schwer laut zu lesen waren, sich aber hochgradig für visuelles Forschen und Studieren eigneten. Das waren die Texte, die Johannes Gerson ganz besonders für den Unterricht Karls VI. empfahl.[136] In den Handschriften, die diese Werke enthielten, wurde die Orthographie in zunehmendem Maße standardisiert, so daß der Leser in die Lage versetzt wurde, die Wörter wie im Lateinischen auf Grund ihres Gesamtbildes zu erkennen, statt sie *ad hoc* aus der Zusammenstellung von Phonemen auf phonetischem Weg dekodieren zu müssen. In der ersten Hälfte des 15. Jahrhunderts verfaßten französische Autoren für den Adel neue Nachschlagewerke, einschließlich alphabetisch geordneter Heiligenriten und Ortsverzeichnisse mit Beschreibungen der Orte.[137] Die Zahl der Abbildungen in volkssprachlichen Büchern für den Adel nahm in dem Maße zu, wie die Miniaturen eine direkte Rolle für das Textverständnis zu spielen begannen und eine didaktische Bedeutung analog der Funktion der Diagramme in der scholastischen Literatur gewannen.[138] In Form von Schriftbändern war der geschriebene Text in den Miniaturen volkssprachlicher Werke ebenso gegenwärtig wie in denen der lateinisch geschriebenen Werke. Wie in den lateinischen Büchern setzten auch die Schriftbänder in den volkssprachlichen Texten beim Leser die Fähigkeit voraus, Text und Bild gleichzeitig zu entziffern.[139]

Daß sich das stumme Lesen unter den Adligen immer mehr einbürgerte, führte zu wichtigen Veränderungen in der Schrift der Bücher, die für laizistische Auftraggeber kopiert wurden. Vor 1300, als dem hohen Adel noch vorgelesen wurde, konnten die volkssprachlichen Bücher ebenso in *textualis* geschrieben werden wie die lateinischen Texte, weil die Vorleser normalerweise eine Universitätsbildung hatten. Daß, abgesehen von der Tironischen Note für *et*, die im Französischen *et* und im Englischen *and* ideographisch repräsentierte, die meisten monolexischen Abkürzungen fehlten und die phonetische Orthographie inkonsequent verwendet wurde, ist Ausdruck des mündlichen Charakters dieser Übersetzungen. Als im 14. Jahrhundert adlige Laien anfingen, selbst zu lesen, fanden sie die gotische *textualis* schwer lesbar. Eine Hauptquelle der Schwierigkeiten waren Verwechslungen beim Erkennen der Buchstaben m, n, i und u, die aus gleichen Grundstrichen bestanden und mit denen auch die frühen Leser lateinischer Texte Probleme gehabt hatten. Um Unklarheiten bei der Wiedergabe dieser Buchstaben wirksamer auszuschließen, als das durch die Verwendung von Akzenten möglich war, begannen die Schreiber, die Bücher für den aristokratischen Markt herstellten, in den beiden letzten Jahrzehnten des 14. Jahrhunderts eine Form von *cursiva formata* zu verwenden, die große Ähnlichkeit mit der Kursivschrift hatte und von der königlichen Kanzlei zur Ausfertigung volkssprachlicher Dokumente benutzt wurde.[140] Neue Termini, *lettre de note*, *lettre de court* und *lettre courante*, wurden zur Bezeichnung dieser neuen, kursiven Buchschrift eingeführt.[141]

In der ersten Hälfte des 15. Jahrhunderts entwickelte sich die *cursiva formata* zu einer neuen unverschnörkelten Form, für die es im Bereich der Urkundenschrift keine Entsprechung gab. Die Zeitgenossen nannten diese Schrift *lettre batarde*, um anzudeuten, daß es sich um eine Kreuzung aus Kursivschrift und *textualis* handelte.[142]

Die Ausbreitung von *lettre de court*, *lettre batarde* und humanistischer *textualis* war ebensosehr Ausdruck eines dramatischen Wandels in den Lesegewohnheiten des Adels und der Patrizier in den Städten Italiens und der unteren Rheinebene, wie sie diesen Wandel umgekehrt beförderte. Der Heilige Ludwig hatte inmitten seines Gefolges gelesen. Karl V., Ludwig XI., Lorenzo de Medici und die flämischen Kaufleute auf den Bildern von Memling und Van Eyck lesen still für sich und sind in ihre Lektüre versunken. Volkssprachliche Autoren des späten 14. Jahrhunderts begannen davon auszugehen, daß ihr Publikum eher aus Lesern als aus Zuhörern bestand. In den siebziger Jahren des 14. Jahrhunderts erwartete Froissart von den jungen Adligen, daß sie in seine *Chroniques* hineinschauten, um sie zu lesen.[143] Zwischen 1388 und 1392 erwartete Philippe de Mezières, daß der junge König Karl VI. den *Songe du vieil Pelerin* in eigener Person lesen würde, einschließlich des besonderen Verzeichnisses, das dem weltlichen Leser ermöglichen sollte, sich durch die in parabolischer und symbolischer Form erzählten und verwickelten langen Historien hindurchzufinden.[144]

Daß jetzt auch die Laien nur mit den Augen lasen, veranlaßte die Autoren, die volkssprachlichen Texte mit jenen komplexen scholastischen Gedankengängen anzureichern, die bis dahin ausschließliches Privileg der in Latein geschriebenen Literatur waren. Wie die Einführung der strikten Worttrennung in den lateinischen Texten dem Aufkommen der Scholastik Vorschub geleistet hatte, genauso ermöglichte es nun das volkssprachliche Schrifttum auf der Basis strikter Worttrennung, die Subtilitäten des voll entfalteten scholastischen Denkens einem neuen, laizistischen Publikum nahezubringen. In Nordeuropa setzte sich die in der lateinischen Literatur entwickelte Scholastik in den volkssprachlichen Texten während des 14. und 15. Jahrhunderts durch. Probleme, die den Streit zwischen Nominalismus und Realismus betrafen, wurden in den volkssprachlichen Glossen zu der Aristotelesübersetzung von Nicolas Oresme und in dem umfangreichen Corpus von Abhandlungen diskutiert, die für den burgundischen Hof geschrieben wurden.[145] Die polemischen Traktate, die im Zuge der Auseinandersetzung zwischen Philipp dem Schönen und Bonifatius VIII. entstanden, wurden übersetzt, damit sich Karl V. und Karl VII. an ihnen erbauen konnten.[146] In volkssprachlichen Abhandlungen, die für aristokratische Gönner aus dem Umkreis von Ludwig XI. verfaßt wurden, stellten Magister der Universität komplizierte Überlegungen etwa zur Natur des Heiligen Blutes Christi an.[147] Für die laizistischen aristokratischen Leser entstand volkssprachliche Meditationsliteratur, die sich an das im 11. Jahrhundert von Johannes von Fécamp und Anselm von Canterbury geschaffene lateinische Genre anlehnte.[148]

Das neue Corpus der volkssprachlichen Literatur und die private Lektüre dieser Schriften vermittelten dem Adel ein Gefühl persönlicher Frömmigkeit und ermöglichten ihm eigenständige intellektuelle Stellungnahmen zu scholastischen Positionen, vergleichbar den Urteilen, die sich Universitätsgelehrte darüber bildeten. In den zahlreichen Streitgesprächen, die für Fürsten verfaßt wurden, war es der laizistische Leser, der sich zwischen zwei oder mehr subtil entwickelten Positionen entscheiden mußte.[149]

## Stilles Lesen: Umsturz, Erotik, Frömmigkeit

Die Atmosphäre von Privatheit, die das stumme Lesen und Schreiben erzeugte, mag auch Äußerungen der Ironie und des Zynismus Vorschub geleistet haben. Die Chronik Frankreichs in der königlichen Abschrift von *Rozier de guerre*, das sich als Werk Ludwigs XI. ausgab, war am Rand mit Sarkasmen kommentiert, die sich zwei Jahrhunderte früher kein König, der im Verein mit anderen laut las, gestattet hätte.[150] Und wichtiger noch, das private Lesen bot Gelegenheit, umstürzlerische politische Gedanken zu äußern. Karl von Frankreich, der rebellische Bruder Ludwigs XI., hinterließ eine Abschrift von Ciceros *De officiis*, in dem die Passagen unterstrichen waren, die der Rechtfertigung von Rebellion und Tyrannenmord dienten.[151] In der Epoche der *Ligue du Bien Public* benutzte Fillastre Argumente, die denen der Konziliaristen zur Rechtfertigung der Absetzung tyrannischer Könige nachgebildet waren. In der zweiten Hälfte des 15. Jahrhunderts wurde das privat gelesene handschriftliche Buch in Adelshänden zum Hauptvehikel der Ausbreitung von Ideen, die der Rechtfertigung des Widerstandes gegen die königliche Gewalt dienten, ganz ähnlich wie die lateinischen *tractati* des 14. Jahrhunderts denjenigen als Vehikel gedient hatten, die für den Widerstand gegenüber der päpstlichen Macht plädierten.[152]

Die neue Atmosphäre von Privatheit, die das stumme Lesen erzeugte, hatte auch dramatische und nicht nur positive Auswirkungen auf die laizistische Spiritualität. Das private Lesen regte zu einer Wiederbelebung des antiken Genres der erotischen Kunst an. In der toleranten heidnischen Gesellschaft des antiken Griechenland und des alten Rom wurden Dinge, die wir heute vielleicht als pornographisch bezeichnen würden, laut vorgelesen und öffentlich dargestellt. Vor dem 13. Jahrhundert blieben erotische Ausschmückungen in Büchern gewöhnlich verblümt und deuteten eher auf die unterdrückten, unerlaubten Begierden derer hin, die sich der Keuschheit verschrieben hatten, als daß sie kunstvoll ausgeführte graphische Phantasien darstellten, die den Leser erregen sollten.[153] Im Frankreich des 15. Jahrhunderts, in dem Pornographie verboten war, leistete das private Lesen der Produktion illustrierter obszöner Schriften für den Laienstand Vorschub, die eben deshalb geduldet wurden, weil sie sich heimlich verbreiten ließen. Miniaturen in französischen und flämischen volkssprachlichen Texten zeigten wollüstige Bordellszenen mit unverhohlenem und verführerischem Realismus.[154] Von Boccaccios *Il Decamerone* angeregt, schuf ein burgundischer Autor für Herzog Philipp den Guten die *Cent nouvelles nouvelles*, eine illustrierte *summa* sexueller Ausschweifungen, die ausgerechnet den reformierten Klosterbrüdern und Bettelmönchen, die für Armut und Keuschheit eintraten, zügellose Handlungen zuschrieben. Der Autor von *Cent nouvelles nouvelles* ging davon aus, daß der Fürst das Buch privatim als »exercise de lecture et d'estude« lesen würde.[155] Wie den scholastischen Texten war auch den *Cent nouvelles nouvelles* ein Verzeichnis vorangestellt, das in Kurzform angab, worin die einzelnen Abenteuer gipfelten, so daß der Leser den Inhalt rasch durchmustern und die Geschichte wählen konnte, auf die er Lust hatte. Dieser illustrierte Text wurde in bescheidenem Format in Umlauf gebracht, so daß er von Leser zu Leser diskret weitergereicht werden konnte, ganz ähnlich wie ein Jahrhundert zuvor die verbotenen Texte von Wilhelm von Ockham und Marsilius von Padua unter Akademikern in aller Heimlichkeit verbreitet wurden.[156] Gegen Ende des 15. Jahrhunderts hatte es der intime Charakter des stillen Lesens bereits möglich gemacht, daß explizite graphische Darstellungen menschlicher Sexualität in die religiöse Literatur Einzug hielten. In Stundenbüchern waren die Bußpsalmen von aufreizenden Miniaturen begleitet, die zeigten, wie David Bathseba im Bade belauschte. Andere Miniaturen, mit denen der Kalender bebildert war, zeigten nackte männliche und weibliche Gestalten, die den Monat Mai symbolisierten, sowie anzügliche Liebkosungsszenen.[157] Bemalte Zierleisten stellten sowohl heterosexuelle als auch homosexuelle Begegnungen dar. Analog dazu erlaubte es die neue Gewohnheit der stillen eigenhändigen Abfassung von Texten den Laien, erotische Vertraulichkeiten in handgeschriebenen Aufzeichnungen und Briefen zu kommunizieren. Philipp der Gute schrieb eigenhändig an seinen Gefährten Johann von Cleves und erörterte mit ihm in einer ebenso offenherzigen wie derben Sprache sexuelle Abenteuer.[158]

Daß bis dahin unterdrückte sexuelle Phantasien durch das private stille Lesen eine neue Ausdrucksfreiheit erlangten, hatte paradoxerweise zur Folge, daß auch das religiöse Erleben der Laien an Tiefe gewann. Das private stille Lesen in der eigenen Sprache gab nun auch den Laien Gelegenheit, sich um jene persönliche Beziehung zu Gott zu bemühen, auf die seit dem Heiligen Augustin christliche Gelehrte immer wieder Anspruch erhoben hatten. *De imitatione Christi*, das Thomas von Kempen für seine Mitbrüder im Kloster geschrieben hatte, wurde schon bald nach seiner Abfassung ins Französische übertragen und am burgundischen Hof in Umlauf gebracht.[159] Eine große Zahl weiterer religiöser Texte, zu denen Übersetzungen ebenso wie Originaltexte zählten, betonten, welch große Bedeutung dem Lesen, Schauen und Schweigen für die spirituelle Erbauung zukam. Im Prolog zu seiner *Vie de Christ* verkündete Jean Mansel, das gesprochene Wort sei flüchtig, das geschriebene hingegen von Dauer; die Ritter und Fürsten, die um ihres Seelenheils willen zur Andacht bereit waren, forderte er auf, den Inhalt seines Buches zu *schauen*.[160] Ausgehend von der Lektüre des Lebens Christi müsse jedermann meditieren, und zwar mit den »Augen seines kontemplativen Sinnens«.[161] Die volkssprachlich abgefaßte Biographie des Peter von Luxemburg schilderte den Sproß einer Adelsfamilie, der stille nächtliche Stunden damit verbrachte, Predigten, die Viten von Heiligen und die Schriften der Kirchenväter zu lesen.[162] In der für Laien bestimmten volkssprachlichen Literatur war die Absonderung von der Gesellschaft zum Zwecke privaten Lesens und Betens ein wiederkehrendes Motiv. Peter von Luxemburg selbst hob die Notwendigkeit des privaten Gebets und des stillen Studiums hervor.[163] In seinem *Leben Christi*, das Ludwig von Brügge übersetzte, empfahl Ludolf von Sachsen das private Lesen der Heiligen Schrift als Hauptelement eines kontemplativen Lebens.[164] Durch die Übersetzung wollte der Autor nun den frommen Laien Gelegenheit geben, sich die Taten und Worte Christi vor Augen zu führen.[165] Stundenbücher, die in wachsender Zahl für Laien hergestellt wurden, waren auf die Bedürfnisse eines individualisierten spirituellen Erlebens zugeschnitten.[166] Die volkssprachliche und die lateinisch geschriebene Erbauungsliteratur für den Laienstand enthielt gleichermaßen die Lesehilfen, die im 11. Jahrhundert auf dem europäischen Kontinent in die lateinisch geschriebenen Bücher eingeführt wurden und zu denen Interpunktion, Großschreibung, *traits d'union* und der Nachfolger der *diastole* gehörten, der die Unterscheidung von Wörtern in der gotischen *textualis*-Schrift erleichtern sollte.[167]

Das in den eigenen vier Wänden praktizierte private Lesen und Beten als Weg zum Heil mag wiederum beim Individuum Zweifel am Wert seines Glaubens und seiner Frömmigkeit genährt und auf diese Weise die Begeisterung für religiöse Erneuerungsbewegungen angestachelt haben. Die refomierten Bettelmönche des 15. Jahrhunderts fanden ihre stärkste Stütze in den städtischen Kaufmannsfamilien und den Adelshäusern, die handgeschriebene volkssprachliche religiöse Literatur privat lasen. Drei Generationen später gehörten viele Nachkommen dieser Familien zu den Anhängern Calvins. Am Vorabend der Reformation war die Verbreitung von Ideen derart revolutioniert, daß Laien geradesogut wie Universitätslehrer abweichende Ansichten privat formulieren und heimlich verbreiten konnten. Die Ikonographie des reglos geübten, stummen Lesens in Gerard Dous Bildnis von Rembrandts Mutter fand ihr Vorbild in der Ikonographie der im Augenblick der Verkündigung still und andächtig lesenden Jungfrau Maria. Der Buchdruck sollte beim schließlichen Triumph des Protestantismus eine wichtige Rolle spielen, aber die Formulierung reformistischer religiöser und politischer Ideen und die Fähigkeit der Führungsschichten Europas, in Gewissensfragen ein eigenständiges Urteil zu fällen, waren auch die Frucht einer langen Entwicklungsgeschichte des Lesens vom 10. bis zum 15. Jahrhundert.

*Aus dem Englischen von Ulrich Enderwitz*

Kapitel 6

# Das Lesen in den jüdischen Gemeinden Westeuropas im Mittelalter

*Robert Bonfil*

Auf der politischen Ebene wirft die Lesepraxis bei den Juden wie bei den Christen die Frage auf, wie die Autorität und Macht ausübenden oder dies zumindest anstrebenden Eliten ihre Aufgabe wahrnehmen, die Verbreitung der Ideen unter Kontrolle zu bringen. Macht auszuüben bedeutet immer auch, sich zu fragen, welche Bedeutung man dem Gegensatz zwischen Kontrollierenden und Kontrollierten beilegen will. Im Fall der Lektüren bringt dieses Spannungsverhältnis einerseits immer einen Komplex repressiver Äußerungen, andererseits einen zweiten Komplex schöpferischer, manchmal erzieherischer oder regelrecht indoktrinierender Äußerungen hervor: das Schädliche unterbinden, das Nützliche fördern.

So gesehen gibt es in der Art der Ausbildung des *outillage mental*, des mentalen Rüstzeugs der Juden und ihrer christlichen Zeitgenossen, keinen Unterschied. Gleichwohl sorgt die Besonderheit der jüdischen Situation für mehr als ein unterscheidendes Element. Da die Juden in dieser ganzen Zeit nirgendwo auch nur die geringste Möglichkeit hatten, unabhängig Macht auszuüben,[1] kam es für sie zu einer eigentümlichen Spaltung der normgebenden Autorität: auf der einen Seite die Autorität derer, die effektiv die Macht innehatten, das heißt der Nichtjuden, die sich definitionsgemäß außerhalb des soziokulturellen Raums der Juden befanden; und auf der anderen Seite die Autorität der jüdischen Führerschaft, die über keine wirkliche Macht verfügte und deshalb gezwungen war, sich auf die Macht der anderen zu stützen oder auf mehr oder weniger wirksame Behelfsmittel zurückzugreifen. Die Autorität der jüdischen Führerschaft erwies sich deshalb als doppelt von außen beeinflußt: Stets mußte sie die von anderen auferlegte Norm – die oft in Widerspruch zu derjenigen stand, die sie selbst hätte auferlegen wollen – *erdulden;* außerdem mußte sie ihre eigenen Normen so gestalten, daß sie mit jenen der in jedem Fall überlegenen Machthaber nicht in Konflikt gerieten. Die Führerschaft der jüdischen Diaspora fand sich so bereits in vormoderner Zeit in einer in vielerlei Hinsicht ähnlichen Situation wie die Kirchenvertreter zur Zeit des triumphierenden Laizismus.[2] Da sie Kontrolle notgedrungen eher im Sinne eines *lobbying* bei den tatsächlichen Machthabern auffassen mußte und diejenigen, die sie zu kontrollieren beanspruchte, eher durch überzeugendes Predigen als durch reale Repression beeinflussen konnte, eher durch

Androhungen himmlischer Strafgerichte und des Banns als durch tatsächliche Bücherverbrennungen, sah sich die jüdische Führerschaft genötigt, eine verhältnismäßig weniger strenge, offenere und weltzugewandtere Position zu vertreten als die christliche Obrigkeit. Wie wir weiter unten sehen werden, war dies ein besonderer Aspekt eines allgemeineren Grundzugs der jüdischen Gesellschaft jener Zeit: daß sie nämlich in das ganz von Religiosität bestimmte Bild der Zeit eine ausgeprägt profane Komponente einbrachte. Dies in deutlichem Kontrast zur Neuzeit, in der es sich genau umgekehrt verhält. In dieser Perspektive wird die jüdische Eigentümlichkeit, wie wir glauben, deutlicher zu erkennen sein, wenn man sie vor dem Hintergrund des Prozesses einer allmählichen »Öffnung« des Buchs für ein potentiell immer größer werdendes Publikum im Mittelalter und eines allgemeineren Wandels der gemeinsamen Haltung von Juden und Christen im Hinblick auf das Verhältnis zwischen dem Heiligen und dem Profanen betrachtet und untersucht, wie sich dieser Prozeß im Bereich des Buchs und der Lektüre niederschlägt.

## Buch und Lektüre im sakralen Raum

Offenbar hat es bei den Juden des christlichen Abendlandes das ganze Frühmittelalter hindurch das Phänomen einer Sakralisierung des Buches gegeben, wie es in derselben Zeit ähnlich auch innerhalb der christlichen Gesellschaft beobachtet wurde. Auch bei den Juden wird das Buch eher als magisch-religiöser Gegenstand denn als durch Lektüre erschließbares Kommunikationsmittel aufgefaßt; eher als Reliquie, der aufgrund ihres übernatürlichen Gehalts andächtige, besinnliche Anbetung gebührt, statt als Träger von Inhalten, die zur freien Verfügung stehen. Kurzum, es herrscht eine Vorstellung, wonach das Buch dem direkten Zugriff durch das gemeine Volk doppelt *verschlossen* ist: verschlossen in seinem Einband und verschlossen in der Lade, zu der das gemeine Volk keinen freien Zugang hat, ganz im Gegensatz zu der Vorstellung eines in den beiden oben spezifizierten Bedeutungen *offenen* Buchs, wie sie sich vom Jahr Tausend an Bahn brach.[3] Ein klares Beispiel für eine solche Auffassung liefert uns die sogenannte *Buchrolle des Achimaatz*, ein Werk episch-genealogischen Charakters, verfaßt im Jahr 1054 in Süditalien auf der Grundlage mündlicher Traditionen, die bis in die zweite Hälfte des 9. Jahrhunderts zurückreichen.[4] Dort lesen wir nämlich unter anderem die Geschichte einer Frau, die den himmlischen Zorn auf ihre Familie zog und den Tod einiger Angehöriger verursachte, weil sie an einem Freitag Abend während ihrer Menstruation vor einem heiligen Buch eine Kerze angezündet hatte. Die Details der Geschichte sind alles andere als klar. Unklar ist die Funktion der Kerze und auch der Inhalt des Buches. Unzweifelhaft gab es jedoch den Brauch, vor dem *Buch des Wagens*, einem Text der altjüdischen Mystik, eine Kerze brennen zu lassen. Die Frau hätte demnach durch ihr Handeln die Heiligkeit des Buches, das hier als eine richtige Reliquie angesehen wird, beschmutzt.[5]

Die Gesellschaftshierarchie, die den in dieser Geschichte mitschwingenden Einstellungen zugrunde liegt, wird durch andere Stellen in derselben *Buchrolle des Achimaatz*[6] wie auch in anderen Schriften ausführlich bestätigt. Es ist die Struktur einer Gesellschaft, die sich bei der Überlieferung kultureller Inhalte auf die Funktion streng abgeschlossener elitärer Gruppen verläßt und diese Funktion versteht als Vermittlung zwischen dem Raum des Heiligen, der von diesen Gruppen als den Hütern und legitimen Interpreten der Bücher beherrscht wird, und dem »profanen«[7] Raum des gemeinen Volkes, an das sich die mündliche Darlegung der Inhalte der Bücher richtet. In dieser Hinsicht ist das Frühmittelalter eine Epoche, in der analog zu dem, was bei den Nichtjuden (Christen wie auch Muslimen) geschieht, die Ausübung der Macht in Begriffen einer priesterlichen Sakralität wahrgenommen wird, die mit der gültigen Interpretation der traditionellen Texte und folglich auch der Bekanntgabe der aus diesen Texten abgeleiteten Normen verbunden ist. Der Abstand zwischen der überwiegenden Mehrheit der Menschen und den legitimen Lesern/Interpreten der Texte wird bei den Juden im geopolitischen Kontext des christlichen Abendlandes noch konkreter wahrgenommen als im muslimischen Morgenland. Denn der Sinn der heiligen Schriften erreicht sie doppelt vermittelt: nicht nur durch die örtliche Führerschaft, sondern vor allem durch die übergeordnete – vom 9. Jahrhundert an fast ausschließlich babylonische –

Führerschaft außerhalb des lokalen geographischen Raums.[8] Kurzum, wenn wir den Akt des Lesens als die Herstellung einer komplexen Beziehung zwischen dem geschriebenen Text und dem Adressaten begreifen, nicht nur als einfache Mitteilung von Worten, dann wird unschwer zu verstehen sein, daß im Kontext einer solchen Gesellschaft die Beziehung, die sich im Rahmen einer öffentlichen Tätigkeit herstellte, auch ein sakrales Autoritätsverhältnis begründete zwischen denen, die autorisiert waren, den Sinn der Schrift aus dem Raum des Heiligen öffentlich zu machen, und jenen, die keine solche Autorität besaßen. So verband sich die Vorstellung der hermeneutischen *Lektüre* mit der Vorstellung des Gesetzes.[9] Die dieser Sicht korrespondierende geistige Grundhaltung ergab sich aus der Mündlichkeit und war von tiefem Respekt vor der Rhetorik geprägt. In der hebräischen Begrifflichkeit des Mittelalters wurde der entsprechende Ausdruck vom biblischen *meliz* (*Gen.* 42, 23) abgeleitet, was eben genau »Mittler«, »Vermittler« bedeutet. So war die geistige Grundhaltung eher statisch-konservativ als dynamisch-innovativ und führte letztlich zur Verteidigung der im wesentlichen geschlossenen gesellschaftlichen Hierarchie, von der eben die Rede war.[10]

Deshalb haben wir aus dieser Zeit, in der der Akt des Lesens sehr kleinen Eliten »Erwählter« vorbehalten war, »denen alle Lektüren erlaubt sind« (sowohl innerhalb des besonderen jüdischen Raumes als auch außerhalb davon), keine Kenntnis von Zensurausübung. Da es sich jedoch, wie gesagt, definitionsgemäß um eine verfängliche, gefährliche Tätigkeit handelte, darf man annehmen, daß sie meist abgesondert vom gemeinschaftlichen Raum der Gesellschaft, dem auch die Eliten selbst angehörten, ausgeübt wurde, in mehr oder minder hermetisch abgeschlossener Umgebung, manchmal sogar, ohne es offen zuzugeben.

Eine weitere jüdische Besonderheit ist, daß Texte aus dem nichtjüdischen Kulturraum »importiert« und angemessen »hebräisiert« (d. h. gefiltert und manipuliert) wurden. Was das Frühmittelalter betrifft, läßt sich dies hervorragend an Werken wie dem *Sefer Josippon*[11] oder dem Kommentar zum *Buch der Schöpfung* von Schabbetaj Donnolo[12] belegen, die ihre Wurzeln entschieden im christlichen literarischen Erbe haben. Der *Sefer Josippon* überträgt sogar Inhalte in den jüdischen Kulturraum, die fast ausschließlich aus Texten stammen, die das spätere jüdische Empfinden zweifellos als »höchst gefährlich« eingestuft hätte:

aus den »Apokryphen« – die in der christlichen Bibel als kanonisch angesehen wurden, sich jedoch »außerhalb« des jüdischen Kanons befanden – und aus der christianisierten Version des Flavius Josephus, einem Werk des Hegesipp. Eine für das Mittelalter charakteristische und in bestimmten sogenannten »orthodoxen« Kreisen mitunter sogar noch in unseren Tagen vorhandene, sehr lang währende Konstante bestand im Judentum – vielleicht mehr nach dem Ebenbild des Islam als nach dem des Christentums – darin, daß man die Übereinstimmung herausstellte zwischen dem, was man als religiös positiv wahrnahm, was legitimerweise also *innerhalb* des idealen Kulturraums zu situieren war, und Inhalten, die sich *außerhalb* dieses Raumes befanden. In all diesen Fällen ging es um eine zweckmäßige Umstrukturierung des kulturellen Raums der Gruppe, ohne die Notwendigkeit seiner kontrollierten Abgrenzung durch jene anzuzweifeln, denen kraft ihrer überragenden intellektuellen Stellung das ausschließliche Recht zugesprochen wurde, diese Abgrenzung aufzuheben. Doch war dies eine Logik, die bei Juden wie Christen durch die Zunahme an praktischen Lesemöglichkeiten im Zuge der verschiedenen »Renaissancen« nach und nach immer härter auf die Probe gestellt werden sollte. In Hinblick auf unsere Fragestellung läßt sich sagen, daß die Situation der Juden als einer ständig zur Auseinandersetzung mit der Mehrheitskultur gezwungenen Minderheit jedenfalls bereits auf dieser Ebene dazu führte, daß der heilige Raum der Lektüre durch die Reflexion über den anderen verhältnismäßig offener gefaßt wurde, sich also, was die hermetische Abriegelung jenes Raums betraf, eine ähnliche Situation wie bei der oben erwähnten Unterordnung der jüdischen Autorität unter die der Christen ergab. Durch die Entwicklung in der nachfolgenden Epoche wurde diese Tendenz noch deutlicher.

## Buch und Lektüre im städtischen Raum

Der rasche Urbanisierungsprozeß bei den westeuropäischen Juden seit dem Jahr Tausend[13] setzte eine ebenso rasche soziokulturelle Veränderung der jüdischen Gesellschaft in Gang.[14] Einerseits verschwanden die bäuerlichen Gesellschaftsschichten, von denen wir durch die frühmittelalterlichen Quellen genaue Kenntnis haben, recht schnell. Zum anderen war die zunehmend städtische jüdische Gesellschaft bald in verhältnismäßig hohem Grad alphabetisiert. Ohne das Belegmaterial überstrapazieren zu wollen, läßt sich ohne weiteres behaupten, daß zwischen dem 12. und 13. Jahrhundert völlige Analphabeten, die nicht in der Lage waren, eine Gebetsformel zu lesen, unter den (wohlgemerkt männlichen) Juden immer seltener wurden. Bei der Erzählung des *exemplum* vom Hirten, der sich, des Lesens nicht mächtig, mit einem spontanen Gebet behalf, griff der Verfasser (oder vielleicht ein Kommentator) des *Sefer Chassidim* durch den Zusatz, es habe sich »um einen Juden« gehandelt, der möglichen Ungläubigkeit des Lesers vor.[15] Auch in dem Zeugnis eines Gelehrten aus dem Rheinland, das in den *Sefer Raavia*[16] aufgenommen wurde, läßt sich unschwer eine gewisse Verwunderung feststellen:

> »In einer Responsensammlung habe ich gesehen, daß es in Spanien und in Babylonien *noch heute* [Hervorh. v. Verf.] üblich ist, daß der Offiziant den *Seder* [die Zeremonie des *ordo pasqualis*] in der Synagoge begeht, weil das Volk im Aufsagen der *Haggada* [der traditionellen Pessach-Erzählung] nicht bewandert ist.«

Wie man das – zumindest bis Anfang des 13. Jahrhunderts belegte – Fortdauern dieses Brauchs in Spanien auch deuten mag, es scheint kaum in Frage zu stehen, daß er, nicht anders als in ähnlichen Fällen, die in den Rechtsvorschriften der *Mischna* verzeichnet sind, in einer Zeit aufgekommen sein dürfte, in der die Zahl der Analphabeten so hoch war, daß man es sich nicht erlauben konnte, sie bei der Festlegung der rituellen Vorschriften außer acht zu lassen.[17] Die Besonderheit des spanischen Falls läßt sich durch die Tatsache erklären, daß hier wie auch in der Provence die Landflucht weniger drastisch und rasch vor sich ging als in anderen Gebieten Europas, so daß dort Juden in der Landwirtschaft auch noch für die erste Hälfte des 15. Jahrhunderts gut bezeugt sind. Auf jeden Fall machen die Formulierungen deutlich, wie außerordentlich ein solches Analphabetentum erschien.

Die Frage der Kontrolle wird daher auch in unserem Fall – fast möchte man sagen, »natürlich« – in engem Zusammenhang mit dem

Fortschritt der Alphabetisierung und der Zirkulation von Büchern virulent. Gleich ob es sich um die Kontroverse um das Werk des Maimonides[18], den von Rabbi Salomon ben Adret und seinen Anhängern im Jahr 1305 verhängten Bann gegen die unreifen (unter 25jährigen und nicht ausreichend in der talmudischen Wissenschaft bewanderten) Gelehrten »fremder« Wissenschaften[19] oder um andere weniger untersuchte und weniger bekannte Maßnahmen[20] handelt, immer geht es darum, durch die Ausübung von Kontrolle über die Lektüre, die potentiell zu Störungen führt, die Kontrolle über die Gesellschaft aufrechtzuerhalten. Aus der Binnenperspektive der Minderheit scheinen alle Maßnahmen in der Zeit vor Erfindung des Buchdrucks charakteristischerweise die Tendenz des Frühmittelalters, die Aufmerksamkeit auf die durch das Lesen bewirkten Handlungen und auf die Individuen, nicht auf die Bücher zu konzentrieren, fortzusetzen und zu institutionalisieren. Es werden also strenger die Räume für den Vollzug der Handlungen und die Eignung der Zugelassenen, in diese Räume aufgenommen zu werden, definiert und die Vorstellung verteidigt, daß das Heilige und das Gefährliche nahe beieinander liegen. Damit wird auch die Bewahrung der bestehenden Kultur und Gesellschaftsordnung verteidigt, folglich auch die Funktion der Führer, die als unumschränkte Herrscher das Feld des Wissens kontrollieren. Eine einfache Lösung erfährt so der offensichtliche, von den Forschern so oft hervorgehobene Widerspruch zwischen den Bannflüchen gegen eine auf »externe« Lektüren sich stützende intellektuelle Betätigung und der unbestreitbaren Tatsache, daß die Urheber dieser Bannflüche sich regelmäßig von denselben, von ihnen verteufelten Lektüren durchdrungen zeigen.[21] Diesen Umstand gilt es insofern besonders hervorzuheben, als er der Auffassung der christlichen Machthaber entgegengesetzt ist: Diese legten bereits im 13. Jahrhundert eine Haltung der Intoleranz gegenüber dem »gefährlichen« Buch an den Tag, die in Paris bereits im Jahr 1241 für die erste Talmudverbrennung sorgte.[22]

Liegt die Ursache für das Beibehalten des »alten Weges« in den jüdischen Gemeinden in einer Strukturschwäche der jüdischen Selbstverwaltung? Zwei Indizien scheinen für eine Deutung in diese Richtung zu sprechen: zunächst der Umstand, daß sich in der Geschichte der Kontroverse um das Werk des Maimonides auch ein Versuch feststellen läßt, die christliche Macht in den Streit hineinzuziehen, um sie letztlich auch unter den Juden mit einer Bücherverbrennung zu entscheiden. Für uns ist an dieser Stelle weniger von Belang, ob die Juden tatsächlich um die christliche Intervention ersucht haben oder ob es sich dabei um einen Fall propagandistischer »Desinformation« handelt, in den noch nicht genügend Licht gebracht worden ist.[23] Wie dem auch sei, fest steht, daß in der Vorstellung ein Zusammenhang besteht zwischen einer *repressiven Politik gegenüber dem Buch* und einer *effektiven Machtausübung*. Die Wirksamkeit dieser Machtausübung muß konkret nachgewiesen werden, vorzugsweise durch das exorzistische und reinigende Ritual des Feuers. Das zweite Indiz liefert uns die für die Folgezeit belegte Entwicklung. Tatsächlich bedeutete der erste große Boom des Buchdrucks genauso wie für die Christen auch für die Juden eine Zeit, in der sich die Auseinandersetzungen um Lektüren besonders verschärften. Aus der Sicht derer, die sich für das Verhalten der Gesellschaft verantwortlich glaubten, waren zu viele Bücher in Reichweite, weshalb ebenso viele Gefahren drohten.

Daß bei den Juden die Waffe des Banns gegen *jeden*, der bestimmte Bücher las, eingeführt wurde, scheint dem Einsatz derselben Waffe bei den Christen in dieser Phase sogar noch vorausgegangen zu sein. Als erster nämlich dürfte Leone di Vitale, genannt Messer Leon (gest. um 1490), von diesem Mittel Gebrauch gemacht haben. Er sprach einen förmlichen Bann gegen jeden aus, der es wagte, den Bibelkommentar des Gersonides zu lesen, dem er zur Last legte, das Dogma der Schöpfung *ex nihilo* abzulehnen. Sehr wahrscheinlich muß man diesen Vorfall in Zusammenhang mit der Vorbereitung der Erstausgabe des Werkes bei dem mantuanischen Verleger Conat im Jahr 1475 sehen.[24] Bei Messer Leon beruhte die Ineinssetzung rabbinischer Machtausübung und effektiver Machtausübung darauf, daß durch außergewöhnliche Umstände, die hier nicht detailliert dargelegt zu werden brauchen,[25] das ausschließliche Vorrecht zum Bann in jener Zeit bei den diplomierten Rabbinern lag und Messer Leon eben ein solches Rabbinerdiplom besaß. In diesem besonderen Fall trat noch ein weiterer Umstand hinzu: Messer Leon war durch den Kaiser mit dem Doktortitel ausgezeichnet worden, was ihm in seinen Augen wahrscheinlich eine noch größere Autorität verlieh – so wenigstens die Unterstellung seiner Gegner. In diesem Sinne – *mutatis mutandis* – kam es in der Sicht dieses Rabbiners zu einer ähnlichen Übereinstimmung, wie wir sie weiter oben zwischen der Ausübung jüdischer Autorität und der Machtausübung durch die wirklichen Machthaber beobachtet haben.

Repressive Maßnahmen gegen Bücher zeigen jedenfalls durchgängig, daß man auf die Möglichkeit vertraute, das rabbinische Vorrecht zum Bann in effektive Machtausübung umzusetzen. Dies in einem Kontext, in dem die Gefahr eines Kontrollverlustes über die Lektüren immer schärfer wahrgenommen wurde. Insgesamt jedoch war die den jüdischen Führern durch die Verhängung des Banns verliehene Gewalt weitaus beschränkter als die Gewalt, die die christlichen Machthaber ausüben konnten. Zum einen konnte, da eine höchste rabbinische Autorität fehlte, immer ein Gegenbann ausgesprochen werden. So schrecklich der Bann in der Vorstellung der Volksfrömmigkeit auch wahrgenommen wurde, praktisch konnte man ihn nicht nur gegen denjenigen wenden, der ihn ausgesprochen hatte. Mehr noch zählt in unserem Zusammenhang, daß er keinerlei unumkehrbare Folgen wie etwa eine Verbrennung haben konnte. Zum anderen war die eigentliche Verhängung des Banns oft auf die Autorisierung durch die christlichen Verwaltungen angewiesen, was die Ausübung jüdischer Autorität wiederum von der christlichen Macht abhängig machte. Auf jeden Fall also erwies sich die Kontrolle der Lektüren bei den Juden als weniger wirksam als bei den Christen. Nicht nur die Initiative Messer Leons scheiterte, auch spätere Versuche, in bezug auf das Buch eine Repressionspolitik anzuwenden, hatten, wie wir gleich sehen werden, einen schweren Stand. Das Bündnis zwischen Repression und Machtausübung war bei den Juden weitaus fragiler als bei den Christen. Dies ändert letztlich aber nichts daran, daß es auch bei den Juden vorhanden war.

## Autoritätskrise und repressive Politik

Da fest steht, daß die Juden mit der Zeit keinen höheren Grad an Selbstverwaltung erlangten, vielmehr eher das Gegenteil der Fall war, scheint die im Bereich des Judentums zu beobachtende Verspätung bei der

Umsetzung der Idee der Lektürekontrolle in eine repressive Buchpolitik tatsächlich darauf hinzudeuten, daß diese Umsetzung mit dem kritischen Punkt zusammenfällt, an dem die Autoritäts- und Machtkrise in einen tatsächlichen Kontrollverlust mündet. Wie immer in solchen Fällen wird Macht um so verzweifelter demonstriert, je tiefer das Empfinden der Krise ist. Beispielhaft für die Christen sind in dieser Hinsicht das 13. und das 16. Jahrhundert. Bei den Juden, die ständig in einem Klima der Machtkrise lebten, wurde die angeborene Schwäche auf lange Sicht zur machtvollen Gewohnheit, wodurch sich die Notwendigkeit einer Kursänderung auf außergewöhnlich ernste Konstellationen beschränkte. In dieser Hinsicht erwies sich das 16. Jahrhundert für sie als weitaus kritischer als das 13. Jahrhundert. Zur Notwendigkeit einer Neuordnung des Wissens im Anschluß an die Einführung des Buchdrucks kamen für die Juden die Tragödien der Vertreibungen, beginnend mit der aus Spanien im Jahr 1492, und die daraus folgende Notwendigkeit der Überlebenssicherung auf allen Ebenen hinzu. Der außergewöhnliche Umstand, daß nun eine radikale Repressionspolitik einsetzte, darf also fraglos als akutes Symptom äußerster Schwäche und eines momentanen Verlustes der Zuversicht, Kontolle über die Lektüren ausüben zu können, gedeutet werden.[26] Doch wenn die Repression von Büchern effektiv die Lesemöglichkeiten einschränkt, trifft sie indirekt auch die soziokulturelle und politische Struktur, die den Unterschied zwischen einflußreichen Kontrollierenden und kontrollierten Untergebenen sanktioniert.[27] Deshalb liegt hier der Schluß nahe, daß solche Ereignisse vor allem deshalb außergewöhnlich blieben, weil in ihnen ein revolutionärer Radikalismus zum Ausdruck kam. Revolutionär, weil er, wenn auch auf Umwegen, die eigentliche Basis der autoritären Struktur einer Gesellschaft untergrub, die durch den binären Gegensatz zwischen einer Elitekultur und einer volkstümlichen Kultur sowie durch die Ausübung einer paternalistischen Autorität über ein *sub specie infantis* aufgefaßtes gemeines Volk gekennzeichnet war. In dieser Sicht mußte sich die Wiederherstellung der Autorität und der Macht deshalb stets in der Form einer modifizierten Wiederherstellung des *status quo ante* äußern: mit einer Beschränkung des Zugangs zum Wissen, mit der Kontrolle der Buchproduktion, mit präventiver Zensur und Indizes verbotener Bücher (welche die indizierten Bücher in jedem

Fall nur virtuell vernichteten und unmittelbaren Einfluß auf die Neuordnung jener Räume hatten, in denen die verbotenen Lektüren noch erlaubt wurden); schließlich mit dem Eingriff in die Texte der Bücher selbst.[28]

Es ist bezeichnend, daß die erste jüdische Gemeindeordnung zu diesem Punkt aus Italien in die Zeit des Tridentinischen Konzils fällt. Auf ihrer Versammlung in Ferrara im Jahr 1554, kurz nach und wahrscheinlich in engem Zusammenhang mit dem Erlaß der päpstlichen Bulle, die die Verbrennung aller Talmudexemplare verfügt hatte (September 1553), beschlossen die Abgesandten der jüdischen Gemeinden Italiens, daß

> »die Buchdrucker nicht befugt sind, ein zuvor noch nie gedrucktes Buch zu drucken, wenn sie nicht vorab die Zustimmung dreier Rabbiner haben, deren jeder von drei Rabbinern ordiniert wurde, sowie, wenn es sich bei dem Ort des Druckes um eine Kleinstadt handelt, von den Oberhäuptern einer der größeren Gemeinden in der Nähe dieses Ortes. Handelt es sich dabei jedoch um eine Großstadt, so genügt die Zustimmung der Oberhäupter der Gemeinde dieser Stadt nebst der von drei Rabbinern, wie oben dargelegt. Die Namen besagter Rabbiner und der Gemeindeoberhäupter werden in der Einleitung zum Buch genannt. Im gegenteiligen Fall ist es keinem Juden erlaubt, das Buch zu kaufen, bei einer Strafe von 25 Scudi für jeden Käufer, welche am selben Ort, wo der Verstoß erfolgt, für Almosen aufzuwenden sind.«[29]

Soweit uns bekannt ist, scheiterte auch diese Verordnung kläglich. Die jüdische Führerschaft, die von der christlichen Macht nicht angemessen unterstützt wurde und deshalb immer wieder gezwungen war, auf die Kultur- und Religionspolitik der Machthaber Rücksicht zu nehmen, sah sich wie seit jeher genötigt, die Machtausübung eher auf den Bereich der Überredung als auf den der Repression zu verlagern. Allerdings wichen die Verbrennungen auch im christlichem Bereich schon recht bald der präventiven Zensur und den Indizes verbotener Bücher, wodurch auf vielfältige – hier nicht näher auszuführende – Weise die Verbindung zwischen Macht und Wissen wiederhergestellt wurde.[30]

Sehr bezeichnend ist der Fall von Widerstand gegen das Buch *Meor Enajim* (»Augenspiegel«) von Asarja ben Moses de Rossi (ca. 1511–1578), in dem mehrere italienische Rabbiner und andere Autoritäten revolutionäre Inhalte ausmachten.[31] Während von außerhalb Italiens (vor allem aus Safed und Prag) gegen das Buch gewettert und jeder exkommuniziert wurde, der es zu lesen wagte, beschränkte sich das Verbot in Italien auf diejenigen, von denen man annahm, sie seien der Gefahr des Abenteuers nicht gewachsen; erlaubt war die Lektüre demnach nur jenen, die ausdrücklich dazu autorisiert waren. Während also die Verhängung des Banns wirkungslos blieb, bot sich die Lösung des Problems im Bereich des Handelns auf die gleiche Weise wie schon Jahrhunderte zuvor, aber, im geistigen Klima des Tridentinischen Konzils, *mutatis mutandis* auch in der Annäherung der Ziele der zensierenden Führungsschicht und der Wünsche der Autoren. Dieser Kompromiß war aufschlußreich: Lieber akzeptierte es der Autor, Eingriffe in seinen Text vorzunehmen und ihn zu zensieren, als die Konsequenzen aus der Verweigerung einer Einigung mit den Repräsentanten der Macht zu tragen. Auch wenn man nicht ins Detail geht, zeigt sich hier symptomatisch die Schwäche von Autoren und Establishment, aber auch die Stärke, Kompromisse zu schließen. Recht deutlich wird hier offenbar, daß die Art, das Problem intern, ohne Rückgriff auf die christliche Macht zu lösen (die ja an der Verbreitung eines für das Judentum revolutionären Buches immer interessiert gewesen sein dürfte), in der Wiederherstellung eines Bündnisses zwischen Machthabern und für die Öffentlichkeit schreibenden Autoren bestand, oder aber darin, die Integration – wenn auch *sui generis* – des Verfassers in die Sphäre der Autorität zu begünstigen. Aus der Perspektive der machtlosen jüdischen Minderheit scheint diese Entwicklung also die – bereits in der Zeit des Tridentinischen Konzils erfahrenen[32] – Schwierigkeiten einer wirksamen Ausübung der Zensur widerzuspiegeln und darüber hinaus die ähnlich geartete Schwäche bei der christlichen Mehrheit vorwegzunehmen, wie sie sich später bei den bereits erwähnten Problemen der christlichen Kirche mit der Säkularisierung in der Neuzeit zeigte.[33]

Der Fall des Asarja de Rossi und im weiteren Sinn der jüdischen Minderheit kann also als besonderes Beispiel einer allgemeinen Wiederherstellung des alten Zusammenhangs zwischen Autoren und Autoritäten im Rahmen der Neuordnung gedeutet werden, die auf die Bewußtwerdung der durch den Buchdruck offenbar gewordenen jeweiligen Schwäche folgte. Wenn auch nur flüchtig, so muß man zu diesem Punkt doch noch erwähnen, daß dem Kontrollverlust des Establishments über die Autoren an der Schwelle zur Neuzeit der Kontrollverlust der Autoren über ihr eigenes Werk entsprach, und zwar einfach deshalb, weil das Buch inzwischen von jeder beliebigen Person gekauft und gelesen werden konnte. Daher geht man ohne weiteres recht in der Annahme, daß die präventive Zensur unter dem Druck von Verbraucherwünschen, die im Gegensatz zur Epoche handschriftlicher Texte immer besser bekannt waren,[34] tatsächlich die Entsprechung zur Institution des Urheberrechts war.[35] In diesem Sinne ist die enge Verbindung zwischen einer frühen Form von Copyright[36] und der Geschichte der Unterdrückung des jüdischen Buches, wie sie sich uns beispielsweise in der Chronik des venezianischen Verlagswesens im 16. Jahrhundert zeigt,[37] sehr bezeichnend. Auch wenn sie in ihren Einzelheiten – die an dieser Stelle im übrigen unmöglich rekapituliert werden könnten – noch nicht ganz geklärt ist, hat sich gezeigt, daß das bereits erwähnte Verbrennungsurteil gegen den Talmud im Jahr 1553 und der Widerstand gegen dieses Urteil tatsächlich eng mit der Geschichte der Konkurrenz zwischen den Verlagsunternehmen Bomberg und Giustinian verknüpft ist, mit dem, was man heutzutage »Industriespionage« nennen würde, und den mit dieser »Spionage« verbundenen Denunziationen.[38] Die Interessen der Autoren und Drucker treffen sich mit jenen der Machthaber und divergieren doch immer wieder, und dies setzt soziokulturelle und politische Entwicklungsprozesse in Gang, die uns nur zu vertraut sind.[39] Eine letzte Beobachtung aus der Geschichte der jüdischen Minderheit, in der dieses ambivalente Zusammentreffen besondere und in gewisser Hinsicht kuriose Aspekte offenbart, macht seine konstitutive Kraft noch deutlicher, weit über das hinaus, was man sich auf den ersten Blick vorstellen mag.[40] Ohne in Einzelheiten zu gehen, ist leicht deutlich zu machen, daß die Ausübung christlicher Zensur in manchen Fällen effektiv die Inhalte der Texte modifizierte, die bei den Juden in Umlauf kamen, indem sie sie stärker dem christlichen Geschmack anglich und damit letztlich zu einer Verringerung des Abstandes zwischen der jüdischen und der christlichen Kultur beitrug.[41] Im Nachhinein mag das Phänomen vielleicht in einem positiven Licht erscheinen. Dem einfühlsamen Beobachter wird jedoch nicht entgehen, daß es sich gleichwohl um eine Form repressiver Machtausübung über eine machtlose Minderheit handelte und das Verhältnis zwischen Texten und Macht deshalb weitaus komplexer ist, als gemeinhin angenommen.

Unter dem Gesichtspunkt der Schwierigkeit, eine Kontrolle der Lektüren in die Tat umzusetzen, offenbart der soziokulturelle Wandel der jüdischen Gesellschaft, der durch die rasche Urbanisierung der Juden in Westeuropa beschleunigt wurde, eine Reihe von Ähnlichkeiten mit der christlichen Gesellschaft, jedoch auch erste Unterschiede. In diesem Zusammenhang haben wir besonders ein Merkmal relativer Ähnlichkeit zwischen der Situation der Juden und anderen Situationen herausgestellt, in denen die christliche Kontrolle von Lektüren eine beachtliche Schwäche erkennen ließ, wie dies eben bei der katholischen Kirche zur Zeit des Laizismus der Fall war. Daran wurde deutlich, daß die Beziehung zwischen Heiligem und Profanem, die sich in Kategorien wie nützlich/schädlich, erlaubt/verboten und so weiter niederschlug, bei den Juden weit weniger polarisiert war und in effektive Repressionspolitik umgesetzt wurde als in der sie umgebenden christlichen Gesellschaft.

## Lektüre und Gesellschaft: Auf dem Weg zum verfügbaren Buch

Weiter oben haben wir festgestellt, wie tief die Vorstellung von der Notwendigkeit einer maßgebenden Vermittlung zwischen dem heiligen Text und dem einzelnen Individuum auch bei den Juden des Mittelalters verwurzelt sein konnte, und haben einige Gründe dafür genannt. Wir wollen hier hinzufügen, daß infolgedessen auch bei den Juden lange Zeit das Phänomen einer mündlich überlieferten Literatur neben den geschriebenen Texten dominant war[42] und dies mit strengen Rechtsvorschriften zur Regelung der jeweiligen Sphären einherging: »Es ist nicht erlaubt, mündlich weiterzugeben, was geschrieben werden muß, noch ist es statthaft, niederzuschreiben, was mündlich mitzuteilen ist.« (B.T. Gittin 60b)

Im ganzen Frühmittelalter, das im christlichen Abendland der Zeit des »unzugänglichen Buches« entsprach, entwickelten die Exponenten der weltweiten babylonischen Hegemonie diese Idee weiter, indem sie in den Phasen der Herausbildung eines Korpus geschriebener Literatur, das die Gesamtheit des traditionellen jüdischen Wissens bildete, Stadien eines Niedergangs sahen.

In dem sogenannten *Sendschreiben des Rab Scherira Gaon*[43] kleidete der Autor (10. Jahrhundert) diese Deutung in eine systematische Form, die im Mittelalter außerordentlichen Anklang fand. Dennoch charakterisierte er damit die »Stadien des Niedergangs« zugleich unmißverständlich als Phasen einer Umstrukturierung der Räume, die Mündlichkeit beziehungsweise Schriftlichkeit vorbehalten waren, als Phasen einer »Öffnung« von Texten, die dem breiten Publikum bis dahin verschlossen gewesen waren, einer Erweiterung also von dessen Lektüremöglichkeiten. Wie immer Rab Scherira diese Phasen verstehen mochte, zu seiner Zeit waren sie eine vollendete Tatsache. Indem er die Erweiterung der Schreib- und Lesemöglichkeiten als Dekadenzerscheinung definierte, beabsichtigte Rab Scherira offensichtlich, die Autorität von Führern seiner Art zu untermauern, die sich als einzige maßgebende und rechtmäßige Vermittler zwischen dem Heiligen und dem Profanen verstanden, als ausschließliche Repräsentanten Gottes auf Erden, die auf ihre Weise ebensolche Stellvertreter Gottes waren, wie die Päpste auf dem Thron Petri in Rom Stellvertreter Christi waren. Wie für die Römische Kirche wurden die Grenzen dieser Autorität jedoch durch die tatsächliche Fähigkeit bestimmt, sie in soziale und politische Macht umsetzen zu können. Was der Römischen Kirche mehr oder minder seit dem 14. Jahrhundert geschah, widerfuhr der ökumenischen spirituellen Führung der Juden daher um das Jahr Tausend, als aus einer ganzen Reihe von Gründen die in der Zeit des abassidischen Kalifats errichtete hierarchische und sakrale Struktur zusammenbrach. Die Vorherrschaft des Wortes und der Niedergang, den die größere Zugänglichkeit von immer mehr Texten implizierte, verlagerten sich bei den Juden im christlichen Europa damals ins bloße Reich der Vorstellung. In der neuen Realität wurde aufgrund der speziellen soziopolitischen Bedingungen der Diaspora aus der Notwendigkeit eine Tugend, so daß durch die Vorstellung des Niedergangs zwar die *Heiligkeit* geschriebener Texte *geschmälert*, zugleich jedoch ihre Verfügbarkeit gerechtfertigt erschien.[44] Mit anderen Worten: Es ist folgerichtig, wenn man annimmt, daß die mittelalterliche »Abgeschlossenheit« der Bücher aufgrund der Unterschiede der Machtausübung bei den Juden weniger wirksam war als bei den Christen, daß bei ihnen die Anstrengung, die erforderlich war, um das Buch einer immer breiteren Öffentlichkeit zugänglich zu machen, geringer und die für diese Entwicklung benötigte Zeit kürzer ausfielen. Folglich war die Lesepraxis im Mittelalter unter den Juden säkularisierter als unter den Christen.

Tatsächlich wurde bei den Juden der Bereich der »unter Verschluß gehaltenen«, in hermetisch abgeschlossenen Milieus zumeist mündlich weitergegebenen Texte bereits im Frühmittelalter weitgehend auf mystische oder magische Texte eingeschränkt. Wir sahen bereits, wie auch das oben erwähnte Beispiel aus der *Buchrolle des Achimaatz* sich ausdrücklich auf ein Buch dieser Art bezieht. Wie wir an anderer Stelle gezeigt haben,[45] muß das Leseverbot bei Büchern der Mystik wahrscheinlich in Beziehung gesetzt werden zu dem im 9. Jahrhundert einsetzenden Verbreitungsprozeß des babylonischen Talmud im Abendland, wo er das Substrat palästinischer Kultur ablöste, dem man zu Recht einen Großteil jener Bücher zuschreibt. Es gibt jedoch, wie wir glauben, einen viel wirkungsvolleren Maßstab, um den Unterschied zwischen der jüdischen und der christlichen Gesellschaft jener Zeit zu beurteilen. Obwohl wir über die Zugangsmöglichkeiten der Öffentlichkeit zu Büchern im Frühmittelalter immer noch ziemlich schlecht informiert sind, ist es doch so gut wie sicher, daß man in der jüdischen Gesellschaft nicht einmal zu jener Zeit ein Phänomen antreffen kann, das dem typisch christlichen der Herstellung und Aufbewahrung von Büchern in Klöstern entspräche. So großzügig man die Teilhabe von Laien dort auch einschätzen mag, allein der Umstand, daß die großen Klosterherrschaften in der Regel den engen Zusammenhang zwischen politischer und religiöser Macht widerspiegelten, schlug sich naturgemäß darin nieder, daß der Zugang zu Büchern – nach dem Willen der Mächtigen – verhältnismäßig schwierig oder jedenfalls nur beschränkt möglich war.[46] Soweit wir wissen, war den Juden des christlichen Abendlandes ein solches Phänomen ganz und gar unbekannt.

## Das Studium als religiöses Ritual

Von entscheidender Bedeutung war in diesem Zusammenhang ein grundlegender Unterschied zwischen Judentum und Christentum: die unterschiedliche Studierpraxis, von der sich die Lesepraxis zu jener Zeit nur sehr schwer trennen läßt.[47] Zur Herausbildung der Vorstellung vom Studium in der mittelalterlichen Mentalität der europäischen Juden trugen verschiedene Faktoren bei, unter denen es besonders die folgenden hervorzuheben gilt: das Gewicht, das bereits im ersten Jahrhundert nach der Zerstörung des Tempels (70 n. Chr.) auf die akademische Tätigkeit als Ersatz für das Ritual gelegt wurde; der Niedergang der weltweiten Vormachtstellung des orientalischen Judentums, der zeitgleich mit der Entstehung jüdischer Gemeinden im größten Teil Europas erfolgte;[48] der eminent städtische Charakter jener Gemeinden;[49] die Vorrangstellung, die der Geldhandel unter den wirtschaftlichen Aktivitäten der Juden erhalten hatte; die Tradition der bereits zur Zeit der Religionsschulen des Orients fest hergestellten Verbindung zwischen dem – weitgehend sakral verstandenen – Wissen und der Ausübung von Herrschaft und Macht, deren politische Möglichkeiten notwendig beschränkt waren, die aber doch in Begriffen von Hoheitlichkeit gedacht wurden, so daß die Rabbiner schließlich deren charakteristische Semantik für sich übernahmen.[50] Doch unter dem Gesichtspunkt, der uns hier interessiert, war vor allem ausschlaggebend, daß eines der bemerkenswertesten Kennzeichen des Unterschieds zwischen der Definition der kulturellen Identität der Juden und der Christen eben in der jüdischen Auffassung des Studiums als eines *religiösen Rituals* lag. Wahrscheinlich wurzelt dieses Phänomen in den Ursprüngen der jeweiligen Bewußtwerdung beider Gruppen in wechselseitiger Opposition, im Gegensatz zwischen christlichem Wort und mosaischer Gesetzesschrift. Dieser Gegensatz, der durch die jahrhundertelange christliche Polemik gegen die Juden nur allzu deutlich wird, kommt auch in den jüdischen Quellen der ersten Jahrhunderte nach der Tempelzerstörung klar zum Ausdruck, zum Beispiel in der Definition der *Thora* als *göttlicher Lehrer* (Midrasch *Genesis Rabba* I, 1)[51], im Gegensatz zur Vorstellung vom *menschlichen Lehrer,* eine Vorstellung, von der bereits die Paulinische Lehre (*Gal.* 3, 24; *Röm.* 10, 4) das Christsein Christi befreit wissen wollte.[52] Daraus ergab sich ein äußerst langwährender Grundkontrast zwischen jüdischer und christlicher Mentalität. Insgesamt stand das Spannungsverhältnis zwischen Schrift und Wort bei Juden und Christen schließlich unter nahezu umgekehrten Vorzeichen. In dieser Perspektive muß man, wie wir glauben, die oben erwähnte Tatsache beleuchten, daß es bei den Juden bis an die Schwelle der Neuzeit zu keiner vergleichbaren Beschränkung des Zugangs zur Schrift zugunsten des Wortes kam, wie sie bei den Christen anzutreffen war und sich bekanntlich erst nach dem Erfolg der Reformation völlig auflöste. Wer seine eigene religiöse Identität eher auf den *Gesetzestext* als auf den *Logos des Sohnes Gottes* gründete, eher auf die detaillierte Befolgung der in jenem Text enthaltenen Regeln als auf einen weniger detailliert präzisierten Glauben, eher auf den *Buchstaben,* wie auch die Christen auf provokante Weise zu wiederholen liebten, für den war es natürlich, daß dem Studium des Textes eminente Bedeutung zukam.

Tatsächlich legte für die jüdischen Männer bereits eine jahrhundertealte Tradition die (religiöse) Pflicht fest, sich systematisch dem Studium zu widmen. Zumindest theoretisch mußte jeder jüdische Mann, um dieser Pflicht nachkommen zu können, freien Zugang zu den Texten haben, die einvernehmlich als ungefährlich angesehen wurden. Was die Frauen betrifft, so wurde ihr Ausschluß vom Studium traditionell damit gerechtfertigt, daß es ihnen gefährlich werden könnte, sich auf ein Unternehmen einzulassen, das sich nicht mit dem Leichtsinn des weiblichen Gemüts vertrüge (vgl. B.T. Sabbath 33b; Kidduschin 80b). Bereits auf den ersten Seiten des Talmud fanden die Juden klar das Ethos der individuellen Lektüre in der Synagoge formuliert:

> »Wer abends vom Feld kommt, gehe in das Bethaus [noch ehe er nach Hause geht]; ist er gewöhnt [die Bibel] zu lesen, so lese er; ist er gewöhnt, [die *Mischna*] zu studieren, so studiere er; dann lese er das *Schema* [d. h. die Bibelstellen aus Deut. VI, 4–9; XI, 13–21; Num, 37–41, die nach der religiösen Praxis morgens und abends gelesen werden müssen] und bete das Abendgebet; erst dann gehe er zum Essen.« (B.T. Berachot 4b)

Die spätere Kodifikation griff diese alte Vorschrift nur wieder auf und entwickelte sie auf verschiedene Art weiter.

## Die Synagoge als »öffentliche Bibliothek«

Im Licht der bei den Christen feststellbaren geschichtlichen Entwicklung irrt man nicht, wenn man eine Wechselbeziehung zwischen der Aufhebung der Zugangsbeschränkung zu den Texten und dem Fortschritt der Säkularisierung sieht. Auch der Unterschied zwischen Juden und Christen läßt sich in dieser Perspektive lesen, und so können wir nun erneut auf diese allgemeine Feststellung zurückkommen. Die Praxis des individuellen Lesens in der Synagoge im mittelalterlichen Europa seit der Zeit des ersten merklichen Übergangs von der Mündlichkeit zur Schrift um das Jahr Tausend wies im Vergleich zur christlichen Gesellschaft überraschend moderne Aspekte auf. Die mittelalterliche Synagoge läßt sich nämlich nicht mit der christlichen Kirche vergleichen. Wir haben die Synagoge in Italien an anderer Stelle behandelt und dort einige charakteristische Züge herausgestellt, die unseres Erachtens, natürlich mit den nötigen Abstrichen, allgemein für alle Gruppen gelten, die sich auf der religiösen Ebene von der Mehrheit unterscheiden.[53] Vor dem stark von Religiosität geprägten Hintergrund läßt sich hier eine deutliche Präsenz profaner Elemente feststellen, von denen oben allgemeiner die Rede war. Außer als Stätte des Gebets diente die Synagoge im Mittelalter nämlich als regelrechtes »soziales Zentrum« der Juden und unter anderem auch als öffentliche Bibliothek. So stoßen wir auf die Verwaltung von Büchersammlungen im Raum der Synagoge, getragen von einem Ethos, das auf einigen grundlegenden Vorstellungen in der Ideologie der jüdischen Kultur beruht: auf der Vorstellung etwa von der Verantwortung der Gruppenmitglieder füreinander und der Gemeindeorganisation als einer korporativen Institution auf der Grundlage einer auf dem Recht fußenden Gesellschaftsidee[54] sowie natürlich auf der bereits erwähnten Auffassung des Studiums als einer religiösen Pflicht des einzelnen wie der Gruppe. Wir sind zwar noch weit entfernt von modernen Vorstellungen wie der von der öffentlichen Lektüre im Sinne eines staatlichen und gesellschaftlichen Handlungsfeldes, von der institutionellen Definition der Verantwortung des Staates für die Verwaltung von Bibliotheken, die dem Publikum zur Verfügung gestellt werden, oder von der Bibliothek im Sinne öffentlichen Eigentums und so weiter.[55] Wir befinden uns jedoch bereits an dem Punkt, an dem die private Verwaltung einer Büchersammlung und öffentliche Institutionen der Gesellschaft zusammentreffen, was bedeutet, daß die Idee der öffentlichen Bibliothek hier deutlich früher als in der christlichen Gesellschaft auf den Plan tritt. Im Hinblick auf die beschränkten Möglichkeiten der öffentlichen Machtausübung darf man das Phänomen wohl ohne weiteres als einen Sonderfall des allgemeinen Bedeutungszuwachses der Privatinitiative und der Auffassung von der jüdischen Gemeinde als einer korporativen Gesellschaft interpretieren, in der bereits eine typisch moderne Auffassung (das Vertragsverhältnis) an die Stelle des in der mittelalterlichen Gesellschaft maßgeblichen *Status* tritt.[56] Denn die Vorstellung, daß es notwendig sei, die Bücher aus privatem Eigentum anderen zur Verfügung zu stellen, um die Praxis des individuellen Studiums, die vor allem Lesepraxis ist, weiterzuverbreiten, geht gerade von der Ideologie der kollektiven, auf die Stammesgemeinschaft bezogenen Verantwortung aus.

Um die Wende zwischen dem 10. und 11. Jahrhundert finden wir im mittelmeerischen Kulturraum beispielsweise einen Schiedsspruch von Rabbi Gerschom, genannt Leuchte des Exils (*Meor ha-Gola,* um 960–1028), der von dem Grundsatz ausgeht, daß »Bücher nicht gemacht sind, damit man sie anhäuft, sondern damit man sie verleiht«. Die Frage, auf die sich seine Antwort bezog, betraf ein Darlehen, für das Bücher verpfändet worden waren. Diese hatten sich bei ihrer Rückgabe als zu abgenutzt erwiesen, so daß der Schuldner eine Entschädigung für sie verlangte, während der Gläubiger die Auffassung vertrat, die Benutzung der Bücher sei (wir müssen hinzufügen: stillschweigend) Teil des Geschäftes gewesen. Ihm zufolge verhielt es sich sogar so: »Unter dieser Bedingung habe ich dir überhaupt das Darlehen gegen diese Bücher als Pfand gegeben – unter der Bedingung, mit ihnen studieren und lehren und sie auch anderen leihen zu können.«[57]

Unter den religiösen Moralvorschriften der Frommen des Rheinlandes (*Chasside Aschkenas,* 12.–13. Jh.) finden wir einen ganzen Abschnitt mit rund sechzig Absätzen über den Umgang mit Büchern: wie man sie aufbewahren soll, indem man sie »in eine schöne, schickliche Lade« legt; wie man verhindert, daß sie Schaden nehmen und so weiter. Diese Weisungen geben Zeugnis davon, wie sich eine Sensibilität für das Buch als Gebrauchsgegenstand entwickelt, der fraglos immer noch großen

Respekt verlangt, da er die göttliche Botschaft enthält, aber auch, weil er sehr teuer und für weniger Begüterte deshalb schwer zugänglich ist. Zugleich sind sie aber auch Zeugnisse dafür, daß es als Notwendigkeit empfunden wird, diese Schwierigkeit zu beheben und die Nutznießung des Buches allen zu ermöglichen. Unter jenen Vorschriften finden wir *exempla* von frommen Menschen, die ihre eigenen Bücher selbstredend anderen zur Verfügung stellen.[58] In einigen, tatsächlich sehr raren und unter prosopographischem wie soziologischem Gesichtspunkt noch zu untersuchenden Dokumenten ist als Praxis einzelner bezeugt, Synagogen die eigenen Bücher nicht nur testamentarisch zu vermachen,[59] sondern sie dort auch schon als Dauerleihgabe zu hinterlegen und sie damit dem Publikum zugänglich zu machen, ohne auf das Eigentum daran zu verzichten. So verzeichnete beispielsweise ein italienischer Jude auf einer leeren Seite in einem Manuskript aus dem Jahr 1433[60] eine Liste der bei der örtlichen Synagoge hinterlegten Bücher seines Onkels, eines gewissen Isacco da Tivoli. In seiner Untersuchung des im Jahr 1445 in Cesena aufgestellten Buchinventars der Erben eines gewissen Leon ben Joab sah Isaia Sonne in diesem Typ von Sammlung als erster eine Art von »öffentlicher Bibliothek im Renaissance-Stil«, was ihn veranlaßte, sie mit der wenig später, im Jahr 1452, begründeten Sammlung der Malatesta zu vergleichen, die ihrerseits dem Vorbild der Sammlung Cosimo de' Medicis aus dem Jahr 1441 folgt, welcher gemeinhin das absolute Primat zugeschrieben wird.[61] Die Besonderheit dieses Modells (das heißt der Tatsache, daß die Bücher der Synagoge nicht *gestiftet*, sondern dort *hinterlegt* wurden) muß wahrscheinlich durch die große Unbeständigkeit der jüdischen Siedlungen und die daraus folgende Mobilität erklärt werden: Die Besitzer, die in den Büchern unter anderem eine Form der Geldanlage sahen,[62] wollten offensichtlich vermeiden, daß es ihnen durch ihre Geste der Großzügigkeit unmöglich werden könnte, von ihren eigenen Büchern Gebrauch zu machen, falls sie umziehen sollten. Zu berücksichtigen ist hier jedoch auch die gelegentlich bezeugte Praxis, Bücher nicht zum besteuerbaren Kapital zu rechnen.[63]

Es erübrigt sich hervorzuheben, daß all diese Praktiken eindeutig Ausdruck und Reflex einer paternalistischen Konzeption von Gesellschaft und Bildung sind: Tatsächlich entscheiden die Wohlhabendsten und deshalb Mächtigsten, was dem Publikum zur Verfügung gestellt wird. Indem sie imstande sind, die Gruppe materiell zu fördern, spielen die Mächtigen von der Synagoge aus, der wirkungsmächtigsten Institution der Führungsschicht, bei der Ausbildung der kollektiven Mentalität eine gewichtige Rolle. Sie beherrschen diese Mentalität *jedoch nicht vollkommen*. Die jüdischen Gemeinden hatten tatsächlich sehr bald ein sehr spezielles System gemischter Besteuerung perfektioniert, auf Grund dessen auch die Armen, die von der Beitragsleistung zur Dekkung der öffentlichen Ausgaben befreit waren, sich am Betrieb der Synagoge beteiligen mußten, wenn sie nicht gerade von Almosen lebten. Die Synagoge war also weit demokratischer als andere öffentliche Institutionen, und die Privatinitiative ging deshalb in einer, wenn auch speziellen Atmosphäre des möglichen demokratischen Konsenses in dieser öffentlichen Institution auf. Die reichen Leihgeber von Büchern an die Synagogen waren also keine absoluten Herren im Reich der Lektüre. Sie waren nicht in der Lage, eine Abweichung vom allgemeinen Konsens in die Wege zu leiten, wie dies, nur als Beispiel, eine finanzkräftige soziokulturelle und politische Opposition heutzutage tun könnte. Aufgrund dieser Überlegung dürfen wir die Büchersammlungen der Synagogen im Hinblick auf die beliebtesten Lektüren der Allgemeinheit für repräsentativ halten. Unter diesem Blickwinkel betrachtet, können die Sammlungen ohne weiteres konkret die Unterschiede zwischen den verschiedenen Kulturräumen verdeutlichen – zum Beispiel zwischen den Juden im deutschen (aschkenasischen) Raum und denen spanischer oder italienischer Tradition.[64]

Eine systematische Untersuchung der ganzen Reihe mittelalterlicher Inventare jüdischer Bücher steht noch aus. Aus dem bereits Geleisteten[65] gehen jedoch einige interessante allgemeine Charakteristika hervor. In dem bereits erwähnten Inventar der Bücher aus dem Erbe Leon ben Joabs aus Cesena sind wir beispielsweise sehr überrascht, ein Exemplar von *Il principe e il monaco* (»Der Fürst und der Mönch«) zu finden, ein Werk der weltlichen Literatur (wenn auch mit moralisierendem Hintergrund), zusammengebunden mit dem Traktat *Abot* der *Mischna* mit dem Kommentar des Maimonides. Außerdem finden wir dort neben Texten religiösen, vor allem normativen, ethischen und exegetischen Inhalts – die den Hauptteil des Inventars ausmachen – sogar Grammatikbücher. Die weltliche Komponente ist, mit anderen Worten, in dieser Synagogensammlung deutlich vertreten. Da solche Inventare aber nur in sehr geringer Zahl bezeugt sind, kann man noch keine begründeten Schlüsse hinsichtlich der typischen Inhalte ziehen. Wir können hier jedoch den Eindruck der Vermischung von Heiligem und Profanem vermerken, den die Untersuchung der entschieden zahlreicheren Inventare privater Sammlungen sehr viel deutlicher vermittelt. Was dies betrifft, darf man die Situation natürlich nicht anders deuten als jene auf christlicher Seite, die in verschiedenen mentalitätsgeschichtlichen Studien herausgearbeitet wurde und die Philippe Ariès etwa konkret an König Franz I. oder Margarete von Navarra veranschaulicht hat.[66] Der Befund bestätigt sich jedenfalls in großem Umfang, wenn man sich die Inhalte des literarischen Schaffens jener Zeit ansieht.[67] Der Umstand jedoch, daß die privaten Sammlungen den bisher ans Licht gebrachten öffentlichen stark zu ähneln scheinen, läßt uns vorsichtig die noch zu erhärtende Hypothese formulieren, daß die Inhalte der Sammlungen, die den Lesern insgesamt zur Verfügung standen, ihrem Charakter nach im wesentlichen der allgemeinen Tendenz einer verhältnismäßig ausgeprägten Säkularisierung entsprechen. Jedenfalls führt uns die Untersuchung der Inhalte der Inventare zu einer weit wichtigeren Feststellung. Denn ein Merkmal zeigt sich auf dieser Ebene überdeutlich: Die Schranke zwischen Heiligem und Profanem ist in den jüdischen Sammlungen, den öffentlichen wie den privaten, eher auf der sprachlichen als auf der inhaltlichen Ebene errichtet. Während wir unter den Schriften in hebräischer Sprache alle Arten von Texten finden – sogar einige richtig »skandalöse«, wenn man sie mit einem »puritanischen« Blick und in Beziehung zu ihrer jeweiligen Umgebung wahrnimmt –, kommen lateinische oder volkssprachliche Texte im gesamten Raum der jüdischen Lektüre so gut wie nicht vor.

## Heilige Sprache, Volkssprachen

Was die Alphabetisierung betrifft, geht es in unserem Fall nicht darum, die Menge der Personen zu bestimmen, die in der Lage waren, einen geschriebenen Text in lautlichen Ausdruck umzusetzen oder die Buchstaben des Alphabets zu schreiben. Zumindest vom 11. Jahrhundert an kann man die jüdische Gesellschaft im engeren Sinn als im hohen Maß alphabetisiert ansehen. Selbst die jüdischen Frauen waren imstande, mit einem Gebetbuch umzugehen und die Liturgie und Bibellesung in der Synagoge anhand des geschriebenen Textes mitzuverfolgen. Freilich ist es eine Sache, mechanisch zu lesen, eine andere, den Sinn des Gelesenen zu verstehen. Da das Hebräische, in dem die meisten »internen« Texte abgefaßt sind, für die Juden nicht die Sprache des täglichen Gebrauchs war, dürfen wir vermuten, daß der Alphabetisierungsgrad der Gesellschaft eine andere Wirkung hatte als bei den Christen. Bei diesen entsprach mit zunehmender Verbreitung der volkssprachlichen Textproduktion vor allem in der Zeit des Buchdrucks einem immer höheren Grad der Alphabetisierung eine Verminderung des Abstands zwischen den Texten und der Gesellschaft. Bei den Juden zeichnete sich dagegen ein entgegengesetztes Phänomen ab: Während, was das Hebräische betrifft, die Alphabetisierung keinerlei revolutionären Fortschritt zeitigte, war das bei der Volkssprache völlig anders. Auch wenn eine eingehende Analyse noch aussteht, tritt dieser Tatbestand recht klar zutage. Teilweise beleuchtet wird er an anderer Stelle in einer Arbeit über das italienische Judentum zwischen Renaissance und Barock.[68]

Um den Sinn der Veränderung, die bei den Juden im 16. Jahrhundert in Gang kam, verstehen zu können, muß man bedenken, daß die Exklusivität des Hebräischen als Literatursprache im christlichen Abendland in deutlichem Kontrast zur Situation im islamischen Raum steht, wo das Arabische, oft in hebräischen Buchstaben geschrieben und mit charakteristischen Ausdrücken und Wendungen aus dem Hebräischen angereichert, allgemein als legitimes Mittel des literarischen Ausdrucks angenommen wurde, auch für Werke lehrhaften und religiösen Inhalts.[69] Das nahezu völlige Fehlen abendländischen jüdischen Schrifttums in lateinischer Sprache muß man vielleicht in Zusammenhang damit sehen, daß Latein im Mittelalter die nahezu exklusive Sprache der intellektuellen Verständigung zwischen den christlichen Gelehrten, bekanntlich zumeist Kirchenmännern, war.[70] Es entbehrt also nicht der Logik, wenn man vermutet, daß das Lateinische für die jüdische Mentalität viel negativer besetzt war als das Arabische, welches im Vergleich dazu geradezu neutral erscheinen mochte. Wenn dem so war, übernahm die Sprache des schriftlichen Ausdrucks im christlichen Raum schließlich die Funktion einer regelrechten kulturellen Schranke. Zur selben Zeit, in der das Lateinische die privilegierte Schriftsprache war, galt die Volkssprache der geläufigen Auffassung nach als dem Lateinischen klar unterlegen. In dieser Hinsicht waren sich Juden und Christen vollkommen einig. Denn auch die Juden wiesen die Volkssprache dem Bereich der »niedrigeren« Beschäftigungen zu, was immer auch der Grund für die Unterlegenheit sein mochte. Die Volkssprache war die Sprache des alltäglichen (folglich profanen) Redens, der Verständigung mit den Nichtjuden (als Christen kulturell unterlegen) und der Frauen (unterlegen, eben weil sie Frauen waren). Frauen, die einen etwas anspruchsvolleren hebräischen Text verstehen können, sind in dieser Zeit tatsächlich mehr als selten; die diesbezüglichen Zeugnisse heben das Außergewöhnliche an ihnen hervor. Es ist aufschlußreich, daß die jüdischen Bücher, die sich eigens an ein weibliches Publikum richteten, bis noch in relativ späte Zeit in der Volkssprache[71], jedoch mit hebräischen Buchstaben[72] geschrieben waren, ein klarer Beweis dafür, daß man in unserem Fall zwischen Alphabetisierung und einem richtigen, also nicht »mechanischen« beziehungsweise rituellen Lesen unterscheiden muß. So gesehen, bietet sich der logische Schluß an, daß parallel zu dem Prozeß, in dessen Verlauf die Volkssprache ihre negative Besetzung verlor, auch bei den Juden das Lesen (und später das Verfassen) von volkssprachlichen Texten zunehmend legitimiert und auf die vermittelnde Funktion des Hebräischen entsprechend mehr und mehr verzichtet wurde. Dieser Prozeß muß durch den allgemeinen Wandel in der Einstellung zum geschriebenen (und seit dem 16. Jahrhundert zumeist gedruckten) Text wie auch durch die allmähliche Umwandlung des Lateinischen in eine immer neutralere *lingua franca* der Wissenschaft beschleunigt worden sein. Immer mehr Juden fühlten sich mittlerweile berechtigt, in der Volkssprache oder in Latein abgefaßte Texte zu lesen, sobald die Inhalte Glaubensfragen berührten. Der Wandel der Einstellung zum Hebräischen kann also so gedeutet werden, daß die Sprache zunehmend weniger als soziale und religiöse Schranke wahrgenommen wurde, was nun wiederum Teil eines allgemeineren Säkularisierungsprozesses war, wie er im Gefolge der Verbreitung des Buchdrucks und der aufkommenden nationalstaatlichen Bestrebungen in Gang kam. In der uns hier interessierenden Perspektive handelte es sich zweifellos um ein Phänomen der »Öffnung« gegenüber nichtjüdischen Texten. Außerdem wurde das Hebräische mehr und mehr eine esoterische Sprache, die nur noch wenigen »Erwählten«, zur religiösen Kultur »Zugelassenen« wie Rabbinern und Lehrern des Judentums zugänglich war, mehr und mehr eine »zeremonielle Sprache« – oder vielleicht besser, eine sakrale Sprache –, während sich die Volkssprache mit Verbreitung der Alphabetisierung allmählich als wahre Sprache des Zugangs zum allgemeinen Wissen behauptete, als die Männern und Frauen gemeinsame Sprache der sozialen und kulturellen Verständigung mit Juden und Nichtjuden, als Sprache des »Profanen« (wenigstens für diejenigen, die sich die Lesefähigkeit angeeignet hatten).

Mit den nötigen Einschränkungen galt dies im ganzen christlichen Abendland, das sich zu jener Zeit zum großen Teil langsam wieder mit Juden bevölkerte. Es waren zu einem nicht unbeträchtlichen Teil zum Judentum zurückgekehrte Konvertiten, die als solche eine erhebliche Bereitschaft mitbrachten, ihr Wissen aus der Lektüre von volkssprachlichen oder lateinischen Werken zu schöpfen.[73]

Zu einem analogen Phänomen kam es in Osteuropa, doch muß es dort auf andere Ursachen zurückgeführt werden. Ohne allzu sehr ins Detail zu gehen, läßt es sich in diesem Fall mit großer Sicherheit der besonderen sozioökonomischen Entwicklung zuschreiben. Im Rahmen dieser Entwicklung hatte ein beachtlicher Teil der jüdischen Gesellschaft eine ganz eigentümliche »Rückkehr zum Boden« vollzogen und sich tatsächlich zu einer bäuerlichen Gesellschaft gewandelt, was einen entsprechend starken Rückgang der Alphabetisierung bedeutete.[74] Die »Abgeschlossenheit« der Texte im Mittelalter kann also sehr einfach in einen Kausalzusammenhang mit diesem Rückgang gebracht werden. Auf der anderen Seite dauerte es im osteuropäischen Raum bis in die jüngere Vergangenheit, bis ein radikaler Wandel einsetzte und das jüdische Publikum einen Text in der Volkssprache bewältigen konnte (ein Umstand, der den chronologischen Rahmen dieser Untersuchung sprengt). Während sich in Osteuropa folglich eine radikale Trennung zwischen der jüdischen und der nichtjüdischen Kultur vollzog, verbreiterte sich zugleich auch der Abstand zwischen dem (hebräischen) Text und der Mehrzahl der Leser, so wie dies aus anderen Gründen auch in

Westeuropa geschehen war, wo sich der Abstand zwischen dem Gros der Leser und jenen, die in der Lage waren, hebräische Texte zu beherrschen, ebenfalls vergrößert hatte. Wenn wir das oben Gesagte zusammenfassen, dürfen wir also schließen, daß das auffälligste Merkmal des Mentalitätsunterschieds zwischen Juden und Christen im Übergang vom Mittelalter zur Neuzeit in der deutlichen Präsenz einer konservativen Komponente von »Mittelalterlichkeit« innerhalb des vom Judentum geprägten Kulturraums bestand, in deutlichem Unterschied zu den verschiedenen, für den christlichen Raum charakteristischen modernisierenden »Öffnungen«, wie immer sie auch erfolgten und verstanden wurden.

## Das Lesen als religiöses Ritual: Fortleben des Mittelalters

Die Kontinuitätsstränge zum Mittelalter waren verschiedener Art und sind immer noch sehr wenig bekannt. Wir wollen einige der auffälligsten davon erwähnen. Zunächst bestand weiterhin ein starker Impuls, das Lesen als religiöses Ritual aufzufassen. Dies entspricht offensichtlich noch den Verhältnissen in mittelalterlichen Gesellschaften mit ihrem hohen Grad von Analphabetentum und der nachgerade magischen Bedeutung, die Texten gegeben wurde, mit dem Unterschied, daß sich das Analphabetentum mit dem Übergang in die Neuzeit hier auf den Bereich des Hebräischen beschränkte, auf die den Raum des Heiligen beherrschende Sprache. Dazu gehörte das rituelle Vorlesen von Texten, die »traditionelles Wissen« enthielten, ohne dem tatsächlichen Verständnis der Inhalte Bedeutung beizumessen. Es wurden sogar Texte mit schwer verständlichem esoterischen Inhalt bevorzugt, vor allem der *Sohar.* Neuere anthropologische Untersuchungen dieser Art des Lesens, die noch heute bei bestimmten »orientalisch« geprägten Gemeinden üblich sind, haben einen wichtigen Beitrag zur Aufhellung seiner hervorstechendsten Züge geleistet.[75] Es handelt sich um ein lautes, in der Regel singendes und in der Gruppe praktiziertes Lesen bestimmter, ohne Bezug auf den Inhalt festgelegter Texteinheiten. So hat es sich beispielsweise nahezu weltweit eingebürgert, für das Seelenheil Verstorbener Abschnitte aus der *Mischna* vorzulesen, deren einziger inhaltlicher Zusammenhang darin besteht, daß die Anfangsbuchstaben der verschiedenen Absätze das Akrostichon des Namens des jeweils Verstorbenen bilden. Noch bezeichnender ist der Brauch der rituellen *Sohar*-Lektüre, für die in mehreren Fällen Broschüren gedruckt wurden, in denen die jeweiligen Leseeinheiten sogar mitten im Satz abbrechen oder neu beginnen. Dieses extreme Beispiel unterstreicht gut den magischen Charakter des Rituals sowie des Buches, das eigens zu diesem Zweck benutzt wird. Mehrere der an dieser Art von Ritual Beteiligten schreiben dem *Sohar* tatsächlich metaphysische Eigenschaften zu, etwa Kranke zu heilen, in heiklen Gemütslagen Beistand zu leisten, unfruchtbare Frauen fruchtbar zu machen und so weiter, ja sogar die messianische Erlösung zu beschleunigen. Ähnliche Praktiken rituellen Vorlesens sind bereits für das 12. Jahrhundert bezeugt,[76] doch sehr starke Verbreitung fanden sie beinahe überall vor allem ab der zweiten Hälfte des 16. Jahrhunderts durch eine Fülle von Bruderschaften, die sich verschiedenen sozialen und religiösen Tätigkeiten widmeten. Ihr magischer Charakter machte sie besonders, wenn auch nicht ausschließlich, geeignet für den Einsatz in Situationen, die mit Übergangsriten verbunden waren, so bei den bereits erwähnten Zeremonien für das Seelenheil Verstorbener, bei der Wache, die der Beschneidung vorausgeht und bei wenigstens drei weiteren Festen, die mit dem Wechsel der Jahreszeiten in Verbindung stehen (am 15. Schewat, in der Nacht des Wochenfestes und der Nacht von *Hoschana Rabba*).

Ein weiteres durchaus bemerkenswertes Phänomen ist das Fortleben mittelalterlicher Lehr- und Lernmethoden in den *Jeschiwot*. Es ist in diesem Rahmen unmöglich, in allen Einzelheiten auf das Thema einzugehen. Wir wollen nur die Bedeutung erwähnen, die dem Auswendiglernen des Talmudtextes gegeben wurde; das Gewicht, das auf das Lernen in sich laut unterhaltenden Zweiergruppen gelegt wurde; die Ritualisierung der Musikalität des Vortrags nach altüberkommenem talmudischem Gesetz[77] – alles Themen, die eine gesonderte anthropologische Untersuchung verdienen würden. Sie zeugen jedenfalls von einer außergewöhnlichen Fortdauer der »mündlichen« Kultur in dem der jüdischen Kultur eigenen Raum.

Als besonderen Aspekt desselben Phänomens müssen wir wahrscheinlich deuten, daß im Bereich der eigentlichen Ritualgesetze der Buchdruck nicht zugelassen wurde. Dem entspricht auch die außergewöhnliche Verspätung in der Übernahme des Buchdrucks für Urkunden, wie sie speziell für soziale Beziehungen mit ritueller Konnotation typisch sind. Die allgemeine Regel scheint in diesem Zusammenhang folgende zu sein: Je stärker die rituelle Komponente einer in Frage stehenden Praktik ist, als desto stärker erweist sich der Widerstand gegen die Einführung des Buchdrucks anstelle der Handschrift. Tatsächlich ist der Einsatz des Drucks bei Scheidungsurkunden immer noch undenkbar; diese werden von Hand ausgefertigt, einer minutiösen, ja pedantischen Vorschrift folgend, die in der Literatur oft genug ins Lächerliche gezogen wurde. Dasselbe gilt für die Pergamentrollen, die bei der rituellen Vorlesung des Buchs Esther anläßlich des Purimfestes benutzt werden (*Megillot,* Plural von *Megilla*). In diesem Zusammenhang muß außerdem daran erinnert werden, daß es in Befolgung der mittelalterlichen Praxis – wir würden sagen, paradoxerweise – durchgängig erlaubt war, die *Megillot* mit Miniaturen zu illustrieren, was für die bei der rituellen Thora-Vorlesung benutzte Rolle absolut unzulässig war. Der einzige bis heute bekannte Versuch dagegen, für die Reproduktion der Rollen den Druck einzuführen, wurde in Italien im 16. Jahrhundert unternommen[78] und scheiterte. In der heutigen synagogalen Praxis wird es sogar immer mehr zur Gewohnheit, die Lesung von handgeschriebenen Pergamentrollen auch bei der rituellen Vorlesung der anderen vier Bücher einzuführen, die zwar nicht vorgeschrieben ist, aber seit undenklichen Zeiten anläßlich der drei wichtigsten Feste und des Fastens am 9. Aw zum Gedenken an die Zerstörung des Tempels durchgeführt wird (das *Hohelied* zu Pessach, *Ruth* am Wochenfest, *Ecclesiastes* am Laubhüttenfest und die *Echa* am 9. Aw). In denselben Vorstellungskreis gehört die bis in jüngste Vergangenheit anhaltende Benutzung handgeschriebener, in der Regel reich mit Miniaturen geschmückter Texte der Pessach-*Haggadot*. Ebenfalls bezeichnend erscheint uns in diesem Zusammenhang, daß der Buchdruck bei den *Ketubbot* (Plural von *Ketubba,* der Urkunde über die erfolgte Eheschließung mit einer Auflistung der Verpflichtungen des Ehemanns gegenüber der Frau) erst vor kurzem, im 19. Jahrhundert, eingeführt wurde und daß die orientalischen, vom Zivilisationsklima des christlichen Abendlandes also abgeschnittenen Gemeinden den europäischen darin weit voraus waren! Noch bezeichnender erscheint schließlich die Tatsache, daß die jüdische Urkunde der *Ketubba*, wie es sich analog bei der Verbreitung der Eheurkunden in Frankreich im 17. und 18. Jahrhundert gezeigt hat, der *locus naturalis* für eine Aufnahme des Buchdrucks war.[79] Unter dem hier vorgeschlagenen Blickwinkel liefert dieser negative Befund einen Beweis für den Zusammenhang zwischen der Kultur der Handschrift und der Wahrnehmung der jüdischen Alterität, wie er sich, in vollkommener Entsprechung zum allgemeinen Fortbestehen mittelalterlicher Züge im jüdischen Raum, in jüngerer Vergangenheit hergestellt hat.

## Das individuelle Lesen: Die Gestaltung des graphischen Raumes

Lasen Juden anders als Christen, und wenn ja, dann in welcher Weise und innerhalb welcher Grenzen? Wir wollen einigen der Wege nachgehen, die zur Erforschung dieser Frage in der christlichen Welt beschritten worden sind.

Vor allem wollen wir versuchen, das Buch als eine »Zeichenkonstellation« zu untersuchen, die beim Leser eine spezifische Antwort auszulösen vermag. Wir versuchen also, die unterschiedlichen Nutzungen des graphischen und – nach Einführung des Buchdrucks – typographischen Raums zu untersuchen, in der Absicht, die verschiedenen Anregungen zu ermitteln, die die potentiellen Leser vermöge jener Zeichen und Bilder erreichen sollten.[80] Ein erster flüchtiger Überblick scheint den allgemeinen Eindruck zu bestätigen, daß sowohl an der Aufteilung des graphischen Raums als auch an der Typologie der Schrift und des Bildschmucks wie bei den christlichen Nachbarn tatsächlich auch Entwicklungen geistig-kultureller Art ablesbar sind. Eine neuere, insbesondere der Schrift gewidmete Untersuchung hat sehr eindrucksvoll gezeigt, daß es sich dabei um keine Besonderheit des Abendlandes handelt, sondern um eine seit der Antike überall vorhandene, langwährende Konstante. In dem Bereich, der uns hier näher interessiert, zeigt sie sich in der außerordentlichen visuellen Ähnlichkeit zwischen der jüdischen und der christlichen, beispielsweise der gotischen Schrift im Mittelalter; zwischen der Art und Weise, allgemein die Seiten und speziell die Initialen zu gestalten und zu schmücken; zwischen dem Einsatz der Mikrographie, bei der Verzierung und Inhalte fließend ineinander übergehen;[81] zwischen der für die italienische Renaissance typischen runden und der für die italienisch-jüdische Schrift derselben Zeit charakteristischen Kursive; zwischen der jeweiligen Art und Weise, die Seiten von Inkunabeln und Drucken des 16. Jahrhunderts zu gliedern; und in vielen anderen Details mehr, die an dieser Stelle aufzugreifen überflüssig wäre. Wenn wir diese Fährte weiterverfolgen, finden wir auch bei den Juden die schrittweise Trennung zwischen der Bildlichkeit der Botschaft und ihrem Inhalt, die Entsprechung zur immer tiefer werdenden Kluft zwischen Mündlichkeit und Schriftlichkeit. Offensichtlich ist dieses Phänomen beispielsweise im allmählichen Aufgeben der Mikrographie als Schmuckelement der Drucke: Vor der Epoche des Buchdrucks ist sie noch das übliche graphische Vehikel der Massora, das heißt der textkritischen Randbemerkungen, und wird noch *rings* um den Text eingefügt. Dies auch noch in der *editio princeps* der Bibel mit Massora in den Typen des Verlegers Bomberg (Venedig 1517–1522), jedoch ohne weitere graphische Schmuckelemente, ein Beweis dafür, daß wir ein Mittelstadium zwischen der mittelalterlichen und der späteren Praxis vor uns haben: Später nämlich wurde die Massora als ein gewöhnlicher kritischer oder exegetischer Apparat an den Fuß der Seite gesetzt. Ebenfalls in diese Richtung geht die schrittweise Trennung zwischen der monolithisch strukturierten Lektüre der »heiligen Seite«, deren zentrale Stellung durch die Seitengestaltung angemessen hervorgehoben wird, und der maßgebenden Exegese, wie sie einige wenige bevorzugte Kommentare leisten: Seit dem frühen 16. Jahrhundert werden verschiedene Bibelkommentare nämlich gesondert gedruckt, also ohne den entsprechenden Bibeltext in der Mitte der Seite.

Wenn wir den Umgang mit dem typographischen Raum näher bestimmen, stellen wir fest, daß die jüdischen Gepflogenheiten diesbezüglich einen ähnlichen Sonderweg beschreiten, wie er auf der sprachlichen Ebene zu beobachten ist. Im Hinblick auf die kulturelle Alterität der Juden ist in diesem Bereich nämlich ein entschiedenes *Fortdauern mittelalterlicher Vorbilder* zu verzeichnen, ein erstes Indiz für eine strukturelle Wende gegenüber der vorigen Epoche, die wir durch eine frühzeitige »Modernität« gekennzeichnet sahen. Es ergibt sich also eine sehr klare Beziehung zwischen der Bewahrung des mittelalterlichen Modells der Seitengestaltung und der Bedeutung des Textes für die Bestimmung der jüdischen Alterität. Nicht nur greift der von den ersten Druckern für bestimmte klassische Werke der hebräischen Kultur festgelegte Seitenaufbau geläufige Modelle der mittelalterlichen Praxis auf, sondern, was mehr Gewicht hat, dieser Aufbau wird fortan gleichsam »eingefroren«. Das Modell der kommentierten *editiones principes* der Bibel, des Talmud, der Gesetzessammlungen des Maimonides und Jakob ben Aschers (Turim) bleibt in der jüdischen Druckpraxis tatsächlich bis in unsere Tage hinein definitiv festgelegt. Außerdem war der Übernahme des kleinen tragbaren Formats für Unterhaltungsliteratur im hebräischen Bereich nicht der Erfolg beschieden, den die entsprechende volkssprachliche Produktion hatte.[82] Der Buchsektor blieb von Folio- und Quartformaten dominiert, die man mit Hilfe des Pults und vorzugsweise stehend lesen mußte, ein Zeichen der Achtung vor der Autorität des Textes und zugleich ein Symbol des Aktes der *lectura* als Weitergabe von Wissen durch den *lector* an die Hörer. Das charakteristische mittelalterliche Lesepult (das auch noch der Unterbringung einer kleinen Anzahl, oft aller in einem Haus vorhandenen Bücher diente) lebt in einem typischen Bestandteil des Mobiliars derzeitiger *Jeschiwot* (Talmudschulen) und Wohnungen »orthodoxer« Gelehrter alten Schlages und ihrer modernen Nacheiferer fort: der sogenannte *Stander*, dessen Bedeutung eine vage Reminiszenz an den Usus der stehend absolvierten *lectura* enthält, die im übrigen nicht einmal im Mittelalter, geschweige denn in der Zeit des Humanismus' universell war, zumindest den verschiedenen Miniaturen nach zu urteilen, die vor solchen Pulten sitzende Leser darstellen.[83]

## Die Ikonographie der Lektüre

Die Erwähnung der Miniaturen lädt uns ein, unsere Untersuchung in diese Richtung auszuweiten, um zu erkunden, wie die Lektürepraxis in der Kunst und Literatur, in der Malerei, in verschiedenartigen Illustrationen, Autobiographien, Lebenserinnerungen und Folkloresammlungen sowie indirekten Zeugnissen aller Art dargestellt wird.[84] Ganz abgesehen von den Schwierigkeiten bei der Interpretation dieser Art von Quellen,[85] ist das Material in unserem Fall auch äußerst dürftig. Autobiographien und Memoiren von Juden sind in unserem Untersuchungszeitraum mehr als rar,[86] Zeugnisse der Malerei und Bilder (Miniaturen oder Illustrationen) in gedruckten Büchern nicht vorhanden oder kaum erwähnenswert. Einige wenige Quellen jedoch sind verfügbar. Nicht anders als wir weiter oben feststellten, als wir von Büchern als Gegenständen sprachen, scheint, wenn auch nur andeutungsweise, aus den Beschreibungen der Leser hervorzugehen, wie sich die Einstellungen entwickelten, die man zu den Veränderungen der sozioökonomischen Realitäten im Übergang vom Mittelalter zur frühen Neuzeit in Beziehung setzen muß. Im Lauf der Zeit erkennt man beispielsweise einen allmählichen Fortschritt bei der Verbreitung des Buches, vor allem unter den Frauen, dem eine Stärkung der Individuation im Übergang von der mittelalterlichen Gesellschaft zur »bürgerlichen« der nachfolgenden Epoche entspricht. Betrachten wir das eine oder andere bemerkenswerte Beispiel.

Für den spanischen Brauch, die Pessach-*Haggada* in der Synagoge vorzulesen, läßt sich ein Bildzeugnis in einer mit Miniaturen geschmückten Handschrift des 14. Jahrhunderts anführen.[87] In der Miniatur zeigen sich aus unserer Perspektive wohl auch die stereotypen Motive der mittelalterlichen Auffassung von der sozialen Bedeutung der Lese- und Schreibfertigkeit, wenn etwa die Beziehung zwischen dem Offizianten/Vorleser und den Zuhörern, die den Text des Rituals nicht lesen können, in eine spirituelle Oben/Unten-Beziehung übertragen wird, bei deren Bedeutungen wir uns nicht aufzuhalten brauchen.[88] Wir müssen jedoch zugeben, daß diese Interpretation des Bildes, so verführerisch und, soweit es scheint, allgemein akzeptiert sie auch sein mag, einige Schwierigkeiten aufweist: Zum einen bezieht sich die Legende, die es begleitet, nicht auf eine Synagoge und nicht auf die Zuhörerschaft eines Offizianten, sondern auf einen Familienvater mit seinen Familienangehörigen, die sich also *zu Hause* befinden; zum andern halten zwei Zuhörer ein Buch in der Hand, können also lesen. Einer davon ist eindeutig männlichen Geschlechts, denn er ist mit einem langen Bart dargestellt; der andere scheint ein Kind zu sein: Er ist deutlich kleiner als alle anderen, beredt ganz in Rot gekleidet, während diese Farbe bei den »Erwachsenen« ganz fehlt, und schließlich ist er ziemlich deutlich zwischen dem Raum der Männer und dem der Frauen postiert, von denen keine ein Buch in der Hand hält. Diese letzte Beobachtung erlaubt den Vergleich mit anderen Miniaturen dieser Art.

Es ist wohl mehr als reine Willkür, wenn man in ihnen einen Fortschritt in der Verbreitung des Buches erkennt, also auch in der Lesefähigkeit des breiten Publikums, ohne daß nach dem Geschlecht unterschieden würde. Somit zeichnete sich hier der langsame Übergang ab, der auf der Ebene der Lektüre von der Opposition Mann/Frau zum Gegensatz zwischen *Schriftkundigen* und *Schriftunkundigen* führt. Auf einer spanischen Miniatur, die sich auf ca. 1350 bis 1360 datieren läßt,[89] hat nur ein Teil der mit dem Ritual der *Haggada* beschäftigten Tischgenossen ein Buch vor sich, ohne daß sich diesbezüglich übrigens ein Unterschied zwischen Männern und Frauen feststellen ließe; deutlich unterschieden ist dagegen der Raum derer, die ein Buch vor sich haben, und der anderen, die keines haben; unter letzteren ist ein Mann mit einem langen Bart dargestellt. Dasselbe gilt für eine Miniatur aus dem deutschen Raum, die man auf Mitte des 15. Jahrhunderts datieren kann:[90] Auch auf ihr ist nur ein Teil der mit dem Ritual der *Haggada* befaßten Tischgesellschaft mit einem Buch dargestellt, ohne daß man nach Männern oder Frauen unterscheiden könnte. In diesem Fall ist jedoch auch kein Unterschied zwischen dem Raum der *Schriftkundigen* und dem der *Schriftunkundigen* festzustellen.

Andererseits haben auf einer Abbildung des Innenraums einer Synagoge, die sich auf ca. 1460 bis 1475 datieren läßt,[91] alle Betenden ein Gebetbuch vor sich liegen.[92] Schließlich zeigen uns auch zwei aus dem Rheinland stammende und der ersten Hälfte des 15. Jahrhunderts zuzurechnende Darstellungen des *Haggada*-Rituals[93] alle Umstehenden, gleich welchen Geschlechts, mit einem Gebetbuch in der Hand.

## Die Räume der Lektüre

Auch das Phänomen der Verbreitung der Volkssprache und des Wandels des Hebräischen zur sakralen Sprache, den wir in einem früheren Abschnitt beschrieben haben, wird durch die Untersuchung von Bücherverzeichnissen, die Rechenschaft über den Besitz einzelner Menschen ablegen, bestätigt. Besonders für Italien verfügen wir über zahlreiche Zeugnisse, an denen sich dieser Wandel ablesen läßt. In einem Fall verfügen wir sogar über die Gesamtheit der Verzeichnisse offenbar aller Bücher, die zwischen dem 16. und 17. Jahrhundert im Besitz der Mitglieder einer ganzen Gemeinde – Mantuas – waren.[94] Es handelt sich um Verzeichnisse, die den Amtswaltern der Inquisition ausgehändigt wurden, um sicherzustellen, daß keine verbotenen Bücher darunter waren. Auch wenn wir aus dem Fehlen bestimmter Titel, besonders solcher, die im Ruch des Verdächtigen gestanden haben mögen, selbstverständlich keine gesicherten Schlüsse ziehen können, dürfen wir bestimmte statistische Gegebenheiten, die sich aus der Analyse dieser einzigartigen Dokumentation ergeben, ohne weiteres für aussagekräftig halten. Zwei Umstände scheinen ausgesprochen aufschlußreich. Erstens: Die überwiegende Mehrzahl der Bücher zählt nach wie vor zur Literatur mit »religiösem« Hintergrund: Bibeln, Bibelkommentare, Gesetzesschriften, Gebetbücher und so weiter. Es sind Texte in hebräischer Sprache, die sich daher also ganz deutlich auf den internen Raum beschränken. Zweitens: »Weltliche« Literatur ist kaum vorhanden, im allgemeinen noch in hebräischer Übersetzung. Italienischsprachige Titel gibt es nur sehr wenige, aber es gibt sie eben bereits, und darauf kommt es an: Ihr Erscheinen markiert sichtbar den Anfang des tiefgreifenden Wandels, der, wie wir gesehen haben, im Lauf weniger Generationen zum Abschluß kam und den wir an anderer Stelle ausführlicher nachgewiesen haben.[95] Gleichwohl entbehrt es unserer Meinung nach nicht einer gewissen Logik, davon auszugehen, daß die Ergebnisse der Untersuchung sämtlicher Bücherverzeichnisse der Juden von Mantua auch die Tendenz verraten, den Gegensatz zwischen den Sprachen zu einem Gegensatz zwischen Heiligem und Profanem zu machen oder vielmehr die Trennung zwischen internem und externem Raum durch die zwischen religösem und weltlichem Raum zu ersetzen, so daß der interne Raum der jüdischen Religiosität zugewiesen wird.

Wenn wir recht haben, wird dieses Ergebnis im geschlossenen Bereich des Hebräischen als komplementär zu dem bereits erwähnten, die Ebene der Lektüre betreffenden Beginn der Ablösung des Mann/Frau-Gegensatzes durch den zwischen *Schriftkundigen* und *Schriftunkundigen* gelesen werden müssen. Doch muß man es auch zu der entsprechenden Trennung zwischen weltlichem und religiösem Raum bei den Christen des vorausgehenden Jahrhunderts ins Verhältnis setzen, die wiederum nahelegt, auch die Beziehung zwischen dem weiblichen und dem männlichen Raum im Licht dieser letztgenannten Gegebenheit näher zu bestimmen.[96] Bei unserem derzeitigen Wissensstand handelt es sich hier eher um unverbundene Eindrücke und Anregungen für künftige Untersuchungen als um bereits vorliegende solide Forschungsergebnisse. Dennoch scheint uns die relativ moderne und vor allem abendländische[97] Verknüpfung des internen – sakralen und im wesentlichen hebräischen – Raums mit dem idealisierten Bild der jüdischen Frau als Pflegerin jenes Raums und Priesterin des Hauses[98] und des externen – weltlichen und profanen – Raums mit dem nicht minder idealisierten Bild des jüdischen Mannes, der den Gefahren der Berührung mit der Außenwelt ausgesetzt ist, ziemlich eindeutig zu sein. Das »mentale Rüstzeug« der Juden erweist sich erneut als analog zu dem der Kirchenvertreter und allgemein der Christen in der akuten Phase des neuzeitlichen Säkularisierungsprozesses.[99] Tatsächlich muß man die Überlegungen, die im Zusammenhang mit christlichen Lektüredarstellungen der Neuzeit zum Geschlechterunterschied angestellt worden sind, unseres Erachtens mit diesem Bereich in Verbindung bringen.[100] Trotzdem gibt es einen Unterschied: Das Verhältnis zwischen der Vorstellung von Kraft und Schwäche, das unmittelbar mit der vom Unterschied der Geschlechter in Verbindung gebracht wird, bekommt im jüdischen Bereich eine besondere, sehr viel ambivalentere Note. Denn der »schwachen« und im Inneren des geschützten häuslichen Raums eingeschlossenen Frau die Verteidigung der religiösen und moralischen Werte anzuvertrauen bedeutet, ihr die Verteidigung der ganzen jüdischen Alterität anzuvertrauen! In anderen Worten: Das Zusammentreffen zweier »Schwächen« (der des Juden und der der Frau) schlägt hier paradoxerweise erneut in Widerstandskraft um.

In der Perspektive der Lesepraktiken bedeutet diese Aufteilung letztlich, daß dem internen Raum grundsätzlich Mittelalterlichkeit anhaftet

– ein konkretes Zeichen des allgemeineren Zusammenhangs zwischen Mittelalterlichkeit und der spezifisch jüdischen Kultur in der Neuzeit überhaupt.[101] Andererseits ergibt sich so auch ein Brückenschlag zwischen dem Judentum West- und dem Osteuropas, wo das Merkmal der Mittelalterlichkeit durch die besondere sozioökonomische und kulturelle Kontinuität der Region insgesamt erhalten blieb.

## Die Notwendigkeit der Vermittlung von Mündlichkeit und Schriftlichkeit

Der aus abendländischer Perspektive gewonnene Eindruck einer Mittelalterlichkeit *sui generis* wird tatsächlich nicht nur bestätigt, sondern noch verstärkt, wenn man sich nördlich der Alpen umsieht. Eine neuere Untersuchung der gedruckten Bibelübertragungen ins Jiddische hat eindeutig gezeigt, daß bis ins späte 19. Jahrhundert hinein eine elementare Bildung vermittelt wurde, die auf einer mechanischen Lektüre der Bibel in hebräischer Sprache unter Hinzuziehung jiddischer Versionen – in Wahrheit paraphrasierender und exegetischer Konstruktionen, vermischt mit erbaulichen, wunderbaren oder volkstümlichen Elementen – basierte. Es konnten sogar einige aufeinanderfolgende Stadien des allmählichen Wandels bei der Vermittlung dieses aus Überlieferungen und Übersetzungen bestehenden Bildungsgutes von der Mündlichkeit zur Schrift beziehungsweise zum Buchdruck ermittelt werden: die Verbreitung von volkssprachlichen »Lehnübersetzungen« – die ohne den ständigen Bezug auf den hebräischen Text, zu dem sie tatsächlich eine Art Kommentar bilden, nahezu unverständlich bleiben – wie auch das entsprechende, immer tiefere Unbehagen der Gelehrten angesichts dieser Situation, ein Unbehagen, das letztlich zur endgültigen Aufgabe dieses Genres und zum »revolutionären« Werk Moses Mendelssohns und seiner Gruppe führte.[102] Angesichts der Phasen des Ringens um Vermittlung zwischen dem dunklen Bibeltext und dem System geläufiger kultureller Bezüge *(Teitch, Hibber, Zusatz)* hat man den Eindruck, noch einmal die Etappen des Ringens um die Bibelexegese durch die gelehrten Christen und Juden des 12. Jahrhunderts *(sensus, littera, sen-*

*tentia)* zu durchlaufen.[103] In Wahrheit wird die Kontinuität zum Mittelalter in dem mehr oder minder grob durch den jiddischen Sprachraum umrissenen Gebiet sehr viel stärker empfunden, als diese zufällige Analogie es glauben machen könnte. Dies spiegeln etwa die wohl einzigartigen, aber nicht einzelnstehenden Memoiren von Glückel (1646–1724) deutlich wider.[104] Glückel ist eine »schriftkundige« Frau, sie kann lesen und schreiben. Eine sorgfältige Analyse ihres Memoirenbuchs läßt nun aber zweifelsfrei den Schluß zu, daß Glückel nur Jiddisch liest, zumeist moralisierende und erbauliche Literatur. Sie liest die Bibel nicht im hebräischen Original, offensichtlich, weil sie dazu nicht imstande ist. Sie kennt die biblischen Erzählungen demnach nur durch die Vermittlung eines Komplexes »mündlicher« Literatur (beispielsweise Predigten in der Synagoge) oder der Literatur, die sie zu lesen vermag. In ihrem Fall findet die Vermittlung ohne jeden direkten Kontakt mit dem Text eines in die Volkssprache übertragenen Pentateuchs der oben erwähnten Art statt, weil Glückel als Frau keine solche formale Grundbildung wie den Männern zuteil wurde, für die die volkssprachlichen Übersetzungen bestimmt waren. Glückel liest nicht einmal »Lehnübersetzungen« der Bibel, so daß sie, wenn sie biblische Erzählungen erwähnt, jedesmal Fehler macht oder sie ungenau wiedergibt, wie es für jede Art mündlicher Wissensübertragung charakteristisch ist (Zusammenziehungen von Zeiten, Ineinssetzungen von Personen mit ähnlichen Namen u.ä.). Manchmal fügt sie in äußerst kurioser Weise Geschichten in die biblischen oder talmudischen Erzählungen ein, die sie irgendwo gelesen hat, von denen man aber jedenfalls mit gutem Grund annehmen darf, daß sie sie sich eigens eingeprägt hat oder sie Wort für Wort aus einem Buch abschreibt, das sie vor sich aufgeschlagen hat, oder sie von jemandem aus dem Hebräischen übersetzt bekommt, während sie sich Notizen macht. Mündlichkeit und Schriftlichkeit sind in ihrem Fall so vermischt, daß es sehr problematisch wird, sich mehr auf den einen als auf den anderen Begriff zu beziehen. Die moralisierende Literatur, die den größten Teil des Lektürekorpus von Glückel ausmacht, spiegelt sich oft in ihrem Vokabular wider, in den Redewendungen, den stereotypen und reichlich künstlichen Sätzen, die sie benutzt, wohl wissend, daß sie auf diese Weise »wie gedruckt redet«, was ihr manchmal mißfällt und wofür sie sich entschuldigt. Auch der Unterschied zwischen den Merkmalen der Welt der Männer und der Frauen wird in ihrem Fall fließend, denn trotz des offensichtlichen kulturellen Abstands zwischen dieser Frau und den gelehrten Männern und des offensichtlichen Unterschieds zwischen dem kulturellen Potential, das den Männern gewährt, den Frauen jedoch verwehrt wurde, gibt es praktisch keinerlei Unterschied zwischen ihr und sehr vielen Männern, denen Glückel oft sogar kulturell überlegen ist.[105] So erweist sich bei Glückel und anderen das Fortdauern der Mittelalterlichkeit konkret im Sich-Einprägen als grundlegendem Bestandteil des Wissenserwerbs, in der stereotypen Ausdrucksweise und in der komplexen Dialektik von Schriftlichkeit und Mündlichkeit.[106]

## Die Aufteilung der Lektürefelder

Ob man nach dem Übergang in die Neuzeit leise oder laut, allein oder in Gesellschaft um den häuslichen Herd liest,[107] ob die Leser von einer intensiven und ehrfürchtigen Praxis zu einer eher extensiven und nonchalanten übergehen:[108] Fragen dieser Art stellen sich bei den Juden in noch viel komplexerer Weise als bei ihren christlichen Nachbarn. Der höhere Komplexitätsgrad ist in unserem Fall der Widersprüchlichkeit geschuldet, die der Entwicklung der Ausdifferenzierung zwischen öffentlicher und Privatsphäre infolge der Trennung zweier Lektürefelder innewohnt. Tatsächlich läßt sich hier die profane »Lektüre« nicht linear der Privatsphäre mit dem entsprechenden Hang zum narzißtischen Rückzug in die Lesepraxis – in dem sogar ein spielerisches Element gesehen wurde[109] – zuordnen und in Parallele setzen zur allmählichen Verbürgerlichung der Gesellschaft und zur europaweiten Verbreitung der Auffassung vom Lesen als Selbstzweck, das dem einfachen Genuß, nicht der geistigen Erbauung oder dem Studium, der Andacht und dem Gebet gewidmet ist. Der dem internen Raum anhaftende und die Alterität bestimmende allgemeine Zug von Mittelalterlichkeit verlangsamt die charakteristischen Tendenzen der Neuzeit, ja hebt sie in diesem Raum manchmal sogar auf. Anders gesagt, die Aufteilung der Lektürefelder erweist sich als ein regelrechtes strukturelles Grundmerkmal.

Prinzipiell nicht in den internen Raum gehört also die Lektüre von klassischer Literatur, Geschichte und Geographie, die im Hebräischen nicht vor dem 14. Jahrhundert erscheinen; ganz gewiß nicht die Lektüre von Romanen, Unterhaltungsliteratur, Annoncen, Zeitungen oder Zeitschriften zum Zeitgeschehen, die im Hebräischen bis damals ebenfalls nicht erscheinen. All diese »Tändeleien« – die Lektüre im eigentlichen Sinne, jener der Christen ganz und gar ähnlich – gehören bereits in den externen, den säkularen Raum. In einigen »orthodoxen« Milieus gilt für sie bis heute ein rituelles Verbot. Nicht in den internen Raum gehört die rasche Vermehrung der Bücher mit der daraus folgenden Entweihung.[110] In einem gewissen Sinn steht diese Charakterisierung des internen Raums in Widerspruch zu den Merkmalen der »Weiblichkeit«, die mit anmutiger Innenschau verknüpft ist. Wie wir glauben, geschieht im christlichen Bereich, der ebenfalls eine Trennung der häuslichen Räume in einen mit der Frau verbundenen sakralen und einen mit dem Mann verbundenen säkularen aufweist, jedoch dasselbe.[111] In diesem Zusammenhang könnte die Frage interessant sein, inwieweit die Frau zwischen den beiden Räumen vermittelte, eine Funktion, die durch verschiedene Indizien belegt, aber noch nicht gut erforscht ist.[112] Eine vertiefende Studie wird möglicherweise in der Lage sein, auch die Verschiedenheit der Erscheinungsweisen weiblicher Vermittlung zwischen Osteuropa – wo das Fortdauern der Mittelalterlichkeit, wie wir feststellten, sozusagen kontinuierlich und organisch war – und Westeuropa mit seiner ganz anderen Situation ins volle Licht zu rücken.

Die »neuzeitliche Mittelalterlichkeit« sondert den »sakralen« internen Raum also weit mehr vom Außenraum ab, als er es im wirklichen Mittelalter war. Sie sorgt dafür, daß ihm eine gewisse Öffentlichkeit erhalten bleibt und überträgt sozusagen jede Lektüre in einen Akt rituellen Studiums: das singende Lesen des Talmudtextes, auch wenn man für sich allein ist; die Lektüre der Bibel und der klassischen Kommentatoren der Heiligen Schrift in der Familie, vorzugsweise im Rahmen der rituellen Mahlzeiten; die öffentliche Lektüre von Texten zur religiösen Erbauung in der Synagoge, das heißt zugleich eine nochmalige Betonung der mündlichen Vermittlung zwischen dem verbindlichen – oft aber schwer zugänglichen – hebräischen Text und den Lesern; und vor allem: die unzählige Male wiederholte Lektüre einer sehr beschränkten

Zahl hochgeschätzter Texte, mit dem Ergebnis, daß große Teile davon auswendig gelernt werden. Ein typischer und bezeichnender Aspekt dieser Entwicklung ist die außerordentliche Verbreitung sogenannter *Hok-le-Israel* (»Gesetz«, aber auch: »tägliche Ration, für Israel«), einer Art Sammelsurium klassischer Kommentare, ausgewählter Stellen der *Mischna*, des Talmud und der nachtalmudischen Literatur, die wie ein Begleitkommentar zur wöchentlichen Pentateuchlektüre angeordnet und zweckmäßig in sieben Wochenabschnitte eingeteilt sind, so daß man einen Abschnitt pro Tag »lesen« und die alltägliche religiöse Pflicht, zu »lernen«, damit zu Hause erfüllen kann.[113] Gleichfalls bezeichnend erscheint uns in diesem Zusammenhang der außerordentliche Erfolg von Lehrbüchern zur Gedächtniskunst wie das *Lew Arje* von Leon Modena (1. Aufl., Venedig 1612, in 2. Auflage gedruckt in Vilnius 1886), an dem sich (vor allem im jiddischen Kulturraum) bis in sehr späte Zeit hinein nichts geändert hat.[114] All dies war das Ergebnis der klaren Trennung, ja regelrechten Scheidung zwischen dem Heiligen und dem Profanen in der Neuzeit. Die beiden Bereiche, die in der Zeit davor als aneinander angrenzend, in gewisser Hinsicht als einander ergänzend empfunden wurden, werden nun als Gegensatz wahrgenommen, der viele Ansätze zur Entfremdung birgt: zur typischen Entfremdung des modernen Juden.

*Aus dem Italienischen von Martina Kempter*

Kapitel 7

# Der Humanist als Leser

*Anthony Grafton*

Am 10. Dezember 1513 schrieb Niccolò Machiavelli seinem Freund Francesco Vettori einen Brief. Im Vorjahr, nach dem Sturz von Piero Soderinis Regierung und nachdem die Medici Florenz wieder unter ihre Kontrolle gebracht hatten, hatte er alles verloren, was ihm etwas bedeutete. Er hatte versucht, eine Bürgerarmee aufzubauen; sie brach zusammen. An seiner Position in der Regierung hatte ihm viel gelegen; er war aus ihr entlassen worden. Unter dem Verdacht, ein Verschwörer zu sein, hatte man ihn ins Gefängnis geworfen, gefoltert und schließlich auf sein Gut außerhalb von Florenz verbannt. Hier hungerte er nach politischer Beschäftigung jedweder Art, zankte sich und traschte mit seinen Nachbarn – und las. Womit er sich damals beschäftigte, hat er Vettori in unvergeßlich anschaulichen Einzelheiten geschildert:

> »Wenn ich aus dem Wald hinaustrete, gehe ich zu einer Quelle und von dort zu meinem Vogelherd. Ich habe ein Buch dabei, entweder Dante oder Petrarca oder einen der unbedeutenderen Dichter wie Tibull, Ovid und dergleichen. Ich lese von ihren zarten Leidenschaften und Lieben, gedenke der meinen und vergnüge mich eine Weile bei solchen Gedanken. Dann wandere ich auf der Straße zum Gasthaus, unterhalte mich mit den Vorübergehenden, erkundige mich nach Neuigkeiten von ihren Ländereien, erfahre mancherlei und bemerke die unterschiedlichen Geschmäkker und Phantasien der Leute (...) Wenn es Abend wird, kehre ich heim und gehe in mein Studierzimmer. An der Tür entledige ich mich meiner mit Dreck und Staub bedeckten Alltagskleidung und ziehe herrschaftliche und höfische Kleider an. So gekleidet, wie sich es sich gehört, trete ich in die altehrwürdigen Höfe der Alten ein. Von ihnen liebenswürdig empfangen, nehme ich von der Speise zu mir, die allein die meine ist und für die ich geboren bin. Ich schäme mich nicht, mit ihnen zu sprechen und nach den Gründen ihres Tuns zu fragen, und sie sind menschlich genug, mir zu antworten. Und für die Dauer von vier Stunden fühle ich keine Langeweile, vergesse ich alle meine Sorgen, fürchte ich nicht die Armut und ängstige ich mich nicht vor dem Tod: Ihnen gebe ich mich ganz hin.«[1]

## Bücher für den Strand und das Schlachtfeld

Diesen Brief haben Historiker häufig zitiert, weil er in seinem weiteren Verlauf die Komposition von Machiavellis berüchtigtstem Schriftstück beschreibt: *Il principe*. Nicht gerade häufig haben sie ihn jedoch als Dokument der Geschichte des Lesens verwendet. Das ist schade, zeigt er doch eindrücklicher als jedes andere die historische und physische Vielfalt der Bücher, die Humanisten in der Renaissance gelesen haben, und die emotional vielfältigen Formen der Aufmerksamkeit, die sie dem Vorgang des Lesens entgegenbrachten.

Machiavelli beschreibt sich als Leser zweierlei Arten von Büchern. Die erste charakterisiert er derart genau, daß keinerlei Zweifel hinsichtlich ihres textlichen oder physischen Charakters bleiben. Es sind die taschenbuchgroßen Oktavausgaben der Klassiker – Klassiker sowohl des Lateinischen wie der *volgare* –, die Aldo Manuzio seit dem vorangegangenen Jahrzehnt herausgab. Diese Bücher, in Kursivschrift gedruckt, wodurch es möglich wurde, komplette Texte auf ein paar hundert kleinformatigen Seiten unterzubringen, hatten Aldos Kunden begeistert und seine geschäftlichen Konkurrenten in Lyon und anderswo auf den Gedanken gebracht, seinen Produkten die Ehre des Plagiierens zu erweisen.[2] Sie enthielten Texte mit Vorworten und zuweilen ein paar Illustrationen, boten aber keinen Kommentar. Machiavelli benutzte sie offensichtlich auf die simpelste Weise, so wie auch wir die weniger klassischen – aber ebenso handlichen – Bücher benutzen, die wir im Sommer mit ans Meer nehmen: als tragbares Fluchtwerkzeug, um allerlei Problemen zu entkommen. Nicht zum Nachdenken regten sie an, sondern zum Träumen – und dienten ihm als Unterhaltung, in die sich der Leser verlieren konnte.

Die andere Art Buch und Lesestil beschreibt Machiavelli allegorisch. Er vergegenwärtigt sich seine Autoren (und ihre Charaktere) als bedeutende Männer, die sich dazu herablassen, in seinem Studierzimmer zu ihm zu sprechen, und ist sich dabei zu schade, auf so kleinliche Details wie etwa deren Namen einzugehen. *Der Fürst* und seine anderen Texte ermöglichen uns jedoch, sie als Werke griechischer und römischer Staatsmänner und Generäle zu identifizieren, deren Taten Machiavelli als die wichtigsten Quellen und Vorbilder praktischer Weisheit für seine eigene Zeit ansah. Zu diesen Autoren gehörten ein Philosoph wie Cicero und vielleicht auch andere, vor allem aber Historiker: Plutarch, Livius, Tacitus. Ihre Texte las Machiavelli offenkundig nicht in dem handlichen Taschenbuchformat, in welchem Aldo manche von ihnen gedruckt hatte, sondern in größeren Folio- und Quartbänden, die die Studierstubenregale der Renaissancegelehrten füllten. Ihnen näherte er sich – wie seine Allegorie verdeutlicht – in einem gänzlich anderen Geist als dem, in dem er im Frühling seine Liebespoeten las. Bei ihnen suchte er nicht Zerstreuung, sondern Belehrung; an sie richtete er spezifische Fragen und bei ihnen suchte er klare Antworten. Und dies tat er mit einer Formalität und Luzidität und einem am konkreten politischen Handeln und nicht an ätherisch erotischen Träumen ausgerichteten Interesse, das seine Allegorie vom Lesen als förmlicher Diskussion bei Hofe in lebendiger Erinnerung bleiben ließ.

Zwei Arten alter Texte, zweierlei Arten des Lesens: Die eine erkennen wir auf den ersten Blick wieder, während die andere uns seltsam fremd vorkommt. Leicht fällt uns die Vorstellung, daß alte Bücher zur Ablenkung von gegenwärtigen Schwierigkeiten und zur Stimulierung erotischer Empfindungen gelesen wurden; schwerer dürften wir es mit dem Gedanken haben, daß man las, um einer Regierung in ihrer entscheidenden Krise einen Rat geben oder das Scheitern einer Armee und eines Gemeinwesens erklären zu können. Machiavelli jedoch scheint beide Arten des Lesens ohne erkennbare Anstrengung oder Mühe praktiziert zu haben und war imstande, seine Interpretationsweise mit der gleichen Leichtigkeit zu wählen wie den Text, auf den er sie anzuwenden gedachte. Was wir uns vorgenommen haben, ist leicht gesagt, aber schwer zu leisten. Wir müssen versuchen, Machiavellis Erfahrung in ihren weiteren Kontext zu stellen. Welche anderen Möglichkeiten gab es noch auf dem Spektrum der Leseweisen, von denen die Humanisten Gebrauch machten? Wie typisch war seine Text- und Methodenwahl?

## »Der unvermittelte Text«

Von den dreißiger Jahren bis in die siebziger Jahre dieses Jahrhunderts haben große europäische Gelehrte – vor allem Erwin Panofsky, Hans Baron und Eugenio Garin – behauptet, daß die Humanisten die Erfahrung des Lesens vereinheitlicht und nachhaltig verändert hätten.[3] Die Gelehrten des Mittelalters, erläuterten sie, hätten einen Kanon verbindlicher Schriften – nämlich Aristoteles und seine Kommentatoren, die juristischen, medizinischen und theologischen Autoritäten, die Vulgata, Ovids *Metamorphosen* und Boethius' *Consolatio philosophiae* – auf eine einheitliche Weise gelesen. Trotz aller Unterschiede in Herkunft und Inhalt hätten diese Texte den Lesern im Mittelalter als Komponenten eines einzigen Systems gegolten. Offizielle Interpreten hätten sie zur Grundlage jenes Systems des Argumentierens und Belehrens gemacht, das wir als Scholastik kennen. Dies taten sie, indem sie ganz einfach die Texte nicht als Werke von Individuen behandelten, die in einer bestimmten Zeit und an einem bestimmten Ort gelebt hatten, sondern als von der Person abgelöste Verkörperungen von Aussagen. In jahrzehntelanger Schwerarbeit mit Hammer und Meißel modellierten sie ein komplexes gotisches System von Mauern und Stützen, das die Texte einleitete, umgab und trug: Überschriften, Kommentare, separate Abhandlungen. Mittels dieses Apparats wurde den disparatesten antiken Texten ein mittelalterliches Aussehen übergestülpt. Aus der Sicht des Humanisten steckte in dieser Kanonisierung jedoch ein systematischer Irrtum, sie basierte sogar auf ihm. Die Kommentatoren hatten sich nicht zum Ziel gesetzt, den Text zu erläutern, sondern wollten seinen Inhalt auf den neusten Stand bringen. Spricht beispielsweise das *Corpus Iuris* von *sacerdotes* und *pontifices*, dann ging der Kommentator Accursius davon aus, daß von Presbytern und Bischöfen der christlichen Kirche, wie er sie kannte, die Rede sei; so fand er in den antiken Texten die Verfassung der modernen Bräuche.[4] Kurzum, die Texte waren nicht deshalb populär, weil sie die antike Welt abbildeten, sondern weil sie den Bedürfnissen der modernen Welt Genüge taten. Noch die Verpackung, die ihre Nützlichkeit gewährleistete, verfälschte ihren Inhalt. Ein dicht geknüpftes Netz von Annahmen und Institutionen, die im System der Glossen ihre materielle Form erhielten, band sie an das bestehende scholastische Lehrgebäude statt an ihren historischen Ort und ihre eigene Zeit.

Von Anfang an hatten sich die Humanisten vorgenommen, die Klassiker vor dem zinnenbewehrten *hortus conclusus* zu retten, in den sie die mittelalterlichen Kommentare eingesperrt hatten. Die Glossatoren hätten die ursprüngliche Absicht der Texte durchgängig verfälscht, behaupteten sie. Petrarca beispielsweise weigerte sich, weiterhin römisches Recht zu studieren, weil er fand, daß seine Lehrer die »Geschichte« im Recht nicht gesehen oder vermittelt hatten.[5] Er und andere Humanisten versuchten, das Original direkt zu lesen. Gewöhnlich behaupteten sie, die mittelalterlichen Kommentare zu ignorieren, es sei denn, um sich über ihre Irrtümer zu mockieren. Daß man den Schirm durchdringen müsse, den der alte Apparat zwischen Leser und Text schob, blieb bis ins 16. Jahrhundert ein Gemeinplatz humanistischer Polemik. Mutianus Rufus machte sich über den damals Thomas von Aquin zugeschriebenen Standardkommentar zu Boethius' *Consolatio* lustig, weil Alkibiades darin als Frau imaginiert war. Erasmus verulkte die sogar noch wilderen Vermutungen, auf die er in mittelalterlichen Bibelkommentaren stieß: »daß man bisweilen (...) aus einem Baum einen Vierfüßler macht und aus einem Edelstein einen Fisch«.[6]

Hätte man erst einmal die steinerne Wand der Fehldeutungen wieder abgerissen, erklärten Petrarca und seine Anhänger, würden die Leser den Alten begegnen, wie sie wirklich waren: nicht den für das 15. Jahrhundert präparierten zeit- und geschichtslosen *auctoritates*, sondern Leuten, die in einer spezifischen Zeit und an einem spezifischen Ort gelebt hatten. In den nackten Texten kämen die Alten in all ihrer Farbigkeit und Vieldimensionalität zurück ins Leben, gekleidet in antike Gewänder, zu Hause in einer klassischen Umwelt, ganz wie die Helden auf einem Fresko von Mantegna. Über lange Zeit hin haben Historiker diese Rhetorik für bare Münze genommen. Sie haben die Humanisten als Leute beschrieben, die die Klassiker »direkt« und so, »wie sie wirklich waren«, lasen; als Neuerer, die Bücher nicht als Ingredienzien für die Konstruktion eines modernen Ideensystems behandelten, sondern als ein Fenster, durch das sich ein Gespräch mit den verehrten Toten führen ließ. Schließlich verfaßte Petrarca tatsächlich Briefe an die Alten, schrieb etwa Vergil, welchen Respekt er vor der nahezu christlichen Tugend des lateinischen Dichters habe, und Cicero von seinem Schock, als er gewahr wurde, daß der große Redner im Getümmel und Lärm der Politik mitmischte. Und man korrespondiert doch schließlich nur mit Menschen, nicht mit Büchern.

In Wirklichkeit freilich lasen, wie wir an Machiavelli sehen, die

Humanisten die klassischen Texte auf sehr unterschiedliche Weisen. Wer sich mit antiker Dichtung die Zeit vertrieb, konnte wie Machiavelli seinen Taschenbuch-Ovid mit aufs Land nahm, um über die Liebe zu lesen. Einem anderen, dem antike Poesie hingegen als der höchste Zweig der Philosophie galt, stand auch dies frei; er konnte Vergil in einer Folioausgabe in seinem Studierzimmer lesen und dabei nicht nur mit dem Dichter ins Gespräch kommen, sondern auch mit zehn oder elf allegorischen oder moralischen oder historischen Kommentatoren aus alter und moderner Zeit. Hieronymus Münzer entspannte sich, indem er – was für eine Idee – das *Corpus Hermeticum* las: »Ich las wieder und wieder«, schrieb er in sein Exemplar, »und erfrischte mich bei dieser süßesten aller Lektüren.« Isaac Casaubon brachte derselbe Text auf die Palme; das Buch entspannte ihn nicht nur nicht, sondern provozierte ihn zu einer Art von philologischem Angriff und Dauerbeschuß. Satz für Satz arbeitete er sich durch sein Exemplar, um zu zeigen, daß es nicht authentisch sein konnte.[7] In jedem dieser Fälle wählte der Leser – so wie Machiavelli – eine besondere physische und mentale Haltung sowie einen bestimmten Text, dem er diese entgegenbrachte. Jede Geschichte dieses komplexen und vielgestaltigen Unternehmens muß sich deshalb vor grandiosen Thesen und raschen Übergängen hüten und Paradoxien und Widersprüche für möglich halten.

## Der Klassizismus und das Klassische: Der Text und sein Rahmen

Wie wir ebenfalls sahen, beschrieb sich Machiavelli nicht nur als jemand, der Texte interpretiert, sondern auch als jemand, der Bücher in die Hand nimmt – bestimmte körperliche Objekte, die spezifischen Konventionen hinsichtlich Format und Typographie gehorchten und die er unter klar definierten Umständen verwendete. Seit den sechziger Jahren dieses Jahrhunderts hat sich die Wissenschaft mit wachsender Aufmerksamkeit der physischen und ästhetischen Entwicklung von Büchern im frühneuzeitlichen Europa gewidmet. Sie hat gezeigt, daß die Humanisten sowohl einen neuen Kanon von Texten wie auch neuartige Bücher verlangt, hergestellt und konsumiert haben. Die Humanisten nahmen nämlich nicht allein philologischen Anstoß am Inhalt des mittelalterlichen gelehrten Buches, sondern auch ästhetischen an seiner Form.

Die *auctoritates* der wissenschaftlichen Welt des Mittelalters wurden von den hoch spezialisierten und effizienten Buchhändlern der Universitätsstädte produziert. Diese teilten vorbildliche Ausgaben der Standardtexte in *peciae* (»Segmente«) auf, die Schreiber eines nach dem anderen mieten und rasch und in einheitlicher Form kopieren konnten. Die so hergestellten Texte waren zweispaltig und in einer spitzen, formalisierten gotischen Schrift geschrieben. Sie beanspruchten einen vergleichsweise geringen Platz im Mittelfeld einer großen Seite. Umgeben waren sie von einer dicken Hecke aus einem offiziellen Kommentar, der in einer noch kleineren und noch weniger einladenden Schrift niedergeschrieben worden war. Es handelte sich dabei natürlich um eben jene Masse mittelalterlicher Glossen, die den Humanisten aus Prinzip so zuwider waren. Natürlich stießen derartige Bücher die Renaissancegelehrten ab, denen sie sowohl als visuelle wie als intellektuelle Verzerrungen ihres eigentlichen Inhalts vorkamen.[8]

Von Anfang an war die gotische Schrift für die Humanisten das äußere und sichtbare Zeichen der gotischen Ignoranz: häßlich, dumm, undurchdringlich. Petrarca haßte »die winzigen und zusammengedrückten Buchstaben«, die selbst der Schreiber »nicht zu entziffern vermochte, während es für den Leser damit endet, daß er sich nicht nur ein Buch kauft, sondern die Erblindung gleich miterwirbt«.[9] Ganz bewußt machten sich seine Schüler und Nachfolger daran, die Standardformen des Schreibens durch angemessenere zu ersetzen. Im frühen 15. Jahrhundert entwarfen Coluccio Salutati und Poggio Bracciolini eine neue, abgerundete, elegante Minuskel, die sie für klassischer hielten als die gotische ihrer Zeit. Wissenschaftler und Künstler – besonders Alberti und Mantegna – lernten aus römischen Inschriften, denen sie einige modernere Elemente hinzumischten, wie man Großbuchstaben in einem überzeugend symmetrischen und grandiosen Stil zeichnet. Andere – in erster Linie der Wissenschaftler Niccolò Niccoli und der Schreiber Bartolomeo Sanvito – erfanden eine elegante Kursivschrift. Diese konnte für weniger formale Zwecke verwendet werden, etwa bei der Kompilierung von Notizbüchern, und verbrauchte weniger Raum als die normale Standardhandschrift der Humanisten. Diese neuen Schriften wurden nach und nach anderen Gelehrten und, mit einigen Schwierigkeiten, professionellen Schreibern beigebracht (die Poggio als *faex mundi* – »Exkremente der Welt« – bezeichnete).[10] Schließlich erlangten sie in Schreibbüchern kanonische Form und wurden in ganz Europa benutzt.

Humanistische Manuskripte wurden für jeglichen Bedarf produziert. Gewaltige Präsentationsfolios mit wunderschönen Illustrationen boten die Ergebnisse philologischer Forschung den Mäzenen dar (letztere wurden häufig in dem ersten illuminierten Initial oder auf einer selbständigen, von einer Bordüre aus Architekturelementen umsäumten Titelseite dargestellt, wie sie die Ehrung des Autors oder Herausgebers sowie dessen Buch entgegennehmen). Kleinere, weniger formelle Bücher, in welchen der Text die gesamte Seite einnahm und sich kein Kommentar zwischen *auctor* und *lector* schob, wurden zum Kernbestand der humanistischen Bibliotheken. Manch eine private Manuskriptsammlung blähte sich durch Hunderte von Texten im neuen Stil.[11]

Die privaten und öffentlichen Bibliotheken – vom *Studiolo* des Federigo da Montefeltro in Urbino bis zur Vatikanischen Bibliothek, die unter Nikolaus V. und Sixtus IV. ihre ursprüngliche Form erhielt – verwandelten sich nicht weniger dramatisch als die Bücher selbst. Weite, offene Räume und kleine, durch Fenster beleuchtete klassische Schatzkästchen, die so angelegt waren, daß sie Studium und Gespräch erleichterten, traten an die Stelle dunkler Räume und angeketteter Bücher älteren Typs. Zwei der größten und stimmigsten Bauvorhaben des 16. Jahrhunderts – die Piazzetta von Serlio in Venedig und die umgebaute Vatikanbibliothek Sixtus' V. – enthielten in ihrem Zentrum prachtvoll untergebrachte öffentliche Büchersammlungen.[12] Ebenso glanzvoll, wenn auch weniger dauerhaft war der Florentiner Garten mit seinen Büsten antiker Autoren und seiner Sammlung von in klassischen Texten erwähnten Blumen, in dem sich der Rucellai-Kreis über alte Geschichte und Rhetorik unterhielt.

Manchmal sprengten die Begegnungen zwischen den neuen Lesern und den seit kurzem erhältlichen Texten die formalen Grenzen traditioneller Gelehrsamkeit. Bei den Humanisten gab es noch unerwartetere Gelegenheiten des Lesens als Machiavellis Frühling. Nie kommt uns Petrarca moderner vor als in dem berühmten Brief über seine Besteigung des Mt. Ventoux, in dem er beschreibt, wie er sein taschenbuchgroßes Exemplar von Augustins *Confessiones* auf den Gipfel mitgenommen und dort droben konsultiert hat. Die Fürsten des 15. Jahrhunderts betonten gern die herausragende Rolle, die Bücher und Lektüre in ihrem Leben einnahmen. Alfonso von Aragon lud die Humanisten an seinen Hof ein, um dort *ore del libro* abzuhalten – öffentliche literarische Duelle, in denen um die Auslegung und Emendation der schwierigen Passagen im Livius-Text konkurriert wurde.[13] Federigo da Montefeltro legte Wert darauf, daß man ihn mit einem Buch in der Hand porträtierte. In einem Justus von Gent zugeschriebenen Portrait ist er, einen schönen Folioband in Händen, zusammen mit seinem Sohn zu sehen. In einem weiteren Bild, das fra'Carnevale zugeschrieben wird und in einem prächtigen Manuskript der *Disputationes Camaldulenses* von Landino vorkommt, schaut er auf einen Höfling hinab und hält dabei ein kleines, handliches Buch in der Hand. In beiden Fällen scheint die Beschäftigung mit Literatur für diesen Mann ebenso charakteristisch zu sein wie sein markantes vorspringendes Profil.[14] Wenn Federigo an einem bestimmten neuen Buch interessiert war, konnte er sich von ihm geradezu davontragen lassen. Donato Acciauoli gestand er, daß er dessen Boten länger als nötig aufgehalten habe, um sogleich Acciauolis neuen Kommentar zu Aristoteles' *Politik* lesen zu können.[15] Die richtigen Bücher zu lesen gehörte offenbar ebensosehr zum neuen Stil des Renaissancehofs wie die Beschäftigung der richtigen Architekten oder das Tragen der richtigen Kleidung.

Als die gedruckten Bücher nach und nach die Handschriften verdrängten, setzten sich neue Buchformen und neue Leseerfahrungen auch in der europäischen Geisteswelt durch. Die Schriftlettern wissenschaftlicher Drucker reproduzierten die Handschriften von Schreibern und Künstlern manchmal bis in alle Einzelheiten. Die frühesten klassischen Texte, die bei Sweynheym und Pannartz in Subiaco und Rom und bei Koberger in Nürnberg hergestellt wurden, verwendeten bereits eine humanistische Schrifttype.[16] Die ersten Oktavbände, die 1501 bei Aldo Manuzio erschienen, reproduzierten eine humanistische Kursivschrift mit all ihren Eigenheiten – zuweilen wurde sie als diejenige Sanvitos identifiziert.[17] E. P. Goldschmidt hat gezeigt, daß es sich geradezu von selbst verstand, klassische Texte in einer klassischen Form zu präsentieren. Selbst Drucker und Illustratoren, die eigentlich nicht so recht dafür ausgebildet waren, historisch akkurate Illustrationen und Buchstaben herzustellen, taten ihr Bestes. Der junge Dürer beispielsweise versuchte sich für eine Straßburger Terenz-Ausgabe an der Darstellung eines römischen Theaters, ging dabei allerdings in die Irre, denn die Schauspieler gerieten ihm viel zu groß und die Sitze viel zu klein, weil er nach einer Skizze arbeitete, aus der die Größenordnungen des Originals nicht zu entnehmen waren.[18]

Wichtiger war vielleicht, daß das gedruckte Buch eine größere Bandbreite von Orten und Tätigkeiten zu infiltrieren vermochte als das Manuskript, dem es nacheiferte. Einer von Aldo Manuzios frühen Kunden, Sigismund Thurzo, schrieb ihm im Jahre 1501 aus Budapest, die neuen Taschenbücher hätten ihm, wenn schon kein neues Leben, so doch zumindest eine neue Literatur verschafft:

> »Da meine diversen Aktivitäten keine freie Zeit lassen, die ich in meinem Haus den Dichtern und Rednern widmen könnte, sind Ihre Bücher – die so handlich sind, daß ich sie beim Gehen benutzen kann und sogar, während ich sozusagen den Höfling spiele, wann immer ich eine Gelegenheit dazu finde – mir zu einer ganz besonderen Freude geworden.«[19]

Das neue Buch, ernst und elegant, praktisch und portabel, war zur Norm geworden. Die Bandbreite von Machiavellis Kontakten, sei es in informellen oder in formellen Umständen, mit kleinen und großen Büchern scheint typisch für sein Milieu gewesen zu sein. Nur ein Schritt war es von seiner Leseerfahrung mit Liebeslyrik auf dem Lande zu derjenigen der jungen Kavaliere, wie sie von den Huren in Aretinos *Ragionamenti* beschrieben werden: dicht gedrängt auf der Straße unter dem Fenster einer jungen Frau, jeder mit seinem Petrarca in der Hand. Die Geschichte des Buchs legt den Gedanken nahe, daß die Renaissancehumanisten tatsächlich in gewissem Maß den Klassikern auf eine neue und ausgesprochen unmittelbare Weise begegnet sind.

Allerdings haben die Historiker, die sich mit der Geschichte des Buchs beschäftigt haben, den Optimismus der Geistesgeschichtler in einem entscheidenden Punkt doch auch ein wenig relativiert. Sie haben nämlich gezeigt, daß die Formen, in denen die Humanisten ihre Klassiker zu sich nahmen – gleich ob groß oder klein, Liebesdichtung oder römische Geschichte, ob aus einer Handschrift oder aus dem Buch –, alles andere als klassisch waren. Zunächst einmal waren selbst die reinsten humanistischen Manuskripte und gedruckten Bücher nicht die Wiedergeburt von etwas Altem, sondern die Erfindung von etwas Neuem. Sie enthielten echte klassische Elemente, die man neuen Zwekken dienstbar machte, wie etwa die epigraphischen Großbuchstaben, die für Titel, Überschriften und Inhaltsverzeichnisse charakteristisch wurden. Schreiber und Autoren setzten aber auch einige mittelalterliche Stilmittel ein, die in jüngerer Zeit außer Gebrauch gekommen waren. Ihre formalisierte Buchschrift imitierte keine antike Handschrift, weil es keine klassische Minuskel gab, die sich hätte imitieren lassen, sondern die Minuskelschrift karolingischer Handschriften, deren Form so keusch wie ihre Herkunft unklassisch war. Moderne Formen und Moden, wie etwa die Kursivschrift und die Blumenillustrationen auf den ersten Seiten, machten die Renaissance-Bücher noch attraktiver. Selbstverständlich produzierten die Schreiber und Drucker Texte, die ihren Lesern klassisch *vorkamen*. Aber wie in allen Klassizismen verbanden sich auch hier ästhetische Annahmen aus der eigenen Zeit mit antiken Vorbildern und Methoden. In ihrer endgültigen Form waren die Bücher der Humanisten Ergebnisse komplizierter und schwieriger Verhandlungen zwischen vielen verschiedenen Partnern. *Cartolai*, Schreiber, Künstler und Gelehrte hatten allesamt ein Wörtchen mitzureden und veranlaßten die Federn von Schreibern und Scholaren zu Punktierungs- und Abkürzungsmustern, die heutzutage einen eindeutig unklassischen Eindruck machen.

Zweitens benutzten die Humanisten weiterhin viele Bücher, deren Körper nicht die neue, zurückhaltende Gestalt aufwiesen. Petrarca liebte seine Vergil-Ausgabe, die heute in der Ambrosianischen Bibliothek aufbewahrt wird; ihr vertraute er seinen Schmerz über Lauras Tod an und auch den Tag, an dem sie einander erstmals begegnet waren. Diese riesige Handschrift war jedoch, Petrucci hat darauf hingewiesen, in Wirklichkeit eine »moderne« – nämlich mittelalterliche – Handschrift mit anachronistischen Illustrationen von Simone Martini.[20] Und diese zweite, mittelalterliche Form klassischer Texte – zumeist eher literarische denn technische Texte in gotischer Schrift, oftmals mit Illustrationen ausgestattet, in denen die Figuren moderne Kleidung tragen, eher für höfische Leser gedacht als für Geistesarbeiter – hatten in der Renaissance ein eindrucksvolles Nachleben, selbst wenn die *auctoritates* der Universitäten nicht mehr viel galten. Manch einer der humanistischen Puristen aus Florenz stieß sich an Illustrationen, aber die Leser am Mailänder Hof und den Höfen anderer Staaten im Norden Italiens mochten ihre sprachgewaltigen lateinischen Geschichten der Antike, die, bei aller Klassizität ihrer Texte, doch mit den großen illuminierten Initialen der mittelalterlichen Romane ausgeschmückt waren. In dem berühmten Beispiel des aus Norditalien stammenden Plutarch-Bandes, der sich heute in der British Library befindet, trägt Antonius die Rüstung eines Ritters, wird Sertorius bei einem mittelalterlichen Fest vor einem Wandteppich ermordet und begegnet Pyrrhus seinem Tod inmitten der Mauern und Türme einer italienischen Stadt.[21]

Selbst im Herzland des Klassizismus der Renaissance existierten mittelalterliche und der Renaissance zugehörige Konventionen nebeneinander: der Wunsch, die Welt der Antike zu modernisieren, wie der Wille, sie so zu rekonstruieren, wie sie einmal war. Petrucci zeigt auf, wie im Jahre 1481 klassischer Stil und klassischer Inhalt in einer Äsop-Ausgabe zusammentrafen, die von Cristoforo Maiorana für den Hof von Aragon angefertigt worden war: »Für den Fürsten«, heißt es im Bericht der Schatzkammer, »hatte er Tiere und andere antike Werke angefertigt, und ein Mann im alten Stil steht in dem großen Initial« – zweifellos Äsop persönlich, gekleidet *all'antica*.[22] Der Leser dieses Äsop wußte von Anbeginn, daß er einem Autor der Antike begegnet war. Der Leser von Gherardo di Giovannis Florentiner Äsop aus derselben Zeit – sie befindet sich heute in der Spencer Collection der New York Public Library – erlebte genau das Gegenteil: Er sah Äsops Menschen- und Tierfiguren in modernster Umwelt und Kleidung. Sie bewegten sich durch eine toskanische Landschaft, waren in Florentiner Läden und Schlafzimmern zu Hause und gingen vor den Mauern einer Stadt auf die Jagd, die vom Duomo beherrscht war. Sogar ein Warzenschwein schärft seine Krallen an einem modernen, drehbaren Schleifstein. Nur die Götter machen einen antiken Eindruck – nackend, weiß und mit den zugehörigen Attributen. Aber selbst sie mischen sich unter die toskanischen Frauen und Männer und halten mit ihnen ein Schwätzchen. Das Ergebnis, so ansehnlich wie anachronistisch, ist eine spektakulär verführerische Evokation der Welt der Antike, die in nächster Nähe der Gegenwart schwebt und schwerlich klassisch genannt werden kann.[23] Es ist also kein Wunder, daß in spezifischen textlichen Traditionen klassische Dekorationsschemata keineswegs immer an die Stelle mittelalterlicher getreten sind.[24]

Selbst die humanistischsten Bücher erinnern uns weniger an die Antike als an den in der Renaissance gültigen Kanon von Geschmack und Eleganz. Viele italienische Buchhersteller kombinierten in voller Absicht klassische und zeitgenössische, humanistische und ritterzeitliche Konventionen. Und in den vielen nicht-italienischen Zentren der Buchkunst, von Dijon bis Krakau, wo Mittelalterliches und Renaissancehaftes und einheimische und lateinische Traditionen wie Strömungen von unterschiedlicher Temperatur in einem Ozean ineinanderliefen, bildeten sich Strudel jedweder Art. Neue Mischungen aus klassischen und modernen, kosmopolitischen und einheimischen Eigenheiten erschienen an den Rändern von Manuskripten und gedruckten Texten. Die prachtvollen Publikationsexperimente, die Dürer und andere für Maximilian I. ausführten – seine hieroglyphische *Ehrenpforte*, der *Weisskunig*, der *Theuerdank* und das unvollendet gebliebene *Gebetbuch* –, bilden eine spektakuläre Reihe von Beispielen.[25]

Kurzum, nicht anders als die Interpreten erfuhren oder präsentierten auch die Produzenten der Bücher die Welt der Antike nicht so, wie sie wirklich war. Vielmehr erschufen sie sie neu in Bildern, die ihnen stimmig erschienen und gefielen. Niemand käme auf den Gedanken, ihre Arbeit als bedeutungslos einzustufen; in der Verarbeitung und Präsentation literarischer Texte bedeutete sie vielmehr eine ästhetische Revolution.[26] Ebenso sehr aber lief sie auf eine imaginäre Konstruktion eines verlorenen Paradieses und auf eine historische Neuschöpfung einer verlorenen Gesellschaft hinaus. Und in den beiden Weisen, in denen Machiavelli mit seinen Klassikern zusammentraf – in der Form kleiner Liebespoeten in Oktav und als große und ernste Folio-Staatsmänner, im träumerischen Frieden draußen auf dem Land und bei wacher Intelligenzarbeit im häuslichen *studiolo* – scheinen Ökonomie und Ästhetik der Buchherstellung in der Zeit der Renaissance auf.

Wie gelangt man nun aber von den Varianten und Wunderlichkeiten der Einzelerfahrung zu den normalen Verhältnissen humanistischer Lektüre? Wie läßt sich identifizieren, was sich in der Welt der Bücher wirklich geändert hat und was stabil geblieben ist? Nur eine breit und auf gegenseitige Ergänzung angelegte Reihe von Untersuchungen vermag die gewünschten Informationen zu liefern. Wir müssen die Vorlieben der Zwischenhändler erforschen und ihr Tun verfolgen, denn sie wählten die Texte aus und legten die physische Form derjenigen humanistischen Bücher fest, die größte Popularität gewinnen sollten.[27] Wir müssen in die Klassenzimmer hinein und dem schwunglosen Singsang von Lehrern und Schülern lauschen, die sich durch die vorgegebenen Texte ackern. Nur so lassen sich die besonderen und hart erarbeiteten Fähigkeiten ausmachen, mit denen sich die Humanisten dem klassischen oder klassisch aufgemachten Buch näherten. Schließlich müssen wir einzelnen Humanisten in ihre Studierstuben folgen und ihnen zusehen, auf welche Weise sie ganz konkret mit ihren Büchern umgingen. Nur so werden wir am Ende die physische Form verstehen, in die die Humanisten die ihnen wichtigsten Texte gossen, und auch die Instrumente des Intellekts, mittels derer sie Bedeutungen aus ihnen extrahierten – von der Interaktion zwischen beidem ganz zu schweigen. Obwohl wir für das Betreten dieser Szenen einer verlorenen Vergangenheit einen hohen Eintrittspreis zu entrichten haben, dürfen wir uns davon doch reichen Lohn versprechen. Vielleicht gewinnen wir sogar ein neues Verständnis jener Kräfte, die während des letzten Zeitalters, in dem europäische Intellektuelle Bücher als die wichtigste Quelle für Fakten und Ideen ansahen, das Lesen geprägt haben.

## Begegnung mit den Mittelsmännern: *Cartolai*, Drucker und Leser

Bücher kommen nicht durch Jungfernzeugung zustande: Unternehmer und Kaufleute nahmen Schreiber, Setzer und Buchillustratoren unter Vertrag, die sie nach ihren Anweisungen herstellten. Wer die Ökonomie des Publizierens dominierte, hatte auch viel mit der Identität und dem Äußeren der Bücher zu tun, die das humanistische Publikum las. Diese simplen Tatsachen – deren Geltung für das Zeitalter des gedruckten Buchs offenkundig ist – galten auch für das vorangegangene Zeitalter der Handschriften. Andererseits beeinflußten auch die Käufer die von ihnen erworbenen Erzeugnisse – sowohl in dem üblichen Sinn, daß die Buchhändler zu liefern versuchten, was die Kunden haben wollten, als auch in einem noch weitergehenden Sinne.

Historiker neigen dazu, die Verwandlung der Welt der Bücher durch den Buchdruck am Modell der späteren industriellen Revolution auszurichten: Ein handwerkliches Produktionssystem, in dem Design und Ausführung für jedes einzelne Buch nach Maßgabe jedes einzelnen Kunden geschahen, wird durch ein industrielles System ersetzt. Der Großhandel verdrängt den Einzelhandel, die uniforme Massenproduktion tritt an die Stelle der von den Schreibern ausgeübten handwerklichen Techniken. Damit wird das Buch zum ersten der vielen Kunstwerke, die durch ihre mechanische Reproduzierbarkeit einen fundamentalen Wandel erfahren haben. Sein Leser steht von nun an nicht mehr einem ganz persönlichen Gegenstand gegenüber, dessen Schrift, Illuminationen und Einband er selbst bestimmt hat, sondern einem kalten, unpersönlichen Objekt, dessen Äußeres von vornherein von anderen festgelegt worden ist. Die emotionale Aufladung, die das Buch als Gegenstand mit sich führt, rührt nun mehr von seinem Ort in der persönlichen Erfahrung seines Eigentümers, von den Erinnerungen, die es wachruft, her als von der Schönheit seiner Ausstattung.[28] Manche Zeitgenossen, etwa der *cartolaio* Vespasiano da Bisticci, bedauerten diese Entwicklung. Dieser schimpfte auf die häßlichen und kurzlebigen Produkte der Druckerpresse, die ihm nicht wert schienen, in einer wirklich bedeutenden Bibliothek aufgestellt zu werden. Andere, wie beispielsweise Erasmus, waren von dieser Entwicklung begeistert. Selbst Ptolemäus Philadelphus, schrieb er, reiche mit seinen der Wissenschaft erwiesenen Diensten nicht an Aldo Manuzio heran. Wo der große König eine einzige Bibliothek erbaut hatte, die schließlich der Zerstörung anheimfiel, baute Aldo eine »Bibliothek ohne Wände«, die jedem Leser verfügbar war und jede Katastrophe überstehen würde. Daß der Buchdruck das Lesen jedenfalls von Grund auf verändert hat, darüber waren sich beide Seiten einig; zumindest haben Historiker uns das immer wieder gesagt.[29]

Diese seit langem akzeptierte Geschichte läßt eine Menge höchst wichtiger Fakten außer acht. Wie R. H. und M. Rouse inzwischen gezeigt haben, standen im Italien der Renaissance die Schreibwarenhändler oder *cartolai* ebenso unübersehbar zwischen antiken Autoren und modernen Lesern wie nach ihnen die Drucker. Sie bestimmten, wie die übergroße Mehrheit der Leser die Texte erfuhren.[30] Die *cartolai* dominierten im frühen 15. Jahrhundert Herstellung und Verkauf handgeschriebener Bücher; nach 1450 arbeiteten sie häufig mit Druckern zusammen oder wurden selbst welche. Wie für andere Unternehmer in Spätmittelalter und Renaissance war Kleinkram ihre Sache nicht. Vielmehr kauften sie Papier oder Pergament – normalerweise das teuerste bei der Buchherstellung – in großen Mengen auf. Sie heuerten Schreiber und Illustratoren an und wählten die Texte aus, mit denen sich dann die Handwerker beschäftigten. Und häufig stellten sie mehrere Kopien individueller Werke her, nicht, weil Kunden nach ihnen gefragt hätten, sondern um in ihren Läden einen Vorrat für den Einzelhandel anzulegen. Es trifft zwar zu, daß die *cartolai* die Buchmessen des Zeitalters des Buchdrucks nicht vorwegnahmen; sie schlugen aber Wege ein, denen die Drucker dann folgen sollten. Auch sie produzierten schon Bücher in großer Zahl und auf gut Glück. Auch sie machten bereits systematisch für ihre Erzeugnisse Reklame und setzten sich gegen die Konkurrenz von Außenseitern zur Wehr, die sich nicht an die Zunftregeln hielten.[31] Vor allem aber wirkten sie zusammen mit ihren Angestellten und ihren Kunden daran mit, daß ein Kanon von Büchern entstand, die die meisten Leser verdienten, sowie eine Vorstellung vom Äußeren eines Buchs, der sie entsprechen sollten.

Die Rouses weisen nach, daß die *cartolai* nicht allein die zu reproduzierenden Texte auswählten, sondern auch für einen Großteil der Illustrationen sorgten, die den Büchern den Stempel des Klassischen aufdrückten. Die prachtvollsten Illustrationen stellten sie auf individuelle Bestellung her. Die großen, mit Architekturelementen verzierten Frontispize der bedeutenden Renaissance-Handschriften in Urbino und anderswo, auf denen aufs Sorgfältigste in ein klassisches Umfeld versetzte Autoren, Gelehrte und Mäzene den Texten vorangestellt sind, waren speziell in Auftrag gegeben worden. Einige der kreativsten Maler Italiens, wie etwa Botticelli, haben Handschriften illuminiert. Andere

Dekorationsformen wurden hingegen in größeren Auflagen hergestellt. Die *cartolai* statteten Dutzende ihrer Erzeugnisse mit einer »in Massenproduktion, fast am Fließband hergestellten Art Frontispiz« aus, den »*bianchi girari*-Frontispizen, die aus einem Zwei-, Drei- oder Vierviertelrahmen aus kompliziert ineinandergewobenen weißen Rebzweigen bestanden, unten gewöhnlich mit zwei Putti, die einen für ein Wappenelement freigehaltenen Kranz halten«.[32] Der Umstand, daß diese Kränze oder Medaillons blanko belassen wurden, verweist darauf, daß die Dekorationen ebenso Fertigteile waren wie die Texte, denen man sie voranstellte. Der jeweilige Besitzer ließ, wenn er das Buch erstand, sein Wappen in den freigelassenen Raum einsetzen. Was jedoch die generelle Buchausstattung – und die generelle Angemessenheit der charakteristischen Renaissancedekoration *all'antica* zu Ehren klassischer Texte – anbetraf, entschieden über sie die Geschäftsleute, die sie bezahlten, und nicht die Leser, die sie konsumierten. Wenn also die Drucker in ihren Massenprodukten Raum für derlei Weinrebendekorationen frei ließen – oder es den *cartolai* nachtaten, indem sie dafür sorgten, daß die Initialen jedes einzelnen Eigentümers vom Illustrator nachträglich eingefügt wurden –, machten sie sich lediglich die Unternehmerpraktiken des Handschriftenzeitalters zu eigen, so wie sie auch zur Dekoration der gedruckten Bücher dieselben Schreiber engagierten, die ehedem diese Arbeit an Handschriften geleistet hatten.[33]

Aus einer Fülle von Belegen geht hervor, daß die *cartolai* in solchen Geschmacksfragen ganz bewußte Entscheidungen trafen. Kein Text sagt mehr über die Einstellung von Buchproduzenten aus als Vespasianos Erinnerungen, jene anschauliche Sammlung biographischer Skizzen, die Burckhardts *Kultur der Renaissance in Italien* inspirierte. In Geschichtswerken, die sich der Geschichte des Buches widmen, tritt Vespasiano gewöhnlich als unverwüstlicher Reaktionär auf, als Liebhaber schöner Einzelbücher und Verächter des Buchdrucks. Voller Stolz erinnert er sich, daß Friedrich von Urbinos Bibliothek ausschließlich aus Manuskripten bestand: »In dieser Bibliothek sind alle Bücher von größter Schönheit und allesamt Handschriften; es gibt nicht ein gedrucktes Buch darin, denn ein solches hätte sich geschämt, dort zu sein.«[34] Nur in einem einzigen Fall tritt er als Unternehmer auf: im Zusammenhang mit der Bibliothek Cosimo de' Medicis, die er ohne

Rücksicht auf die Kosten in nur zweiundzwanzig Monaten herstellte und dafür fünfundvierzig Schreiber anheuerte. Er scheint ein nostalgischer Charakter gewesen zu sein, besessen wie ein Renaissance-Chesterton oder Belloc von einer imaginierten Vergangenheit – der Vorstellung von einer reinlichen Stadt, in der nichts lärmt als nur die Lieder glücklicher Handwerker, die für Gotteslohn ihre gute Arbeit tun.

In Wirklichkeit freilich beruhen derlei Vespasiano-Deutungen auf einer ausgesprochen begrenzten Auswahl seiner Äußerungen über die Welt der Bücher. Das von ihm gezeichnete Bild war um vieles konturierter: ein Kollektivporträt prägnanter Charaktere, die auf einem wettbewerbsintensiven und profitorientierten Markt operierten, auf dem man den Kurswert der Autoren an der Börse der Reputationen immer wieder neu ermittelte. Noch aussagekräftiger ist sein Beharren darauf, daß er (und andere *cartolai*) einen potentiellen Bestseller entdecken und durch ihr Eingreifen die Karriere von Buch und Autor entscheidend beeinflussen konnten. Von Sozomeno von Pistoias Überarbeitung von Eusebius' und Hieronymus' Chronik sagt er beispielsweise, Sozomeno habe zwar ein wahrhaft exzellentes Stück Arbeit geschaffen, aber »er hat sich nicht darum bemüht, es kopieren zu lassen«. Glücklicherweise schaltete sich Vespasiano ein: »Von mir dazu überredet und ermutigt, ließ er sie anfertigen, und ihr Ruf verbreitete sich so weit, daß sie nach ganz Italien und nach Katalonien, Spanien, Frankreich, England und an die römische Kurie geschickt wurde.«[35] Selbst im Handel mit handgeschriebenen Büchern bedurfte es eines Mittelsmannes mit einer Begabung für die klassische Tätigkeit des guten Verlegers, nämlich, das »aufregende« Buch zu identifizieren, dessen Potential Autor oder Herausgeber selbst nicht zu entdecken vermochten.

Um ein erfolgreiches Buch herauszubringen, genügte es nicht, daß man einfach nur einen wertvollen Text auswählte. Um sein ganzes Potential zu entfalten, bedurfte das Buch – damals wie heute – darüber hinaus einer entsprechenden Ausstattung und Aufmachung. Vespasiano erwähnte beispielsweise, daß der Florentiner Francesco di Lapacino das potentielle Interesse an einem sehr gehaltvollen, aber auch sehr schwierigen Text erkannt habe: an Ptolemäus *Geographie*, die zu Beginn des 15. Jahrhunderts zwar ins Lateinische übersetzt, danach aber ignoriert worden war, da »der Text ohne Illustrationen hergestellt wurde«. Die griechischen Handschriften hingegen waren in ein spektakulär großes Format gebracht und enthielten voluminöse Sammlungen wunderschöner Landkarten. Francesco ließ dafür »die Illustrationen mit eigener Hand anfertigen« und den griechischen Ortsnamen lateinische Äquivalente geben. Auf diese Weise gab er Ptolemäus' großem Atlas dessen immens populäre kanonische Form: »Seitdem sind zahllose Kopien dieser revidierten Fassung erschienen, die bis in die Türkei gegangen sind.«[36] Kurzum, Vespasiano war sich bewußt, daß Format und Pracht der Karten – und nicht so sehr die lateinische Textausgabe – Ptolemäus' Text sein Prestige verschafften. Und dies war nicht gering: Vespasianos Atelier und andere machten aus ihm den wichtigsten Bildband der italienischen Renaissance, wie die vielen überlieferten – aus wissenschaftlicher Sicht allesamt nutzlosen – Luxushandschriften bezeugen. Wenn Friedrich von Urbinos junger Sohn Guido seine Kenntnis der *Geographia* demonstrierte, indem er vorführte, daß er jeden beliebigen Ort auf der Karte zu finden und dessen Entfernung zu jedem anderen zu nennen wußte, folgte er damit einer kulturellen Mode, die im Laden eines *cartolaio* ihren Ausgang genommen hatte.[37] Kein Wunder, daß die Drukker bald Vespasianos Vorbild folgten und eine Ausgabe nach der anderen produzierten, die es in Größe und kunstvoller Ausführung den Handschriften gleichtaten – was zum Beispiel noch in den berühmten Ulmer Ausgaben von 1482 und 1486 dazu führte, daß die Illustratoren jede einzelne Karte von Hand zu kolorieren hatten.[38]

Die Zwischenhändler bestimmten demnach mit darüber, wie es bei den Intellektuellen der Renaissance um die Erfahrung des Lesens bestellt war. Und sie hatten deutliche Vorlieben. Beispielsweise mochten sie aufwendige Materialien: Mit dem für den Florentiner charakteristischen fachmännischen Blick für Gewebe verweilte Vespasiano auf dem Goldbrokat und den scharlachroten Textileinbänden von Friedrichs Büchern. Voller Enthusiasmus äußerte er sich sogar über die elegante »Antiqua-Schrift«, das »Ziegenleder«, die Illuminationen und die Einbandkunst, von denen Matteo Palmieri für das einzige Exemplar seiner häretischen *Città di Vita* Gebrauch gemacht, das er dann aber bis zu seinem Tode weggeschlossen hatte. Das Werk wurde – zu Recht, wie Vespasiano fand – während der Renaissance nicht veröffentlicht.[39] Herausgeber und Drucker taten es den *cartolai* nach; sie legten sowohl limitierte, auf Pergament gedruckte Ausgaben für Kenner wie auch größere auf Papier für den normalen Markt auf, und für besondere Kunden wurden die geschicktesten Illustratoren angestellt. Koberger muß einer der ersten gewesen sein, der seinen eigenen Buchbinder beschäftigte, der die Buchdeckel vieler Exemplare der *Nürnberger Chronik* in Pergament einfaßte. In der Mitte des 17. Jahrhunderts offerierte Joan Blaeu »das teuerste Buch, das mit Geld zu kaufen ist«: seinen *Atlas maior* mit kolorierten und unkolorierten Stichen und in einem Standard-Pergament mit goldenem Prägedruck oder in einer Reihe spezieller Einbände in purpurnem Samt und anderen kostbaren Materialien.[40] Die Eigentümer – zu denen ein Pirat der Barbarenküste, Admiral Michiel de Ruyter und der Sultan der Türkei gehörten – wußten diese bibliographischen Preziosen offenkundig zu schätzen, wie sich an den wundervollen Kabinetten zeigt, in denen einige ihr Exemplar untergebracht hatten.

Die Mittelsmänner brachten diejenigen unter ihren Kunden, an denen ihnen besonders lag, demnach dazu, mit Büchern auf eine bestimmte Weise umzugehen. Einerseits machten sie ihnen klar, daß das Äußere eines Buchs eine Geschichte über seinen Inhalt und das von ihm ins Auge gefaßte Publikum erzählt. Genauso wie ein heutiger Intellektueller eine bestimmte Erwartungshaltung den voluminösen Bänden aus dem Campus Verlag entgegenbringt und eine ganz andere den elegant-verführerischen Schöpfungen von Wagenbach, so trat ein Intellektueller des Jahres 1491 oder 1511 mit unterschiedlichen Erwartungen an ein Buch in humanistischer oder in gotischer Schrift, mit oder ohne Kommentar, in Folio oder in Oktav, reich illuminiert oder nüchtern gedruckt, produziert von Vespasiano oder von Aldo. Einzelne Autoren wußten nur zu gut, daß eine bestimmte äußere Form dem von ihnen Geschriebenen ein Markt eröffnen und den Leser präparieren konnte. Bereits im Jahre 1507 schrieb Erasmus an Aldo, eine Aldosche Ausgabe seiner Euripides-Übersetzungen werde ihn unsterblich machen, »besonders, wenn in jenen Deiner kleinen Lettern gedruckt, welche die elegantesten in der ganzen Welt sind« – »*tuis excusae formulis (...) maxime minutioribus illis omnium nitidissimis*«.[41] Anderthalb Jahrhunderte später plädierte Nicolaas Heinsius bei seinem Drucker Elzevier dafür, seine Ovid-Ausgabe nicht in das von diesem favorisierte – und unentzifferbar kleine – Format zu zwängen.[42] Beide waren sich völlig einig, daß es auf Format und Typographie ankam.

Andererseits jedoch hielten sich die *cartolai* und auch ihre Nachfolger, die Drucker, an Bräuche, die uns viel fremder sind als die bisher besprochenen. Sie gingen davon aus, daß der gebildete Leser nicht einfach ein fertiges Buch kaufen und *tel quel* konsumieren, sondern ihm seinen persönlichen Stil aufprägen werde. Zunächst einmal geschah dies gewöhnlich dadurch, daß der gebildete Leser im Normalfall seine Bücher selbst binden ließ. Wie wir sahen, waren für gute Bücher prachtvolle oder haltbare Einbandmaterialien der Einband der Wahl, und der gebildete Leser wußte, daß dies seinen Preis hatte. Den Bücherliebhabern der Renaissance wurde ein guter Einband zu einer Spezialität, wenn nicht gar zu einer Obsession. Die bedeutenden Sammler, von Friedrich von Urbino bis de Thou, gaben Anstoß zur Entwicklung neuer Ornamentalstile und neuer Methoden, Ornamente auf Leder und Pergament zu stempeln. Sie beschäftigten berühmte Künstler, die ihnen komplizierte Maßwerke für die mit Leder bezogenen Kartons entwarfen, die ihre Bücher schützten. Von antiken Münzen und Medaillen übernommene Muster gaben ihnen häufig eine antike Patina, und der Name des Eigentümers oder seine Initialen oder auch sein Motto, die oftmals inmitten des klassizistischen Ornaments figurierten, identifizierten den Bücherfreund, der seine Vorlieben damit auf den Präsentierteller legte. Am Einband ließ sich erkennen, daß ein Buch einem bedeutenden Manne gehörte, und selbst gewöhnlichen Sterblichen, wie es bezahlte Gelehrte waren, galt ein in papierenem Einschlag gehaltenes Buch als Verstoß gegen den guten Geschmack. »Ich kann es nicht ausstehen, Bücher zu lesen, so lange sie nicht gebunden sind« – kommentierte Joseph Scaliger, als er eine seiner seltenen Ausnahmen machte und eine gegen ihn und einen Freund gerichtete Polemik las, die der Jesuit Serarius verfaßt hatte. Der Katalog seiner Bibliothek, der anläßlich ihrer Versteigerung am 11. März 1609 angelegt worden war, bestätigt dieses Aussage. Unter den fast 250 Büchern, die als Exemplare mit seinen Randglossen angeführt sind, gehörte kein einziges der Abteilung der »ungebundenen Bücher« an.[43] Sobald ein Buch in eine öffentliche oder private Bibliothek gelangte, wurde es demzufolge sowohl als kostbares Objekt wie als persönlicher

Besitz definiert – als Schnittpunkt, an dem ein kultureller und ein individueller Stil sich kreuzten.[44]

Von jenen, die seine Bücher schufen, lernte der kultivierte Leser überdies, wie man nicht nur deren äußere Schale schmückte, sondern auch das eigentliche Buch. Wie wir sahen, gingen *cartolai* wie Drucker gleichermaßen davon aus, daß ein Kunde von Rang sein Wappen an den Beginn des Buchs setzen lassen würde. Ebenfalls wurde angenommen, daß er den Wunsch haben werde, daß zum Inhalt passende Illustrationen mindestens auf der ersten Seite erscheinen würden – und wäre es auch nur in der Form eines den Text umgebenden Rahmens mit mythischen oder historischen Elementen. Die anspruchsvollsten Kunden sparten keine Mittel, wenn es darum ging, ihren Texten ein angemessenes visuelles Umfeld zu schaffen. Als Kardinal Francesco Gonzaga im Jahre 1477 einen griechischen sowie einen lateinischen Text der *Ilias* für sich schreiben ließ, setzten die Schreiber die erste Seite der lateinischen Fassung in einen gewaltigen und prächtigen Architekturrahmen. Sein oberer Teil, dreifach unterteilt, enthielt drei – durch Säulen voneinander abgetrennte – Szenen aus der Dichtung und gab dem Leser damit einen farbigeren Vorgeschmack der kommenden Freuden als die Zusammenfassung von Buch I, die ebenfalls dem Text vorangestellt war.[45] Das Sixtus IV. gehörende und von Theodore Gaza ins Lateinische übersetzte Exemplar von Aristoteles' *Historia animalium* warb sogar auf noch spektakulärere Weise für seinen Inhalt. Zu Beginn des Textes tritt Aristoteles höchstpersönlich auf, in aufwendiger Kleidung und einem wunderschönen hohen Hut. Er sitzt vor einer geschwungenen, von Säulen flankierten Wand an einem Pult und schreibt. Vor ihm treten die Tiere auf, über die er in seinem Text schreiben wird – darunter auch ein stattliches Einhorn sowie, nackend, ein Mann und eine Frau.[46] Selbst die ältesten Handschriften bedurften der Illustration, damit sie nur wahrhaft antik aussahen. Als das Domkapitel von S. Peter Papst Leo X. das einzigartige (und berühmte) Orsini-Manuskript des Plautus aus dem 9. Jahrhundert übergab, legte es großen Wert darauf, daß der Anfang des Textes in prächtige Dekorationen klassischen Stils eingebettet war, die zunächst auf Pergamentstreifen angefertigt und dann auf die beiden ersten Blätter aufgeklebt wurden.[47]

Die Bücherfreunde lernten ihre Lektionen offensichtlich gut. Jene Vision von der Antike, in die sie sich gern hineinbegaben, hatte – wie diejenige der *cartolai* – nichts gemein mit der herben Welt weißer Skulpturen und nobler Einfachheit, für die die Neo-Klassizisten eines späteren Jahrhunderts schwärmen sollten. Was die Antike anbetraf, konnte es gar nicht genügend Ausschmückung geben. Reiche Farbigkeit und kunstvolle Texturen bestimmten die harmonischen Städte und arkadischen Landschaften, die schon der Text durch seinen Inhalt heraufbeschwor. Diese Vorliebe für kunstvolle Eingangsillustrationen – wie diejenige für aufwendige Einbände – überlebte im Zeitalter des Drucks nicht nur, sondern blühte und gedieh. Das gedruckte Titelblatt vermochte natürlich eine ebenso ausladende Bilderinszenierung abzugeben wie ein gezeichnetes. Gezeichnete oder gedruckte Exlibris – Dürer stellte sie für seinen Freund Pirckheimer her – konnten ein Buch zu einem ebenso persönlichen Besitz machen wie ein Wappen im ersten Initial. Und zuweilen kam es vor, daß einzelne Leser es noch weiter trieben, um dem Beginn eines alten Buchs einen persönlichen Stempel aufzudrücken. So ließ etwa Willibald Pirckheimer die Eingangsseite seines von Aldo gedruckten Theokrit mit einer spektakulären Illustration aus dem Hirtenleben illuminieren, bei der jedes einzelne Detail auf den Text abgestimmt war.[48] Patron und Künstler konnten – wie *cartolaio* und Handwerker – auf die Ausstrahlung eines Textes Einfluß nehmen, indem sie solche kunstvollen Eingangstore zu ihm schufen.

Zuweilen wurde die Zusammenarbeit zwischen Autor, Leser und Künstler systematischer und verwickelter. Ein berühmtes Beispiel dafür ist Sebastian Brants Vergil-Ausgabe, in der eine Folge von Illustrationen einen höchst eindrucksvollen Kommentar zum Text abgibt. Uns ist derlei durchaus vertraut, denn wir produzieren und konsumieren immer noch illustrierte Klassikerausgaben. Andere Fälle sind stärker zeitgebundenen. Holbein beispielsweise schmückte eine kommentierte Ausgabe von Erasmus' *Lob der Torheit* mit einer Serie komischer Skizzen, von denen sich einige eng auf Textstellen bezogen, während andere eher Phantasiegebilde waren. Myconius zeigte sie Erasmus und zeichnete auf, wie der Autor wiederum auf die Reaktionen des Künstlers auf seinen Text reagierte.[49] Sandra Hindman hat gezeigt, wie dieses Buch damit zwar nicht zum Vorbild illustrierter Ausgaben, wohl aber zu einer Sedimentierungsstätte des einzigartigen Bemühens wurde, alle Implikationen – explizite wie implizite, ausformulierte wie ungewollte –

eines notorisch polyphonen Textes zu erfassen. Auch andere Versuche, Texte und Bilder, Narrative und Kommentar miteinander zu kombinieren, wollten kein Modell schaffen, das dann in einer Vielheit von Kopien verkauft würde, sondern eine Preziose, derer sich ein paar besonders kennerhafte Freunde gemeinsam erfreuen würden.[50]

Schließlich bildeten die *cartolai* und ihre Kunden jene Haltung heraus, die seither im Handel mit seltenen Büchern üblich ist, aber bei den Verkäufern neuer, normaler Bücher ganz in Vergessenheit geriet. Verkäufer und Käufer waren sich einig, daß es sich beim Transfer eines Buchs um einen enorm wichtigen und wertvollen Vorgang handelte, um eine in kultureller wie in finanzieller Hinsicht dramatische Transaktion, die fast ebensoviel Geschmack und Wissen verlangte wie das Schreiben.[51] Keine Frage, daß Leser in der Renaissance die Gelegenheiten, bei denen sie ihre Bücher erwarben, sehr ernst nahmen. Oftmals hielten sie in den Büchern Ort, Datum und Umstände des Erwerbs fest, und sie erweiterten diese ursprünglichen kurzen, begrenzten Einträge zu halben Tagebucheintragungen, die sie auf die Ränder und die Schlußblätter der Bücher schrieben, die sie mit solcher Sorgfalt ausgewählt hatten. Petrarca verfaßte eine Liste der Bücher, die ihm am meisten bedeuteten (»libri mei peculiares«); viele von ihnen verwendete er als Teile eines Tagebuchs, denen er nicht nur seine Liebe zu Laura, sondern auch sehr viel bodenständigere Dinge anvertraute, beispielsweise die Irritationen, die ihm seine Bauern verursachten.[52] Der Nürnberger Gelehrte Hieronymus Münzer, um einen weniger berühmten Fall zu nennen, notierte, daß er 1478 eines seiner medizinischen Bücher aus Venedig, ein anderes 1490 aus Bologna importiert hatte; ein weiteres hatte er während seiner eigenen *italienischen Reise* gekauft, als er in Pavia studierte. Auch Münzer ging über den Bereich des Erwerbs hinaus, wenn er etwa in einem Manuskript vermerkte, daß er den Mann, der es geschrieben hatte, am 26. April 1501 zum ersten Mal »nach zweiunddreißig Jahren« wieder getroffen und sich darüber sehr gefreut habe.[53] Wenn ein Buch mit soviel Bedachtsamkeit erworben und mit soviel Detailverliebtheit ausgestattet worden war, war es sehr viel mehr als ein bloßer Text. Es diente als Zeugnis des eigenen Lebens, als Karte, in die das literarische Beziehungsgeflecht eines Menschen eingezeichnet war, und als Vertrauter für die eigenen Empfindungen.

Gleich, ob das Buch, das ein Humanist las, eine Handschrift war oder ein Druckerzeugnis – es war etwas uns Vertrautes wie zugleich auch Fremdes. Gewöhnlich entstammte es einer Massenfertigung, durchlief dann aber eine Metamorphose und gewann eine individuelle Form, wenn der Eigentümer seine eigene Vision mit derjenigen des Unternehmers fusionierte, der es hergestellt hatte. Im Laden ging es in der Regel für einen bescheidenen Betrag über die Theke, nachdem es dort neben anderen Exemplaren desselben Werkes gestanden hatte, die ihm nach Inhalt und Ausgestaltung sehr ähnlich waren.[54] In der Hand des Eigentümers jedoch wurde selbst ein gedrucktes Buch so gehaltvoll, neuartig und wertvoll wie ein Manuskript. Der Humanist eignete sich sein Buch in der gleichen Weise an wie ein kalifornischer Teenager in den 1950er Jahren seinen fahrbaren Untersatz. Er kaufte ein Erzeugnis von einem bestimmten ansprechenden Aussehen, das Experten so gestaltet hatten, daß es seinem Geschmack und seinen Wünschen entsprach. Dann aber, im Zuge des Gebrauchs, wurde das Design des Buchs von seinem Käufer überarbeitet, sein Aussehen, das ihm gefallen hatte, geändert, kamen einmalige Dekorationselemente hinzu, und aus einem Massenprodukt wurde ein vom Kunden geprägtes. Daß zwischen Kunde und Produzent eine aktive, sogar eine künstlerische Form der Zusammenarbeit herrschte, war das Übliche. In den oberen Etagen der europäischen Gesellschaft blieb diese Beziehung zwischen dem Buch und seinem Eigentümer über Jahrhunderte bestehen. Sie war übrigens von längerer Dauer als unsere heutige Beziehung, in der wir passiv die Form akzeptieren, die Bücher in der Fabrik erhalten haben. Geschaffen wurde sie durch ungewöhnlich begabte Unternehmer, deren Namen uns oft nicht mehr geläufig sind, und von begeisterten Sammlern, deren in Kalbsleder und Pergament gebundene Bände noch heute auf den Bücherbrettern unserer Bibliotheken und Museen stehen.

## Begegnung mit den Vermittlern: Schulmeister und Leser

Im Jahre 1435 stattete Ambrogio Traversari der Schule Vittorino da Feltres in der Nähe von Mantua einen Besuch ab. Dort hörte er, wie der damals fünfzehnjährige Prinz Gonzaga zweihundert lateinische Verse über den Einzug des Kaisers in Mantua so gut rezitierte, daß es Traversari »schwer fiel, sich vorzustellen, daß Vergil Augustus das 6. Buch der *Änäis* mit größerer Grazie vorgetragen hat«.[55] Zu etwa derselben Zeit schrieb Guarino von Verona einen berühmten Brief an seinen Schüler Leonello d'Este: »Was immer Du liest«, beginnt er,

> »halte ein Notizbuch bereit (...) in das Du, was Dir beliebt, eintragen und die von Dir gesammelten Materialien auflisten kannst. Wenn Du dann beschließt, noch einmal die Passagen durchzulesen, die Dich beeindruckt haben, mußt Du keine große Anzahl Seiten durchblättern. Denn dann wird Dir das Notizbuch wie ein sorg- und aufmerksamer Diener zur Verfügung stehen und Dich mit dem Benötigten versorgen (...) Nun magst Du es als allzu langweilig oder als zu große Unterbrechung empfinden, alles in solch ein Notizbuch einzutragen. Falls es so ist, sollte irgendein geeigneter und gebildeter Junge – es gibt von ihnen so viele – mit dieser Aufgabe betraut werden.«[56]

Diese beiden Texte geben einen gewissen Einblick in die elitären Bildungs- und in die professionellen Unterrichtsstrategien während der Renaissance – eine Reihe unterschiedlicher und gelegentlich kurioser Techniken, die jedem gebildeten Leser ihren Stempel aufdrückten.

Vittorinos junger Fürst rezitierte seinen Text. Der Humanist hatte ihm beigebracht, alte Literatur auf einer Buchseite als Skript für einen mündlichen Vortrag anzusehen, das ein trainiertes Gedächtnis und eine geübte Sprechweise verlangte. Während des gesamten 15. und 16. Jahrhunderts waren die sich dem Gehör vermittelnden Qualitäten geschriebener Texte entscheidend für die Art und Weise, in denen Schüler ihnen begegneten und Erwachsene sie schätzten. Junge Burschen wie Piero de' Medici brüsteten sich mit der großen Zahl von Zeilen, die sie auswendig gelernt hatten und aufsagen konnten.[57] Alessandra Scala, als gebildete junge Frau ein seltenerer Vogel, erhielt herzliches Lob für ihre Fähigkeit, die Verse von Euripides' *Elektra* in einer Weise zu sprechen, die ihrer Zuhörerschaft als angeborener attischer Charme erschien.[58] Noch am Ende des 16. Jahrhunderts zogen bedeutende Gelehrte wie Justus Lipsius und Joseph Scaliger verblüfftes Lob auf sich, weil sie imstande waren, klassische Texte aus dem Gedächtnis und in fehlerloser Aussprache vorzutragen. Lipsius bot an, den gesamten Tacitus aufzusagen – mit einem Dolch am Hals, der hineingestoßen werden sollte, falls er einen Fehler machte; aus dem Gedächtnis übersetzte Scaliger ein ganzes Buch von Martial ins Griechische, während er im Bett lag. Der Humanist las demnach einen Text zunächst einmal der formalen Qualitäten wegen, die es ermöglichten, seinen Wortlaut im Gedächtnis zu behalten. Metrum, Alliteration, besonders auffällige Klangkombinationen wurden zu Orientierungspunkten in einem Text, der eher akustisch denn visuell vermessen wurde. Nicht beim Interpretieren der auf Papier oder Pergament stehenden Wörter machte der Humanist seine intimsten Erfahrungen mit den klassischen Texten, sondern während er ihre Klänge voller Sinnlichkeit von seinen Lippen entließ. Petrarca stieß eine wichtige Neuerung an, als er sich in den Klang jenes Lateinischen verliebte, das Cicero und Vergil geschrieben hatten.

Natürlich hatte auch der Sinn eines Texts einen entscheidenden Stellenwert für seine Interpretation. Zu ihm gelangte der Student durch abgestufte Übungen. Zuerst einmal pflegte der Lehrer das fragliche klassische Dokument Zeile für Zeile zu paraphrasieren. Prosa und Verse, Philosophie und Geschichte – alles wurde gründlich durchgemahlen und als trockne, wenn auch korrekte lateinische Narrative neu verpackt. Erst danach nahm der Lehrer dieselben Sätze ein weiteres Mal, diesmal langsamer, durch. Bei diesem Durchgang galt es, geschichtliche Individuen und Fakten zu identifizieren, Mythen und Lehren zu erläutern und die Logik von Metaphern aufzuzeigen, wobei die vielen aufgeworfenen Fragen als Vorwand dienten, in jedes denkbare Thema abzuschweifen. So lernte der Schüler, daß Texte keine bloß einlinige Geschichten waren, sondern komplizierte Puzzle, deren tiefere Logik der Lehrer mit einem ganzen Bund von Dietrichen zu erschließen hatte.

Die klassischen Texte, die im 16. Jahrhundert für die Universitäten in Frankreich und anderswo gedruckt wurden, machen Abfolge und Zusammenhang dieser Verfahren deutlich. Die Drucker legten eine Metallstange zwischen zwei Letternzeilen, wodurch ein breiter weißer Streifen zwischen den Druckzeilen entstand. Hier konnte der Scholar die fortlaufende lateinische Zusammenfassung des Lehrers eintragen. Die Drucker ließen auch breite Ränder frei, und in diese trugen die Scholaren – vor allem in den früheren Teilen ihrer Texte – die detaillierteren, technischen Kommentare ein, und zwar gewöhnlich derart säuberlich, daß daraus zu entnehmen ist, daß sie dort in Schönschrift ausführten, was zunächst gröbere Notizen gewesen waren. Diese Routinen wurden lange beibehalten. Als nach 1670 Pierre Daniel Huet seine Serie lateinischer Texte für den Dauphin vorbereitete, stattete er sie sowohl mit einer fortlaufenden Paraphrase, oder *ordo verborum*, als auch mit einem detaillierteren Variorum-Kommentar aus.[59]

Die von den Druckern kodifizierte Spanne des Gängigen war schwerlich neu zu nennen. Dasselbe galt für die ihr zugrunde liegende Annahme, daß für Schüler ein Text in Hunderte von kleine, jeweils separat abzuhandelnde Probleme aufgedröselt werden müsse. Für die Methoden der humanistischen Kommentatoren lassen sich in den Schulen des spätantiken Rom, in Byzanz und in der lateinischen Renaissance des 12. Jahrhunderts sowohl generelle Präzedenzfälle wie spezifische Quellen finden.[60] Die grundsätzlichen geistigen Fähigkeiten, die einer auf einen klassischen literarischen Text anzuwenden lernte, blieben über eine Zeitspanne hinweg, die fast zu lang ist, als daß man sie *la longue durée* nennen könnte, weitgehend gleich.

Der junge Leser versammelte eine Menge Geschichte, Mythologie und Geographie in seinem Kopf, wenn er so seinen Weg durch die Lehrtexte pickte, zwanzig Zeilen am Tag. Wichtiger war, daß er ein Verhältnis zu ihnen entwickelte und eine Reihe Werkzeuge zu beherrschen lernte. Michael Baxandall hat argumentiert, daß wir durch die Identifizierung der Wahrnehmungsfähigkeiten, die unter großen Mühen gelernt werden mußten, den zeitgenössischen Blick zu rekonstruieren vermögen – nämlich die Art und Weise, in der identifizierbare Individuen durch ihre kulturelle Umwelt Kunstwerke zu sehen lernten.[61] Auf ähnliche und direktere Weise können wir anhand der in der humanistischen Schule geübten Praktiken einen zeitgenössischen Stil des Lesens rekonstruieren. In gewissen grundlegenden Interessen und Techniken stimmten Aberhunderte von Kommentaren überein. Der junge Leser lernte, die Entscheidung von Autoren für bestimmte Wörter oder Bilder als Anwendungsfälle der Regeln formaler Rhetorik zu deuten. Er lernte, nach Anspielungen Ausschau zu halten und jeden großen Text als einen Resonanzkörper aufzufassen, in dem die vor ihm auftauchenden Wörter Interferenzen mit den Subtexten, die der Autor mit seinen ähnlich gebildeten Lesern zu teilen gemeint hatte, erzeugten und diese veränderten. Alle humanistischen Autoren erwarteten von ihren Lesern, daß sie diese Kunst des Dekodierens beherrschten. Als Dirck Volckertszoon Coornhert Justus Lipsius attackierte, weil dieser empfohlen hatte, die staatlichen Behörden sollten aufsässige Häretiker hinrichten lassen, war Lipsius tief verletzt. Wohl wahr, er hatte die Behörden dazu aufgefordert, zu brennen und zu schneiden *(ure et seca)*. Aber er hatte doch, unterstrich er, von seinen Lesern erwartet, daß sie erkennen würden, daß er einen Ausdruck aus Ciceros *Philippica* benutzt hatte, der sich nicht speziell auf den Scheiterhaufen bezog, sondern generell auf die Notwendigkeit, gegen ernste Krankheiten ernste Gegenmittel – wie etwa die Chirurgie – einzusetzen.[62] Was derlei Vorgehensweisen in der Renaissance zu etwas Neuem machte, war nicht ihr Gehalt, sondern ihr Publikum. Die Humanisten bestanden darauf, jungen Laien beizubringen, wie man sie einsetzt, und behaupteten, eine solche Erziehung sei auch für junge Kleriker richtiger als eine scholastische. Diese Veränderungen haben allerdings mehr mit der Sozialgeschichte der Leser – und der Bildung – zu tun als mit der Geschichte des Lesens als einer Form der Kultur. Die formalen Fertigkeiten, mittels derer ein Schüler einen Text zu sezieren und seine Muskeln, Nerven und Knochen bloßzulegen lernte, waren klassische, und insofern waren die Methoden des Humanismus ebenso sehr eine Wiederaufnahme des Klassischen wie der Kanon der Texte, auf den man sie anwendete.

Die wichtigste technische Innovation, die wir ausfindig machen können, kam, wenn die Studenten von der Konstruktion und Interpretation zur höheren Aufgabe der Anwendung voranschritten – wenn sie den Text in Gebrauch nahmen. Guarinos junger Aristokrat las die klassischen Texte, wie es die jungen Adligen von Vittorinos Schule taten. Guarino jedoch sagte ihm, daß er sehr viel mehr zu tun habe, als bloß die Silben klar und deutlich auszusprechen. Er solle sich nach einem anderen jungen Mann umsehen, einem Scholaren aus Notwendigkeit und nicht aus freien Stücken, und ihn bitten, das klassische Material zur Wiederverwertung zu verdauen und zu verarbeiten. Damit wurde das Lesen aus einem privaten Tun zu einem sozialen – zu einem Spiel, ein bißchen in der Art des Cricket, das im Zusammenwirken zwischen einem Herrn und einem Spieler betrieben wurde. Häufig schoben die

Lehrer – wie es auch Guarino tat – die Mittelsmänner beiseite und hielten ihre eigenen vorgekauten Einführungen in die Klassik bereit, die natürlich zum Kernbestand der Pädagogik der Renaissance wurden.[63]

Wenn ein junger Fürst, Adliger oder Kleriker den Alten begegnete, stürzte er sich nicht ohne Hilfe und nach dem Motto »Schwimm oder stirb« auf die Bücher. Vielmehr packte ihm ein humanistischer Experte die Klassiker ein, bereitete sie ihm auf und verwandelte zerklüftete, unhandliche und gelegentlich gefährliche Texte für ihn in uniforme und leicht rezipier- und reproduzierbare Äußerungs- und Informationsbrocken. Diese Form des Unterrichtens machte die alten Texte zu etwas durchaus Nützlichem; sie gab dem jungen Leser auch ein Vorbild, an das er sich halten konnte, wenn er in späteren Jahren dieselbe Arbeit als Textbearbeiter aufnahm und zum eigenständigen Leser wurde. Dies fand in den Klassenzimmern ganz Europas statt. Seit dem Anfang des 16. Jahrhunderts ließen einige der innovativsten Lehrer ihre sehr ähnlichen Unterweisungen drucken und schufen damit ein imaginäres Klassenzimmer von einer Dimension, die bei weitem größer war, als es eine konkrete Klasse je sein konnte. Damit war der Punkt erreicht, an dem die separaten Geschichten der Ideen, des Buchs und des Lesens ineinander laufen.

Nehmen wir Erasmus' *Adagia*, jene riesige Sammlung von Sprichwörtern und Kommentaren, die in der 1508 bei Aldo erschienenen Ausgabe zwar nicht ihre abschließende, wohl aber ihre kanonische Form erhielt. Dieses Buch wuchs aus einer ursprünglich kurzen, im Jahre 1500 in Paris gedruckten Sammlung von rund 800 lateinischen Sprüchen zu einem gewaltigen Berg von fast 4000 Essays – manche davon lang genug, daß man sie selbständig hätte drucken können – über griechische und lateinische Aphorismen der unterschiedlichsten Herkunft und Art heran, die aus der gesamten Bandbreite griechischer Literatur und Lexikographie stammten. Trotz ihres formidablen Umfangs wurden die *Adagia* zu einem der Bestseller der nördlichen Renaissance, wie sich sowohl aus den Akten von Verlagen wie aus den Bibliothekslisten der vielen in 16. Jahrhundert in Cambridge gestorbenen Studenten ergibt. Ihre fein säuberlich eingetopften Morallektionen verschafften den jungen Wissensfreunden eine Menge solider Lektionen in Sachen Moral und Latinität, allesamt verpackt in eine verdichtete und wirkungsvolle

Form. Leser der *Adagia* konnten einen Freund, der dazu neigte, die Älteren und Höhergestellten zu irritieren, mahnen, »*ne ignem gladio fodias*« – »nicht mit dem Schwert im Feuer herumzustochern«; ein Freund, der mit seinem Schicksal haderte, mochte sich durch den Rat ermuntern lassen, »*Spartam nactus es, hanc orna*« – »Du hast Deine Arbeit, nun mach' das Beste daraus«; einem anderen, der mit seiner Dissertation nicht fertig wurde, konnte man mit auf den Weg geben, daß jeder Gelehrte und Künstler lernen müsse, »*manum de tabula*« – »die Hand vom Bild« – zu nehmen; und für junge, kampfeslustige Könige galt die Warnung, »*dulce bellum inexpertis*« – »Krieg macht denen Spaß, die sich noch nicht daran versucht haben«.[64]

All dies ist bekannt. Weniger bekannt ist, daß die *Adagia* nicht nur als Hilfsmittel zur Erzeugung guter lateinischer Prosa gedacht waren, sondern auch als Handbuch der Techniken des Lesens – und als Sammlung vorverdauter Texte, an denen diese zur Anwendung kommen sollten. Erasmus trug nicht nur eine Sammlung lapidarer Spruchweisheiten zusammen, sondern identifizierte deren Quellen in den Klassikern und spürte den Veränderungen nach, die sie im Verlauf der griechischen und lateinischen Literaturgeschichte durchlaufen hatten. Und er bettete sie in einen Rahmen ein, der so elegant und wirkungsvoll war wie die gezeichneten und gemalten Rahmen humanistischer Handschriften, nämlich eine für moderne christliche Leser nützliche Exposition.

Eine – nach Erasmus' eigener Darstellung – exemplarische Spruchweisheit ist *festina lente* – Eile mit Weile, die er ausführlich erläutert. Dieses Sprichwort begann, seiner Erklärung zufolge, als eine Oxymoron-Bildung aus einer ganz üblichen Formulierung in Aristophanes' *Rittern* – auf Griechisch *speûde tachéos*, was »beeile dich« heißt. Obwohl es sich unverkennbar um eine Verdichtung handelte, enthielt es doch eine ganze Fülle von Bedeutungen. Es war eine Lektion, die die Fürsten mehr als jede andere zu beherzigen hatten: daß Hast und Eigensinn mehr Schaden als Nutzen stiften. Erasmus nutzte diese simple Lektion aus der im allgemeinen stoischen Ethik des Humanismus' als einen Haken, an dem sich eine außerordentliche Fülle klassischen Materials festmachen ließ, und zeigte an ihr, wie man, wenn man sie beherzigte, zu einer moralisch richtigen Lektüre eines grundlegenden poetischen Textes gelangte: des Beginns von Buch 1 der *Ilias*. Hier nimmt Agamemnon, dem seine Sklavin Chryseis abhanden gekommen ist, im Gegenzug Achilles' Sklavin Briseis zu sich:

> »Homer scheint Agamemnon als von allzu großer Lässigkeit und Geistesträgheit porträtiert zu haben – der *bradeos* [langsam]-Teil des Sprichworts, so daß von ihm keine hochmögende Tat oder Geistesdarbietung berichtet wird, ausgenommen, daß er über das Verschwinden von Chryseis in einen Wutanfall geriet und daraufhin Briseis von Achilles stahl. Achilles hinwiederum schreibt er ungezügelte Impulse zu – der *speude* (Eile)-Teil; es sei denn, es handelt sich um ein Beispiel für beides (»Eile mit Weile«), wenn er im Rat sein Schwert gegen den König zieht und von Pallas dazu gebracht wird, seinen Zorn aufs Beschimpfen zu beschränken.«[65]

Von der Moral in der Literatur gelangte Erasmus ohne erkennbare Anstrengung zur Moral in der Geschichte. Fabius Maximus sei einer der wenigen historischen Helden gewesen, der sich durch gemächliches Eilen unsterblichen Ruhm erworben habe. Und die beiden vorbildlichen Kaiser, Augustus und Vespasian, hätten sich dieses Sprichwort zu einem ihrer Favoriten erkoren. Vespasian hatte es sogar in hieroglyphenhafter Form auf seine Münzen stempeln lassen: Diese zeigten einen Delphin, um den ein Anker geschlungen war, womit dieselbe oxymoronhafte Vorstellung von einer Kombination von Geschwindigkeit und Langsamkeit ausgedrückt wurde wie im ursprünglichen Sprichwort.

Vom Spruch zum Hieroglyphen, von der kristallinen verbalen Prägnanz des Moralischen zu deren physischer Verkörperung war es in der Renaissance kein weiter Weg. Erasmus legte ihn blitzschnell zurück, wenn er in dieser einzigen Hieroglyphe den Vorwand für eine lange Abschweifung über die Bilderschrift der Ägypter fand. Aus einer ganzen Reihe von Quellen besorgte er sich Informationen über die Hieroglyphen, in erster Linie aus dem damals noch unpublizierten griechischen Text des Horapollo. Wie ein guter Humanist führte er diesen Text auf seine ursprüngliche Quelle zurück, ein verlorenes Werk des Stoikers Chairemon.[66] Allerdings sagte er mehr über das Wesen der Hieroglyphen als über deren Geschichte. Beide, erklärte er, bereiteten Vergnügen und verdienten Respekt, weil sie die realen Qualitäten der natürlichen Objekte für die moralische und physische Unterweisung nutzten. Sie waren ein Vorbild guter Pädagogik: Trotz ihrer Prägnanz und Einprägsamkeit verlangte die Interpretation der Hieroglyphe ihrem Leser wenigstens eine gewisse Anstrengung ab:

> »Die ägyptischen Wahrsager und Priester (...) hielten für falsch, dem einfachen Mann die Mysterien der Weisheit in offener Schrift darzubieten, so wie wir es tun; was sie aber des Kennens für wert hielten, drückten sie durch diverse Symbole, Dinge oder Tiere aus, so daß sie nicht jedermann zu deuten vermochte. Erforschte aber jemand bis in die Tiefe die Eigenschaften eines jeden Objektes und das besondere Wesen und die Kraft eines jeden Geschöpfes, würde er durch Vergleich und Vermutung des von ihnen Symbolisierten mit der Zeit den Sinn des Rätsels verstehen.«[67]

*Festina lente* erschien Erasmus aufgrund seiner perfekten visuellen Verkörperung der natürlichen Eigenschaften von Delphin und Anker als ein Stück der »Mysterien der ältesten Philosophie«.

Um einer Hieroglyphe ganz auf den Grund zu gehen, mußte man die natürlichen Eigenschaften ihrer Bestandteile kennen, jener Lebewesen, deren Bilder das symbolische Vokabular der ägyptischen Weisen ausmachten. Folglich verbreitete sich Erasmus weit ausholend über die Flinkheit des Delphins und buddelte dazu aus Plinius' *Naturgeschichte*, jener allseits geliebten Fundgrube für Fehlinformationen, Geschichten über ihn aus (wobei er wiederum darauf bedacht war, Plinius' Quelle, nämlich Aristoteles, zu identifizieren):

> »Seine außergewöhnliche Geschwindigkeit läßt sich daran erkennen, daß, obwohl sein Maul weit von seinem Schnabel abgesetzt ist, gewissermaßen in der Mitte des Bauches, und dies notwendigerweise zu einer nachdrücklichen Verzögerung bei der Jagd nach Fischen führt, weil er in einer verdrehten und zurückgebeugten Haltung nach ihnen schnappen muß, es kaum einen Fisch gibt, der seiner Flinkheit zu entkommen vermag.«[68]

So verwandelte Erasmus ein einziges Axiom in das starke, wenn auch dünne Rückgrat, an dem er seine hoch selektive Rekonstruktion der gesamten antiken Kultur aufhängte. Rhetorik und Epik, Historie und Naturphilosophie – sie alle ließ er dieselbe glatte Moral lehren. Bei ihm verkünden griechische und römische, ägyptische und christliche Intellektuelle allesamt dieselbe literarische und künstlerische Botschaft. Implizit, aber auch explizit lehrte er, wie man Anspielungen in klassischen Texten entdeckt; die Entschlüsselung der Hieroglyphe, das Aufdecken der inneren Botschaft unterhalb der anscheinend schwierigen Oberfläche, dienten ihm als dominante Metapher für eine Lesart klassischer Texte, die unter der Oberfläche heidnischer Schriften stets nach den für Christen akzeptablen Bedeutungen Ausschau hielt. Ein einziger Essay – ein winziges Bruchstück eines gewaltigen und enorm einflußreichen Buchs – offenbart die Gestalt des Ganzen.

Erasmus Werk war keineswegs eine Besonderheit. Während des ganzen 16. Jahrhunderts machten sich auch andere Intellektuelle im Norden daran, die Grundelemente des klassischen Erbes für Studenten zusammenzustellen und ihnen einen Rahmen zu geben.[69] Manche dieser Arbeiten waren einigermaßen elementar, etwa die *Officina* (»Werkstatt«) des aus dem Nivernais stammenden Schullehrers Ravisius Textor. Dem Heranwachsenden lieferte diese genau das, was der Titel versprach, damit er seinen Kompositionen ein paar Glanzlichter aufsetzen konnte: Arbeitsmaterialien. Textors Zusammenstellung und Einführung in kurze Passagen aus der alten Geschichte wollte den jungen Mann nicht über die Antike ins Bild zu setzen, sondern ihm Beispiele moralischen und unmoralischen Verhaltens bieten. Dem Leser begegnete nicht die gebirgige römische Geschichte des Livius, mit der man sich schwertut und die manchem einen Schrecken einjagt, sondern eine gefällige und unterhaltsame Galerie von Geschichten, sortiert nach Assoziationsprinzipien, denen leicht auf die Schliche zu kommen ist. Männer, die sich selbst umbrachten, Männer, die in Latrinen starben, Männer, die gehäutet wurden, Männer, die erdrosselt wurden, Frauen, die ihr Leben bei der Geburt eines Kindes verloren, Männer, die enthauptet wurden, folgen einander in einem pädagogischen Grand Guignol, und was sie miteinander verband, war nicht die geschichtliche Kontinuität der Vergangenheit, sondern waren die pädagogischen und rhetorischen Bedürfnisse der Gegenwart.[70] Die aufregendsten und imposantesten Werke der lateinischen Prosa wurden verhackstückt, nur damit ein Schulbub sich leichter täte, mit einer Kollektion klassischer Anekdoten vertraut zu werden, die ein gebildeter Mensch nun einmal kennen mußte. Diese – allein schon durch ihre Präsentation domestizierte – Form des Kontakts mit der klassischen Welt erwies sich als ausgesprochen dauerhaft; eine ihrer bekanntesten Spezies fand sich in den

Jesuitenkollegs des Ancien régime, wo die Schüler Anthologien statt komplette Texte lasen und einem kastrierten – oder doch zumindest gereinigten – Material begegneten.

Andere Versuche, den alten Texten eine auf den modernen Gebrauch zugeschnittene Fassung zu geben, waren intellektuell bei weitem anspruchsvoller. Da die verfügbaren Texte immer rascher zunahmen und die Frage, wie sie zu lesen seien, immer drängender wurde, fühlten sich die Gelehrten gefordert, ausführliche und systematische Werke über die Kunst des Lesens vorzulegen. Jean Bodins *Methodus ad facilem historiarum cognitionem* beispielsweise bot eine Methode der richtigen Lektüre sämtlicher historischen Texte, gleich, ob aus Antike oder Moderne. Statt eine Anthologie zu liefern, wies Bodin den Studenten an, sich seine eigene anzulegen – durch systematisches Durchforsten der eigenen Bücher nach Informationen darüber, welchen Historikern man trauen könne und welche Verfassungen für welche Völker funktionierten. Sein Einfluß war durchschlagend. Montaigne reagiert in seinen *Essais* auf Fragen, die Bodin aufgeworfen hatte, und gibt zu erkennen, daß er, der Bodinschen Empfehlung folgend, einige skizzenhafte Notizen über Historiker angefertigt hat. Freilich ging es nicht einmal Bodin darum, die Wahrheit über die Vergangenheit, wie sie wirklich war, herauszufinden, sondern diese als etwas Lehrreiches darzustellen. Er wußte beispielsweise, daß Geschichte in Wirklichkeit an konkreten Beispielen gelehrte Philosophie ist, und brachte seinen Studenten bei, sie in diesem Licht zu lesen und durch den Gebrauch von Randsymbolen (*CH* für *consilium honestum*, *CTV* für *consilium turpe sed utile*) jede Geschichte über eine Rede oder Schlacht in einen höchst traditionellen Rahmen zu zwängen.[71]

Diese Lehr- und Handbücher waren von durchschlagender Wirkung: Sie waren zwar weniger spannend, hatten aber eine viel größere Breitenwirkung als die Lehre eines einzelnen Meisters. Diese Bücher setzten fort und verbreiteten über ganz Europa, was im 15. Jahrhundert das Werk einzelner Meister wie Guarino gewesen war. Während der Renaissance lasen die jungen Männer ihre Klassiker im großen und ganzen zunächst einmal auf eine einzige Weise: nicht auf der Suche nach der Weisheit der Antike, nackt und herausfordernd, wie sie wirklich war, sondern, um die antike *sapientia* zu bewundern, die wie in einer Art gedrucktem Museum vorgeführt wurde – in separate Räume verteilt und so eingerahmt und etikettiert, daß die Bedeutung der ausgestellten Relikte von vornherein festlag.

Insgesamt gesehen war das Modernisierungsunterfangen, das Erasmus und andere in Angriff nahmen, kaum etwas Neues. James Hankins hat kürzlich argumentiert, die ähnlichen Taktiken eines Decembrio hätten es den Mailänder Intellektuellen des 15. Jahrhunderts ermöglicht, Platon zu lesen und zu verehren – und zwar gerade weil sie außerstande waren, zu erkennen, wie fremd ihnen seine Ideen und Werte waren.[72] Die alten Neuplatoniker hatten lange vorher mit Homer dasselbe getan und ihn modernen Lesern mit philosophischer Grundbildung schmackhaft gemacht.[73] Die mechanisch reproduzierten, allgegenwärtigen Konstruktionen der Erasmischen Sprichwörter und ähnlicher Werke mit ihrer engen Verbindung von Interpretation und interpretiertem Material legten fest, wie und in welchem Umfang Schüler im 16. Jahrhundert mit der Antike in Kontakt kamen. Und sie domestizierten – für die meisten jungen Leser und für die meiste Zeit –, was anderenfalls zur Herausforderung durch eine nicht-christliche Geschichte und Moral hätte werden können. Die Geschichte von der »Büchse der Pandora« beispielsweise kannten in Europa im 16. Jahrhundert viel mehr junge Männer aus Erasmus' moralisierender Beschreibung als aus der Lektüre des weniger domestizierten Originals bei Pindar.[74]

Und ein Letztes: Die Art, in der die Humanisten die Autoritäten der Antike verpackten, prägte die Erwartungen von Lesern an wichtige Texte in zweierlei weiteren und entscheidenden Weisen. So war es zu Anfang des 16. Jahrhunderts den Humanisten gelungen, viele mittelalterliche Kommentare wieder zu beseitigen, von denen sie nicht wollten, daß sie weitergegeben würden. Sie taten dies aber nicht dadurch, daß sie die Kommentare ganz abschafften, wie es manche modernen Quellen behaupten, sondern durch die Ersetzung überholter Kommentare durch moderne. Die Glossen mittelalterlichen Lehrer, die gewöhnlich zunächst als Unterrichtsstoff im Klassenzimmer angeboten und dann für den Druck überarbeitet wurden, wandten sich wie die Ranken der Illustratoren um die Texte populärer Dichter wie Ovid, Vergil und Juvenal, bedeutender Prosatexte wie etwa Boethius' *Consolatio* und Ciceros *De inventione* und sogar um die Bibel. Diese Kommentare erschienen in humanistischer, nicht in gotischer Schrift. Trivialer und technischer Probleme jedweder Art nahmen sie sich häufig derart ausgiebig an, daß die Originaltexte in ihnen zu ertrinken drohten, und obwohl einzelne Kritiker wie etwa Poliziano sich darum bemühten, ihr unkrautartiges Wuchern zu unterbinden, blühten sie während des ganzen 16. Jahrhunderts und wurden auch in den Variorum-Ausgaben des kommenden Jahrhunderts noch immer abgeerntet.

Der humanistische Leser im Zeitalter des Buchdrucks etwartete folglich nicht, daß sein klassischer Text ohne jegliche Zutat auf seinem Tisch landete. Je wichtiger der Autor und sein Thema, desto tiefer ihre Einbettung in die Umfassungsmauern aus Kommentaren. Irgendwann beschlossen humanistische Herausgeber und Leser, daß auch nichtklassische Texte der lateinischen Literatur der Glossen bedurften; anders ließ sich ihr literarischer Anspruch nicht durchsetzen. Badius Ascenius kommentierte Buch 13 von Vergils *Äneis*, das von dem Humanisten Maffeo Vegio verfaßt worden war; Gerardus Listrius kommentierte weit ausholend Erasmus' *Lob der Torheit*, das in seiner glossierten Form exakt wie ein klassischer Text aussieht und oftmals zusammen mit wirklich antiken Werken gedruckt und gebunden wurde. Paradoxerweise war der humanistische Text also zum Stand der mittelalterlichen *auctoritas* zurückgekehrt. Seine maßgeblichen Glossen waren zwar weniger dunkel als die mittelalterlichen und kein gotischer Wall mehr, sondern ein Rankenwerk in klassischer Manier; für den Text jedoch war der neue Kommentar nicht weniger ein Gefängnis und Prägestock, als es die alten gewesen waren: Umkränzt von der humanistischen Exegese, war er nicht nur aus sich heraus wichtig, sondern auch deshalb, weil er ein weiteres Mal in ein System der Lehre und Interpretation eingebunden war.

Die Humanisten brachten es schließlich zu einer weiteren entscheidenden Innovation. Traditionelle Lehrer hatten seit jeher die ganz einzigartigen Tugenden und Vortrefflichkeiten ihrer Autoren hervorgehoben. In Mittelalter und Frührenaissance begann ein Lektürekurse über einen antiken Autor üblicherweise mit einer ausführlichen, wenn auch stereotypen Darstellung seines Lebens. So wurden seine Werke in einen anschaulichen historischen Kontext gestellt – oftmals unzweifelhaft mit viel Phantasie –, wobei seine hohe Abkunft, seine guten Taten und seine engen Beziehungen zu bedeutenden Männern unterstrichen wurden. Der Humanist hingegen neigte dazu, sein eigenes Leben und die Kreise, innerhalb derer er sich selbst bewegt hatte, herauszustellen. Erasmus feierte in den *Adagia* so vollmundig wie verlogen all die Dienste, die Aldo und seine fröhlichen Gehilfen ihm erwiesen hatten, als er in ihrer Druckerei gearbeitet hatte. Ihm und seinen Gefährten wie etwa Vives boten ihre kommentierten Ausgaben einzelner Texte die Gelegenheit, alle möglichen Geschichten über ihre Entdeckung von Manuskripten, ihre Zusammenarbeit mit den Großen von gestern und ihre Mannestugend und Energie zu erzählen.[75]

Der humanistische Text feierte seinen Herausgeber und dessen Wohltäter mit derselben Eloquenz wie seinen Autor, und seinen Leser verführte er dazu, nach zweierlei Arten von Narrativen in einem einzigen Buch Ausschau zu halten – ganz ähnlich, wie es der moderne Leser bei einer kritischen Analyse eines bedeutenden Schriftstellers tut. Natürlich hatte ein kommentierter Text eine klassische, von einem Autor der Antike erzählte poetische, historische oder philosophische Geschichte als Herzstück. An deren Seiten strickte der Herausgeber jedoch eine doppelte moderne Narrative an, die in ihrem manifesten Inhalt rhetorisch und philologisch sein mochte, wie es sich gehörte, in ihrem Subtext aber häufig voller autobiographischer Anspielungen war. Annotierte Exemplare solcher Bücher zeigen, mit welcher Begeisterung die Leser – besonders wenn sie weitab vom Schuß lebten – sie nicht nur nach Zeugnissen aus der Welt der Antike absuchten, sondern auch nach Zeugnissen über die modernen literarischen Kreise, die dem Florenz der Medici oder dem Löwen eines Erasmus zur Zierde gereichten. An Murets Catull-Ausgabe faszinierte den jungen Lucas Fruterius nichts mehr als das darin enthaltene Material über die großen literarischen Auseinandersetzungen von Poliziano und Marullus und die aus jüngerer Zeit stammenden Polemiken von Muret und Pier Vettori.[76] Der humanistische Kommentar wurde zum Ausweis dafür, daß ein Text zur Hochkultur seiner Zeit gehörte; und er verband diesen Text ebensofest mit einem spezifischen literarischen und pädagogischen System, wie es die Glossen eines Accursius getan hatten.

## In der Studierstube

Wie sich an Machiavelli zeigt, war es mit dem Lesen natürlich nicht vorbei, wenn die Schulzeit vorüber war. Reife Erwachsene konnten die technischen Fähigkeiten, die sie in der Schule erlernt hatten, zu ganz unvorhersehbaren Zwecken verwenden. Der junge Johannes Secundus war imstande, Catull zu lesen, und ein Machiavelli nahm es in seinen mittleren Jahren mit Cicero auf – beide in einer Weise, die jeden Schullehrer entsetzt hätte.[77] Offenkundig hätten weder Secundus' *Basia* noch Machiavellis *Il Principe* geschrieben werden können, hätten ihre Autoren nicht das humanistische Rahmenwerk gesprengt und sich mit den Alten, die sie frei und brillant interpretierten, auf und davon gemacht; für viele andere hoch literarische Werke, von Mores *Utopia* bis zu Montaignes *Essais*, gilt dasselbe. Diese kunstvollen, aber impliziten Interpretationen klassischer Texte sind zu komplex, zu vielfältig und manchmal allzu abseits der Erfahrung des Lesens, als daß sie sich hier im Detail beschreiben ließen. Jede vollständige Geschichte des Lesens in der Renaissance wird sich aber mit ihnen auseinanderzusetzen und sie mit anderen Zeugnissen zu verknüpfen haben.

Eine zweite Einschränkung ist nicht weniger wichtig. Die Leser in der Renaissance kauften und schätzten sehr unterschiedliche Texte, von denen manche in keiner Weise klassisch oder humanistisch waren. Cosimo de' Medici amüsierte sich in seiner Freizeit auf zweierlei Weisen: entweder bei der Kultivierung seiner Olivenbäume oder bei der Lektüre eines Klassikers aus dem Mittelalter, den *Moralia in Job* von Gregor dem Großen.[78] Federigo da Montefeltro liebte die hochgradig scholastischen aristotelischen Kommentare von Donato Acciauoli. Aus seiner Bibliothek machte er eine enzyklopädische Sammlung, zu der beträchtliche Bestände an theologischer und anderer nicht-humanistischer Literatur gehörten. Und seinen Sohn ließ er nicht nur einen neuen Text in einer neuen Form, nämlich Ptolemäus *Geographie*, auswendig lernen, sondern auch die mittelalterlichste aller *auctoritates*, eine illuminierte Bibel.[79] Als Humanist las Giannozzo Manetti die hebräische Bibel und bediente sich der besten Instrumente der Philologie, um ihren ursprünglichen Sinn zu rekonstruieren. Er konnte sie aber auch in der ganz und gar traditionellen Weise des Bettelmönchs lesen, etwa dann, wenn er darin einen Grund fand, einem unehrlichen Geschäftsmann ein schreckliches Schicksal vorauszusagen: »Ich habe in meinem Leben einen Großteil der Heiligen Schrift gelesen«, warnte er, »und du kannst es als Gewißheit nehmen, daß du bestraft werden wirst, du und deine Familie, mit einer derartigen Strafe, daß sie der Stadt als Exempel dienen wird.«[80] Savonarola – dessen öffentliche Verwendung der Bibel zum Angriff auf seine Gegner Machiavelli faszinierte – hätte den Text nicht anders zitiert.[81]

Derlei kann hier nur angedeutet werden. Natürlich können wir in einem Band wie diesem auch nicht auf einen anderen höchst wichtigen Datenbestand eingehen, der in den Archiven liegt: die vielen überlieferten Kataloge persönlicher oder öffentlicher Bibliotheken. Wie die Vielfalt implizierter Lektüren, die in literarische Werke eingebettet sind, würden auch die mannigfaltigen Ressourcen, die auf den Bücherbrettern der Humanisten lasteten, eine andere und umfangreichere Art der Untersuchung erfordern.[82] Wir können jedoch Belege anführen und besprechen, die für enger umschriebene Fragen von Belang sind: nach den Umständen, unter denen erwachsene Humanisten lasen, nach den Vorbereitungen, die sie dafür trafen, sowie nach der Art und Weise, in der Intellektuelles und Ästhetisches in ihren Reaktionen auf den Text zusammenkam.

Gelegentlich lasen die Humanisten genauso zwanglos, wie wir es heutzutage tun. Häufig jedoch ähnelte in der Renaissance, wie Machiavellis Brief an Vettori zeigt, die Art zu lesen der damaligen Art, wie man tanzte: Sie war eine einem höchst komplexen Regelkodex unterworfene Tätigkeit, die ständige Aufmerksamkeit verlangte. Zunächst einmal las der Humanist mit der Feder in der Hand, und er schrieb, während er sich durch den Text vorwärts bewegte. Manchmal blieb ihm gar keine andere Wahl, denn häufig war der einzige Weg, ein bestimmtes Buch zu erwerben, daß man es kopierte. Seit den Anfängen der Renaissanceforschung im 18. Jahrhundert war der Wissenschaft bekannt, daß Poggio und Niccoli die Texte kopierten, die sie sich in Klosterbibliotheken besorgt hatten. Eine andere Möglichkeit, die neuen Texte zu besitzen oder sie ihren Gefährten zugänglich zu machen, gab es für sie nicht. Erst vor kurzem hat man jedoch entdeckt, daß zumindest während der zweiten Hälfte des 15. Jahrhunderts Humanisten und *cartolai* ihre Texte ebensohäufig kopiert wie gekauft haben. Wie moderne Herausgeber mit Erstaunen feststellen, haben sie nicht etwa Handschriften kopiert, sondern gedruckte Ausgaben der Werke, die sie besitzen wollten. Von sechzehn noch bestehenden Handschriften der *Consolatio ad Liviam*, »stammen mit Sicherheit zehn und wahrscheinlich zwei weitere von gedruckten Ausgaben«; von den einunddreißig Handschriften von Calpurnius' *Ecloques* handelt es sich bei sechsen um Kopien der aus dem Jahr 1471 stammenden Druckausgabe von Sweynheym und Pannartz.[83] Auch während des gesamten 16. Jahrhunderts haben Humanisten häufig komplette griechische und lateinische Texte kopiert.

In der modernen Wissenschaft wurde häufig angenommen, daß so etwas aus wissenschaftlichen Gründen und im Hinblick auf eine spätere Veröffentlichung geschah: Der Humanist habe, mit anderen Worten, kopiert, was er herauszugeben beabsichtigte. Diese Interpretation trifft oftmals den Nagel auf den Kopf, aber manchmal beruht sie nicht auf Belegen, sondern auf anachronistischen Annahmen. Schließlich war das Schreiben selbst eine Form des Lesens, Buchstabe für Buchstabe eine Hommage an die Kraft des Originals. Die Schönheit der Schrift – deren sich, wie wir sahen, alle Humanisten ganz und gar bewußt waren – machte sie zum geeigneten Medium, einem schönen Text die Ehre zu geben. Trithemius mahnte, daß man einen Text nicht gründlich beherrschen könne, wenn man ihn nicht kopierte, und viele sehr viel modernere Intellektuelle teilten seine Meinung.[84] Joseph Scaliger kopierte einen einzigartig wertvollen Petronius-Kodex, der seinem Lehrer für römisches Recht, dem großen Sammler Cujas, gehörte. Moderne Wissenschaftler, die sich mit dem Petronius-Text beschäftigen, schimpfen oft auf Scaliger wegen der Ungeschicklichkeit seines Kopierens und der Schlamperei, mit der er seine einzigartige Quelle mit Passagen aus anderen Quellen, darunter auch gedruckten Büchern, verdarb. In Wirklichkeit hatte er vermutlich nie die Absicht, mehr als ein paar – in der Originalhandschrift Petronius zugeschriebene – Gedichte herauszugeben. Das komplette, in seiner schönen, informellen Handschrift gut lesbare Transkript war ein Stück persönlicher Besitz, ein einmaliger Text, an dem er selbst seine Freude haben wollte. »Mir gefällt sie besser als ein Druck«, äußerte er dazu und deutete damit an, wie sehr er seine Abschrift schätzte, und zugleich, daß er kein Interesse daran hatte, sie zu reproduzieren oder auf ihrer Basis einen Text herauszugeben.[85] Wie ein Schulbub seinen Text womöglich Wort für Wort kannte, weil er ihn auswendig gelernt und immer wieder gesprochen hatte, kannte der erwachsene Gelehrte häufig seinen Text, weil er ihn Zeile für Zeile abgeschrieben hatte – und hatte seinen Spaß daran, ihn gerade nicht in derselben Form zu konsultieren, wie es auch andere taten, sondern in jener, die seine eigene Schrift und seine eigene Lektüreauswahl ihm aufgeprägt hatten.

Es gab auch andere, eher analytische Zwecke, um derentwillen die Gelehrten ihre Federn spitzten. Von Petrarca bis Scaliger schrieben Gelehrte Notizen an den Rand von Texten, die sie nicht kopiert hatten. Sie stellten technische Informationen zusammen; oftmals zeichneten sie auch ganz systematisch die Varianten auf, die sie in anderen Textversionen fanden. Man weiß, wie Angelo Poliziano die Ungenauigkeit der Klassikereditionen haßte, die in seiner Zeit herauskamen. Aber auch er benutzte diese Ausgaben als Arbeitsmaterial und füllte ihre Ränder mit Textstellen und Auslegungen, die er mit Leidenschaft und Genauigkeit aus einer gewaltigen Fülle von Quellen zusammengeholt hatte. Am Ende der Bände ahmte er oftmals die römischen Gelehrten des vierten nachchristlichen Jahrhunderts nach und trug knappe *subscriptiones* ein, die Orte und Daten seines Arbeitens, die benutzten Texte und die Namen seiner jungen Helfer enthielten.[86] Casaubon stellte in seinem Exemplar des *Corpus Hermeticum* die schlimme Liste der Übereinstimmungen zwischen diesem und der Bibel sowie anderen heidnischen Texten zusammen, dank derer er dessen mangelnde Echtheit beweisen konnte.[87]

Auch auf die literarischen und philosophischen Qualitäten ihrer Texte reagierten die Humanisten damit, daß sie schrieben. Petrarcas Exemplare von Vergil, Augustinus und vielen anderen Autoren mutierten, während er darin las und sie mit ausführlichen Skripten versah, zu Diskussionen zwischen Text und Rand, an denen zuweilen mehrere Stimmen beteiligt waren.[88] Während des gesamten 15. und 16. Jahrhunderts trugen Humanisten ihre Reaktionen und Interpretationen auf die Ränder und Leerseiten in ihren Texten ein, und häufig geschah dies mit einer literarischen und künstlerischen Sorgfalt, die uns heute bemerkenswert erscheint.

Montaigne hielt seine knappen Beurteilungen Plutarchs und Guicciardinis für wert, in seine *Essais* aufgenommen zu werden. Scaliger benutzte die meisten seiner Bücher als Werkzeuge und trug nur Informationen in sie ein. Aber selbst er strich den gesamten Text eines Buchs, das ihn ärgerte, aus und schrieb immer wieder das Wort *cacas* (»lauter Scheiße«) an den Rand, und er nahm sich die Zeit, mit einem anderen humanistischen Kommentator, Melchior Guilandinus, der ihn provoziert hatte, in korrektem und trocken-gelehrtem Latein darüber zu streiten und seine mit Sorgfalt verfaßten Antworten als Randnoten einzutragen. Gabriel Harvey, dessen riesiger, jetzt verstreuter Bibliothek G. C. Moore Smith, Virginia Stern und Walter Colman eingehende Untersuchungen gewidmet haben, füllte die Ränder seiner Bücher mit Kommentaren, die in gewissenhaft eleganter Kursivschrift ausgeführt waren, einer Handschrift, die – vor allem unter seinen Feinden, die sich darüber mockierten – Berühmtheit erlangte. Diese Kommentare verzeichneten Harveys Reaktionen auf die von ihm gelesenen Texte, erläuterten seine Beurteilung paralleler Quellen und lieferten häufig spannende Berichte über die Anlässe, bei denen er die Texte erörtert oder gehört hatte, wie andere über sie sprachen oder sie öffentlich vortrugen.[89]

Das Auftreten derart vieler systematischer Annotierungen ist höchst aufschlußreich. Oft bedeutet es natürlich, daß der schreibende Leser an einer Publikation über den fraglichen Text gearbeitet hat. Scaligers ausführliche Notizen zu Guilandinus waren der erste Entwurf für einen weit ausholenden Angriff auf ihn; Huets Anmerkungen in seinem Exemplar von Scaligers Manilius-Ausgabe waren seine Hauptquelle für seinen Großangriff auf Scaliger.[90] Nicht immer freilich diente die Annotierung derart wohlig vertrauten Zwecken. Oft ließen die Humanisten auf den Titelblättern oder Einbänden ihrer Bücher wissen, daß diese nicht nur ihren eigenen Bedürfnissen dienen sollten, sondern auch denjenigen ihrer Freunde. »*Angeli Politiani et amicorum*« – »Ein Buch, das Angelo Poliziano und dessen Freunden gehört« – solche oder ähnliche Eigentumsvermerke kommen im 15. und 16. Jahrhundert dutzendfach vor, vor allem aber bei Harvey.

Wenn wir sehen, wieviel Sorgfalt diese Männer auf die Annotationen verwandten, dürfen wir derartige Formeln beim Wort und ernst nehmen. Der Humanist schuf in seinem Buch ein unvergleichliches Zeugnis seiner eigenen geistigen Entwicklung und auch der literarischen Kreise, in denen er sich bewegte. Überdies tat er dies oftmals in einer so kunstvoll gefälligen und dekorativen Schrift, daß man den Eindruck gewinnt, er habe seinen Notaten durchaus einen dauernden Wert beigemessen. Vielleicht wurden von Männern wie Harvey ganze Bibliotheken solcher Annotationen zusammengetragen, aber nicht im Hinblick auf eine Veröffentlichung, sondern als ein allen Mitgliedern seines Kreises verfügbares Nachschlagewerk. Wir wissen genau, daß gedruckte Bücher mit Annotationen früherer Gelehrter im späten 16. Jahrhundert bei Sammlern hoch im Kurs standen und begehrt waren. Die Bibliothek der Universität Leiden beispielsweise stattete Bücher und Handschriften, die aus Scaligers Bibliothek stammten, sorgfältig mit einem gedruckten Zettel aus, der ihre Herkunft auswies – übrigens häufig falsch, weil Bibliothekare und andere dazu tendierten, jede Folge fein säuberlicher Annotierungen für eine von Scaliger stammende zu halten. Sammler wie Huet liebten ihre *libri annotati* und stellten sie aus.

Es war nicht leicht, Dutzenden von Büchern die Zierde autobiographischer Narrativen, ausführlicher Querverweise und gründlicher Erörterungen textlicher Details angedeihen zu lassen. Der Humanist hatte seine Bücher in guter Ordnung zu halten und mußte imstande sein, viele von ihnen sofort zu konsultieren und sich Informationen aus einer gewaltigen Spanne von Quellen zu holen. Seit dem späten 16. Jahrhundert gab es eine Reihe neuartiger Hilfsmittel, die diese Art literarischer Arbeit erleichterten. Insbesondere konnte der Humanist jetzt von einem Buchrad Gebrauch machen – einem großen vertikalen Rad, das so beschaffen war, das man es ganz langsam drehen und nach Bedarf anhalten konnte. Wie die Passagiere eines Riesenrads ließ es die Bücher auf kleinen rotierenden Bücherbrettern die Runde machen. Der Humanist, der es besaß, konnte, wie Ramelli in seiner Beschreibung einer solchen Einrichtung sagt, ruhig dasitzen und sich dabei durch eine ganze Bibliothek von Texten arbeiten. Neben diesen großartigen Maschinen, von denen einige noch existieren, gab es in den fortschrittlichsten Bibliotheken noch weitere Hilfsmittel. Cujas beispielsweise besaß nicht nur ein solches Rad, mit dessen Hilfe er seine riesige Bibliothek an sich vorbeiziehen lassen konnte, sondern auch einen Friseurstuhl, auf dem er sich in seinem Studierzimmer rasch von einer Aufgabe einer anderen zuwenden konnte. Seltsamerweise benutzte er beim Arbeiten allerdings weder das eine noch das andere Hilfsmittel: »Er arbeitete auf dem Bauche liegend, auf einen Teppich gebettet, seine Bücher um sich herum.«[91] Allem Anschein nach hatte das Lesen in der Renaissance etwas von jener kostspielig dramatischen Qualität, die heutzutage dem Schreiben eigentümlich ist. Ein anspruchsvoller Leser bedurfte einer Reihe komplizierter und teurer Maschinen, und wenn er sie erst einmal besaß, genoß er denselben Vorteil – oder das Gefühl des Vorteils – gegenüber unbedeutenderen Lesern, deren sich heutzutage der Besitzer des avanciertesten Computers und Druckers erfreut. Und wie der Computerbesitzer benutzte auch er diese raffinierten Instrumente nicht als praktische Werkzeuge, die seine Arbeit erleichterten, sondern als teure Fetische, von denen ein gewisser Glanz auf sein Beschäftigung abfiel.

Mit dem Lesen, ob öffentlich oder privat, wurden häufig sehr konkrete Ziele verfolgt – sowohl politische wie intellektuelle. Wir haben mit Machiavelli begonnen, der für sich privat Geschichte las, um sein Schicksal besser zu verstehen. Später freilich las er Geschichte in der Öffentlichkeit, wie sie in der Renaissance gängig war: das heißt, er hielt in den Rucellai-Gärten vor Florentiner Patriziern Vorträge über Livius.[92] In beiden Fällen verfolgte das Gespräch mit dem antiken Text denselben Zweck: Handeln und konkrete Resultate in der Gegenwart. Am Ende des 16. Jahrhunderts war Gabriel Harvey nur einer von vielen englischen Intellektuellen, die offenkundig dafür bezahlt wurden, historische Texte mit Männern von politischem Einfluß zu lesen. Harvey arbeitete sich mit Thomas Smith dem Jüngeren durch Livius' Darstellung des Hannibal, bevor Smith sich nach Irland aufmachte, um dort bei dem Versuch zu sterben, es unter englische Herrschaft zu bringen und die Investitionen seiner Familie zu schützen. Mit Sir Philip Sidney arbeitete er sich durch Livius' Beschreibung der Anfänge Roms, bevor Sidney als Gesandter zu Rudolf II., dem Kaiser des Heiligen Römischen Reiches, aufbrach. Und vermutlich stellte er seine eigene, stark annotierte Livius-Ausgabe, in der er diese Lektüren verzeichnete, sowohl als Denkmal seiner persönlichen Bemühens her, Wissen der Macht dienstbar zu machen, wie als Quelle, auf die er im Verlauf seiner weiteren Karriere würde zurückgreifen können. Harvey dürfte schwerlich ein Sonderfall gewesen sein; seine Zeitgenossen sprachen immer wieder von den Vorträgen Henry Cuffes, der klassische Texte mit Essex gelesen hatte, die diesen zu seiner gescheiterten Rebellion angeregt haben soll.[93] Hobbes wiederum legte den Bürgerkrieg klassisch gebildeten jungen Männern zur Last, die sich die republikanischen Ansichten der griechischen und römischen Historiker allzusehr zu Herzen genommen hätten. Texte der Antike zu lesen konnte in der frühen Neuzeit demnach ganz offenkundig ein Schachzug in avanciertester zeitgenössischer Politik sein. Und diese besondere, eher pragmatisch denn ästhetisch orientierte Art des Lesens verdient einen herausgehobenen und eigenständigen Platz in jeder historischen Darstellung, die sich mit dem Gebrauch des Buchs in der Renaissance befaßt.

## Huet: Das Ende einer Tradition

Seit der Mitte des 17. Jahrhunderts argumentierten Philosophen, daß das Lesen allein keine sicheres Wissen über Natur- und menschliche Geschichte hervorzubringen vermöchte. Descartes begann seinen *Discours de la méthode* damit, daß er von seiner eigenen Unzufriedenheit mit der humanistischen Erziehung sprach, die er bei Jesuiten erhalten hatte. Durch die Lektüre über die Vergangenheit, hatte er gelernt, ließ sich nur ein bescheidenes Niveau von Kultiviertheit erreichen, das ebenso gut durch Reisen erworben werden könne. Der eifrige Leser lerne sogut wie der eifrige Reisende, daß unterschiedliche Völker nach unterschiedlichen moralischen Gesetzen leben und einander, und jeder ganz zu Unrecht, für Barbaren halten. Nur rigoroses, am Vorbild der Mathematik orientiertes Nachdenken könne zu tieferen Wahrheiten vordringen. Die Humanisten erwiesen sich als nur allzu geneigt, diese Kritik für berechtigt zu halten oder doch zumindest einzuräumen, daß die Mehrheit der gebildeten Jugend sie akzeptierte. Geübte Leser und Herausgeber klassischer Texte wie J. F. Gronovius und N. Heinsius praktizierten ihr Gewerbe in düsterer Stimmung, denn sie erkannten, daß das Zeitalter der Philologie vorüber und ein neues, das der Mathematik, an seine Stelle getreten war.[94]

Keiner beobachtete diese Veränderungen aufmerksamer oder bedauerte sie aus tieferem Herzen als Huet. Am Ende seines Lebens empfand er sich wie ein Wiedergänger, wie ein geisterhafter Zeuge der untergegangenen Welt seiner Jugend, in der die Wissenschaft in hohem Ansehen gestanden und Männer mit großen Fähigkeiten in ihren Bann gezogen hatte.[95] Und doch blieb er dabei, seine Klassiker für den Thronfolger aufzubereiten. Auch weiterhin sammelte er gelehrte Bücher und annotierte sie mit seiner kleinen, sauberen Schrift in sorgfältigem Latein. Hinsichtlich der Natur- wie der Humanwissenschaften galten ihm Bücher noch immer als erstrangige Wissensquelle. Deshalb kann es nicht falsch sein, mit einer Vignette aus seinem Leben zu schließen.

Kein landessprachlicher Text aus seiner eigenen Zeit hat Huet tiefer berührt als die *Guirlande de Julie*, die handschriftliche Sammlung von Blumenminiaturen und Madrigalen, die der Herzog von Montausier als Neujahrsgeschenk für Julie d'Angennes angefertigt hatte. Liebevoll beschrieb Huet die Präsentationshandschrift – »prachtvoll gebunden und in einen kleinen Beutel aus duftendem spanischem Leder gesteckt« –, die Julie am 1. Januar 1633/34 beim Aufwachen fand. Und voller Entzücken erinnerte er sich, wie ihn eines Tages die Duchesse d'Uzez das Werk hatte lesen lassen. Sie hatte ihn zu ihrer Bibliothek gebracht, die er als weder groß noch reichhaltig bezeichnete, aber doch voller gut ausgewählter Bücher, »elegant gebunden und dekoriert, etwas, das Frauen zu schätzen wissen«.[96] Dort hatte sie ihn für vier der glücklichsten Stunden seines Lebens eingeschlossen, vom Mittagessen bis zum Sonnenuntergang. Später erinnerte er sich, sich beim Lesen so gefühlt zu haben, als ob er in Wirklichkeit »mit den Männern jener Zeit, die ihrer Urbanität und ihres Witzes wegen herausragten, ein Gespräch geführt« hätte.[97] Huets Freude an der Physis der Bücher, seine Passion für ein einmaliges Manuskript, sein Sehnen, aus dem Text das Aroma jenes Gesellschaftskreises zu erspüren, der ihn hervorgebracht hatte – alle diese Gefühle stammen unzweideutig aus den Vorlieben und Bräuchen der Humanisten. Dasselbe gilt für die physische Form und Organisation der Bibliothek der Herzogin. Selbst wenn die lateinische Gelehrsamkeit auf dem Rückzug war, ließen sich ein guter Druck, schöne Einbände und humanistische Arten des Lesens doch auf die neuen, landessprachlichen Klassiker der Gegenwart übertragen. Natürlich behielt man sie in den Lateinschulen des Heiligen Römischen Reiches, der Niederlande und

Skandinaviens ganz systematisch bei. Der humanistische Umgang mit dem Lesen ist Teil des Nachlebens des klassischen Erbes und wird zu Recht mit der Renaissance zusammengedacht. Aber er hatte auch ein eigenes Nachleben, sowohl in der hoch-protestantischen Wissenschaft des Refuge wie in der landessprachlichen Hochkultur des Ancien régime. Eine definitive geschichtliche Darstellung, wie die Humanisten gelesen haben, wird in seine Coda Huet und Hardouin, Mme. Dacier und Mr. Bentley, Montausier und Julie d'Angennes aufzunehmen haben.

*Aus dem Englischen von H. Jochen Bußmann*

Kapitel 8

# Die protestantische Reformation und das Lesen

*Jean-François Gilmont*

Die Reformation, eine Tochter Gutenbergs! Bereits im 16. Jahrhundert war man weitgehend der Überzeugung, der Buchdruck habe bei der Verbreitung von Luthers Ideen eine wesentliche Rolle gespielt. François Lambert d'Avignon ging 1526 sogar so weit zu behaupten, Gott selbst habe das Aufkommen des Buchdrucks im 15. Jahrhundert gewollt, um die Reformation zu ermöglichen: »In bezug auf die *ars chalcographica* möchte ich hier hinzufügen, daß Gott vor einigen Jahren die Entdeckung dieser Erfindung hauptsächlich aus folgendem Grunde angeregt hat: sie soll dazu dienen, in unserem Jahrhundert die Wahrheit zu verbreiten.«[1] Auch andere Reformatoren haben diese Erfindung begeistert gelobt. Es ist üblich, hierzu einen Tischspruch Luthers zu zitieren: »Der Buchdruck ist das höchste und größte Geschenk Gottes, weil Gott durch dieses Mittel die wahre Religion bis ans Ende der Welt bekannt machen und in alle Sprachen übertragen will.«[2] Und John Fox, der Verfasser des *Book of Martyrs*, nannte den Buchdruck eine »göttliche und wunderbare Erfindung«.[3] Übrigens war es keineswegs originell, den Buchdruck als göttlich zu bezeichnen. Seit der Geburtsstunde der Buchdruckerkunst wurde dieses Adjektiv häufig verwendet: Es tauchte schon im Kolophon des 1460 in Mainz publizierten *Catholicon* auf.

Ganz selbstverständlich haben die Historiker später ständig wiederholt, der Erfolg der Reformation habe dem Buchdruck viel zu verdanken gehabt. Es zeugt keineswegs von großer Impertinenz, wenn man behauptet, daß diese Auffassung oft eher auf einem Gemeinplatz beruht als auf einer wissenschaftlichen Analyse.

Doch ehe wir zu den protestantischen Veröffentlichungen kommen, ist es durchaus nützlich, noch einmal daran zu erinnern, daß der Ausbruch der Reformation mit einer umfassenden Revolution der Kommunikationsmittel zusammenfiel.[4] Gutenbergs Entdeckung hat dadurch, daß sie die Verbreitung von Texten beschleunigte und die Kosten für jede einzelne Kopie senken konnte, die Grundvoraussetzung für die Verbreitung von Ideen verändert. Dennoch darf man die unmittelbare Wirkung dieser Erfindung auf eine Bevölkerung, die noch weitgehend des Lesens unkundig war, nicht überschätzen. Darüber hinaus wurde sich diese neue Kunst ihrer Neuartigkeit erst im Laufe eines allmählichen Entwicklungsprozesses von etwa achtzig Jahren bewußt.

Zur Zeit ihrer Entdeckung lehnte sich die *ars artificialiter scribendi* noch eng an das Vorbild der Handschriften an. Doch als sich die Drukker nach und nach mit der neuen Technik vertraut machten, fand das gedruckte Buch allmählich zu seiner besonderen Gestalt. Diese Entwicklung war zwischen 1520 und 1540 abgeschlossen, kurz nachdem Luther sich gegen die Ablaßbriefe aufgelehnt hatte. Zu diesem Zeitpunkt hatte sich das gedruckte Buch schon völlig vom Vorbild der Handschrift gelöst. Den Druckern war allmählich klar geworden, daß die massenhafte Vervielfältigung eines Textes neue kommerzielle Zwänge hervorrief. Das äußere Erscheinungsbild des Buches wandelte sich, weil man ein Titelblatt voranstellte, die Form der Schriftzeichen vereinheitlichte und viele Ligaturen aufgab. Vor allem aber vollzog sich ein einschneidender Wandel bei der Auswahl der veröffentlichten Texte, da man sich in großem Maße modernen Autoren zuwandte. Die großen Verleger bauten auch ihr Verteilersystem aus, um selbst über den engen Kreis ihrer jeweiligen Heimatstadt hinaus Leser zu finden.

Die Zahl der Druckereien nahm rasch zu. Von Deutschland aus verbreiteten sie sich zuerst in Italien, dann in Frankreich und schließlich über ganz Europa. Um 1520 waren lediglich Randgebiete wie England, die Iberische Halbinsel, Zentraleuropa und Skandinavien noch nicht versorgt. Dagegen verfügten Deutschland, Italien, Frankreich und die Niederlande über ein sehr dichtes Netz von Druckereien.

In den dreißiger Jahren des 16. Jahrhunderts änderte sich auch die Zusammensetzung der Bibliotheken merklich. Dies läßt sich zumindest für Frankreich belegen, ist aber auch für die anderen europäischen Länder wahrscheinlich. Das Sinken des Buchpreises hatte spürbare Konsequenzen: Der durchschnittliche Umfang einer Bibliothek wuchs beträchtlich und die handgeschriebenen Bücher traten zahlenmäßig hinter die gedruckten zurück. C. Bozzolo und E. Ornato haben zudem eine gewisse Banalisierung des Buches festgestellt. In den Nachlaßinventaren der Verstorbenen wurden die Bücher jetzt viel ungenauer beschrieben, was ein Hinweis auf eine gewisse Entwertung ist. Von nun an kam es häufig vor, daß jemand Druckschriften besaß.[5]

Die Verbreitung des Buchdrucks erfolgte zu einem Zeitpunkt, als in den meisten Bereichen des sozialen Lebens immer häufiger auf die Volkssprachen zurückgegriffen wurde. Natürlich begünstigte der Buchdruck diese Entwicklung, da die wirtschaftliche Verwertung der neuen Technik die Erschließung neuer Märkte und damit eine Erweiterung der Leserschaft voraussetzte.

Zweifellos muß man die Verbreitung der Regionalsprachen und den Erfolg des Buchdrucks in Verbindung mit einer allgemeinen gesellschaftlichen Entwicklung sehen. Das Ende des Mittelalters ist vom Aufstieg des Bürgertums gekennzeichnet. Diese Schicht beherrschte neue Bereiche der Wirtschaft und des Handels und wollte an allen politischen Entscheidungen, die sie betrafen, mitwirken. Außerdem wollte sie ihren sozialen Erfolg dadurch unterstreichen, daß sie der Kultur einen größeren Wert beimaß, auch wenn sie diese im Sinne ihrer eigenen Interessen umgestaltete. Die Laien wollten nicht mehr vom Kirchenleben ausgeschlossen bleiben.

## Drucken in der Volkssprache

Wahrscheinlich geht die Überzeugung, das gedruckte Buch sei für die Verbreitung des Protestantismus wichtig gewesen, auf den »Flugschriftenkrieg« zurück.[6] Kurz nachdem sich Luther gegen die Ablaßbriefe empört hatte, entwickelte sich in Deutschland zwischen 1520 und 1525 eine umfangreiche »Pressekampagne«. Tausende von Pamphleten – kleine, bisweilen illustrierte Hefte im Quartformat, die nur wenige Seiten umfaßten – zirkulierten im ganzen Deutschen Reich. Alle Kritikpunkte, die die Reformation zur Sprache brachte, wurden durch solche hastig geschriebenen, schlecht strukturierten, weitschweifigen und schwülstigen Pamphlete verbreitet. In der Form von Predigten, Dialogen oder Briefen wurden dieselben Texte oft von Stadt zu Stadt nachgedruckt. Damit griff man zum ersten Mal auf Druckschriften zurück, um die öffentliche Meinung aufzurütteln. Diese Flut von kleinen Publikationen – der deutsche Ausdruck »Flugschriften« ist hier sehr anschaulich – verbreitete Luthers Namen und seine Thesen in Windeseile nicht nur in Deutschland, sondern über ganz Europa.

In den Ländern, in denen die Obrigkeit der traditionellen Kirche treu blieb, nämlich in Frankreich, Italien und den Niederlanden, fanden die neuen religiösen Konzepte ebenfalls durch den Buchdruck Verbreitung, allerdings auf wesentlich zurückhaltendere Art und Weise. Kleine Andachtsbücher stellten Luthers Thesen vor, vermieden dabei jedoch jegliche Streitsucht und gaben sich einen traditionellen Anstrich. Man schrieb nicht »in Dich *allein* vertrauen wir«, sondern »in Dich vertrauen wir«. Diese Ausgaben wurden zunächst von lokalen Druckpressen hergestellt – so in Paris, Venedig oder Antwerpen –, doch nach 1540 wurden solche Unternehmungen zu gefährlich, so daß man von den angrenzenden Ländern – Genf, Straßburg oder Emden – aus ein Netz von Hausierern aufbaute.

Eine der Hauptsorgen der Reformatoren war es, die Bibel in der jeweiligen Landessprache zu besitzen. Luther war nicht der einzige, der sich daranmachte, dieses Problem zu lösen. Er selbst konnte seine Übersetzung erst 1534 vollenden, während einige Pfarrer aus Zürich bereits 1530 eine deutsche Bibel anboten. Eine niederländische Bibel wurde sogar schon 1526 in Antwerpen herausgebracht. Die italienische Bibel von Antonio Brucioli stammte aus dem Jahre 1532. Auf Anregung von Guillaume Farel erstellte Olivétan 1535 eine französische Übersetzung. Im selben Jahr veröffentlichte Miles Coverdale auch eine Version in englischer Sprache. Dies sind nur einige wenige von den zahlreichen Ausgaben, die ganz offensichtlich auf Anregung des Protestantismus hin erschienen sind. Das verlegerische Phänomen, das sich um die Bibel herum entwickelte, ist sogar noch eindrucksvoller. In kurzer Abfolge kamen ständig Neuauflagen heraus. Luthers deutsche Bibel wurde bis zu seinem Tod im Jahre 1546 über vierhundertmal vollständig oder teilweise nachgedruckt.

Übrigens veränderte Luther auch die Wirtschaftslage in Wittenberg. Noch 1517 verfügte diese kleine Universitätsstadt nur über eine einzige bescheidene, sehr provinzielle Druckerei. Um die Textflut des Reformators verbreiten zu können, nahm innerhalb von wenigen Jahren die Zahl der Pressen in der Stadt zu, so daß diese schließlich zu einem der sechs oder sieben wichtigsten Zentren des Buchdrucks in Deutschland aufstieg.

Eine ähnliche Erscheinung zeigte sich in Genf, als dort die Reformation ausgerufen wurde und Calvin sich dort niederließ. Von 1537 bis 1550 blieb diese Bewegung zwar noch recht bescheiden, doch nach 1550 nahm diese Stadt, die lediglich 12000 Einwohner zählte, immer mehr Drucker auf, um Frankreich und alle Nachbarländer mit protestantischen Veröffentlichungen zu überschwemmen. Die ideologische Motivation dieser Drucker wurde oft auch von materiellen Interessen getragen. Die Archive dieser Stadt haben noch das Echo der zahlreichen Konflikte bewahrt, die durch einen harten Konkurrenzkampf ausgelöst wurden. In Genf war es nämlich zwischen 1550 und 1562 ein sehr einträgliches Geschäft, protestantische Bücher zu drucken.

Im übrigen steigerte die Organisation der über ganz Europa verbreiteten Reformation auch den Bedarf an Gebrauchstexten wie Bibeln, Katechismen, Psaltern und Büchern für die Liturgie. Allerdings stellten die protestantischen Drucker auch gelehrtere Werke her, die für die Pfarrer bestimmt waren. Zum Teil waren sie didaktischer Art: Bibelkommentare oder theologische Kompendien wie die *Loci communes* von Melanchthon oder die *Institutio christianae religionis* von Calvin. Andere entsprangen gelehrten Kontroversen, da im 16. Jahrhundert nicht nur zwischen Katholiken und Protestanten, sondern auch unter den Reformierten immer häufiger Debatten über die Doktrin aufkamen. Mit einer Erbitterung, die wir heute kaum noch nachvollziehen können, zerfleischten sich die gelehrten Theologen gegenseitig in ständig aufflackernden Polemiken. Die Drucker haben daran zweifellos gut verdient!

Im Hinblick auf die besondere Entwicklung in England können wir einen weiteren Aspekt dieser Druckschriftenflut ansprechen. Zu Beginn des 16. Jahrhundert steckte dort der Buchdruck noch in den Kinderschuhen, so daß der Großteil der englischen Produktion damals vom Kontinent kam. Sehr unzufrieden mit der halbherzigen Haltung Heinrichs VIII. – der sich zwar von Rom trennte, aber dennoch eine traditionelle Theologie beibehielt – brachte eine Gruppe von Reformatoren, die mit Wittenberg in Verbindung stand, von Antwerpen aus eine Reihe ausgesprochen aggressiver Pamphlete in Umlauf. Heinrich VIII. entdeckte nun, was auch alle anderen Fürsten seines Jahrhunderts feststellen mußten: Es war zwar relativ einfach, die einheimischen Pressen zu kontrollieren, aber es war höchst schwierig, die Einfuhr verbotener Bücher zu unterbinden. Auch Maria Tudor lernte dies, ebenso wie die französischen Könige. Von dieser Regel gab es nur eine einzige Ausnahme. Der mächtigen, von der spanischen Inquisition ins Leben gerufenen Maschinerie ist es gelungen – allerdings um welchen Preis – auf der Iberischen Halbinsel die Einfuhr ketzerischer Bücher wirksam zu unterbinden.

Aus diesem Umstand zog Heinrich VIII. übrigens die entsprechende Konsequenz. Er förderte in England selbst die Einführung des Buchdrucks. Schon nach wenigen Jahrzehnten wurden die englischen Bücher nicht mehr in Paris, Rouen oder Antwerpen, sondern in London gedruckt. Die Arbeit der Polizei wurde dadurch gewiß erleichtert, zumindest solange sich diese Konzentration von Druckern überprüfen ließ. Als nach der Thronbesteigung von Maria Tudor viele Protestanten auswanderten, rief dies auf dem Kontinent von 1555 bis 1558 eine Flut englischer Publikationen hervor, die die Britischen Inseln mit verbotenen Werken überschwemmte.

Im 16. Jahrhundert besaß jede religiöse Gruppierung, die etwas auf sich hielt, Zugang zum Buchdruck. Dies läßt sich durch die Politik der sich abspaltenden Sekten in Zentraleuropa belegen. Sowohl die Antitrinitarier in Polen und Ungarn als auch die Utraquisten in Böhmen oder die Mährischen Brüder hielten es für unerläßlich, über Druckpressen zu verfügen, um ihre religiöse Identität zu sichern. Damit befriedigten sie einerseits den eigenen Bedarf an liturgischen, katechetischen und spirituellen Werken und gewährleisteten andererseits auch die Propaganda oder Gegenpropaganda gegenüber den anderen christlichen Konfessionen.

Die Furcht der Katholiken war ein weiterer Hinweis auf die Wirkung des protestantischen Buchs. Schon von den ersten Jahren der Reformation an wurden die ketzerischen Bücher praktisch überall beschlagnahmt. Man warf sie ins Feuer, wie 1520 in Löwen. Allerdings war die Polizei anfangs schlecht ausgerüstet, um wirksam vorgehen zu können. Nach und nach etablierte sich eine strengere Überwachung. Seit 1540 stießen die Verbreitung und der Verkauf häretischer Bücher in allen katholischen Ländern auf erhebliche Schwierigkeiten. Viele umherziehende Buchhändler wurden verhaftet und auf den Scheiterhaufen geschickt, aber dennoch versiegte der Zustrom nicht. Um alle Buchhändler und treuen Gläubigen aufzuklären, begann die katholische Kirchenleitung Indizes (*Indices librorum prohibitorum*) aufzustellen.

Eine Verordnung der Stadt Laon aus dem Jahre 1565 liefert uns ein köstliches Beispiel für die Furcht vor häretischen Büchern. Sie verlangte, daß an den Häusern, die zur Straße hinausgingen, alle Kellerfenster verschlossen werden sollten, weil die Abgesandten aus Genf nachts angeblich Schriften in die Keller warfen. Ein Chronist berichtete von den katastrophalen Folgen dieser Maßnahme: »Kurze Zeit darauf verließen zahlreiche, nach Neuigkeiten dürstende Einwohner die katholische und römische Religion, um die neue, die sich damals die lutherische nannte, anzunehmen, und dies alles nur wegen dieser kleinen Broschüren.«[7]

Die Reformatoren führten noch eine andere Neuheit ein, nämlich die Verwendung der Volkssprachen in der Liturgie, im theologischen Diskurs und vor allem in der Bibel. Diese Entwicklung war in vielerlei Hinsicht von Bedeutung.

Als man das Latein aufgab, löste dies unter den Gelehrten natürlich eine Debatte über den Rang der alten und der neuen Sprachen aus. Zunächst stellte sich die Frage, ob die Volkssprachen überhaupt geeignet sind, im Bereich des Sakralen benutzt zu werden. Im Gegensatz zu denen, die der religiösen Sprache weiterhin eine geheimnisvolle Aura verleihen wollten, befürworteten die Reformatoren den Rückgriff auf Sprachen, die eine breiter gefächerte Kommunikation innerhalb der Kirche und einen leichteren Zugang zu allen Reichtümern der Botschaft des Evangeliums ermöglichten.[8]

Diesbezüglich war es bezeichnend, daß Luther versicherte: »Ich wil einem yeden die eere grosser dinge hertzlich gerne lassen und mich gar nicht schemenn, deutsch den ungeleretenn layen zupredigen und schreiben.« Wenn er sich, wie er sagte, »nicht schämen« wollte, wies dies darauf hin, daß er hierin der allgemein verbreiteten Meinung widersprach. Besonders hob er hervor, daß der Gebrauch der Volkssprachen der Christenheit einen größeren Gewinn bringen werde als alle »hohen grossen buchern und question, [die] in den schulen under den gelereten allein gehandelt [= behandelt]« werden.[9] Dadurch daß Luther das Deutsch seiner Bibelübersetzung auf geniale Weise umformte, konnte er das Volk erreichen, weil er seine Sprache redete. So schrieb er: »Man mus die mutter ihm hause, die kinder auff der gassen, den gemeinen man auff dem marckt drumb fragen, und den selbigen auff das maul sehen, wie sie reden, und darnach dolmetschen, so verstehen sie es den und mercken, das man Deutsch mit in [= ihnen] redet.«[10] Das Anliegen, sich dem Volk verständlich zu machen, stand bei ihm also an erster Stelle. Seltsamerweise hatte er es längst nicht so eilig, eine deutsche Liturgie einzuführen. Zweifellos meinte er es ironisch, als er von den Papisten sagte: »Zum ersten haben sie uns diße wort des testaments vorporgen [= verborgen], und geleret, man sol sie den leyen nit sagen.«[11] Erst auf den Druck radikalerer Schüler wie Andreas Karlstadt und Thomas Müntzer hin stimmte er der Verwendung des Deutschen zu. Übrigens hat er den Gebrauch des Lateins in der Liturgie nie verworfen.[12]

Calvin, der stärker zum Humanismus neigte, löste sich nur langsam vom Latein. Ist es nicht verblüffend, daß er sogar mit seinen besten französischsprachigen Freunden ausschließlich auf Latein korrespondierte, ganz gleich ob es um theologische Fragen oder nur um banale Neuigkeiten ging? Seine ersten Werke verfaßte er auf lateinisch, bis 1541 *Le petit traicté de la Cene* (»Das kleine Traktat über das Abendmahl«) erschien. Wie er 1546 selbst erläuterte, hatte er sich um eine »einfache, volkstümliche und den Unwissenden angemessene Unterrichtsweise« bemüht. »Ich bin es gewöhnt, für diejenigen, die Latein verstehen, gewissenhafter zu schreiben«, fuhr er fort. »Dennoch habe ich sorgfältig darauf geachtet, getreu in Worte zu kleiden, was ich dachte (...), es klar und ohne Umschweife zu erklären«. Allerdings, fügte er in der lateinischen *Institutio* hinzu, »erläutere und bekräftige ich dieselbe Lehre stichhaltiger, wenn ich sie auf andere Weise äußere, und – wenn ich mich nicht irre – auch deutlicher«.[13]

Die von Calvin geäußerten Vorbehalte gegenüber der französischen Sprache wiederholte Theodor Beza (eigtl. Théodore de Bèze) 1572 im Zusammenhang mit der Übersetzung eines seiner theologischen Traktate. Hierbei beklagte er sich über »die Armut unserer Sprache«. »Es ist durchaus möglich«, fügte er hinzu, »daß die französische Übersetzung an manchen Stellen schwerer zu verstehen ist, vor allem für den gewöhnlichen Leser, als mein lateinisches Original.«[14]

Die Volkssprachen machten eine rasche Entwicklung durch. Es war keine leichte Angelegenheit, in seinem eigenen Idiom Konzepte auszudrücken, die in den antiken Sprachen schon seit uralten Zeiten ausgefeilt worden waren. So erklärte Olivétan gleich zu Beginn seiner Bibelübersetzung, »in französischer Sprache mit hebräischer und griechischer Beredsamkeit sprechen zu wollen«, das sei ungefähr so, als wolle man »der süßen Nachtigall beibringen, den heiseren Gesang des Raben zu singen«. Damit spielte er auf einen vertraulichen Ausspruch Luthers an:

> »Ich schwitze Blut und Wasser, um die Propheten in der Umgangssprache wiederzugeben. Mein Gott, was für eine gewaltige Arbeit und wie schwierig ist es, die hebräischen Autoren dazu zu zwingen, deutsch zu sprechen? Sie wollen ihr Hebräertum nicht ablegen und sträuben sich, sich der germanischen Barbarei anzupassen. Das ist ganz so, als ob die Nachtigall ihre süße Melodie verlieren würde und gezwungen wäre, das monotone Rufen des Kuckucks nachzuahmen.«[15]

Die Tendenz zu einer breiter gefächerten, volksbezogeneren Kommunikation war offensichtlich, aber sie war nicht immer einfach. Die technische Sprache in der theologischen Debatte blieb weiterhin unangefochten das Lateinische, zum Teil weil es bei der internationalen Verständigung einen überragenden Vorteil bot. So wurden zum Beispiel die ersten Texte der deutschen Reformation über das Lateinische in die anderen Sprachgebiete vermittelt.[16] Ebenso wurden einige Traktate von Calvin hauptsächlich ins Lateinische übersetzt, um sie den deutschen Reformatoren zur Kenntnis zu bringen. Der Fall seines *Petit traicté de la Cene* war in dieser Hinsicht bezeichnend.[17]

## Von den Gefahren des Lesens

Schon sehr bald wurden die Lobeshymnen auf die »göttliche« Druckerkunst korrigiert. Im Falle von Luther muß man sogar von offenem Mißtrauen sprechen. Er beklagte die Überfülle an unnützen und sogar schädlichen Büchern. Schon 1520 schrieb er in seinem *Manifest an den christlichen Adel deutscher Nation*: »Die Theologische bucher must man auch wenigern [= vermindern] und erleszen [= aussuchen] die besten, dan viel bucher machen nit geleret, vil leszen auch nit, szondern gut ding unnd offt leszen, wie wenig sein ist [= es auch sein mag], das macht geleret in der schrifft und frum datzu.«[18] Während seiner ganzen Laufbahn sprach er wesentlich öfter solche Warnungen aus, als daß er die Verdienste des Buchdrucks gelobt hätte.

Die Protestanten haben zwar das Prinzip der *sola scriptura* hochgehalten, aber dies darf man keineswegs verstehen als: »die Schrift und nichts als die Schrift«! Nach diesem Prinzip mußten sich alle theologischen Anschauungen auf der Bibel gründen, weswegen man auch alle menschlichen Traditionen, die sich nicht aus der Heiligen Schrift belegen ließen, ablehnen konnte. Allerdings darf man dies nicht mit der freien Selbsterforschung verwechseln, die der liberale Protestantismus erst im 18. Jahrhundert eingeführt hat.[19]

R. Gawthrop und G. Strauss haben eindeutig nachgewiesen, daß sich Luther keineswegs für eine Lektüre der Bibel durch das einfache Volk eingesetzt hat.[20] Während der ersten Kämpfe hat er zwar im Eifer des Gefechts den Wunsch ausgesprochen, daß »eyn iglicher Christenn selbs die blosse schrifft und lautter gottis wortt fur sich nehme [= studiere]!«[21] Und im Manifest *An den christlichen Adel* verlangte er 1520, die Kinder sollten täglich im *Neuen Testament* unterrichtet werden, damit sie im Alter von neun, zehn Jahren mit sämtlichen Teilen dieses Buches vertraut sind.[22] Doch durch die Bauernkriege und wegen der Flut unterschiedlichster Interpretationen der Heiligen Schrift wandelte sich seine Argumentation. Er bestand darauf, daß die Kirche beim Zugang zur Bibel eine Kontrolle ausüben sollte. Das in der Bibel enthaltene Wort müsse toter Buchstabe bleiben, wenn es nicht durch die Predigt weitergegeben werde. So sagte er 1534 in einer Predigt: »denn ir wisset, das das Reich Christi gegründet ist auff das wort, welchs man sonst weder fassen noch begreifen kan on [= ausser] durch diese zwey gliedmas [= Organe], ohren und zungen.«[23] Sobald er 1529 seine beiden Katechismen verfaßt hatte, bestand er darauf, daß man diese Anleitungen jedem an die Hand geben müsse: »Der catechismus ist der leien biblia, darin der gantze inhalt christlicher lehre, so einem iden christen tzur seligkeit tzu wissen notig, begriffen [= enthalten].«[24]

Seine Konzeption vom Unterricht bestätigt diese Anschauung. Für Luther verfolgt die Schule nicht das Ziel, allen Menschen Zugang zur Kultur zu verschaffen. Aufgabe der Schule sei es vielmehr, eine Elite heranzubilden, die in der Lage ist, die Gesellschaft sowohl in zivilen als auch in religiösen Fragen zu lenken. Als Luther 1524 alle Stadträte aufforderte, gute Bibliotheken zu gründen, wies er diesen zwei Aufgaben zu: Einerseits sollten in ihnen die Bücher aufbewahrt werden, und andererseits sollten sie geistlichen wie weltlichen Führern Gelegenheit zum Studium bieten. Von einer Lektüre des einfachen Volkes war nicht die Rede.[25]

Dieselbe Entwicklung läßt sich bei Melanchthon belegen. Während er zunächst dazu aufforderte, man solle die Bibel allen zu lesen geben, befürwortete er später den Gebrauch des Katechismus. Im Vorwort zu den *Loci communes* aus dem Jahre 1521 nannte er sein Buch eine bescheidene Einführung, die hinter das Lesen der Bibel zurücktreten müsse. Er sprach den inbrünstigen Wunsch aus, daß sich »alle Christen gänzlich frei einzig und allein der Heiligen Schrift widmen«. Im Vorwort zur Ausgabe aus dem Jahre 1543 betonte er dann im Gegenteil die Notwendigkeit solcher »Diener des Evangeliums, die es Gott beliebt in den Schulen vorzubereiten. Sie hat er zu Wächtern über die Bücher der Propheten und der Apostel, sowie der wahrhaften Lehre der Kirche bestimmt.«[26] Nachdem sie von einigen Schülern überflügelt worden waren, sind die Reformatoren vorsichtig geworden. Sie propagierten zwar das Lesen, allerdings nur das Lesen von einfachen Büchern, während sie gleichzeitig die Kontrolle über die Interpretation der rechten Lehre behalten wollten.

Zwinglis Prinzipien zur Bibelauslegung entwickelten sich zwischen 1522 und 1525 parallel zu denen, die wir schon bei Luther und Melanchthon beobachtet haben.[27] Anfangs versuchte er, die traditionelle Kirche durch einen allgemeinen Appell an die öffentliche Meinung zu erschüttern. Dabei berief er sich auf die Lehre vom universellen Priesteramt. Demzufolge sind alle Christen, die voller Demut die Bibel zur Hand nehmen, auch in der Lage, sie zu interpretieren. Dies verkündete er sowohl in öffentlichen Diskussionen als auch in mehreren Flugschriften aus dem Jahre 1522. Aber schon bald änderte sich die Lage. Kaum war der katholische Klerus bezwungen, entstand schon eine neue Bedrohung durch die ersten Wiedertäufer. Diese beriefen sich auf dieselben Prinzipien, um die Legitimität der neuen Machthaber in Frage zu stellen. Dadurch erklärt sich Zwinglis Kehrtwende. Nach 1525 duldete er als Interpreten der Bibel nur noch kompetente Personen, das heißt eine Gruppe, die sich aus der politischen Elite und der klerikalen Intelligenzija zusammensetzte.

Auch die Haltung Heinrichs VIII. erhellt die soziale Problematik beim Lesen der Heiligen Schrift. Sehr lange verbot Heinrich VIII. jede Verbreitung von Bibeln in englischer Sprache. Schließlich gab er 1543 dem Druck seiner Umgebung nach. Allerdings koppelte er die Genehmigung, eine englische Bibel zu drucken, an einige wichtige Einschränkungen. Er unterschied drei Kategorien von Personen und Lesesituationen. Adlige und Edelmänner durften die Heilige Schrift nicht nur lesen, sondern konnten sie sich auch laut auf englisch vorlesen lassen, und zwar sich selbst sowie allen, die unter ihrem Dach lebten. Es reichte also, daß ein Mitglied des Adels anwesend war, um jedermann freien Zugang zur Heiligen Schrift zu gewähren. Am anderen Ende der sozialen Leiter war es wiederum allen »Frauen, Handwerkern, Lehrlingen und Gesellen, die im Dienste von Personen im selben oder niedrigeren Range als dem eines kleinen Landbesitzers, Bauern und Handarbeiters« standen, absolut verboten, die Bibel auf englisch zu lesen. Diejenigen, die zwischen diesen beiden Kategorien standen, insbesondere Bürger und adlige Frauen, durften »für sich selbst und für niemanden sonst jeden Text der Bibel und des Neuen Testaments lesen«. Diese mittlere Kategorie war also kompetent genug, um nicht auf Abwege zu geraten, aber ihr fehlte es an der nötigen Autorität, um sich gegenüber ihrer Umgebung durchzusetzen.[28] Kann man die politische und soziale Bedeutung der Bibellektüre besser umschreiben?

Auch in der calvinistischen Tradition wurde die Interpretation der Bibel nicht frei dem Ansinnen des einzelnen überlassen. Exegese und theologische Analyse unterlagen einer strengen Kontrolle. Für Calvin war die Bibel nicht jedermann unmittelbar zugänglich. »Sie ist«, erklärte er in einer Predigt, »ein Brot mit einer dicken Kruste.« Um die Seinen zu nähren, möchte Gott, »daß das Brot für uns zurechtgeschnitten wird, daß man uns die Brocken in den Mund legt, und daß man sie uns vorkaut«. Der hl. Paulus wies hinsichtlich der Heiligen Schrift darauf hin, daß »es nicht reicht, wenn ein jeder sie nur allein für sich liest, sondern wir müssen die Lehre, die aus ihr gewonnen wird, auch in den Ohren klingen lassen. Und man muß uns predigen, damit wir unterwiesen werden.«[29]

Theodor Beza liefert uns einen weiteren Nachweis für die Zurückhaltung der Calvinisten, theologische Fragen in aller Öffentlichkeit zu behandeln. In der Widmung zu seiner Schrift *Questions et reponses chrestiennes* (»Christliche Fragen und Antworten«) aus dem Jahre 1572 erklärte dieser Nachfolger Calvins, er habe der französischen Übersetzung seines Traktats nur widerwillig zugestimmt. Er hatte sich schließlich nur wegen der Neugier der Leserschaft – deren Manie, sich mit Begeisterung in das »Labyrinth« heikler Fragen zu stürzen, er beklagte – dazu gezwungen gefühlt. Beza war eindeutig der Meinung, daß die Theologie nur einem kleinen Kreis vorbehalten sein darf, weil man dazu »alle Wege und Stege, die man beschreiten und auf denen man wieder zurückfinden muß«, zu kennen hat.[30]

Eine Anekdote aus dem Jahre 1562 ist meiner Meinung nach bezeichnend für das damals in Genf vorherrschende Bestreben, Einfluß auf die theologische Lektüre zu nehmen. Der Drucker Jean Rivery beabsichtigte damals, eine Evangelienharmonie mit Anmerkungen aus einer großen Auswahl von Theologen zu veröffentlichen. Die vom Stadtrat konsultierten Pastoren zogen die Strenggläubigkeit dieses Buches zwar nicht in Zweifel, dennoch untersagten sie die Veröffentlichung aus einem sehr spitzfindigen Grunde. Der Glossator hätte Calvin und Beza nicht zitieren dürfen. Die Leser könnten sich nämlich von den vollständigen Werken dieser Autoren abwenden, um sich nur noch mit den Auszügen zu begnügen![31] Eine ähnliche Frage wurde während der Erstellung der Genfer Bibel aus dem Jahre 1588 diskutiert, diesmal allerdings im gegenteiligen Sinne entschieden. Verschiedene Pastoren kritisierten die Existenz von Anmerkungen am Seitenrand. Sie prangerten nämlich solche Leser an, die nicht mehr die Kommentare der Theologen lasen, sondern sich lediglich mit Zusammenfassungen begnügten. Letztendlich setzte sich der entgegengesetzte Standpunkt durch: »Nicht alle haben die Möglichkeit, die Kommentare ganz zu lesen, und nicht alle besitzen ein ausreichend sicheres Urteil, um jeweils das Wesentliche zu erkennen und auszuwählen.«[32] Dies beweist ein lebhaftes Interesse daran, guten Lesestoff zu fördern. Ebenso wie die katholische Kirche ließen also auch die großen Konfessionen der Reformation den Willen erkennen, die Theologie weiterhin zu kontrollieren.

Lediglich einige Außenseiter vertraten eine andere Meinung. In Zürich blieben die Wiedertäufer dem ursprünglichen Standpunkt Zwinglis treu und bekannten sich zu einer radikalen Auslegung der Heiligen Schrift: »Nachdem wir ebenfalls die Heilige Schrift in die Hand genommen und sie zu allen möglichen Dingen befragt hatten, waren wir besser unterrichtet, und wir entdeckten die ungeheuren und schandhaften Irrtümer der Pastoren.«[33]

Mit verschiedenen Abstufungen gelangten die Spiritualisten zu ähnlichen Ansichten und lehnten bei der Beschäftigung mit den heiligen Büchern jeden autoritären Eingriff ab. Ihre Haltung hing eng mit der Überzeugung vom Vorrang des Geistes über den Text zusammen. Im *Prager Manifest* aus dem Jahre 1521 verdammte Thomas Müntzer alle Geistlichen, die eine Heilige Schrift vorlegen, »welche sie schalkhaftig gestallen [= gestohlen] haben aus der Biblien wie die tukissen [= tückischen] Diebe unde grausamen Mordere«.[34] Lediglich die Auserwählten haben das wahre Wort empfangen:

> »Wu der Same felt uf den guten Acker, das ist in die Herzen, die der Forcht Gots vul sein, das ist dann das Papir unde Pergamee, do Got nicht mit Tunten [= Tinte], sundern mit seinem lebendigen Finger schreibt die rechte Heilige Schrift (2. Kor. 3, 2), die di eußerliche Biblien recht bezeugt.«[35]

Aber Müntzer war sich auch dessen bewußt, daß er in einer Gesellschaft lebte, die kaum zur individuellen Lektüre befähigt war. Darum wünschte er gleich zu Anfang seiner *Fürstenpredigt* aus dem Jahre 1524, »das die fleißigen, unvordroßnen Gottisknechte teglich die Biblien treiben mit Singen, Lesen und Predigen«.[36] Folgerichtig verlangte er eine Liturgie, die in einer dem Volk verständlichen Sprache gehalten wird. Und er wollte, daß die Bibel dem Volk laut vorgelesen werde, damit auch die einfachen Leute sie sich aneignen könnten. Allerdings geriet dieses Ideal außer Kontrolle, so daß Müntzer den biblischen Diskurs schon bald durch seine eigene Predigt ersetzte.[37]

Der Schulmeister Valentin Ickelsammer respektierte den heiligen Text sehr viel stärker. In einer Flugschrift aus dem Jahre 1527 sprach sich dieser Schüler von Karlstadt leidenschaftlich für die Lektüre der Bibel aus. Er war der festen Überzeugung, in einer aufregenden Epoche voller Neuerungen zu leben. Nie sei die Fähigkeit zu lesen nützlicher gewesen als in seiner Zeit. In Zukunft könne jeder selbst das Wort Gottes lesen. Besser noch, jeder Christ könne »desto bas [= besser] darinn urteylen«. In einer anderen Flugschrift aus dem Jahre 1525 versicherte dieser Spiritualist, daß »uns das Evangelium freyheit zu glauben, und gewalt zu urteyln gibt«.[38]

Caspar Schwenkfeld stellte nicht nur die Kommentare der Geistlichen in Frage, sondern zog sogar den Buchstaben der Bibel selbst in Zweifel. Dies erklärte er in einem Brief aus dem Jahre 1527:

> »Da der Glaube eine geistige und innere Realität ist (...), kann er seinen Ursprung nicht in konkreten Realitäten, im äußeren Wort und Zuhören haben (...). Das Wort des lebendigen Gottes wird frei vermittelt. Es ist weder an sichtbare Dinge gebunden, noch an allem, was mit einem Pfarrer oder einem Pfarramt, einer Zeit oder einem Ort zusammenhängt.«[39]

Schwenkfeld wandte sich einem individualistischen Christentum zu, in dem sich das Band zur Heiligen Schrift lockerte.

Diese Stellungnahmen für oder gegen das Lesen der Bibel führen uns auf eine Grundsatzdebatte. Das Christentum definiert sich selbst als Religion des *Wortes* – lógos – und als Religion des *Buches* – bíblos –, wobei es auf zwei offenbar gegensätzliche Kommunikationsmittel zurückgreift. Bei der Entstehung des Christentums spiegelte das schriftliche Fixieren der göttlichen Botschaft allerdings keineswegs die Absicht wider, zwei parallele Kommunikationsarten einzuführen. Die christliche Religion war fest davon überzeugt, lebendige und spontane Gegenwart des *Wortes* zu sein. Das *Buch* diente lediglich dazu, den Fortbestand der Botschaft zu sichern, da es eine getreue Weitergabe des *Wortes* garantierte.

Sobald aber die Praxis des Lesens allgemeinere Verbreitung fand, änderte sich auch die Beziehung zum Text. Die Schrift wurde zum direkten Kommunikationsmittel. Seitdem standen sich zwei widersprüchliche Auffassungen gegenüber. Auf der einen Seite herrschte die Überzeugung, die Lehre des Heilands sei einfach und richte sich an jeden. Auf der anderen Seite stand der Wille, aus Furcht vor Irrlehren eine Kontrolle durch die Predigt auszuüben. Dies führte zu einer Grundsatzdebatte darüber, ob die Bibel nun für die Ohren oder für die Augen bestimmt sei,[40] zu einem Streit zwischen der mündlichen Kirche und der Kirche des Buchdrucks.[41] Diese Kontroverse war schon am Vorabend der Reformation entbrannt. Luther und Zwingli hatten ihr nur neuen Auftrieb gegeben, obwohl sie das Propagieren der individuellen Lektüre schon bald wieder zurückhaltender betrieben.

## Gemeinschaftliches Lesen

Bei der Verbreitung der Reformation hat der Rückgriff auf das geschriebene nie den Gebrauch des gesprochenen Wortes ausgeschlossen. Alle Reformatoren waren zugleich Prediger und Schriftsteller, Professoren und fleißige Briefschreiber. Das gesprochene Wort konnte seine Vorrangstellung dabei fest behaupten. Dem protestantischen Buch war ein vielfältiges Geschick beschieden. Der systematische Rückgriff auf den Buchdruck durch die Verfechter der Reformation zeugt von einer bewußten Politik. Schon bald bedauerte Luther, daß seine Bücher allzuweite Verbreitung fanden: »Für mich wäre es bei weitem vorzuziehen, wenn man die Zahl der lebenden Bücher, das heißt die Zahl der Prediger, erhöhen würde.«[42]

Im 16. Jahrhundert, in einer Welt, in der die Kommunikation in den allermeisten Fällen noch mündlich verlief, bestand die Neuartigkeit des Buches in seiner Vervielfältigung. Tatsächlich zirkulierten Informationen damals in ganz anderen Kanälen: in Form von Gerüchten, die öffentliche und private Kontroversen schürten, von Bekanntmachungen der öffentlichen Ausrufer, als aufschneiderisches Geschwätz der Hausierer, als Schwüre, als komisches oder provozierendes Theater, als Briefwechsel, als Straßenlieder und auch durch öffentliches Vorlesen. Bei Bildern, Schauspielen und Prozessionen waren auch die Augen beteiligt. Es ist also dringend geboten, die Verhältnisse des 21. Jahrhunderts auszuklammern und nie die Allgegenwart des gesprochenen Wortes in jener Epoche aus den Augen zu verlieren.

Es handelte sich um eine Gesellschaft von Analphabeten. In welchem Maße? Diese Frage läßt sich praktisch nicht beantworten. Nach Ansicht von Roger Chartier können wir aufgrund des Quellenmangels erst für die letzten Jahre des 16. Jahrhunderts den Grad der Alphabetisierung ermitteln.[43] Andere Forscher sind da optimistischer. R. Engelsing schätzt, daß um 1500 etwa 3 bis 4 Prozent der deutschen Bevölkerung lesen konnten. In den Städten stieg dieser Anteil auf 10 oder gar auf 30 Prozent an.[44] Für England nennt D. Cressy einen Anteil von 10 Prozent bei den Männern und 1 Prozent bei den Frauen.[45] In einer kultivierten Stadt wie Venedig besuchten 1587 im großen und ganzen etwa 14 Prozent der jungen Leute (26 Prozent der Jungen und 1 Prozent der Mädchen) eine Schule, was uns eine Vorstellung davon gibt, wie viele Venezianer lesen und schreiben konnten.[46] Selbst wenn diese Zahlen stimmen, müßte man zudem noch berücksichtigen, in welchem Maße die Leute lesen und schreiben konnten. Als Beweis dafür, daß ein Mensch des Lesens mächtig war, gilt gewöhnlich die Leistung einer eigenhändigen Unterschrift. Aber einerseits ist der Zusammenhang zwischen Unterschrift und Schreibfähigkeit nicht konstant, und andererseits ist auch die Beziehung zwischen Lesen und Schreiben nicht immer eindeutig. Welten trennen den eifrigen Leser, der rasch viele Seiten überfliegt, von einem Menschen, der jedes Wort mühsam Buchstaben für Buchstaben entziffern muß. Eine Person, die die Grundbegriffe der Schrift beherrscht, kann nicht unbedingt still für sich ein Buch lesen.[47]

Obwohl man schon seit dem 16. Jahrhundert auf die Rolle des Buchdrucks beim Aufkommen der Reformation hingewiesen hat, untersucht man das *Wie* dieser Wirkung erst seit kurzem. Bei der Erforschung der Geschichte des Buches hat sich das Interesse nämlich neuerdings vom Text zum Leser hin verlagert. Es reicht nun nicht mehr, nur einen Katalog aller Schriften, die in einem bestimmten Zeitraum veröffentlicht wurden, zu erstellen, oder das Netz der Drucker und Hausierer, die diese Werke verteilt haben, aufzudecken. Man muß darüber hinaus auch bestimmen, auf welche Art und Weise sie gelesen wurden. Und vor allem, welche Wirkung diese Texte in ihrer Zeit ausgeübt haben.

Am plausibelsten ist die Hypothese von einer fortbestehenden Verflechtung verschiedener Lesepraktiken. Neben der stillen Tätigkeit, bei der der Kontakt zwischen dem Text und seinem Leser auf ganz vertrauliche Weise hergestellt wird, wurden weiterhin auch andere Formen des Zugangs zum geschriebenen Wort praktiziert: das Lesen mit leiser Stimme allein für sich, das Lesen zu mehreren in kleinem Kreise und schließlich die gemeinschaftliche Lektüre liturgischer Art, bei der abwechselnd der Geistliche allen anderen vorliest und dann wieder jeder einzelne in seinem eigenen Büchlein dem Text des gemeinsamen Gesangs folgt.

Ist es möglich, über solche allgemeinen Aussagen hinauszugehen und in dieser Vielfalt einige Hauptströmungen aufzuzeigen? Natürlich muß man dabei vorsichtig vorgehen und kann statt sicherer Erkenntnisse meist nur Hypothesen anbieten. Anscheinend waren gewisse Kategorien von Schriften an eine ganz bestimmte Art zu lesen gekoppelt. Während einige Texte ausschließlich laut vorgelesen wurden, hat man andere nur schweigend studiert. Allerdings gab es auch Bücher, die abwechselnd gemeinsam und dann wieder allein gelesen wurden.

Unabhängig von allen äußeren Hinweisen ist es wichtig, auch jeweils das Buch selbst zu betrachten und sich zu fragen, welche Absichten sein Urheber wohl verfolgt haben mag. Die materielle Erscheinungsform – Format, Seitenumbruch, Illustrationen und so weiter – liefert wertvolle Hinweise darauf, welche Art zu lesen der Verleger vorgesehen hat. A. Petrucci drückt dies hervorragend aus, wenn er unterscheidet zwischen »Büchern für das Pult, Büchern für den Tornister und Büchlein für die Hand«.[48] Das Format führt automatisch zu einer bestimmten Lesehaltung. Während Folianten ein Pult voraussetzen, kann man ein kleines Buch im Sedezformat »zu Hause in der Hand halten, während es einen draußen nicht behindert, so daß man unbehindert auf dem Lande spazieren gehen kann«.[49] Allerdings sollte man sich immer vor Augen halten, daß man streng unterscheiden muß zwischen der Leserschaft – den Leuten, die die Bücher wirklich lasen – und dem Publikum – den Leuten, an die sich die Autoren und Verleger mit ihren Büchern ursprünglich gerichtet haben. Auf gar keinen Fall darf man die Absichten des Verlegers mit der Reaktion des Lesers verwechseln, selbst wenn zwischen beiden eine enge Verbindung bestand.[50]

Die im Volk vorhandene Polemik wird am besten veranschaulicht durch die Flut der *Flugschriften*, von denen Deutschland zwischen 1520 und 1525 überschwemmt wurde. Diese Art von »Pressekampagne« wiederholte sich später übrigens auch anderswo in Europa: in England um 1540 nach Cromwells Sturz,[51] in Frankreich nach 1561 sowie während der Religionskriege und schließlich in den Niederlanden nach 1565 in dem Konflikt, der schließlich zur Unabhängigkeit der Vereinigten Provinzen führte.[52]

Neuere Untersuchungen, insbesondere die von R. W. Scribner, haben gezeigt, daß dieses publizistische Phänomen auf ein Vorlesen mit lauter Stimme hinweist, was durch eine Reihe übereinstimmender Hinweise erhärtet wird.[53] Eine Stilanalyse bestätigt, daß Reden, Predigten und Dialoge vorherrschten. Es handelte sich also weniger um geschriebene Texte als um laut vorgetragene Ansprachen. Übrigens kann man sich die Wirkung dieser Druckschriften auf eine weitgehend des Lesens unkundige Gesellschaft nicht ohne die Vermittlung des gesprochenen Wortes erklären. Diese Annahme wird dadurch bestätigt, daß häufig Bilder, um nicht zu sagen Karikaturen, verwendet wurden. Die mündliche Kommunikation wurde durch das Auge unterstützt. Als Zwingli von Grebels Propaganda attakiert wurde, beschrieb er dieses mehr mündliche als schriftliche Vorgehen so: »Sie diskutieren in allen Winkeln, in den Straßen, den Läden, überall wo sie dies nur tun können.«[54]

Die Zunahme der Pamphlete im 16. Jahrhunderts zeugt also eher von einer indirekt als direkt schriftlichen Kommunikation. Wie R. W. Scribner schreibt, war »die Vervielfältigungswirkung, die man gewöhnlich dem gedruckten Wort zuschrieb, vor allem ein Ergebnis des mündlichen Vortrags«.[55]

Mit Reformation und Gegenreformation erlebte der Katechismus einen bedeutenden Aufschwung. Luther hatte eine Katechese, die eine einfache christliche Erziehung schon von Kindesbeinen an sicherstellen sollte, nachdrücklich befürwortet. Er knüpfte an eine Bewegung an, die ihre Wurzeln im Mittelalter hatte. Ebenso wie Johannes Gerson im 15. Jahrhundert erkannte Luther, daß sowohl die Unwissenheit der Massen als auch die katechetische Unfähigkeit vieler Pastoren ein Hindernis für jede religiöse Erneuerung darstellte. Dies erläuterte er im Vorwort zu seinem großen Katechismus aus dem Jahre 1529.[56] Mit seinem kleinen Katechismus ging er sogar noch weiter, da er damit das Vorbild für eine Katechese, die im Rahmen der Familie durchgeführt werden konnte, schuf. Waren die grundlegenden Texte – die zehn Gebote, das Vaterunser, das Credo – auswendig gelernt, mußten sie vom Familienvater kommentiert werden. Wie wir oben gesehen haben, wollte

Luther sehr bald schon allen Menschen eher solche Werke als die Bibel in die Hand geben.

Die calvinistische Reformation räumte dem Katechismus eine genauso große Rolle ein, was die Bibliographie bestätigt. Von der Bibel und dem Neuen Testament gab es zwar eine beeindruckende Anzahl verschiedener Ausgaben, allerdings war dies nichts im Vergleich zur Menge der Katechismen und Psalter. Und ganz gewiß sind unsere Schätzungen noch weit von der Wirklichkeit entfernt, weil viele von diesen Gebrauchsbüchern verlorengegangen sind.

Nun ist die Katechese aber eine hauptsächlich mündliche Tätigkeit. Zunächst wird der Katechismus auswendig gelernt, dann folgt eine Erläuterung.[57] Allerdings ist das Buch unentbehrlich, da das zuhörende Kind dem Text, den der Familienvater oder der Katechet laut vorliest, schweigend mit den Augen folgt. Bei diesem Gebrauch der Schrift ist das Buch nur eine Gedächtnisstütze. Auf keinen Fall kann man in ihm eine unbekannte Botschaft entdecken. Dennoch darf man diese ziemlich starre Form der Lehre weder geringachten noch ihre Bedeutung beim Einführen ins Lesen unterschätzen.

Auch mit der Liturgie befaßten sich die Reformatoren ständig. Trotz eines gewissen Widerstands, von dem wir oben gesprochen haben, ging man überall zu den Volkssprachen über, während man gleichzeitig dem Gesang der Gemeinde breiten Raum zugestand. Calvin und Bucer bevorzugten eine nüchterne, monotone Melodie – »man muß sich ständig davor hüten, daß die Ohren mehr auf die Harmonie des Gesangs achten, als die Seelen auf den geistigen Gehalt der Worte«[58] – während Luther, der trotzdem sehr um eine Übereinstimmung zwischen Text und Melodie bemüht war, dem Zauber der Polyphonie erlag.[59]

Die liturgische Reform machte also die Erstellung neuer Gesangbücher erforderlich. In Straßburg, wo Bucer den Ton angab, und in der calvinistischen Liturgie erschien der religiöse Gesang fast ausschließlich in Form von Psaltern. Dagegen standen die deutschen Gesangbücher auch für andere Texte offen. Die Ausarbeitung dieses musikalischen Grundstocks nahm in Deutschland, Genf, England,[60] den Niederlanden und anderswo mehrere Jahrzehnte in Anspruch. Diesen Weg hatte die Bewegung der Hussiten bereits im 15. Jahrhundert vorgezeichnet.

Die ersten deutschen Gesangbücher wurden 1524 gedruckt. Die calvinistische Reformation begann etwa 1550, einen dreiteiligen Sammelband zu verbreiten, in dem ein Psalter in Versform (damals erst zum Teil übersetzt), der Katechismus und das liturgische Gebetbuch vereint waren. Sobald die Übersetzung des Psalters in Versform 1562 abgeschlossen war, wurden in einer umfangreichen Druckkampagne in knapp zwei Jahren allein in Genf 30000 Exemplare davon hergestellt.[61]

Aber wozu dienten diese Gesangbücher, insbesondere die mit einer Notenschrift? Die Diskussionen, die eine dieser Ausgaben 1551 in Genf ausgelöst hat, bestätigen, daß ein Unterschied zwischen den tatsächlich gesungenen Melodien und der gedruckten Musik bestand. Ein Großteil der Gläubigen konnte keine Noten lesen. Dies traf allerdings nicht auf alle zu, da diverse Druckfehler zu einigen unschönen Mißtönen führten.[62] Dies ist ein weiterer Beweis dafür, daß das Buch auch hier größtenteils nur als Gedächtnisstütze gedient hat.

Übrigens hat ein tschechischer Katholik 1588 auf den – aus seiner Sicht – verheerenden Einfluß dieser Gesangbücher hingewiesen. Václav Sturm traf 1576 in bezug auf die Gesangbücher der Böhmischen Brüder folgende Feststellung: »Alle, Adlige und Bettler, Arme und Reiche, besitzen sie. Da alle sie in den Versammlungen und daheim singen, machen diejenigen, die nur ein bißchen lesen können, aus dem Text des Gesangbuchs auch eine Predigt für das Volk und kommentieren diesem die Choräle.«[63] Auf diese Weise kamen die Druckschriften selbst einem Publikum, das kaum lesen und schreiben konnte, zugute.

Jedenfalls war die Bibel damals ein Werk, das mehreren verschiedenen Lesepraktiken unterlag. Die Bedenken der Reformatoren vor einem »wilden« Zugang zur Heiligen Schrift führten dazu, daß die Lektüre dieses Buches eng mit einer Teilnahme an der Predigt verbunden war. Als Pierre Navihères 1552 in Lyon vor seinen katholischen Richtern versuchte, den Zugang aller zur Heiligen Schrift zu rechtfertigen, stellte er einen engen Zusammenhang zwischen Lesen und Predigt her. Er berief sich auf die heiligen Kirchenväter, denen zufolge man, »ehe man zur Predigt geht, lesen soll, was gepredigt wird, damit man es besser versteht«.[64]

In dieser Frage gab es vielleicht einige kleinere Unterschiede zwischen den Praktiken der Lutheraner und denen der Calvinisten. In Deutschland und den skandinavischen Ländern waren die Bibelausgaben des 16. Jahrhunderts hauptsächlich für die Gemeinden und Pfarrer bestimmt.[65] In den Niederlanden dagegen, wo die Alphabetisierung weiter fortgeschritten war und die Produktion von Druckerzeugnissen verhältnismäßig sehr viel höher lag, drangen zahlreiche Bibeln bis in die Familien vor.[66] Der Calvinismus, der unter den Städtern und in bürgerlichen Kreisen stärker Fuß gefaßt hatte, förderte in größerem Maße eine individuelle Lektüre der Bibel.

Bei einem Vergleich der Formate, die in beiden Konfessionen üblich waren, verzeichnet man jedenfalls einige Unterschiede. Die lutherischen Drucker benutzten vor allem das Folioformat, was auf eine kollektive Lektüre, entweder in der Liturgie oder in der Familie, hindeutet. Die calvinistische Reformation veröffentlichte dagegen jeweils etwa gleich viele Bibeln in drei verschiedenen Formaten: Folio, Quart und Oktav. Dies beruhte auf einer bewußten Strategie, da die unter der Aufsicht der Genfer Pastoren revidierte Ausgabe des Jahres 1588 gleich von Anfang an in allen drei Formaten herausgegeben wurde. Das weist, neben der gemeinschaftlichen Lektüre, auf einen häufigeren Privatgebrauch hin.

Die Benutzung dieser Bibeln stellt ein weiteres Problem dar. Der heilige Text wurde nämlich durch zahlreiche Lesehilfen erläutert, die gleichzeitig mehrere verschiedene Herangehensweisen an den Text vorschlugen. Einige dieser Ergänzungen wurden an den Anfang oder ans Ende des Buches gestellt: Einleitungen, Register, Zusammenfassungen. Aber es gab auch Anmerkungen am Seitenrand mit oder ohne Hinweis im Text. Diese Randbemerkungen waren philologischer, theologischer oder liturgischer Art. Außerdem fanden sich Verweise auf Parallelstellen. Wie fand sich der Leser nur unter all diesen Glossen zurecht? Wurde die Bibel etwa zu einem gelehrten Nachschlagewerk? Im Zusammenhang mit diesen »Paratexten« ist es durchaus interessant daran zu erinnern, daß die katholischen Institutionen weitaus mehr diese Randkommentare als die eigentlichen von den Protestanten erstellten Übersetzungen gefürchtet haben.

Überall dort, wo der offene Kampf zu gefährlich war, wie in Italien, den Niederlanden und in Frankreich, bildeten Andachtsbücher und Werke, die geistlichen Trost spendeten, zumindest in der ersten Hälfte des 16. Jahrhunderts einen jener Kanäle, durch die die Reformation vordringen konnte. Diese in ihrer Darstellungsweise gewollt zweideutigen Werke, deren Inhalt nur dezent ketzerisch war, dienten als Träger für den religiösen Protest. In ihnen wurden die Schriften der Reformatoren mal in getreuen Übersetzungen, dann wieder in freien Bearbeitungen mit diversen Änderungen und Textverfälschungen vorgestellt. Dabei war der Einfluß der Lutheraner vorherrschend, zumindest verglichen mit der Strömung der Zwinglianer, obwohl diese Schriften in doktrinärer Hinsicht ziemlich verschwommen blieben, weil die reformatorischen und reformerischen Ansichten von Luther und Erasmus oft fließend ineinander übergingen. Einige der charakteristischsten evangelischen Schriften, wie die von Caspar Huberinus und Urbanus Rhegius, waren dem Trost angesichts von Krankheit und Tod gewidmet.[67]

Von ihrer Anlage her waren diese Werke für eine individuelle Lektüre bestimmt, ganz in der Linie der pietistischen Handbücher der *Devotio moderna*. Doch die wenigen Zeugnisse, die uns von ihrem tatsächlichen Einfluß erhalten geblieben sind, berichten eher von gemeinschaftlichen Lesungen in kleinem Kreise, gefolgt von Diskussionen in den Läden einiger Handwerker oder in Privathäusern. So wurden zwischen 1520 und 1540 in den Niederlanden mehrere heimliche Zusammenkünfte aufgedeckt, bei denen die Bibel und andere geistliche Werke laut vorgelesen wurden.[68] Italienische Berichte sprechen von einer protestantischen Unterwanderung jener Bruderschaften, die sich dem Lesen erbaulicher Texte – wie der Heiligenlegenden oder gar umstrittener Werke wie der von Savonarola – widmeten. Ähnliches kam sogar in Klöstern vor. Der Franziskanermönch Stefano Boscaia, der 1547 von der Inquisition verhört wurde, gab zu, an einer gemeinschaftlichen Lektüre der *Tragedia del libero arbitrio* von Francesco Negri – ein Text, der 1546 zum ersten Mal veröffentlicht wurde – teilgenommen zu haben.[69] Vergleichbare Situationen fanden sich so ziemlich überall in Europa, wodurch selbst Personen, die des Lesens unkundig waren, Zugang zum Buch erhielten.

Durch den Einfluß von Calvin und Genf hielten die religiösen Abweichler in Frankreich und den Niederlanden nach 1545 stärker zusammen. Die Kirchen wurden »dressiert«, wie man das damals nannte, und ihnen wurde zumindest eine Andeutung von Kultus und Disziplin auferlegt. Das laute Vorlesen behauptete dabei seine Bedeutung. So kam Jean de Lannoy, ein angesehenes Mitglied der protestantischen Gemeinde von Tournai, 1561 »drei Mal in das Haus von Barbe Aymeries, um ihnen einige Kapitel aus dem Evangelium, der Apokalypse und anderem vorzulesen. Anschließend sangen sie einige Psalmen (...). Eben dieser Teppichweber de Lannoy las die Heilige Schrift, interpretierte sie und legte sie nach bestem Gewissen aus«. Die kleinen Gruppen, die auf diese Weise der Justiz beschrieben wurden, umfaßten manchmal bis zu zwölf Personen.[70]

Die Kontinuität des lauten Lesens wurde in diesen reformierten Gemeinden sicherlich noch durch die Praxis der individuellen Lektüre gestärkt.

Bestimmte Bücher wurden im 16. Jahrhunderts vor allem in der Stille des Studierzimmers ausgewertet. Diese Werke richteten sich an Spezialisten, die von Beza als »bereits geschulte und in solchen Dingen kundige Leute« beschrieben wurden.[71] Die gewöhnlich in lateinischer Sprache verfaßten Traktate zur Exegese und Theologie waren natürlich für Leser bestimmt, die leise für sich lesen konnten. Jedenfalls waren diese Bücher individuelle Kommunikationsmittel. Dies ist zum Beispiel aus einem Brief von Valentin Hartung ersichtlich, der damals von Calvins Schriften begeistert war: »Ich lese sie wieder und wieder, manchmal mit Tränen in den Augen und meist mit einer Erleuchtung (...). So weit ich es vermag, dränge ich alle unsere Schüler und Freunde immer wieder dazu, dasselbe zu tun«.[72] Diese Beschreibung läßt darauf schließen, daß sowohl Calvins Briefpartner als auch seine Freunde allein für sich gelesen haben.

Sehr bald schon wurden diese Werke, die nur eine begrenzte Leserschaft erreichten, in die Volkssprachen übersetzt, zweifellos weil man auch die weniger kultivierten Prediger ansprechen wollte. Schon 1524 wollte Lefèvre d'Étaples mit seinem *Psautier de David* (»Psalter Davids«) nicht nur frommen Laien zu Diensten sein. In seinem Vorwort erläutert er nämlich: »Und zudem können die einfachen Geistlichen, wenn sie vergleichen und Vers für Vers lesen, leichter verstehen, was sie auf lateinisch lesen.« Wurden auch Calvins Bibelkommentare für solche weniger kultivierten Seelenhirten übersetzt? Eine von diesen ersten Versionen richtete sich an »einfache und nicht gebildete« Leute: »Für sie wurde diese Übersetzung angefertigt. (...) Damit sie sich ebenso an diesen Auslegungen erfreuen können, wie jene, denen unser Herr Kenntnis der Sprachen verliehen hat.«[73] Diese Erweiterung der Leserschaft für gelehrte Bücher wirft eine Frage auf: Konnten diese »Ungebildeten« lesen? Diejenigen, an die sich diese volkssprachlichen Veröffentlichungen richteten, wurden oft mit ähnlichen Ausdrücken – *illettres*, *ignorants*, *illiterati*, *imperiti ac rudes* – bezeichnet. Im Vorwort zu *The Myrrour or Glasse of Christes Passion* aus dem Jahre 1534 gab John Fewterer der Hoffnung Ausdruck, eine »für Leser und Zuhörer« nützliche Übersetzung geschaffen zu haben.[74] Ähnliche Bemerkungen, die auf ein Hören der Texte anspielten, sind allzuselten überliefert, als daß man in dieser Hinsicht Gewißheit erlangen könnte. Die Frage muß also offenbleiben.

Lautes Vorlesen konnte als Ausgangspunkt für mündliche Glossen dienen. Als sich der polnische König Sigismund August II. im Jahre 1551 über den Protestantismus informieren wollte, wandte er sich an Francesco Lismanini. Zweimal in der Woche, am Mittwoch und am Freitag, lud er diesen an seinen Tisch und bat ihn, einige Seiten aus Calvins *Christianae religionis institutio* vorzulesen.[75] Diese Lektüre, die sich oft nur auf ein kurzes Kapitel beschränkte, ging jeweils ganz natürlich in eine theologische Diskussion über.

Gewiß wurden die Texte zu den gelehrten Kontroversen vor allem auf individuelle Art gelesen. Schon sehr früh zerstritten sich die Protestanten über einige wichtige Punkte der Doktrin, insbesondere solche, die das Abendmahl betrafen. Diese oft sehr technischen Debatten wurden in zahlreichen Flugschriften an die Öffentlichkeit gebracht. In ihrem Briefwechsel verhehlten die Reformatoren nicht, welche Bedeutung sie solchen Publikationen beimaßen. Sie bemühten sich, immer möglichst schnell die Reaktion des Gegners zu erfahren, am liebsten noch bevor sie die Druckpresse verließ, um sofort eine ihrer Meinung nach unerläßliche Erwiderung herauszugeben. Ein gutes Beispiel dafür bietet der Briefwechsel, den Joachim Westphal, ein Lutheraner strenger Obedienz, mit seinem Verleger Peter Braubach geführt hat. Da Westphal sich in Hamburg von der Welt abgeschnitten fühlte, war es für ihn wichtig, ständig mit einem großen Verlagszentrum wie Frankfurt Verbindung zu halten.[76] Doch die Tatsache, daß solche Schriften gewöhnlich keine zweite Auflage erfuhren, beweist, daß eine gelehrte theologische Kontroverse – nicht zu verwechseln mit den populäreren Flugschriften, die im Rahmen von »Pressekampagnen« verbreitet wurden – beim Publikum kaum Anklang gefunden hat. Verglichen damit war der Erfolg der Traktate zur Exegese beeindruckend. Diese oft sehr umfangreichen und darum auch teuren Werke wurden regelmäßig nachgedruckt.[77]

## Aufnahme und Verbreitung der Texte

Auch die individuelle Lektüre kann eine Wirkung erzielen, die weit über den Leser hinausreicht, sobald dieser nämlich vom gelesenen Text überzeugt ist und sich zum Befürworter der neuen, darin entdeckten Ideen macht. Dies ist eine Situation, die sich in den ersten Jahren der Reformation oft wiederholte.

Italien bietet uns dafür mehrere Beispiele. 1541 wurde in der Zelle des Predigers Giulio da Milano, der damals dem Augustinerorden angehörte, ein Konvolut häretischer Bücher, darunter das *Unio dissidentium*, beschlagnahmt. Laut Aussage eines Mitbruders hatten viele Zuhörer die Predigten, die Fra Giulio 1538 in Bologna gehalten hatte, mit Hilfe der *Unio* von Hermannus Bodius verfolgt, weil der Geistliche »die Sentenzen dieses Mannes *ad unguem* predigte«. Ebenso wurden 1558 bei dem Dominikaner Giovanni Rubeo zahlreiche verbotene Bücher gefunden. Ein Augenzeuge bestätigte, Rubeo habe die Gewohnheit gehabt, Textstellen, manchmal sogar ganze Seiten, von Bucer, Bullinger, Zwingli und Calvin abzuschreiben, um sie »in seiner Zelle zu verstekken und in einer Schachtel verschlossen aufzubewahren«. Diese Auszüge flocht er dann später in seine Predigten ein.[78]

Dieser Art von Propaganda in konzentrischen Kreisen begegnete man nicht nur in Italien. Hierzu muß man nur noch einmal auf den Teppichweber Jean de Lannoy aus Tournai hinweisen. Nach einem aufmerksamen Studium der Bibel und der Schriften Calvins war er angeblich in der Lage, »ohne Buch über die Heilige Schrift« zu diskutieren, »weil er alles auswendig kannte«.[79]

Luther war dagegen der Meinung, die Predigt sei das normale Mittel zur Verbreitung der rechten Lehre. Seiner Ansicht nach waren theologische Werke also nicht für gewöhnliche Leute bestimmt. Vielmehr sei es ihre Aufgabe, dafür zu sorgen, daß »Theologe und Bischof eine gute und solide Ausbildung erhalten, damit sie in der Lage sind, die Gnadenlehre zu erläutern«.[80]

Calvin freute sich dagegen, daß seine Bücher durch die Leser noch weitere Verbreitung fanden. Einem Briefpartner aus dem Herzogtum Württemberg, der sich 1554 bewundernd über seine Schriften geäußert hatte, gestand Calvin, diese Mitteilung habe ihn bestärkt. »In diesem ach so schlimmen Jahrhundert«, schrieb er, »gibt es dennoch fromme und gelehrte Männer, die aus meinen Kommentaren nicht nur privaten Nutzen ziehen, sondern die sich auch redlich bemühen, die Wohltaten, die sie daraus gewonnen haben, zu verbreiten, indem sie diese von Hand zu Hand weitergeben.«[81]

Außerdem differenzierte Calvin zwischen Vorlesen und Predigt. Um der mangelhaften Bildung des englischen Klerus abzuhelfen, hatte man 1547, zu Beginn der Herrschaft von König Edward VI., eine Sammlung von Predigten herausgegeben. Die Geistlichen wurden aufgefordert, jeden Sonntag im Gottesdienst daraus vorzulesen. In einem Brief an den Herzog von Somerset äußerte Calvin 1549 behutsam seine Mißbilligung darüber. Er verlangte eine wirkliche Predigt: »damit sich das Volk bei der Belehrung wirklich angesprochen fühlt«. Außerdem fügte er noch hinzu: »Ich sage dies (...), weil mir scheinen will, daß im Königreich selten lebendige Predigten gehalten werden, sondern daß die meisten rezitiert werden wie beim Lesen.«[82]

Die Aneignung eines Textes durch den Leser ist eine ausgesprochen persönliche Arbeit, bei der es um Auswahl und Umstrukturierung der geschriebenen Informationen geht. Wie Michel de Certeau sagt, ist Lesen »eine Art von Wildern«.[83] Das Geschriebene wirkt zwar wie eine Folge von Wörtern, Zeilen und Seiten, die linear von Anfang bis zum Ende durchgelesen werden müssen, dennoch besitzt der Leser alle Freiheit, diesen Raum nach eigenem Gutdünken zu erkunden. Mehr noch, er bleibt nicht einfach passiv gegenüber einem Text, dessen Werte und Gedanken er nicht unbedingt akzeptiert.

Einen ersten Hinweis darauf liefern uns die zahlreichen Textmanipulationen, die die Verleger des 16. Jahrhunderts vorgenommen haben. Wenn ihnen bestimmte Teile eines Textes gefielen, zögerten sie nicht, diese nachzudrucken, selbst wenn sie ihnen dabei eine ganz neue Richtung gaben. Das *Livre de vraye et parfaite oraison* (»Das Buch der wahren und perfekten Predigt«), das zwischen 1528 und 1545 abgeänderte Texte von Luther und Farel in katholische Kreise einführte, und die italienische Ausgabe des *Catechismo* von Calvin aus dem Jahre 1545, in der die Abendmahlslehre im lutherischen Sinne korrigiert wurde, bilden hierfür Beispiele, die bereits eingehend analysiert wurden.[84]

Einen weiteren Beweis für diese »wilde« Lektüre liefert der Gebrauch, den die Leser von einigen Streitschriften gemacht haben. Durch die Schrift *In praesumptuosas Martini Lutheri conclusiones de potestate papae* (»Gegen die vermessenen Schlußfolgerungen Martin Luthers über die Macht des Papstes«) des Dominikaners Silvestro Mazzolini da Prierio lernten die italienischen Leser zu ihrer großen Freude zum ersten Mal die 95 Thesen Luthers kennen. Der Maître du Sacré Palais hatte es für eine gute Idee gehalten, sie ungekürzt abzudrucken, um sie widerlegen zu können. Die römische Kirche entdeckte rasch, daß diese scholastische Diskussionstechnik katastrophale Folgen hatte. Deshalb verbot sie es, häretische Texte zu zitieren, selbst wenn man sie anschließend nur widerlegen wollte.[85]

Dank der Prozesse der italienischen Inquisition können wir jedoch noch weitergehen und entdecken, wie die Leser jene Texte, die sie vor Augen hatten, aufgenommen haben. Wie Silvana Seidel Menchi aufgezeigt hat, neigten sie dazu, der Argumentation eines Buches nicht in ihrem ganzen Umfang zu folgen, sondern ihre Aufmerksamkeit nur auf ein bestimmtes Thema zu richten und es aus seinem Kontext zu lösen. Der oben bereits zitierte Franziskaner Stefano Boscaia faßte die ganze komplexe theologische Argumentation der *Tragedia del libero arbitrio* (»Tragödie über die Willensfreiheit«) von Negri in wenigen Worten zusammen: »die Gnade hat dem Freien Willen den Kopf abgeschlagen«. Damit vereinfachte er einen höchst komplizierten Text bis zum äußersten. Der italienische Leser jener Zeit bewies zudem eine große Neigung dazu, gerade den Elementen des Diskurses, die sich auf das Alltagsleben bezogen, besondere Beachtung zu schenken. Dies verdeutlicht zum Beispiel der Fall von Zuane aus Neapel, der 1568 für eine Tat, die auf das Jahr 1562 zurückging, verhaftet wurde. Damals hatte er ein Werk besessen, in dem Antonio Brucioli in einer ziemlich freien Bearbeitung die ersten drei Kapitel von Calvins *Institutio* aus dem Jahre 1536 wiedergab. Es handelte sich also um einen seriösen Text, der die grundlegenden Kategorien der reformatorischen Theologie erläuterte. Dennoch gestand Zuane, lediglich einige zweitrangige Punkte daraus behalten zu haben: Art und Zeitpunkt des Gebetes, Speisevorschriften und Bilderverehrung. Dies alles hatte ihn sogar so beeindruckt, daß es sein ganzes Leben verändert hatte![86]

## Der Einfluß des Geschriebenen

Das Geschriebene garantiert Authentizität. Was in den ersten Jahrhunderten der Kirche galt, war auch im 16. Jahrhundert noch gültig. Darüber hinaus griff das Prestige, das die Bibel ganz selbstverständlich besaß, auch auf andere Formen religiösen Schrifttums über.

Das Buch hat die Strategie der Verfechter der Reformation gegenüber ihren Zuhörern, ganz gleich ob diese Analphabeten waren oder nicht, gewaltig unterstützt. 1543 berichtete man in Udine von einem Franziskaner, Francesco Garzotto, der »ständig mit den Briefen des Apostels Paulus in der Hand« herumlief. In jedem Streitgespräch über religiöse Fragen versetzte das Prestige, das er durch dieses Buch unwillkürlich gewann, alle Diskussionspartner in eine schlechte Position. Als sich Pietro Vagnola 1547 in Grignano Polesine niederließ, um dort die Ideen der Reformation unter den Bauern zu verbreiten, erzählte man von ihm, er »widme sich ständig dem Studium häretischer oder lutherischer Bücher, die er besitzt und die er ständig zur Hand hat«. Als sich einmal ein Dorfbewohner zugunsten der Messe auf die Autorität der Tradition berief, setzte Pietro Vagnola die Autorität der bedruckten Seite dagegen. Später beichtete der arme Dorfbewohner dem Inquisitor: »Was soll man tun? Wenn er das, was er sagt, mit Büchern beweist, muß man sich eben in Geduld üben.« Oder anders gesagt: Dann muß man sich eben der Autorität des Buches unterwerfen.[87]

Auch andere Faktoren konnten den Einfluß einer schriftlichen Einmischung auf der öffentlichen Bühne verstärken. 1543 berief Karl V. in Speyer einen Reichstag ein, weil er versuchen wollte, die religiösen Streitigkeiten zu schlichten. Mehrere Reformatoren hielten diese Initiative für gefährlich. Bucer schlug Calvin vor, eine offene Denkschrift an den Kaiser zu veröffentlichen:

> »Ein geschriebenes Buch an den Kaiser wird von vielen anderen gelesen werden. Es wird viel mehr Gewicht haben. Mit einem geschriebenen Text kann man auch besser Gerechtigkeit fordern, sowohl öffentlich als auch privat. (...) Wenn es dir widerstrebt, an den Kaiser zu appellieren, dann schreibe an die Könige und Fürsten, die sich zum nächsten Reichstag versammeln werden.«

Calvin pflichtete diesen Argumenten bei und veröffentlichte seine *Supplex exhortatio ad Carolum Quintum* (»Demütige Ansprache an Karl V.«) in fetten Antiqua-Lettern »gut lesbar und angenehm für das Auge«.[88]

Ebenso wie die Sprache für Äsop war das Buch zugleich das herrlichste und das verdammenswürdigste aller Dinge. Ein Bürger aus Zug in der Schweiz bemerkte dies 1556 nach einem Glaubensstreit, bei dem es um die Interpretation eines Bibelverses ging: »Eine Lüge kann man genausoleicht drucken wie die Wahrheit.«[89] In den Augen der Reformatoren verbreiteten allzu viele Werke Irrtümer. Calvin beklagte sich 1554 bei Pietro Martire Vermigli über »diesen verworrenen Bücherwald«. Seiner Ansicht nach bestand ein akuter Mangel an »ernsthaften, gelehrten und zuverlässigen Kommentaren von frommen und rechtgläubigen Männern, die ebensoviel Ansehen wie Urteilskraft besitzen«. Diese könnten »die absurden Phantastereien derjenigen, die alles miteinander verwechseln, widerlegen«.[90]

Aber es gab noch viel Schlimmeres, nämlich die Verfälschung von Gottes Wort. Auch Luther wurde im Zusammenhang mit seiner deutschen Übersetzung des Neuen Testaments damit konfrontiert. Zunächst mußte er feststellen, daß zahlreiche, nichtautorisierte Nachdrucke von diesem Buch erschienen. Nachdem er sich zunächst darüber gefreut hatte, daß Gottes Wort auf diese Weise weite Verbreitung fand, mußte er seine Meinung schnell ändern: Diese hastig erstellten Neuauflagen brachten einen entstellten Text in Umlauf. Und das Maß war voll, als er feststellen mußte, daß Hieronymus Emser seine Übersetzung einfach benutzt hatte, um daraus eine im katholischen Sinne überarbeitete Version zu gewinnen.[91] Eine ebenso aggressive Empörung spricht aus der Kritik der Calvinisten an der von Sébastien Castellion erstellten französischen Bibelübersetzung. Die Heftigkeit ihrer Reaktion erklärt sich daraus, daß sie in dieser Version wirklich eine Gefahr sahen: eine Unterwanderung aller Grundlagen des religiösen Diskurses.

Manche hielten das Buch auch für ein Denkmal, dessen Wirkung über die Epoche des Autors hinausreicht. Wie zwei Anekdoten bestätigen, waren Calvin und seine Umgebung sich durchaus bewußt, daß Druckschriften eine gewisse Dauerhaftigkeit besitzen. Das Jahr 1542 war für Calvin besonders schwierig, weil die Organisation der Genfer Kirche so dringlich war, daß er sich dem nicht entziehen konnte. Gleichzeitig wurde er von Farel darum gebeten, seine Lektionen über die Schöpfung schriftlich niederzulegen. Calvin antwortete ihm, er habe dazu keine Zeit:

> »Wenn Gott mir ein längeres Leben und Muße gewährt, werde ich vielleicht einmal Hand an diese Arbeit legen. (...) Meine größte Sorge ist es nämlich, meinem Jahrhundert zu dienen und meiner gegenwärtigen Berufung nachzukommen. Falls sich später einmal eine günstige Gelegenheit bieten sollte, werde ich mich dem sicherlich widmen.«[92]

Zu diesem Zeitpunkt räumte er also den unmittelbaren Aufgaben, dem Dienst an »seinem Jahrhundert« den Vorrang ein, während er die langfristige, für eine eventuelle Nachwelt gedachte Arbeit auf »später« verschob. Diese Lektion hatte Farel nicht vergessen, als er Calvin zwei Jahre später darum bat, eine Schrift der Wiedertäufer zu widerlegen. »Wir wissen alle«, schrieb er, »daß du mit Arbeit überhäuft bist, und daß du andere Themen zu behandeln hast, nicht nur für die Menschen von heute, sondern auch für die Nachwelt, vor allem was die Auslegung der Heiligen Schrift angeht.«[93] Diese Dialektik zwischen kurzfristigen Unternehmungen und solchen auf lange Sicht würde es verdienen, einmal näher untersucht zu werden. Für unser Thema reicht es, hier auf die Komplexität der Beziehung zwischen Autor und Leser hinzuweisen.

Die Zunahme geschriebener Texte wirft auch noch eine andere Frage auf, die, wie mir scheinen will, von den Historikern bisher noch nicht gestellt wurde. Waren sich die Reformatoren, als sie den Glaubenskampf entfesselten – mal von der Kanzel herab oder auf öffentlichen Plätzen, mal durch Seiten, die mit kleinen schwarzen Lettern bedeckt waren –, der besonderen Eigenschaften dieser verschiedenen Medien bewußt? Für die Texte, die von den ersten Flugblättern über ganz Deutschland verbreitet wurden, muß man diese Frage offenbar verneinen. Diese kleinen Publikationen enthielten eher gesprochene Vorträge als Texte, die dazu gedacht waren, still gelesen zu werden.

Die Untersuchungen von Francis Higman zeigen, daß Calvin auch ein Erneuerer der französischen Sprache war. Calvin unterschied sich von seinen Zeitgenossen dadurch, daß er es ablehnte, einen blumigen Stil mit unzähligen Einschüben zu verwenden. Er vertrat vielmehr einen klar strukturierten, einfach konstruierten Stil (»kartesianisch«, um bewußt einen Anachronismus heranzuziehen).[94] Aber kann man diese Analyse nicht übertragen? War er sich der Besonderheiten des geschriebenen Textes gegenüber dem gesprochenen Wort bewußt? Seine Art, für die schriftliche Fixierung seiner Predigten Sorge zu tragen, war auf den ersten Blick widersprüchlich. Er zeigte sich sehr daran interessiert, die Texte seiner Predigten zu bewahren, aber er weigerte sich, sie herauszugeben!

Einerseits war Calvin damit einverstanden und befürwortete sogar, daß man seine Predigten mitschrieb. Um sie mitzustenografieren, richtete man 1549 ein Sekretariat unter der Leitung von Denis Raguenier ein. Dem waren allerdings schon mehrere Versuche vorangegangen. Im Jahre 1547 hatte Calvin sogar selbst nach einem Sekretär gesucht, der in der Lage war, diese Aufgabe zu übernehmen.[95]

Dennoch widerstrebte es Calvin, seine Predigten zu veröffentlichen. Die erste Ausgabe aus dem Jahre 1546 versicherte dies gleich am Anfang des Vorwortes: »Weil der Autor nicht gewohnt ist, seine Predigten drucken zu lassen (...).« Im Jahre 1562, zwei Jahre vor dem Tod des Reformators, gestand Jacques Roux, der einige andere Predigten herausgab, er habe »nur unter großen Schwierigkeiten« die Einwilligung zur Veröffentlichung der Predigten erlangt, »wie all diejenigen, die ihn persönlich kennen, sofort verstehen werden«. Eine einzige Ausgabe von Predigten wurde von Calvin persönlich besorgt, die *Quatre sermons* (»Vier Predigten«) aus dem Jahre 1552. Conrad Badius, der zu Lebzeiten Calvins mehrere Sammlungen von Predigten herausgab, erklärte 1557 in einem Vorwort kategorisch:

> »Nie hat Calvin zugestanden und erlaubt, daß man mehr als vier von ihnen druckt, um den armen Gläubigen, die die evangelische Freiheit suchen, Trost zu verschaffen (...) Die übrigen konnte man seitdem nur dank einer erzwungenen und abgerungenen Genehmigung, oder vielmehr durch große Aufdringlichkeit zu den vieren hinzufügen, jedoch nicht durch freien Willen und Zustimmung.«[96]

Die Ausgabe der *Quatre sermons* liefert uns eine erste Erklärung für diese Vorbehalte. Mit dieser Publikation gab Calvin nicht die Notizen der Stenografen in Druck, sondern vielmehr einen durchgesehenen und

»in Ordnung gebrachten« Text. Also hatte er stilistische Bedenken, seine Predigten einfach so drucken zu lassen. Dies wird durch einen Brief aus dem Jahre 1546 bestätigt.[97] Der allzu umgangssprachliche Ton der *Deux sermons* (»Zwei Predigten«) aus dem Jahre 1546 gefiel Farel übrigens nicht besonders: »Deine Predigten haben mich sehr erfreut«, schrieb er Calvin, »obwohl ich mir gewünscht hätte, daß du deinen Vortrag mit etwas größerer Sorgfalt ausarbeitest, wie es doch sonst deine Gewohnheit ist.«[98]

Im Vorwort zu den *Vingt-deux sermons* (»Zweiundzwanzig Predigten«) aus dem Jahre 1554 erklärte Giraud dies genauer: Calvin »läßt lieber, wenn sich die Gelegenheit dazu ergibt, einen kurzen Kommentar drucken, als das Papier mit so langen Ausführungen zu füllen, wie man sie auf der Kanzel entwickelt«. Im gleichen Sinne äußerte sich Badius 1558 in einem Vorwort. Demnach war Calvin der Meinung, seine Predigten müßten erst anders strukturiert werden, »um sie aller Welt vorlegen zu können«. Er weigerte sich nicht einfach aus Zeitmangel, »sie durchzusehen, um sie zu polieren«. »Falls er welche vorlegen wollte, könnte er sich auch ganz neue und besser ausgefeilte Predigten ausdenken, ohne etwas, was er schon einmal vorgetragen hat, überarbeiten zu müssen.« Die Erklärung, die Jacques Roux 1562 gab, ist nicht ganz so präzise, enthält aber ebenfalls eine Anspielung auf die visuelle Lektüre. So schrieb er, daß Calvin mit seinen Predigten »lediglich der Herde, die Gott ihm anvertraut hat, dienen wollte, indem er sie auf ungezwungene Weise belehrte. Doch er beabsichtigte nicht, in aller Muße Predigten zu verfassen, die man aller Welt zeigen kann.«[99] Ganz gewiß war sich Calvin, dieser Meister der gesprochenen und geschriebenen Sprache, der stilistischen Unterschiede bewußt. Er wollte dem Drucker sorgfältiger ausgearbeitete und prägnantere Texte geben. Zu seiner Zeit war das anscheinend unüblich. Aber hatte er die Eigentümlichkeiten der visuellen Lektüre und gewisser Anforderungen an einen Text, der »aller Welt gezeigt« oder »vorgelegt« werden soll, wirklich erfaßt?

Der oben skizzierte Überblick führt anscheinend zu zwei einander widersprechenden Auslegungen der Geschichte des Lesens: Die Reformation hat alles geändert! Die Reformation hat nichts verändert!

Bis zum Ende des 16. Jahrhunderts, als sich die protestantischen Konfessionen schon fest etabliert hatten, hat sich in der Beziehung zum geschriebenen Text anscheinend noch keine Umwälzung ergeben. Auf religiösem Gebiet blieb das Mündliche weiterhin vorherrschend. Der ausgezeichneten Formulierung von Johann Brenz zufolge hing die Religion von der Predigt ab, von der es seiner Ansicht nach drei Formen gab: Die wichtigste, die von der Kanzel herab, wurde durch das Lesen einerseits und den Gesang andererseits ergänzt.[100] Erschreckt über die gewaltige Zunahme ketzerischer Ideen, die auf einer unkontrollierten Lektüre beruhten, schufen die Reformatoren eine Polizei für den Bereich der Theologie.

Zugang zur Bibel erhielt man vorzugsweise im Gottesdienst und in der Familie, bei Lesungen, die von autorisierten Kommentaren unterbrochen wurden. Das Volk wurde nur im engen Rahmen des Katechismus und der liturgischen Texte zum Lesen ermuntert. Man wollte weniger zur Entdeckung einer neuen Botschaft anregen als vielmehr das Festhalten an den Grundprinzipien einer bestimmten christlichen Lehre sichern.

Aufgrund einer bewußten Politik hielt sich die Gewohnheit des stillen Lesens also in Grenzen. Die Befürchtung, das Lesen könne zu abweichenden Auffassungen führen, war nicht völlig unbegründet. Offenbar wurde der Vorrang der mündlichen Kommunikation durch die Reformation also keineswegs in Frage gestellt.

Aber war dem auch wirklich so? Hat die erste Reaktion, dem Geschriebenen volles Vertrauen entgegenzubringen – die auch die Autorität der mittelalterlichen Kirche in Frage stellte –, in der protestantischen Gesellschaft wirklich keine Spur hinterlassen? Die Aufforderung, die Bibel selbst zu lesen, die an alle Christen gerichtet war, hat sicherlich eine gewisse sakrale Konzeption der »Heiligen Schrift« erschüttert.

Darüber hinaus machte der tägliche Umgang die Menschen mit dem Buch vertraut. Obwohl das Lesen bei den Protestanten unter strenger Kontrolle erfolgte, wurden sie dazu ermuntert. Die mittelalterliche Christenheit hatte kaum dazu angehalten, sich den heiligen Text anzueignen, ganz gleich ob durch Auge oder Ohr. Die Schüler Luthers, Zwinglis und Calvins nahmen dagegen Bücher zur Hand: einerseits die Bibel, häufiger aber noch den Katechismus, den Psalter oder das Gebetbuch. Der Umgang mit solchen Werken war zwar nicht gerade der ideale Weg, um zum stillen Lesen zu gelangen, aber er war ein kleiner

Schritt in diese Richtung. Dadurch daß die Gläubigen Texte, die sie bereits auswendig kannten, nun ständig vor Augen hatten, erhöhte diese Praktik nach und nach die Zahl der Leser.

Bleibt noch die Frage, in welchem Sinne diese Einflüsse gewirkt haben. War die spätere Entwicklung der Lektüre eine Folge des Protestantismus? Lange war man allgemein der Überzeugung, der Bruch, der die westliche Welt in ihrer Beziehung zu den Druckerzeugnissen und zum Lesen spaltete, sei auf die konfessionelle Spaltung im 16. Jahrhundert zurückzuführen: Auf der einen Seite standen angeblich die Protestanten, die große Mengen an Literatur verschlangen, und auf der anderen die Katholiken, die eher der mündlichen Überlieferung verpflichtet waren. Die Kulturhistoriker zögern heute jedoch, die Alphabetisierung der Massen einzig und allein durch den religiösen Faktor zu erklären. Die Analyse der Produktion an Druckerzeugnissen wurde noch nicht weit genug durchgeführt, um verläßliche Zahlen über ihre Entwicklung im 15. und 16. Jahrhundert zu liefern. Allerdings zeichnet sich bereits ab, daß die Diskrepanz zwischen dem Norden und dem Süden Europas schon vor 1517 existiert hat. Außerdem gab es offenbar bedeutende Unterschiede zwischen den mehr ländlichen Bevölkerungsgruppen, in denen sich das Luthertum eingebürgert hatte, und den stärker alphabetisierten Kreisen, in denen sich der Calvinismus ausbreitete. Sicherlich fand der Calvinismus größeren Anklang in den sozialen Schichten, die bereits in gewisser Weise mit dem Schrifttum vertraut waren. Damit verlagert sich die Frage. Es reicht nun nicht mehr darauf hinzuweisen, daß der Protestantismus das Lesen favorisiert hat. Je nachdem in welche Gesellschaftsschichten er vordrang, muß man seine Wirkung differenzieren. Wie W. Frijhoff feststellt, hat »die von der Reformation propagierte Pflicht zu lesen darum je nach Art der angetroffenen Gesellschaft möglicherweise zu unterschiedlichen Praktiken geführt«.[101]

Die protestantische Reformation und das Lesen? Zweifellos ein kreisförmiges Spiel wechselseitiger Einflüsse zwischen Gesellschaftsgruppen und Konfessionen.

*Aus dem Französischen von Klaus Jöken*

Kapitel 9

# Die Gegenreformation und das Lesen

*Dominique Julia*

Im Gegensatz zur Reformation, die die Heilige Schrift zur einzigen Richtschnur des Glaubens (*sola scriptura*) erklärte, hat das Tridentinische Konzil neben der Bibel auch die Bedeutung der *Tradition*, der mündlichen Überlieferung der Glaubensbotschaft, bestätigt. Mit dem Dekret vom 7. April 1546 erkannte die katholische Kirche mit derselben Ehrerbietung (*»pari pietatis affectu«*) neben der Heiligen Schrift auch »die von Christus auf die Aposteln wie von Hand zu Hand überlieferten Traditionen« an. In einer Zeit, in der die Verbreitung der Drucktechniken das Verhältnis der modernen Gesellschaften zur Schrift allmählich veränderte und die Reformation in der Rückkehr zu den authentischen Texten der Heiligen Schrift die einzige Rettung vor der Korruption einer pervertierten institutionalisierten Kirche sah, verstärkte die unterschwellige Anthropologie des Tridentinischen Konzils im Gegenteil eine mündliche Form der Überlieferung des Glaubens (wobei sie sich auf den Text des Römerbriefs berief: *»fides ex auditu, auditus autem per Verbum Christi«*) und gab damit den gelebten Beziehungen innerhalb der Gemeinde den Vorrang. Gleichzeitig betonte das Konzil so die Unterscheidung zwischen der Rolle des Geistlichen (der nun mehr und mehr mit dem Priester identifiziert wurde) und der des Laien. In die Zuständigkeit des Priesters fielen die Predigt vor der versammelten Gemeinde, die individuelle Beziehung bei der Seelsorge und die Ratschläge, mit denen während der Ohrenbeichte an die Gebote von Gottes Wort gemahnt wurde. Die Laien hatten der Botschaft, die ihnen durch eine dazu ermächtigte Stimme enthüllt wurde, andächtig zu lauschen und ihr beizupflichten. Um auf den Wegen der Heiligkeit zu wandeln, war es nicht nötig, direkten Zugang zu den heiligen Texten zu besitzen. Die katholischen Vorbehalte gegenüber einer einsamen Lektüre des gedruckten Wortes wurden demzufolge mit theologischen und kirchengeschichtlichen Argumenten untermauert. Dies muß man sich immer vor Augen halten, will man den Sinn der in Trient und später auch von den römischen Institutionen erlassenen disziplinarischen Texte verstehen.[1]

## Die Texte des Konzils

Während der vierten Sitzung des Konzils (1546) begnügten sich die versammelten Bischöfe nicht nur damit, eine Liste all jener Schriften der Bibel aufzustellen, die in Zukunft zum Kanon gehören sollten, und die lateinische Vulgata als einzige *authentische* Version der Heiligen Schrift anzuerkennen, sondern sie definierten zugleich auch, was sie für die richtige Art des Textverständnisses hielten. »In Dingen des Glaubens und der Moral« darf es sich niemand anmaßen, »seinem eigenen Urteil zu vertrauen und die Heilige Schrift nach seinem eigenen Verständnis zurechtzurücken oder sie in einem Sinne zu interpretieren, der entweder jenem widerspricht, der ihr von der Heiligen Mutter Kirche, die allein die wahre Bedeutung und die wahrhaftige Interpretation der Heiligen Schrift beurteilen darf, beigemessen wurde, oder der mit der einstimmigen Ansicht der Kirchenfürsten unvereinbar ist.«[2] Diese Haltung führte zu einer Doppelstrategie gegenüber dem gedruckten Buch. Einerseits war es wichtig, eine strenge Kontrolle über alle Bücher, »die von heiligen Dingen handeln« zu gewährleisten; Drucker und Buchhändler sollten sie zuvor von den örtlichen Behörden prüfen und genehmigen lassen. Zugleich sollte der außerordentlichen Zunahme »verdächtiger und gefährlicher« Bücher, die »bis in weite Ferne und nach allen Seiten« eine falsche Lehre verbreiteten, ein Riegel vorgeschoben werden. Als die Kirchenfürsten auseinandergingen, vertrauten sie dem Papst die Aufgabe an, die Zensurbestimmungen, die von einer Kommission des Konzils schon vorbereitet worden waren, fertig auszuarbeiten. Damit verankerten sie faktisch den *Index* als System. Die erste Version des *Index*, die Paul IV. verkündete, erschien 1558 in der Ewigen Stadt. Andererseits mußte man sich daranmachen, Texte zu verfassen, die alle Praktiken in der ganzen katholischen Welt vereinheitlichen sollten. Im Dekret des Jahres 1546 wurde verlangt, daß »insbesondere die Heilige Schrift entsprechend dieser alten Ausgabe und Vulgata möglichst bald so fehlerfrei wie nur irgend möglich gedruckt werden soll«. Am 4. Dezember 1563 vertrauten die Kirchenfürsten dem Papst auch die Aufgabe an, sowohl das Gebetbuch als auch das Meßbuch zu revidieren und darüber hinaus einen Katechismus auszuarbeiten. Um einige gemeinsame – in lateinischer Sprache verfaßte – biblische, liturgische und katechetische Texte herum sollte sich die Einheit der katholischen Welt neu bilden.

Allerdings fallen in bezug auf die tridentinischen Texte zwei bezeichnende Lücken auf. In ihnen war nie die Rede davon, den Laien das Lesen biblischer Texte zu verbieten, obwohl ebensowenig von einer Übersetzung der Heiligen Schrift gesprochen wurde. Dieses Stillschweigen war zugleich das Eingeständnis eines offenen Konflikts zwischen den Konzilsvätern, den die päpstlichen Legate lieber vertuschten, da man zu keiner eindeutigen Entscheidung gelangen konnte. Eine Übersetzung der liturgischen Texte erwähnte man erst gar nicht. Die Messe mußte nämlich auf lateinisch gehalten werden. Einige Teile des Messekanons, wie die Worte der Wandlung, mußten vom Priester, der die Messe las, sogar *submissa voce* (»mit gedämpfter Stimme«) gesprochen werden. Hier enthüllt sich der ganze Sinn der mündlichen *Erläuterung*: »Damit Christi Schäflein nicht Hunger leiden und die Kinderlein nicht um Brot betteln, ohne jemanden zu finden, der es ihnen bricht«, oblag es den Priestern, »etwas von dem, was in der Messe gelesen wird«, zu erklären und sich zu bemühen, »vor allem an Sonn- und Feiertagen etwas vom Mysterium des Allerheiligsten Meßopfers« zu vermitteln.[3] Die besondere Bedeutung, die das Konzil der pädagogischen Rolle des Priesters beimaß, weil dieser Gottes Wort verkünden und den Katechismus unterrichten sollte, führte daher ganz natürlich dazu, daß man schnell offizielle Texte verfaßte, die in erster Linie für eben diese Priester bestimmt waren. Das römische Brevier, an dessen Erstellung die Theatiner maßgeblich mitwirkten, erschien 1568. Es bewahrte die mittelalterliche Struktur der traditionellen Meßfeier in vollem Umfang und machte diese damit zu einem bewußt kontemplativen Gebet. Ansonsten begnügte es sich lediglich damit, die ältere Version zu korrigieren. So räumte es zwar der Heiligen Schrift in der Frühmette breiteren Raum ein, besaß jedoch nicht die wirklich didaktische und humanistische Dimension, die der Generalminister der Franziskaner, Francisco Quiñones, versucht hatte in das *Breviarium Romanum*, das er 1535 Papst Paul III. vorgelegt hatte, einzuführen. Auch das von Pius V. im Jahre 1570 verkündete neue *Missale Romanum* änderte mitnichten die Stellung der Heiligen Schrift in der Meßfeier, sondern übernahm hauptsächlich die mittelalterliche Struktur der biblischen Lektionen und Perikopen, die bereits Ende des 8. Jahrhunderts festgeschrieben worden war. Nachdem das Konzil die Feier der eucharistischen Liturgie auf lateinisch einmal beibehalten hatte, bestand die Hauptaufgabe der römischen Revisionskommission weniger in einer einschneidenden Umgestaltung des Rituals als vielmehr in einer theologisch begründeten Vereinheitlichung aller Formeln und Gesten. Der 1566 veröffentlichte *Catechismus ex Decreto Concilii Tridentini* richtete sich schon im Titel ausdrücklich an die Priester (*ad parochos*), und nicht unmittelbar an die Gläubigen. Denn erstere sollten den Gemeindemitgliedern den Katechismus nur mündlich erläutern, »damit das gläubige Volk den Sakramenten größeren Respekt und größere Frömmigkeit entgegenbringt«. Die Mitglieder der römischen Kommission, die dieses zweckdienliche theologische Resümee unter der Aufsicht des Kardinals Karl Borromäus erstellt haben, faßten die vier traditionellen Pfeiler der katechetischen Lehre zusammen: die Symbole der Apostel, die Sakramente, die Zehn Gebote und das Vaterunser. Mit diesen »Gemeinplätzen der Heiligen Schrift« besaß ein Christ »praktisch alles, um zu erfahren, was er wissen möchte«. Wegen seiner Zielgruppe war der tridentinische Katechismus auch der einzige Text, der auf ausdrückliche Empfehlung des Konzils hin in die Volkssprachen übersetzt werden sollte. Die Bischöfe wurden aufgefordert, ganz besonders auf die Texttreue dieser Übertragungen zu achten.[4]

Für die Revision der Vulgata, die bereits im Dekret des Jahres 1546 verlangt worden war, benötigte man mehr Zeit. Die neue Version erschien zunächst im Mai 1590, im Anschluß an die Arbeit einer Kommission, die Sixtus V. gleich nach seiner Ernennung zum Papst (1585) eingesetzt hatte. Diese Version hatte der Papst, der von seiner besonderen Aufgabe als Kritiker überzeugt war, vorher höchstpersönlich noch einmal aufmerksam durchgesehen. Im Vorwort bestimmte der oberste Kirchenfürst, man müsse die vorliegende Ausgabe, die »mit aller nur möglichen Sorgfalt durchgesehen« wurde, als »diejenige ansehen, die das Tridentinische Konzil zur authentischen [Version] erklärt hat«. Als Sixtus V. kaum vier Monate später starb (27. August 1590), bewirkte die berechtigte Furcht vor protestantischer Kritik, daß man alle existierenden Exemplare wieder aus dem Handel zog. Außerdem leitete man massenhaft Rückkauf- und Umtauschaktionen ein. Eine neue Kommission, in der wieder die meisten Mitglieder der vorigen saßen und in der der Kardinal und Jesuit Robert Bellarmino eine führende Rolle spielte, nahm die Arbeit auf der Grundlage der bereits erstellten Akten wieder auf, so daß der endgültige Text im November 1592 von Klemens VIII. verkündet werden konnte. Diese offizielle Fassung der Vulgata wurde *Sixtina* genannt, um die Fiktion aufrechtzuerhalten, Sixtus V. selbst habe die Fassung aus dem Jahre 1590 für unvollkommen gehalten. Dadurch wollte man die Überarbeitung, in deren Verlauf man fast fünftausend Änderungen vorgenommen hatte, rechtfertigen.[5] Damit war das Programm jener Texte, die laut Beschluß des Tridentinischen Konzils veröffentlicht werden sollten, abgeschlossen.

Um dem mächtigen Netz des protestantischen Buchhandels Widerpart zu bieten, hatte das Papsttum gleichzeitig dafür gesorgt, eine rasche und sichere Verteilung der nunmehr offiziellen Texte zu gewährleisten. Tatsächlich übernahm man die Texte des Konzils sofort in allen Territorien, die der spanischen Krone unterstanden. In Frankreich, wo sich ihre offizielle Anerkennung problematischer gestaltete, beschlossen die von den Erzbischöfen der Hauptstadt einberufenen Provinzialsynoden in den achtziger Jahren des 16. Jahrhunderts, das *Missel* (»Meßbuch«) und das römische *Bréviaire* (»Gebetbuch«) zu übernehmen. Dies erfolgte 1583 in Bordeaux, 1585 in Aix-en-Provence und 1590 in Toulouse. Einige Buchhändler, die gegen das übliche Monopol protestierten, schrieben 1631: »Heute gibt es nicht einmal zehn [Bistümer] unter den hundertfünfzehn, die wir in Frankreich zählen, die nicht gänzlich [zum Konzil] stehen.«[6] Um die ungeheure Nachfrage, die durch die Erstellung der Konzilstexte hervorgerufen wurde, befriedigen zu können, gründete Pius IV. im Jahre 1561 in der Ewigen Stadt die *Stamperia del Popolo Romano*, die alle offiziellen Texte drucken sollte. Als ihren Leiter berief er Paul Manuce aus Venedig, dem 1562 in Form eines *motu proprio* ein allgemeines Privileg gewährt wurde. Jedem Drucker und Buchhändler, der diesem Privileg eventuell zuwiderhandeln sollte, wurden Geldstrafen und Exkommunikation angedroht. Als die vom Konzil veranlaßten Werke nach und nach erschienen, traten die Absichten der Päpste deutlicher zu Tage, insbesondere mit der Bulle *Quod a nobis* aus dem Jahre 1568, in der das revidierte Brevier angekündigt wurde. Einerseits handelte es sich darum, in Zukunft die Verwendung älterer Ausgaben zu verbieten und den allgemeinen Gebrauch der neuen Ausgabe, an der man nicht mehr das Geringste verändern durfte, durchzusetzen. Andererseits war es ratsam, durch eine selektive Genehmigungspolitik den Druck neuer Texte streng zu kontrollieren, um überall eine absolute Übereinstimmung im Ritus zu gewährleisten. Der römische Drucker besaß ein Monopol, das er, mit päpstlicher Zustimmung, in Form lokaler Privilegien an fähige und zuverlässige Verleger weitergeben konnte. So erhielt in Venedig Domenico Basa, der mit Luc Antonio Giunti zusammenarbeitete, 1567 für zwanzig Jahre das Privileg, das neue Brevier herausgeben zu dürfen. In gleicher Weise bekamen die Gebrüder Torresino, die die Pressen des Hauses Aldes leiteten, 1571 das päpstliche Privileg für die Publikation der Marienandacht und erhielten gleichzeitig von den Erzbischöfen von Mailand und Neapel die Erlaubnis, die in Venedig gedruckten Andachtsbücher auch in ihren Diözesen verkaufen zu dürfen. Das bezeichnendste – und bekannteste – Beispiel ist das der Firma Plantin in Antwerpen, die 1568 das päpstliche Privileg zur Veröffentlichung des neuen Breviers für die gesamten Spanischen Niederlande zugestanden bekam. 1570 erhielt sie auch das Privileg zur Publikation des *Missale Romanum* sowohl für die Spanischen Niederlande als auch für Ungarn und einen Teil des Deutschen Reiches. Nach einem Abkommen zwischen Philipp II. und dem Papsttum widmete Plantin bald einen bedeutenden Teil seiner Tätigkeit der Herstellung von Gebetbüchern, die für die spanischen Territorien bestimmt waren, da man im 16. Jahrhundert auf der Iberischen Halbinsel noch keine größere Stadt zu den bedeutenden Zentren des Buchdrucks rechnen konnte.[7] Schon in den neunziger Jahren des 16. Jahrhunderts waren mehr als ein Viertel aller Bücher, die von Plantins Pressen gedruckt wurden, liturgische und biblische Texte. In den vierziger Jahren des 17. Jahrhunderts machten Werke dieser Art dann immerhin drei Viertel der Gesamtproduktion der Antwerpener Firma aus. So kann man, um nur ein einziges Beispiel zu nennen, aus Plantins Produktion des *Missale Romanum* im Folioformat zwischen 1590 und 1640 siebzig verschiedene Auflagen mit insgesamt 31 400 Exemplaren nachweisen.[8]

Auch in Frankreich, wo wir die Verlagstätigkeit und die Vertriebswege der Buchhändler aufgrund der Archivlage leider nicht exakt nachvollziehen können, bewirkte die starke Nachfrage in den Diözesen und seitens der – alten wie neuen – religiösen Orden eine rasante Entwicklung der gegenreformatorischen Druckschriften und zog in diesem Gewerbe bedeutende Veränderungen nach sich. Auf der einen Seite stellten einige Pariser Buchhändler Plantin ganz einfach Geld und Papier zur Verfügung. Dieser druckte die römischen Gebetbücher dann in ihrem Auftrag. Die mit dem Gütezeichen des Antwerpener Unternehmens veröffentlichte Auflage wurde anschließend allein zugunsten des französischen Auftraggebers verkauft. Andererseits schlossen sich Buchhändler manchmal zu Gesellschaften zusammen, denen der König – der damit sein Recht bekräftigte, als einziger Druckgenehmigungen erteilen zu dürfen – das Privileg gewährte, die offiziellen Texte der Gegenreformation herauszugeben. Abgesehen davon, daß sie dadurch theoretisch vor der wilden Konkurrenz aus der Provinz geschützt waren, besaßen diese großen Pariser Gesellschaften den Vorteil, daß sie das nötige Kapital für umfangreiche verlegerische Unternehmungen bereitstellen konnten. Durch einen notariell beglaubigten Vertrag taten sich dabei die reichsten Pariser Buchhändler zusammen, übrigens dieselben, die auch die wichtigsten Vertreter des Pariser Verlagswesens im Ausland – von Frankfurt über die Niederlande und England bis nach Spanien – waren, um ihrer Produktion so überall in Europa einen guten Absatz zu sichern.[9] An diesen Veränderungen erkennt man, wie gewaltig der durch die Reformen des Konzils geschaffene Markt für religiöse Bücher war. Er setzte sowohl die technischen Fertigkeiten erfahrener Drucker, als auch eine bedeutende finanzielle Basis voraus. Außerdem mußten die Buchhändler das unverrückbare Vertrauen der politischen (in Frankreich brauchte man statt des päpstlichen ein königliches Privileg) und religiösen Machthaber genießen.

## Das Lesen der Bibel

Während die römischen Institutionen auf diese Weise versuchten, die offiziellen Publikationen der Gegenreformation einer strengen Kontrolle zu unterziehen, bestimmten sie gleichzeitig nach und nach – was die Konzilsväter unterlassen hatten – unter welchen Bedingungen Zugang zu den heiligen Texten, insbesondere zu ihren Übersetzungen, gewährt wurde. Der *Index* der verbotenen Bücher, dessen Erstellung Papst Pius IV. anvertraut worden war, wurde schließlich im März 1564 publiziert. Ihm vorangestellt waren Regeln, die die erlaubten Verwendungen von Bibelübersetzungen genau festlegten. Die vierte Regel bestimmte zwei wesentliche Voraussetzungen: Erstens wurde das Lesen nur solchen Personen gestattet, die eine schriftliche Erlaubnis vom Bischof oder vom Inquisitor eingeholt hatten, wobei diese Genehmigung nur »auf den Rat des Pfarrers oder des Beichtvaters hin« gewährt wurde. Zweitens wurde diese Erlaubnis sowieso nur »gelehrten und frommen« Männern erteilt, das heißt Personen, von denen die Geistlichen, die diese Genehmigung erteilten, sicher wußten, daß »die Lektüre bei ihnen keinen Schaden, sondern nur eine Vermehrung des Glaubens und der Frömmigkeit bewirken kann«. Eine Beurteilung der »Qualifikation« des lesenden Laien durch den Klerus sollte hier also die Spreu vom Weizen trennen. In dieser Hinsicht wurden die aus Rom eintreffenden Weisungen immer restriktiver. 1593 veröffentlichte Klemens VIII. bedeutsame »Beobachtungen« zu den von Pius IV. erlassenen Regeln. Hinsichtlich der vierten Regel entzog er gewöhnlichen Bischöfen jede Befugnis, »eine Erlaubnis zu erteilen, um Bibeln in den Volkssprachen oder irgendwelche anderen Teile der Heiligen Schrift, sowohl des Neuen Testaments als auch des Alten Testaments, ganz gleich in welcher Sprache sie auch immer publiziert wurden, zu lesen oder zu besitzen«. Diese Verdammung jeder Bibelübersetzung, die faktisch einem Leseverbot gleichkam, wurde bis zur Mitte des 18. Jahrhunderts in jedem späteren Index wiederholt. Bleibt noch die Frage, wie die von den römischen Kongregationen ausgearbeiteten Dekrete in den verschiedenen katholischen Ländern angewandt wurden. Hier zeichnen sich drei Hauptströmungen ab, die wir nach den Forschungsergebnissen von Bernard Chédozeau in großen Zügen skizzieren wollen.[10]

Die erste und zugleich die restriktivste Auslegung betraf die Staaten sowohl der Iberischen als auch der Italienischen Halbinsel. In Spanien verschmolzen die von den Inquisitoren erstellten *Indizes* in ihren Präambeln die Regeln, die Pius IV. 1564 erlassen hat, mit den Beobachtungen von Klemens VIII., die 1593 in der Konstitution *Sacrosanctum Catholicae Fidei* veröffentlicht wurden. Im Jahre 1612 verbot der vom

Inquisitor Sandoval veröffentlichte *Index* daher »die Bibel und alle ihre Teile, ob gedruckt oder handschriftlich, in jeglicher Volkssprache«, aber auch »die Zusammenfassungen und *compendia*, selbst wenn sie historischen Zwecken dienen, desgleichen die Bibel oder die Bücher der Heiligen Schrift in jedem beliebigen Idiom oder jeder Volkssprache«. Allerdings billigt er immerhin noch »die Apostelbriefe oder Evangelien, die im Laufe des Jahres in der Messe gesungen werden, vorausgesetzt, sie stehen nicht allein und werden begleitet von einer Predigt oder einer Erklärung, die sich auf jede einzelne von ihnen bezieht oder bezogen werden kann, zur Erbauung der Gläubigen«.[11] In einer Neuausgabe des *Index* aus dem Jahre 1640 duldete der Inquisitor Sotomayor solche Freiheiten nicht mehr und verbot schließlich auch »jenes Buch, das gewöhnlich und gemeinhin als Apostelbriefe und Evangelien bezeichnet wird, in der Volkssprache, selbst wenn es einige kurze Erläuterungen über verschiedene Teile und die Evangelien enthält, so daß diese – wie dies der Fall ist – den größten Teil ausmachen und wie der gesamte heilige Text in der Volkssprache sind. Dies alles wegen der Gefahr, daß das unwissende Volk durch eine falsche Auslegung in die Irre geleitet wird, und wegen anderer Nachteile, vor denen wir gewarnt haben und die wir kennenlernen mußten.« Als wäre dieses Verbot noch nicht deutlich genug, lieferte der Inquisitor auch eine Definition dessen, was er unter Volkssprache und Nicht-Volkssprache verstand:

> »Keine Volkssprachen sind: Hebräisch, Griechisch, Latein, Chaldäisch, Altsyrisch, Äthiopisch, Persisch und Arabisch. Damit sind die Originalsprachen gemeint, die heutzutage im allgemeinen nicht mehr in der Umgangssprache verwendet werden. Der Leser merke sich, daß alle anderen Sprachen als die genannten Volkssprachen sind.«[12]

Deutlicher kann man gar nicht sein. Übrigens entstanden nach dem Konzil nur einige seltene spanische Fassungen der katholischen Bibel, die alle nur Teile betrafen und entweder nie über das Stadium eines Manuskripts hinausgekommen sind oder im Ausland herausgegeben wurden.[13] Die gewaltige, von den Theologen des spanischen Jesuitenordens absolvierte Arbeit zur Exegese wurde ausschließlich auf lateinisch verfaßt und blieb damit nur Geistlichen zugänglich. Erst Ende des 18. Jahrhunderts lockerte die Inquisition schließlich ihren Griff. Damit befolgte sie nur sehr spät die 1757 von Benedikt XIV. erlassene Bulle, die die Benutzung von Bibelversionen in den Volkssprachen erlaubte, ohne etwas von besonderen Kenntnissen der Leser oder irgendeiner schriftlichen Genehmigung zu erwähnen.[14] Die erste vollständige Übersetzung der lateinischen Vulgata ins Spanische verdanken wir dem Bischof von Segovia, Felipe Scio de San Miguel, einem Ordensgeistlichen der Ecoles Pies. Sie erschien in Form von zehn Folianten von 1791 bis 1793 in Valencia. In Portugal war die Lage anscheinend identisch. Abgesehen davon, daß Portugal von 1580 bis 1640 politisch gesehen zur spanischen Krone gehörte, legte die portugiesische Inquisition gegenüber verbotenen Büchern die gleiche Wachsamkeit an den Tag wie die spanische.[15] Daher ist es nicht verwunderlich, daß auch hier die ersten – partiellen – Bibelübersetzungen alle erst nach der Bulle Benedikts XIV. entstanden sind. Die erste vollständige Übersetzung der lateinischen Vulgata schuf ein ehemaliges Mitglied des portugiesischen Oratoriums, der Pater Antonio Pereira de Figueiredo. Sie erschien zwischen 1778 und 1790 in 23 Bänden. Übrigens verdankt diese Ausgabe vieles den französischen Verlegern, Kommentatoren und Übersetzern des 17. Jahrhunderts, insbesondere den Arbeiten der Jansenisten von Port-Royal.[16] Auf der Italienischen Halbinsel dagegen nahm der römische *Index* noch bis 1762 jedesmal das von Klemens VIII. ausgesprochene Verbot der *Biblia Vulgari quocumque Idiomate conscripta* (»Bibeln, von welchen Gemeinen auch immer in einer Volkssprache verfaßt«) auf. Dieser Triumph der restriktivsten Auslegung dieses Verbots erklärt sich am besten durch die große Nähe zum Apostolischen Stuhl. Trotz einer zunehmend feindseligen Haltung gegenüber der Kurie wollten die Staaten nicht ausgerechnet in diesem Punkt einen offenen Konflikt mit Rom wagen. Die erste vollständige Übersetzung der lateinischen Vulgata wurde von Antonio Martini verfaßt und erschien ab 1769 (Neues Testament) und 1776 (Altes Testament). Sie wurde 1778 von Pius VI. gutgeheißen. Allgemein betrachtet war in sämtlichen Staaten sowohl der Iberischen als auch der Italienischen Halbinsel eine *unmittelbare* Lektüre der Bibel fast zwei Jahrhunderte lang ausschließlich den Geistlichen vorbehalten, da lediglich ein *lateinischer* Text vorlag.[17]

Auch in Frankreich unterlagen Übersetzungen durchaus restriktiven Bestimmungen. Abgesehen von einigen religiösen Orden wie den Rekollekten stritten vor allem die Dozenten der Pariser theologischen Fakultät Ende des 16. und in der ganzen ersten Hälfte des 17. Jahrhunderts erbittert und zäh gegen eine Übersetzung der Heiligen Schrift. Paradoxerweise beauftragten sie die spanischen und römischen Theologen des Jesuitenordens damit, ihren Standpunkt zu rechtfertigen. René Benoist, der Pfarrer von Saint-Pierre des Arcis, später von Saint-Eustache in Paris, veröffentlichte bereits 1566 eine französische Übersetzung der Bibel. Doch obwohl er sich bei seiner Arbeit peinlich genau an die Dekrete des Tridentinischen Konzils gehalten hatte – »da er sie versah mit ›Anmerkungen, die für das Verständnis der schwierigsten Stellen notwendig waren, sowie mit Erläuterungen, die kurze und geläufige Auflösungen enthalten von jenen Stellen, die von den Ketzern unseres Zeitalters entstellt und verfälscht wurden‹« – verbot die Pariser theologische Fakultät sein Werk sofort. Diese warf ihm nämlich vor – was auch tatsächlich der Fall war – Anleihen aus den Genfer Bibeln gemacht zu haben. Später, im Jahre 1575, wurde das Buch auch in Rom verurteilt. Aber in Wirklichkeit interessierte sich der Antwerpener Christophe Plantin für dieses Vorhaben, da er die Möglichkeiten des französischen Absatzmarktes voll erfaßt hatte. Bereits 1572 erlangte er in Brüssel ein Privileg und die Billigung von vier Dozenten aus Löwen. Schließlich veröffentlichte er die Übersetzung (allerdings ohne die Anmerkungen) im Jahre 1578. Als »Bibel der Theologen von Löwen« wurde das Buch trotz des Widerstandes der Pariser Dozenten zu einem außergewöhnlichen Erfolg, da man allein für das Jahrzehnt von 1578 bis 1587 nicht weniger als 13 Auflagen ermittelt hat, von denen mehrere in Lyon und Rouen gedruckt wurden.[18]

In der ersten Hälfte des 17. Jahrhunderts sollte sich nach und nach ein »französischer« römisch katholischer Standpunkt herauskristallisieren, der sich an die vierte Regel des *Index* aus dem Jahre 1564 hielt. Im Widerspruch zu den Pariser Dozenten war er dafür, daß Lesern, die als »geeignet« galten, eine kontrollierte Lektüre der Bibel erlaubt werden sollte. Die Notwendigkeit einer katholischen Übersetzung der Heiligen Schrift wurde vor allem mit der religiösen Situation in Frankreich begründet. Nach dem Edikt von Nantes (1598) war Frankreich nämlich der einzige katholische Staat, in dem mehrere Konfessionen gleichzeitig zugelassen waren. Wie sollte man es aber mit den Reformierten, die nur französisch lasen, aufnehmen, wenn man nicht über gleiche Waffen verfügte? Allerdings konnte man es auch nicht einfach jedem gestatten, die heiligen Texte zu lesen. Die katholische Argumentation, der man in zahlreichen Vorworten begegnet, wurde in dem 1651 erschienen Buch von Nicolas Le Maire, *Le Sanctuaire fermé aux profanes ou la Bible défendue au vulgaire* (»Das den Laien verschlossene Allerheiligste, oder die dem gewöhnlichen Menschen verbotene Bibel«), hervorragend zusammengefaßt. Darin bekräftigte der Autor, daß »eine der wichtigsten Aufgaben der Kirche (...) darin besteht, die Mysterien vor allen Unwürdigen zu verbergen und alle Laien vom Allerheiligsten fernzuhalten«. Außerdem verteidigte er die Ansicht, man dürfe die Heilige Schrift »weder gemeinverständlich noch gewöhnlich machen«, was nicht bedeuten soll, daß man jedem Laien das Lesen verbieten muß. Anschließend definierte er alle Voraussetzungen durch ihr Gegenteil: »gewöhnlich« war für ihn nicht nur »der Abschaum des Volkes, der vor den anderen im Staube kriecht«, sondern umfaßte auch »die Hochmütigen, Unkeuschen, Unwissenden, Schwachen, Neugierigen, Schwatzhaften, Verdorbenen«, kurz und gut alle, die nicht mit heiligen Dingen umgehen können. Das Lesen ist folglich weder etwas »für Handwerker und Frauen« noch »für Leute aller Art, ganz gleich welchem Stand sie angehören«. In bezug auf die Lektüre der Bibel sprach sich Nicolas Le Maire für eine gängelnde Haltung aus. Er betonte die Notwendigkeit zur Demut, die darin besteht, nicht zu lesen, »wenn man keinen Lehrer oder Vermittler hat«. Wichtig ist das Verlangen, nur dadurch »Wissen und Heil« zu finden, sowie die Gewohnheit, »geistige und unsichtbare Dinge zu betrachten«, ferner ein langes Studium und tiefe Meditation. Nun widersprechen all diese Eigenschaften aber gänzlich denen der gewöhnlichen Menschen, weil »das Volk der große Meister des Irrtums ist«. Außerdem ist es verloren »in der Finsternis einer groben Unwissenheit«. Aufgrund all dieser Faktoren darf die Kirche den heiligen Tabernakel der Bibel keinem Unfähigen anvertrauen. Hier soll vielmehr der Auftrag des Seelenhirten zur Bibelauslegung ansetzen, der ja vom Tridentinischen Konzil bekräftigt worden ist und den Priestern sowie den mit dem Unterricht beauftragten Dozenten zufällt. Als Vorbild verwies Le Maire auf die ersten christlichen Gemeinden, die noch nicht über das Evangelium verfügt hatten, sondern als einzige Verhaltens- und Glaubensregel »die Stimme ihrer Hirten und die Überlieferung ihrer Väter« besaßen. Demzufolge ist das Lesen weder »unentbehrlich noch allen nützlich«. Eine Ansicht, die jedoch nicht dazu führen sollte, »jene verbrecherische Nachlässigkeit zuzulassen, wegen der das Buch der Heiligen Schrift allen so wenig bekannt ist und die das Lesen unter dem Vorwand eines christlichen Respekts aus den meisten weltlichen Familien verbannt«.[19]

Wahrscheinlich teilte damals ein Großteil des französischen Episkopats den hier von Le Maire definierten Standpunkt. Im Jahre 1653 beauftragte die Ständeversammlung des Klerus übrigens den Pater Denys Amelote, einen Oratorianer, damit, das gesamte *Neue Testament* zu übersetzen. Diese Aufgabe war 1666 abgeschlossen. Wie der Autor im Vorwort schrieb, zielte die Übersetzung darauf ab, »die Gläubigen in Abhängigkeit von ihren Pastoren zu nähren, und ist nur für jene bestimmt, die sie aus der Hand der Kirche empfangen und sie zu ihrer Erleuchtung und rechten Anleitung benutzen«.[20] Doch in dem Moment, in dem sich dieser Standpunkt unter dem Druck der wachsenden Nachfrage einer städtischen, in den Gymnasien ausgebildeten Leserschicht durchsetzte, wurde er auch schon erschüttert und durch die kolossale Übersetzungstätigkeit in Frage gestellt, die die Jansenisten von Port-Royal und ihr Umkreis entfalteten, um die biblischen und liturgischen Texte zu übertragen. Denn von 1650 bis 1693 gelang es den Jansenisten, den katholischen Laien sämtliche Texte der Liturgie und Bibel in Übersetzung vorzulegen. Bereits 1650 erschien das *Office de l'Eglise en latin et en français contenant l'office des dimanches et fêtes* (»Gottesdienst der Kirche auf lateinisch und französisch, enthält die Gottesdienste für Sonn- und Feiertage«), besser bekannt unter der Bezeichnung *Heures de Port-Royal* (»Stundenbuch von Port-Royal«). Dieses Buch lieferte noch nicht die Übersetzung der *Ordinarium missae* (mit den Texten, die das ganze Kirchenjahr über gleich blieben), enthielt aber schon die Übertragung der 58 Psalmen aus dem Hebräischen sowie der Kirchenhymnen für das ganze Jahr. Damit besaß der Laie immerhin schon ein Gutteil der Gebete, die von den Geistlichen gesungen wurden. Im Jahre 1660 erschien das *Missel romain, selon le règlement du Concile de Trente. Traduit en français. Avec l'explication de toutes les messes et leurs cérémonies pour tous les jours de l'année* (»Römisches Meßbuch, nach den Richtlinien des Tridentinischen Konzils. Ins

Französische übersetzt. Mit einer Erläuterung aller Messen und ihrer Zeremonien für alle Tage des Jahres«) von De Voisin. Dieser Autor, der Port-Royal nahestand, erklärte, er sei einem ausdrücklichen Auftrag der Princesse de Conti nachgekommen. Diese habe die von »Irrtümern und Lügen« wimmelnden Übersetzungen und Erläuterungen der Ketzer durch eine Übersetzung des ganzen *Missel* »mit der Erläuterung jeder Messe entsprechend der wahren Bedeutung der Kirche« ersetzen wollen. Als das Werk von den theologischen Fakultäten von Paris und Rom verurteilt wurde, verteidigte Antoine Arnauld es sogleich in einem Buch mit dem bezeichnenden Titel: *La Traduction et explication du Missel en langue vulgaire autorisée par l'Ecriture Sainte, par les Saints Pères et Docteurs de l'Eglise, par les décrets des Concils et des Papes, et par l'usage de l'Eglise gallicane* (»Übersetzung und Erläuterung des Meßbuches in der Volkssprache, autorisiert durch die Heilige Schrift, durch die heiligen Väter und Lehrer der Kirche, durch die Dekrete der Konzile und der Päpste, sowie durch den Brauch der gallikanischen Kirche«). Trotz aller dadurch heraufbeschworenen Konflikte klang die mit der Übersetzung des *Missale Romanum* in Gang gesetzte Bewegung nicht ab. In den folgenden Jahren erschienen immer zahlreichere Übersetzungen von *Gottesdiensten*. Insbesondere sei hier das Werk von Nicolas Le Torneux genannt, der sich mit der Liturgie beschäftigte und Port-Royal nahestand. Im Jahre 1674 veröffentlichte er eine Übersetzung des *Office de la Semaine Sainte* (»Gottesdienst der Karwoche«), die der Frau des Kanzlers Le Tellier gewidmet war, während seine Übersetzung des *Bréviaire romain* (»Römisches Meßbuch«) erst 1688, zwei Jahre nach seinem Tod, erschien. Auch in bezug auf die Bibel war der Fleiß der Jansenisten von Port-Royal maßgeblich. Bereits 1665 erschienen zwei Übersetzungen der *Psalmen Davids*, wobei die eine Fassung auf der Grundlage des Hebräischen, die andere nach der Vulgata erstellt worden war. Im Jahre 1667 kam das *Neue Testament* (genannt: *Nouveau Testament de Mons*) heraus, eine Übersetzung der Vulgata von Louis-Isaac Le Maistre de Sacy »mit den Abweichungen des griechischen Textes«. Derselbe Sacy unternahm die Übersetzung des *Alten Testaments*, das mit »Erläuterungen« versehen zwischen 1672 und 1693 erschien. Von 1696 bis 1708 wurden schließlich die Bücher des *Neuen Testaments* nach demselben Prinzip publiziert. Ingesamt umfaßte die ganze Kollektion 32 Bände im Oktavformat. Jeder Band enthielt erst ein Vorwort, dann den lateinischen Text mit der französischen Übersetzung. Nach jedem Vers folgte eine »Erklärung« der buchstäblichen und der »geistigen« Bedeutung entsprechend der augustinischen Definition von den verschiedenen Lesarten der Bibel. Hinter dieser gewaltigen Anstrengung in bezug auf Liturgie und Bibel[21] erkennt man eine starke Überzeugung, die typisch für die ganze Bewegung von Port-Royal war und die Sacy in seinem Vorwort zum *Nouveau Testament de Mons* treffend erklärt hat. Die Lektüre der Heiligen Schrift – insbesondere die des Neuen Testaments – ist seiner Meinung nach für alle Katholiken eine moralische Pflicht, selbst für die, »die nicht lesen können«, weil »dies keine Entschuldigung dafür sein kann, daß jemand nicht weiß, was man [durch diese Lektüre] lernt«. In Anlehnung an den hl. Augustinus entwickelte Sacy eine Analogie zwischen Evangelium und Eucharistie, da er die Ansicht vertrat, daß man durch das Lesen der Heiligen Schrift das Wort Gottes empfängt, ganz so wie mit der Eucharistie seinen Leib. Das Lesen der Heiligen Schrift ist daher zugleich eine Vorbereitung auf die Eucharistie, da es der Heilige Geist ist, der in der Seele des Gläubigen, den die Gnade »aufnahmebereit« gemacht hat, eine »richtige« Lektüre bewirkt. Eine solche Analyse, die das Lesen der Heiligen Schrift nicht nur zu einem Recht, sondern für jeden christlichen Laien sogar zur Pflicht macht, führte zu einem bemerkenswerten Wandel im Status des Laien, da diesem eine wesentlich größere Verantwortung übertragen wurde. Im Widerspruch zu allen Dekreten des Tridentinischen Konzils neigte diese Analyse dazu, die Kluft, die den Laien vom Geistlichen schied, zu verringern, da sie ersterem Pflichten auferlegte, die vorher letzterem oblagen. Aus der jansenistischen Haltung spricht ein deutliches Bewußtsein der Veränderungen, die durch die Verbreitung des gedruckten Textes im Verhältnis zum Geschriebenen bewirkt wurden. Doch man versuche nur einmal sich vorzustellen, welche gewaltsamen Widerstände und was für einen Bruch eine solche Radikalität damals hervorgerufen haben mag. Einer der Hauptvorwürfe, den die Bulle *Unigenitus* (1713) gegen das *Neue Testament* (*Nouveau Testament en français avec des réflexions morales sur chaque verset*, »Das Neue Testament auf französisch mit moralischen Überlegungen zu jedem Vers«) von Pasquier Quesnel erhob, war nämlich eben der, daß der Autor es jedem Christen zur Pflicht machte, die Heilige Schrift zu lesen, wobei er keine Ausnahme zuließ (nicht einmal für Frauen).[22]

Der radikale Standpunkt der Jansenisten hat die französischen Bischöfe jedoch nicht dazu bewegen können, ihr Eintreten für einen geregelten und kontrollierten Zugang der Laien zur Heiligen Schrift aufzugeben. Die Jahre zwischen 1670 und 1720 bildeten in Frankreich nämlich den Höhepunkt der katholischen Gegenreformation. Gleichzeitig war dies aber auch die Periode, in der das Lateinische als lebende Sprache nach und nach aus den Gymnasien verschwand und darüber hinaus im ganzen Verlagswesen zusehends an Einfluß verlor. In den Kreisen der gottesfürchtigen Städter wollte man die heiligen Texte nun auf Französisch besitzen, daher mußte man diese Nachfrage befriedigen. In dieser Hinsicht waren die Werke bezeichnend, die zwischen 1666 und 1670 aus Auszügen der beiden Übersetzungen des *Neuen Testaments* von Denys Amelote und Sacy zusammengestellt wurden: von dem Oratorianer Pasquier Quesnel erschienen 1668 *Paroles de la Parole incarnée de Jésus-Christ Tirées du Nouveau Testament* (»Die Worte des fleischgewordenen Wortes Jesus Christus, dem Neuen Testament entnommen«) und 1669 *Paroles de Notre Seigneur Jésus-Christ tirées du Nouveau Testament* (»Die Worte unseres Herrn Jesus Christus, dem Neuen Testament entnommen«). 1669 veröffentlichte Pater Amelote *La Vie de Jésus-Christ composée de toutes les paroles des Evangélistes* (»Das Leben Jesu Christi, zusammengestellt aus allen Worten der Evangelisten«). Die *Epîtres et évangiles des dimanches et fêtes* (»Apostelbriefe und Evangelien für Sonn- und Feiertage«) wurden sowohl von Amelote als auch von Sacy (aber auch von mehreren anderen) herausgegeben. Alle diese Publikationen belegen nicht nur die Rivalität zwischen den beiden Gruppen, die die Übersetzungen geschaffen haben, sondern bestätigen auch die Bedeutung eines ständig wachsenden Buchmarktes. Außerdem wurde durch die gallikanische Politik des Monarchen und vor allem durch die Politik, die nach der Aufhebung des Edikts von Nantes (1685) gegenüber den Protestanten eingeschlagen wurde, allen streng ultramontanistischen Ansichten das Wasser abgegraben. Die unter der Leitung des Erzbischofs Harlay de Champvallon eingeschlagene Hirtenpolitik wurde demnach durch das geschriebene Wort geführt, da ungeheure Mengen von Büchern, finanziert von der Konvertitenkasse (*Caisse des*

*Conversions*), an die »Neu-Bekehrten« verteilt wurden. Von Oktober 1685 bis Januar 1687 wurden in allen Provinzen mit starker protestantischer Minderheit Bibeltexte in über 300000 Exemplaren (darunter die Übersetzung des *Neuen Testaments* von Denys Amelote sowie einige eigens zu diesem Zweck erstellte Psalmenübersetzungen) und über 150000 Bände zur Meßzeremonie mit einer Übersetzung der Meßgesänge, ganz zu schweigen von den Dekreten des Tridentinischen Konzils und einer Übersetzung des Konzilskatechismus (jeweils 30000 Exemplare), verteilt, um dadurch all die Bücher zu ersetzen, die man den »Neu-Bekehrten« abgenommen hatte. Da man sich für einen »milden Weg« entschieden hatte, hatte jeder ehemalige Häretiker Anrecht auf eine französische Fassung des *Neuen Testaments* ohne den lateinischen Text oder irgendwelche Zusätze (Vorwort oder Erläuterungen), außerdem auf eine Übersetzung der fünf festen Meßgesänge und auf den übersetzten Konzilskatechismus, der ursprünglich für die Ausbildung der Geistlichen bestimmt war. Im Gegensatz zu den Bestimmungen der vierten Regel des *Index* aus dem Jahre 1565 war hier nie davon die Rede, daß eine besondere »Eignung« zum Lesen verlangt wurde. Doch wie konnte man nun den Altkatholiken verweigern, was man den ehemaligen Calvinisten gewährt hatte? Die Bücherverteilungen im Anschluß an die Aufhebung des Edikts von Nantes öffneten also eine Bresche, die nie wieder geschlossen werden konnte. Damals erschienen zahllose *Manuels du chrétien* (»Anleitungen für den Christen«) mit dem französischen – manchmal auch lateinischen – Text des *Neuen Testaments*, den *Psalmen*, der *Nachfolge Christi* und den fünf festen Meßgesängen sowie für die Laien bestimmte *Missels*. Allerdings fehlte bei dem damit erzielten Durchbruch eine wichtige Schrift, nämlich das *Alte Testament*. Da Sacys Übersetzung zum Zeitpunkt der Aufhebung des Edikts von Nantes noch nicht abgeschlossen war, konnte sie auch nicht verteilt werden. Immerhin entwickelte sich seitdem eine katholische Laienkultur, in der das *Neue Testament* gelesen wurde, und die der Kontrolle durch den Pfarrer entglitt.[23] Als der Bischof von Arras den Erzbischof von Cambrai, Fénelon, um seine Meinung zur »Praxis (...) in bezug auf das Lesen der Heiligen Schrift und insbesondere des *Neuen Testaments*«[24] bat, konnte dieser in seiner Antwort exakt dieselbe Argumentation aufnehmen, die Nicolas Le Maire schon fünfzig Jahre zuvor vorgetragen hatte. Schließlich hatten sie beide aus denselben Quellen, den Kirchenvätern, geschöpft. Fénelon wetterte gegen die Dreistigkeit der Kritiker, die »alle Herzen abstumpfen, das Urteilsvermögen der Leute weit über ihre Befähigung erheben«, und »lehren, die einfache, innere Frömmigkeit zu verachten«. Er schloß daraus, daß

> »man die Christen erst in der Heiligen Schrift unterweisen muß, ehe man sie ihnen zu lesen gibt. Man muß sie nach und nach darauf vorbereiten, so daß sie, wenn sie die Bibel schließlich lesen, schon daran gewöhnt sind, sie zu vernehmen, und bereits von ihrem Geist erfüllt sind, ehe sie ihren Buchstaben gesehen haben. Nur einfachen, folgsamen und demütigen Seelen, die dadurch weder ihre Neugier befriedigen noch debattieren oder kritisieren, sondern sich nur in aller Stille bilden wollen, sollte man gestatten, sie zu lesen. Und schließlich darf man die Heilige Schrift nur denen geben, die sie ausschließlich aus der Hand der Kirche empfangen und in ihr nur die Ansichten der Kirche suchen wollen.«

Doch gleichzeitig mußte er zugeben, daß sich die Zeiten im Vergleich zu den ersten Jahrhunderten der Kirche geändert hatten, und daß die Menschen,

> »die den Namen Christen tragen, nicht mehr dieselbe Unbefangenheit und dieselbe Folgsamkeit besitzen und weder im Geiste noch im Herzen so gut vorbereitet sind. (...) Die Bischöfe sollten sich nicht mit dieser Autorität brüsten. Sie ist so geschwächt, daß im Bewußtsein der Völker kaum noch eine Spur davon erhalten blieb. (...) Rat, Trost und Anleitung des Gewissens erbittet man nicht von uns. Darum fehlt es uns gänzlich an jener väterlichen Autorität, die so unerläßlich wäre, um die Gesinnung der Menschen zu mäßigen und sie dazu zu bringen, beim Lesen der heiligen Bücher demütige Folgsamkeit an den Tag zu legen. Heutzutage ist jeder sein eigener Kasuist, jeder sein eigener Dozent, jeder urteilt, jeder ergreift unter spitzfindigen Vorwänden für die Neuerer und gegen die Autorität der Kirche Partei. Man zankt sich um Worte, ohne die der Sinn doch nur leerer Dunst ist.«[25]

Kurz und gut, die Ausbreitung des Lesens machte alle Kontrollversuche faktisch hinfällig. Übrigens sollten die gewalttätigen Konflikte, die als Reaktion auf die Verkündung der Bulle *Unigenitus* sogar auf die einfachen Volksschichten übergriffen, dafür bald den Beweis liefern.

## Der Lesestoff des Klerus

Das Tridentinische Konzil hatte mit dem Dekret *Cum adolescentium aetas* großen Nachdruck auf die notwendige Ausbildung des Klerus gelegt und jeden Bischof aufgefordert, in seiner Diözese ein Seminar zu gründen, um die Anwärter auf den heiligen Stand dort aufzunehmen und auszubilden. Obwohl das Modell des Seminars, wie es vom Konzil vorgesehen worden war, schon sehr bald von dem des Gymnasiums (*collège*) Konkurrenz erhielt und überflügelt wurde und sich die Bezeichnung Seminar später auf sehr unterschiedliche Formen beziehen konnte (vom einfachen Internat bis zum Unterrichtszentrum),[26] wurde das Bildungsniveau des Pfarrklerus in den Jahrhunderten nach dem Konzil zweifelsohne zu einer Hauptsorge des Episkopats. Würde man die Statuten aller Diözesansynoden sowie der Fragebögen der seelsorgerischen Visitationen einer systematischen vergleichenden Analyse unterwerfen, könnte man die Differentialrhythmen des Vordringens der katholischen Gegenreformation gewiß genauer ausleuchten. Um vorläufig nur Frankreich als Beispiel heranzuziehen, erwähnten die Synodialstatuten in der ersten Hälfte des 16. Jahrhunderts in der Liste jener Bücher, die für die Ausübung des Priesteramtes als unentbehrlich galten, abgesehen von der Heiligen Schrift und den Synodialstatuten selbst, nur zwei recht altertümliche Werke. Erstens den alten *Manipulus Curatorum* von Guy de Montrocher, einem spanischen Priester aus dem 14. Jahrhundert. Hierbei handelte es sich um ein Handbuch für Geistliche, das zwischen der Erfindung des Buchdrucks und dem Ende des 16. Jahrhunderts über hundert Auflagen erfuhr. Zweitens das *Opus tripartitum*, eine Anleitung für Beichtväter, die Gerson für die »weniger gebildeten Priester« verfaßt hatte.[27] Ab der zweiten Hälfte des 16. Jahrhunderts wuchs der Umfang der »idealen Bibliothek« eines Priesters deutlich an, zumindest in den frisch reformierten Diözesen. Abgesehen vom römischen Katechismus und dem Katechismus von Petrus Canisius fanden sich in diesen Bibliotheken jetzt auch modernere Anleitungen für Beichtväter wie das *Directorium* des Jesuiten Polanco (zuerst 1554 in Löwen erschienen) oder das *Enchiridion* des Dozenten Martin de Azpilcueta aus Navarra (spanische Erstausgabe: Coimbra 1553, lateinische Erstausgabe: Antwerpen 1573), Kommentare oder Predigten der Kirchenväter zur Heiligen Schrift, Kommentare zur *Summa* des Heiligen Thomas von Aquin (wie der von François Silvestri, der Anfang des 16. Jahrhunderts Generalminister der Dominikaner war) oder antiprotestantische Streitschriften, um bequemer aus dem Arsenal ihrer Phrasen schöpfen zu können. Mit dem Höhepunkt der Gegenreformation, das heißt von 1650 bis 1730, nahm der Umfang des Bücherschatzes, der von einem »guten« Pfarrer erwartet wurde, noch zu. Zur Bibel, die die Regel war, und zum Konzilskatechismus, der nun systematisch empfohlen wurde, gesellten sich manchmal französischsprachige Katechismen hinzu, von denen die *Instruction du Chrétien* (»Unterweisung des Christen«) von Armand du Plessis de Richelieu allen am meisten ans Herz gelegt wurde. Auch die Dekrete des Tridentinischen Konzils waren nach Meinung der Kirchenspitze ein unentbehrliches Handbuch. Über diesen Grundstock hinaus wurden die französischen Priester in der zweiten Hälfte des 17. Jahrhunderts von ihren Prälaten dazu angehalten, sich Bücher dreierlei Art anzuschaffen: erstens die Kommentare oder Homilien der Kirchenväter zur Heiligen Schrift, wobei die *Morales* (»Moralia in Job«) oder das *Livre pastoral* (»Regula pastoralis«) Gregors des Großen besonders empfohlen wurden; zweitens Bücher zur Moraltheologie, die man als »Fachbücher« bezeichnen könnte, wie die *Instructions aux confesseurs* (»Anweisungen für Beichtväter«) des hl. Karl Borromäus oder die *Somme des cas de Conscience* (»Summa der Gewissensfragen«) des spanischen Jesuiten Tolet; und drittens Erbauungsschriften, unter denen *Die Nachfolge Christi* von Thomas von Kempen, *Le Guide des Pécheurs* (»Der Führer für Sünder«) von Louis de Grenade und *L'Introduction à la Vie dévote* (»Die Einführung in ein frommes Leben«) von Franz von Sales an erster Stelle standen.[28] Die gewaltige pädagogische Anstrengung der Gegenreformation zielte also darauf ab, die Angehörigen des Pfarrklerus zu studier- und lesefreudigen Männern zu machen.

Vor allem waren die Bischöfe bestrebt, bei den ihnen unterstehenden Priestern die guten Angewohnheiten zu erhalten, die diese in den Seminaren, die von den neuen Priester-Kongregationen (Eudisten, Oratorianer, Sulpizianer und Lazaristen) geleitet wurden, erworben hatten. Daher wurde den Klerikern beispielsweise eine bestimmte Tageseinteilung anempfohlen. Als Beispiel sei hier der Bischof von Châlons-sur-

Marne, Félix Vialart de Herse, genannt, der in einem *Mandement du bon emploi que les Ecclésiastiques et principalement les curés, tant des Villes que de la Campagne doivent faire de leur temps* (»Hirtenbrief über den rechten Gebrauch, den die Kleriker, insbesondere aber die Pfarrer, in Stadt und Land von ihrer Zeit machen sollen«) drei Stunden am Morgen und zwei am Abend für das Studium vorsah. Von acht bis elf Uhr morgens sollte sich der Priester auf den Katechismusunterricht oder die Sonntagspredigt vorbereiten, sich eine Gewissensfrage »zu den nützlichsten Dingen, die in der Praxis auch am häufigsten vorkommen«, stellen, die Rubriken des Meßbuches, des Gesangbuches oder des *Rituale Romanum* studieren, sich auf die nächste klerikale Konferenz vorbereiten und von seinen Studien eine schriftliche Zusammenfassung anfertigen. Am Nachmittag sollte er von vier bis sechs Uhr das am Morgen begonnene Studium fortsetzen und anschließend »in irgendeinem Andachtsbuch lesen« (von denen eine kurze Liste gegeben wurde), wobei er »wenig auf einmal lesen soll, um den Sinn ganz in sich aufzunehmen und sich dabei zu Andachtsübungen anzuhalten«. Diese Stunden, die dem Studium und dem Lesen vorbehalten waren, schlossen nicht aus, daß auch noch andere Momente der Meditation gewidmet sein konnten, zum Beispiel bei der Selbstprüfung nach dem Morgengebet. Denn von halb sechs bis sechs Uhr morgens waren die Pfarrer dazu angehalten, ihren »Verstand einem Punkt der Andacht« zuzuwenden. Sie durften »einige Bücher besitzen, die dazu dienen können«, wie »die Meditationen von Beuvelet, Hayneuve, Grenade, du Pont oder ähnlichen Autoren, um schon abends vor dem Schlafengehen sowie einige Zeit nach dem Aufstehen nachzulesen, welchen Punkt der Frömmigkeit man diesmal zu betrachten hat«.[29] Daß die Bibliotheken der Kleriker an Umfang zunahmen, war also nicht denkbar ohne *reglementierte* Lesegewohnheiten und eine *konforme* Praxis.[30] Eben darauf sollten die klerikalen Konferenzen hinsteuern.

Die klerikalen Konferenzen (*conférences ecclésiastiques*), die sich vor allem seit der zweiten Hälfte des 17. Jahrhunderts entwickelten, zielten in der Tat darauf ab, den Pfarrklerus zu intellektueller Arbeit anzuregen und sowohl einen gemeinsamen Diskurs als auch gemeinsame Praktiken, die für diesen Berufsstand spezifisch sind, ins Leben zu rufen. Es handelte sich um regelmäßige Zusammenkünfte (in den Jahreszeiten, in denen die Straßen befahrbar waren, im allgemeinen einmal im Monat), zu denen sich die Pfarrer und Vikare aus zehn bis zwanzig Gemeinden unter der Leitung des Dekans oder des Vikars des jeweiligen Sprengels versammelten. Dabei besprach man Fragen zu den Dogmen und der Heiligen Schrift, aber auch Probleme, die sich auf die Ausübung des Priesteramtes (Liturgie, Erteilen der Sakramente, Gewissensfragen) oder Besonderheiten des Priesterstandes (klerikale Tugenden) bezogen. Das Programm der Fragen, die diskutiert werden sollten, wurde alljährlich vom Bischof bestimmt. Dieser verteilte es als gedruckten Text, wobei er zu jeder Frage eine Bibliographie mit Büchern, die konsultiert werden konnten, empfahl. Jeder Priester war so aufgefordert, sich ernsthaft auf die Arbeit der Konferenz vorzubereiten. Ihre »Ergebnisse« wurden in Form von »Aufgaben« an die bischöfliche Kanzlei geschickt, wo sie von den Generalvikaren gelesen und »korrigiert« wurden.[31] Obwohl der Erfolg dieser Konferenzen oft sehr verschieden war, bildete sich so unter den Priestern eine spezifische Arbeitsmethode heraus, die durch den Rückgriff auf jeweils dieselben Nachschlagewerke und dieselben Zitate eine eigene Gruppensprache schuf.[32]

Zur Unterstützung dieser pastoralen Arbeit entwickelte sich demnach gleichzeitig mit der Gründung der Seminare eine spezielle religiöse Literatur (theologische Handbücher, Anleitungen für Beichtväter, Bücher mit Predigten, Andachtsbücher), die sich nicht mehr ausschließlich an die gebildeten Geistlichen oder die Theologen mit einem akademischen Grad richtete, sondern an die gesamte Priesterschaft. Verfaßt von weltlichen Priestern oder von Mitgliedern der neuen Priester-Kongregationen (Jesuiten, Oratorianer, Lazaristen, Sulpizianer) wurde diese Literatur unverzüglich in großen Mengen in Paris herausgegeben und anschließend über alle Provinzen verbreitet. Dies geschah dank spezieller Kataloge, die von den Buchhändlern (die oft eng mit einem Orden, einer Kongregation, einem Seminar oder einer spirituellen Richtung verbunden waren) regelmäßig herausgebracht wurden.[33] In den Provinzen besaßen die Bischöfe meist ein generelles Privileg, um die nötigen Gebetbücher für ihre Diözese drucken zu lassen. So schrieb Pontchartrain an den Bischof von Carcassonne, Monseigneur de Grignan:

»Monsieur, um Ihre Frage zu beantworten, so billige ich zutiefst alles, was Sie tun, um die Pfarrer Ihrer Diözese zu schulen und unter ihnen eine perfekte Einheitlichkeit in Doktrin und Disziplin zustande zu bringen. Alle ihre Empfindungen diesbezüglich sind der Würde, die Sie bekleiden, angemessen, darum kann ich so reine und aufrichtige Vorsätze wie die Ihren gar nicht genug loben. Ich schätze mich glücklich, daß ich Sie unterstützen kann, indem ich Ihnen das Privileg für den Druck jener Bücher, von denen Sie mir erzählen, gewähre«.[34]

Folglich gab es an jedem bedeutenden Bischofssitz einen besonderen Drucker des Bischofs, der das Privileg erhielt, »alle *Festschriften*, *Gebetbücher*, *Katechismen*, *Ablässe*, *Psalter*, *Prozessionsliederbücher*, *Hirtenbriefe* und *Verordnungen*, die in eben dieser Diözese gedruckt werden und die von Euer Gnaden und Ihren Priestern anerkannt werden müssen, zu drucken, zu verkaufen und zu verbreiten«.[35] Abgesehen von seiner eigenen Produktion verbreitete der Drucker des Bischofs auch alle für den Klerus bestimmten Werke. So bot Jacques Seneuze 1693 im Anhang zu seiner Ausgabe der Verordnungen von Châlons-sur-Marne eine »Kurze Bibliothek für die Geistlichen« an, die etwa neunzig Titel umfaßte. In dieser Musterbibliothek findet sich, wie zu erwarten, das ganze Arsenal jener Texte, die für einen »guten« Geistlichen unentbehrlich waren und die von den Bischöfen der Gegenreformation empfohlen wurden: die Bibel mit ihren großen Kommentatoren des ausgehenden 16. und der ersten Hälfte des 17. Jahrhunderts (Maldonat, Estius, Jansenius, Menocchio), die *Summae* zur Theologie (vor allem die *Summa* des Thomas von Aquin, aber auch bescheidenere Nachschlagewerke, die für die Seminare bestimmt waren wie die sogenannte *Théologie de Grenoble*), Bücher zur Kirchengeschichte (*Abrégé* von Baronius, Godeau und Fleury), die tridentinischen Texte (die Dekrete und der Konzilskatechismus sowohl auf lateinisch als auch auf französisch), aber auch eine umfangreiche Literatur für Seelsorger, Bücher mit Predigten, Handbücher für Beichtväter, Katechismen (»Da die meisten Bischöfe (...) jeweils einen Katechismus verfaßt haben, können wir mehr als zwölf Sorten liefern«), klerikale Konferenzen (aus Luçon, La Rochelle, Périgueux, Besançon, Langres) und besinnliche Texte (Saint-Jure, Rodriguez, Louis de Grenade, die *Méditations* von Beuvelet). Die

*Bibel* und das *Neue Testament* auf lateinisch, die *Summa* des Thomas von Aquin, Heiligenlegenden und *Die Nachfolge Christi* (auf lateinisch und französisch) fanden sich in »Auflagen verschiedener Größe und Preisklassen«. Während Mabillons Ausgabe des hl. Bernhard für viele unerschwinglich war (25 Bücher in zwei Folianten), gab »es andere wohlfeile in unterschiedlicher Ausstattung«. Seneuze verkaufte »alle Bücher, die den Männern, die den geistlichen Stand anstreben oder die sich im großen beziehungsweise kleinen Seminar befinden, empfohlen werden«, und »alle Bücher für den Gottesdienst, sowohl für den römischen Gebrauch als auch für die Diözese Châlons«. Nach eigener Aussage konnte man bei ihm auch über den von ihm gelieferten Katalog hinaus »alle Bücher« finden, »in erster Linie solche, die in Frankreich gedruckt werden, wie Sammlungen mit Predigten, Homilien, Episteln, klerikale Konferenzen, Katechismen, Kasuistiken, Meditationen und andere Bücher zu Spiritualität und Andacht. Dazu auch Kommentare zur Heiligen Schrift, griechische wie lateinische, alte wie moderne Kirchenväter, sowohl geistliche als auch weltliche Historiker, Theologen, Konzile, Kirchenrechtler, Kontroverstheologen, Philosophen und Rechtsgelehrte, sowohl alte als auch neue.«[36]

Bleibt noch die Frage, was passiert, wenn man sich von den Bibliotheken, die den Priestern empfohlen wurden, den Bibliotheken zuwendet, die die Pfarrer wirklich ihr eigen nannten. Zweifellos verfolgten gewisse Devotionsgruppen unter dem Klerus eine echte Politik des Lesens. So veröffentlichte die »Große Akademische Kongregation« (*Grand Congrégation Académique*) von Molsheim, in der sich ehemalige Schüler des Jesuitenkollegs – zumeist Geistliche (etwa zwei Drittel) – zur gemeinsamen Verehrung der Gottesmutter zusammengeschlossen hatten, ab 1670 alljährlich ein Buch, das jedem Mitbruder als »Neujahrsgeschenk« zur Erbauung überreicht werden sollte.[37] Auf diese Weise wurde den Priestern ein Stück jesuitische Spiritualität zur Meditation angeboten.[38] Das Beispiel der Marienkongregation von Molsheim war übrigens kein Einzelfall,[39] obwohl ein solcher Anreiz zum Lesen anscheinend nicht allgemein die Regel war. Schließlich schrieb der Generalvikar der Diözese Straßburg noch 1697: »Der elsässische Klerus interessiert sich für nichts und würde das ganze Jahr über kein Buch aufschlagen.«[40] Ebenso schrieb der anonym gebliebene Autor einer *Mémoire pour servir à l'établissement des conférences dans le diocèse d'Auxerre* (»Memorandum zum Behufe der Einführung von Konferenzen in der Diözese Auxerre«) im Jahre 1696: »Das Studium ist auf dem Lande und selbst in der Stadt eine so außergewöhnliche Sache, daß die Pfarrer, mit Ausnahme von einigen Predigtschreibern, kaum jemals lesen und studieren.«[41] Obwohl diese Aussagen zweifellos übertrieben waren, muß man dennoch erst das Vorhandensein von Büchern genau ermitteln, um den Einfluß der Reform auf den geistlichen Stand präzise beurteilen zu können. Dies kann man zum Beispiel durch notarielle Inventare und Hinweise in den Protokollen der Visitationen des Pfarrklerus. Hier beschränken wir uns jedoch auf einige Beobachtungen. Im letzten Viertel des 17. Jahrhunderts waren die Bibliotheken der Priester noch bescheiden, aber man erkennt schon einen deutlichen Unterschied zwischen den »Büchereien« der Priester, die in den Seminaren ausgebildet worden waren, und dem Bücherbestand von Geistlichen der älteren Generation. Die Bibliotheken der ehemaligen Seminaristen entsprachen in ihrer Zusammensetzung ziemlich genau den Anforderungen, die die Prälaten in den Synodialstatuten und Verordnungen propagiert hatten, während die Priester der alten Schule praktisch nie einen nennenswerten Bücherschatz besaßen. Nach den Visitationen zu urteilen, die Bischof Henri de Laval von 1674 bis 1679 in der Diözese La Rochelle durchführte, begnügten sich letztere, wenn es hoch kam, mit einer Bibel oder einem *Neuen Testament* und einigen alten theologischen Handbüchern. Die ehemaligen Seminaristen besaßen dagegen immer die Bibel, oft zusammen mit einem Kommentar, verschiedene Werke der Kirchenväter oder Autoritäten der Kirche (Gregor, Bernhard, Augustinus) und fast immer die *Summa* des Thomas von Aquin. Katechismen, Andachtsbücher und theologische Handbücher vervollständigten schließlich einen Bücherbestand, der nicht über zehn bis fünfzehn Bände hinausreichte. Immerhin zeichnete sich damit der Beginn einer theologischen Kultur ab.[42] Aus einer Analyse der Visitationen, die die Dekane der Diözese Reims im selben Zeitraum durchführten, kann man ähnliche Schlüsse ziehen. Auch hier konstatiert man eine qualitative Verbesserung der Bibliotheken, was den Generationswechsel im Klerus bestätigt. So waren 1698 im Dekanat La Montagne bei Reims in den Pfarrhausbibliotheken Bibeln, Dekrete des Tridentinischen Konzils und römische Katechismen die Regel. Zwei Drittel aller Pfarrer besaßen eine mehr oder weniger vollständige Ausgabe der *Summa* des Thomas von Aquin, ein Drittel eine Ausgabe des hl. Bernhard sowie moderne Kommentare der Heiligen Schrift. Der Rest der »Büchereien« bestand meist aus neueren Werken zur Moraltheologie, die im Priesteramt praktische Anwendung finden konnten. Obwohl die durchschnittliche Zahl der Bücher, die sich im Besitz der Geistlichen befanden, zweifellos noch hinter dem Wunsch der Prälaten zurückblieb, war andererseits die Übereinstimmung mit den in den Verordnungen formulierten Anforderungen offensichtlich.[43] Eine Analyse der notariell beglaubigten Nachlaßinventare in den Städten Westfrankreichs, die Jean Quéniart im Hinblick auf die Bibliotheken der Kleriker durchgeführt hat, bestätigt diese Feststellungen voll und ganz. Ende des 17. Jahrhunderts besaßen 30 Prozent aller Priester zum Zeitpunkt ihres Todes mindestens zehn Bücher, einige wenige hatten kein einziges, während sich die übrigen mit einem *Heiligenleben* und einigen persönlichen Andachtsbüchern, dem *Meßbuch* oder dem *Brevier*, einigen Bänden mit Predigten und manchmal den Dekreten des Tridentinischen Konzils begnügten. Lediglich 5 Prozent der Bibliotheken enthielten damals mehr als hundert Bände. Der entscheidende Anstieg erfolgte hier im ersten Viertel des 18. Jahrhunderts, da dieser Anteil innerhalb von einer Generation auf 45 Prozent aller Inventare anstieg, während immerhin drei Viertel der Priester mindestens zwanzig Bücher ihr eigen nannten. Zwischen 1755 und 1760 besaßen bereits 60 Prozent und kurz vor der Französischen Revolution 75 Prozent aller Priester mehr als hundert Bücher. Zu diesem letzteren Zeitpunkt hatten neun Zehntel aller Priester mehr als fünfzig Bände. Über ein Jahrhundert nach dem Konzil war es den Seminaren also gelungen, die Priester zu Männern des Studiums und des Studierzimmers zu erziehen. Aber der Inhalt der Bibliotheken blieb weiterhin der Praxis zugewandt. An die Stelle der großen Bibelkommentare des 17. Jahrhunderts waren nun Werke der Moraltheologie getreten, eine Entwicklung, die mit dem Aufkommen der klerikalen Konferenzen einherging. Sowohl die Texte, die der Ausübung des Priesteramtes dienten (Katechismen, Predigten, Handbücher für Beichtväter), als auch die spirituellen Meditationsschriften sollten die Gottesmänner dazu anregen, sich zu überlegen, wie sie sich eventuell besser um ihre Schäflein kümmern könnten.[44] Nach einer Analyse der Pfarrbibliotheken des Erzbistums Turin im 18. Jahrhundert gelangte Luciano Allegra zu ähnlichen Schlüssen. Zugleich unterstrich er die starke jansenistische Durchdringung des piemontesischen Klerus, die sich an den vielen Übersetzungen französischer Werke erkennen läßt.[45]

Natürlich muß man noch viele andere Stichproben durchführen, ehe man zu einem engültigen Schluß gelangen kann. Aufgrund des Widerstandes, bedingt durch das System der Pfründe und diverse Familienstrategien, drang die Gegenreformation im Klerus der einzelnen Länder und Regionen in sehr unterschiedlichem Tempo vor. So setzte die »Verpriesterlichung« des klerikalen Standes auf der Italienischen Halbinsel zum Beispiel erst im 18. Jahrhundert ein.[46] Zudem bleibt noch die Frage, was die Pfarrer und Vikare aus ihrer Lektüre gemacht haben. Um die ausgezeichnete Formulierung von Michel de Certeau aufzugreifen, könnte man sagen, daß die meisten von ihnen eine Kirche »fabrizierten«, indem sie konforme Praktiken einführten und den Aberglauben des Volkes ausrotteten. Sie entwickelten sich nach und nach von Erziehern zu »Beamten einer religiösen Ideologie«.[47] Vielleicht kann man dies durch zwei widersprüchliche Beispiele belegen. Auf der einen Seite gründete Jean Meslier, der im 17. Jahrhundert eine Pfarrstelle in der Champagne bekleidete, die Denkschrift über seine antichristlichen »Gedanken und Gefühle« – die dank Voltaire und d'Holbach später einen postumen Erfolg erleben sollte – auf das Studium der Heiligen Schrift und der Kirchenväter, zu dem ihn gerade die klerikalen Konferenzen der Diözese Reims angehalten hatten. Für diesen Pfarrer, der sich zum Materialismus bekannte, waren die Priester allerdings nicht »gänzlich überflüssig, weil in allen gut organisierten Republiken Lehrer gebraucht werden, die die Tugenden lehren und die die Menschen in den guten Sitten unterrichten«.[48] Aus welchem Grunde trug andererseits Gilles Guillaume, der Pfarrer der Gemeinde Semoine in der Diözese Troyes und ein Zeitgenosse von Jean Meslier, in das Pfarregister des Jahres 1718 die Abschrift eines Briefes ein, in dem der Jesuit Jean-Joseph Surin 1630 seinen Mitbrüdern in La Flèche von einem jungen, des Lesens unkundigen Mann berichtet hatte, dem er in der Kutsche von Rouen nach Paris begegnet war? Teilte er Surins Ansicht, daß der Schatz der Spiritualität selbst den einfachsten Menschen enthüllt wird, und daß auch die kleinen Leute, die nicht in der Heiligen Schrift bewandert sind, oft besser als alle Professoren der Theologie die Wege des Heils erkennen? Die Wahl dieses eigentümlichen Textes deutet immerhin darauf hin, daß dieser Pfarrer Zweifel an seinem eigenen Auftrag hegte.[49]

## Der Lesestoff der Gläubigen

Zu beschreiben, was die Gläubigen gelesen haben, ist eine sehr viel verwickeltere und heiklere Aufgabe. Hierbei muß man zwischen verschiedenen Epochen, verschiedenen Ländern und Gegenden, zwischen Stadt und Land sowie zwischen verschiedenen sozialen Schichten unterscheiden. Zwischen dem 16. und dem 18. Jahrhundert hat die beträchtliche Erweiterung der Leserschaft, die auf einen zunehmenden Schulbesuch – sowohl in der Stadt, durch das Aufkommen der Armenschulen, als auch auf dem Lande, angeregt durch die gegenreformerischen Bischöfe – zurückzuführen war, bewirkt, daß eine größere Anzahl von Produkten zur Erbauung der Leser angeboten wurde. Gängige Texte – die Heilige Schrift, *Die Nachfolge Christi* oder der Text der Liturgie – wurden in vielen verschiedenen Formen in Umlauf gebracht. Von Ausgaben mit winzigen Buchstaben bis zu solchen in großen Lettern. Von einfachen lateinischen Versionen über Ausgaben mit »Erläuterungen« bis hin zu Übersetzungen. Von Büchern, die in Saffianleder mit Goldprägung gebunden waren bis zu broschierten Heften. Von den auf Leder gedruckten Kupferstichen der sogenannten *Bible de Royaumont*, denen Louis-Isaac Le Maistre de Sacy eine Zusammenfassung des Bibeltextes beigab, bis zu den einfachen Holzschnitten der *Figures de la Sainte Bible* (»Bilder der heiligen Bibel«), die in der *Bibliothèque bleue* von Troyes erschienen (im 17. Jahrhundert handelten drei Viertel aller illustrierten Bücher von religiösen Themen).[50] Diese Formenvielfalt deutet auf mannigfaltige Arten der Textaufnahme hin, deren Wege man noch aufdecken muß. Dabei sind wir wesentlich besser über den spirituellen Lesestoff der Geistlichen als über den der Laien unterrichtet. Während sich die adlige Führungsschicht von ihren Seelsorgern individuell darüber beraten ließ, welche Bücher zur geistigen Entfaltung nötig sind und wie man sie angemessen lesen soll,[51] gab es unendlich weit davon entfernt das Volk in Stadt und Land, unter dem bei Missionskampagnen massenhaft Bilder, fliegende Blätter und Broschüren verteilt wurden. Insbesondere wäre zu klären, in welchen Etappen und auf welche Weise die geschriebene Predigt jene wesentlich spektakulärere Predigt, die Auge und Ohr ansprach, wenn nicht ersetzt, so doch zumindest begleitet hat. Ein entscheidender Moment war zweifellos, zumindest in Frankreich, die zweite Hälfte des 17. Jahrhunderts, als sich die Kirchenführung beherzt für eine großangelegte Schulpolitik entschied, offenbar ohne ihre langfristigen Folgen zu erkennen. Ein ausgezeichneter Zeuge dieser Wandlung war der Abbé Fénelon, da er nach der Aufhebung des Edikts von Nantes einige Jahre lang mit einem Missionsauftrag zu den Protestanten von Aunis und Saintonge geschickt wurde. Er maß den Sinnen eine »essentielle« Bedeutung bei, als er sich dafür aussprach, der König solle den neuen Konvertiten gestatten, »am Sonntag vor der Messe und nach der Vesper in der Kirche« die Psalmen zu singen, ein wenig wie »dies die Missionare auf dem Lande tun mit gewissen Gesängen über die Mysterien, die sie die Bauern nach dem Gottesdienst singen lassen. (...) Sie brauchen etwas, was die Sinne anspricht, was sie tröstet und was uns ihnen anscheinend näherbringt«.[52] Aber Fénelon erkannte auch schnell, daß diese Hirtenpredigt, die verlocken will und hofft, die Protestanten »unmerklich« durch Erbauung zu bekehren, auch ihre Grenzen hat. Eine zeitlich begrenzte Mission kann »in Erstaunen versetzen«, vorübergehend erschüttern oder sogar einen »heftigen Schock«[53] bewirken, aber sie kann die Religion nicht dauerhaft in den Herzen verankern, da »alles, was nur ruckartig vorangeht, den Baum erschüttert, ohne ihn zu entwurzeln«.[54] Im Gegenteil sei eine kontinuierliche Predigt nötig, die von »besonnenen Pfarrern, die zu belehren wissen«, gehalten werden soll, da »jene Völker, die von der Häresie erfüllt sind, nur durch das Wort gewonnen werden können«.[55] Doch diese Bekehrung durch den Pfarrer, der das Evangelium »liebevoll« erläutert, sollte das Lesen lenken und leiten. Tatsächlich vertraute Fénelon hauptsächlich auf zwei Mittel, um das Bekehrungswerk dauerhaft zu verankern: erstens Schulen (»wenn man nicht schleunigst gute Schulen für beide Geschlechter einrichtet, müssen wir wieder ganz von vorn anfangen«) und zweitens sollte das *Neue Testament* in Hülle und

Fülle verteilt werden. Allerdings, präzisierte er, »sind große Lettern nötig, da sie nichts Kleingedrucktes lesen können. Man darf nicht erwarten, daß sie katholische Bücher kaufen. Es ist schon viel, wenn sie diejenigen lesen, die sie nichts kosten. Die meisten können nämlich nicht einmal welche kaufen.«[56] Ebenso bat Fénelon darum, mehrere Exemplare des *Catéchisme historique* (»Historischer Katechismus«) von Claude Fleury, die »sehr nützlich wären«, zu schicken.[57] Weil es »kein geringes Ding ist, die Gefühle eines ganzen Volkes zu ändern«, und weil es nicht leicht ist, »unwissende Leute zu überzeugen, da sie täglich klare, deutliche Texte zugunsten der Religion ihrer Ahnen gelesen haben«,[58] entschieden sich Kirche – und König – bewußt für eine Hirtenpredigt des Buches, die an die lexikalischen Fähigkeiten (die »großen« Lettern) der meisten Menschen angepaßt war.

Mit dem Umfang der Produktion an religiösen Druckschriften müssen wir uns nicht lange aufhalten. Die von Henri-Jean Martin in bezug auf das Pariser Verlagswesen ermittelten Fakten sind bekannt. Dank eines Aufschwungs, der sich durch eine spektakuläre Zunahme der Publikationen auszeichnete (allein für das Jahr 1644 zählt man 600 Ausgaben, während in den Jahren um 1600 lediglich etwa 150 gedruckt wurden), stieg der Anteil der Religion an der gesamten Produktion von Druckschriften zwischen 1600 und 1650 stetig von 30 Prozent auf 50 Prozent an (wahrscheinlich lagen die letzteren Zahlen für Italien und die Iberische Halbinsel noch wesentlich höher). Innerhalb der Produktion ergaben sich spürbare Veränderungen. Während der Anteil der Heiligen Schrift und der Kirchenväter im großen und ganzen eher bescheiden wirkte, nahm die Quote der Katechismen und der Predigtsammlungen im Gegenteil zu. An die Stelle der antiprotestantischen Kontroverse traten nun Bücher über die Gnade und die Häufigkeit der Kommunion, in denen Jesuiten und Jansenisten gegeneinander polemisierten. Vor allem aber entstand eine neue Andachtsliteratur, eine pietistische »Invasion«, die Henri Brémond in seinem monumentalen Buch *Histoire littéraire du sentiment religieux en France* (»Geschichte der religiösen Empfindung in der französischen Literatur des 17. Jahrhunderts«) analysiert hat. Er untersuchte nicht nur alle von der Kirche verbreiteten Texte – wie die außergewöhnlich zahlreichen Übersetzungen der *Nachfolge Christi*, die *Lebensgeschichte* und die *Werke* der hl. Therese, die Werke von Louis de Grenade oder die spanischen Traktate von La Puente und Rodriguez –, sondern auch die Blüte der französischen spirituellen Autoren, sowohl Kapuziner als auch Jesuiten: den Pater Joseph oder Yves de Paris mit seiner *Introduction à la vie spirituelle* (»Einführung ins spirituelle Leben«), die Jesuiten Binet, Suffren, Caussin, Poirée, Hayneuve, Le Moye und Surin.[59]

Die Nachlaßinventare der Buchhändler, die von den Historikern aufgespürt werden konnten, bestätigen diese Analyse. Im 17. Jahrhundert machte das religiöse Buch (theologische und pietistische Werke, antiprotestantische Propaganda) in den meisten Fällen mehr als die Hälfte des Lagerbestandes aus.[60] Übrigens erreichten die Auflagenzahlen, die man für die gebräuchlichsten Bücher – Stundenbücher, *Die Nachfolge Christi*, Katechismen oder Andachtsbücher wie *L'Ange conducteur* (»Der Engel als Führer«) des Jesuiten Jacques Coret – ermitteln konnten, manchmal fünf- bis zehntausend Exemplare.[61] Als das System der Privilegien am Vorabend der Französischen Revolution durch die Einführung einfacher Genehmigungen liberalisiert wurde (Verordnung vom 30. August 1777), wurden damit zugleich die Urheberrechte für viele alte Bücher öffentlich zugänglich. Dank dieser Genehmigungen konnten die Historiker die ungeheure Zahl der Neuauflagen religiöser Bücher in den Provinzen ermitteln. Zwischen 1778 und 1789 umfaßten sie insgesamt 1363700 Exemplare, das sind 63 Prozent aller Nachdrucke überhaupt. Etwa die Hälfte von ihnen (45 Prozent oder 569000 Exemplare) bestanden aus übersetzten liturgischen Texten (*Journée du Chrétien*, Marienandacht, Texte der Gottesdienste, Psalter, *Petit paroissien* usw.) oder aus Gesangs- und Gebetbüchern wie: *Formulaire de prières chrétiennes à l'usage des Ursulines* (»Muster der christlichen Gebete zum Gebrauch der Ursulinen«), *Cantiques spirituels sur les principaux mystères de notre religion* (»Spirituelle Gesänge über die wichtigsten Mysterien unserer Religion«) und so weiter. Fast ein Drittel dieser Produktion gehörte zu den Andachtsbüchern, Handbücher für den perfekten Christen. Darunter befand sich eine beachtliche Produktion von Erbauungsliteratur, oft von Jesuiten verfaßt, die dazu bestimmt war, den Gläubigen auf den Wegen des Heils als Führer zu dienen. Als Beispiele seien hier nur genannt: *L'Ame pénitente ou le Nouveau Pensez-y bien* (»Die bußfertige Seele oder das neue *Pensez-y bien*«) des Paters Barthélémy Baudrand (12150 Exemplare nachgedruckt) oder ein Bestseller wie *L'Ange conducteur dans la dévotion chrétienne en Faveur des ames dévotes* (»Der Engel als Führer in der christlichen Andacht zugunsten frommer Seelen«) des Paters Jacques Coret, der zum ersten Mal 1683 in Lüttich erschien (Neuauflagen in 16 Städten, hauptsächlich in Lothringen: 99 700 Exemplare). Schließlich gehörten 20,8 Prozent aller Nachdrucke zur Masse der Stundenbücher (283500 Exemplare) aller Art: *Heures royales* (»Königliches Stundenbuch«), *Heures dédiées à Monseigneur le Dauphin* (»Stundenbuch, Ihrer Durchlaucht dem Thronfolger gewidmet«), *Heures nouvelles dédiées à Madame la Dauphine* (»Neues Stundenbuch, Ihrer Durchlaucht der Thronfolgerin gewidmet«).[62] Diese gewaltige Menge bestätigt, daß die christliche Kulturaneignung am Ende des 18. Jahrhunderts weitgehend durch das geschriebene Wort stattfand, zumal viele dieser Texte ausdrücklich für den Leseunterricht in den Schulen bestimmt waren: *Cantiques syllabaires français* (»Choräle mit französischen Silben«), *Office de la Sainte Vierge suivi d'une méthode facile pour apprendre les lectures et prononciations françaises* (»Marienandacht, gefolgt von einer leichten Methode, die französische Aussprache und das Lesen zu lernen«), *Heures nouvelles d'école* (»Neues Stundenbuch für die Schule«), *Demi-psautier à l'usage des écoles* (»Kleiner Psalter zum Gebrauch in den Schulen«) und so weiter.

Wir begnügen uns hier mit einigen kurzen Hinweisen zum *kollektiven* Gebrauch dieser Texte. Im 17. Jahrhundert praktizierte man in den Vereinigungen, in denen sich die pietistischen Kreise der Oberschicht trafen, eine kollektive Lektüre. Bereits in ihren ersten Versammlungen nahmen die Brüder der *Compagnie du Saint-Sacrement* (»Gesellschaft vom Heiligen Sakrament«, in die hauptsächlich Offiziere des Königs eintraten) die Gewohnheit an, Auszüge aus der *Nachfolge Christi* oder aus *Le Combat Spirituel* (»Der spirituelle Kampf«) des Theatiners Lorenzo Scupoli zu lesen. Die »spirituellen Konferenzen«, denen die Mitglieder der *Compagnie de Limoges* beiwohnten, waren der Erläuterung des *Neuen Testaments* oder eines frommen Textes gewidmet. In diesem pietistischen Netz zirkulierten Bücher und Broschüren. Die Biographien verstorbener Mitbrüder wie *La Vie de Monsieur de Renty*, das der Jesuit Jean-Baptiste Saint-Jure 1651 herausgab, sollten den Brüdern als

Vorbild dienen und so zwischen ihnen eine Einheit in Gedanken und Tat schaffen. Gleichzeitig benutzte man in großem Umfang Flugblätter, um über den beschränkten Kreis der Mitbrüder hinaus auch die Bruderschaften in den Pfarrgemeinden sowie andere wohltätige Vereine über Aktionen, die unterstützt werden mußten (zum Beispiel Missionen im Ausland), zu informieren und das nötige Geld dafür zu sammeln.[63] In den von den Jesuiten gegründeten Marienkongregationen wurde die Frömmigkeit der *Sodalen* [Mitglieder einer Bruderschaft oder Kongregation; Anm. d. Übers.] durch zahlreiche Stundenbücher, Gottesdiensttexte und spirituelle Übungen (zunächst auf lateinisch, später auch auf französisch) unterstützt. Mit der Gründung öffentlicher Bibliotheken verbreitete sich die apostolische Sendungsarbeit durch das Buch schon sehr früh, vor allem im Norden Europas. Besonderen Erfolg hatte sie sowohl unter den jungen als auch den verheirateten Handwerkern in Antwerpen und Köln.[64] In bescheidenerem Maße verfügten die Büßerbruderschaften, die Bruderschaften des Allerheiligsten Sakraments oder die der Jungfrau Maria in den urbanen Zentren jeweils über ein eigenes, regelmäßig neu aufgelegtes Meßbuch, das *Office de la Glorieuse Vierge Marie* (»Meßbuch der glorreichen Jungfrau Maria«), das für die »weltlichen Büßerbruderschaften« bestimmt war. Außerdem besaßen sie Schriften wie: *Heures de pénitens* (»Stundenbuch für Büßer«), *Bréviaire à l'usage des pénitents blancs de Grenoble* (»Brevier zum Gebrauch der weißen Büßer von Grenoble«), *Office du Très Saint Sacrement* (»Gottesdienst des Allerheiligsten Sakraments«). Solche Bücher wurden von den Familien eifersüchtig gehütet. Man hatte sie von seinem Vater oder einem anderen Verwandten geerbt. Die ärmsten Brüder kauften sie manchmal von der Witwe eines Mitbruders. Eine exakte Auflistung all dieser liturgischen Texte der Bruderschaften muß noch erstellt werden.[65]

## Der Katechismus

Die Methoden und Gepflogenheiten, die den Katechismusunterricht bestimmten, waren einem beträchtlichen Wandel unterworfen, ebenso wie die Handbücher für die Priester oder Lehrer, die den Katechismus eintrichtern sollten. Der Katechismusunterricht kannte Höhen und Tiefen, ehe er sich im 19. Jahrhundert allgemein durchsetzte. Freilich ist der Gebrauch des Katechismus in den Schulen schon seit dem 16. Jahrhundert belegt. In Norditalien unternahmen die Bruderschaften der Christlichen Lehre (gegründet nach dem Vorbild der 1539 von Castellino da Castello ins Leben gerufenen *Compagnia dei Servi dei puttini in carità*) vor allem in den letzten Jahren des 16. Jahrhunderts durch die Gründung von Sonntagsschulen eine umfassende Anstrengung zur Katechese. Allerdings wichen die Methoden der Unterweisung beträchtlich voneinander ab. Obwohl in der Diözese Mailand der Schwerpunkt weiterhin darauf gelegt wurde, die christliche Lehre *auswendig* zu lernen, konnten dennoch viele Elemente das Erlernen des Lesens begünstigen. Erstens der persönliche – sehr wohl belegte – Besitz des *libretto* mit dem Katechismus, in dem ganz vorn eine Tabelle mit dem Alphabet in derselben Schrifttype stand. Zweitens die Tatsache, daß die Schüler nebeneinander saßen und aus dem Katechismus immer nur einige wenige Worte zugleich lernten. Und drittens die Existenz eines »Kanzlers«, der abgesehen vom Lehrer kostenlos Unterricht im Lesen und Schreiben gab. Doch während die Sonntagsschulen in Mailand und eventuell auch in Pavia als Keimzellen einer Lesefähigkeit wirkten (zudem war das qualitative Verhältnis zwischen Lehrer/Schüler dort außergewöhnlich günstig), verlief der Unterricht in der Doktrin anderswo rein mündlich. Dort mußten sich die Kinder keine Tabellen einprägen, noch sollten sie irgendwelche Bücher besitzen, sie mußten lediglich auswendig rezitieren. In Bologna und Cremona bestand der Unterricht zum Beispiel lediglich darin, daß man dem Lehrer zuhörte.[66]

In der Gesellschaft Jesu hatte Ignatius von Loyola schon 1554 für Petrus Canisius, der damals noch Rektor der theologischen Fakultät in Wien war, ein Arbeitsprogramm in drei Punkten aufgestellt, um damit die wahre katholische Lehre unter den Häretikern zu verbreiten. Die Erzieher sollten »der gesamten Jugend einen Katechismus oder ein Buch über die christliche Lehre, in dem die katholische Wahrheit zum Gebrauch für Kinder und einfache Leute enthalten ist«, zu lesen geben. Doch gleichfalls von großem Nutzen sei »ein systematisch gegliedertes Buch für die weniger gebildeten Priester und Pfarrer«, damit sie daraus lernen, »was sie ihren Schäflein sagen sollen, damit diese annehmen oder verwerfen, was sich gehört.« Außerdem könne man eine *Summa* scholastischer Theologie gebrauchen, die »so verfaßt ist, daß dem Verstand der kultivierten Menschen unserer Zeit, oder derjenigen, die kultiviert zu sein glauben, nicht davor graust«.[67] Dieser Weisung ist Petrus Canisius insofern nachgekommen, als er tatsächlich drei Katechismen mit unterschiedlichem Schwierigkeitsgrad veröffentlicht hat. Bereits 1555 erschien in Wien eine *Summa doctrinae christianae*, ein etwa zweihundert Seiten starkes Werk in lateinischer Sprache, das theoretisch für alle christlichen Kinder (*pueritia*) bestimmt war. Dieser dichte Text war in fünf Abschnitte unterteilt. Obwohl er wegen der langen Antworten auf die aufgeworfenen Fragen bereits ziemlich umfangreich war, wurde er 1566 in einer sogenannten »posttridentinischen« Version noch um eine lange Erörterung über die Rechtfertigung erweitert und 1577 schließlich von dem Theologen Pierre Busée aus Löwen überarbeitet. Busée führte alle Stellen aus der Heiligen Schrift und den Kirchenvätern auf, die die Antworten im Katechismus untermauerten. Damit wurde die *Summa* zu einem theologischen Traktat, das vier Bände im Quartformat umfaßte und noch am ehesten dem anspruchsvollsten Niveau entsprach, das Ignatius von Loyola verlangt hatte. Wie dem auch sei, 1556 erschien in Ingolstadt, angehängt an eine lateinische Grammatik, ein *Catechismus minimus*, der in 52 Fragen unterteilt war, zu denen noch die wichtigsten Gebete hinzukamen. Dabei handelte es sich um einen Katechismus für kleine Kinder, die gerade das Lesen lernten und eine Einführung ins Lateinische erhielten. Dieses Material wurde ergänzt durch die Veröffentlichung eines *Parvus catechismus catholicus* (der bald *minor* genannt wurde, um ihn von den beiden anderen zu unterscheiden) für die Schüler in Köln. Dieser enthielt 124 Fragen, wobei er demselben Schema wie bei der *Summa theologica* folgte.[68] Der Erfolg von Canisius' Katechismen, die in den deutschsprachigen ebenso wie in den französischsprachigen Ländern zahlreiche Neuauflagen sowohl auf lateinisch als auch in den Volkssprachen erfuhren, hing eng mit dem Aufschwung der Jesuitengymnasien zusammen (bezeugt wird dies dadurch, daß die Erscheinungsorte den Niederlassungen der Gymnasien entsprachen), in denen er sofort eingeführt wurde. Tatsächlich wurde der *Catechismus parvus* in den unteren Klassen (Sexta, Quinta, Quarta) benutzt und auswendig gelernt, meist in der jeweiligen Volkssprache, während der große Katechismus in den höheren Klassen auf lateinisch unterrichtet wurde.[71] In Frankreich verdrängten Canisius' Katechismen schnell den bereits erschienen Katechismus von Emond Auger (der seinen ebenfalls in drei verschiedenen Schwierigkeitsgraden anbot). Letzterer besaß nämlich den großen Nachteil, daß er sich Punkt für Punkt an Calvins Katechismus orientierte, um ihn unmittelbar auf französisch widerlegen zu können. Eine solche parallel geführte Kontroverse hielt man für äußerst schädlich, weil Auger die Themen der Glaubensdoktrin dadurch nicht nach ihrem Stellenwert berücksichtigte und der Jugend zudem die Irrlehren »offen« vortrug. Im Gegensatz dazu handelte Canisius' Katechismus von der »christlichen Gerechtigkeit« mit einer Definition der Sünden, den Werken der Barmherzigkeit sowie den Früchten und Gaben des Heiligen Geistes.[72] Sowohl aufgrund seiner theologischen Treue zum Tridentinischen Konzil als auch wegen seiner pädagogischen Anschaulichkeit wurde Canisius' Katechismus damit für viele Generationen von Katholiken, die in den Gymnasien ausgebildet wurden, zum mustergültigen Schulbuch.

Das Bestreben, es einem aus Kindern bestehenden Publikum zu ermöglichen, die katholischen Wahrheiten auswendig zu lernen (wenn auch nicht immer zu verstehen), bestand also schon ausgesprochen früh. Die Unterteilung des Katechismus in mehrere Schwierigkeitsstufen wurde darum in den Diözesanhandbüchern, die die Bischöfe im 17. Jahrhundert herausgaben, oft übernommen. So ließ Jean-François de Gondi, der Erzbischof von Paris, im Jahre 1646 drei Katechismen zusammenstellen, einen »für die kleinen Kinder«, einen weiteren »für diejenigen, die älter und weiter fortgeschritten sind«, und einen dritten, »um zu lernen, die Erstkommunion richtig zu absolvieren«.[73] Der im Jahre 1676 erschienene sogenannte Katechismus »der drei Henrys« – weil vom Bischof von La Rochelle, Henri de Laval, vom Bischof von Luçon, Henri de Barillon, und vom Bischof von Angers, Henri Arnauld, herausgegeben – war in drei Teile gegliedert. Er enthielt einen *kleinen* Katechismus (27 Seiten), der für die ganz Kleinen bestimmt war, einen zweiten (93 Seiten), der die »jungen Leute« von sieben bis acht Jahren auf die Erstkommunion vorbereiten sollte, und schließlich den großen Katechismus (382 Seiten), der sich vor allem an die Pfarrer richtete, um sie bei der Unterweisungen ihrer Schäflein durch Predigt und Katechismusunterricht zu unterstützen.[74] Die Pariser Gemeinde Saint-Nicolas du Chardonnet war damals ein echtes pädagogisches Forschungsinstitut, das zahlreiche reformerische Experimente angeregt hat. Abgesehen davon, daß die Kinder dort je nach Niveau in verschiedene Gruppen unterteilt wurden (die Kleinsten, die »Mittelmäßigen« und die Größeren), unterstützte man die Lektionen auch noch durch besondere pädagogische Hilfsmittel: Kupferstiche mit Darstellungen der christlichen Mysterien (diese wechselten regelmäßig, um sich dem liturgischen Kalender anzupassen) wurden vom Lehrer erläutert, während lose Blätter mit kurzen Zusammenfassungen der Lektionen an die Schüler verteilt wurden. Die kurzen Belehrungen zu den Feiertagen wurden ebenfalls nach dem Schwierigkeitsgrad, der dem Wissensstand der Kinder entsprach, geordnet. »Die kleinsten von denen, die französisch lesen«, mußten die ersten Fragen beantworten. Die zweiten und dritten Abschnitte mit den Gründen, warum die Kirche diese Festlichkeiten begeht, waren für die »Mittelmäßigen« bestimmt. Die Größten, die »fähiger als die anderen« waren, mußten erläutern, welche Belohnungen man erwarten kann, wenn man den »moralischen Praktiken der Festlichkeiten« nachkommt. Die Anweisungen wurden hier entsprechend einer spezifischen Pädagogik, bei der die Schüler nach ihrem erworbenen Wissenstand unterschieden wurden, entwickelt und verfaßt. Jean-Baptiste de La Salle griff in seinen christlichen Schulen vieles von dem auf, was man in Saint-Nicolas du Chardonnet erprobt hatte.[75]

Obwohl man praktisch überall bestrebt war, den Unterricht an die intellektuellen Kapazitäten der verschiedenen Schülergruppen anzupassen,[76] kann man dennoch nicht als gegeben voraussetzen, daß die Methode, die in einer Testgemeinde der Hauptstadt entwickelt wurde, allgemeine Verbreitung gefunden hätte. In den Jahrhunderten der Neuzeit hat die Kirche noch sehr lange einen rein *oralen* Katechismus praktiziert, wobei nur der Geistliche bzw. der unterrichtende Lehrer über das Lehrbuch verfügte. Wichtig war der Kirche vor allem, die Gläubigen in den Wahrheiten ihrer Religion zu unterrichten. Einige Bischöfe haben sogar Katechismen in Dialektform veranlaßt. So ließ zum Beispiel François-Placide de Baudry de Piencourt, der Bischof von Mende, nach seinen ersten Visitationen einen Katechismus auf provenzalisch (*Langue d'oc*) verfassen, »damit die Bergvölker Kenntnis erhalten von den wichtigsten Wahrheiten der Religion, die zu kennen für das Seelenheil unabdingbar ist, die vielen aber unbekannt waren, weil sie sie in der französischen Sprache nur schwer verstanden«. Für ihn handelte es sich darum, »denen, die sich sozusagen noch in der Kindheit des Christentums befinden, die Milch« zu geben.[77] Gleich nach seiner Ankunft in der Diözese Auch im Jahre 1746 ließ Jean-François de Montillet einen französischen Katechismus zusammenstellen, der praktisch überall in der »Volkssprache« unterrichtet werden sollte. In der zweiten Ausgabe dieses Handbuchs beglückwünschte er sich bereits zu den erzielten Ergebnissen:

> »Was für ein Schauspiel ist es doch, sowohl für alle Gläubigen als auch für uns, zu sehen, wie mehr als die Hälfte der jungen Leute, selbst jene aus den ländlichen Gemeinden, in denen fast niemand lesen konnte, nun dennoch den Katechismus vollständig aufsagen! Diejenigen, die am schlechtesten auswendig lernen konnten, sind nun genau unterrichtet in einer Kurzfassung aller Dinge, die man unbedingt wissen muß über unsere Mysterien, über die Gebote der Kirche, über die Sakramente und darüber, welche Vorkehrungen unerläßlich sind, um die Sakramente würdig zu empfangen!«

Allerdings wurde eine zweite Ausgabe nötig, einerseits um eine gewisse Anzahl von Fragen und Antworten »unter Beachtung der beschränkten Möglichkeiten der Leute vom Lande« zusammenzustreichen, andererseits um die Gebete zu verkürzen, sowohl um sie in der Länge mehr »dem Gedächtnis und der Aufnahmefähigkeit der meisten Kinder« anzupassen, als auch »um in der französischen Sprache Wendungen und Ausdrücke zu benutzen, die in dem Idiom, das in der Diözese üblich ist, sozusagen Wort für Wort wiedergegeben werden können, damit die Übersetzung somit überall dieselbe ist, weil die geringste Abweichung in dieser Hinsicht die Kinder verwirrt.«[78] Wir haben es hier mit einem Katechismus zu tun, der ausschließlich auswendig aufgesagt wurde, wobei man den Kindern alle Fragen und Antworten eintrichterte. In dieser Hinsicht bestand im 18. Jahrhundert ein deutlicher Unterschied zwischen den Katechismen in Südfrankreich, die meist diesem Typ angehörten, und denen im Nord-Nord-Osten des Landes, wo der Katechismus ein Schulbuch war, in dem man las, ehe es auswendig gelernt wurde.[79] Dagegen wies Charles de Caylus, der Bischof von Auxerre, ausdrücklich darauf hin, daß der Katechismus, den der Pfarrer in der Kirche lehrt, großen Nutzen aus dem Katechismus zieht, den der Lehrer in der Grundschule unterrichtet hat:

> »Es ist offensichtlich, daß all jene Kinder, denen man das Lesen beibringt, aufgeschlossener sind, um die Glaubensprinzipien, in denen man sie unterrichtet, zu verstehen und zu behalten. Man verzweifelt fast an der Mühe, die es einem zumeist bereitet, Kindern und sogar fortgeschritteneren Personen, die nicht lesen können, die wichtigsten Wahrheiten der Religion einzutrichtern, zumal wenn man sieht, mit welcher Leichtigkeit sie später vergessen, was man ihnen im Katechismusunterricht beigebracht hat, sobald sie nicht mehr hingehen. Dagegen sind diejenigen, die lesen können, immer in der Lage, sich durch ihre Lektüre in Erinnerung zu rufen, was ihnen eventuell entfallen ist.«[80]

Tatsächlich fragten sich immer mehr Katecheten, welcher Zusammenhang tatsächlich zwischen Auswendiglernen und wirklichem Zugang zum Sinn besteht. Übrigens war dies der Hauptgrund dafür, daß sich Claude Fleury für die *historische* Methode entschied. In dieser Hinsicht war der *Catéchisme historique contenant en abrégé l'histoire et la doctrine chrétienne* (»Historischer Katechismus, mit einem Abriß der christlichen Geschichte und Lehre«) eine echte Revolution. Claude Fleury empörte sich nämlich über den *Stil* der damaligen, von den Diözesen erstellten Katechismen: »Man kann nicht leugnen, daß der Stil der Katechismen äußerst trocken ist, so daß die Kinder große Mühe haben, sie zu behalten, und noch größere, sie zu verstehen. Doch da der erste Eindruck immer entscheidend ist, behalten einige von ihnen ihr ganzes Leben lang einen geheimen Widerwillen gegen diese Unterweisungen, die ihnen in ihrer Kindheit solche Mühen bereitet haben«. Nach Ansicht von Fleury bestand der grundsätzliche Fehler der Katechismen darin, daß sie verfaßt wurden von »in der Schule ausgebildeten Theologen, die einfach aus jedem theologischen Traktat alle Definitionen und Unterscheidungen, die ihnen am wichtigsten erschienen, herausgesucht und sie in die Volkssprache übersetzt haben, ohne ihren Stil zu ändern.« Schließlich sind Methode und Stil der scholastischen Theologie nur jenen vertraut, die »die Logik und die anderen Bereiche der

Philosophie« studiert haben, »wie dies bei Theologen gewöhnlich der Fall ist«. Für Claude Fleury war wichtig, daß man den Sinn der christlichen Wahrheiten versteht:

> »Glauben heißt nicht, gewisse Worte auswendig zu kennen, ohne ihren Sinn zu verstehen. Schließlich glaubt man nicht mit dem Munde, sondern mit dem Herzen. (...) Man kann nicht sagen: ›Ich glaube an das Mysterium der Dreifaltigkeit‹, wenn man nicht die geringste Vorstellung davon besitzt, wenn einem nur der Klang von Worten, die ebenso unbekannt sind wie die einer Fremdsprache, im Gedächtnis haftet. Nun ist aber die Sprache der Scholastik für alle, die sie nicht studiert haben, eine solche Fremdsprache.«

Dies erklärt Claude Fleurys unausgesetztes Bestreben, auf die *Erfahrung* aller Jahrhunderte zurückzugreifen, und im Religionsunterricht die Methode »der Erzählung und der einfachen Herleitung von Fakten, auf die man die Dogmen und Moralvorschriften gründet«, anzuwenden. »Jeder kann eine Geschichte verstehen und behalten. (...) Vor allem Kinder schwärmen dafür.« Seit Fleury stand beim Katechismusunterricht nun die *Erzählung*, die *Geschichte* im Zentrum. Es handelte sich nicht mehr um *Geschichten* oder *Legenden von Heiligen*, in denen besonders alles Wundersame hervorgehoben wurde. Es handelte sich um die *Heilige Geschichte*.[81] Dies war eine umwälzende Entdeckung, die zugleich auch erklärt, warum Fleurys *Catéchisme historique* sehr rasch, und dies bis zur Mitte des 19. Jahrhunderts, zu einem Bestseller des französischen Verlagswesens wurde. Übrigens ließen sich auch andere Katechismen, wie der des Bischofs von Meaux, Bossuet, sofort von Fleurys Neuerung beeinflussen und gliederten die Erzählung der Heilsgeschichte in die Darstellung der Lehre ein.[82]

## Die Lektüre der Analphabeten

Claude Fleury stattete seinen historischen Katechismus absichtlich mit Bildern aus, »damit er sowohl als Katechismus als auch als Illustration der Heilsgeschichte dienen kann«. Wie er einräumte, sind Bilder nämlich »besonders dazu geeignet, die Phantasie der Kinder anzuregen und sich in ihrem Gedächtnis festzusetzen. Sie sind die Schrift der Ungebildeten«. Ferner gab er zu, er habe sich von den »mit Illustrationen versehenen« Zusammenfassungen der Geschichte des Alten und Neuen Testamentes inspirieren lassen, die seiner Meinung nach ein »ausgezeichneter« Einfall waren. Tatsächlich hat das Genre der Bilderbibel (*Figures de la Bible*), bei dem Illustrationen zu verschiedenen Episoden der Heiligen Schrift zusammen mit einem Kommentar abgedruckt wurden, sicherlich vielen Kindern einen ersten Einstieg ins Lesen geboten. Aber wie Claude Fleury schon bemerkte, waren diese »mit Abbildungen versehenen Bücher viel zu teuer, als daß sie den Armen, die diese Unterweisung am dringendsten brauchen, zugänglich wären«.[83] Die Kupferstiche der sogenannten *Bible de Royaumont* waren für einen bescheidenen Geldbeutel zwar unerschwinglich, aber wir besitzen gute Belege für eine kollektive Nutzung. Im großen, von den Sulpizianern geleiteten, Seminar von Autun wurde sie mündlich gelesen, außerdem auch im kleinen jansenistischen Seminar des Hospizes von Bicêtre, in das man den jungen Nicolas Rétif de la Bretonne steckte,[85] sowie in den Armenschulen der Pariser Vorstadt Saint-Antoine.[86] Abgesehen von diesem kostspieligen Buch, das jeweils Eigentum der Institution blieb, gab es noch eine ganze Reihe bescheidenerer Ausgaben wie die *Figures de la Bible* (»Illustrationen zur Bibel«) der *Bibliothèque bleue* aus Troyes. Vielleicht war es auch eine dieser Veröffentlichungen, mit der der junge Grosley aus Troyes unter der Aufsicht der alten Magd Marie das Lesen gelernt hat. Marie war zwar Analphabetin, kannte die Texte zu den Abbildungen jedoch auswendig:

> »Jeden Abend war eine halbe Stunde meiner Zeit der Lektüre in den *Figures de la Bible* gewidmet. Ich mußte jeden Satz wiederholen, solange sie ihn nicht so gehört hatte, daß sie den Sinn verstand, wodurch sie mich dazu brachte, ihn selbst zu spüren. Wenn ich las, ohne bei den Punkten und Kommata innezuhalten, klopfte sie mit der Spitze ihrer Spindel auf das Buch und befahl mir aufzuhören.«[87]

Für uns ist es schwer zu ermessen, welche Wirkung die Schriften, die während der Volksmissionen massenhaft verteilt wurden, ausgeübt haben. Zweifellos bestand die Mission hauptsächlich in Worten und

Vorführungen, die die ganze Pfarrgemeinde rühren, bekehren und versöhnen sollten. Dennoch ließen sich die Missionare auf ihren Reisen auch von Buchhändlern oder Kurzwarenhändlern begleiten, die ihren frommen Krimskrams wie Rosenkränze, Medaillen, Heiligenbildchen, aber auch Broschüren und Bücher verteilen sollten, um auf diese Weise die Wirkung der Mission länger zu verankern. In der Bretagne ließ sich der Jesuit Julien Maunoir zwischen 1640 und 1660 zum Beispiel von dem Kurzwarenhändler Guillaume Yvonnic begleiten, der sich 15 Jahre lang um die Verbreitung kleiner Bücher mit religiösen Gesängen auf bretonisch kümmerte.[88] Übrigens begegnet man einer vergleichbaren spirituellen Literatur auch in den Katalogen, die die Buchhändler in Vannes, Morlaix und Quimper Ende des 17. und im ganzen 18. Jahrhundert anboten.[89] Im *Manuel de la Mission à l'usage des Capucins de la province de Paris* (»Handbuch zur Mission für die Kapuziner der Provinz Paris«, 1702) riet Pater Albert de Paris allen Missionaren, die Bücher nicht selbst zu verteilen, »sondern lediglich einem Drucker mitzuteilen, an welchem Ort wir missionieren wollen, dann wird er gewiß die nötigen Vorkehrungen treffen«. Die Buchhändler gaben sogar einen »Katalog aller Bücher, mit denen man sich auf einer Missionsreise versehen sollte«, heraus, wie ein Drucker aus Sées, der den Jesuiten Pierre Sandret auf seiner Missionierung in der Normandie begleitete und 1719 zehn Titel anbot, die er an den Orten der Mission verkaufte: Gebete, Gesänge, *Le Guide du Salut* (»Der Führer zum Heil«), *Règlement des familles* (»Maximen für die Familien«), *Leçons du Calvaire pour apprendre à se préparer à une bonne mort* (»Die Lehren des Kalvarienberges, um sich auf einen guten Tod vorzubereiten«).[90] In der Franche-Comté führten die Missionare von Beaupré in der ersten Hälfte des 18. Jahrhunderts 260 Missionen durch. Auf ihren Rundreisen wurden sie regelmäßig von mindestens zwei Buchhändlern aus dem Jura, Denis Raillard aus Salins und Jean-Baptiste Tonnet aus Dôle, begleitet. Im 18. Jahrhundert war das Buch in den Haushalten des Jura noch ein sehr seltener Gegenstand, wie aus den Nachlaßinventaren ersichtlich ist (bei Händlern geben 23 Prozent aller Inventare Bücher an, bei Handwerkern 19 Prozent, aber bei Bauern sämtlicher Kategorien lediglich 6 Prozent), wobei es sich hauptsächlich um religiöse Bücher handelte (70 bis 90 Prozent aller identifizierten Bücher), bei deren Verbreitung die Missionen zweifellos eine wichtige Rolle gespielt haben.[91] Auf die gleiche Weise wurden während der Jesuitenmissionen im Elsaß und in Deutschland fromme Schriften verbreitet. Diese legten den Akzent auf die wichtigsten Punkte der katholischen Lehre (daher glichen sie echten Katechismen), in den rheinländischen und deutschsprachigen Gebieten auf die traditionellen Andachtsübungen (zum Beispiel auf die Verehrung der Fünf Wunden Christi), sowie auf die Bedeutung der heiligen Jesuiten (Franz Xaver, Ignatius).[92] Gewiß wurden dabei gewaltige Mengen verbreitet, verglichen mit den wenigen Exemplaren, die bis heute erhalten geblieben sind. Betrachtet man nur das Rechnungsbuch von Pierre Leroux, einem kleinen Buchhändler aus Rodez, stellt man fest, daß er mit Michel Chappat in Verbindung stand, einem »Stücksetzer« aus Murat in der Auvergne, »der den Priestern der Mission folgte«. Zwischen 1670 und 1678 schickte Leroux ihm 3425 kleine Missionsschriften, 1500 Gesänge, 500 Gebete auf Flugzetteln und 150 Schriften mit dem Engelsgebet, von den vielen Kupferstichen ganz zu schweigen. Diese örtlich und zeitlich begrenzte Liste gibt eine Vorstellung davon, in welchen Massen diese Schriften wohl verbreitet wurden.[93]

Welchen Gebrauch machte man von diesen Büchern? In den Missionsschriften der deutschen Jesuiten wurde die Macht des hl. Ignatius über den unheilvollen Einfluß der Dämonen so nachdrücklich betont, daß die Annahme naheliegt, die Missionsbüchlein hätten manchmal als Utensilien bei einem Ritus zur Beschwörung der Mächte des Bösen gedient. Die Missionare bezweckten mit der Einführung »guter« Bücher, abergläubische Praktiken oder Zauberriten durch orthodoxe Praktiken (Gebete und regelmäßigen Empfang der Sakramente) zu ersetzen. Jean Leuduger, ein Scholastiker der Kathedrale Saint-Brieuc, der viele Missionen in der Bretagne geleitet hat, gab in seiner 1700 veröffentlichten Schrift *Bouquet de la Mission* (»Der Blumenstrauß der Mission«) offen zu, er habe »eine Zusammenfassung all dessen, was in den Predigten, Gesprächen, Vorträgen und anderen Übungen der Mission gesagt wird«, angefertigt, »damit ihr euch an alles erinnert, was ihr bei der Missionierung gelernt habt, und damit ihr eure guten Empfindungen und die heiligen Vorsätze, die ihr gefaßt habt, von Zeit zu Zeit erneuert«.[94] Ein ganzes Kapitel ist darin der spirituellen Lektüre gewidmet. Es erteilt Ratschläge, die bereits seit den Kirchenvätern klassisch waren, über die Art und Weise, wie die Texte »gekostet« und »genossen« werden sollen. Außerdem wurde eine ganze Liste »guter« Bücher aufgeführt, vom *Pensez-y bien* des Jesuiten De Barry und der *Nachfolge Christi* bis zu den ebenfalls klassischen Sammelbänden spiritueller Texte von Franz von Sales, Louis de Grenade, Alfonso Rodriguez oder Lorenzo Scupoli. Selbst diejenigen, die des Lesens unkundig waren, wurden dazu angehalten, sich gute Bücher anzuschaffen:

> »Selbst wenn ihr nicht lesen könnt, so unterlaßt es dennoch nicht, gute Bücher zu besitzen, damit ihr sie euch von anderen vorlesen lassen könnt. Das Dienstmädchen Armelle Nicolas, das in Vannes im Rufe der Heiligkeit starb, tat genau dies. Sie trug immer die *Nachfolge Christi* bei sich, und wenn sie jemanden fand, der lesen konnte, bat sie ihn darum, ihr einige Zeilen aus ihrem Buch vorzulesen. Anschließend hielt sie inne, um darüber nachzudenken.«[95]

Wurde das spirituelle Vorbild dieser Frömmlerin oft befolgt? Jedenfalls haben alle Männer und Frauen, die diese Erfahrung gelebt haben, nichts darüber berichtet.

*Aus dem Französischen von Klaus Jöken*

Kapitel 10

# »Populärer« Lesestoff und »volkstümliche« Leser in Renaissance und Barock

*Roger Chartier*

Die Begegnung mit den »volkstümlichen« Lesern der Renaissance von der Mitte des 15. bis zur Mitte des 17. Jahrhunderts folgte lange den von der Geschichte des Buches – wie sie sich nach der Veröffentlichung des bahnbrechenden Werkes von Lucien Febvre und Henri-Jean Martin entwickelt hatte – vorgezeichneten Wegen.[1] Vor allem wollte man bestimmen, aus welchen unterschiedlichen Bevölkerungsgruppen die Leser (und die Leserinnen) stammten. Deshalb versuchte man zu rekonstruieren, inwieweit man in den verschiedenen sozialen Schichten einer Stadt oder einer Gegend mehr oder weniger häufig auf Bücher stieß. Die Antwort auf die Frage »Wer las?« wurde anhand einer Soziographie des Buchbesitzes gegeben. Die Frage »Wer las was?« beantwortete man durch die Ermittlung von Titeln und Gattungen (verteilt über die großen bibliographischen Kategorien), die man jeweils einer sozialen Gruppe zuordnen konnte.

Daraus ergaben sich mehrere Methoden. Zunächst einmal zog man vor allem umfangreiche Quellen wie Hausratsinventare nach Todesfällen oder gedruckte Kataloge von Bibliotheksverkäufen heran, die eine serielle und quantitative Verarbeitung homogener, sich oft wiederholender und vergleichbarer Fakten erlaubten. Ferner entwickelte man Indikatoren zur Identifizierung einer ganzen Reihe kultureller Unterschiede über die große Unterteilung in Gebildete und Analphabeten hinaus. Hierbei berücksichtigte man die Anwesenheit oder das Fehlen von Büchern an sich, die Anzahl der vorhandenen Bücher und die Art der Titel, die in den Inventaren oder Katalogen auftauchten.

Solche Untersuchungen, die zweifellos häufiger für das 18. Jahrhundert als für die vorangegangenen Jahrhunderte durchgeführt wurden, haben wichtige Ergebnisse erbracht. Diese Einzelstudien, die im allgemeinen in der Größenordnung einer Stadt unternommen wurden, haben ergeben, daß in den Handwerker- und Händlerschichten häufiger Bücher vorkamen, als man zunächst erwartet hatte. Während in Valencia zwischen 1474 und 1550 ein Drittel aller Inventare Bücher erwähnten, war dies bei den Inventaren von Textilarbeitern nur zu 14 Prozent und bei denen von Handarbeitern zu 10 Prozent der Fall.[2] In Amiens tauchen zwischen 1503 und 1576 in jedem fünften Hausratsinventar verstorbener Händler Bücher auf, während wir dies in bezug auf Handwerker nur bei jedem zehnten (genauer bei 11 Prozent aller Inventare) feststellen.[3] Etwas später, zwischen 1620 und 1640, erwähnten in Canterbury die Hälfte aller Inventare die Anwesenheit von Druckschriften, während dieser Anteil unter Handwerkern der Bekleidungsindustrie 45 Prozent, unter Bauarbeitern 36 Prozent und unter Bauern, die in der Stadt wohnten, 31 Prozent betrug.[4] In allen Städten der Renaissance waren die unteren Volksschichten also durchaus mit dem Buch vertraut. Es war zwar nur eine Minderheit, die Bücher besaß, aber doch stets eine durchaus beachtliche, die manchmal sogar einen Großteil der untersuchten Bevölkerungsgruppen ausmachen konnte.

Kann man dieser ersten Ermittlung vertrauen? Vielleicht nicht. Die ungleiche Verteilung des Buchbesitzes, wie er in Inventaren und Katalogen zum Vorschein kommt, täuscht. Einerseits sind in ihnen nur jene Bücher berücksichtigt, deren Wert die Erwähnung in einem Besitzinventar oder in einem Versteigerungskatalog rechtfertigt. Andererseits erfährt man dadurch auch nichts über die Lektüre all jener Bücher, die die Leser keineswegs besessen, sondern lediglich ausgeliehen oder bei anderen Leuten gelesen haben, oder die ihnen gar nur vorgelesen wurden. Und schließlich begründet man mit der unterschiedlichen Verteilung eine kulturelle Diskrepanz, obwohl selbst in der Renaissance in allen sozialen Schichten oft *dieselben* Texte und *dieselben* Bücher in Umlauf waren. Die Behauptung, derzufolge alle Titel und Gattungen, denen man bei Handwerkern und Händlern begegnet, als »volkstümlich« gelten, muß also durch eine andere Methode ersetzt werden, die versucht aufzuzeigen, inwieweit die verschiedenen Leser und Leserinnen jeweils dieselben Texte auf unterschiedliche Weise benutzt und gelesen haben.

## Geteilte Lektüre

Zwei Feststellungen sprechen für ein solches Vorhaben. Zunächst einmal besaßen die »volkstümlichen« Leser ganz offensichtlich Bücher, die nicht speziell für sie bestimmt waren. Menocchio, ein Müller aus dem Friaul, las die Bibel in der Vulgärsprache (die *Fioretta della Bibbia*), eine Übersetzung der *Legenda aurea*, eine italienische Übersetzung der *Rei-*

*sen des Ritters John Mandeville* (*Il cavallier Zuanne de Mandavilla*) und den *Decamerone*. Was Menocchio als »volkstümlichen« Leser kennzeichnete, war also nicht so sehr das Corpus seines Lesestoffes, sondern vielmehr seine Art zu lesen, zu verstehen und die Texte, die er sich aneignete, im Sinne einer eigentümlichen Kosmologie zu benutzen.[5]

Ebenso lasen die Bauern, Handwerker und Händler der Diözese Cuenca, die zwischen 1560 und 1610 von der Inquisition befragt wurden, dasselbe, was die wohlhabenderen Leute auch lasen: Andachtsbücher, Heiligenleben und Ritterromane (*caballerías*).[6] Dank dieser Feststellung können wir den Befund revidieren, demzufolge die Leserschaft der Ritterromane angeblich grundsätzlich dem Adel angehörte.[7] Dieses Urteil, das in der Literaturgeschichte allgemein anerkannt war, gründete sich auf drei Argumente. Das erste dokumentierte die aristokratische Vorliebe (*aficíon*) für die Ritterromane, wobei es sich auf vereinzelte Hinweise (aus Briefen, Memoiren und Biographien, insbesondere der *Vita* der Theresia von Ávila) stützte, die den Erfolg dieser Literaturgattung sowohl beim Hofadel als auch beim Schwertadel bestätigten.[8] Das zweite Argument vermerkte die enge Beziehung zum Gefallen, den der Adel am verklärten, nostalgischen Bild von einem freien, unabhängigen, rast- und ruhelosen Ritterleben fand, während zur selben Zeit ein Prozeß einsetzte, der die Aristokratie an den Hof und an die Stadt band. Das dritte Argument verwies die wenigen Zeugnisse dafür, daß auch Leute aus dem Volk Ritterromane (*caballerías*) gelesen hätten, in den Bereich der Fiktion. Insbesondere sei hier das 32. Kapitel im ersten Teil des *Don Quijote* genannt, in dem sich die Erntearbeiter, die in der Herberge des Juan Palomeque zusammengekommen sind, drei Romane vorlesen lassen (*Los cuatro libros del valeroso caballero don Cirongilio de Tracia* [»Die vier Bücher des tapferen Ritters Don Cirongilio von Trazien«] von Bernardo de Vargas; *Primera parte de la grande historia del muy animoso y esforzado principe Felixmarte de Hircania* [»Erster Teil der großen Geschichte vom vielgeliebten und mächtigen Fürsten Felixmarte von Hircania«] von Melchor de Ortega und *Crónica del Gran Capitán Gonzalo Hernández de Córdoba y Agilar: Con la vida del caballero Diego García de Paredes* [»Chronik des großen Hauptmanns Gonzalo Hernández de Córdoba y Agilar: Mit der Lebensbeschreibung des Ritters Diego García de Paredes«]). Weder sie noch der Wirt hatten die Bücher gekauft, sondern nur in einem Koffer gefunden, den ein Reisender vergessen hatte. Die Diagnose lautete also eindeutig: »Die Ritterromane wurden von der Oberschicht oder vom Adel gelesen sowie – vielleicht – von einigen wenigen besonders wohlhabenden Mitgliedern des Bürgertums. Ganz gewiß waren sie nicht dazu bestimmt, von Bauern gelesen oder diesen vorgelesen zu werden.«[9]

Die Aussagen der Angeklagten vor dem Inquisitionsgericht zwingen dazu, dieses Urteil zu revidieren. In der Diözese Cuenca erklärten zwischen 1560 und 1610 sieben Bauern, sechs Händler und ein Handwerker, *caballerías* gelesen zu haben. Von 17 Angeklagten, die eine solche Lektüre erwähnt haben, stellten sie also die überragende Mehrheit. Es handelte sich um junge Leser (zwei Drittel waren jünger als 30 Jahre) und meist um Junggesellen (12 von den 17). Die Leserschaft der Ritterromane zeichnete sich demnach durch ihr Alter und den Familienstand aus, im Unterschied einerseits zu den Lesern der klassischen und humanistischen Literatur, die eher aus dem Bürgertum kamen und noch jünger waren (dank der Schüler aus den Lateinschulen), und andererseits auch zur Leserschaft von Andachtsbüchern (religiöse Anleitungen, Heiligenleben und Gebetbücher), die sehr viel zahlreicher (91 Leser und Leserinnen) und älter war und sich in der Mehrheit aus Witwern (oder Witwen) und verheirateten Leuten aus allen sozialen Schichten zusammensetzte.

Aus der vorbildlichen Analyse von Sara T. Nalle erfahren wir hierzu zweierlei. Erstens zeigt sie auf, daß die kulturelle Zäsur nicht zwangsläufig, vielleicht nicht einmal mehrheitlich, vom sozialberuflichen Status bestimmt wurde. Die Altersgruppe, der Familienstand, der durchlaufene Bildungsweg (außerdem die Zugehörigkeit zu einer Konfession, die Mitgliedschaft in einer Zunft oder das Wohnen in einem bestimmten Territorium) konnten, mehr noch als die soziale Stellung im eigentlichen Sinne, die spezifische Identität einer Leserschaft definieren. Zweitens bestätigt dieser Artikel, daß es keine Lesestoffe gegeben hat, die ausschließlich für gewisse Gruppen bestimmt gewesen sind: Ebensowenig wie die Andachtsbücher nur für Leser aus dem Volke bestimmt waren, sind die Ritterromane (trotz ihres großen Formats und ihrer hohen Preise) nur für die adlige und begüterte Oberschicht dagewesen.

Auch wenn die einfachen Leute sie nicht selbst besessen haben, so ist es doch möglich, daß sie sich den Inhalt dieser Bücher angehört haben, ähnlich wie die Erntearbeiter im *Don Quijote*.

## Der volkstümliche Markt für Druckschriften

Der zweite Grund, der dazu zwingt, eher die Gepflogenheit als die Verteilung, mehr die Lesegewohnheiten als den Buchbesitz zu betrachten, hängt mit den Strategien des Buchhandels zusammen. Tatsächlich erschlossen mutige Buchhändler-Verleger überall in Europa, je nach Land etwas früher oder später, einen volkstümlichen Markt für Druckschriften. Um diesen »volkstümlichen« Kundenkreis – volkstümlich im doppelten Sinne des Wortes, da er sehr zahlreich war und außerdem die einfachsten Leser (Handwerker, Ladenbesitzer, Kleinhändler und Dorfhonoratioren) umfaßte[10] – zu gewinnen, mußten mehrere Voraussetzungen erfüllt sein. Erstens mußte eine neue verlegerische Linie die Herstellungskosten und damit den Verkaufspreis senken. Zweitens mußten die Druckerzeugnisse durch Hausierer über Stadt und Land verteilt werden. Und schließlich mußten Texte oder literarische Genres gewählt werden, die die größtmögliche Zahl von Lesern, darunter auch die bedürftigsten, ansprechen konnten. Als Ergebnis dieser Verlagsstrategie wurden unter den »volkstümlichen« Lesern entweder Texte verteilt, die zuvor schon in einer anderen gedruckten Form unter den Notabeln und Gebildeten Verbreitung gefunden hatten, oder aber Texte, die gleichzeitig in mehreren verschiedenen Publikationsformen, die sich jeweils an ein völlig anderes Publikum wandten, herausgegeben wurden.

Dies war zum Beispiel bei den *Romanzen* der Fall, die sowohl in der Form von Einzelblättern, den *pliegos sueltos* (das älteste mit einer Romanze stammt aus dem Jahre 1510), als auch in der Form von Liedersammlungen zu lesen (und zu singen) angeboten wurden. Der *Cancionero general* von Hernando del Castillo aus dem Jahre 1511 enthält 48 Romanzen. Ihm folgten der *Cancionero de romances*, 1547 oder 1548 von Martín Nucio in Antwerpen publiziert, die *Romances nuevamente sacados de historias antiguas de la crónica de España* (Sevilla um 1549), die *Silva de romances* (Saragossa 1551) und schließlich die *Silva de varios romances* (Barcelona 1561).[11] Diese doppelte Verbreitungsform – einerseits als einzelne Texte, die auf ein loses Blatt im Quartformat gedruckt wurden, und andererseits als Sammelbände, die mehrere Dutzend oder Hundert Gedichte enthielten – trägt die Spuren des ständigen Wandels, dem die Romanzen unterworfen waren: Von der mündlichen Tradition zur gedruckten Aufzeichnung, von einer gedruckten oder anderswo abgeschriebenen Fassung und von einer Textgeneration zur nächsten, vom *romancero viejo* bis zu den *romances nuevos*, die Ende des 16. Jahrhunderts von gebildeten Poeten (unter anderen Lope de Vega oder Góngora) komponiert worden sind, und sogar bis zu den *romances de ciego* beziehungsweise *de cordel*, die zwischen dem 17. und dem 19. Jahrhundert von besonders darauf spezialisierten Autoren für eine volkstümliche, städtische Leserschaft geschrieben wurden.[12] Diese zahlreichen Tendenzen bewirkten schon sehr früh, daß »die Romanze zur Grundlage der literarischen Bildung praktisch aller sozialen Schichten wurde, da alle Leute Romanzen hörten, lasen, sangen und lernten«.[13] Hierbei spielte die Entwicklung einer spezifischen Publikationsform, wie des *pliego suelto*, eine entscheidende Rolle. Diese Form (ursprünglich die eines Heftes mit acht oder vier Seiten, d. h. ein ganzes oder ein halbes Blatt im Quartformat)[14] war die Voraussetzung für eine weite Verbreitung der Romanze so, wie wir sie kennen. Sie paßte das Druckerzeugnis an die poetische Form an, unterwarf zugleich aber auch alle Neuschöpfungen einem gewissen Zwang;[15] sie versorgte die Hausierer und blinden Kolporteure mit Ware;[16] sie machte allen, selbst den weniger begüterten Menschen, ein Repertoire von Texten zugänglich, das vielfältige Verwendung finden konnte. Man war damit in der Lage, die Arbeit oder ein Fest zu begleiten, das Lesen zu erlernen oder einfach die Zeit totzuschlagen.

In England entsprachen im 16. Jahrhundert die *broadside ballads* den *pliegos sueltos poéticos*. Bei den *ballads* konnte es sich um religiöse oder weltliche Texte handeln, die nur eine Seite eines Druckbogens bedeckten und von Kolporteuren (wie Autolycus in Shakespeares *The Winter's Tale*) verkauft wurden. Sie bildeten ein eigenes, sowohl poetisches als auch verlegerisches Phänomen, das sehr weite Verbreitung fand.[17] Mehrere Fakten zeigen dies eindeutig: erstens die große Zahl an Ausgaben, die für das 16. Jahrhundert auf 3 000 geschätzt wird; zweitens die Tatsache, daß zu Beginn des 17. Jahrhunderts fünf Buchhändler der *Stationer's Company*, die *ballad partners*, den Markt an sich rissen und 1624 bei dem *broadside stock* praktisch eine Monopolstellung erlangten; und drittens die Anleihen, die alle spontanen Verfasser von *ballads* bei den gedruckten Formen machten. Die *Star Chamber* war zwischen 1603 und 1625 damit beauftragt, die Autoren von *diffamous libels* sowie von *lascivious*, *infamous* oder *scandalous ballads*, die gegen den Magistrat, die Beamten oder die Kapläne gerichtet waren, zu verfolgen. Die Texte der *ballads*, die in ihrem Archiv erhalten geblieben sind, weisen zwei wichtige Züge auf. Einerseits bestätigen sie die Originalität von Kompositionen, die einer Tavernenkultur entstammten, überall dort, wo Leute, die dies vermochten (Schulmeister, Juristen, gebildete Reisende), die Feder führten, um ein kollektives Werk festzuhalten, das sich oft nicht viel um formale Regeln scherte und ganz bestimmte Ziele verfolgte. Doch andererseits imitierten die handschriftlichen Balladen, die komponiert wurden, um verbreitet, gesungen und ausgehängt zu werden, die Form der gedruckten Balladen, paßten bisweilen die Texte von gedruckten Balladen den Umständen an, übernahmen ihre typographische Verteilung in zwei Spalten und verwendeten ihre Melodien wieder.[18] Wie im Falle der *Romanzen* übte die gedruckte Veröffentlichung der Gedichte großen Einfluß auf die mündliche Tradition beziehungsweise Produktion aus. Auf die mündliche Überlieferung wirkte sie sich sogar besonders stark aus, weil sie ihre Formen und Texte beisteuerte.

Die *ballad publishers* kontrollierten das Netz der Kolporteure, sie besaßen die *copyrights* – oder besser gesagt die *rights in copies* – von Texten, die großen Absatz fanden, und sie kannten die Kundschaft aus den unteren Volksschichten. Diese zahlreichen Trümpfe nutzten sie insofern aus, als sie in den 20er Jahren des 17. Jahrhunderts einen neuen Erwerbszweig schufen und vermarkteten: den *penny chapbook trade*. Diese *penny chapbooks* wurden in einer streng definierten Form herausgegeben, wobei man drei Gruppen von Druckerzeugnissen unterschied: die *small books* umfaßten 24 Seiten im Oktav- oder Duodezformat (d. h. ein halber oder ein ganzer Druckbogen), die *double books* bestanden aus 24 Seiten im Quartformat (d. h. drei Druckbögen) und die *histories* umfaßten 32 bis 72 Seiten (d. h. vier bis neun Druckbögen). Im 17. Jahrhundert wurden die *small books* für zwei bis zweieinhalb Pence verkauft, die *double books* für drei bis vier Pence und die *histories* für fünf bis sechs Pence.[19] Das Repertoire dieser Publikationsform übernahm alte religiöse oder weltliche Texte (die *penny godliness* und die *penny merriments*), die verschiedenen Gattungen und unterschiedlichen Traditionen angehörten, paßte sie an und kürzte sie manchmal.[20] Die von den Londoner *ballad partners* eingeschlagene Verlagsstrategie stand also derjenigen sehr nahe, die zur selben Zeit von den Buchhändler-Verlegern aus Troyes verfolgt wurde. Diese hatten nämlich in den letzten Jahren des 16. Jahrhunderts eine ganz ähnliche Publikationsform entwickelt: die *Bibliothèque bleue*.[21]

## Unterschiedliche Textaufnahme

Die »volkstümlichen« Leser der Renaissance wurden also nicht mit einer »Literatur« konfrontiert, die allein für sie bestimmt war. Die Texte und Bücher zirkulierten überall, in allen sozialen Schichten und wurden von Lesern sehr unterschiedlicher Herkunft und Bildung konsumiert. Man muß also vielmehr betrachten, welchen gegensätzlichen Gebrauch die Leser von ein und derselben Gattung, denselben Texten und oft – obwohl die Publikationsformen jeweils ein ganz bestimmtes Publikum ansprachen – denselben Werken gemacht haben. Deshalb müssen wir uns vordringlich fragen, wie das einfache Volk die Druckschriften benutzt hat.

Diese Frage muß allerdings noch unter einem weiter gefaßten Blickwinkel gesehen werden. Für die Historiker kann man die grundsätzliche Fragestellung tatsächlich so formulieren: Wie erfaßt man den chronologischen und sozialen Wandel des Sinnbildungsprozesses, wie er sich am Schnittpunkt zwischen der »Welt des Textes« und der »Welt des Lesers«, um mit den Worten von Paul Ricœur zu sprechen, vollzieht?[22]

Ricœurs hermeneutische und phänomenologische Methode ist eine wertvolle Hilfe bei der Definition einer Geschichte der Lesepraktiken.

Im Gegensatz zu den schärfsten strukturalistischen und semiotischen Formulierungen, die die Bedeutung einzig und allein an der automatischen und unpersönlichen Funktionsweise der Sprache festmachen, zwingt Ricœurs Methode dazu, das Lesen in erster Linie als eine Tätigkeit zu betrachten, durch die der Text Sinn erhält und Wirkung erlangt. Ohne Leser ist jeder Text nur ein virtueller Text, der nicht wirklich existiert: »Man könnte meinen, das Lesen würde sich nur zum Text hinzugesellen wie eine Ergänzung, die auch entbehrlich ist (...). Unsere obigen Analysen dürften jedoch genügen, um diese Illusion zu zerstreuen: ohne Leser, der ihn begleitet, gibt es im Text keinen gestalterischen Akt; und ohne Leser, der ihn sich aneignet, kann sich der Text zu keiner Welt entfalten«.[23]

Wiederhergestellt in seiner Umsetzungskraft wird das Lesen in zwei verschiedenen Dimensionen – und mittels zweier verschiedener Bezüge – gedacht. In seiner individuellen Dimension ist das Lesen einer phänomenologischen Beschreibung zuzuordnen, die es als dynamische Wechselbeziehung, als Antwort auf die Aufforderungen des Textes, als »Interpretationsarbeit« sieht. Auf diese Weise wird zwischen dem Text und der Lektüre, die mit ihren gestalterischen und kreativen Möglichkeiten dem Diktat des Werkes nie völlig unterworfen ist, eine Diskrepanz geschaffen.[24] In seiner kollektiven Dimension muß man das Lesen als dialogische Beziehung zwischen den »textuellen Signalen«, die jedes einzelne Werk ausstrahlt, und dem kollektiv geteilten »Erwartungshorizont«, der seine Rezeption steuert, charakterisieren. Die Bedeutung des Textes oder vielmehr seine Bedeutungen richten sich also nach den jeweiligen Klassifizierungskriterien, nach den verschiedenen Standardwerken und nach den Interpretationskategorien, die den verschiedenen, zeitlich späteren oder zeitgenössischen Lesergruppen eigen sind.[25]

Und schließlich können wir, wenn wir Paul Ricœur folgen, das Lesen als »Aneignung« verstehen. Dies sogar in zweifacher Hinsicht: einerseits bezeichnet Aneignung die »Umsetzung«, die »Aktualisierung« der semantischen Möglichkeiten des Textes; andererseits weist sie der Textinterpretation eine Vermittlerrolle zu, durch die der Leser zur Selbsterkenntnis und zur Erschaffung einer »Realität« gelangen kann.

Die so vorgezeichnete Perspektive ist von wesentlicher Bedeutung, dennoch kann sich ein Historiker nicht ganz mit ihr zufriedengeben. Ihre erste Unzulänglichkeit, zugleich ein Mangel der ihr zugrunde liegenden Referenzen – Phänomenologie der Tätigkeit des Lesens einerseits, Ästhetik der Rezeption andererseits –, besteht darin, daß sie die Texte betrachtet, als würden sie von sich aus existieren, fern jeder Stofflichkeit. Gegen diese Abstraktion des Textes muß man einwenden, daß auch die Form, in der er zum Lesen vorgelegt wird, zur Bildung von Bedeutung beiträgt. »Derselbe« Text, der hinsichtlich der Buchstabenfolge unveränderlich ist, ist nicht mehr »derselbe«, sobald sich die Gestalt des Trägers ändert, der ihn an seine Leser, seine Zuhörer oder seine Zuschauer weiterleitet. Dies erklärt die wiedererlangte zentrale Stellung solcher Wissenschaftszweige wie die *bibliography*, bei denen die Untersuchung der expressiven Funktion aller nichtmündlichen Mittel des Buches (oder jedes anderen beschriebenen Gegenstands) sowie die Untersuchung der Beziehung zwischen Form und Sinn – »the relation of form to meaning« nach den Worten von D. F. McKenzie – im Mittelpunkt der Analyse stehen.[26] Andererseits setzt die phänomenologische und hermeneutische Methode implizit eine Universalität des Lesens voraus. Überall und jederzeit wird das Lesen gedacht als Akt reiner Erkenntnis und reiner Interpretation – ein Akt, dessen konkrete Modalitäten unwichtig sind. Gegen diese Projektion des Lesens ins Universelle muß man einwenden, daß diese Praxis, je nach Epoche und Gesellschaftsschicht, vielschichtige Differenzierungen besitzt, und daß die Bedeutung eines Textes auch davon abhängt, wie er gelesen wird (mit lauter Stimme oder still für sich, einsam oder in Gesellschaft, im stillen Kämmerlein oder in aller Öffentlichkeit usw.).

Eine Geschichte des Lesens und der Leser (ganz gleich ob sie aus dem einfachen Volk kamen oder nicht) ist also die Geschichte der Historizität des Textaneignungsprozesses. Sie geht davon aus, daß die »Welt des Textes« eine Welt jener Gegenstände oder Formen ist, deren Strukturen, Anordnungen und Übereinkünfte die Erzeugung von Sinn tragen und beherrschen. Ebenfalls geht sie davon aus, daß die »Welt des Lesers« aus derjenigen »Interpretationsgemeinschaft« (um einen Ausdruck von Stanley Fish aufzugreifen[27]) hervorgeht, der er angehört und die durch ein ebensolches Gefüge von Kompetenzen, Gepflogenheiten, Übereinkünften und Interessen definiert wird. Daher müssen wir zwei Dingen unsere besondere Aufmerksamkeit widmen: einerseits der Stofflichkeit der beschriebenen Gegenstände und andererseits dem Verhalten der lesenden Individuen.

## Lautes Lesen und stilles Lesen

Will man die »volkstümlichen« Leser der Renaissance aufspüren, muß man sich zwangsläufig fragen, welche Forschungsstrategien man entfalten kann, um ihre Praktiken zu rekonstruieren. Die erste Strategie knüpft daran an, wie die Modalitäten und Wirkungen des Lesens so, wie sie aus den Texten hervorgingen, dargestellt wurden. Zwischen dem 15. und dem 17. Jahrhundert waren sie geprägt von der Rivalität – die zugleich ein Entwicklungsprozeß war – zwischen dem lauten Lesen und dem stillen Lesen. Als Beispiel dafür sei hier die spanische Literatur des Goldenen Jahrhunderts herangezogen. Das laute Lesen wurde damals als die allgemein übliche, erwartete und angestrebte Methode zur Aneignung eines Werkes beschrieben, und zwar ganz gleich, welcher Gattung es angehörte. Wie Margit Frenk aufgezeigt hat, beschränkte sich diese implizite Lektüre – nämlich die laute Lektüre eines Vorlesenden, der den Text für eine Zuhörerschaft mündlich umsetzte – bei weitem nicht nur auf die poetischen Gattungen: *romances*, *villancicos*, *lírica cancioneril*, epische Gedichte und italianisierende Poesie. Sie war auch die als gegeben vorausgesetzte Lesehaltung bei der humanistischen Komödie (man denke nur an das Vorwort der *Celestina*), den Ritterromanen (»Das davon handelt, was derjenige sieht, der dies liest, oder was derjenige *vernimmt*, der dies *vorlesen hört*«, schrieb Cervantes als Überschrift zum 66. Kapitel im zweiten Teil des *Don Quijote*), den Schäferromanen, den *novelas cortas* und den historischen Texten (so meinte Bernal Díaz del Castillo im Vorwort zu seiner *Historia verdadera de la conquista de la Nueva España* [»Wahrhafte Geschichte von der Eroberung Neuspaniens«]: »Wenn meine Geschichte gedruckt wird, wird sie von allen, die sie sehen oder *hören*, für wahrhaftig gehalten werden«).[28] Die Praxis des – von den Texten beschriebenen oder angestrebten – mündlichen Lesens schuf, zumindest in der Stadt, ein großes Publikum von »Lesern« aus dem Volke, zu dem sowohl diejenigen, die schlecht lesen konnten, als auch die Analphabeten zählten. Dank der Vermittlung der lesenden Stimme wurden diese Leute mit Werken und Gattungen der gelehrten Literatur vertraut, die so weit über die gebildeten Schichten hinaus Verbreitung fanden:

> »Angesichts der Bedeutung, die das Mündliche bei der Weitergabe von Texten weiterhin hatte, beschränkte sich die geschriebene Literatur nicht nur auf die ›Leser‹ im heutigen Sinne des Wortes, sondern sie erreichte auch eine große Zahl von Zuhörern. Jedes Exemplar eines gedruckten oder handgeschriebenen Textes konnte virtuell ausstrahlen, woraus sich unzählige Rezeptionen ergeben konnten, entweder dadurch, daß der Text laut vorgelesen wurde, oder dadurch, daß er als Grundlage fürs Auswendiglernen oder für eine freie Nacherzählung diente. Der hohe Grad an Analphabetismus bildete im Prinzip kein Hindernis für die Existenz eines zahlreichen Publikums. Es genügte, daß in einer Familie oder einer Gemeinschaft nur eine einzige Person lesen konnte, und schon stand jeder beliebige Text virtuell gesehen sehr vielen Leuten zur Verfügung.«[29]

Dieser ersten Feststellung, die »volkstümlich« mit einer weiten Verbreitung der Texte in der gesamten Gesellschaft gleichsetzt, widerspricht allerdings eine andere, nämlich die, daß sich das leise – und damit möglicherweise zurückgezogene – Lesen nicht nur in gebildeten Kreisen, sondern auch unter den einfachen Leuten immer mehr verbreitet hat. Das war eine entscheidende Entwicklung. Weil sie den Unterschied zwischen der Welt des Textes und der Welt des Lesers, der beim lauten Vorlesen immer offensichtlich war, aufhob, und weil sie den Geschichten der fiktionalen Texte eine nie gekannte Überzeugungskraft verlieh, besaß das stille Lesen einen gefährlichen Zauber.[30] Das Vokabular belegte es mit Verben, die Entzücken ausdrücken: *encantar*, *maravillar* und *embelesar*. Nach Aussage der Autoren konnte es wesentlich leichter als das freie, rezitierende oder vorlesende Wort etwas Unglaubliches glaubwürdig machen. So zum Beispiel Cervantes in *El casamiento engañoso* (»Die betrügerische Heirat«). Das Gespräch oder »coloquio«, das ein Mann namens Campuzano in dieser Kurzgeschichte von »jenen Dingen, die diese Hunde oder wer auch immer sich erzählten« verfaßt hat, erzählt dieser nicht und liest es auch nicht laut vor. Er gibt es Peralta zu lesen (»Ich setze mich«, sagte der Richter, »auf diesen Stuhl, während Sie diese Erfindungen oder Hirngespinste lesen können, wenn Sie es wünschen.«), als könne die Phantasie des Lesers von einer stillen Lektüre leichter gefesselt werden und als könne man dem *Coloquio de los perros* (»Zwiesprăch der Hunde«) leichter glauben, wenn jede Vermittlung zwischen dem Text, der ihn wiedergibt, und seinem Leser aufgehoben ist.

Zweifellos erfolgten die zahlreichen Verbote der kastilischen Obrigkeit gegen die fiktionale Literatur im Zusammenhang mit der Furcht, die eine Lesepraktik, die bei den Lesern die Grenze zwischen Realität und Einbildung verwischte, hervorrufen mußte. Im Jahre 1531 verbot ein königliches Dekret die Ausfuhr von »Romanzen« und von »nichtigen oder profanen Geschichten wie dem *Amadís* und anderen dieser Art« nach West- und Ostindien. 1543 wiederholte ein anderes königliches Dekret dieses Ausfuhrverbot und untersagte gleichzeitig in den Kolonien den Druck, den Verkauf und den Besitz von »Romanzen, die von profanen und märchenhaften Dingen sowie erfundenen Geschichten handeln«. Und 1555 verlangten die Cortés von Valladolid, daß das Verbot »sämtlicher Bücher, die nach dem Vorbild des letzteren, des *Amadís de Gaula*, eine ähnliche Fiktion geschaffen haben, sowie jeder Prosa, aller Gedichte, Liebeskomödien und anderer Trivialitäten« auch auf Spanien ausgedehnt werden solle.[31] Wie B. W. Ife gezeigt hat, wurzelte dieses Mißtrauen gegenüber der Fiktion in einem neuplatonischen Bezug, der den Verführungen der Illusion und dem Appell schlechter Beispiele feindlich gegenüberstand. Außerdem wurzelte es in der Angst, die das Vordringen des unzulänglicheren und fehlbareren stillen Lesens hervorrief. Auf derselben Anschauung gründete sich zweifellos die Weigerung der *Junta de Reformación* im Jahre 1625, neue Genehmigungen zum Druck von Romanen oder Theaterstücken zu erteilen.[32]

## Publikationsformen und Textrepertoire

Die zweite Methode, mit der man die »volkstümlichen« Lesegewohnheiten charakterisieren kann, stützt sich auf eine Arbeitshypothese, die von D. F. McKenzie so formuliert wurde: »Neue Leser schaffen neue

Texte, deren jeweilige Bedeutung auf ihre neue Form zurückgeht«.[33] Aufgrund einer in formaler und materieller Hinsicht gewandelten Aufmachung, bei der sich Format, Seitenumbruch, Textgliederung und Illustrationen geändert hatten, konnten die Texte ein neues Publikum ansprechen, das breiter gefächert und nicht so gelehrt war. Außerdem konnten die Texte eine neue Bedeutung annehmen, die weit entfernt war von der Idee, die ihre Autoren ursprünglich verfolgt hatten oder die noch von ihren ersten Lesern entwickelt worden war. Die Bücher der *Bibliothèque bleue* oder der englischen *chapbooks* veröffentlichten Texte, die bereits vorher in anderer Form und für andere Personen erschienen waren. Aber dadurch, daß sie diesen Texten eine andere Gestalt verliehen, machten sie diese sowohl finanziell als auch intellektuell für neue Leser, die anders lasen als die Gebildeten, zugänglich. Ihre Lesegewohnheiten erforderten kurze Sequenzen, die unabhängig voneinander und in sich geschlossen waren. Sie verlangten die Unterstützung von Bildern, die, selbst wenn man sie nur aus anderen Texten wiederverwendet hatte, dabei halfen, die jeweilige Bedeutung leichter zu erfassen oder zu behalten. Gefragt war eher Wiederholung als Originalität, so daß jeder neue Text quasi nur eine Variation bereits bekannter Themen und Motive war. Daher präsentierten die Buchhändler-Verleger ihr Verzeichnis von *livres bleus* oder *chapbooks* nach diskursiven und/oder explizit materiellen Kategorien. So unterschied man in England zwischen *small godly books*, *small merry books*, *double books* und *histories*.[34] Deswegen gliederten sich auch die Verzeichnisse der Kolporteure implizit nach Textarten, die zugleich Genres bildeten. So gab es in der *Bibliothèque bleus* Ritterromane, Märchen, Schelmenromane, Anleitungen für gutes Benehmen und Handbücher, zu denen man – obwohl die Gattungsbezeichnung *Bibliothèque bleus* sie im 17. Jahrhundert eigentlich ausschloß – auch noch religiöse Werke (Heiligenleben, Weihnachtslieder, Andachtsbücher usw.) und Almanache hinzurechnen kann.[35]

Eine besondere Publikationsform, ein spezielles Textrepertoire und eine bestimmte Vorstellung vom Publikum verbanden die kastilischen *pliegos sueltos* (ebenso wie die katalanischen *plecs*)[36] miteinander. Der *pliego* war nämlich perfekt auf Größe und Ausstattung der Druckereien, deren Produktionskapazitäten lange sehr begrenzt blieben, zugeschnitten. Eine Werkstatt, die nur über eine einzige Presse verfügte, konnte an einem Tag 1250 bis 1500 Druckbögen bedrucken. Nun war ein *pliego* seiner ursprünglichen Definition nach eben »ein Blatt Papier von gewöhnlichem Format, das zweimal gefaltet wurde, um acht Seiten zu erhalten«.[37] Speziell an die wirtschaftlichen und technischen Zwänge des spanischen Buchdrucks angepaßt, bestimmte das Modell des *pliego* (selbst in seiner erweiterten Form, die vier bis fünf Druckbögen umfaßte) wegen seiner materiellen Grenzen die Auswahl jener Texte, die auf diese Weise veröffentlicht werden konnten. Sie mußten kurz sein, ein weitgefaßtes Publikum ansprechen und – wie später in Frankreich und England – jeweils Genres angehören, die man auf den ersten Blick erkennen konnte. Daher entschied man sich im 16. und 17. Jahrhundert für *romances*, sowohl *antiguos* als auch *nuevos*, und für *relaciones de sucesos*, deren jährliche Produktion seit dem letzten Jahrzehnt des 16. Jahrhunderts stark anstieg.[38] Ab der Mitte des 17. Jahrhunderts galt dies dann auch für die *comedias sueltas*. Da durch die *pliegos* sowohl traditionelle als auch neue Werke in allen Gesellschaftsschichten, einschließlich unter Lesern (oder Zuhörern) aus dem einfachen Volk, verbreitet wurden, verweisen sie auf ein disparates Publikum, das sich in *vulgo* und *discreto* unterteilen ließ. Gewiß bezeichnete die Kategorie des *vulgo* weder unmittelbar noch zwangsläufig ein »volkstümliches« Publikum im streng sozialen Sinne des Wortes. Als literarische Rhetorik – diese fand ihren prägnantesten Ausdruck mit der Formulierung der beiden Vorworte zum *Guzmán de Alfarache* (1599), die mit der Anrede »Al vulgo« und »Al discreto lector« einsetzten – will sie jene Leser (oder Zuschauer) brandmarken, die kein ästhetisches Empfinden und keine literarische Bildung besitzen.[39] Allerdings bildeten die »Ungebildeten« im Goldenen Jahrhundert Kastiliens einen großen Markt, insbesondere einen Markt für die *comedia*. »Weil die Komödien ja von den gewöhnlichen Leuten bezahlt werden, ist es nur gerecht, sich an diese zu wenden, um ihnen zu gefallen«, schrieb Lope de Vega in seiner *Arte nuevo de hacer comedias en este tiempo* (»Die neue Kunst der Komödiendichtung«) aus dem Jahre 1609. Sie boten auch einen Markt für billige Druckerzeugnisse, die von Blinden und Marktschreiern, die am besten ein größeres Publikum anziehen konnten, verkauft wurden. Beispiele hierfür waren die Gedichte der *cancioneros*, Berichte über außergewöhnliche Ereignisse oder Verbrechen und besonders gelungene Stellen aus den *comedias*. Die vermutete, aber auch nachgewiesene Existenz eines solchen Publikums gewöhnlicher Leute (*vulgo*) hat selbst die Strategien zur Abfassung gebildeter Werke beherrscht. Sie bestimmte auch die Auswahl der Texte und die verlegerische Linie jener Buchhändler, die für die große Masse publizierten.

Dieselbe Beziehung zwischen einer besonderen Publikationsform, einer spezifischen Kategorie von Texten und der Kenntnisnahme durch ein umfangreiches – wegen seiner Größe und seiner Zusammensetzung »volkstümliches« – Publikum findet sich bei der Produktion der französischen *occasionnels* wieder.[40] Diese Broschüren, die im 16. und 17. Jahrhundert herausgegeben wurden, insbesondere zwischen 1570 und 1630, bildeten aufgrund von drei Gemeinsamkeiten eine Einheit: wegen ihrer äußeren Form, der Art ihrer Verbreitung und ihrer Titel. Dabei handelte es sich im allgemeinen um kurze Hefte im Oktavformat, deren Texte nicht über einen bis anderthalb Druckbögen (d. h. 16 oder 8 Seiten) hinausreichten. Darum genügte eine einzige Druckpresse, um 1250 bis 2500 Exemplare pro Tag zu drucken. Diese wurden dann von Kolporteuren und fliegenden Händlern hauptsächlich in den Städten, in erster Linie in Paris, verbreitet. Die meisten von ihnen präsentierten sich selbst als *histoires* oder *discours*, wobei diese beiden Ausdrücke offenbar Synonyme waren. Schon die Titel wiesen darauf hin, welche Gefühle diese immer anonymen Texte ansprachen. Sie kündeten von außerordentlichen Ereignissen, die in Erstaunen versetzen sollten (daher herrschten Adjektive vor wie: »wunderbar«, »herrlich« oder »staunenswert«). Sie versprachen Entsetzen (darum eine ganze Reihe von Wörtern wie: »entsetzlich«, »fürchterlich«, »grausam«, »blutrünstig«, »schrecklich«, »barbarisch« und »unmenschlich«) und Erschütterung (»jämmerlich«, »erbärmlich«). Vor allem legten sie großen Nachdruck darauf, daß ihre Berichte authentisch seien, weshalb sie diese ständig als »wahr« und »wahrhaftig« bezeichneten.

Alle Texte, die speziell verfaßt wurden, um in der Form eines *occasionnel* veröffentlicht zu werden, besaßen dieselbe Struktur: Sie wurden eingeleitet mit der Verkündung eines – theologischen oder moralischen – Gemeinplatzes, dann kam die Geschichte, die ihn verdeutlichen sollte, und schließlich endete der Text mit der religiösen Lehre, die der

Leser daraus ziehen sollte. Das Vorwort und die abschließende Sentenz schrieben die jeweilige Bedeutung des *discours* – eine weltliche und gedruckte Abart der christlichen Predigt – eindeutig fest. Ganz gleich ob sie nun vor Tanz oder Duellen, geheimen Eheschließungen oder verheimlichten Schwangerschaften, einem Pakt mit dem Teufel oder dem Übertritt zur Ketzerei warnten, die »Geschichten« der *occasionnels* waren sozusagen *exempla*, die in einem aus der mittelalterlichen Tradition überkommenen Hirtenbrief dargeboten wurden. Sie stützten sich auf die Androhung fürchterlicher Strafen und ewiger Verdammnis, und wurden von Druckerzeugnissen, die in großen Mengen zirkulierten, unter die Leute gebracht.

Diese Texte waren also Instrumente, die gehandhabt wurden, um den Protestantismus anzuprangern, die Umgangsformen zu christianisieren und die Seelen zu erobern beziehungsweise zurückzuerobern. Diese Absicht kommt in einigen *occasionnels* zum Ausdruck, wenn die Verbrecher beziehungsweise Verbrecherinnen im Moment ihrer gerechten Strafe öffentlich bereuen und sich zum rechten Glauben bekennen. Sie erklärt auch, warum diese Broschüren zweimal einen Aufschwung erlebten: einmal während der Religionskriege, als sie sich oft für den radikalen Katholizismus der Liga einsetzten, und ein zweites Mal im ersten Drittel des 17. Jahrhunderts, als die Kirche bestrebt war, die Entscheidungen des Tridentinischen Konzils im Geist und Körper aller Menschen zu verankern. In den Jahren zwischen 1570 und 1630 lieferten die *occasionnels* also Erzählungen, die als »wahrhaftig« und »neu« ausgegeben wurden, die meist aber nur alte Stoffe und Motive – und zwar die der *exempla*, der Heiligenleben oder sogar die von Märchen – wiederverwendeten, im Dienste einer politisch-religiösen Sache, das heißt der katholischen Gegenreformation.

Ihre Überzeugungskraft hing davon ab, welche Glaubwürdigkeit die Leser ihnen beimaßen. Die erzählten einzigartigen und unerhörten Geschichten mußten glaubhaft klingen. Dazu wurden mehrere Beweistechniken herangezogen: in die *occasionnels* eingeschobene Zitate von Urteilen und Rechtssprüchen aus Gerichtsakten, die Aussagen von Zeugen, die aufgrund ihres Ranges oder Standes unanfechtbar waren (Edelmänner, Priester, Ordensgeistliche, Notabeln), und schließlich eine Anhäufung ausführlicher Details (Namen, Ortsangaben usw.), die den Anschein von Realität weckten. Weitaus seltener behauptete der Autor, selbst gesehen zu haben, was er beschrieb. Diese Methode zur Bestätigung der Wahrhaftigkeit eines Berichts wurde zweifellos nur deshalb sehr wenig gebraucht, weil die erzählten außerordentlichen Ereignisse einer anderen Logik folgten als der eines bloßen Tatsachenberichts. Meistens hielt man sie für warnende, strafende Vorzeichen. Störungen der Natur (Kometen, Überschwemmungen, Mißgeburten) waren Vorboten oder Strafen, die entweder Gottes Willen oder die Boshaftigkeit des Teufels – die wiederum von Gottes Zorn geschickt war – verkündeten. Dennoch kam es – allerdings seltener – vor, daß Naturphänomene, so außergewöhnlich sie auch gewesen sein mochten, nicht in den Status von Vorzeichen erhoben, sondern lediglich als Kuriositäten beschrieben wurden, die von der Naturphilosophie gesammelt, geordnet und verglichen werden mußten. Wie Lorraine Daston angedeutet hat, waren die *occasionnels* (ebenso wie die *livres des secrets* der Handwerker[41]) damit – was ein wenig paradox und überraschend erscheint – eine der Quellen für die moderne Auffassung von einem wissenschaftlichen Faktum.[42]

## Die verschiedenen Arten zu lesen

*Pliegos*, *occasionnels*, *livres bleus* und *chapbooks* veranschaulichen trotz aller Unterschiede die Gültigkeit einer Methode, die von den Druckerzeugnissen selbst ausgeht und versucht, einerseits die Textgattungen, deren Träger sie gewesen sind, und andererseits die Leser (und die Lesegewohnheiten), an die sich die Verleger damit richteten, zu ermitteln. Ist es nun möglich, einen weiteren Schritt zu tun und unmittelbarere Belege dafür zu finden, wie sich die einfachsten Leute all die Texte, die sie sich kauften, liehen oder anhörten, angeeignet haben? Dies ist ganz besonders schwierig, da die »volkstümlichen« Lesegewohnheiten, im Gegensatz zu denen der Gelehrten und Gebildeten, auf den Druckerzeugnissen selbst keine Spuren hinterlassen haben. Durch sorgfältiges Aufspüren von Anmerkungen am Seitenrand konnte zwar rekonstruiert werden, wie Gabriel Harvey, ein professioneller Vorleser im Dienste verschiedener Adliger,[43] den Titus Livius gelesen hat, oder wie Bodins

*Universae Naturae Theatrum* von den Lesern an den Universitäten benutzt und interpretiert wurde,[44] aber solche Erfolge scheinen den Historikern der ärmsten Gesellschaftsschichten für immer versagt zu sein. Ebensowenig verfügen sie über Bekenntnisse in der ersten Person, wie sie seit dem 18. Jahrhundert von einigen Lesern aus dem Volke, die eine Feder zur Hand nahmen, um die Geschichte ihres Lebens niederzuschreiben, auf uns gekommen sind.[45]

Für die Länder, in denen es zum Leidwesen der Bevölkerung und zur Freude der Historiker Inquisitionsgerichte gegeben hat, scheinen die Aussagen der Angeklagten vor den Richtern manchmal einen guten Ersatz zu bieten. Dank des Archivs dieser repressiven Institution scheint es möglich, die Lesegewohnheiten des einfachen Volkes zu rekonstruieren: sowohl auf der Ebene einer Einzelperson wie Menocchio als auch auf der Ebene einer regionalen Gemeinschaft wie bei den Angeklagten der Diözese Cuenca oder aber hinsichtlich der Rezeption von Werken eines einzelnen Autors, im vorliegenden Fall die Art, wie die italienischen Leser und Leserinnen die Schriften von Erasmus interpretiert haben.[46] Davon ausgehend war die Versuchung groß, die Lesegewohnheiten der einfachen Leute so zu charakterisieren, als wären sie alle Menocchios gewesen und als bestünde das Spezifische am »volkstümlichen« Lesen in der Zergliederung der Texte, im Herauslösen einzelner Fragmente aus ihrem Kontext und im Festhalten an der Buchstäblichkeit der Bedeutung. Die Struktur der zumeist fragmentarischen, in Sequenzen unterteilten Druckschriften selbst konnte diesen Befund nur erhärten.

Gewiß trifft er in mancher Hinsicht auch zu. Dennoch ist bei ihm Vorsicht geboten, insofern als jene Praktiken, die man als spezifisch volkstümlich bezeichnet hat, unter anderen Bedingungen auch die Lesepraktiken der Gebildeten gewesen sind. Waren die beiden sinnbildlichen Gegenstände für die gelehrte Lektüre während der Renaissance – das Bücherrad, mit dem man mehrere Bücher gleichzeitig lesen konnte, und das Heft mit Gemeinplätzen [*loci communes*: Argumente, Beweisführungen und Beweise, die auf alle Themen angewendet werden können; Anm. d. Übers.], das zwischen den verschiedenen Rubriken Zitate, Informationen und Beobachtungen aufführte, die der Leser zusammengetragen hatte – nicht ebenfalls Träger einer Art zu Lesen, die mit Auszügen, Umstellungen und Vergleichen gearbeitet hat und dem Gelesenen (oder Gehörten) das Gewicht einer absoluten Autorität beimaß? Obwohl sich nicht alle gebildeten Leser an der Pflege solcher Gemeinplätze beteiligt haben (dafür liefert die Lektüre von Montaigne den Beweis[47]), bestimmten sie dennoch in den meisten Fällen, welchen Gebrauch die Gelehrten vom Buch gemacht haben. Muß man aus Menocchio demnach einen linkischen und ungeschickten patrizischen Plebejer dieser intellektuellen Technik machen? Muß man davon ausgehen, daß seine Lesegewohnheiten keineswegs volkstümlich gewesen sind, obwohl er selbst der »volkstümlichen« Kultur im weiteren Sinne, das heißt derjenigen der Dorfgemeinschaften, angehört hat? Jedenfalls soll diese Fragestellung vor einer allzu voreiligen und allzu verallgemeinernden sozialen Zuschreibung der morphologischen Charakteristiken aller Lesegewohnheiten warnen.

Ebenfalls spornt sie dazu an, eine Untersuchung voranzutreiben, die noch in den Kinderschuhen steckt und die das Studium der Texte, des Lesens, des Buches und der Textinterpretation miteinander verbindet. Zumindest legen Lisa Jardine und Anthony Grafton dies allen Historikern nahe, die auf die Geschichte des Buches spezialisiert sind und die sie für allzu zaghaft halten.[48] Ein solches Vorhaben, das eine neue Betrachtungsweise des humanistischen Lesens voraussetzt,[49] kann als Leitfaden dienen, um soweit wie möglich die Lesegewohnheiten der unbekannten Leser, von denen uns keine Spuren erhalten geblieben sind, zu erfassen. Dies ist keine leichte Aufgabe, der zudem noch mehrere Gefahren drohen: Zum Beispiel könnte man Beschreibungen für reale Praktiken halten, oder man könnte die Kategorie des »Volkstümlichen« auf viel zu dogmatische Weise nur sozial definieren, oder man könnte das Hervorbringen von Bedeutung einzig und allein dem Text (und dem Gegenstand, der ihm als Träger dient) zuschreiben, nachdem man ihn zuvor noch als autonom charakterisiert hat. All diese Klippen kann man aus Mangel an Quellen und wegen der gebotenen Vorsicht nur schwer umschiffen. Dennoch muß man zwischen ihnen hindurchlenken, wenn man zu einem besseren Verständnis der Leserkreise, der Publikationsformen und der Interpretationsmodalitäten gelangen möchte.

*Aus dem Französischen von Klaus Jöken*

Kapitel 11

# Gibt es eine Leserevolution am Ende des 18. Jahrhunderts?

*Reinhard Wittmann*

# Einleitung

»So lange die Welt stehet, sind keine Erscheinungen so merkwürdig gewesen als in Deutschland die Romanenleserey, und in Frankreich die Revolution. Diese zwey Extreme sind ziemlich zugleich mit einander großgewachsen, und es ist nicht ganz unwahrscheinlich, daß die Romane wohl eben so viel im Geheimen Menschen und Familien unglücklich gemacht haben, als es die so schreckbare französische Revolution öffentlich thut.«[1]

Mit dieser Gleichsetzung zwischen der politischen Umwälzung in Westeuropa und einer mitteleuropäischen Leserevolution formulierte der konservative Schweizer Buchhändler Johann Georg Heinzmann im Jahr 1795 die Überzeugung vieler Zeitgenossen: Dem Ancien régime wurde in Deutschland der Todesstoß nicht durch Jakobiner versetzt, sondern durch Leser.

Dieser folgenreiche Funktionswandel der bisher exklusiven Kulturtechnik Lesen wurde von revolutionären Eiferern enthusiastisch begrüßt, von moderaten Aufklärern mit sorgenvoller Miene getadelt, von reaktionären und konservativen, klerikalen und staatstragenden Schichten erbittert bekämpft, von keinem aber geleugnet. Vor allem England und Frankreich waren Mitteleuropa auch hierin vorausgeeilt. Deutsche Reisende berichteten schon seit der Mitte des 18. Jahrhunderts von einem unübersehbaren Wandel des Leseverhaltens: In England ließen sich die Dachdecker in den Essenspausen Zeitungen zur Lektüre aufs Dach reichen, in der Metropole Frankreichs war zu beobachten:

»Alle Welt liest in Paris (...) Jeder Mensch – hauptsächlich aber die Frauen – hat ein Buch in seiner Tasche. Man liest im Wagen, auf der Promenade, im Theater, in den Pausen, im Café, im Bad. In den Läden lesen Frauen, Kinder, Gesellen, Lehrlinge. Am Sonntag lesen die Menschen, die vor den Türen ihres Hauses sitzen; die Lakaien lesen auf ihrem Rücksitz, die Kutscher auf ihrem Bock, die Soldaten, die Posten stehen sollen (...)«[2]

Wenige Jahre später war auch Deutschland (der Name sei im folgenden nicht strikt politisch bzw. territorial, sondern als Sprach- und Kulturraum verstanden) von dieser Kulturrevolution voll erfaßt – ja nirgendwo sonst, so schien es, erreichte sie eine ähnliche gesellschaftsverändernde Dimension und Dynamik wie in Mitteleuropa, wo eine zuvor unbekannte, nun mit rapidem Tempo um sich greifende Krankheit ausbrach: zunächst als Einzelinfektion mit der »Lesewut«, die sich schnell ausbreitete zur kollektiven »Leseseuche«. 1796 registrierte der Erfurter Geistliche Johann Rudolf Gottlieb Beyer ihre hauptsächlichen Symptome: Er beobachtete

> »Bücherleser und Leserinnen, die mit dem Buche in der Hand aufstehen und zu Bette gehen, sich damit zu Tische setzen, es neben der Arbeit liegen haben, auf Spaziergängen sich damit tragen und sich von der einmal angefangenen Lektüre nicht wieder trennen können, bis sie sie vollendet haben. Aber kaum ist die letzte Seite eines Buches verschlungen, so sehen sie sich schon wieder gierig um, wo sie ein anderes herbekommen wollen; und wo sie nur irgend etwas auf einer Toilette, auf einem Pulte, oder sonst wo, erblicken, das in ihr Fach gehört, oder für sie lesbar scheinet, da nehmen sie es mit, und verschlingen es mit einer Art von Heißhunger. Kein Tabaksbruder, keine Kaffeeschwester, kein Weintrinker, kein Spielgeist kann so an seine Pfeife, Bouteille, an den Spiel- oder Kaffeetisch, attachirt seyn, als manche Lesehungrige an ihre Lesereyen.«[3]

Was die Zeitgenossen exakt diagnostizierten, aber nicht zu therapieren verstanden, hat die moderne Forschung gerne mit dem Schlagwort »Leserevolution« benannt. Dahinter steht ein Erklärungsmodell, das diesen säkularen Wandel als revolutionären Übergang vom »intensiven« zum »extensiven« Lesen begreift. Auf der Grundlage von Quellen aus dem protestantischen Nord- und Mitteldeutschland hat Rolf Engelsing einen Prozeß skizziert, der im Laufe des 18. Jahrhunderts an die Stelle der intensiven, lebenslangen Wiederholungslektüre eines kleinen Kollektivkanons vertrauter und normativer, immer wieder rezipierter Texte – größtenteils religiöser Art, allen voran die Bibel – ein extensives Leseverhalten setzte, das auf moderne, säkularisierte und individuelle Weise begierig war, neue, abwechslungsreiche Lesestoffe zur Information und insbesondere zur privaten Unterhaltung zu konsumieren.

Sicherlich kann von einer schnellen, umfassenden Ablösung des traditionellen Zugangs zur Lektüre durch einen moderneren nicht die Rede sein. Aber auch wenn man das Wort von der »Leserevolution« vermeiden will, bleibt doch unbezweifelbar, daß sich am Ende des Ancien régime in ganz Europa auf regional und sozial unterschiedliche Weise das Leseverhalten eines stetig wachsenden Publikums ausdifferenzierte, sowohl quantitativ als auch qualitativ. Eine eher extensive Lektürepraktik wurde von nun an zur verbindlichen und dominanten Kulturnorm, das traditionelle, intensive Lesen galt mehr und mehr als obsolet und sozial inferior. Die Attribute für diesen Wandel sind freilich wenig glücklich gewählt: »Intensive« Wiederholungslektüre konnte ein sinnentleertes Ritual sein, »extensive« jedoch mit leidenschaftlicher Intensität geschehen.

Um diesen für die europäische Kulturgeschichte so folgenreichen Prozeß, seine Ursachen und seinen Verlauf, seine Verbreitung und seine Folgen zu verstehen, um gar dem konkreten Leser des 18. Jahrhunderts, diesem unbekannten Wesen, einigermaßen auf die Spur zu kommen, bedürfte es umfangreicher, kritischer Sichtung einer Vielzahl von Quellen wie auch deren behutsamer Interpretation. Die europäische Forschung hat sich vor allem in den beiden vergangenen Jahrzehnten darum bemüht, wenn auch auf jeweils sehr unterschiedliche Weise. Dennoch stehen wir insgesamt erst am Anfang, besitzen wir noch längst kein differenziertes Bild dieses Prozesses.[4] Auch der vorliegende Beitrag kann nicht mehr als eine kursorische Skizze bieten.

## Kulturelle und soziale Voraussetzungen

Die vielfaltigen, eng miteinander verflochtenen Rahmenbedingungen und Voraussetzungen des Lesens im 18. Jahrhundert und ihr politischer, ökonomischer, soziographischer und kultureller Wandel seien hier nur angedeutet.

Die Bevölkerung des deutschen Sprachraums dürfte sich zwischen 1700 und 1800 auf etwa 25 Millionen (ohne das Habsburgerreich) fast verdoppelt haben, wobei das Wachstum im letzten Jahrhundertdrittel kulminierte. Zugleich begann ein deutlicher, wenngleich zunächst nur allmählicher Trend zur Verstädterung, auch wenn rund 80 Prozent der Bevölkerung weiterhin auf dem Lande lebten. In allen Territorien des politisch stark zersplitterten Heiligen Römischen Reiches Deutscher Nation blieb bis zum Ende des Jahrhunderts die soziale Stellung und Struktur des Adels und der Bauern weitgehend gleich, doch im dazwischen situierten Bürgertum spielten sich erhebliche Wandlungs-, Emanzipations- und Differenzierungsprozesse ab, die die Ständegesellschaft schließlich sprengten.

Dabei war das »Bürgertum« kein einheitlicher Stand im Sinne eines *tiers état*, sondern überaus inhomogen. Zu ihm zählten nach wie vor die traditionellen städtischen Mittel- und Oberschichten der Kaufleute und Zunftregenten und die Spitzen des Handwerks, hinzu kam ein ebenfalls städtisches, innovativ-unternehmerisches Wirtschaftsbürgertum; vor allem aber spielte das »Bildungsbürgertum« der Beamten mit akademischer Ausbildung und der »Gelehrten«, das heißt der Intellektuellen, eine tragende Rolle. Dank der politischen Kleinräumigkeit des Reiches mit einer Vielzahl von Duodezresidenzen und Reichsstädten als Verwaltungszentren war die Zahl dieser Eliten höher als in den anderen europäischen Ländern. Ihre Aufstiegschancen verschlechterten sich am Beginn des 18. Jahrhunderts erheblich, weil die vergleichsweise lebhafte soziale Mobilität des Barock erstarrte, das Feudalsystem verkrustete und die neuen bürgerlichen Bildungsträger zwar an Zahl zunahmen, aber keine adäquate Beschäftigung mehr fanden. Von den Führungspositionen wieder ausgeschlossen, bildeten diese »freischwebenden« Intellektuellen ein Unruhepotential, das das überkommene System immer nachdrücklicher in Frage stellte.

Diese Entwicklung war eingebettet in den bekannten gesamteuropäischen Prozeß der Verbürgerlichung von Gesellschaft, Kultur und Literatur. Dieser stellte die historische Leistung der Aufklärungsbewegung dar, mit ihren neuen Wertvorstellungen, ihrem naturrechtlichen Gleichheitsideal, ihrem utilitaristischen Effizienzdenken und einem intensiven Bildungsstreben, das der Abgrenzung vom Adel diente, vor allem aber dem sozialen Aufstieg unter den Parolen von Vernunft, Humanität, Toleranz und Tugend. Jürgen Habermas hat diesen Bewußtseinswandel mit seiner These vom »Strukturwandel der Öffentlichkeit« umrissen. Bürgerliche Identität bildete sich demnach mit einer neuen, nichthöfischen Öffentlichkeit heraus, die als »Sphäre der zum Publikum versammelten Privatleute« das Informations- und Interpretationsmonopol der kirchlichen und staatlichen Autoritäten in Frage stellte und zuerst literarisch, dann auch politisch neue, antifeudale Verkehrs- und Kommunikationsstrukturen entwickelte. An die Stelle des geburtsständischen Status trat die individuelle Identität. Sie suchte ihre erstrebte Autonomie vor allem in der geistigen Sphäre zu gewinnen und zu behaupten. Diese bürgerliche Individualität, deren Kennzeichen die Entdeckung und Entfesselung der Subjektivität war, hungerte nach stetiger Kommunikation zur Erweiterung ihrer eingeschränkten Erfahrungswelt.

Kein anderes Medium konnte diese Funktion besser wahrnehmen als das gedruckte Wort. Schriftkultur und Literatur wurden zum Übungsfeld der Selbstverständigung und des Räsonnements. Damit erhielten Buch und Lesen einen neuen Stellenwert im öffentlichen Bewußtsein; Lektüre, für die das Bürgertum nun erstmals genügend Lesezeit und Kaufkraft besaß, gewann emanzipatorische Funktion und wurde zur gesellschaftlichen Produktivkraft; sie erweiterte den moralischen und geistigen Horizont, bildete den Leser zu einem nützlichen Glied der Gesellschaft, ließ ihn seinen Pflichtenkreis besser beherrschen und diente auch der sozialen Karriere. Das gedruckte Wort wurde zum bürgerlichen Kulturträger schlechthin.

Das Buch war in früheren Jahrhunderten hauptsächlich als ein autoritäres Medium mit unpersönlichem Machtanspruch rezipiert worden. Es galt als unentbehrlicher Faktor sozialer Disziplinierung im Auftrag der weltlichen und kirchlichen Obrigkeiten. Erst mit dem generellen Mentalitätswandel des 18. Jahrhunderts trat die Fähigkeit des Gedruckten in den Vordergrund, »die vollständige Durchdringung des subjektiven Lebens des Lesers zu erreichen«[5]. Gerade weil der mechanisch vervielfältigte Text in seiner völligen Uniformität weit automatischer gelesen werden konnte als jedes Manuskript, erzeugte er einen Sog, der den neuen Leser mit Haut und Haar der Phantasiewelt des Buches auslieferte. Dazu bedurfte es freilich einer grundlegenden Voraussetzung: des Alphabetismus.

Die Verbreitung der Lese- wie Schreibfähigkeit im ausgehenden 18. Jahrhundert kann mangels auch nur annähernd exakter Zahlen für fast ganz Europa nur vermutet werden. Wen darf man überhaupt einbeziehen? Was helfen Schätzungen über eine »elementare Lesefähigkeit«, die aufgrund der bescheidenen Schulbildung vermutet wird, wenn diese während des gesamten Lebens niemals in die Lektürepraxis umgesetzt wird? Ist »Leser«, wer seine Unterschrift unter eine Kaufurkunde kritzeln kann, wer mühsam und schwitzend den vertrauten Katechismus entziffert, oder gar jeder Analphabet, der einem Vorleser begierig zuhört? Zu berücksichtigen sind geschlechtsspezifische Unterschiede (die weibliche Alphabetisierung war stärker auf das Lesen als auf das Schreiben ausgerichtet) und konfessionelle, vor allem aber die sozialen und das Stadt-Land-Gefälle. Gesicherte Zahlen gibt es nur für den Sonderfall Schweden, wo die gesamte erwachsene Bevölkerung von rund 1,3 Millionen einigermaßen lesen und schreiben konnte. Doch dies war singulär – ansonsten gleichen sich in ganz Europa die zeitgenössischen Schätzungen und Einzelbelege weitgehend. Für die »Nation von Lesern« (so Samuel Johnson) Großbritannien schätzte E. Burke das Publikum in den neunziger Jahren des 18. Jahrhunderts auf 80 000 – bei einer Gesamtbevölkerung von sechs Millionen sind dies knapp anderthalb Prozent. Noch 1788 besitzt ein Viertel aller englischen Gemeinden keine Schulen. Ähnlich vage sind die Schätzungen für Frankreich. Hier konnten in den achtziger Jahren etwa 9,6 Millionen Menschen ihren Namen schreiben, doch auch hier wird der Analphabetenanteil noch um 1789 auf gut 60 Prozent geschätzt.

Unbezweifelbar dürfte für Mitteleuropa im 18. Jahrhundert eine starke relative Zunahme der Lesenden gewesen sein. Zu vermuten ist eine Verdoppelung, wenn nicht Verdreifachung – aber eben auf sehr niedrigem Niveau. Auch die Mutmaßungen der Zeitgenossen klaffen weit auseinander, ähnlich divergent sind die Quellenbelege.[6] Friedrich Nicolai bezifferte 1773 das »gelehrte« Publikum in Deutschland auf 20 000 Menschen (also rund 0,1 Prozent der Bevölkerung), Jean Paul das belletristische um 1800 auf rund 300 000, was etwa anderthalb Prozent der Gesamtbevölkerung bedeuten würde. Beide Schätzungen – vor und nach der »Leserevolution«? – unterscheiden sich immerhin um mehr als den Faktor 10. Heutige Forscher geben jedoch weitaus großzügigere Zahlen »potentieller« Leser an: um 1770 15 Prozent der Bevölkerung über sechs Jahren, um 1800 25 Prozent.[7] Weit realistischer ist (trotz der zu hoch angesetzten Durchschnittsauflage) die Vermutung: »Bei schätzungsweise 25 Millionen Einwohnern in Deutschland und einer durchschnittlichen Erstauflage von 2500 Exemplaren wurde ein Buch von 0,01 Prozent der Bevölkerung gekauft und etwa von 0,1 Prozent gelesen.«[8] Die zeitgenössischen Klagen über eine in allen Ständen grassierende »Lesesucht« waren sicherlich eine »ideologische Fälschung«.[9] Eine tatsächlich numerische beziehungsweise quantitative Demokratisierung des Lesens wurde erst rund hundert Jahre später erreicht. Über konkretere Angaben zum Umfang des tatsächlich lesenden Publikums verfügen wir für das Herzogtum Württemberg, das hier als (sicher nicht repräsentatives) Beispiel genannt sei. Hier zählte »Das Gelehrte Wirtemberg« von Balthasar Haug anno 1790 die Angehörigen der Honoratiorenschicht im Herzogtum präzise auf, die im wesentlichen auch die Träger der literarischen Gesellschaftskultur gewesen sein dürften: 834 Geistliche, 388 Vikare und Stipendiaten in Tübingen, 452 Juristen (wohl einschließlich der höheren Beamten), 218 Mediziner und Apotheker, 300 (zu zwei Dritteln adelige) Offiziere, etwa 200 graduierte Studenten, 75 Kaufleute in Stuttgart und etwa 450 auf dem Lande und schließlich 1324 »Schreiber«, das heißt mittlere Beamte ohne Universitätsbildung.[10] Nimmt man zu diesen gut viertausend Besitz- und Bildungsbürgern noch zweitausend Frauen und Jugendliche und ein paar hundert Mitglieder des Adels hinzu, so kommt man auf ein »extensives« Lesepublikum Württembergs im ausgehenden 18. Jahrhundert von etwa siebentausend Personen – wenig mehr als ein einziges Prozent der Gesamtbevölkerung. Wer dort ansonsten auf die herkömmliche Weise las, griff nach wie vor nur zu den erbaulichen »alten Tröstern«, zu Bibel, Katechismus und Kalender.

Es wäre jedoch ein Fehler, dem regelmäßig lesenden Publikum in Deutschland von etwa 300000 Personen, also etwa 1,5 Prozent der erwachsenen Gesamtbevölkerung, eine nur marginale gesamtgesellschaftliche und kulturelle Rolle zuzuweisen. Denn dieses zunächst so kleine Ferment neuer Leser verursachte folgenreiche kulturelle und auch politische Kettenreaktionen.

## Alte und neue Formen des Lesens im 18. Jahrhundert

Wie verlief die konkrete Entwicklung des Lesens im 18. Jahrhundert? Um diese Frage zu beantworten, wäre ein differenzierteres Modell der Lesergeschichte nötig, das sowohl die diachrone Abfolge mit ihren

Zwischenstufen als auch die synchronen Überschneidungen berücksichtigte. Von einem übersichtlich-linearen Prozeß kann dabei keine Rede sein. Vielmehr ist eine Zersplitterung und Anonymisierung der Leserschaft zu konstatieren, sowohl in sozialer Hinsicht als auch in zeitlicher und geographischer. Verschiedene Entwicklungsstadien verliefen parallel und überschnitten sich. Lesen wurde zu einem sozial indifferenten, individuellen Prozeß. Die Schichtzugehörigkeit regulierte kaum mehr den Zugang zur Lektüre: »Das literarische Publikum der vorrevolutionären Zeit war noch weitgehend elitär, homogen und geschlossen, jenes der Jahre 1789 bis 1815 ist sozial indifferent, heterogen und offen.«[11]

Die nach wie vor am weitesten verbreitete Form des Umgangs mit Gedrucktem war ein »wildes« Lesen, das naiv, vorreflexiv und undomestiziert, zum allergrößten Teil auch laut betrieben wurde. Es stellte die alleinige Lektüreform bei der ländlichen Bevölkerung und einem großen Teil auch der städtischen Unterschichten dar. Bei einer wöchentlichen Arbeitsbelastung von Sonnenaufgang bis Sonnenuntergang an sechs Tagen waren weder die Zeit noch die Motivation für mehr Lektüre vorhanden. Lesen als Sozial- oder gar Herrschaftstechnik galt in der statisch-immobilen Welt der ländlichen Schichten vom Knecht bis zum Großbauern als überflüssig für das tägliche Leben. Eine rudimentäre Lesekompetenz beschränkte sich auf Aderlaßtafeln, Wetter- und Aussaatregeln und religiöse Andachtsdrucke, die auf Märkten und durch Kolportage Verbreitung fanden, ebenso wie die Volksbüchlein geistlicher wie weltlicher Art. Viele Provinzverleger vor allem in Oberdeutschland brachten Dutzende von Auflagen solcher Kleindrucke heraus. Auch sie wurden, wie die *Bibliothèque bleue* in Frankreich, keineswegs »zwangsläufig zum Lesen oder zumindest zum gründlichen, exakten, aufmerksamen, buchstabengetreuen Lesen gekauft«, sondern dienten eher einer »approximativen Lektüre, die Grundelemente assoziativ miteinander verbindet, mit einer nur geringen Kohärenz des Textes«.[12] Dabei wandelten diese Bändchen tradierte Inhalte über längere Zeiträume hinweg textuell ab und paßten sie damit antizipierend den sich wandelnden Leseweisen an.

Dieses »wilde« Lesen konnte jedoch mit einem kollektiven »alfabetismo di gruppo« (Italo Sordi) gekoppelt sein, das heißt einer gut ausgebildeten Zuhörkompetenz, die eine indirekte Literarisierung ohne Alphabetisierung bedeutete. Ihr diente die hierarchische Kommunikationsform des Vorlesens: Im familiären Kreis waren es meist der Hausvater oder die Kinder, die religiöse Texte vortrugen, in der Gruppenöffentlichkeit der Wirtshäuser oder auf dem Markt verbreiteten Lesekundige, auch Lehrer oder Pfarrer, politische und andere Novitäten. Die im ausgehenden 18. Jahrhundert intensiven Bemühungen der Volksaufklärer, bei der Landbevölkerung mittels autoritärer Lesepädagogik das »wilde« Lesen zum sozial integrativen »nützlichen« umzuformen, scheiterten weitgehend.

Dies änderte sich nachhaltig unter dem Schock der Französischen Revolution. Auch auf dem Lande wuchs ein elementares Interesse an den sensationellen Neuigkeiten über Freiheit, Gleichheit und Brüderlichkeit. Multiplikatoren wie Winkeladvokaten, entlaufene Schulmeister, aufsässige Studenten, reformfreudige Geistliche, Gastwirte und Posthalter lasen in den Schulstuben und Schenken die Zeitungen laut vor und ermunterten zu lärmenden Debatten. Die Motivation, selbst lesen zu lernen, wurde dadurch (wie auch durch die Meinungskontrolle der gegenrevolutionären Obrigkeiten) wesentlich gefördert – zum Mißbehagen der politischen und gesellschaftlichen Führungsschichten, die solche geistige Emanzipation immer entschiedener zu blockieren versuchten.

Schneller und früher als bei den ländlichen Unter- und Mittelschichten veränderte sich das Leseverhalten bei den städtischen, insbesondere dem Dienstpersonal, bei Lakaien und Friseuren, Zofen und Stubenmädchen, bei Handels- und Handwerksbedienten und bei den mittleren, teils auch unteren Chargen des Militärs. Diese Personengruppe konnte bis zu einem Viertel der städtischen Bevölkerung ausmachen. Sie besaß auch die notwendigen äußeren Voraussetzungen für Lektüre, nämlich das teure Licht, über den Tag verstreute kurze Lesezeiten, bei freier Kost und Logis oft auch ein kleines Budget für die Leihbücherei. In der Nachahmung der Herrschaft eignete sich das Personal deren modische Leseweisen an, insbesondere den extensiven Belletristikkonsum. In der Stadt war das gedruckte Wort selbstverständlicher Bestandteil des täglichen urbanen Lebens: Plakate an den Häusern, Maueranschläge, Ausrufer und Marktschreier mit ihren Handzetteln, die allgegenwärtigen Zeitungen in den Tabagien und Schänken. Schon um 1740 galt im fortschrittlichen England Samuel Richardsons *Pamela* als die »Kultur-Heldin einer sehr mächtigen Schwesternschaft lesender und über Muße verfügender Kammermädchen«[13]. Mit einer Verzögerung von einigen Jahrzehnten setzte sich diese literarische Emanzipation auch in Deutschland durch. 1781 registrierte ein Wiener Autor bei den Stubenmädeln eine wahre belletristische Leidenschaft: »Hiermit noch nicht zufrieden, spielen sie auch die Rollen der Empfindsamen, machen Anspruch auf die Schöngeisterey, lesen fleißig Komödien, Romane, Gedichte, lernen ganze Scenen, Stellen oder Strophen auswendig und räsonniren sogar über die Leiden des jungen Werther.« Mit moralisierenden »Sittenbüchlein für das Gesinde« (Lavater 1773) war ein solcher Lesegeschmack nicht mehr zu disziplinieren. Lange Stunden des Müßiggangs im Wachdienst förderte die Lektüre bei den städtischen Militärs, wie ein Beobachter 1780 tadelte: »Sogar die Musketiere in großen Städten lassen sich aus der Leihbibliothek Bücher auf die Hauptwache holen.« Bevorzugter Lesestoff der Garnisonen waren neben den Romanen pikante Lektüre und Pamphlete.

Gegenpol des sozial absinkenden, jedoch weiterhin prozentual dominanten »wilden« Lesens war seit jeher das »gelehrte« Lesen. Bei den intellektuellen Eliten war nicht nur ein »modernes« kursorisches Informationslesen verbreitet, hier hatte sich spätestens seit dem 17. Jahrhundert auch eine extensive, polyhistorisch-enzyklopädische Lektüre etabliert. Doch seit der Mitte des 18. Jahrhunderts galt der gelehrte Bücherfresser, der über seinen Folianten die Welt vergaß, nur mehr als Spottfigur. Sein hartnäckig sich der planen Nützlichkeit verweigerndes Bücherwissen widersprach dem aufgeklärten bürgerlichen Weltbild. Der schwerblütig-pedantische Stubenhocker wurde abgelöst vom versatilen, gelehrten *petitmaitre*, der die Wissenschaften eher oberflächlich betrieb.

Die Aufklärungsideologie propagierte dagegen für traditionelle und neue Bildungsträger ein »nützliches« Lesen. Ein Hauptmedium dieser Lesepropaganda bildeten die »Moralischen Wochenschriften« zwischen 1720 und 1750, die bezeichnenderweise im wesentlichen in den Handelsstädten des protestantischen Nordens erschienen; neben Leipzig spielte Hamburg als Einfallstor englischen Aufklärungsdenkens die entscheidende Rolle. Nach dem Vorbild der *moral weeklies* wie »Spectator«, »Tatler« und »Guardian« verbreiteten diese Zeitschriften eine spezifisch bürgerliche »Botschaft der Tugend« und das Bildungsideal der Aufklärung in Abwendung vom höfisch-galanten Lebensstil. Mit programmatischen Titeln wie »Der Patriot«, »Der Weltbürger«, »Der Vernünfftler«, »Der Biedermann«, »Der Menschenfreund«, »Der Freygeist«, »Der Gesellige«, »Die vernünfftigen Tadlerinnen« und den leserorientierten Strategien der früheren Erbauungsbücher transportierten sie nun, um Kurzweiligkeit bemüht, innerweltliche, säkulare Inhalte. Für die Gesellschaft nützliche und zugleich individuelle Moral befördernde Lektüre war für den begüterten Handelsmann wie den strebsamen Studenten, das gesittete Frauenzimmer wie den redlichen Beamten kein müßiges Vergnügen, sondern geradezu sittliche Pflicht.

Diese Strategie war insbesondere beim weiblichen Lesepublikum erfolgreich. Den Gattinnen und Töchtern des Bürgertums stand mit wachsendem wirtschaftlichem Wohlstand mehr Freizeit zur Verfügung. Ihr Lektürekanon, der bis zum Beginn des 18. Jahrhunderts so gut wie ausschließlich auf erbaulich-religiöse Schriften beschränkt war (auch wenn sich diese Restriktionen nicht immer durchsetzen ließen), durfte sich nun erweitern. In den »Moralischen Wochenschriften« wurden eigene »Frauenzimmerbibliotheken« empfohlen, die allerdings keine *femme savante* heranbilden wollten, sondern nur eine »verhältnismäßige«, eng auf den häuslichen Pflichtenkreis beschränkte Bildung forderten. Doch sie gewährten dem weiblichen Wissensdurst mit Reisebeschreibungen und Fabeln, ja gar mit englischen Familienromanen deutliche Linderung. Ähnlich engagiert wurde die Leseerziehung der Jugend betrieben: Da man die Kindheit nun erst als eigens definierten Lebensbereich erkannte, widmete man auch der Kinder- und Jugendlektüre vermehrte Aufmerksamkeit. Für die junge Generation des Bürgertums setzte nach 1760 eine intensive Leseerziehung ein, die freilich bei der studierenden Jugend, die über ein besonders großes Zeitbudget verfügte und seit jeher ein eher extensives und säkularisiertes Leseverhalten besaß, kaum auf Resonanz stieß.

Dieses »nützliche« Lesen allegorisierte und moralisierte den literarischen Text nicht nur als Anleitung zur individuellen Perfektionierung. Es entwickelte sich im Zeichen der aufkommenden bürgerlichen Öffentlichkeit, vor allem mittels der Institution der Lesegesellschaft (s.u.), weiter zu einem kommunikations- und räsonnementorientierten Lesen mit dem Ziel sozialer Identitätsbildung des Bürgertums durch Lektüre. Dieses Stadium der »verständigen« Lektüre stellte auch Jean-Jacques Rousseau als lebenspraktisch-nützliche Leseweise seiner Heimatstadt Genf der eskapistischen Zerstreuungslektüre der Großstadt Paris entgegen:

»Der Franzose liest viel, aber nur neue Bücher; oder vielmehr, er durchblättert sie, nicht um sie zu lesen, sondern um zu sagen, daß er sie gelesen habe. Der Genfer liest nur gute Bücher; er liest sie und denkt zugleich; er beurteilt sie nicht, aber versteht sie.«[14]

Solches Lesen galt in der Nachfolge der Enzyklopädisten auch den deutschen Aufklärern als Befreiungsakt gegen feudale Geistesknebelung. Es beförderte ein neues, innerweltlich argumentierendes Gruppenselbstverständnis des Bürgertums, das sich vom doktrinären religiösen und rechtlichen Diskurs der feudalen und altständischen Strukturen emanzipierte. Der Bürger entging damit der Gefahr der Orientierungslosigkeit und gewann eine neue korporative soziale wie kulturelle Identität. Naheliegenderweise war dieses »verständige« Lesen eine Domäne der Männer. Denn auch sie besaßen mit wachsendem wirtschaftlichem Wohlstand immer mehr Muße für Lektüre, bevorzugten nicht nur berufsbezogene Informationen, sondern auch politische Novitäten und unterhaltende Zerstreuung.

Ziemlich bescheiden war in diesem Zusammenhang die Rolle des deutschen Adels. Sein Leseverhalten, über das bisher noch sehr wenig bekannt ist, muß sicher stark differenziert gesehen werden. Wie in Frankreich, wo der Landadel noch bis zum Jahrhundertende kaum Bücher besaß, standen auch hier die »Krautjunker«, auf deren Schlössern sich vielleicht einige Dutzend Bücher befanden, einem kleinen Kreis gebildeter und mäzenatischer Literaturförderer gegenüber, die ihre Leserrollen ähnlich wie das gebildete Bürgertum modernisierten. Die Zahl der höfischen und erst recht ländlichen Adeligen, die sich als Bibliophile kostbare Sammlungen zulegten, war sehr gering. Für die »Leserevolution« spielten sie alle keine wesentliche Rolle.

Der Modernisierungsprozeß des Leseverhaltens ging, wie betont, weit weniger von den Residenzen und Höfen aus als von den protestantischen Handelsmetropolen des nördlichen und mittleren Deutschland. Die katholischen Reichsteile nahmen daran erst mit Verzögerungen teil; denn ihnen fehlte die Tradition der individuellen Bibellektüre, die als quasireligiöser Akt wesentlich das Lesen stimulierte: »In katholischen Gebieten sind die Geistlichen die notwendigen Vermittler zwischen dem Wort Gottes und den Gläubigen, und kein Buch hat hier ähnliche existentielle Bedeutung wie die Bibel bei den Reformierten, deren Vorhandensein vor allem seit dem Pietismus in jeder Familienbibliothek notwendig ist.«[15] Freilich waren auch beim katholischen Volk populäre Massendrucke wie Kalender und Flugblätter verbreitet, auch war die Beschäftigung der Laien mit der Bibel nicht strikt verboten. Doch im Gegensatz zur protestantischen Ausgangsthese vom Vorrang der Schrift vor der Tradition (*sola scriptura*) besaß hier die mündliche Vermittlung durch die Lehrautorität absoluten Vorrang. Dies galt allerdings nur für die breiteren Schichten der Gläubigen, für die Rolle des volkssprachlichen Buches. Dagegen bildeten der Klerus und die Klöster seit jeher ein literarisches Publikum *sui generis*. Nicht nur war wie in Frankreich die libertine Lektüre in den geistlichen Residenzen besonders begehrt, wichtiger war die enorme Bedeutung der Klosterbibliotheken, die bis zur Säkularisation am Beginn des 19. Jahrhunderts eine glanzvolle Spätblüte des gelehrten Lebens beherbergten. Von hier aus begann auch der Modernisierungsprozeß der Lektüre. Heftige Klagen über das Romanlesen der Priesterseminaristen tauchten in katholischen Gegenden nach 1780 vermehrt auf, dagegen wurde der Spott über die klerikalen Nichtleser, vor allem die Landpfarrer, deutlich seltener. Eine neue Generation des lesenden Klerus erfuhr auf dem Konvikt und Seminar ihre ersten modernen Lektüreerlebnisse. Der aufklärerische »Zuschauer in Bayern« konstatierte 1782 den Generationenwandel bei der bayerischen Geistlichkeit: »die alte schnupft und raucht Tobak, trinkt und liest – nichts. Die junge modernisiert, liest, bekömmt allgemach Geschmack und fängt an zu denken.«

Erstaunlich schnell, allerdings mit zwei bis drei Jahrzehnten Verzögerung gegenüber den Protestanten, eigneten sich nicht allein die gebildeten Katholiken die neuen Leseweisen an, sondern auch das breitere Publikum – und dies auf eine radikal säkularisierende Weise:

»Nichts wird begieriger aufgefangen, gedruckt, verkauft, gelesen, empfohlen, als eben solche Schriften, in denen man die Religion verächtlich machet. Sie gehen durch alle Hände. Man leget sie frisch auf. Einige werden die ersten drey Monate vergriffen. (...) Die Normalschulen und die Preßfreyheit setzen auch den gemeinen Mann in Stand alles zu lesen, was von der Schreibsucht solcher Verführer ausgebrütet, und ans Taglicht geworfen wird. Man weis öffentliche Schulen, wo sie ihnen von den Lehrern angerühmt, und stückweise vorgelesen werden. Junge Mägdchen bringen sie mit in die Kirche. Buben in der Grammatik kennen sie. Geistliche, und wollte Gott nur die untersten, nur jene, die man keines Zutrauens würdiget, stellen sie oben an ihren Bücherschranke.«[16]

Wie bei den Protestanten zuerst in den Städten die Bibellektüre immer seltener wurde, so setzten der Akkulturations- und Entregionalisierungsprozeß und die Lesewut auch bei den Katholiken ebenfalls in den Metropolen ein. Musterbeispiel dafür ist das josephinische Wien mit seiner antiklerikalen Broschürenflut. Die kirchlichen Lesegegner griffen ihrerseits in Kanzelreden und Broschüren auf alte barocke Muster der Lesesuchtkritik zurück. Sie befürchteten nicht ohne Grund eine umfassende Säkularisierung und Dechristianisierung durch das Lesen.

## Der »moderne« Leser um 1800 und seine Lesepraktiken – die »Lesewut«

Auch dieses Lektüremodell der Aufklärungsdoktrin, für das die gesellschaftliche Bildungskomponente im Mittelpunkt stand, veränderte und differenzierte sich ab etwa 1770. Seine noch immer autoritären, akademisch geprägten Rezeptionsvorgaben wurden in einem schnellen Modernisierungsprozeß, der nun auch die Fesseln des Rationalismus abstreifte, durch individuelle, emotionsbetonte abgelöst. Damit begann ein besonders folgenreiches, jahrzehntelang virulentes Stadium der Lesergeschichte: jenes der »empfindsamen« beziehungsweise »empathischen« Lektüre. Dieses Lesen stand im Spannungsfeld zwischen der individuellen Leidenschaft, die von Gesellschaft und Umgebung isolierte, und dem Hunger nach Kommunikation über die und durch die

Lektüre. Dieses »überwältigende Bedürfnis nach Kontakt mit dem Leben hinter der gedruckten Seite«[17] führte zu einem völlig neuen, unerhört intensiven Vertrauen, ja einem imaginären Freundschaftsverhältnis zwischen Autor und Leser, zwischen Literaturproduzent und Rezipient. Der emotional aufgewühlte, jedoch isolierte Leser linderte seine Vereinzelung und Anonymisierung dadurch, daß er sich mittels der Lektüre einer Gemeinschaft von Gleichgesinnten zugehörig wußte. Solches Lesen war zweifellos – im Sinne einer »umgekehrten« Leserevolution – weitaus »intensiver« als zuvor, keineswegs »extensiver«.

Dieser gesamtkulturell so bedeutsame Prozeß ist in England, Frankreich und Deutschland auf jeweils spezifische Weise mit den Namen von Richardson, Rousseau sowie Klopstock und Goethe verbunden. Am Beginn der neuen Beziehung zwischen Autor, Text und Leser stand Samuel Richardson (1689–1761). Seine Romane *Pamela or Virtue rewarded* (1740) und *Clarissa* (1747/48) fanden enthusiastische Aufnahme wie kein Vertreter dieser Gattung zuvor. Die *Pamela* begeisterte insbesondere ein weibliches Publikum; Richardson schilderte nämlich dessen spezifische Erlebniswelt mit zuvor unerhörter Akribie – ob häusliche Details oder eine intime Liebesbeziehung –, außerdem tat er dies in Form von Briefen, das heißt in dem subjektiven Artikulationsmedium *par excellence*. Dies machte *Pamela* zu einem Werk, das »von der Kanzel gepriesen und dennoch als Pornographie angegriffen werden konnte, einem Werk, das das Lesepublikum mit der doppelten Attraktion einer Predigt und eines Striptease erfreute.«[18]

Auch in Frankreich übte, wie Diderots *Eloge de Richardson* (1761) zeigt, diese Lektüre stärkste Wirkungen aus. Doch das davon entfachte Feuer wurde zum Flächenbrand erst durch Jean-Jacques Rousseau (1712–1778). Er verlangte gelesen zu werden, »als sei er ein Prophet göttlicher Wahrheit. (...) Was rousseausches Lesen von seinen religiösen Vorgängern absetzte – ob es calvinistisches, jansenistisches oder pietistisches Lesen war –, war die Aufforderung, die verdächtigste Art Literatur, den Roman, zu lesen, als sei es die Bibel. (...) Rousseau (...) wollte durch die Literatur ins Leben eindringen, in sein eigenes und das seiner Leser.«[19] Umgekehrt hungerten seine Leser nach solcher Lektüre »nicht um Literatur zu genießen, sondern um das Leben und besonders das Familienleben zu bewältigen, und zwar genau nach Rousseaus Vorstellungen.«[20]

*La Nouvelle Héloïse* (1761), wohl der größte Bestseller des Ancien régime mit wenigstens 70 Auflagen vor 1800, löste überwältigende Wirkungen aus, einschließlich Zusammenbrüchen und Weinkrämpfen. Robert Darnton betont, daß wir uns diese Leseleidenschaft »kaum vorstellen können; sie bleibt uns fremd wie die Angst vor Dämonen bei den Balinesen«[21] – oder nur wie die Ekstase der Kids bei Rockkonzerten?

Mit einem bezeichnenden Zwischenstadium verlief diese Entwicklung in Deutschland. Hier benötigte vor allem das weibliche Lesepublikum ein Bindeglied zwischen rein religiöser und rein weltlicher Lektüre, das heißt Friedrich Gottlieb Klopstocks (1724–1803) ab 1749 erscheinendes biblisches Epos *Der Messias*. Es behandelte einen erbaulichen und damit auch für Frauen uneingeschränkt erlaubten Stoff, eben das Leben Christi, jedoch auf kühn subjektive, gefühlsträchtige Weise. Es wurde »von seinen Lesern in dem Augenblick ergriffen, in dem sie sich zur Emanzipation von der traditionellen schulischen Erbauungslektüre anschickten, und in dem Augenblick aufgegeben, in dem sie die Emanzipation beendet hatten und mit Dichtung und Belletristik so selbstverständlich und so selbständig umgingen, daß sie nicht mehr begriffen, wie ihnen Klopstocks ›Messias‹ einmal so viel hatte bedeuten können«[22]. Ähnlich war der Erfolg von C.F. Gellerts Werken begründet. Im ersten bürgerlichen Roman Deutschlands, seinem *Leben der Schwedischen Gräfin von G.* (1746), war die erbaulich-moralische Absicht über jeden Verdacht erhaben, desto begieriger durfte man die abenteuerlichen Begebenheiten verschlingen.

Einen entscheidenden Durchbruch brachte schließlich 1774 J.W. Goethes Bestseller *Die Leiden des jungen Werthers* – noch des jungen Napoleon Lieblingslektüre. Sein Autor legte allerdings im Gegensatz zu Rousseau nicht den geringsten Wert auf Seelenfreundschaft mit dem Leser. Dennoch rezipierte ein Teil seines meist jugendlichen Publikums die tragische Liebesgeschichte, in der die bürgerliche Diesseitsmoral nicht mehr propagiert, sondern entlarvt wurde, nicht als Kunstprodukt – es verstand sie in der Tradition des »nützlich«-erbaulichen Textverständnisses vielmehr als Aufforderung zur Nachahmung. Tatsächlich war eine Selbstmordwelle von Werther-Lesern die verhängnisvolle Konsequenz dieser mißverständlichen Rezeption. Doch der größere Teil der Leser begnügte sich mit einer veräußerlichten Identifizierung – indem sie die Kleidung des Helden (blauer Frack und gelbe Beinkleider) zum Signal rebellischer Jugend erhoben und Kultgegenstände wie die bekannte Werthertasse kauften. Einem geringen Teil schließlich gelang die ästhetische Objektivierung, die Unterscheidung zwischen Lesewelt und Alltagsrealität.

Am Beispiel des *Werther* zeigte sich die Ausdifferenzierung des neuen Publikums, das verschiedene Formen des Umgangs mit literarischen Texten erprobte, neue Leseweisen und Leserituale. Geselliges wie einsames Lesen gewannen veränderte Funktionen. Insbesondere das Hauptpublikum der Belletristik, die Frauen, bevorzugte gemeinschaftliche Lektüre, die eine unmittelbare Kommunikation über diese erlaubte. An die Stelle des autoritativen, »frontalen« Vorlesens durch Hausvater, Pfarrer oder Lehrer trat nun jedoch eine durch Lektüre legitimierte und formalisierte Geselligkeit, deren Bedeutung in der »Erfahrung empathischen Rollenspiels«[23] lag, also einer kontrollierten und disziplinierten gemeinsamen Bewältigung von literarischen Texten. Exemplarisch dafür ist ein Tageslauf, wie ihn Luise Mejer 1784 in einem Brief an ihren Freund Heinrich Christian Boie schilderte. Sie war als Gesellschafterin im holsteinischen Tremsbüttel bei einer Gräfin Stolberg tätig, deren Gatte und Schwager als Dichter reüssiert hatten:

> »Um zehn Uhr wird gefrühstückt. Dann liest Stolberg ein Kapitel aus der Bibel und einen Gesang aus Klopstocks Liedern vor. Jeder geht nach seinem Zimmer. Ich lese dann in dem ›Spectator‹, der ›Physiognomik‹ und noch einigen Büchern, die mir die Gräfin gegeben hat. Sie kommt zu mir herunter, indess Lotte übersetzt, und ich lese ihr den ›Pontius Pilatus‹ von Lavater eine Stunde lang vor. Indessen sie ihre lateinische Stunde hat, schreibe ich ab für sie oder lese für mich, bis angerichtet ist. Nach Tisch und Kaffee liest Fritz aus den ›Lebensläufen‹, dann kommt Lotte zu mir herunter und ich lese mit ihr den Milton eine Stunde. Dann gehen wir wieder hinauf und ich lese dem Grafen und der Gräfin aus dem Plutarch vor, bis es Teezeit ist um 9 Uhr abends. Nach dem Tee liest Stolberg ein Kapitel in der Bibel und einen Gesang aus Klopstock vor, damit Gute Nacht.«[24]

Luise Mejer beurteilte diese sowohl intensiven wie extensiven Lektüreexzesse mit den Worten: »Man stopft hier die Menschen mit Lektüre, wie man Gänse mit Nudeln stopft.«

Als Gegenbild zur geselligen und kommunikativen Lektüre gewann auch das individuelle Lesen neue Qualitäten, das jetzt durch leise, stille Rezeption gekennzeichnet war. Dadurch wurde der Körper als Medium der Texterfahrung zurückgedrängt, das »wilde« Lesen diszipliniert. Ruhe und Entspanntheit galten nun als bürgerliche Lesetugenden, als Vorbedingung auch der ästhetischen Rezeption. Indem der Leser sich dem Text nicht mehr auslieferte, blieb er Herr seiner selbst, und damit frei für einen kontrollierteren Umgang mit Texten.[25] Diese nun erwünschte Immobilität beim Lesen am Schreibtisch bereitete nicht wenigen Männern Schwierigkeiten, sie bevorzugten weiterhin möglichst legere Positionen. Die Lesepädagogik des ausgehenden 18. Jahrhunderts sah das körperbetonte, laute Lesen nur mehr unter diätetischen Aspekten – es vertrete die »Stelle eines Spazierganges. Die Anstrengung, die es kostet, setzt unser Blut in Bewegung, verhütet die Stockung der Säfte, und verscheucht Krankheiten und Mißvergnügen. Bei regnigtem Wetter oder bei ungesunder Witterung, oder in Krankheit müssen wir daher zum Lautlesen unsere Zuflucht nehmen, um dadurch die Vergnügungen und die Wohlthätigkeit eines Spaziergangs im Freien zu ersezzen.«[26] Freilich konnte gerade das leise Lesen, bei dem alle Emotionen internalisiert werden mußten, den Rückzug ins Reich der Phantasie auch intensivieren.

Eine weitere Intensitätssteigerung der individuellen Lektüre im Zimmer bedeutete das empfindsame Lesen in der Natur, der freien Landschaft, das als ostentative Abkehr von der Gesellschaft zeitweise zu einer beliebten Inszenierung gerade des akademisch gebildeten Bürgertums wurde. Es spiegelte dessen prekäre Rolle zwischen Aufbegehren gegen die spätfeudal-ständischen Sozialnormen und dem demütigenden Bewußtsein seines noch nicht gefestigten Sozialprestiges. Die demonstrative Flucht vor der Gesellschaft, vor den Zumutungen des Hofes, der Stadt und der alltäglichen Pflichten in die sentimentale Einsamkeit mit einem literarischen Vademecum steigerte das Lektüreerlebnis im Wechselspiel von umgebender Realidylle und imaginierten Schicksalen. Gerne wurden dabei »schöne Stellen« mit florilegischem Lesen ausgekostet.

Der hauptsächliche Ort des Lesens blieb jedoch die häusliche Privatsphäre, der bürgerliche Wohnbereich. Die neue Kulturtechnik wurde ins Alltagsleben integriert. Bisher hatten nur Gelehrte die dunklen Stunden, gesundheitszehrend über ihre Folianten gebeugt, verbracht, nun kamen auch für das literarische Publikum Abend und Nacht als verfügbare Freizeit für den Lesegenuß in Frage. Die bürgerliche Zeitmentalität veränderte sich: mit der Gliederung und »Departementalisierung« des Tagesablaufs und der Zeit wurde auch der mühelose Wechsel von den Phantasiewelten der Lektüre in den Alltag allmählich erlernt, die Gefahr einer Vermengung der Lebenssphären reduziert.[27]

Die Luxusfabrikanten boten erstmals »Lesemöbel« an, die auch längeres, »gebanntes« Sitzen bei spannender Lektüre komfortabel machten: Lese-Chaiselonguen mit eingebautem Lesepult, Verwandlungsmöbel für die Dame von Stande, die zugleich als Putz-, Eß-, Schreib- und Lesetisch dienen konnten, bequeme »englische Lese- oder Schlaf-Stühle« und dergleichen mehr.[28] Das Lesemobiliar wurde für die Frauen ergänzt durch die passende *liseuse*, ein warmes, doch leichtes Jacken- oder Hauskleid für die Reisen der Phantasie. Was für die galanten Rokokodamen der private Rückzugsraum des Boudoirs bedeutet hatte, war für die bürgerliche Leserin nicht nur in England das *closet* als Refugium weiblicher Unabhängigkeit. Es koppelte soziale Zurückgezogenheit mit der Entbindung der Gefühle und »wurde nicht dazu gebraucht, Liebhaber zu verstecken, sondern sie auszuschließen«[29]. Dort befanden sich keine galanten Requisiten mehr, sondern Lesestoff und Schreibtisch samt Schreibzeug für die Korrespondenz. Ebenso beliebt war, nach zeitgenössischen Darstellungen (oft mit massiv erotischen Anspielungen) zu schließen, beim weiblichen Lesepublikum auch die Lektüre im Bett.

Nur einem eher geringen Teil des lesenden Publikums gelang es bereits am Ende des 18. Jahrhunderts, die höchste, »erwachsene« Stufe der literarischen Lesekultur zu erreichen, das heißt »den Übergang in die fiktionale Welt nur in der Phantasie zu vollziehen«[30] und die Lektüre in ihre Alltagsrealität zu integrieren. Sie betrieben ein hermeneutisches Lesen als autonome Kunstübung, nicht mehr um bereits vertraute Wahrheiten innerhalb des eigenen Erwartungshorizontes zu bestätigen, sondern um neue, unbekannte zu entdecken. Diese verständigen Leser der klassischen Nationalliteratur blieben (bis in die Gegenwart) zahlenmäßig gering. Friedrich Schiller hat deshalb der Suche nach einem

»Volksdichter« eine Absage erteilt: »Jetzt ist zwischen der Auswahl einer Nation und der Masse derselben ein sehr großer Abstand sichtbar«. Von einer ähnlichen Teilung sprach Jean Paul, der die deutsche Leserschaft um 1800 so charakterisierte:

> »In Deutschland gibt es drei Publikume oder Publika: 1) das breite, fast ungebildete und ungelehrte der Lesebibliotheken – 2) das gelehrte, aus Professoren, Kandidaten, Studenten, Rezensenten bestehend – 3) das gebildete, das sich aus Weltleuten und Weibern von Erziehung, Künstlern und aus den höhern Klassen formt, bei denen wenigstens Umgang und Reisen bilden. (Freilich kommunizieren oft die drei Kollegien.)«[31]

Der weit größere Teil des Publikums verharrte bei einer gleichsam pubertären Variante des empfindsamen Lesens, einer »narkotischen« (so der Philosoph J.G. Fichte), oft eskapistischen »Lesewut«. Sie stand im Mittelpunkt der zeitgenössischen Diskussion.

Ab etwa 1780 breitete sich, wiederum von Mittel- und Norddeutschland ausgehend, diese neue Seuche vor allem beim jüngeren und weiblichen Publikum rapide aus. Die publizistische Diskussion in Zeitungen und Zeitschriften, Predigten und Pamphleten diagnostizierte sie am Jahrhundertende sogar »bey Volksklassen, die sonst wenig oder nichts lasen, und die auch itzt nicht lesen, um sich zu unterrichten, und zu bilden, sondern um sich unterhalten zu lassen« (so der bayerische Aufklärer L. Westenrieder).

Diese Lesesucht war nicht nur den staatlichen und kirchlichen Obrigkeiten anstößig, sie galt auch den fortschrittlichen Aufklärern als ein Haupthindernis der erstrebten Emanzipation, die diszipliniert und rational geschehen sollte. Als sozialschädlich führe sie zu Untugenden, die dem bürgerlich-protestantischen Arbeitsethos widersprachen und dem adelig-höfischen Bereich angehörten – Müßiggang, Luxus, Langeweile. Im Vordergrund standen jedoch zunächst vor allem diätetische und sozialmedizinische Argumente. Während noch in Tissots *Von der Gesundheit der Gelehrten* (1768) nur vor den Maladien gelehrter Stubenhocker gewarnt wurde, korrelierte in den Traktaten der Pädagogen des ausgehenden 18. Jahrhunderts die Onanie- und »Selbstbeflekkungs«-Debatte mit der Lektüre-Debatte. Denn beide gehörten zu den schädlichen »heimlichen Sünden der Jugend«:

> »Die erzwungene Lage und der Mangel aller körperlichen Bewegung beym Lesen, in Verbindung mit der so gewaltsamen Abwechslung von Vorstellungen und Empfindungen« erzeuge nämlich »Schlaffheit, Verschleimung, Blähungen und Verstopfung in den Eingeweiden, mit einem Worte Hypochondrie, die bekanntermaaßen bey beyden, namentlich bey dem weiblichen Geschlecht, recht eigentlich auf die Geschlechtstheile wirkt, Stockungen und Verderbniß im Bluthe, reitzende Schärfen und Abspannung im Nervensysteme, Siechheit und Weichlichkeit im ganzen Körper«[32].

Die Leseanleitungen der Spätaufklärung verdammten dieses gesellschaftlich nutzlose Zerstreuungslesen: »Ein Buch lesen, um bloß die Zeit zu tödten, ist Hochverrath an der Menschheit, weil man ein Mittel erniedrigt, das zur Erreichung höherer Zwecke bestimmt ist.«[33] Anstatt im Sinne der berühmten Aufklärungsdefinition Immanuel Kants »ein Erziehungsmittel zur Selbständigkeit« zu sein, diene es allzu vielen »bloß zur Zeitkürzung und zur Erhaltung von dem Zustande einer ewigen Unmündigkeit!«[34]

## Buchmarkt und Lesegeschmack

Die fundamentalen Veränderungen der Kulturtechnik Lesen hatten selbstverständlich unmittelbare Wirkungen auf den Buchmarkt, der sowohl seine Verkehrsformen wie seine Objekte modernisierte. Seit der zweiten Hälfte des 18. Jahrhunderts wurde das Buch konsequent als kulturelle Ware verstanden, der Markt orientierte sich mit dem Übergang von der bis dato vorherrschenden Tauschwirtschaft zum Geldverkehr nach kapitalistischen Prinzipien. Der von Leipzig und den norddeutsch-sächsischen Buchhändlern ausgehende Trend zur strikt absatzorientierten Produktion führte zu einem neuen Nachfragemarkt, zu neuen Formen auch der Werbung. Die Zahl der Buchhändler nahm auch in den Provinzstädten deutlich zu, eine neue Generation von Verlegern betrieb Aufklärung als Geschäft. Sie wurden deshalb von konservativen Publizisten als Hauptverursacher der Leserevolution denunziert.

Zugleich professionalisierte sich die Rolle des Autors, entstand in Deutschland der »freie Schriftsteller«, der einerseits auf die Autonomie seines Schöpfertums pochte, andrerseits sich den Gesetzen des entstehenden anonymen Warenverkehrs unterzuordnen hatte. Diese Notwendigkeit der Prostitution auf dem Markte vor einem anonymen Publikum trieb den Autor *vice versa* genauso wie den Leser zum intensiven Kontakt mit dem rezipierenden Gegenüber, zu einer Seelengemeinschaft, die vom Buch gestiftet wurde.

Der Buchmarkt hatte es nun mit einem zumindest tendenziell unbegrenzten, heterogenen und anonymen Publikum zu tun, dessen Lesegeschmack und Bedürfnisse sich immer mehr ausdifferenzierten, dem gleichzeitig an Fachbüchern zum beruflichen Aufstieg *und* an politischer Information, an blutrünstigen Schauerromanen *und* an geistlicher Stärkung gelegen war. Den speziellen, einander überlagernden Interessen entsprach dennoch eine Homogenisierung des Lesegeschmacks über die einstigen Standesgrenzen hinaus. Dieselbe rührende Familiengeschichte wurde von der Aristokratin wie von ihrer Kammerzofe gelesen, derselbe Schauerroman vom Kammergerichtsrat wie vom Schneidergesellen – sie alle konnten sich aber ebenso zum Publikum der kanonisierten Nationalliteratur hinauflesen. Zwar war der anonyme Leser dem Marktangebot ausgeliefert, doch er hatte auch kollektive Ansprüche an diesen Markt, die bei Strafe des kommerziellen Mißerfolgs nicht ignoriert werden durften.

Die Umwälzungen des Marktes und des Lesegeschmacks spiegeln sich (trotz aller statistischen Unzulänglichkeiten) in den Leipziger Meßkatalogen, die den überregionalen Buchverkehr das ganze Jahrhundert lang repräsentieren. Schon die schiere Ausweitung des Produktionsvolumens nach 1760 belegt, wie erstaunlich schnell ein lektürebegieriges Publikum heranwuchs: Die Meßkataloge registrieren für das Jahr 1765 1384 Titel, für 1775 1892, 1785 2713, 1790 3222, 1795 3257 und 1800 3906 Titel. Die tatsächliche jährliche Gesamtproduktion dürfte um 1800 knapp die doppelte Menge umfaßt haben. Mit der quantitativen Ausweitung der Novitäten korrespondierte der schnelle Rückgang der jahrhundertelang dominierenden Gelehrtensprache Latein. Auf den Buchmessen schrumpfte ihr Anteil von 27,7 Prozent im Jahr 1740 auf 3,97 Prozent im Jahr 1800. Im gleichen Sinne veränderten die Sachgebiete ihre Rangfolge: die erdrückende Übermacht des Theologisch-Religiösen schwand schnell, was sowohl die Säkularisierung der Gelehrsamkeit wie die Abkehr des protestantischen Publikums von der bisherigen Erbauungsliteratur signalisierte. Zugleich stiegen die Prozentsätze der moderneren Sachbereiche wie Geographie, Naturkunde, Politik, Pädagogik, und insbesondere der Belletristik. Die Schöne Literatur, die 1740 erst 6 Prozent des Buchangebotes auf den Messen repräsentiert hatte, stieg 1770 auf 16,5 Prozent, ja bis 1800 auf 21,45 Prozent und erreichte damit den ersten Rang aller Sachgebiete. Dieser Aufstieg war weitestgehend dem Roman zu verdanken, dessen Anteil sich von 2,6 Prozent des Buchangebotes im Jahr 1740 auf 11,7 Prozent im Jahr 1800 mehr als vervierfachte.

Nicht nur die Zahl der Titel nahm zu, sondern auch die der Exemplare. Allerdings stiegen die Durchschnittsauflagen wegen des Nachdrucks und des Vordringens der Leihbüchereien nicht in gleichem Maße. Weit höhere Auflagen als Bücher erreichten gerade am Jahrhundertende nach dem Schock der Französischen Revolution die Zeitungen: Der renommierte »Hamburgische Correspondent« brachte es 1798 auf 25 000 Exemplare, 1801 sogar auf 51 000 – bei durchschnittlich zehn Lesern je Exemplar käme dies einer halben Million Lesern gleich. Weitaus niedriger waren dagegen die Auflagen anspruchsvollerer literarischer Zeitschriften (etwa von Wielands »Teutschem Merkur« mit 1 500 Exemplaren).

Als Hindernis für eine schnelle Ausbreitung des Lesepublikums im letzten Drittel des 18. Jahrhunderts erwiesen sich die Buchpreise, gerade für die begehrte belletristische Ware. Sie stiegen in diesem Zeitraum etwa um das Acht- bis Neunfache, was mit der Entwicklung der buchhändlerischen Usancen (Nettohandel und geringe Deckungsauflage) zusammenhing, aber auch mit der stetig steigenden Nachfrage. In Deutschland konnte sich (wie in England) für den Preis eines Romans eine Familie ein bis zwei Wochen ernähren. Bis weit hinauf in den bürgerlichen Mittelstand wich der größere Teil des neu entstehenden Publikums deshalb zur Befriedigung seiner Lektürebedürfnisse auf die Leihbüchereien und Lesegesellschaften aus oder kaufte wenigstens die Nachdrucke, die im Süden des Reiches hergestellt wurden und weit billiger waren als die nord- und mitteldeutschen Originalausgaben. Der

Nachdruck hat auf diese Weise auch und vor allem im katholischen Oberdeutschland eine zentrale Rolle für die Ausweitung des Lesepublikums und die Verbreitung des neuen Lesegeschmacks gespielt.

Natürlich veränderte sich auch das Buch als Objekt. Um eine extensive, schnelle Lektüre zu fördern, versuchten fortschrittliche Verleger vergeblich, die elegante Antiqua statt der Fraktur durchzusetzen, jener »häßlichen Runen« und »eckigten, schnörkelreichen Mönchsschrift« (so F.J. Bertuch). Diese Modernisierung scheiterte weitgehend. Desto begieriger war das belletristische Publikum auf eine elegante, gefällige Ausstattung der Texte – sie mußten mit einer Vielzahl von Kupfertafeln und Vignetten, Zieraten und Schlußstücken versehen sein. Zum spannenden Roman gehört die Illustration, am besten von Daniel Chodowiecki, dem unvergleichlichen Schilderer bürgerlichen Lebens. Die Abneigung gegen dickleibige Bände wuchs: »Bücher bilden Gelehrte – Broschüren bilden Menschen« hieß das neue Motto.

Mit dem Beginn der bürgerlichen Lesekultur des Aufklärungszeitalters setzte sich das handliche Oktavformat durch, über die Jahrzehnte hinweg wurden die Bücher immer schlanker, Kleinoktav, Duodez und gar das zierliche Sedez wurden zu den bevorzugten Formaten des belletristischen Lesepublikums. Dem zierlichen Äußeren entsprach der Inhalt am vollkommensten bei den Almanachen. Das poetische Taschenbuch war Medium einer literarischen Gesellschaftskultur, die nach französischem Vorbild ab 1770 mehr als zweitausend solcher oft gefällig, ja luxuriös ausgestatteter Bändchen hervorbrachte – neben den literarischen auch populär- und fachwissenschaftliche, politische und satirische Taschenbücher. Jean Paul, ein Lieblingsdichter des ausgehenden 18. Jahrhunderts, glossierte diesen Wandel:

> »Himmel! wenn man sich erinnert der alten vielpfündigen Folianten, in Bretter, Leder, Messingbeschläge und Klammern gefaßt, gleichsam lederne, mit Messingnägeln besetzte Großvaterstühle des gelehrten Sitzlebens, und wenn man dagegen ein Taschenbüchlein hält: so kann man wahrlich nicht klagen. Aus dem Schweinleder wurde Saffianleder, aus Messingspitzen Goldränder, aus Klammern und Schlössern ein Seidenfutteral, und die Kette, an die man jene Riesen sonst in Bibliotheken legte, wurde ein seidnes Ordenbändchen zum Freimachen.«[35]

Den obersten Rang in der Gunst des Publikums – und zugleich als Hauptobjekte der Lesesuchtkritiker – nahmen nicht die Bildungs- und Informationsliteratur der »Realien«, die Reisebeschreibungen und naturkundlichen Werke, ein, sondern die neuen, »extensiven« Hauptgattungen: Periodica und Romane. Vor allem letztere förderten, wie ihre Verächter tadelten, eine »rasche, unkonzentrierte, fast bewußtlose Form von Leseverhalten«[36]. Es mag allerdings paradox erscheinen, »daß die stärkste Identifikation des Lesers mit den Gefühlen fiktiver Charaktere, die es in der Literatur je gab, durch die Ausnutzung der Wesenszüge des Buchdrucks zustandekommen sollte – des unpersönlichsten, objektivsten und öffentlichsten aller Kommunikationsmedien«[37]. Die Polemik gegen die Romanlektüre hat bekanntlich eine lange, bis zum *Amadis de Gaula* zurückreichende Tradition. Aber sie bezeichnete stets das individuelle Fehlverhalten einer privilegierten Minderheit. Im ausgehenden 18. Jahrhundert gewann jedoch mit einer Vervielfachung der Romanproduktion und -rezeption erstmals die Romanlesesucht gesellschaftspolitische Dimensionen. In Deutschland brachte allein die Ostermesse 1803 nicht weniger als 276 neue Romane auf den Markt, eine Zahl, die in Frankreich und England bei weitem nicht erreicht wurde. Die Romanflut deckte alle Geschmacksnuancen ab. 1805 bilanzierte die »Allgemeine Literatur-Zeitung« als Hauptmodeströmungen der Romanproduktion in Deutschland seit 1776, dem Erscheinen von Johann Martin Millers *Siegwart*: die empfindsame, die komische, die psychologische, die Passions- und Ritter-, die Geisterseher-, Geister- und Zauber-, die geheimen Ordens- und Hofkabalenperiode, die häusliche, die Musterkarten-, die Räuber-, Diebes- und Gauner-Periode. Ein erheblicher Teil (etwa 40 Prozent) dieser Neuerscheinungen bestand aus Übersetzungen, bevorzugt aus dem Englischen. Eine ganze Generation schien von der Romansucht angesteckt – eben jene, die den Kampf um die bürgerliche Emanzipation weiterführen sollte, und statt dessen ihre Zeit mit narkotischer Lektüre verbrachte. Die moralische Kritik gewann damit eine massiv politische Komponente. Von fortschrittlichen Autoren wurde bemängelt, daß bei der studierenden Jugend und den Männern solche Lektüre die Selbsttätigkeit des Verstandes und die Emanzipationswilligkeit zerstöre – »und ohne den geringsten Unwillen sehen sie Denk- und Preßfreyheit morden.« Indem Lektüre die Einbildungskraft erhitzte und entfesselte, löste sie den Leser von der konkreten sinnlichen Wahrnehmung und Erfahrungswelt bis hin zur Gefahr der totalen Desillusionierung, ja des Nihilismus. Den weiblichen Romansüchtigen wurde vorgehalten, daß sie sich just in dem Augenblick, da die bürgerliche Familie ihrem Geschlecht einen neuen wichtigen Pflichtenkreis zuwies, in passiven, empfindsamen Genuß flüchteten. Auch von der konservativen Seite wurde in zahllosen Variationen beklagt, daß solche Romane die Phantasie reizten, die Moral verdürben und von der Arbeit ablenkten. Immanuel Kant hat bündig erklärt: »Das Romanlesen hat außer manchen anderen Verstimmungen des Gemüths auch dieses zur Folge, daß es die Zerstreuung habituell macht.«

Neben den Romanen war die bevorzugte Lektüre des neuen Publikums die periodische Presse. Über die »unzeitige Neue-Zeitungs-Sucht« hatte es schon seit dem Ende des 17. Jahrhunderts Klagen gegeben, aber auch diese gewann nun eine neue Dimension. Die Begier nach Tagesaktualitäten, nach publizistischer Information über aktuelle politische und kirchliche, literarische und wirtschaftliche Ereignisse breitete sich weit über die bürgerlichen Schichten hinaus aus. Dies galt auch für Flugschriften, sofern endlich einmal die Dämme der Zensur brachen. Als der Reformkaiser Joseph II. in Österreich die Pressefreiheit einführte, war ein einzigartiges »Tauwetter« die Folge, dank dem allein in den beiden Jahren 1781/82 gut 1200 Broschüren, Pamphlete und Flugschriften herauskamen. Am Jahrhundertende einte die unbedingte Dominanz des Politischen alle Leserschichten je nach ihren gruppenspezifischen Voraussetzungen – die Unterschichten ließen sich auf den Märkten oder in den Wirtshäusern die Sensationsnovitäten vorlesen, die höheren Stände verschlangen sie in den Großstädten an den Avisenbuden oder diskutierten darüber gesittet in den Lesegesellschaften. Offensichtlich scheint die vielgeschmähte Romansucht doch nicht eine ganze Generation narkotisiert, sondern vielmehr ein neues Stadium erreicht zu haben, wie der freimaurerische Geistliche K.A. Ragotzky 1792 erkannte:

»Jetzt ist aber wirklich der Fall eingetreten, wo eine neue, allgemeine und weit mächtigere Mode-Lectüre, als alle vorhergehenden, sich nicht allein über Teutschland, sondern über ganz Europa verbreitet hat, alle Stände und Classen der Societät anzieht, und fast jede andere Lectüre verdrängt; und dieß ist die Lectüre der Zeitungen und fliegenden politischen Blätter. Sie ist dermalen gewiß die allgemeinste Mode-Lectüre, die es je gab; (...) vom Regenten und Minister bis herab zum Holzspalter auf der Straße und dem Bauer in der Dorfschenke, von der Dame an der Toilette bis zur Scheuermagd in der Küche, ließt jetzt alles Zeitungen. (...) Man berechnet die Stunde der Ankunft der Post, und belagert das Posthauß, um der erste bey Eröffnung des Felleisens zu seyn. (...) Eine Dame von Ton muß wenigstens die neuesten Blätter vom Moniteur, vom Journal de Paris oder der Gazette de Leide gelesen haben, ehe sie in die Thee=Gesellschaft geht, und mit der Societät der Herren, die dieser Gemein=Geist nun fleißiger um den Thee=Tisch versammelt, die Neuigkeiten der Chronique du mois, des London Chronicle, der Morning Post, oder der beyden Hamburger, Frankfurther oder Bayreuther Zeitungen austauscht; indessen der Schmidt auf dem Ambose und der Schuster auf seinem Dreh=Schemel sitzt, Hammer und Ahle einstweilen ruhen läßt, und den Straßburger Kriegsbothen, die Brünner Bauern=Zeitung oder den Staats=Courrier ließt, oder sich von seiner Frau vorlesen läßt.«[38]

Auch in Deutschland hat also die literarische Leserevolution die politische Bewußtwerdung keineswegs verhindert – sie förderte vielmehr antifeudalistische und antikirchliche, ja insgesamt antiautoritäre Tendenzen, die in der Modebelletristik ebenso häufig auftauchten wie in der politischen Publizistik. Welche Rolle dabei auch die klandestine Lektüre spielte, ist für Deutschland leider noch völlig unerforscht. In Frankreich waren, wie Robert Darnton anhand der so reichen Quellen der Société typographique in Neuchâtel gezeigt hat, obszöne und irreligiöse Bücher auch beim beamteten Mittelstand ein besonders begehrter Lesestoff.

## Institutionen der Lektüre: Leihbibliothek und Lesegesellschaft

Das neue Leseverhalten fand auch neue Wege, sich zu organisieren. Dem hochorganisierten Markt trat neben der gesichtslosen Masse anonymer Käufer der institutionalisierte Leser gegenüber. Diese Organisierung, charakteristisch für das sich emanzipierende Bürgertum im 18. Jahrhundert, geschah auf zwei parallelen Wegen: mittels der kommerziellen Leihbibliothek und der nichtkommerziellen Lesegesellschaften. Beide zugleich waren in Deutschland – wie in England und Frankreich – die Träger der Leserevolution.[39] Die öffentlichen beziehungsweise Kloster-, städtischen und Hofbibliotheken sowie auch die meisten Universitätsbibliotheken (mit Ausnahme Göttingens) spielten dagegen für die Befriedigung des neuen Lesehungers so gut wie keine Rolle, ja sie hemmten ihn vielmehr nach Kräften. Die *Herzogliche Bibliotheksordnung* im thüringischen Gotha bestimmte: »Wer ein Buch näher ansehen will, muß es sich vom Bibliothekar ausbitten, der es ihm dann vorzeigen, allenfalls auch darin zu lesen verstatten wird.«

Abgesehen von Vorläufern begann die Blütezeit der Leihbibliotheken in Europa überall nach 1750. In England vermehrte sich ihre Zahl bis 1801 laut »Monthly Magazine« auf *»not less than one thousand«*. 1761 gründet der Buchhändler Quillan in der Pariser rue Christine die erste französische Leihbibliothek, die *loueurs de livres* (wörtlich: »Büchervermittler«) vermehrten sich in den siebziger und achtziger Jahren sehr schnell. Im deutschen Sprachbereich sind nach Vorläufern in Berlin erste Gründungen aus Frankfurt am Main und Karlsruhe in den fünfziger Jahren belegt, und spätestens in den achtziger und neunziger Jahren war in den allermeisten auch kleineren Städten und Märkten mindestens eine Leihbibliothek zu finden. Leipzig besaß um 1800 neun, Bremen zehn und Frankfurt am Main gar 18 solcher Etablissements. Aber auch in einem Städtchen wie dem preußischen Oranienburg verlieh der Postmeister mehr als 12000 Bände und ließ rund 100 Zeitungen gegen Gebühr lesen. Für den extensiven Lektürekonsum, der sich gerade im Mittelstand schnell ausbreitete, waren die Leihbibliotheken die idealen Partner. Wer aus sozialen, finanziellen oder lokalen Gründen keine Möglichkeit besaß, einer Lesegesellschaft beizutreten, konnte hier sein Bedürfnis nach Literatur aller Art bei geringer Kaufkraft und geringer Kaufmotivation befriedigen. Das betraf insbesondere jene zahlenmäßig starken Publikumssegmente, denen die Lesegesellschaften grundsätzlich verschlossen blieben, obwohl gerade sie an der »Lesesucht« am heftigsten erkrankt waren: Studenten und Handwerksgesellen, junge Mädchen und Frauen, soziale Randgruppen teils akademischer Provenienz wie Hofmeister und Informatoren, nichtadelige Militärs und Schreiber.

Dieselben zeitgenössischen Stimmen, die gegen die verhängnisvolle Lesewut eiferten, haben sich vor allem der Leihbibliotheken als der wichtigsten Brutstätten dieses Lasters angenommen. Sie galten als »moralische Giftbuden und Bordelle«, die ihr »Arsenik des Geistes« jung und alt, hoch und niedrig einträufelten. Leihbibliotheken mit überwiegend belletristischem Bestand, wozu neben den Ritter-, Räuber- und Gespenstergeschichten auch die empfindsam-rührseligen Liebes- und Familienromane gehörten, wurden oft verächtlich als »Winkeletablissements« tituliert. Oft war ihr Bücherbestand überaltert und variierte zwischen wenigen Dutzend Titeln und gut tausend Bänden. Dieser frühe Typus der rein unterhaltenden Konsum-Leihbücherei wurde häufig von Antiquaren, Buchbindern oder gänzlich Branchenfremden geführt, aber auch mancher seriöse Buchhändler in kleineren Städten sah sich genötigt, sein Angebot auf solche Kost auszurichten. In Württemberg waren 1809 neun Zehntel aller Leihbüchereien in den Marktflekken solche Winkelfirmen mit Beständen zwischen 100 und 600 Bänden. Freilich war auch in größeren Orten der Lesegeschmack keineswegs auf höherem Niveau.

Doch diesem vielgescholtenen Typus der Leihbibliothek stand schon in der Frühgeschichte der Institution ein anderer gegenüber, der sich am Vorbild der Lesegesellschaften orientierte, mit diesen konkurrierte und zuweilen auch aus einer solchen entstanden war. Die Bestände solcher »Lesekabinette« oder »Museen« verraten einen geradezu enzyklopädischen Anspruch. Hier fand sich die gesamte Breite des zeitgenössischen Buchmarktes repräsentiert, von wissenschaftlichen Fachpublikationen bis zu Werkausgaben der Dichter, aber auch fremdsprachige Publikationen. Zusätzlich bot ein oft angegliederter Journallesezirkel in- und ausländische Periodika. Solche Firmen, die spätaufklärerisches Selbstverständnis bei aller kommerziellen Motivation bewiesen, konnten vor den wenigen unzureichenden öffentlichen beziehungsweise Universitätsbibliotheken mehr als bestehen. In den Metropolen des Handels und der Bildung, etwa in Wien, Frankfurt oder Dresden vereinten diese Etablissements Sortiment und Leihbibliothek mit Lesesälen, wo Nachschlagewerke bereitstanden, mit Ausstellungsräumen für Novitäten, teils auch für Kunstgegenstände und Gewerbeartikel, mit Musikzimmern und Salons, in denen Erfrischungen gereicht wurden.

Doch unbeschadet dieser »gehobenen« Institute wurden die Forderungen nach Überwachung der politischen und moralischen »Giftbuden« immer lauter, insbesondere nach der Französischen Revolution. Um 1800 gab es in sämtlichen deutschen Staaten entweder ein Totalverbot aller Leihbüchereien (wie von 1799 bis 1811 in Österreich) oder zumindest strenge Kontrollbestimmungen (in Preußen das Wöllnersche Edikt von 1788, in Bayern von 1803).

Vom Beginn des 19. Jahrhunderts an überflügelten die Leihbibliotheken überall die Lesegesellschaften; diese Entwicklung belegt die Individualisierung und zugleich Anonymisierung der literarischen Rezeption. An die Stelle des sozial orientierten, geselligen Räsonnements über Literatur in freundschaftlich-vertrautem Kreis trat die individuelle Lektüre, der separierte, teils eskapistische, teils auch dem sozialen Aufstieg gewidmete Lektürekonsum, der gewerblicher Vermittlung bedurfte.

Im Gegensatz zu den Leihbibliotheken waren die Lesegesellschaften selbstverwaltete Organisationen zum Zweck der preiswerten Bereitstellung von Lesestoff für ihre Mitglieder ohne kommerzielle Interessen. Ein spätaufklärerisches Bürgertum, das in seiner Lesesuchtkritik die einsame, gesellschaftsabgewandte Lektüre als Müßiggang und sozial schädlich kritisierte, fand in ihnen einen zentralen Ort der Emanzipation, aber zweifellos auch der gegenseitigen Disziplinierung und Kontrolle – hier fand ein überwachtes, auf gemeinsamen Normen beruhendes Lesen statt, ein kollektives Er- und Verarbeiten der Lektüre. Zweifellos waren die Lesegesellschaften der Kreuzungspunkt zweier zentraler Errungenschaften der bürgerlichen Emanzipation: einerseits des extensiven Lesens, dessen Stoffhunger die finanziellen Möglichkeiten des einzelnen meist überstieg, andererseits des Strebens nach einer gesellschaftlichen Organisation dieses neuen Publikums räsonnierfreudiger Privatleute in einer vergleichsweise autonomen Form.

Die historische Entwicklung der Lesegesellschaften begann mit gemeinsamen Abonnements von Zeitungen im 17. Jahrhundert, später auch von Zeitschriften. Solche Lesezirkel, die der Stillung des politischen Informationshungers dienten, hielten sich oft bis ins 19. Jahrhundert hinein ohne weitergehende Institutionalisierung. Jeder Teilnehmer blieb mit der zirkulierenden Lektüre in seiner Privatsphäre, ohne reglementierte Kommunikation über das Gelesene. Seit den siebziger Jahren des 18. Jahrhunderts traten straffere Organisationsformen in den Vordergrund: »Lesebibliotheken« entstanden, bei denen die angeschaffte Lektüre in einem eigenen Raum aufgestellt und zur Benutzung bereitgehalten wurde – neben Periodika nun immer mehr Bücher. Für Erwerb und Ausleihe, Finanzen und Verwaltung benötigte man Richtlinien, ein Vorstand mußte bestellt werden, Vereinsstrukturen entstanden. Der Aufbewahrungsort der Bücher wurde bald zum Versammlungsort, wo man über das Gelesene diskutierte und seine Meinung bildete. Ein offensichtlich weitverbreitetes Bedürfnis nach solchen Orten lektürevermittelnder und lektürevermittelter Kommunikation führte zu einem Gründungsboom besonders in Handelsstädten des protestantischen Deutschland. Bis 1770 wurden 13 Lesegesellschaften eröffnet – doch bis 1780 entstanden rund 50 neue, zwischen 1780 und 1790 gar 170, und im letzten Jahrzehnt des aufgeklärten Jahrhunderts war mit etwa 200 Neugründungen der Höhepunkt erreicht. Bis 1810 kamen nochmals 130 hinzu, bis 1820 aber nur mehr 34 weitere. Leider stehen dieser eindrucksvollen Gründungsstatistik keine entsprechenden Daten über die Lebensdauer solcher Gesellschaften gegenüber.

Zweifellos hing ihre besondere Attraktivität gegen das Ende des 18. Jahrhunderts mit der Erweiterung ihres Unterhaltungsangebotes zusammen. Immer mehr »Lesebibliotheken« und »Lekturkabinette« ergänzten den Leseraum durch ein Sprechzimmer, in dem geplaudert und geraucht werden durfte, wo Bediente Erfrischungen reichten, und nicht selten kamen weitere Klubräume für gesittete Zerstreuungen wie Billard und andere Spiele hinzu. Obwohl in den Statuten der Lesegesellschaften meist von Standesgrenzen keine Rede war, wurde nichtsdestoweniger gesellschaftliche Homogenität dadurch gewährleistet, daß es zur Aufnahme neuer Mitglieder eines Mehrheitsbeschlusses bedurfte – die oft proklamierte »Gleichheit aller Stände« wurde dadurch zur Fiktion.

Solche Lesegesellschaften, oft mit Namen wie *Harmonie, Societät, Museum, Ressource* oder *Kasino* dienten Besitz- und gebildetem Bürgertum wie dem beamteten Adel zur Erweiterung ihrer sozialen Kontakte – das Lesen wurde in diesen vor allem nach unten sorgfältig abgeschotteten Treffpunkten bald zur Nebensache. Die Mitgliederzahlen konnten von zwei Dutzend bei kleineren Gesellschaften über etwa 100 (in Bonn oder Worms), 180 (in Frankfurt am Main) bis zu 400 in Hamburg oder gar 452 bei der besonders regen Mainzern reichen.

Umfang und Zusammensetzung der Lektürebestände unterschieden sich gleichfalls beträchtlich. In der Frühzeit herrschten neben der periodischen Presse und dem populärwissenschaftlichen Schrifttum die erbaulich-moralischen und didaktischen Schriften vor, bei Fachlesegesellschaften von Ärzten und Juristen, Predigern, Lehrern und Ökonomen standen berufsspezifische Publikationen im Vordergrund. Um die Jahrhundertwende wurde die Unterhaltungslektüre vor allem in Form von Romanen bei den eher geselligkeitsbezogenen Gesellschaften immer beliebter. Viele Lesegesellschaften hatten den Ehrgeiz, ein besonders breites Angebot aktueller Schriften zu besitzen, von Almanachen, den großen Rezensionsorganen, den neuesten Reisebeschreibungen bis zur politischen Tagespresse, auch in französischer und englischer Sprache.

Nimmt man eine durchschnittliche Mitgliederzahl von 100 an, so haben die Lesegesellschaften zwischen 1770 und 1820 insgesamt ein Publikum von etwa 50 000 Personen erreicht und für die politische Bildung wie Lesekultur dieser Elite große Bedeutung besessen. Hier scheint das Habermassche Modell fast idealtypisch verwirklicht – ein Publikum gebildeter Privatleute stellte im geselligen Räsonnement über Lektüre einen Konsens über seine kulturellen und politischen Interessen her. Diese Elite bildete jeweils vielleicht 7 Prozent des insgesamt lesenden Publikums und nur einen Promillebruchteil der gesamten Bevölkerung. Dennoch erschienen solche autonomen Zirkel der Obrigkeit suspekt. Die Bekämpfung der »Lesewut« nahm auch die Lesegesellschaften als Orte der Einübung extensiver Lektüre ins Visier, sie wurden konzessioniert, ihre Buchbestände überwacht. Besonders argwöhnisch standen die katholischen Territorien der organisierten Lektüre gegenüber. Verbote sprachen insbesondere nach 1789 die Bistümer Mainz, Trier und Würzburg aus, in Bayern waren Lesegesellschaften als Illuminatennester schon 1786 aufgehoben worden, in Österreich rang man sich nach längerer Überwachung erst 1798 dazu durch. Bezeichnend ist die Begründung, mit der 1799 in Hannover alle Lesegesellschaften unter polizeiliche Kuratel gestellt wurden. Wieder einmal wurden darin sittliche und politische Gefährdung in eins gesetzt – daß nämlich

> »Unordnung, Liederlichkeit, auch wohl hornartige und andere Krankheiten in mancher Familie entstehen, wenn der Primaner seinen Portier des chartreux, das halbmannbare Mädchen seinen Sopha und Ecumoire, die junge Hausfrau ihre Liaisons dangereuses u.s.w. wohlfeil und bequem studiren kann, und daß diese und ähnliche Schriften, da man sie seit dem Zeitpunkt der *großen Aufklärung* in Deutschland auch insgesammt in unserer Muttersprache haben kann, sehr leicht durch Lesebibliotheken und Lesegesellschaften in allen Klassen und Ständen gang und gebe werden können, wenn diese *Aufklärungsfabriken* ohne alle öffentliche Aufsicht bleiben.«

Ob den Lesegesellschaften tatsächlich eine solche zentrale Rolle für die bürgerliche Öffentlichkeit zukam, wie einst die Gegner der Aufklärung behaupteten und heute die Forschung meint, ist noch ungeklärt. Daß sie um 1800 ihr Gesicht veränderten, lag wohl nicht nur an den obrigkeitlichen Repressionen, sondern am veränderten Stellenwert der Lektüre, die keineswegs jene umfassende gesellschaftliche Sprengkraft entwickelte, wie viele befürchteten. Lesen wurde vielmehr zu einer kulturellen Tätigkeit wie andere auch – situativ, zweckgerichtet auf Bildung, Zerstreuung, Information, oder aber zu einer individuellen Rückzugsbastion gegen die Forderungen der Außenwelt. Die Lesegesellschaften wandelten sich vom Ort gesellschaftlichen Diskurses zur Stätte geselligen Beisammenseins. In dieser veränderten Form haben einige als Honoratiorenverein das gesamte 19. Jahrhundert überdauert und manche gar die Gegenwart erreicht.

Gab es also eine Leserevolution am Ende des 18. Jahrhunderts? Unsere kursorische Skizze hat zu zeigen versucht, daß diese Frage trotz aller Einschränkungen zu bejahen ist. Die Entwicklung der individuellen wie gemeinschaftlichen Lektüre in dieser Zeit verweist auf die ambivalente Rolle des Buches und Drucks bei der Sozialdisziplinierung und Rationalisierung der frühen Neuzeit insgesamt. Die Kenntnis der Kulturtechnik Lesen vermochte diese gesellschaftliche Formierung einerseits massiv zu unterstützen, aber sie bot andererseits auch die reizvollsten Möglichkeiten, den sozialen Zumutungen individuell zu entkommen. Die bürgerlichen Aufklärer waren der Überzeugung, daß der Weg zum immanenten wie transzendenten Heil über die Lektüre führe. Ihre unermüdliche Propaganda für nützliches Lesen brachte dem aufsteigenden Bürgertum diese Kulturtechnik als originäre Kommunikationsform nahe. Die traditionsverhafteten Gegner bekämpften das Lesen mit gleicher Vehemenz, weil es in Wahrheit den Sündenfall bedeute: Wer las, aß vom verbotenen Baume der Erkenntnis.

Doch über beide ging die Entwicklung in wenigen Jahrzehnten hinweg; dem schon um 1800 weitgehend anonymisierten, inhomogenen und zersplitterten, kurz: modernen Publikum war mit Leseerziehung längst nicht mehr beizukommen. Die Leser lasen nicht, was ihnen von Obrigkeit und Ideologen empfohlen wurde, sondern was ihre konkreten emotionalen und intellektuellen, sozialen und privaten Bedürfnisse befriedigte. Der Geist war der Flasche unwiderruflich entwichen.

Kapitel 12

# Die neuen Leser im 19. Jahrhundert: Frauen, Kinder, Arbeiter

*Martyn Lyons*

Die lesende Öffentlichkeit bescherte der westlichen Welt im 19. Jahrhundert die Massenalphabetisierung. Fortschritte in diese Richtung, die seit der europäischen Aufklärung stattgefunden hatten, sorgten für eine wachsende Zahl neuer Leser, die vor allem Zeitungen und Taschenbuchromane konsumierten. Im revolutionären Frankreich konnten ungefähr die Hälfte der männlichen Bevölkerung und etwa 30 Prozent der Frauen lesen und schreiben.[1] In Großbritannien lagen die Zahlen höher: 1850 waren es dort etwa 70 Prozent der Männer und 55 der Frauen.[2] Im Deutschen Reich belief sich die Zahl der Lese- und Schreibkundigen 1871 auf 88 Prozent.[3]

Diese Statistiken berücksichtigen jedoch nicht die beträchtlichen Unterschiede zwischen Stadt und Land sowie zwischen den stark alphabetisierten Hauptstädten und dem jeweiligen Rest des Landes. In Paris zum Beispiel waren am Vorabend der Französischen Revolution 90 Prozent der Männer und 80 Prozent der Frauen imstande, ihr Testament zu unterzeichnen, und 1792 konnten zwei von drei Einwohnern des proletarischen Vororts St. Marcel lesen und schreiben.[4] Ein derart hoher Standard der Alphabetisierung existierte vor der Mitte des 19. Jahrhunderts nur in den größten Städten Westeuropas. Im ausgehenden 19. Jahrhundert dagegen lag die Alphabetisierung bereits fast überall bei 90 Prozent, und zwischen Männern und Frauen bestand kein Unterschied mehr. Das »goldene Zeitalter« des Buches hatte begonnen: Doch die erste Generation in der Ära der Massenalphabetisierung war zugleich auch die letzte, die das Buch als Kommunikationsmittel bar aller Konkurrenz betrachtete, die im 20. Jahrhundert das Radio und die elektronischen Massenmedien darstellten.

Diese Ausweitung des Lesepublikums war von einer Zunahme der Grundschulausbildung begleitet. Dieser Bildungsfortschritt war tendenziell eher Folge als Ursache des wachsenden Lesepublikums. Denn die allgemeine und unentgeltliche Grundschulpflicht setzte sich in England und Frankreich erst nach 1880 durch, als diese Länder bereits fast vollständig alphabetisiert waren.

Unterdessen ließ ein kürzerer Arbeitstag auch mehr Zeit zum Lesen. Im Jahre 1910 zum Beispiel fand der *Verein für Sozialpolitik* heraus, daß die Mehrzahl der deutschen Arbeiter Freizeit mit Sonntagen gleichsetzten.[5] Seit 1870 war jedoch der Arbeitstag in Deutschland allmählich immer kürzer geworden, und gegen Ende des Jahrhunderts war ein Zehnstundentag normal. In England wurden in der Regel neun Stunden am Tag gearbeitet. So konnte auch die Arbeiterschicht Anschluß an das neue Lesepublikum gewinnen.

Die neuen Leser verschlangen Taschenbuchromane. Galt der Roman noch im 18. Jahrhundert als anrüchige Kunstform, so war sein Status in der ersten Hälfte des 19. Jahrhunderts unbestritten: Der Roman avancierte zur klassischen Ausdrucksform der triumphierenden bürgerlichen Gesellschaft. In den ersten Jahren des 19. Jahrhunderts wurden Romane nur selten in einer Auflagenhöhe von mehr als 1000 oder 1500 Exemplaren gedruckt. Um 1840 waren Auflagen von 5000 keine Seltenheit mehr, während in den siebziger Jahren die preiswertesten Ausgaben von Jules Verne eine Auflage von 30000 erreichten.[6] In den zwanziger und dreißiger Jahren hatte Walter Scott viel zum Ansehen des Romans beigetragen und selbst internationalen Erfolg errungen. In den siebziger Jahren begann Jules Verne sein internationales Publikum zu erobern, das ihn zu einem Giganten auf dem wachsenden Markt der Unterhaltungsliteratur machte. Die Massenproduktion preiswerter Taschenbuchromane integrierte neue Leser und trug dazu bei, das Lesepublikum stärker zu homogenisieren.

Die Verleger, die nun erstmals als ein spezieller Berufsstand in Erscheinung traten, nutzten die neuen Möglichkeiten für kapitalistische Investitionen. Preiswerte monatliche Fortsetzungslieferungen konnten ein größeres Publikum erreichen als die herkömmliche gebundene, dreibändige Romanausgabe. Die Veröffentlichung von Fortsetzungsromanen in Zeitungen eröffnete einen neuen Markt, der Autoren wie Eugène Sue, Thackeray und Trollope viel Geld einbrachte. Zwischen Autor und Publikum entstand eine neue Beziehung. Amerikanische Leser sollen die Hafenanlegestelle umlagert haben, um das Schiff zu erwarten, das die nächste Fortsetzungsfolge von Dickens' *The Old Curiosity Shop* (»Der alte Kuriositätenladen«) brachte, so gespannt waren sie auf das weitere Schicksal der Heldin Little Nell. Die französische Öffentlichkeit bekam Marx' *Kapital* 1872 zunächst in wöchentlichen Fortsetzungen zu lesen. In einem berühmten Essay vermutete der Kritiker Sainte-Beuve 1839, daß diese »Industrialisierung der Literatur« niemals große Kunst hervorbringen könne.[7] Der Köder des Profits sei jedoch unbestritten.

Die neuen Leser des 19. Jahrhunderts waren eine Quelle des Profits, aber auch der Besorgnis und Verunsicherung für die gesellschaftlichen Oberschichten. So machten sie für die revolutionären Ereignisse von 1848 die Verbreitung von umstürzlerischer und sozialistischer Literatur mitverantwortlich, die die städtische Arbeiterschaft und ein neues Publikum auf dem Land ansprach. 1858 prägte der englische Schriftsteller Wilkie Collins den Ausdruck »das unbekannte Publikum« und meinte damit die Gruppe von drei Millionen Lesern aus den Unterschichten ohne literarische Bildung,[8] die Konsumenten der illustrierten Regenbogenmagazine mit ihrer wöchentlichen Kost aus Sensationsgeschichten, Serien, Anekdoten, Leserzuschriften, Rätselseiten und Rezepten waren, und die Leserschaft der Groschenromane, die aus vielen Dienstmädchen und Verkäuferinnen, der sogenannten »Schicht der jungen Damen«, bestand. Laut Collins konnte »die Zukunft der englischen Belletristik von diesem unbekannten Publikum abhängen, das jetzt über den Unterschied zwischen einem guten und einem schlechten Buch belehrt werden will«. Englands neue Leserschichten, die niemals zuvor ein Buch gekauft oder in einer Leihbibliothek subskribiert hatten, vermittelten der Mittelschicht das Gefühl einer Entdeckung, vermischt mit Unbehagen.

## Die Leserin: Die Eroberung eines autonomen Raums

Frauen bildeten einen großen und wachsenden Anteil am neuen Publikum der Romanleser. Die traditionelle Diskrepanz zwischen lese- und schreibkundigen Männern und Frauen nahm ab und verschwand schließlich bis zum Ende des 19. Jahrhunderts. Auf der untersten Stufe der gesellschaftlichen Hierarchie war diese Kluft schon immer am größten gewesen. In Lyon konnten Tagelöhner und Seidenspinner Ende des 18. Jahrhunderts doppelt so häufig lesen und schreiben wie ihre Frauen. In handwerklichen Berufen wie der Bäckerei aber, wo die Buchführung oft in den Händen von Frauen lag und viel Kundenkontakt nötig war, zogen die Frauen mit ihren lese- und schreibkundigen Männern gleich.[9]

Vielleicht konnten aber schon mehr Frauen lesen, als wir vermuten.

Denn der Unterschriftentest, der bei Historikern normalerweise als Maßstab für die Lese- und Schreibfähigkeit gilt, berücksichtigt die Lesekundigen nicht, die ihren eigenen Namen nicht schreiben konnten – und diese Gruppe bestand hauptsächlich aus Frauen. Die katholische Kirche hatte nach Kräften versucht, die Leute zum Lesen, nicht aber zum Schreiben zu motivieren. Denn während es für Gemeindemitglieder nützlich war, die Bibel und den Katechismus lesen zu können, hätten Schreibkenntnisse den Kleinbauern womöglich ein vom Klerus nicht unbedingt gewünschtes Maß an Unabhängigkeit verschafft. Vielleicht konnten deshalb viele Frauen zwar lesen, nicht aber mit ihrem Namen unterzeichnen oder schreiben. In einigen Familien wurde eine strikte Rollenaufteilung praktiziert: Während die Frauen der Familie vorlasen, erledigten die Männer die Schreibarbeit und führten die Bücher.

Die Ausbildung für Mädchen hinkte überall in Europa lange hinterher. Gegen Ende des 18. Jahrhunderts waren unter den Schülern an den staatlichen Schulen in Rußland nur neun Prozent Mädchen, und im spanischen Navarra gab es 1807 doppelt so viele Jungen- wie Mädchenschulen. In Frankreich wurden die ersten Erzieherinnenseminare erst 1842 eingerichtet, doch um 1880 besuchten schon über zwei Millionen Mädchen die Schule.

Die verstärkte Einführung einer regulären Schulausbildung für Mädchen war also offenbar eher eine Folge als eine Ursache des erhöhten Frauenanteils unter den neuen Lesern. Wachsende Berufschancen (zum Beispiel als Lehrerinnen, Ladengehilfinnen oder Sekretärinnen) und die sich allmählich wandelnden Perspektiven für Frauen taten ein übriges, um das Niveau weiblicher Lese- und Schreibkenntnisse zu heben. Im 19. Jahrhundert erlebte die Branche der Frauenzeitschriften eine Blütezeit und brachte einen verhältnismäßig neuen Typus hervor: den Blaustrumpf. Schriftstellerinnen machten sich einen Namen und wurden von satirischen Zeitschriften wie dem »Charivari« als Gefahren für den häuslichen Frieden gnadenlos angeprangert. Die Berühmtheit weniger Einzelpersönlichkeiten wie George Sand sollte jedoch nicht den von den Frauen insgesamt geleisteten Beitrag zur Literatur im 19. Jahrhundert in den Schatten stellen. Die *femme des lettres* hatte die gesellschaftliche Bühne betreten.

Die Rolle der Leserin war traditionell die der Hüterin von Brauchtum, Tradition und Familiensitten. In protestantischen Familien Australiens zum Beispiel wurde die Familienbibel normalerweise von Generation zu Generation durch die weibliche Linie weitervererbt. In der Bibel waren Geburten, Eheschließungen und Sterbefälle verzeichnet, so daß sie als Symbol der christlichen Tradition und Familienkontinuität galt.[10]

Ähnliches berichtete Pierre-Jakez Hélias aus der Erinnerung an seine eigene Kindheit bei Plozevet in der Finistère um die Wende zum 20. Jahrhundert: Das *Leben der Heiligen* gehörte damals noch zur Aussteuer seiner Mutter. »Zuhause gibt es«, so schrieb er, »neben dem Gebetbuch meiner Mutter und einigen Gesangbüchern zwei wichtige Bücher. Das eine, das seinen festen Platz auf der Fensterbank hat, ist das französische Wörterbuch von Larousse (...), das andere ist in der Truhe mit den Hochzeitssachen meiner Mutter verschlossen. Es ist *La Vie des Saintes*, abgefaßt auf bretonisch.«[11]

Dieser Bericht verbindet eine Reihe von kulturellen Dichotomien. *La Vie des Saintes* (»Das Leben der Heiligen«) war eine speziell weibliche Habe und die mütterliche Hochzeitstruhe ein Hort religiösen Wissens. Das Gegenstück dazu bildete der Larousse, die Schatzkammer weltlicher Gelehrsamkeit. *La Vie des Saintes* (oder: *Buhez ar Zent*) repräsentierte das katholische Frankreich, während der Larousse den Republikanismus verkörperte. Die Truhe der Mutter gehörte darüber hinaus dem bretonischen Sprachraum an, während die Fensterbank mit dem Larousse wie eine Art Altar der französischen Sprache geweiht war. Das traditionelle Rollenbild der meist religiösen, familienorientierten Leserin hatte mit den zentralen Fragen des öffentlichen Lebens nichts zu tun.

Die Leserinnen des 19. Jahrhunderts besaßen jedoch andere, weltlichere Bedürfnisse, denen neue literarische Formen Rechnung trugen. Zu den Genres, die für die Käuferinnen auf dem neuen Markt bestimmt waren, gehörten Kochbücher, Magazine und vor allem preiswerte Unterhaltungsromane.

Unter den Kochbüchern belegte *La Cuisinière bourgeoise* (»Die bürgerliche Köchin«) im frühen 19. Jahrhundert den ersten Platz. 32 Auflagen erlebte dieser Titel zwischen 1815 und 1840, der Zeit seiner größten Popularität. Die Gesamtauflagenhöhe in diesem Zeitraum lag wahrscheinlich bei etwa 100 000 Exemplaren. Damit gehörte dieses Kochbuch zu den Bestsellern der Restaurationsära.[12]

*La Cuisinière bourgeoise* lieferte ein typisches Beispiel für die Kochkunst der Aufklärung, indem das Buch einen halbwegs wissenschaftlichen Ansatz zur Diätetik vertrat und aristokratische Schwelgerei ebenso verwarf wie den rudimentären Geschmack der Unterschichten. *La Cuisinière bourgeoise* enthielt eine Reihe von Anleitungen, die speziell bürgerliche Gepflogenheiten und Tischsitten festlegten. Das Buch gab Ratschläge zur richtigen Sitzordnung, den jeweiligen Rollen der Eheleute bei Tisch, geeigneten Konversationsthemen und verschiedenen Ritualen des gemeinsamen Verzehrs. So wurde Brot zum Beispiel gebrochen und nicht wie bei den Bauern geschnitten. Wein durfte unmittelbar nach der Suppe unverdünnt getrunken werden, mußte danach aber mit Wasser gemischt werden. So diktierten es die Anstandsregeln. Auf diese Weise wurde das Bürgertum des 19. Jahrhunderts darauf getrimmt, einen unverwechselbaren gesellschaftlichen Umgangsstil und Verhaltenskodex zu entwickeln, durch den man seinesgleichen erkennen und Störenfriede identifizieren konnte.

Anders als seine Konkurrenten *Le Cuisinier royal* (»Der königliche Koch«) und *Le Cuisinier imperial* (»Der herrschaftliche Koch«) war *La Cuisinière bourgeoise* eine Frau, und das Buch wurde in der Regel von Frauen herausgegeben. Das bedeutete nicht, daß die Verleger hauptsächlich auf bürgerliche Frauen als Leserinnen und Benutzerinnen spekulierten. Das Buch listete nämlich nicht nur Rezepte und Leitlinien der Gastlichkeit auf, sondern auch alle Haushaltspflichten des Dienstpersonals, dem es vor allem zugedacht war. Wie das Vorwort der Auflage von 1846 bemerkte, könne die Dame des Hauses das Werk von Zeit zu Zeit ihren Angestellten zum Lesen geben, um sich die Mühe zu sparen, unablässig dieselben Dinge zu wiederholen. In dieser Hinsicht sei das Buch für ledige Frauen unentbehrlich, die es im Zweifel nur mit unfähigem Hauspersonal zu tun haben.[13]

Die tatsächliche Leserschaft des Buchs war also noch breiter gestreut, als der Titel glauben macht. Es war nicht nur für den persönlichen Gebrauch der bürgerlichen Hausfrau gedacht, sondern auch für alle, die ihr das Leben erleichtern wollten.

Rezepte und Aufklärung über Anstandsregeln fanden sich in den

Frauenzeitschriften neben dem Modeteil. Das »Journal des Dames et des Modes«, das von 1797 bis 1837 erschien, brachte Illustrationen und Beschreibungen von männlichen und weiblichen Kleidungsstücken. In den vierziger Jahren folgten Zeitschriften wie das »Journal des Demoiselles« und »La Toilette de Psyche« diesem Beispiel. Modemagazine eroberten ein immer breiteres Publikum – ein Trend, der sich in Frankreich vielleicht auch darin zeigte, daß in den Zeitschriftennamen das Wort *dame* (»Dame«) durch *femme* (»Frau«) ersetzt wurde. Bis 1866 hatte »La Mode Illustrée« mit ihrer Mischung aus Literatur, Haushaltstips und aufwendig illustrierten Modeseiten eine Auflage von 58000 erreicht.[14]

Von Zeit zu Zeit wurden auch Versuche mit Zeitschriften unternommen, die nicht ausschließlich auf weibliche Leser zugeschnitten waren, sich aber aktiv in Frauenfragen engagierten. »La Voix des Femmes« war eine anspruchsvolle Tageszeitung, die sich 1848 drei Monate lang auf dem Markt hielt. In der Dritten Republik setzte sich »La Droit des Femmes« für eine Wiedereinführung der Scheidung und mehr Bildungschancen für Mädchen ein. »La Fronde« wurde zwischen 1897 und 1903 ausschließlich von Frauen gemacht.

Illustrierte Wochenblätter florierten in Frankreich während des Zweiten Kaiserreichs. Oft knüpften sie an englische Vorläufer wie das »Penny Magazine« oder die »Illustrated London News« an. Das 1864 gegründete »Journal illustré« war zum Beispiel eine solche Wochenillustrierte mit acht Seiten im Folioformat. Ein oder zwei Seiten waren für eine Illustration vorgesehen, andere Beiträge enthielten Ansichten von Paris, Rätsel, europäische Neuigkeiten, Gesellschaftsklatsch und Theaterplaudereien. 1864 erreichte eine von Alexandre Dumas und Gustav Doré gestaltete Nummer eine Auflage von 250000.[15] Solche Wochenzeitschriften wurden für zehn Centimes an Straßenkiosken verkauft und bildeten einen integralen Bestandteil großstädtischer Massenkultur.

*»Les Veillées des Chaumières«* richtete sich ausdrücklich an weibliche Leser und versprach mehr Moral und Erbauung als seine Mitstreiter. Eine Nummer kostete nur fünf Centimes. Als Bonus für Abonnenten wurden Romane verschenkt, und manchmal enthielt eine Ausgabe drei verschiedene Feuilletons. Doch auch die Zugkraft großformatiger

melodramatischer Illustrationen wurde berücksichtigt: So begann die Serie »Feodora la Nihiliste« 1879 mit einer ganzseitigen Illustration, auf der ein Herrscher im Pelzmantel mit Schwert und Zepter wie ein Gott über den Wolken thronte, ihm zur Seite eine halbnackte Gestalt mit Flügeln und einem strahlenden Kruzifix in der Hand, darunter eine maskierte Figur mit rauchendem Revolver und von einem Schwert durchbohrt. Einem Monarchen unter göttlichem Schutz konnte Feodora nichts anhaben. »Les Veillées des Chaumières« hatte zwei durchlaufende Textspalten, die mit Ausnahme der Kapitelüberschriften kaum unterbrochen waren. Erst im 20. Jahrhundert entdeckten Frauenzeitschriften den Wert der in den Text eingestreuten illustrierten Anzeigen, die eine Art fragmentarisierte Lektüre nahelegten und dem oft unterbrochenen Arbeitsrhythmus einer modernen Hausfrau besser entsprachen.

Für die damaligen Verleger waren Leserinnen vor allem Romankonsumentinnen. Entsprechend verlegten sie Reihen wie *Collection des meilleurs romans français dédiés aux dames* (»Sammlung der besten französischen Romane für Damen«) oder Belletristik für vornehme Damen. Titel wie »Werdet in Paris« oder »Stella in Mailand« erhoben Anspruch auf Respektabilität und versicherten den männlichen und weiblichen Käufern, daß die Bücher für sensible Gemüter nicht anrüchig waren. Sie versuchten, einen bestimmten Marktsektor abzudekken, gleichzeitig aber begünstigten sie die Entstehung einer Subkultur von weiblichen Lesern. Da diese Entwicklung jedoch dem Absatz eher hinderlich als förderlich war, setzten Verleger diese Praxis nach der Restaurationszeit kaum noch fort. Trotzdem: Eine Reihe primär am Publikumsgeschmack, statt an inhaltlichen Kriterien zu orientieren, markierte eine neue Entwicklung im Verlagswesen.

Stendhal betonte in seinem Briefwechsel die Bedeutung weiblicher Leser für den Romanautor. Die Lektüre von Romanen gehöre zu den Lieblingsbeschäftigungen französischer Frauen in der Provinz: »Es gibt kaum Frauen in der Provinz, die nicht ihre fünf oder sechs Bände im Monat lesen. Viele lesen sogar fünfzehn oder zwanzig, und keine Kleinstadt, die nicht ihre zwei oder drei Lesekabinette hat.«[16]

Während das Zimmermädchen Autoren wie Paul de Kock in kleinformatiger Ausgabe las, bevorzugte die Salondame den gehobeneren Roman im Oktavformat, der einen gewissen literarischen Wert beanspruchte. Obwohl nicht nur Frauen Romane lasen, waren sie die eigentlichen Adressatinnen der populären Belletristik. Daß immer mehr Frauen zu den Romanlesern gehörten, schien die gängigen Vorurteile über die Rolle und Intelligenz der Frau zu bestätigen: Romane galten als geeignet für Frauen, weil Frauen gemeinhin für phantasiebegabt, intellektuell borniert, oberflächlich und zugleich gefühlsbetont gehalten wurden.[17] Der Roman bildete den Gegensatz zur praxisorientierten Ratgeberliteratur. Seine Lektüre verlangte nicht viel, und seine einzige Aufgabe bestand darin, Leser, die genügend Zeit mitbrachten, zu unterhalten. Vor allem war für Romane die Einbildungskraft zuständig! Während Zeitungen über öffentliche Ereignisse berichteten und im allgemeinen in die Männerdomäne fielen, befaßten Romane sich mit dem Innenleben. Sie waren Bestandteil der Privatsphäre, die im 19. Jahrhundert den bürgerlichen Frauen zugeordnet wurde.

Für den bürgerlichen Ehemann und Familienvater brachte dies gewisse Gefahren mit sich: Der Roman konnte Leidenschaften entfachen und die weibliche Phantasie anregen. Er konnte zu unvernünftigen romantischen Erwartungen anstiften und erotische Anspielungen enthalten, die die Keuschheit und innere Ausgeglichenheit gefährdeten. Auf diese Weise wurde der Roman des 19. Jahrhunderts mit den (vermeintlichen) weiblichen Eigenschaften der Irrationalität und emotionalen Labilität assoziiert. Nicht zufällig war weiblicher Ehebruch damals im Roman die archetypische Form gesellschaftlicher Grenzüberschreitung – von Emma Bovary bis zu Anna Karenina und Effi Briest.

Eine Leserin, die später von ihren Fehleinschätzungen »befreit« wurde, schilderte persönlich die Gefahr, die die Belletristik für sensible junge Mädchen bedeutete: Charlotte Elizabeth Browne war die Tochter eines norwegischen Geistlichen und erst siebzehn Jahre alt, als sie ganz unbedarft Bekanntschaft mit dem *Kaufmann von Venedig* machte. »Ich trank einen Becher mit Gift, von dem mir viele Jahre im Kopf schwindelig wurde«, schrieb sie 1841.

> »Ich ergötzte mich an der furchtbaren Erregung, in die ich verfiel. Seite um Seite prägte sich meinem höchst aufnahmebereiten Gedächtnis ein, und während einer schlaflosen Nacht schwelgte ich in den schädlichen Süßigkeiten, die ich so in meinem Kopf gehortet hatte (...) Die Realität

erschien mir schal, ja fast hassenswert; jede Konversation mit Ausnahme der von literarisch Gebildeten wurde mir zur Last. Ich kultivierte eine tiefe Verachtung für Frauen, Kinder und alle Belange des Haushalts und verschanzte mich hinter unsichtbaren Schranken (...) Oh, wieviele vergeudete Stunden, wie viel nutzlose Arbeit, welches Unrecht, das ich meinen Mitmenschen zugefügt habe, gehen auf das Konto dieses betörenden Buches! Mein Verstand war zermürbt, meine Urteilskraft verzerrt, meine Einschätzung von Menschen und Dingen gänzlich verfälscht (...) Eltern wissen nicht, was sie tun, wenn sie aus Eitelkeit, Gedankenlosigkeit oder allzu großer Nachsicht bei einem jungen Mädchen einen sogenannten poetischen Geschmack fördern.«[18]

Aus dieser qualvollen Erfahrung resultierten Charlottes ernsthafte Warnungen an Eltern, ihre Kinder vor gefährlicher Lektüre zu bewahren.

Ironisch behandelt wird das verführerische Potential des sentimentalen Romans in den Eingangsszenen von Brissets *Le cabinet de lecture* (»Das Lesekabinett«) aus dem Jahre 1843. Die stoppelige und buckelige Madame Bien-Aimé, die den Leseraum beaufsichtigt, rät einem Schriftsteller: »Ihre Leserinnen zu ködern, haben Sie verführerische Gefühlsbekundungen, köstlich umgarnende Phrasen, keusche Schamlosigkeiten der Gedanken, gefolgt von fortreißenden Stürmen der Leidenschaft, tosenden Delirien und funkenschlagenden Tiraden!«[19]

In Brissets Geschichte verlangt eine junge Näherin einen Schauerroman mit Schlössern und Verliesen und romantischem Happy End, um ihn nach der Arbeit zu lesen. Sodann versichert eine elegante, verheiratete Pariserin, der keuschen und sentimentalen Heldinnen überdrüssig, ihr Dienstmädchen gelegentlich nach kräftigerer Kost zu schicken. Der Romanschriftsteller beschließt, sowohl die Näherin als auch die reiche Pariserin zu verführen. Der Roman selbst ist, wie stillschweigend vorausgesetzt wird, ein Mittel der Verführung.

Das Lesen spielte eine wichtige Rolle bei der weiblichen Vergesellschaftung. In Wirtshäusern und Schenken diskutierten Männer über öffentliche Begebenheiten aus der Zeitung. Belletristik und Ratgeberliteratur zirkulierte dagegen unter Frauen. Ein Schriftsteller aus Bordeaux erläuterte 1850: »Die Gesellschaft teilt sich heute in zwei große Kategorien: Da sind auf der einen Seite die Männer, die spielen und rauchen, und da sind auf der anderen Seite die Frauen und jungen Mädchen, deren Leben sich zwischen der Lektüre eines Romans und der Musik abspielt.«[20]

Wenn beide Geschlechter lasen, übernahm die Frau häufig die Rolle einer Anleiterin. In manchen katholischen Familien war Frauen die Zeitungslektüre untersagt. Öfter las der Mann die Zeitung laut vor – eine Aufgabe, die bisweilen moralische Überlegenheit und die Pflicht implizierte, geeignete Artikel auszuwählen oder zusammenzustreichen.

Während Männer im allgemeinen den Politik- und den Sportteil lasen, waren Artikel unter der Rubrik »Verschiedenes« und Romanserien vor allem für Frauen bestimmt. So war das Zeitungsfeld nach geschlechtsspezifischen Kriterien thematisch aufgeteilt. Der Feuilleton- oder Fortsetzungsroman war tägliches Gesprächsthema unter weiblichen Leserinnen, und viele schnitten die veröffentlichten Episoden aus, um sie zusammenzukleben oder zu -heften. Diese improvisierten Broschüren wanderten gelegentlich durch viele Frauenhände, wie eine im Jahre 1900 geborene Schusterstochter aus der Vaucluse erklärte: »Ich schnitt die Zeitungsfeuilletons aus und ließ sie unter den Frauen kursieren. Samstagabends gingen die Männer ins Café, und die Frauen trafen sich Zuhause zum Kartenspielen. Bei dieser Gelegenheit tauschten wir auch unsere Feuilletons aus, Sachen wie *Rocambole* oder *La Porteuse de Pain*.«[21]

Auf diese Weise improvisierten Frauen, die in ihrem Leben vielleicht nie ein Buch kauften, ihre eigene Bibliothek aus herausgeschnittenen, selbst zusammengehefteten und oft herumgereichten Texten.

Historiker, die sich mit der Geschichte der mündlichen Überlieferung beschäftigten und Frauen über ihre Lesegewohnheiten in der Zeit vor 1914 befragten, bekamen als häufigste Antwort zu hören, daß zum Lesen leider nie Zeit gewesen sei: »Ich war zu sehr damit beschäftigt, meine Arbeit zu schaffen« oder »Mutter saß niemals untätig da«.

In der Erinnerung vieler Frauen aus der Arbeiterschicht ließen Kartoffelschälen, Näharbeiten, Brot- und Seifenherstellung keine Zeit zur Entspannung. Als Kinder fürchteten sie Bestrafung, wenn sie beim Lesen erwischt wurden. Zuerst kamen die Pflichten im Haushalt, und das Lesen zuzulassen, kam dem Eingeständnis gleich, daß eine Frau ihre Familienpflichten vernachlässigte. Lektüre schien nicht ins Idealbild der guten Hausfrau zu passen.

Dennoch lasen auch Frauen aus der Arbeiterklasse, wie Historiker der mündlichen Überlieferung herausfanden. Diese Frauen lasen Magazine, Romane, Rezepte, Stickanleitungen, aber sie spielten beharrlich ihre eigene Lesekultur herunter. Oft beschrieben die Befragten das Lesen als »Quatsch« und »dummes Zeug«. Lesen wurde als Zeitverschwendung verunglimpft, die gegen eine ziemlich rigide Arbeitsethik verstieß. Die von Anne-Marie Thiesse in Frankreich und von Martyn Lyons und Lucy Taksa in Sydney interviewten Frauen verleugneten ihre eigene kulturelle Kompetenz.[22] Sie akzeptierten die konventionelle Rollenerwartung, die den Frauen den Status von intellektuell unterlegenen Hausfrauen und beschränkten Leserinnen zuwies. Frauen, die dieses Klischee verletzten, lasen heimlich und fanden an Büchern ihr verstohlenes Vergnügen.

Margaret Penn, Verfasserin des autobiographischen Werkes *Manchester Fourteen Miles*, gehörte einst zu den jungen Mädchen, die für ihre Unabhängigkeit als Frauen und Leserinnen kämpften. In ihrem 1947 veröffentlichten Buch beschrieb die Autorin ihr Leben in der Gegend von Manchester um 1909.

Margaret oder Hilda, wie sie sich selbst nannte, hatte ungebildete und fromme methodistische Eltern. Sie las die Familienpost laut, und sie las ihren Eltern die Bibel vor. Als Teenager begann sie in der ortsansässigen Genossenschaftsbücherei Kitschromane auszuleihen. Ihre Eltern verboten ihr jedoch jegliche Lektüre mit Ausnahme der Bibel und Büchern aus der Sonntagsschule.

Hilda aber erhielt vom örtlichen anglikanischen Pfarrer die Erlaubnis, die Genossenschaftsbibliothek zu benutzen. Sie las *Robinson Crusoe* und *Tess of the D'Urbervilles*, was ihre Eltern ebenso schockieren mußte wie die Tatsache, daß sie den viktorianischen Bestseller *East Lynne* verschlang. Obwohl die Eltern den Entschluß des Pfarrers respektieren mußten, beargwöhnte die leseunkundige Mutter jedes Buch, das die Tochter nicht laut las. Hilda aber wollte sich nicht lammfromm in die von den Eltern geforderte Rolle der Hausbediensteten fügen. Mit dreizehn ging sie nach Manchester und begann dort eine Lehre als Schneiderin. Ständig wurde versucht, sie von der »müßigen Lektüre« abzubringen. Die Schwierigkeiten, mit denen sie zu kämpfen hatte, waren groß, da ihre Eltern zunächst nur religiöse Lektüre duldeten. Das Vergehen wog um so schwerer, da Hilda als Mädchen nicht das Recht besaß, sich über ihre Bildung und eigenständige Horizonterweiterung Gedanken zu machen. Hildas Vater gab dem Lesen die Schuld daran, daß sie ihre Bestimmung nicht akzeptierte. Und wahrscheinlich hatte er recht, wenn er einen Zusammenhang zwischen der Lektüre und Hildas Unabhängigkeit sah, doch war das Lesen Ausdruck und nicht Ursache von Hildas Befreiungswünschen.

Frauen aus der Mittel- oder unteren Mittelschicht hatten nur selten solche Schwierigkeiten. Wenn sie sich den regelmäßigen Kauf von Büchern nicht leisten konnten, wurden sie, vor allem in den Großstädten, treue Kundinnen der öffentlichen Leihbüchereien. In den von der *Société Franklin* unterhaltenen Volksbüchereien bildeten Frauen eine kleine Minderheit unter den Lesern aus der Provinz. So waren 1872 in Cette 94 Prozent der Bibliotheksbenutzer männlich, in Pau 80 Prozent und in Rouen (1865) 88 Prozent. In den Leihbüchereien der Pariser Bezirke aber war der Anteil der Leserinnen in den achtziger und neunziger Jahren beträchtlich: Er betrug über 50 Prozent im ersten und achten Arrondissement (Louvre und Faubourg St. Honoré) und mehr als ein Drittel in Batignolles.[23] Frauen ohne Beschäftigung, die von Bibliothekaren den Besitzenden oder Rentiers zugerechnet wurden, sorgten für eine verstärkte Nachfrage nach Romanen und Entspannungslektüre in den Leihbüchereien des ausgehenden 19. Jahrhunderts.

Wie nie zuvor erregten weibliche Leser die Aufmerksamkeit von Romanautoren und Verlegern, von Buchhändlern und von Eltern, die nicht müde wurden, der Zeitverschwendung Einhalt zu gebieten oder ihre Töchter vor den Grillen der Phantasie oder erotischer Stimulation zu bewahren. Auch wurde die Leserin immer häufiger zum Gegenstand von literarischen und bildlichen Darstellungen des Lesens.

Den Malern des 19. Jahrhunderts wie Manet, Daumier, Whistler und Fantin-Latour war die Leserin ein geläufiges Sujet. Fantin-Latours Leserinnen lesen für sich allein in friedlicher Umgebung und sind völlig in ihre Bücher versunken. Auch bei Whistler sind Leser normalerweise weiblich, doch schlagen Bücher sie nicht derart in den Bann wie die pinkfarbene Zeitschrift auf Fantin-Latours *Porträt der Victoria Dubourg* (1873) ihre Leser. Whistler malte seine Halbschwester bei der nächtlichen Lektüre neben einer Lampe und einer Tasse Kaffee – eine moderne Darstellung des Lesens in einem bürgerlichen Ambiente (*Reading by Lamplight*, 1858). Im allgemeinen verweilen Whistlers Lesende jedoch in lässigen Posen wie zum Beispiel seine Gattin, die mit einem Buch auf dem Schoß im Bett liegt (*The Siesta*).

Manet unterschied meist sehr deutlich zwischen männlichen und weiblichen Lesegewohnheiten. Sein Bild *Liseur* von 1861 zeigt den Künstler Joseph Gall im Stil eines tintorettoschen Selbstporträts tief in Gedanken über einem großen, schweren Buch – eine bärtige Vaterfigur bei der ernsthaften, gelehrten Lektüre.

Manets *La Lecture de L'Illustre* von 1879 zeigt jedoch eine ganz andere, moderne Ansicht einer Leserin: Ein elegant gekleidetes junges Mädchen sitzt vor einem Café und blättert zerstreut in einer Illustrierten. Sie liest alleine, ohne Konzentration und zur reinen Unterhaltung, ihre Blicke und Gedanken schweifen zur Straße hin, die sich vor ihr ausbreitet. Gleichzeitig kommt sie dem geläufigen Klischee einer Leserin nahe, bestimmt zum ewigen Konsum von leichtverdaulichem, trivialem und romantischem Lesestoff...

Der Realist Bonvin malte Bäuerinnen, Nonnen und Dienstmädchen, gebeugt über großvolumige, illustrierte Bände. Seine Figuren lesen häufig in Arbeitspausen, wie man an ihrer Berufskleidung oder ihren hochgekrempelten Ärmeln erkennt (*Femme lisant*, 1861; *La Lecture*, 1852). Das Vorbild der holländischen Meister erkennt man in den schweren Gewändern und der Verwendung von Licht und Schatten. Dennoch eignet Bonvins Kunst auch die Qualität der Reportage. Oft malt er seine Leserinnen aus der Unterschicht von hinten, als würde er ihnen über die Schultern blicken, ohne sie bei ihrer erkennbaren Konzentration zu stören. Er malte als Beobachter, der ein Stück Alltagsleben erhascht. Seine Gestalten sind ganz private Leser – wie das Mädchen, das die Briefe ihres Dienstherrn liest (*La Servante indiscrète*, 1871). Sie lesen, um von der Arbeit auszuspannen. Sie lesen für sich, und sie sind fast ausnahmslos weiblich.

Obwohl Fantin-Latour den Lektüreakt oftmals als Element weiblicher Geselligkeit in bürgerlichen Haushalten vorführte, wurde die lesende Frau in der Malerei zunehmend als einzelnes Individuum dargestellt. Lautlesen war dagegen eher unter Männern im Wirtshaus oder in der Werkstatt üblich. Die Leserinnen des 19. Jahrhunderts verkörperten dagegen den Trend zur stillen, individuellen Lektüre, die das mündliche Lesen an die Vergangenheit verwies. Vielleicht war die Leserin noch mehr: eine Vorreiterin der modernen Vorstellungen von Privatheit und Intimität.

## Das lesende Kind: Von der Schulübung zum Lesevergnügen

Durch die Zunahme der Grundschulausbildung im 19. Jahrhundert wuchs eine weitere wichtige Gruppe von Lesern heran: die der Kinder. Doch blieb das Ausbildungsangebot noch fast das gesamte Jahrhundert hindurch dürftig. 1833 setzte in Frankreich die Reform Guizots ein Zeichen, ohne sich jedoch unmittelbar auf die Grundschulbildung auszuwirken. Eine umfassende Veränderung bewirkten in Frankreich erst in den achtziger Jahren die Reformen von Ferry sowie in England und Wales das Unterrichtsgesetz von 1870. Diese Entwicklungen wirkten sich entscheidend auf die Lesegewohnheiten und das Verlagswesen aus. Kinderzeitschriften und -literatur florierten und weckten die pädagogischen Interessen gebildeter Familien. Die Nachfrage nach Schulbüchern begann einen größeren Teil des Buchmarkts abzudecken und verhalf Verlegern wie Hachette zu einem Vermögen.

In Frankreich setzte sich die konfessionsunabhängige, allgemeine Grundschulausbildung erst in den achtziger Jahren durch. Die napoleonischen Unterrichtsreformen zielten hauptsächlich auf die höhere Schulbildung und hatten kaum Konsequenzen für die nichtbürgerlichen Schichten. Guizots Gesetz von 1833 schuf die Voraussetzungen für eine Grundschule in jeder französischen Gemeinde, doch dauerte es noch eine Weile, bis dieses Ziel in die Praxis umgesetzt wurde. Zwar stieg die Zahl der Grundschulen nach 1833, doch diese Tendenz hatte als Reaktion auf gesellschaftliche Erfordernisse schon um 1820 eingesetzt.

Die Einrichtung einer Schule war nur der erste Schritt. Das größte Problem bestand darin, die Ortsansässigen für den Schulbesuch zu gewinnen. 1836 gingen nur 8 Prozent der Kinder in der Dordogne zur Schule. 1863 lag der Prozentsatz in Vienne bei nur 6 Prozent.[24] Selbst in ländlichen Gemeinden, in denen es eine Grundschule gab, waren die Schulzimmer während der Erntezeit gähnend leer. Ein Gutachten aus dem Jahre 1863 besagte, daß fast ein Viertel der französischen Kinder zwischen neun und dreizehn Jahren nie eine Schule besuchte und ein Drittel der übrigen Kinder nur sechs Monate im Jahr zur Schule ging.[25] Überflüssig zu sagen, daß sich solche Statistiken nur auf den Schulbesuch von Jungen beziehen.

Die Ausstattung der Schulen war mangelhaft. Oft gab es keine Tische und keine Bücher. Häufig existierte noch nicht einmal ein Klassenzimmer. Guizots Inspektoren fanden heraus, daß die Schule in Lons-le-Saunier zum Beispiel auch als Waffenlager und öffentlicher Tanzsaal benutzt wurde.[26] Andernorts wurde der Unterricht in der Privatwohnung des Lehrers abgehalten, der vielleicht gerade aus dem Katechismus vortrug, während er sein Essen zubereitete. Viele Schulen waren feucht, spärlich beleuchtet und schlecht belüftet. In Meuse mußte ein Inspektor schockiert feststellen, daß die Frau eines Lehrers im Klassenzimmer gerade ein Kind zur Welt gebracht hatte.

Die Lehrer waren darauf angewiesen, Geld von den Eltern zu sammeln. Das war keine leichte Aufgabe. Einige wurden mit Lebensmitteln bezahlt oder waren auf zusätzliche Arbeiten als Totengräber oder Chorleiter angewiesen. Der Mangel an qualifiziertem Personal bedeutete eine untragbare Belastung für die städtischen Schulen. In Montpellier saßen 1833 zwischen hundert und zweihundertzwanzig Schüler in einer Klasse.[27] In dieser Situation war ein Unterricht auf Gegenseitigkeit sehr beliebt. Der älteste und beste Schüler wurde zum Tutor ernannt und mit der Unterrichtung seiner Kameraden betraut.

In Großbritannien ebenso wie in Frankreich bestanden für Arbeiterkinder fast das ganze Jahrhundert hindurch nur spärliche und sporadische Ausbildungsmöglichkeiten. Erst durch die Unterrichtsgesetze von 1870, 1876 und 1880 wurde der Schulbesuch für Kinder bis zum Alter von zehn Jahren zur Pflicht. Bis 1880 blieb es sogar den kommunalen Behörden überlassen, widersetzliche Eltern mit Geldstrafen zu belegen. Üblicherweise begann die Lehrzeit mit vierzehn, doch zu Beginn war eine einmalige Zahlung fällig, die nicht jeder aufbringen konnte. Etliche hatten die Schule schon viel eher verlassen, um so früh wie möglich – und das bedeutete normalerweise im Mindestalter von acht Jahren –

als Laufburschen oder Landarbeiter Geld zu verdienen. Die Ausbildung von Arbeiterkindern war gegenüber den ökonomischen Erfordernissen der Familie zweitrangig.

Tom Mann, der spätere Arbeiter- und Gewerkschaftsführer, wuchs selbst noch in einer Familientradition auf, die für die Gegenden des Kohlenbergbaus typisch war. 1865 begann er mit neun Jahren in einer Kohlenzeche zu arbeiten, nachdem er eine nur dreijährige reguläre Schulausbildung hinter sich hatte. Seine Mutter lebte nicht mehr, sein Vater war in der Zeche beschäftigt. Das Überleben der Familie hatte Vorrang vor dem Schulbesuch.

Auf dem Land sorgten saisonbedingte Aktivitäten dafür, daß der Schulbesuch zu einer sporadischen Angelegenheit wurde. Erst 1898 bemerkte der königliche Inspektor De Sausmarez: »Zusätzlich zur regelmäßigen Ernte werden Kinder zum Kartoffelausmachen, Erbsenlesen, Brombeer- und Nüssepflücken, Osterglocken- und Früchtesammeln eingestellt, und wo ein Junge bei der Brombeerernte zehn Schilling in der Woche verdienen kann, muß man sich nicht wundern, wenn seine Eltern der Ansicht sind, daß diese Beschäftigung einträglicher ist als das Zergliedern von Sätzen.«[28]

In Nordengland, wo die Löhne für Landarbeiter höher lagen, war dies weniger problematisch.

Das britische Beispiel zeigt, daß alle, die nach dem Tutorensystem unterrichtet wurden, unter strikter Disziplin und strenger religiöser Aufsicht lesen lernten. Die von den Dissentern unterstützten und von der Gesellschaft für britisches und ausländisches Schulwesen geförderten Lancaster-Schulen wurden von den anglikanischen Schulen, die dem vergleichbaren Bell System folgten, überrundet. Hier wie dort erhielten Lehrer nur eine oberflächliche Ausbildung. Dafür mußten sie die besten Schüler oder Tutoren unterweisen, die ihre Klassen leiteten. Die Tutoren, die oft nicht älter als dreizehn waren, betreuten meist zwischen zehn und zwanzig Kinder, stellten ihnen Aufgaben und sorgten für einen disziplinierten Unterrichtsablauf. In den Lancaster-Schulen besaßen alle Schüler Nummern und mußten in militärischer Formation zu ihren Pulten marschieren. 1846 wurde ein regierungsgefördertes Programm zur systematischen Lehrerausbildung eingeführt, das die Tutoren allmählich überflüssig machte.

Anfänger lernten Lesen und Schreiben zunächst mit Hilfe von Sandbehältern, bevor sie Schiefertafeln benutzten. Um Bücherkosten zu sparen, lernten sie, von Täfelchen zu lesen. Zu mehreren mußten sie im Chor Silben, Wörter und Sätze intonieren, »als wäre es Poesie«, wie ein Schüler sich erinnerte.[29] Kinder brachten Stunden damit zu, Buchstaben und Wörter zu kopieren, um ihre Handschrift zu perfektionieren. Besonders gut wurden die Lehrer in Syntax und Etymologie geschult, und nie verlangten sie von den Schülern eigenständige Leistungen. So wie die Kinder einzelne Worte mit Hilfe von Kärtchen zu identifizieren lernten, lernten sie lesen, ohne jemals ein Buch angefaßt zu haben.

Der Leseunterricht bestand im mechanischen Auswendiglernen einiger weniger Texte, anhand derer die Inspektoren später die Kenntnisse der Kinder prüften. Das Lesen erforderte also unerbittliche Geduld und sich stets wiederholende Übungen – für die meisten Kinder eine entsetzliche Erfahrung. So auch für Reformer wie Matthew Arnold, der sich später für eine humanere Form des Unterrichts einsetzte.

»Lesen ist ist ein Schlüssel zu den Schätzen der Heiligen Schrift«, verkündete 1812 ein Pfarrer aus Oxfordshire, um sodann festzustellen, daß der Schreib- und Arithmetikunterricht die Karrierevorstellungen der armen Landbevölkerung gefährlich anheizen könnte.[30] An Schulen mit Tutorensystem war selbst der Arithmetikunterricht in einen religiösen Kontext eingebettet. 1838 empfahl die Zentrale Gesellschaft für Ausbildung mathematische Beispiele nach folgendem Vorbild:

»Es gab zwölf Apostel, zwölf Patriarchen und vier Evangelisten. Multipliziere die Kirchenväter und die Apostel miteinander und teile sie durch die Evangelisten.«[31]

Der Jugend das Lesen beizubringen, mußte mit der religiösen Orthodoxie und dem fortgesetzten Drill zu gesellschaftlicher Unterordnung in Einklang stehen. T. B. Macaulay schrieb 1847:

»Der Staatsmann kann nur mit Schaudern feststellen, daß die Landbevölkerung so wenig zivilisiert und aufgeklärt aufwächst wie die Einwohner von Neu Guinea, so daß zu allen Zeiten das Risiko einer Revolte besteht.«[32]

In englischen Dorfschulen erhielten siebenjährige Schulmädchen Stockschläge, wenn sie vor der Gattin des Gutsbesitzers oder der Pfarrersfrau nicht knicksten.[33] So verfolgten die mit Tutorensystem arbeitenden Schulen das Ziel, die Unterschicht lesen und schreiben zu lehren und ihr zugleich – gemäß den Erfordernissen der kapitalistischen Gesellschaft – Gehorsam und zuverlässige Arbeitsdisziplin einzuimpfen.

Die Resonanz ließ mitunter zu wünschen übrig. In den Arbeitervierteln im Osten Londons waren Sonntagsschulen populärer, weil sie preiswerter, familiärer und nachbarschaftlich gut integriert waren. Dasselbe galt auch für Elementarschulen, wo ortsansässige Frauen, die von den Behörden oft als bessere Tagesmütter betrachtet wurden, formlos bei sich zu Hause Grundkenntnisse im Lesen und Schreiben vermittelten. In diesen Elementarschulen fand meistens kein Religionsunterricht statt. Trotz der Bemühungen seitens der Londoner Tutorialschulen war die Schule in Bethnal Green in den frühen zwanziger Jahren nur zu 21 Prozent ausgelastet. Überdies gaben 20 Prozent der armen Bevölkerung von Spitalfields im Jahre 1812 an, überhaupt keinem religiösen Glauben anzuhängen, und fast die Hälfte von ihnen besaß noch nicht einmal eine Bibel.[34]

Aus der Bibel lesen und schreiben zu lernen, war in protestantischen Ländern im 19. Jahrhundert gängige Praxis. Dennoch bemühten sich Verleger, den steigenden Bedarf an weltlicher pädagogischer Literatur abzudecken. In Frankreich stammten die empfohlenen Standardtexte für Kinder noch von Autoren aus dem 17. und 18. Jahrhundert. Der Lehrbuchmarkt trug zum Beispiel mit dazu bei, daß die *Fabeln* von La Fontaine zumindest in der ersten Hälfte des 19. Jahrhunderts an der Spitze der Bestsellerlisten rangierten. Zwischen 1816 und 1850 führte die *Bibliographie de France* 240 La Fontaine-Ausgaben auf, die für diesen Zeitraum eine Gesamtauflage von 750 000 Exemplaren erreichten.[35]

*Robinson Crusoe* war weltweit populär und in verschiedenen Fassungen erhältlich, abgestimmt auf die Bedürfnisse von Kindern unterschiedlicher Altersstufen. Dasselbe galt für Buffons *Naturgeschichte*, die als *Le Petit Buffon* (»Der kleine Buffon«) und *Buffon des Enfants* (»Buffon für Kinder«) auf dem Markt war. Der Bestseller *Voyage du jeune Anarcharsis en Grèce* von Abbé Barthelemy, erstveröffentlicht 1788, war ein Handbuch für Jugendliche über die antike griechische Zivilisation. Die fiktionale Reise, die Anacharsis unternimmt, diente als Mittel für eine Diskussion der griechischen Kunst, Religion und Wissenschaft in der

Epoche Philipps von Makedonien. Im Laufe seiner Reise von Insel zu Insel führt der Held Gespräche mit Philosophen und lernt eine Vielzahl griechischer Einrichtungen kennen. Dieses Buch war vor allem in den zwanziger Jahren des 19. Jahrhunderts oftmals in gekürzten Fassungen weit verbreitet.

Die Entstehung einer florierenden Kinderbuchindustrie war Teil des Prozesses, den Philippe Ariès als »Erfindung der Kindheit« bezeichnet hat. Damit meinte er die Definition der Kindheit und Jugend als eigenständige Lebensphasen mit speziellen Problemen und Bedürfnissen. In der ersten Hälfte des 19. Jahrhunderts interessierten diese spezifischen Bedürfnisse jugendlicher Leser jedoch nur insoweit, als den Kindern ein streng konventioneller Moralkodex vermittelt werden sollte. Der größte Teil der Kinderbuchliteratur des frühen 19. Jahrhunderts war daher strikt didaktisch.

Von Bérengers *La Morale en Action* zum Beispiel existierten laut der *Bibliographie de France* zwischen 1816 und 1860 achtzig Ausgaben. Das Buch wurde während des gesamten Jahrhunderts immer wieder neu aufgelegt. Carons *Amiens*-Ausgabe erlebte zwischen 1810 und 1899 137 Neuauflagen. Das Werk, mit dem an Realschulen gearbeitet wurde, versprach im Untertitel *denkwürdige Tatsachen und lehrreiche Anekdoten*. Es enthielt eine Sammlung kurzer moralisierender Geschichten, die meist von kleinen Kindern handelten.

Die Erzählungen waren an exotischen Orten angesiedelt, um die jugendliche Phantasie zu fesseln, und hatten allesamt ein moralisches Happy End. Sie vertraten eine im wesentlichen weltliche Moralauffassung, indem sie Rücksicht gegenüber Tieren, Mut, Redlichkeit und Treue in den Mittelpunkt stellten, vor Habgier und Gewinnspielen warnten und wie das Gros der damaligen Jugendliteratur besonderen Wert auf Familiensolidarität legten. Viele Geschichten in *La Morale en Action* enthielten eine traditionelle Botschaft, die in einen bürgerlichen Kontext verfrachtet wurde, in dem der Katholizismus nebensächlich war.

Außerdem entstanden allmählich auch verschiedene Sparten der Kinderbuchliteratur, die das jugendliche Bedürfnis nach Phantasie und Magie weckten wie die zunehmend populären Märchen. Die Märchen unterlagen einem ständigen Umgestaltungsprozeß durch Autoren und Verleger; sie wurden umgeschrieben, korrigiert, gekürzt oder neuerfunden, um Lesern verschiedener Altersstufen und verschiedener moralischer Bewußtheit gerecht zu werden. Märchen sind Texte ohne Textcharakter, denn sie sind immer Teil einer komplexen Wechselbeziehung zwischen hoher Literatur und alter mündlicher Überlieferung. Sie sind aber nicht nur Texte ohne Textcharakter, sondern meist auch Texte ohne Verfasser: Die Geschichten sind allen vertraut, doch jede einzelne Version kann anders ausfallen. Die bäuerlichen Volkserzählungen der Vergangenheit wurden von der Romantik des 19. Jahrhunderts allgemein als »Märchen« bezeichnet – eine Umbenennung, die mit der Beschränkung von Märchen auf ausschließlich jugendliche Adressaten einherging. Wie viele andere Sparten der Volkskultur wurden die Märchen »infantilisiert«. In ihrem Lesegeschmack wurden Kinder als die Bauern des 20. Jahrhunderts behandelt.

Perraults Märchen basierten sowohl auf gelehrten Texten als auch auf mündlicher Überlieferung, doch wurden sie in der Folgezeit den Normen der Schicklichkeit und dem aktuellen Moralkodex angepaßt. Die Geschichten wurden gesäubert und von Unschicklichkeiten, Derbheiten oder unverhüllter Sexualität befreit, um den Bedürfnissen der kultivierten Gesellschaft des 17. Jahrhunderts zu entsprechen. Dieser Prozeß der textlichen Umgestaltung setzte sich fort.

Im 19. Jahrhundert frisierten die Verleger die überlieferten Volkserzählungen für Kinder. So wurde der zweite Teil von *Dornröschen*, der von Menschenfresserei handelt, häufig unterschlagen, und die Geschichte endete glücklich mit der Heirat von Prinz und Dornröschen.

*Rotkäppchen*, um ein weiteres Beispiel zu nennen, hat Moralisten schon immer Probleme bereitet. Die Geschichte konnte als Warnung interpretiert werden, und moderne Freudianer lasen sie auch als Ermahnung an junge Mädchen, den erotischen Versuchungen durch ungebärdige Wüstlinge zu widerstehen. *Rotkäppchen* war indessen das einzige Perraultsche Märchen ohne Happy End. Bereits im 17. Jahrhundert hatten erfolgreiche Verleger den Ausgang des Märchens revidiert, um den Wolf zu bestrafen. Viele Märchenvarianten basierten auf einer solchen Abwandlung des Schlusses, wozu auch der Auftritt des gütigen, väterlichen Köhlers gehörte, wie die Brüder Grimm ihn liebten. So überlebten Perraults Märchen, oftmals jedoch in einer abgewandelten Fassung. Neben und unabhängig von den schriftlich abgefaßten Märchen lebten die mündlichen Versionen fort. Von den 35 mündlichen *Rotkäppchen*-Versionen, die französische Volkskundler im 19. und 20. Jahrhundert sammelten, gehen nur sieben glücklich aus.[36]

Perraults Fassungen tauchten vermehrt in mündlichen Erzählungen auf, nachdem Perrault 1888 in Frankreich als Grundschultext ausgewählt worden war. Einmal mehr wirkte das Kunstmärchen, das Stoffe der populären mündlichen Überlieferung aufgenommen hatte, auf die Relikte dieser Volkskultur zurück.

Die Brüder Grimm, deren erste Märchensammlung 1812 erschien, schöpften eigenem Bekunden nach ebenfalls aus einer mündlichen, ländlich-bäuerlichen Tradition. Sie entsprachen damit dem romantischen Ansinnen, Deutschland eine einheitliche Volkskultur und Nationalliteratur zu geben. In der Praxis waren ihre Quellen allerdings weder genuin bäuerlich noch deutsch: Sie stammten aus dem engen Freundes- und Verwandtenkreis der Brüder in Hessen, zu dem etliche Leute französisch-hugenottischer Abstammung gehörten, die mit Perraults Märchen vertraut waren.

Der Haupteinfluß der Brüder Grimm auf diese Sparte der Kinderliteratur bestand darin, daß die Brisanz des Eltern-Kind-Konflikts gemildert wurde. Daß Hänsel und Gretel von ihren Eltern verstoßen wurden, konnten die Grimms nicht dulden. Ein sympathischer Vater wurde eingeführt, und in der vierten Auflage der Märchen von 1840 wurde die böse Mutter durch eine Stiefmutter ersetzt. Damit war klargestellt, daß Feindseligkeit *nicht* von den leiblichen Eltern ausging.

Geschichten, die wie *Der gestiefelte Kater* nahelegten, daß Verbrechen sich auszahlt, wurden aus der Sammlung verbannt. Statt dessen wurden gefälligere Märchenklischees eingeführt, gutherzige Jäger, schöne Prinzessinnen und Feen, die diese liebliche und kalkulierbare Welt bevölkerten. Gleichzeitig nahm die Gewalt gegen die Bösewichte der Märchen zu. Rumpelstilzchen muß einen gewaltsamen Tod erleiden, statt auf einem Löffel davonzufliegen. So zementierten die Grimms die moralische Botschaft und die Werte der Familie. Darüber hinaus fügten sie etliche religiöse Bezüge ein. Hänsel und Gretel verlassen sich nicht allein auf ihre eigene Erfindungsgabe, um den Gefahren, die sie umgeben, zu entkommen; sie flehen auch zu Gott. In der fünften Auflage von 1843 wurde die böse Hexe obendrein als »gottlos« beschrieben.[37]

Die Brüder Grimm wurden als Schöpfer eines nationalliterarischen Denkmals gefeiert. Erfolgreich hatten sie die vorgefundenen Traditionen für Kinder adaptiert. Gleichzeitig paßten auch die Grimms sich an, indem sie ihre Geschichten von einer Auflage zur nächsten umarbeiteten. Wie die Volkskultur, der sie einst zugehörte, war die Märchenliteratur nie starr und statisch. Sie war ein flexibles Textcorpus, durchlässig für Abänderungen und Entstellungen durch neue Verleger, neue Modeströmungen und die aktuellen Bedürfnisse neuer Publikumsschichten.

Fortschritte in der Lithographie erschlossen Verlegern von ABC-Fibeln neue Horizonte und Einfallsmöglichkeiten.[38] Diese Fibeln waren hauptsächlich für den Hausgebrauch bestimmt. Ihr Titelbild zeigte zum Beispiel eine idealisierte Szenerie, in der kleine Kinder zu Füßen ihrer Mutter lagern, um das ABC zu lernen. (Trotz solcher Verlagswerbung wurde das Lesen jedoch eher in Klassenzimmern als daheim gelernt.)

Pädagogisch arbeiteten die illustrierten Fibeln im allgemeinen nach der Methode des sukzessiven Aufbaus. Das heißt, das Kind begann beim Buchstaben A und arbeitete sich durch eine Reihe von Beispielen bis zum Z vor. Wie in der Schule wurde zuerst die Form der einzelnen Buchstaben behandelt, dann folgten die Silben und zuletzt komplette Wörter. Die aufwendigen Illustrationen dienten dazu, jede Lektion zu rekapitulieren und den Lehrstoff abzufragen. Die Illustration spielte folglich eine wichtige Rolle für den Vorgang des Memorierens. Manchmal begleitete eine separate Abbildung den Text. Manchmal wurden aber auch originellere Verbildlichungstechniken angewandt: So wurde der Text zum Beispiel in die Illustration hineinmontiert oder sogar selbst in ein Bild überführt. Zum Vergnügen des Kindes wurden die einzelnen Buchstaben in menschlicher Gestalt dargestellt, so daß sie als tanzende, sich krümmende oder purzelnde Figuren ihren Platz in einem beseelten, anthropomorphen Alphabet einnahmen.

Für die älteren Schüler entstanden eigene Zeitschriften. Ab 1857 gab Hachette die Zeitschrift »La Semaine des Enfants« heraus, die einen Umfang von acht Seiten hatte, als Feuilletons die Romane der Comtesse de Segur enthielt und nur zehn Centimes kostete. 1864 gründete Hetzel das »Magasin d'Education et de Récréation«, das 32 Seiten stark war und fünfzehn Centimes kostete. Viele von Jules Vernes Romanen wurden hier abgedruckt.

Das »Magasin d'Education et de Récréation« erschien zwischen 1864 und 1915 zweimal im Monat. Seine Autoren versuchten politisch und religiös neutral zu bleiben, doch der Familienzusammenhalt und ein unterschwelliger französischer Patriotismus bildeten ihre ideologische Basis. Die Zeitschrift sprach ein bürgerliches Publikum an, das für weltanschauliche Rezepturen von Autoren wie Jules Vernes sehr empfänglich war – für seinen Glauben an die Wissenschaft und seine Helden, die (größtenteils angelsächsische) Vorbilder für Selbstkontrolle und Selbstdisziplin waren. Der Ton war weltlich und republikanisch, blieb aber gesellschaftlich konservativ.

Nach Hetzels Konzept sollte das »Magasin d'Education et de Récréation« sowohl unterhalten als auch unterrichten. Schon das Deckblatt zeugte von dieser zweifachen Absicht. Das darauf abgebildete plumpe Kind mit Brille und Papiermesser zeigt bereits die Lesehaltung eines Erwachsenen. Die Zeitschrift wollte ernste Literatur und Literatur für Kinder unter einen Hut bringen. Hetzel selbst kündigte Jules Vernes Erzählungen als Werke mit einem ernsthaftem wissenschaftlichem Anliegen an, die seiner Meinung nach demonstrierten, wie die Macht der Wissenschaft und menschliche Tatkraft alles Elend überwanden. Hetzels Zielgruppe war die gesamte Familie, die er sich am liebsten bei gemeinsamer Lektüre am Kaminfeuer vorstellte.[39] Unterdessen betonte er den pädagogischen Wert Jules Vernes und empfahl eine wissenschaftliche und positivistische Lektüre der *Voyages Extraordinaires*.

Weder Verne selbst noch seine Illustratoren teilten diese Einschätzungen völlig. Verne behandelte aktuelle wissenschaftliche Themen aus den Bereichen der Geologie, Astronomie und landeskundlichen Forschung; gleichzeitig aber entwickelte er eine neue Art Abenteuerroman für Jugendliche. Janusköpfige Zielvorstellungen existierten potentiell auch in Vernes Romanen, in denen die Atmosphäre von Phantasie und Abenteuer die wissenschaftliche und pädagogische Absicht zu transzendieren suchte. Für Isabelle Jan war dies die Ursache für das tiefgreifende Mißverständnis in der Beziehung zwischen Verne und seinem Verleger Hetzel.[40]

Dieser Gegensatz wird wesentlich plausibler, wenn man neben den Verlegern und Autoren auch die Illustratoren des »Magasin d'Education et de Récréation« berücksichtigt. Die Abbildungen, die von Bennett und Riou zu Vernes Erzählungen angefertigt wurden, waren integraler Bestandteil des Magazins und der späteren Romane. Die Illustrationen betonen die aktionistische Seite der Handlung und unterstreichen alles, was an Vernes detailliert geschilderten Naturphänomenen phantastisch ist. Der Bild gruppiert sich häufig um einen hellen Lichtkegel im Vordergrund. Trotzdem besitzen die Illustrationen oft eine große Tiefe, die den Leser in eine Welt der Mysterien hineinzieht. Sie betonen Bewegung und Abenteuer und wollen eher die Phantasie anregen, als eine pädagogische Absicht verfolgen. Riou schlug Kapital aus den Schiffswracks, Unwettern und Mahlströmen, die bei Verne vorkommen, ohne sie in eine Geographielektion zu überführen. Rious Illustrationen betonen weniger die menschliche Herrschaft über die Naturelemente als die Erschütterbarkeit des Menschen angesichts dieser machtvollen Naturgewalten. Vielleicht trat die Kaltblütigkeit des Verneschen Helden dadurch um so stärker hervor. Auf jeden Fall boten diese Illustrationen den Jugendlichen eine Lesart an, die quer zu der Interpretation in Hetzels Werbung stand. Während Riou dem jugendlichen Leser nahelegte, Vernes Erzählungen als reine Abenteuer aufzufassen, bezog Hetzel einen utilitaristischeren Standpunkt aus der Perspektive der Erwachsenen, die letztendlich die Abonnements für die Jugendlichen zahlen mußten.

## Die Arbeiterklasse: verordnete Lektüre – heimliche Lektüre

Das neue Lesepublikum des 19. Jahrhunderts umfaßte auch die untere Mittelschicht, aufstrebende Handwerker und Büroangestellte, die den Leihbibliotheken allerorts Zulauf bescherten. Solche öffentlichen Leihbibliotheken waren vor allem in Großbritannien weit verbreitet. 1850 erkannte eine Verordnung den örtlichen Behörden das Recht zu, einen Penny als Gebühr zu erheben, um die Bibliothekseinrichtung zu finanzieren. So kam Großbritannien zu seinem typisch dezentralen System öffentlicher Bibliotheken. Bis 1908 gab es schon 553 städtische Büchereien im Land. 1902 verfügte Leeds mit seinen 400 000 Einwohnern über eine stattliche Zentralbibliothek mit vierzehn ganztags geöffneten Zweigstellen, Ausleihbeständen und Zeitschriftenlesesälen. Dieser rasche Ausbau der öffentlichen Bibliotheken in Großbritannien war eine Folge der Entstehung städtischer Ballungsräume und einer dezentralen Verwaltungsstruktur, wie sie in diesem Ausmaß auf dem Kontinent nicht anzutreffen war.[41]

Öffentliche Leihbüchereien verfolgten philantropische und politische Absichten. Wie Fabrikschulen waren sie Mittel der sozialen Kontrolle und hatten die Aufgabe, eine solide Führungsschicht innerhalb der Arbeiterklasse heranzuziehen und in das Wertesystem der herrschenden Klassen zu integrieren. Anläßlich der Eröffnung der Bibliothek von Manchester begrüßte Charles Dickens 1852 die Büchereien als Garanten des sozialen Friedens. Dickens erwartete vom Arbeiter die Herzensgewißheit,

> »daß die Bücher, die hier zu seinem Nutzen versammelt sind, ihn aufmunternd durch viele Mühen und Unbilden seines Lebens begleiten werden, ihn in seiner Selbstachtung stärken und ihn lehren werden, daß Kapital und Arbeit einander nicht entgegengesetzt, sondern voneinander abhängig sind und sich wechselseitig unterstützen (Zustimmung und Beifall), und ihn schließlich befähigen werden, blinde Vorurteile, schändliche Verfälschungen und alles, was der Wahrheit zuwider ist, mit Füßen zu treten (Beifall).«[42]

Wie Dickens sehr wohl wußte, gab es beträchtliche Widerstände der Leser gegen die Versuche der Bibliotheken, moralische und erbauliche Literatur bereitzustellen. Statt von Lesern aus der Arbeiterklasse wurden die Leihbüchereien in Großbritannien und Frankreich eher von Frauen, Schülern und Büroangestellten genutzt. Diese neuen Leserschichten verlangten mehrheitlich Entspannungsliteratur und weniger praktische Handbücher und Ratgeber.

Das Interesse an Erwachsenenbildung war groß, obgleich die Arbeiter in Frankreich oft den Verdacht äußerten, daß dieses Interesse durch die Kirche und die kurzen Öffnungszeiten der Bibliotheken untergraben würde. Eine Gruppe französischer Metallarbeiter, die 1862 von der Londoner Weltausstellung heimkehrte, klagte, daß die Künste sich zu stark auf mythologische und allegorische Stoffe stützten und die Liebesverwicklungen der Götter und Heroen fast immer nur mit Arglist, Gewalt oder Inzest verquickt seien.[43]

Die französische Nationalgeschichte lieferte ihrer Meinung nach tauglichere Sujets, um die intellektuelle Entwicklung des Durchschnittsfranzosen voranzubringen. Ein Teil der Arbeiterklasse lehnte daher eine Kultur ab, die die Menschen nur mit Religionsgeschichte und antiker Mythologie vollstopfte.

Bürgerliche Bibliotheksreformer empfahlen Lesern aus der Arbeiterschicht jedoch weiterhin die Klassiker. Dies spiegelte sich in der Auswahl der Bücher wider, die Agricol Perdiguier 1857 als Grundbestand für eine Arbeiterbücherei zusammenstellte.[44] Seine Liste enthielt Homer und Vergil, die Bibel, Fénelon, Corneille, Molière, Racine und La Fontaine. Das hätte den liberalen Bibliotheksreformern der *Société Franklin* gefallen. Perdiguier ging jedoch noch weiter und insistierte auf einer Geschichte der Französischen Revolution, auf Eugène Sues *Mystères de Paris*, Hugos *Notre-Dame de Paris* und George Sands *Le Compagnon de la Tour de France*.

Der Durchschnittsleser aus dem Volk, der gerne gönnerhaft als »großes Kind« bezeichnet wurde, hatte seinen eigenen Kopf: Ein Drucker namens Girard richtete im dritten Arrondissement in Paris eine Volksbücherei ein und versuchte, städtische Direktiven möglichst lange zu umgehen. In Le Creusot gründete ein 28jähriger Arbeiter 1869 eine sogenannte »demokratische Bibliothek«, die eine Kampagne für die Wahl eines republikanischen Kandidaten und für ein »Nein« bei der Volksbefragung von 1870 organisierte.[45] 1866 entstanden in der Industriestadt St. Etienne zwei Volksbüchereien, die die Stadtverordneten und der Kirchenvorstand unter ihre Kontrolle zu bringen versuchten.[46] Die Bücherauswahl durch die Arbeiter stieß auf Ablehnung, weil sich Werke von Voltaire und Rousseau, George Sand und Eugène Sue darunter befanden, Autoren, die im Verdacht standen, die Ehe anzugreifen und Selbstmord und Ehebruch zu rechtfertigen. Rabelais' Werke galten als ebenso gefährlich wie *La Sorcière* von Michelet, *La Vie de Jésus* von Renan und *Les Paroles d'un Croyant* von Lamennais. Enfantin, Louis Blanc, Fourier und Proudhon hatten ebenfalls ihren Platz in diesen Arbeiterbüchereien, was deutlich macht, daß die Leser aus der Arbeiterschicht um ihre eigene literarische Kultur kämpften, die sie nicht unter bürgerliche, bürokratische oder katholische Kontrolle gestellt sehen wollten.

Die allmähliche Verkürzung des Arbeitstages ließ den Arbeitern mehr Zeit zum Lesen. In England war zu Beginn des 19. Jahrhunderts ein Vierzehnstundentag üblich, doch bis 1847 hatte die Textilindustrie einen Zehnstundentag durchgesetzt. Handwerker arbeiteten bis in die siebziger Jahre hinein im Schnitt 54 Stunden in der Woche, während sich in Deutschland erst nach 1870 sehr langsam eine Arbeitszeitverkürzung auf zwölf Stunden pro Tag durchsetzte. 1891 wurde die maximale tägliche Arbeitszeit für Frauen in Deutschland auf elf Stunden begrenzt. Kurz vor dem Ersten Weltkrieg besagte eine offizielle Statistik des Deutschen Reichs, daß von 1,25 Millionen Arbeitern mit geregelten Arbeitsbedingungen 96 Prozent weniger als zehn Stunden am Tag arbeiteten, obwohl lediglich 38 Prozent weniger als neun Stunden arbeiteten.[47] In der Eisen- und Stahlindustrie wurde noch nach einem Zweischichten-System gearbeitet, was einen Zwölfstundentag unabdingbar machte.

Diese Bedingungen machen klar, warum Freizeit hauptsächlich unter dem Aspekt der physischen Erholung betrachtet wurde und warum deutsche Arbeiter, nach ihrer Freizeitbeschäftigung gefragt, meist ausnahmslos an die Sonntage dachten. Obwohl sie gerne lasen, bestand ihre Lieblingsbeschäftigung in Spaziergängen an der frischen Luft, wie der *Verein für Sozialpolitik* herausfand.

Die tägliche Arbeitsdruck bestimmte die Lesegewohnheiten und die Zahl der Ausleihen in den Bibliotheken. Im Winter stiegen in Deutschland die Ausleihen in Bibliotheken mit einem hohen Arbeiteranteil, während die Zahl in den Sommermonaten sank. Denn in vielen Arbeitssparten war der Arbeitstag im Winter kürzer. Auch in Zeiten der konjunkturellen Flaute und Beschäftigungslosigkeit liehen die Arbeiter tendenziell mehr Bücher aus.[48]

Gemäß Karl Liebknechts 1872 geprägtem Slogan »Wissen ist Macht! Macht ist Wissen!« legte die Sozialdemokratische Partei Deutschlands großen Wert auf die Arbeiterbildung. Der Bildungsausschuß der Partei gab Empfehlungen für Leihbibliotheken heraus und veröffentlichte leichtverständliche Broschüren für 10 Pfennig als Interpretationshilfe für Theaterstücke und Opern – mit mäßigem Erfolg.

Auch die Unternehmer verfolgten ihre speziellen Strategien, um das Freizeitverhalten der neuen Unterschichtleser zu kontrollieren. So spielten die Industriellen im Osten Frankreichs zum Beispiel gegen Ende des Zweiten Kaiserreichs eine entscheidende Rolle bei der Schaffung volksnaher Leihbüchereien. In Deutschland fanden sich aufschlußreiche Beispiele für erfolgreiche Fabrikbüchereien: In der Bücherhalle der Rheinischen Stahlwerke in Duisburg-Meiderich stieg der Anteil der Arbeiter, die nach Benutzerkarten fragten, von 17 Prozent im Jahre 1908 auf 47 Prozent im Jahre 1911. Die Bücherei des Krupp-Konzerns in Essen, die als eine der hervorragendsten Leihbüchereien in Deutschland galt, lieferte ein außergewöhnliches Beispiel einer Fabrikbücherei. 1899 eingerichtet, wuchs ihr Bestand bis 1909 auf 61 000 Bände. 50 Prozent der Werksangehörigen liehen damals Bücher aus, die hauptsächlich aus der sehr reich bestückten Belletristikabteilung stammten.[49]

Unternehmer und Bibliotheksreformer spekulierten darauf, daß durch die Bereitstellung geeigneter Literatur und durch die Motivation zum Lesen soziale Spannungen abgebaut werden könnten. Eine kontrolliert lesende Arbeiterschaft, so hofften sie, würde nicht zum Alkohol und zu gefährlichen Schriften mit sozialistischen, obskuren oder obszönen Tendenzen greifen. So könnte eine Auswahl an nützlicher Literatur, die eine »sinnvolle Erholung« förderte, dazu beitragen, den intelligenteren Teil der Arbeiterschaft an die bürgerliche Werteordnung heranzuführen. Solche liberale Philantropie schien in Großbritannien und den USA Erfolg zu haben. Beobachter auf dem Kontinent waren beeindruckt von der augenscheinlichen Ruhe unter den Fabrikarbeitern von Lancashire während der Baumwollknappheit. Liberale Philantropen glaubten, aus diesem Beispiel lernen zu können: Vielleicht konnten Volksbüchereien zur gesellschaftlichen Stabilität beitragen.

Die Leser verweigerten jedoch die ihnen angebotene Kost von nützlicher und moralischer Literatur. Ein modellhafter Büchereikatalog, den die *Société Franklin* 1864 erstellte, empfahl, daß zwei Drittel eines Bibliotheksbestands aus instruktiven Werken bestehen sollte.[50] Um die Jahrhundertwende machten sich die deutschen Sozialdemokraten für die Arbeiterbildung mittels sozialwissenschaftlich ausgerichteter Bibliotheken stark. Auch wenn die Leser anfingen, die Volksbüchereien für Unterhaltungsliteratur zu nutzen, so sollten sie nach dem Willen der

Sozialdemokraten doch zu den Klassikern des Sozialismus »fortschreiten«, sollten Kautsky und schließlich *Das Kapital* lesen. Der Dresdner Bibliothekar Griesbach definierte als Hauptaufgabe der Arbeiterbibliothekare, den Leser von der Unterhaltungslektüre abzubringen und zur wissenschaftlichen Lektüre hinzuführen.[51]

In Großbritannien forderten in den dreißiger Jahren sowohl die Utilitaristen als auch die Evangelisten die Anschaffung von »lehrreicher« Literatur für Leser aus der Arbeiterschaft. Diese strikten Erziehungsabsichten im Hinterkopf, stellte die *Society for the Diffusion of Useful Knowledge* (Gesellschaft zur Verbreitung nützlichen Wissens) eine entsprechende Bibliothek auf die Beine, die auf Biographien und Naturwissenschaften spezialisiert war.

Dieser Bildungsoptimismus wurde jedoch nicht eingelöst, denn das Arbeiterpublikum bevorzugte mehrheitlich die Entspannungslektüre aus den Leihbüchereien, einerlei, ob diese von Arbeitgebern oder Gewerkschaften eingerichtet worden waren. In den vierziger Jahren war die Gesellschaft zur Verbreitung nützlichen Wissens am Ende. In den deutschen Arbeiterbüchereien bestand eine enorme Kluft zwischen den faktischen Leserwünschen und den Erwartungen der Sozialdemokratie. Von den fast 1,1 Millionen Leihvorgängen, die zwischen 1908 und 1914 in deutschen Arbeiterbüchereien verbucht wurden, entfielen 63 Prozent auf den Bereich der Belletristik und weitere zehn Prozent auf die Jugendliteratur, zu der Märchen, Kindergeschichten und humoristische Romane gehörten. Ähnliche Zahlen verzeichnete die Arbeiterzentralbibliothek in Wien-Favoriten, wo sich 1909/1910 weniger als zwei Prozent der Leser für sozialwissenschaftliche Literatur interessierten.[52]

Auch in Frankreich bestand eine Diskrepanz zwischen geltender Praxis und den Grundsätzen der Bibliothekare. In den achtziger und neunziger Jahren waren über die Hälfte der aus den Pariser Stadtbüchereien entliehenen Bücher Romane.[53] Die von der *Société Franklin* beschäftigten Bibliothekare beklagten regelmäßig, daß die Benutzer seriöse Werke mieden und lieber Alexandre Dumas oder Hugos *Notre-Dame de Paris* ausliehen.

Teile der Arbeiterschicht ließen sich dennoch auf den harten Kampf einer Befreiung von Unkenntnis und Abhängigkeit ein. Webb schätzte, daß mehr als zwei Drittel der britischen Arbeiterbevölkerung vor 1870 lesen konnten.[54] Ihr Wissensdrang wurde nur teilweise durch die Handwerksschulen befriedigt, die einer Handwerkerelite nützliches Wissen und moralische Erbauung zuteil werden ließen.

### Bei den städtischen Büchereien von Paris im Jahre 1882 entliehene Bücher, nach Sachgruppen

| Gesamtanzahl der Ausleihen: 363 322 | |
|---|---|
| Geschichte und Biographie | 8,00 % |
| Geographie und Reisen | 10,00 % |
| Wissenschaften, Künste, Erziehung | 11,00 % |
| Dichtung, Theater, Literaturgeschichte | 13,50 % |
| Romane | 55,00 % |
| Musik | 2,50 % |

*Quelle:* Martyn Lyons, *Le Triomphe du Livre. Une histoire sociologique de la lecture dans la France du XIX$^{e}$ siècle*, Paris 1987, S. 190.

### Benutzer der Pariser Volksbüchereien, 1885 – 1894, nach Berufsgruppen

| Gesamtzahl der Benutzer: 3 847 | |
|---|---|
| Rentiers, Eigentümer, Frauen ohne eigenen Beruf | 24,00 % |
| Kaufleute, Fabrikanten, Händler | 4,50 % |
| Freie Berufe, Lehrer, Studierende | 12,00 % |
| Geistliche, Beamte, Angestellte | 31,00 % |
| Hausmeister | 5,00 % |
| Arbeiter | 13,25 % |
| Militärangehörige | 8,00 % |
| Künstler | 2,25 % |

*Quelle:* Martyn Lyons, Le Triomphe du Livre, S. 187.

In Autobiographien beschrieben die Arbeiter ihre Entschlossenheit, Armut und materielle Not zu überwinden, um sich verstehend ihre Welt zu erschließen. Thomas Wood, ein 16jähriger Mechaniker aus Yorkshire, lieh sich für einen Penny wöchentlich eine Zeitung aus, die bereits eine Woche alt war, und las sie im Schein des Feuers, weil er sich keine Kerze leisten konnte. Bei der Zeitung handelte es sich bezeichnenderweise um den radikalen chartistischen *Northern Star.* Winifred Foley, Dienstmädchen in einer Generalsfamilie, wurde von ihrer neunzigjährigen Herrin wegen der Lektüre von *Onkel Toms Hütte* geschlagen.[55] Maxim Gorki, der keine ordentliche Ausbildung genossen hatte, las beharrlich, obwohl er 14 Stunden täglich in einer Bäckerei in Kasan arbeitete – einem der Orte, die er ironisch als »meine Universitäten« bezeichnete.

Der Schuster, Chartist und öffentliche Vortragsredner Thomas Cooper schrieb über seine autodidaktischen Bildungsbemühungen:

> »Ich traute mir zu, daß ich mit vierundzwanzig Jahren Latein, Griechisch, Hebräisch und Französisch in Grundzügen beherrschen würde, mit Euklid und algebraischem Grundwissen klarkäme, Miltons *Paradise Lost* und sieben der besten Stücke von Shakespeare auswendig wüßte, imstande wäre, eine ausführliche und fundierte Vorlesung über Geschichte und religiöse Zeugnisse zu halten und mich in der Gegenwartsliteratur auskennen würde. Ich scheiterte gewaltig, aber ich machte fröhlich weiter.«[56]

Cooper war ein ehrenwerter Versager, der jeden Morgen von drei oder vier bis sieben Uhr las, der auch während der Mahlzeiten immer ein aufgeschlagenes Buch vor sich hatte und der bis zur Erschöpfung Texte deklamierte, wenn er in seiner Schusterwerkstatt arbeitete. 1928 erlitt Cooper mit 21 Jahren einen physischen Zusammenbruch und mußte mehrere Monate das Bett hüten.

Die Flut von Autobiographien, die wie Coopers im 19. Jahrhundert Arbeiterschicksale schilderten, war ein deutliches Zeichen für das wachsende Selbstbewußtsein einzelner Arbeiter und ihren geübten Umgang mit dem gedruckten Wort, obwohl sie nur wenig reguläre Unterweisung erhalten hatten. Proletarische Verfasser von Autobiographien bildeten eine ausgesprochene Elite. Trotz ihrer extremen Zurückhaltung und ihrer niederen Herkunft schrieben sie fast ausnahmslos über ihre persönlichen Kämpfe, die sie zum Erfolg geführt hatten. Einige wurden Gewerkschafter, andere Journalisten, und die meisten schilderten den harten Weg der persönlichen und kollektiven Emanzipation. In gewisser Weise entsprachen diese Schriften der zwiespältigen Ideologie der »Selbstvervollkommnung« – zwiespältig deshalb, weil sie von Mittelschicht-Autoren proklamiert wurde, die mit dem Köder gesellschaftlicher Aufstiegschancen eine Egalisierung oder Überwindung der Klassenschranken versprachen.

Radikale Vertreter der Mittelschicht waren der Meinung, daß der Wissenserwerb allen offen stand, die lesen konnten und etwas Selbstdisziplin mitbrachten. Thomas Cooper hatte sich dieses Ziel zu eigen gemacht, was ihn während der Chartisten-Krise 1842 jedoch nicht vor dem Stafforder Gefängnis bewahrte. Trotzdem entstand eine autodidaktisch gebildete Intelligenzschicht innerhalb der Arbeiterklasse, die die Bedeutung des geschriebenen Worts zu würdigen wußte. Dieser Elite fiel die gewaltige Aufgabe zu, die politische Ideologie der Arbeiterklasse zu erarbeiten und unters Volk zu bringen. Sie besann sich dabei auf die lange Tradition ernsthafter Lektüre innerhalb der britischen Arbeiterschaft, eine Tradition, die Milton und Bunyan als Autoren des 17. Jahrhunderts sowie Paine und Volney als die Radikalen des 18. Jahrhunderts umfaßte.

Für das Ethos der Selbstvervollkommnung war das Lesen von zentraler Bedeutung. In den Arbeiterautobiographien ist immer das Lesepensum beschrieben. Viele entfalteten sogar detaillierte Lektüreprogramme, die ihnen als Richtschnur gedient und sich als nützlich erwiesen hatten. Als Samuel Bamford, ein Arbeiter am Handwebstuhl in Lancashire, die »selige Gewohnheit des Lesens« entdeckt hatte, wechselte er das berufliche Terrain, kam vom Agitator für die Parlamentsreform zum Journalismus und machte später als öffentlicher Rezitator Karriere. »Welch ödes Leben«, so der Möbeltischler James Hopkinson, »wenn man kein Lieblingsbuch hat, keinen Vorrat an Gedanken oder keine glückliche Erinnerung an das, was man getan, erfahren oder gelesen hat.«[57]

Das eifrige Streben nach Bücherwissen bildete das Fundament für die intellektuelle Emanzipation, auf der das politische Handeln basierte. Es vermittelte außerdem die Kenntnis und Disziplin, die zur moralischen, praxisbezogenen Selbstvervollkommnung erforderlich waren. Als junger Fabrikweber in Aberdeen las Willie Thom 1814 in seinen Mußestunden Walter Scott, den »Zauberer von Waverley«. Bücher, so schrieb Thom, verschafften »Einblicke« – die einzigen uns gewährten Einblicke in eine wahre und natürliche und rationale Existenz«.[58]

Diese proletarischen Leser hatten ganz besondere Methoden des literarischen Zugangs. Viele von ihnen hatten zwar eine reguläre Schule besucht, doch meistens nur kurze Zeit und unregelmäßig, da sie so rasch wie möglich ihren Lebensunterhalt verdienen mußten oder auf Arbeitssuche unterwegs waren. Die Autobiographienschreiber waren im großen und ganzen Autodidakten. »Meine Bildung war äußerst dürftig«, schrieb der Chartist John James Bezer. »In Newgate lernte ich mehr als an meiner Sonntagsschule.«[59] Samuel Bamfort und viele andere schrieben Bücher, deren Untertitel stolz vermerkte: »Verfaßt von ihm selbst«. Dadurch wurden die Selbständigkeit und die bemerkenswerte autodidaktische Leistung des Verfassers betont.

Das Bildungsdefizit führte dazu, daß Autodidakten eine ordentliche Schulausbildung manchmal abschätzig, manchmal übertrieben respektvoll behandelten. Die äußerst ambivalente Haltung der Autodidakten gegenüber der offiziellen Bildung zeigt sich in Maxim Gorkis klassischer Abhandlung *Meine Universitäten*. Der Titel ist ironisch: Gorkis eigentliche Lehrer waren, wie er behauptete, seine Kameraden an den verschiedenen Arbeitsplätzen entlang der Wolga, die betrunkenen Arbeiter, Obstbauern, Bäcker und fahrenden Tagelöhner, denen er auf seinen Reisen durch Rußland begegnete. Gorki lernte auch auf den subversiven politischen Veranstaltungen, die von Studenten und Vortragsreisenden in Hinterzimmern und Privatwohnungen abgehalten wurden und bei denen Gorki seinen Wissens- und Diskussionsdrang befriedigen konnte. Zwischen diesen Vorlesungen und den Reizen der Wolga teilte sich seine Aufmerksamkeit.

> »Die Lektüre des Buches von Mill begeisterte mich nicht sonderlich. Die grundlegenden Beweise seiner Theorie kamen mir ziemlich bekannt vor; ich hatte sie mir schon selber erarbeitet, sie waren sozusagen in mein Fell eingegerbt (...) Diese gemeinsamen Lesestunden waren also recht langweilig. Ich wäre lieber in die Tartarenstadt gelaufen, wo gutmütige, freundliche Menschen ihr eigenartiges, reinliches Leben führen.«[60]

Gorki beschuldigte die Intellektuellen, die rohe, ungehobelte Lebensweise des russischen Volkes zu romantisieren, doch sprach er selbst von der »heroischen Poesie des Alltagslebens« bei den Wolgaschiffern. Dennoch wußte Gorki sehr wohl, daß er mehr lernen mußte, als die Schiffer ihm beibringen konnten. 1884 war er, noch keine zwanzig Jahre alt, nach Kasan gereist, um sich dort um einen Platz an der Universität zu bemühen. Ohne Erfolg. Trotzdem blieb seine Haltung gegenüber einem offiziellen Studium ambivalent, wenn er schrieb:

»Ich glaubte, um des Glückes willen, an der Universität studieren zu dürfen, müßte man sogar Mißhandlungen ertragen können.«[61]

Obwohl Gorki die Kasaner Studenten herablassend fand, respektierte er ihre Leistungen und erkannte freimütig die Aufrichtigkeit an, mit der sie einen Wandel ersehnten.

Die Autodidakten verfolgten ihr Bedürfnis nach Studium und Selbstvervollkommnung mit einer Beharrlichkeit, die mitunter zwanghaft war. Doch nur so konnten sie die gewaltigen materiellen Hindernisse überwinden, die ihnen im Weg standen. Armut, Zeitmangel und fehlende Privatsphäre machten ein Studium damals nur den Engagiertesten möglich.

Die beengten häuslichen Verhältnisse zwangen viele Leser aus der Arbeiterschicht, Zuflucht ins Freie zu nehmen. Der englische Arbeiterdichter John Clare verfaßte sein Werk heimlich draußen auf den Feldern. Er verbarg sich hinter Hecken und in Gräben und benutzte seinen Hut als Schreibunterlage.[62]

Lichtmangel stellte ein weiteres Problem in Arbeiterhaushalten dar. Fenster waren im frühen 19. Jahrhundert in England selten, und Kerzen waren teuer, zumal sie, laut W. E. Adams, kaum mehr vermochten, »als die Dunkelheit sichtbar zu machen«. »Es lief beinahe darauf hinaus«, so Adams weiter, »daß das gesamte Volk nicht lesen konnte, denn die mühsamen Versuche, die Zeit nach Sonnenuntergang zu nutzen, hätten mit ziemlicher Sicherheit die Augen des halben Landes ruiniert.«[63]

Vor 1850 besaßen nur sehr wenige englische Arbeiterhaushalte Gasbeleuchtung. Die Familie von Jean-Baptiste Dumay in Le Creusot kannte dieses Problem. Nur zum Abendessen konnten sie sich das Licht der Öllampe leisten, und Dumay las gewöhnlich im Feuerschein des Kohleofens.

Die Industrialisierung führte zu einer klaren Trennung zwischen Freizeit und Arbeit. Die Disziplin der industriellen Arbeit und der regelmäßige Arbeitsrhythmus, der mit ihr einherging, erschwerten das Lesen. Nicht zufällig waren die meisten autodidaktischen Verfasser von

Autobiographien Handwerker. Sie hatten einen unregelmäßigen Arbeitsrhythmus, der zwischen geruhsamen und sehr beschäftigungsintensiven Phasen wechselte. Dadurch sprang für sie mitunter unverhoffte Freizeit heraus – für Industriearbeiter in der frühen Phase der Industrialisierung ein Ding der Unmöglichkeit. Laut William Aitken, einem Fadenanleger in der Baumwollspinnerei, »zogen sich die Arbeitsstunden derart in die Länge, daß intellektuelle Fortbildung nahezu unmöglich war.«[64]

Der unbekannte Steinmetz dagegen, der als Austräger beschäftigt war, hatte seinem Pferd die Strecke eingeprägt und konnte beim Fahren lesen.[65]

Die literarische Bildung der Autodidakten war von besonderer Art. Was sie lasen, war oft willkürlich ausgewählt. Dennoch tendierten die Autodidakten dazu, sich beim Lesen einer strikten Disziplin zu unterwerfen. Sie machten kein Hehl aus ihrem Heißhunger nach Literatur aller Art, der, wie sie rückblickend bekannten, ziemlich ziellos war. Auch Thomas Cooper erinnerte sich später etwas verschämt daran, Disraeli und Boswell, Reiseliteratur und das »London Magazine« nebeneinander gelesen zu haben. In Gorkis Fall war solche literarische Gier äußerst gefährlich, denn im zaristischen Rußland mußten unmäßige und wahllose Romanleser damit rechnen, polizeilichen Verdacht zu erregen.

Wie William Lovetts Autobiographie beredt darlegte, verfolgten Autodidakten ein dreifaches Ziel: Brot, Wissen und Freiheit. Selbstvervollkommnung – materieller, moralischer und intellektueller Art – war ein sehr anspruchsvolles Vorhaben, das ernsthaften Fleiß und Verzicht erforderte. Zeit mußte für den Wissenserwerb freigehalten und Geld für den Bücherkauf gespart werden, Schlaf wurde geopfert, die Gesundheit beeinträchtigt und so manche Freundschaft durch den leidenschaftlichen Entschluß, zu lesen und im Bilde zu sein, aufs Spiel gesetzt. Der Vorsatz der Selbstvervollkommnung wurde oft durch einen neokonformistischen protestantischen Glauben unterstützt, der zum Beispiel mit dem Gelöbnis einherging, dem Alkohol zu entsagen. Dies verriet Selbstdisziplin und den Wunsch, sich von den Arbeitskollegen abzugrenzen.

Lesen diente jedoch auch der Selbstschulung und Selbstverantwortlichkeit. Die autodidaktische Lesevorgang erforderte Konzentration und war pragmatisch ausgerichtet. In vieler Hinsicht lasen Autodidakten besonders »intensiv«, indem sie sich stark auf Auswendiglernen, Rezitation und lautes Lesen als Gedächtnisstützen verließen. Autodidakten hatten eine besonders intime und zupackende Beziehung zu ihrem Lesestoff. Die wenigen Texte, die sie zur Verfügung hatten, lasen sie mehrmals gründlich, um sie sich ins Gedächtnis einzuprägen, was oftmals vom Lautlesen und Rezitieren abhing. Ihre Beziehung zum gedruckten Wort glich mitunter der »intensiven« Methode literarischer Aneignung, die Historiker in Deutschland und im puritanischen Neuengland des 18. Jahrhunderts ausmachten.[66]

Ein wesentliches Kriterium für die Welt des »intensiven« Lesers stellte das häufige Lautlesen dar. Lautes Lesen war eine sehr geläufige Methode der Bibelrezeption, und Kinder lernten häufig auf diesem Wege lesen. John Buckmaster erinnerte sich, wie seine Großmutter morgens und abends aus der Heiligen Schrift vorlas.[67] Alexander Murray, ein junger schottischer Geistlicher und späterer Professor für Orientalistik in Edinburgh, lernte ebenfalls schon in jungen Jahren, die Bibel zu rezitieren.[68]

Mündliches Lesen war jedoch in weltlichen Zusammenhängen ebenso verbreitet. Für den Töpfer Charles Shaw fügte das Mündliche dem Lesevorgang etwas Wesentliches hinzu:

> »Einer gemeinsamen Teestunde hätte ohne Rezitationen etwas gefehlt (...) Ich fing an, den literarischen Zauber bestimmter Rezitationen zu genießen, und das nicht nur während des öffentlichen Vortrags, denn ihre Musik klang auch durch meine tagtägliche Plackerei. Mitten in der Arbeit rezitierte ich manchmal einige Verse oder Zeilen laut vor mich hin und fand es inspirierender, wenn ich sie hörte, als wenn ich sie nur in Gedanken aufsagte.«[69]

Das laute Vortragen war an der kulturellen Bildung im Umfeld des Arbeitsplatzes wesentlich mitbeteiligt. 1815 arbeitete Thomas Carter in der Nähe des Grosvenor Square in London für einen Schneider. Er erinnerte sich: »Ich wurde ihr Nachrichtenlieferant, d. h. ich erstattete jeden Morgen Bericht darüber, was ich gerade in der Zeitung vom Vortag gelesen hatte. Ich las sie in einer Imbißstube, wo ich morgens auf dem Weg zur Arbeit frühstückte.«[70]

Er las Cobbetts »Register«, den »Black Dwarf« und den »Examiner«, führende Blätter in der turbulenten Zeit nach den Napoleonischen Kriegen. Martin Nadaud machte 1834 in Paris die gleiche Erfahrung: »Jeden Morgen wurde ich beim Weinhändler darum gebeten, Cabets *Populaire* laut vorzulesen.«[71]

Er las seinen Kollegen sozialistische Broschüren vor, und so wurde der mündliche Vortrag ein wichtiger Bestandteil der Politisierung und eigenverantwortlichen Weiterbildung der Arbeiterklasse.

George Seaton, ein Sattlerlehrling in Newcastle-upon-Tyne, las seinen Arbeitskollegen den »Black Dwarf« vor, wobei man sich eigens zu diesem Zweck an der Dorfkreuzung von Bellingham traf.[72] W. E. Adams erinnerte sich an die Lesungen aus O'Connors *Northern Star*, die jeden Sonntagmorgen in der Küche des ortansässigen Schuhmachers stattfanden.[73] Und Perdiguier erwähnte Racine- und Voltairelesungen unter französischen Zimmermännern in den frühen zwanziger Jahren des 19. Jahrhunderts.[74]

Die erhebliche Konzentration, die der Autodidakt aufbringen mußte, ließ sich manchmal nur durch eine bestimmte Körperstellung in der geeigneten Umgebung erreichen. Thomas Carter brauchte zum Beispiel sehr viel sinnliche Stimulation. Normalerweise saß er im Schneidersitz auf dem Boden eines Gemüselagerraums, in dem es nach Kräutern und Zwiebeln roch, denn genau diese Atmosphäre brauchte er, um sich entsprechend konzentrieren zu können.[75]

Welche Körperhaltungen oder Düfte auch immer als Stimulantien benötigt wurden – das Gedächtnis war gefordert, und autodidaktische Leser begannen häufig damit, daß sie daheim Bibelpassagen auswendig lernten. Alexander Murray mußte dies heimlich tun, weil er als Kind die Familienbibel weder öffnen noch überhaupt berühren durfte. Trotzdem verblüffte »ich bald unsere ehrbare Nachbarschaft mit langen Bibelpassagen, die ich laut repetierte. Von meinen Bibelkenntnissen ist mir vieles abhanden gekommen, aber noch heute kann ich sämtliche Patriarchennamen von Adam bis Christus und andere selten auswendig gelernte Geschichten aus dem Kopf hersagen.«[76]

Im Alter von elf Jahren, so berichtete er stolz, habe ihm sein Gedächtnis in der Nachbarschaft den Ruf eines »leibhaftigen Wunders« eingebracht.

Thomas Cooper, dessen strebsames Lektüreprogramm schon erwähnt wurde, gibt indessen ein noch eindrucksvolleres Beispiel für die gewaltige Anstrengung des Auswendiglernens, das die Autodidakten durch Rezitation bewerkstelligten. Cooper verwandte jede verfügbare Minute auf das Lernen. Er arbeitete vom frühen Morgen bis zur völligen Erschöpfung, indem er fast den ganzen Tag lang literarische Werke oder mathematische Theoreme las, rezitierte und auswendig lernte. Durch tägliches mündliches Repitieren lernte er Shakespeare, Milton, Coleridge und die romantischen Dichter auswendig.

Cooper war vielleicht ein Extremfall. Doch viele andere Autodidakten verdankten ihre literarische Bildung einem ähnlichen Vorgehen. Samuel Bamford zum Beispiel las Homer »mit einer gefesselten Aufmerksamkeit, die es mir bald ermöglichte, fast jede einzelne Zeile im Kopf zu behalten«.[77] William Cobbett lernte Grammatik durch Kopieren seines Lehrbuchs, das er auswendig lernte und täglich mit strikter Selbstdisziplin repitierte.[78] Ebenezer Elliott, der ›Korngesetz-Reimer‹, kannte mit zwölf Jahren die Bibel auswendig und konnte mit sechzehn die Bücher 1, 2 und 6 aus Miltons *Paradise Lost* aus dem Kopf rezitieren.[79]

Das private Notizbuch war ein anderes geläufiges Mittel zur Aneignung literarischer Bildung und Aufnahme eines persönlichen Dialogs mit dem Text. Samuel Bamford kopierte Werke von Milton und dies, wie er sagte, »nicht nur wegen des Vergnügens, das ich beim Repetieren und Aneignen der Ideen hatte, sondern auch um meine Handschrift zu verbessern.«[80]

Cooper machte sich Notizen über Gibbon und die religiösen Werke, die er las, und listete seine Lektüre in einem Tagebuch auf. Maxim Gorki benutzte sein Notizbuch, um alles zu notieren, was er nicht verstand, und Robert Owen transkribierte Senecas moralische Traktate, um auf einsamen Spaziergängen darüber nachzudenken.[81] Das Notizbuch war also nicht nur eine Gedächtnisstütze. Es diente auch dazu, eine persönliche Debatte mit dem Text zu führen, ihn zu verarbeiten und zu widerlegen. So spielte das Notizbuch eine wichtige Rolle im Prozeß der autodidaktischen Bildung und Selbstvervollkommnung.

Die Autodidakten aus der Arbeiterklasse machten sich auf diese Weise einen intensiven Lektürestil zu eigen, der ihrer Zeit und ihren Bedürfnissen gemäß war und ihrer eisernen Entschlossenheit entsprach, es mit wenigen Mitteln möglichst weit zu bringen.

## Das Überleben der mündlichen Tradition

Die Bauernschaft war in das europäische Lesepublikum des 19. Jahrhunderts nur teilweise integriert. Eine neuere französische Untersuchung zur mündlichen Überlieferungsgeschichte behauptet, daß zur Zeit der Belle Epoque sämtliche Angestellten und 80 Prozent der Ladenbesitzer eine Tageszeitung kauften, desgleichen zwei Drittel der befragten städtischen Arbeiterschaft, aber nur einer von fünf Bauern.[82]

In den Städten war das Buch zu einem täglichen Konsumartikel geworden, während Teile des Bauernstandes ihr traditionelles Verhältnis zu Büchern beibehielten. Bücher waren für sie hochgeachtete und seltene Besitztümer, denen man gemeinhin in einem religiösen Zusammenhang begegnete. Diese Bauern gehörten noch zur »Generation der Zuhörer«, die den Schritt zur »Generation der Leser« noch nicht vollzogen hatte. Für sie war das Lesen oft noch eine kollektive Erfahrung, eingebettet in eine Kultur der mündlichen Überlieferung.

Trotz des Trends zum individuellen, stillen Lesen existierte die kollektive, mündliche Lektüre weiter. Beispiele dafür finden sich bei Mayhew, dem emsigen Beobachter des Londoner Straßenlebens.[83] Markthändler überredeten zum Beispiel jemanden dazu, ihnen aus einer Wochenillustrierten oder der Sonntagszeitung vorzulesen, wobei sie darauf achteten, daß das Papier hinterher noch als Packpapier weiterverwendet werden konnte. In Londoner Tavernen traf Mayhew angeheuerte Knaben, die die beliebtesten Shakespeare-Szenen rezitierten. Als der Herausgeber der erzbürgerlichen »Sydney Gazette« 1825 seinen volkstümlicheren Konkurrenten, den »Australian«, attackierte, belustigte er sich auch darüber, wie die Zeitung in einer ärmlichen Siedlerbaracke der ganzen Familie und den Bediensteten vorgelesen wurde, die sich am Ende eines langen Arbeitstages eigens zu diesem Zweck zusammenfanden.

Auf den Londoner Straßen verkauften Liederverkäufer pfundweise Notenblätter, Straßensänger trugen gegen Geld ihre Balladen vor, Leute boten Parodien, Satiren und »Galgenliteratur« feil, die das »letzte Geständnis« von verurteilten Straftätern darbot. Diese Straßenliteratur war häufig zum öffentlichen Vortrag bestimmt.

Aber auch in Mittelschichtkreisen überlebte die mündliche Lektüre.

Kilvert, Tagebuchschreiber und Pfarrer in Shropshire (mit erotischem Interesse an den jungen Mädchen seiner Gemeinde) besuchte oftmals seine Gemeindemitglieder, um ihnen laut vorzulesen. Er nahm an öffentlichen Rezitationen oder »Groschen-Lesungen« teil: »Sechzig Leute standen vor der Schule. Wie Bienen hingen und drängelten sie sich an den Fenstern, standen auf Stühlen, schauten durch die Scheiben und lauschten, Gesicht an Gesicht«.[84]

Diese Vorliebe für Rezitationen von vertrauten Texten, für den Klang und die Musikalität von Dichtung, war Teil einer traditionellen beziehungsweise »intensiven« Beziehung zwischen dem Leser/Zuhörer und dem gedruckten Wort. Diese Beziehung verblaßte im Laufe des 19. Jahrhunderts. Ihr Verschwinden wurde von den Konservativen beklagt, die mit Bedauern sahen, wie sich durch die individuelle, stille Lektüre die traditionellen Vergesellschaftungsformen auflösten. Die friedvolle Atmosphäre von Hans Thomas Gemälde *Abend: Mutter und Schwester des Künstlers im Garten* (1868) verleiht solcher Nostalgie Ausdruck: Bewußt idealisiert, werden hier zwei Generationen deutscher Frömmigkeit vorgeführt: die Mutter, die der Tochter und dem Sohn vermutlich aus der Bibel vorliest. Diese rückwärtsgewandte Sehnsucht ist ein Symptom des Übergangs von der »intensiven« zur »extensiven« Lektürepraxis, wie er im 19. Jahrhundert vollzogen wurde.

*Aus dem Englischen von Ulrich Enderwitz*

Kapitel 13

# Lesen um zu Lesen: Eine Zukunft für die Lektüre*

*Armando Petrucci*

Daß das Lesen, verstanden als bildende oder vergnügliche Tätigkeit des alphabetisierten Menschen, eine Zukunft hat, steht außer Frage, da es in den alphabetisierten Gesellschaften in nächster Zukunft zweifellos auch noch jene andere, grundlegende und mit dem Lesen in wechselseitiger Beziehung stehende kommunikative Tätigkeit geben wird: das Schreiben. Solange man mit Hilfe von Schrift (in welcher Form auch immer) noch Texte produzieren wird, so lange wird es unweigerlich auch die entsprechende Praxis des Lesens geben, zumindest bei einem gewissen (gleich, ob großen oder kleinen) Teil der Erdbevölkerung.

Nun kann tatsächlich kaum ernsthaft bezweifelt werden, daß die gebildeten Schichten der menschlichen Gesellschaft in der mehr oder weniger nahen Zukunft auch weiterhin Schriftliches hervorbringen werden. Unsere Welt produziert heute zu verschiedensten Zwecken eine sehr viel größere Menge an Schriftlichem als noch zu Anfang oder in der Mitte unseres Jahrhunderts oder gar in sämtlichen Jahrhunderten davor. Zum größten Teil, wenn nicht in allen Fällen, handelt es sich dabei um Texte für irgendeine unmittelbar folgende oder zeitlich entfernte Lesetätigkeit auf einer beschränkten oder breiten sozialen Basis. Es ist nicht einzusehen, wie und weshalb diese Tätigkeit, die grundlegend ist für die Erfüllung wichtiger Funktionen der Verwaltung, Information und Produktion, verschwinden sollte oder könnte. Die Menschen (zumindest einige von ihnen) werden also nicht aufhören zu lesen, solange es Menschen (dieselben oder andere) gibt, die nicht aufhören zu schreiben, um gelesen zu werden; und alles deutet darauf hin, daß es zumindest auf absehbare Zeit bei dieser Situation bleibt.

Robert Pattison zufolge hat »die Lese- und Schreibfertigkeit seit der Zeit der Pharaonen keinen Zusammenbruch erlitten, nur Änderungen erfahren«[1]; und man darf davon ausgehen, daß sie sich auch weiterhin verändern wird, ohne zu verschwinden.

Nicht diese Fragestellung also interessiert den Historiker oder Analytiker, der Vermutungen über das künftige soziokulturelle Verhalten der Massen anstellt, sondern vielmehr eine andere, subtilere: *Was für einer* Lektüretätigkeit werden die Menschen in naher Zukunft nachgehen? *Wie breit* wird die Leserschicht sein, und *was* wird sie lesen? Welche *Bedeutung* und welche *Funktionen* wird das Lesen in der Gesellschaft noch haben? Wird die Nachfrage nach Lektüre *zunehmen* oder *abnehmen*? Wie werden sich die verschiedenen Kulturkreise des Erdballs diesbezüglich entwickeln? Und schließlich: Stimmt es, was vor noch nicht langer Zeit behauptet wurde, daß nämlich »das Lesen als *Aktivität* im selben Maß zurückgeht, wie das Lesen als *Geschäft* universell wird«?[2]

## Wieviel gelesen wird, wo gelesen wird

Historiker waren noch nie gute Propheten. Bekanntlich fällt es ihnen schon schwer genug, die Vergangenheit zu untersuchen und zu deuten, und noch viel schwieriger wäre es für sie, die Zukunft zu erraten. Niemand sollte deshalb seherische Fähigkeiten von ihnen verlangen.

Wenn es trotzdem gestattet ist, etwas über die Mechanismen des menschlichen Verhaltens in einem komplexen Bereich wie dem der Akkulturation vorauszusagen, dann nur ausgehend von der Analyse der in den letzten zehn Jahren ermittelten Daten zum Stand der Alphabetisierung, der Textproduktion und der Nachfrage nach Texten sowie der Verbreitung von Gedrucktem in der Welt.

Vorab gilt es aber klarzustellen, daß man bei einer Fragestellung wie der eingangs formulierten – die diesem Aufsatz zugrunde liegt – seine Sicht nicht auf die entwickelten Länder Europas und Amerikas beschränken darf, sondern eine weltweite Perspektive wählen sollte, sei es, weil sich die Zukunft des Lesens nicht dort entscheidet, wo es eine übliche und gefestigte Praxis ist, sondern gerade dort, wo es das nicht ist, oder sei es, weil Neues bezüglich Angebot und Nachfrage, Lesegewohnheiten und -praktiken nur in Grenzbereichen entstehen kann, in denen sich die Lektüre bei den Massen wie den Eliten gerade erst herausbildet und verbreitet, das heißt in soziokulturellen Situationen, die gegenüber der Vergangenheit und gegenüber den längst alphabetisierten Ländern völlig neu sind. Eigentlich oder vor allem gilt dies aber auch aus einem Grund, den ein Literaturhistoriker kürzlich freimütig folgendermaßen benannt hat:

»Von jetzt an können sich die ernsthafteren oder auch nur die ehrlicheren Intellektuellen nicht mehr damit begnügen, sich auf das Vorrecht des Westens zu berufen: Sie werden sich mit dem *anderen* messen müssen, mit der *Verschiedenartigkeit*, die sich nicht immer durch den Verweis auf die Torheit und die Barbarei in rückständigen Gebieten bannen läßt.«[3]

Die Daten, die uns zur Verfügung stehen und aus Untersuchungen der UNESCO stammen, ergeben ein Bild, das in schneller Veränderung begriffen ist und in den verschiedenen Weltgegenden sehr unterschiedlich ausfällt. Folgendes geht daraus hervor:

a) Der Alphabetisierungsprozeß verzeichnet prozentual ein leichtes Wachstum, doch absolut gesehen steigt die Zahl der Analphabeten und übersteigt bereits eine Milliarde. 1980 betrug der Anteil an Analphabeten 28,6 Prozent, was 824 Millionen Menschen entsprach; 1985 war der prozentuale Anteil mit 28 Prozent leicht gesunken, doch die Gesamtzahl war bei 889 Millionen Menschen angelangt. Die Gegenden mit den höchsten Analphabetenquoten liegen vor allem in Afrika (in einigen arabischen wie auch anderen, vornehmlich agrarischen Ländern), in Lateinamerika (Guatemala, Ecuador, Peru, Haiti, Bolivien) und in Asien, vor allem den islamischen Staaten (Pakistan, Afghanistan, Saudi-Arabien). Abgesehen von diesen Extremfällen stellt sich in fast allen afrikanischen, in vielen lateinamerikanischen und in etlichen asiatischen Ländern das Problem eines verbreiteten Analphabetismus. Auch in vielen sogenannten entwikkelten Ländern gibt es hohe Prozentsätze von wiederkehrendem sowie primärem, von außen kommendem Analphabetismus, der sich überwiegend in den großen urbanen Zonen eingenistet hat. Ein Sonderfall sind die Vereinigten Staaten, wo bei den Schwarzen, Lateinamerikanern und Stadtbewohnern der untersten Gesellschaftsschichten ein verbreiteter Analphabetismus herrscht, was in den letzten zwanzig Jahren wiederholt zu Erhebungen und Alphabetisierungskampagnen geführt hat, die aber praktisch alle ohne Erfolg geblieben sind.

b) Die Ursachen für den anhaltenden Analphabetismus in weiten Teilen der Welt sind nicht nur im niedrigen Einkommen zu suchen, sondern sind auch politischer und ideologischer Art. Es gibt Regime, denen die Entwicklung einer Massenbildung nicht erstrebenswert war oder ist (man denke etwa an Haiti oder Peru). In anderen, wie den islamischen

Ländern, wird die Bildung der Frauen bekämpft. Tatsächlich besteht eine der Folgen des weiblichen Analphabetismus, wie er für Länder mit starker religiöser Ideologisierung charakteristisch ist, in einer unkontrollierten demographischen Entwicklung, die ihrerseits dazu beiträgt, die allgemeine Analphabetenquote hoch zu halten. Die einzigen gelungenen Kampagnen zur Massenalphabetisierung gab es in Ländern (wie in Kuba, Vietnam, dem sandinistischen Nicaragua), die die Frauen nach sowjetischem Vorbild in den Erziehungsprozeß einbezogen und Kampagnen zur Geburtenkontrolle förderten.

c) Die Buchproduktion wächst weltweit stark an, sowohl bei den beiden Riesen USA und UdSSR (zumindest bis zum Jahr 1989) wie in den europäischen Ländern, schließlich auch (allerdings nur in den letzten zehn Jahren) in Ländern anderer Gebiete. 1975 wurden weltweit 572 000 Titel produziert, 1980 715 000, 1983 772 000. Anfang der achtziger Jahre produzierte Europa mit 15 Prozent der Weltbevölkerung noch 45,6 Prozent der Bücher; die UdSSR mit 8,1 Prozent der Bevölkerung 14,2 Prozent und die USA mit 7,5 Prozent der Bevölkerung 15,4 Prozent. Dieser Befund wird sich in naher Zukunft ändern, allerdings weder radikal noch allzu schnell.

d) Was die Tageszeitungen betrifft, so wurden 1982 in der ganzen Welt 8 220 Tageszeitungen produziert, davon nicht weniger als 4 560 in den sogenannten entwickelten Ländern (in den USA allein schon 1 815). Besonders starke Verbreitung fanden sie in Ländern mit einer althergebrachten Lese- und Informationstradition: in Großbritannien kamen auf 1000 Einwohner 690 Zeitungsexemplare, in Japan 571; in Schweden und in der DDR 496; in der UdSSR 400; in Frankreich 205.

e) Die in den öffentlichen Bibliotheken getätigten Ausleihen ergeben analoge Daten. Nach Erhebungen aus dem Jahr 1980 waren die Vereinigten Staaten mit 986 Mio. Bänden an der Spitze, gefolgt von der UdSSR mit 665 Mio. und Großbritannien mit 637 Mio. Bänden. Das bedeutet, daß das letztgenannte Land, gesehen auf den Bevölkerungsanteil, weltweit die höchste Verbreitung von Büchern auf dem öffentlichen Leihweg aufzuweisen hat. Es folgen Frankreich mit 89 Mio., Dänemark mit 79 und Schweden mit 77 Mio. Ausleihen, wobei für die beiden letztgenannten Länder dieselben Überlegungen wie für Großbritannien gelten.

Läßt man neuere Erscheinungen, die vor allem mit positiven politischen Entwicklungen in Gegenden oder Ländern in Lateinamerika, Afrika oder Asien zusammenhängen, einmal beiseite, ist demnach offensichtlich, daß die größte Produktion und die stärkste Verbreitung von Büchern und Tageszeitungen in denjenigen Ländern anzutreffen sind, die am stärksten alphabetisiert und zugleich die größten Wirtschaftsmächte sind, besonders in einigen europäischen Ländern mit althergebrachter Kulturtradition. Die Gebiete, in denen die Verbreitung geschriebener Texte eher gering oder verschwindend gering ist, sind nicht nur die wirtschaftlich schwächsten, sondern in ihnen ist auch der demographische Druck am stärksten und die Frau aus dem Erziehungsprozeß ausgeschlossen.[4]

## Kontrolle und Beschränkung

Im letzten Jahrhundert zielten nahezu alle Kampagnen zur Massenalphabetisierung, die in den fortschrittlichen Ländern oder den ehemaligen Kolonialstaaten, auf nationaler Ebene oder weltweit (beispielsweise von der UNESCO) durchgeführt wurden, auf die Steigerung und Verbreitung überwiegend der *Lese*-, nicht der *Schreib*fähigkeit.[5] Ganz offensichtlich war eine solche Entscheidung das Ergebnis eines bewußten pädagogischen Ansatzes jener Institutionen, die überall Bildungsideologien und Lernmethoden entwickelten: die Schulen der bürgerlichen Staaten und die Kirche (die miteinander konkurrieren, sich in diesem Punkt jedoch einig sind), der Apparat der Bibliotheken (insbesondere in den angelsächsischen Ländern) mit seiner vermeintlich demokratischen Ideologie der öffentlichen Lektüre und das Verlagswesen, das an der Schaffung eines immer breiteren Publikums von Lesern, nicht von Schreibenden, interessiert ist. In Wahrheit lag dieser weltweiten, allen Behörden und allen Machthabern gemeinsamen Entscheidung noch etwas anderes zugrunde, nämlich das Bewußtsein, daß das Lesen vor dem Aufkommen des Fernsehens das geeignetste Medium war, um Werte und Ideologien zu verbreiten, und sich jedenfalls am leichtesten regulieren ließ, sobald man die Produktionsprozesse und vor allem die der Verteilung und Aufbewahrung der Texte unter Kontrolle gebracht hatte. Das Schreiben ist dagegen eine individuelle und völlig freie Fähigkeit, die man immer und überall ausüben kann, jenseits jeder Kontrolle oder, schlimmstenfalls, jeder Zensur.

Zwar kann man die Produktion von Schriftlichem auf der höheren Ebene der offiziellen Kultur ebenfalls kontrollieren, und man kann dies, wie Michel Foucault vor wenig mehr als zwanzig Jahren wunderbar klar dargelegt hat, auf brutalere Weise oder subtiler tun.[6] Die Kontrolle der Lektüre erscheint aber direkter und einfacher, mit Sicherheit schmerzloser. Damit sie funktioniert, müssen nur die Lektüren des zu alphabetisierenden und zu erziehenden (also zu indoktrinierenden) Publikums mit Autorität auf ein bestimmtes *Corpus* von Werken statt auf andere hin orientiert werden, auf einen festen *Kanon,* der mehr oder weniger umfassend und je nachdem liberaler oder restriktiver sein kann, aber jedenfalls als Kanon vorgegeben sein muß, das heißt als unanfechtbarer Wert, der als solcher zu übernehmen ist.

Nach den geläufigen Definitionen ist der »Kanon« eine »Liste mustergültiger und vorbildhafter Werke oder Autoren«[7]. Jede Schriftkultur hatte einen oder mehrere, allgemein oder in speziellen Bereichen (dem religiösen, literarischen usw.) gültige Kanons. Auch unsere abendländische Literaturtradition hat einen Kanon entwickelt, der umfassend genug ist, um den Bedürfnissen des Verlagswesens gerecht zu werden, aber auch festgelegt genug, um die ideologischen, kulturellen und politischen Werte zu reproduzieren, die der abendländischen Weltanschauung seit ungefähr zwei Jahrhunderten zugrunde liegen, und der Autoren und Werke von Homer bis zu den *maîtres à penser* des Collège de France umfaßt.

Wie wurde er entwickelt? Um das verstehen zu können, sollten wir auf den bereits erwähnten Essay von Michel Foucault zurückkommen und auf seine Aufzählung der Faktoren oder, wie er sie nennt, der Prozeduren, die im Leben unserer Kultur die »Ordnung des Diskurses« bestimmen. Er ging von der Hypothese aus, daß

> »in jeder Gesellschaft die Produktion des Diskurses zugleich kontrolliert, selektiert, organisiert und kanalisiert wird – und zwar durch gewisse Prozeduren, deren Aufgabe es ist, die Kräfte und die Gefahren des Diskurses zu bändigen, sein unberechenbar Ereignishaftes zu bannen, seine schwere und bedrohliche Materialität zu umgehen«[8].

Diese Prozeduren sind das Verbot, die Marginalisierung, der Wille zur Wahrheit, der Kommentar, die Organisation der Disziplinen, die soziokulturellen Rituale, die anerkannten Lehren, die Erziehungssysteme. Foucaults Analyse betrifft die *Produktion* von Texten, doch wenn man sie umkehrt, kann alles, was er geschrieben hat, auch auf den *Gebrauch* von Texten angewandt werden, also auf die Lektüre, die in einer organisierten Schriftkultur ähnlichen, wenn nicht gleichen Verbots- und Kontrollverfahren wie die Textproduktion unterliegt.

Foucault selbst bemerkte, daß man in der reichen Vielfalt der Textproduktion in Wahrheit einen positiven Aspekt unendlicher Fruchtbarkeit sehen kann, und stellte diesbezüglich fest: »Doch ebenso handelt es sich um Prinzipien der Einschränkung, und wahrscheinlich kann man sie in ihrer positiven und fruchtbaren Rolle nur verstehen, wenn man ihre restriktive und zwingende Funktion betrachtet.«[9]

In den Vereinigten Staaten konsolidierte sich in den dreißiger und vierziger Jahren in Übereinstimmung mit Roosevelts »New Deal« die typisch angelsächsische Ideologie der *public library* als eines grundlegenden Instruments der Demokratie und zog immer weitere Kreise. In Lehrbüchern für Bibliothekare und soziologischen Forschungsarbeiten über die Grundlagen der Bildung und das Lesen wurde behauptet, eine positive und für Individuen wie Gemeinschaften uneingeschränkt nützliche Lektüre werde durch ein Repertoire gewährleistet, dem von Generationen angesehener Intellektueller anerkannte Standards zugrunde lägen und das auf ein System höherer Werte bezogen sei.

Liest man solche weit verbreiteten, sehr einflußreichen und heute leicht peinlich wirkenden Auslassungen, gewinnt man den Eindruck, daß die Lektüre in der amerikanischen Ideologie des demokratischen Fortschrittsoptimismus bewußt als ein Instrument der Bildung und der sozialen Kontrolle aufgefaßt wurde, gerade weil sie auf einen anerkannten und homogenen, auf die Autorität der Tradition gestützten »Kanon« von Autoren und Werken beschränkt war.

## Kanon und Klassifizierung

Einer so gearteten kulturellen und ideologischen Einstellung entsprangen beziehungsweise entspringen die Werkverzeichnisse, die den öffentlichen Bibliotheken wie auch den einzelnen Lesern empfohlen werden, regelrechte »Kanons«, denen in Katalogen und Spezialzeitschriften Nachdruck verliehen wird. Sie ist die Quelle des ganzen normativen und pädagogischen Apparats, den die Sachwalter des Buches (Autoren, Herausgeber, Verleger, Verlagsangestellte, Berufsintellektuelle, Journalisten, Bibliothekare usw.) in Rom wie in Paris, in New York wie in London, Tokio oder Neu Delhi tagtäglich über den wirklichen oder möglichen Leser stülpen, den es unablässig zu lenken und zu informieren, ja zu formen gilt, damit er zum Benutzer einer Schriftkultur wird, die man sich vor allem leicht verkäuflich und folglich (oder besser deshalb) im wesentlichen homogen wünscht.

Auf der anderen Seite haben die bibliographischen Wissenschaften, die trotz ihrer Tarnung mit einem abstrakten, objektiven Technizismus seit ihren fernen Ursprüngen im 16. Jahrhundert zutiefst ideologieträchtig sind, über Jahrhunderte hinweg Auswahl- und Ausschlußkriterien sowie Wertehierarchien und Interdependenzsysteme entwickelt und für die Organisation der abendländischen Schriftkultur zur Verfügung gestellt. Ihre mechanische Übernahme zur Konservierung und Benutzung des Buchbestandes und ihre automatische Fortführung sind für den gewöhnlichen Leser, die öffentliche Meinung und das sogenannte Publikum – dasselbe, das letztlich liest und kauft – selbst zu einer Quelle der Autorität und folglich des unanfechtbaren Urteils geworden.

Das in den Vereinigten Staaten wie in der ganzen Welt noch heute am meisten benutzte System zur Klassifizierung und Anordnung von Büchern hat im fernen Jahr 1876 der damals noch junge nordamerikanische Bibliothekar Melwil Dewey ausgearbeitet. Darin wird eine Sicht des menschlichen Wissens präsentiert und in einem gewissen Sinn naiv durchgesetzt, die archaisch und zeitgemäß zugleich ist. Das Schema ist in zehn große Kategorien eingeteilt (0 = Nachschlagewerke und Enzyklopädien; 1 = Philosophie; 2 = Religion; 3 = Sozialwissenschaften; 4 = Sprachwissenschaften; 5 = reine Wissenschaften; 6 = angewandte Wissenschaften, Technik; 7 = Kunst, Spiel, Sport; 8 = Literatur; 9 = Geographie und Geschichte), die ihrerseits jeweils in zehn Unterkategorien unterteilt werden können, welche wiederum jeweils durch zehn teilbar sind, was sich praktisch *ad infinitum* fortsetzen läßt. Gerade wegen dieses einfachen mathematischen Kunstgriffs erlaubt es Deweys Schema, jedes Buch in jeder beliebigen Bibliothek, sei sie allgemein zugänglich oder nicht, bequem zu klassifizieren und anzuordnen. Hervorzuheben ist an dieser Stelle, daß die Hierarchie der Fächer (Philosophie und Religion an der Spitze, die Religion *nach* der Philosophie, Geschichte und Geographie zusammen, Literatur als Kategorie für sich, usw.) einerseits das Fortwirken früherer Schematisierungen des Wissens verrät und andererseits die gewissenhafte Anwendung säkularer und szientistischer Werte erkennen läßt, wie sie der nordamerikanischen Kultur jener Zeit und der positivistischen Kultur des Westens allgemein eigen waren.

Daß Deweys Klassifikationsschema sich so lange behauptete, kann demnach als eines der bezeichnendsten Symptome für die Existenz und die Beständigkeit von Zwangsmechanismen angesehen werden, die in unserer Kultur die Verbreitung, den Umlauf und selbst die Benutzung des Buches regeln.

In diesem Zusammenhang lohnt es sich vielleicht, kurz zwei italienische Beispiele – das erste historisch und allgemein bekannt, das andere jüngeren Datums und sehr verbreitet – für die Anwendung des Deweyschen Systems zu untersuchen.

1969 veröffentlichte der Verleger Giulio Einaudi einen nach Fächern geordneten »systematischen Katalog«, der »allen, die eine Bibliothek zusammenstellen wollen«, ganz unabhängig davon, ob für die öffentliche oder die private Lektüre, »eine Grundauswahl von Büchern« bieten sollte. Diese »Handbuch zur Einrichtung einer Bibliothek« (*Guida alla formazione di una biblioteca*)[10], erschienen in einer Zeit starker politischer Spannungen, in der linksgerichtete, progressive Bewegungen großen Zulauf hatten und bei einer breiten, vor allem jungen Leserschicht auch Essays und kulturelle, speziell politische Kuriositäten starke Resonanz fanden, war ein großer Erfolg. Der Führer umfaßte rund 5000 Titel, geordnet nach einem Schema, das sich an das Deweys anlehnte, in mehreren Punkten jedoch verändert bzw. modernisiert war, durch Zusammenfassungen, Präzisierungen und Umstellungen, nach einer zeitgemäßeren Auffassung vom Wissen als die des bereits weit zurückliegenden Vorbilds.[11] Doch das traditionell pädagogische und auf Zweckmäßigkeit bedachte Nachwort eines großen Intellektuellen wie Delio Cantimori verwies im Gegensatz dazu auf eine streng und planvoll autoritäre Auffassung vom Wissen, vom Buch und vom Lesen, der zufolge die Bibliothek die Aufgabe hat, diejenigen »das Lesen zu lehren«, die es noch nicht können, und denjenigen »solide und gesunde Kost zu bieten«, denen es daran fehlt.[12]

Ein informierendes und zugleich formendes Schema liegt auch der großen universellen *Bibliografia* zugrunde, die 1984 als letzter Band der vom Verleger Livio Garzanti auf den Weg gebrachten *Enciclopedia europea* erschien.[13] Das Grundschema ist sehr viel feiner untergliedert als bei Dewey (21 Abteilungen statt zehn), beruht jedoch auf denselben Ordnungsprinzipien einer hierarchisch traditionellen Auffassung vom Wissen. So folgen nach den Nachschlagewerken als erste Philosophie und Religion, die humanwissenschaftlichen und literarischen Disziplinen gehen den naturwissenschaftlich-technischen voraus und so weiter. Auch in diesem Fall haben wir also ein Schema, das den »Kanon« der westlichen Kultur ohne Zweifel oder Anfechtungen, ja mit selbstsicherer Gelassenheit analysiert und präsentiert.

## Krise des Lesens, Krise der Produktion

Das bisher konstruierte Bild der Produktion und Zirkulation von Texten in Buchform im Rahmen der Schriftkultur westlicher Tradition vermittelt den Eindruck eines harmonischen und einheitlichen Kontinents, gestützt auf einen einhellig akzeptierten Kanon und auf allseitig respektierte Ordnungsprinzipien. Und doch strafen regelmäßig wiederkehrende Symptome der Instabilität und ständiger Krisenalarm, die sowohl das Verlagswesen als auch das Lesen betreffen, diesen Anschein Lügen. Tatsächlich scheinen die Widersprüche in beiden Bereichen auf der Hand zu liegen, die Planungsunsicherheiten zuzunehmen, die Forderungen nach öffentlichen Maßnahmen dringlich zu sein. Gibt es, kurz gesagt, eine Krise des Lesens und des Buches? Und wie sieht diese Krise aus?

Auch in diesem Fall gilt es zu analysieren und zu differenzieren, wenn man etwas verstehen will. Seltsamerweise kommen die lautesten Alarmrufe genau aus jenen Weltgegenden, in denen die Produktion und die Zirkulation gedruckter Texte am lebhaftesten sind und die über die breiteste soziale Basis verfügen, also aus den Vereinigten Staaten und Europa, nicht aus Afrika oder Lateinamerika. Japan stellt einen Sonderfall dar.

In den Vereinigten Staaten, demjenigen Land der Welt, das in absoluten Zahlen die meisten Bücher und das meiste bedruckte Papier hervorbringt und ein industriell sehr starkes und durchorganisiertes Verlagswesen besitzt, auch wenn es von der Idee der hinter der nächsten Ecke lauernden Krise besessen ist, stellen der zunehmende Analphabetismus in den städtischen Gebieten und das fortlaufend sinkende Bildungsniveau bei Oberschülern und Hochschülern in öffentlichen Bildungseinrichtungen – in Wahrheit zwei verschiedene Aspekte ein und desselben Phänomens – die brennendsten Probleme dar.

Robert Pattison zufolge tendiert das amerikanische Bildungssystem immer mehr zur Trennung einer elitären Bildung in den teuersten und bestausgestatteten Colleges, die auf der offiziellen Kultur sowie dem absoluten Respekt vor dem traditionellen Sprachgebrauch basiert, von einer nur elementare Techniken vermittelnden Bildung auf niedrigem Niveau für die breite Masse. »Wir haben«, bestätigt er, »eine Lese- und Schreibkultur der Macht und der Geschäftswelt und eine andere, noch im Entstehen begriffene Lese- und Schreibkultur der volkstümlichen Energie«[14]; und er schließt, daß, falls dieser Gegensatz zu einer gewaltsamen Konfrontation der Klassen und Kulturen führen würde, »das amerikanische Experiment am Ende wäre«[15]. Im übrigen ist der Unterschied zwischen einer medialen Jugendkultur, die sich an Rockmusik, Kino, Fernsehen, Computerspielen und nur in zweiter Linie an der Lektüre, und auch hier nur an der von zeitgenössischen Erzählwerken, vor allem aber von Science Fiction und Comics, orientiert, und einer traditionell kultivierten Jugendkultur, die auf der Lektüre von Büchern, dem Besuch von Theateraufführungen und anspruchsvollen Filmvorführungen sowie dem Hören klassischer Musik basiert und von den neuen Medientechnologien nur ergänzend Gebrauch macht, in keinem Land so stark ausgeprägt wie in den Vereinigten Staaten.

Dort hat man dem urbanen Massenanalphabetismus ein weiteres Mal mit einem Programm den Kampf angesagt, mit dem das Bücherlesen verstärkt und seine soziale Basis verbreitert werden soll. Bereits 1966 hatte Robert McNamara unter dem Titel »Reading is fundamental« (»Lesen ist grundlegend«) einen Verein gegründet, der heute über die ganzen Staaten verstreut gut hunderttausend Mitarbeiter zählt und sich vor allem an Kinder wendet. In jüngerer Vergangenheit hat Barbara Bush eine Stiftung für Lesen und Schreiben in der Familie (»Foundation for Family Literacy«) ins Leben gerufen, die von den Bundesstaaten starke Unterstützung bekam. Das Jahr 1989 wurde zum »Jahr des jungen Lesers« erklärt, 1991 zum »Jahr des Lesers auf Lebenszeit«. Am 6. Februar 1990 schließlich billigte der amerikanische Senat den »National Literacy Act«, der eine Regierungsstelle schafft, um durch die Bündelung früherer privater oder lokaler Initiativen sowie die Bereitstellung beträchtlicher Bundesmittel den Analphabetismus auf dem gesamten Staatsgebiet zu bekämpfen.

Es gibt aber auch Stimmen, denen zufolge sich in den Vereinigten Staaten nicht nur das Lese- und Schreibvermögen der breiten Massen in einer Krise befinden, sondern auch die Qualitätslektüre, die der sogenannten starken Leser, die begierig und aus Überzeugung lesen und tonangebend sind. Dem ganz und gar inoffiziellen Urteil eines nordamerikanischen Verlagsexperten zufolge soll es im ganzen (von gut 236 Millionen Menschen bewohnten) Land nicht mehr als 15 bis 16 000 solche Leser geben, zu denen dann noch einmal weitere 500 bis 600 Leser von Lyrik hinzukämen. Diese Einschätzung ist offensichtlich paradox und kann der Wirklichkeit nicht entsprechen, auch wenn sie von anderen namhaften Zeugen, mit denen ich über diese Frage sprechen konnte, geteilt wird. Allerdings zeigt allein schon die Tatsache, daß sie öffentlich geäußert wird (und sogar auf Zustimmung stößt), wie stark die sogenannte Krise des Buchmarktes, jenseits der Schwierigkeiten und charakteristischen Merkmale der Produktionswirklichkeit, als akutes Problem empfunden wird.[16]

In Europa zeigt sich eine andere Seite des Problems: nervöse Zukkungen bei großen wie kleinen Verlagshäusern, die in Erwartung des mythischen Datums, an dem sich die Einheit des Kontinents vollziehen soll, hektisch von einer Fusion zur nächsten, von einer Seilschaft von Eigentümern zur nächsten, von einer Kapitalerhöhung zur nächsten jagen, ein Auge stets darauf gerichtet, was auf dem reichen, aber orientierungslosen Markt Osteuropas und der ehemaligen Sowjetunion passiert.

In Europa wird das Buch noch nicht ganz wie eine Ware behandelt, und vor allem die Kulturschaffenden und kleinen Verleger wehren sich dagegen, daß es vollends dazu wird. Typisch war in diesem Zusammenhang die Debatte über die Aufhebung der Buchpreisbindung in Frankreich, die 1979 als Zugeständnis an die Marktgesetze durchgesetzt und am 1. Januar 1982 durch ein Gesetz des Ministers Jack Lang, das für das gesamte Staatsgebiet erneut den Einheitspreis einführte, wieder rückgängig gemacht wurde.

Doch auch wenn diesseits des Ozeans die alten Mythen nicht so leicht aussterben, das europäische Verlagswesen wird kaum anders als das nordamerikanische durch einen um sich greifenden Kulturverlust erschüttert, der die Buchherstellung auf allen Ebenen betrifft, auf die Auswahl, editorische Aufbereitung, Übersetzung und graphische Präsentation der Texte Einfluß hat, die Jagd auf den Erfolgsautor oder das Erfolgsbuch begünstigt und dafür verantwortlich ist, daß rastlos *instant-books* kreiert werden, man sich passiv an Autoren der Vergangenheit klammert (man denke nur an die sogenannte »Wiederentdekkung« der Klassiker, vielleicht in einer zweisprachigen Ausgabe) und so weiter. Es gelingt jedoch nicht, durch diese radikale Änderung der Orientierungen und Verfahrensweisen, die vor allem durch die großen, in ständigem Wandel begriffenen und durch wiederholte Auswechslung ihres Personals und ihrer Programme stark mitgenommenen Verlage in Gang gebracht worden sind, neue Märkte zu erobern. Dies auch aufgrund einer anhaltenden, erbitterten Konkurrenz im nationalen und europaweiten Maßstab. In dieser Situation befindet sich ein schwächeres Verlagswesen wie beispielsweise das italienische in größeren Schwierigkeiten als stärkere und besser ausgestattete wie etwa das englische, deutsche oder spanische.

Dennoch veröffentlicht das europäische Verlagswesen (und mit ihm auch das italienische) in den letzten Jahren immer mehr, erweitert seine Produktpalette, bringt viele Übersetzungen heraus und erscheint insgesamt lebendiger und dynamischer als noch vor einigen Jahrzehnten, doch es gelingt ihm nicht, sich einen sicheren und expandierenden Markt zu schaffen. Wie das nordamerikanische Verlagswesen lebt es in der Angst vor einer fortschreitenden (oder plötzlichen) Verkleinerung seines ohnehin schon kleinen Publikums.

Japan ist, wie bereits angedeutet wurde, insofern ein Sonderfall, als die Bewohner des Landes der Aufgehenden Sonne die größte Konzentration »starker« Leser darstellen, die überhaupt bekannt ist. Dem entspricht ein modernes, hochorganisiertes und differenziertes Verlagswesen, das bei einer Gesamtauflage von circa 1,5 Milliarden Exemplaren nahezu 40 000 Titel pro Jahr produziert und ungefähr 5 000 Unternehmen umfaßt.

Der japanische Leser liest viel, weil er hoch gebildet ist und es in einem Land, in dem das Prestige der Schule und der Universität außer Frage steht, für seine Pflicht hält, sich durch die Schriftkultur zu informieren und zu bilden. Die erfolgreichsten Sektoren sind Lehrbücher, Unterhaltungsliteratur, Sachbücher und Comics. Die Preise sind sehr niedrig. Insgesamt haben wir dort ein Phänomen generalisierter Massenlektüre mit Merkmalen eines ungebildeten Konsums vor uns, wie es aufgrund der autoritären und hierarchischen Natur der japanischen Gesellschaft möglicherweise einzigartig und deshalb nicht ohne weiteres exportierbar ist.

## Der angefochtene Kanon

Die bisher dargestellten sind die oberflächlichen und deshalb offensichtlicheren Aspekte der Transformationskrise, die das Lesen als traditionelle soziokulturelle Praktik in den fortschrittlichen Ländern gegenwärtig durchläuft. Doch es gibt noch andere Aspekte, die zumindest im letzten Jahrzehnt die Grundlagen und moralischen Rechtfertigungen der westlichen Ideologie des Lesens, oder wenn man das vorzieht, der westlichen »Ordnung der Lektüre« erfaßt haben, deren zeitliche Dauer, ja sogar deren Überleben über die Jahrhundertwende hinaus nun erstmals in Frage gestellt ist.

Hier sind sowohl Schwächen des Angebots, also der Produktion, als auch plötzliche Nachfrageschübe zu nennen, die durch ihr gehäuftes und sich stürmisch überlagerndes Auftreten letztlich die Autorität jenes universellen, in seiner Gesamtheit bislang noch niemals angefochtenen »Kanons« der geschriebenen Texte untergraben.

Einerseits ist also das Angebot, beherrscht von der ständigen Furcht vor einer vermeintlich bevorstehenden Absatzkrise, »verrückt« geworden, in dem Sinne, daß es in allen Bereichen (und vor allem in den absatzstärksten) verhältnismäßig sichere Bezugsgrößen verloren hat. Deshalb wird das Publikum völlig unterschiedslos mit Trivialliteratur und zweisprachigen Klassikerausgaben, journalistischen *instant-books* schlechtester Machart und Hobbybüchern, philosophischen oder linguistischen Essays und Witzsammlungen, Lyrik und Krimis, Science Fiction und Politik, Sittengemälden, Sex- oder Liebesromanen überschüttet, ohne daß es noch gelänge, durch den Verlagsnamen, die Merkmale der Ware oder vor allem den Preis die tagtäglich produzierte Masse von Texten zu unterscheiden oder zu ordnen. Dies steht entschieden im Widerspruch zur Marktentwicklung bei jeder anderen Sorte von Produkten, seien es nun Lebensmittel oder Einrichtungsgegenstände, Kleidungsstücke oder Autos, bei denen Design, Präsentation, Vertriebswege und vor allem der Preis dazu dienen, dem Käufer eine hinreichend sichere Orientierung zu bieten und klare Unterschiede zu schaffen. In jedem beliebigen Supermarkt vermag jeder, und sei es nur anhand des Preisschildes (aber nicht nur), einen Qualitätswein von einem weniger hochwertigen Wein zu unterscheiden; andernfalls wäre ein regelrechter Straftatbestand erfüllt, nämlich der der versuchten Täuschung. Indem die großen Verlage nun jegliches Unterscheidungskriterium aufgehoben haben, verursachen sie auf dem Buchmarkt seit einiger Zeit eine Art Störung, die man als regelrechten Betrug zum Schaden des Lesers/Verbrauchers ansehen kann.

Dieser reagiert seinerseits ebenso irrational: Da die seit jeher für die Erhaltung und Verbreitung des traditionellen »Kanons« der Literatur und seiner Werte zuständigen Institutionen – vor allem die Schule – an Kraft und Einfluß verloren haben, ist sein Kaufverhalten konfus und unvorhersehbar: Er kauft oder auch nicht; er wählt aus oder auch nicht; bald widmet er sich dem einen, bald dem anderen Gebiet; bald läßt er sich vom herabgesetzten Preis, bald von der graphischen Aufmachung, bald vom Augenblicksinteresse oder der Bombardierung mit

Werbung verführen, kurz, auch ihm fehlt im Grunde jedes Auswahlkriterium, und dies macht jede vernünftige Produktionsplanung auf der Grundlage eines vorhersehbaren Publikumsgeschmacks schwierig. Nur bei der kleinen Gruppe der sogenannten »starken« Leser, die etliche Bücher pro Jahr lesen, in jeder Gesellschaft den konservativsten und deshalb stabilsten Teil der gesamten Leserschaft bilden, die Verlage wegen ihrer geringen Zahl jedoch weder in den USA noch in Europa sonderlich interessieren, ist dieser Geschmack gefestigt.

Noch komplexer wird das Bild dadurch, daß in verschiedenen Gegenden bei immer größeren und bewußteren Teilen des Publikums, die nicht so sehr durch den Markt als vielmehr durch bestimmte eigene ideologische Orientierungen beeinflußt zu sein scheinen, allmählich auch Symptome einer ausdrücklichen Ablehnung des traditionellen »Kanons« auftreten.

Dies geschieht zum Beispiel gerade in Ostdeutschland, ehemals ein Paradies des Buchmarktes mit einer sehr hohen Zahl von Gewohnheitslesern, die sich nach einem traditionellen, durch Zensur gesäuberten Kanon herangebildet hatten und durch eine verbreitete, als Massenerziehungspraxis (wie, zumindest bis zum Jahr 1989, in allen osteuropäischen Ländern) durch starke öffentliche Maßnahmen geförderte Erziehung zum Lesen gekennzeichnet waren. Heute lehnen diese Leser die Produkte des heimischen Verlagswesens – Klassiker, erzählende Literatur und Autoren des marxistischen Unterkanons – kategorisch ab und stürzen sich begierig und chaotisch auf alles, was der Buchmarkt im Westteil Deutschlands bietet: Trivialliteratur, Hobbybücher, Krimis, Science Fiction, Reisebücher und so weiter. Das Verlagswesen Ostdeutschlands ist in einer schweren Krise; bekannte Verlage schließen, der Schriftstellerverband hat sich aufgelöst, in der Umgebung von Leipzig sind weltweit die ersten Abraumhalden für Bücher entstanden: eine bemerkenswerte Neuheit in der gegenwärtigen Stadtlandschaft, die vielleicht nur ein Vorbote einer umfassenderen, wenn auch noch im Verborgenen bleibenden Ablehnung ist.[17]

Ein anderes Beispiel ist Stanford, die prestigereiche kalifornische Universität. Von ihr ging 1988 die ausdrückliche Infragestellung jenes »Kanons« aus, der den Erstsemestern mehr oder minder aller amerikanischer Universitäten als Pflichtlektüre abverlangt wurde, ein Konzentrat des klassischen europäischen Bildungskanons von Homer bis Goethe. Was forderten die Stanforder Studenten? Was fordern die Studenten, vor allem Schwarze, Asiaten, Hispanos, die fast überall in den Vereinigten Staaten ihrem Beispiel folgen? Sie fordern, daß dieser »Kanon« geändert, weniger eurozentrisch und stärker »amerikanisch« wird; daß auch afrikanische oder südamerikanische Autoren in ihn aufgenommen werden, daß die Literaturkurse in ihrem Repertoire weniger beschränkt und traditionell, sondern aufgeschlossener für das Aktuelle und Zeitgenössische sind; daß andere Kulturen als die der abendländischen und »weißen« Tradition gleichberechtigt Eingang in die höhere Lehre finden; kurzum, daß zu dem bislang verbindlichen einen Kanon noch andere hinzukommen. Die Reaktionen auf diese Bewegung und ihre Forderungen beim akademischen Establishment der Vereinigten Staaten waren im allgemeinen kritisch, oft stark negativ. Die Verteidigung des traditionellen Kanons der eurozentrischen Kultur, der bei den Griechen beginnt und bis zu Sartre und Foucault reicht (und im übrigen auch dem zugrunde liegt, was ich selbst hier schreibe und Sie gerade lesen), war und ist immer noch hartnäckig. Auf meine Bemerkungen, wie absurd doch ein europäischer »Kanon« in einer neuen, multiethnischen kulturellen Situation wie der nordamerikanischen sei, antwortete kürzlich ein berühmter kalifornischer Dozent vollkommen naiv, daß die amerikanische Kultur seiner Meinung nach von Grund auf europäisch sei, ja gar nicht anders sein könne.

Trotzdem hat die Bewegung gegen den »Kanon« an vielen Universitäten Erfolge verbuchen können; andernorts setzt sie sich allmählich durch. Sie hat nicht nur die Leitung und die Literaturwissenschaftler einiger großer nordamerikanischer Universitäten, sondern auch die ganze Schriftkultur des großen Landes, sein Verlagswesen (welches diese Herausforderung noch nicht angenommen hat), seine Werte und seine Tradition vor ein gravierendes Problem gestellt.[18] Wenn der Kanon der abendländischen Schriftkultur tatsächlich seinem Untergang entgegengeht, so hat er diesen Weg in Stanford und in Leipzig begonnen. In einer vielleicht nicht einmal allzu fernen Zukunft werden wir uns möglicherweise an diese Daten und Orte erinnern.

## Anderes lesen

Es ist gewiß nicht das erste Mal, daß ein traditionell akzeptierter »Kanon« geschriebener Texte ganz oder zum Teil in Frage gestellt wird. In unserer eigenen, uns vertrauten Geschichte ist das mindestens schon zweimal passiert: das erste Mal zwischen dem 3. und dem 5. Jahrhundert, als sich die christliche Kultur gegen die Kultur heidnischer Tradition auflehnte und einen eigenen »Kanon« an die Stelle des »Kanons« der heidnischen, griechischen und lateinischen Autoren setzte; das zweite Mal zwischen dem 14. und 15. Jahrhundert, als die italienischen Humanisten den »Kanon« der scholastisch-universitären Kultur verwarfen und ihm ein anderes Repertoire von Autoren vor allem aus der griechischen und römischen Antike entgegensetzten. In beiden Fällen erstreckte sich die Verweigerung nicht auf alles: die Christen verzichteten nicht auf Vergil, die Humanisten nicht auf die Kirchenväter, so daß ein Teil der früheren Kanons mit der Zeit in die späteren, sie ablösenden übernommen wurde. Die Veränderungen des »Kanons« gingen in beiden Fällen jedoch zweifellos mit der Entstehung neuer Produktionsweisen schriftlicher Texte, neuer Buchmodelle und neuer Lesepraktiken einher. Vielleicht lassen sich auch bei dem Wandel, der sich vor unseren Augen abspielt, bereits Anzeichen dafür erkennen, daß in der Buchproduktion andere Modelle Vorbildcharakter erhalten und bei den Lesegewohnheiten andere Praktiken üblich werden.

Allerdings trifft auch zu, daß es am Rande des von jeder Schriftkultur gebildeten Systems schon immer zu Episoden der Zurückweisung des gültigen »Kanons« gekommen ist, und zwar durch einzelne oder durch abgegrenzte Gruppen. Dies sowohl von Seiten »kritischer« Intellektueller, die neue Texte suchen und durchsetzen und den alten Autoritäten neue entgegensetzen wollten, als auch durch untergeordnete Lesergruppen, die aus ihrer kulturellen Randständigkeit ein zusammenhängendes System von Werten und Texten zu entwickeln verstanden, das sich vom offiziellen unterschied.

Vergleichbare Situationen gibt es in der Gegenwart auch bei den Lektüren zweier sozial schwacher, aber oft aktiv und engagiert lesender, da über viel Freizeit verfügender Gruppen von Bücherlesern: bei den Jugendlichen und den Alten. Diesen Gruppen gelingt es fast nie, ihre Lektüren zu planen und sich dabei in einen vorherbestimmten »Kanon«

einzuordnen, da sie aufgrund ihrer sozioökonomisch schwachen Stellung nur selten über private Buchbestände verfügen und keine Möglichkeit haben, sich welche anzulegen. Deshalb lesen sie frei und chaotisch alles, was sich in ihrer Reichweite befindet: verschiedenste Gattungen und Autoren aus allen Fächern und auf allen Niveaus. Damit ignorieren sie den offiziellen »Kanon« und stellen ihn und seine Wertehierarchien, wenn auch unbewußt, zugleich in Frage, denn sie bewegen sich in ihrer Lektüre und ihren Entscheidungen abseits davon.

Ignoriert man ihn, um ihn in Frage zu stellen, oder stellt man ihn in Frage, um ihn ignorieren zu können? Zwischen diesen Alternativen schwanken heute die Verweigerungspraktiken gegenüber dem gültigen »Kanon«, die man beim alltäglichen, gewöhnlichen Lesen feststellen kann, jenseits der organisierten und gewichtigeren »starken« Lektürepraktiken, von denen bereits die Rede war. Reine Verweigerungshaltungen machen nichts anderes geltend als die Freiheit des Lesens, und zwar jenseits von *jedem* existierenden oder denkbaren Kanon, weshalb praktisch alle Kanons abgelehnt werden. Dadurch unterscheidet sich dieses Leseverhalten sowohl von dem Verhalten der Stanforder Studenten, die andere Kanons *aufstellen*, als auch von dem der »starken« Leser in Ostdeutschland, die andere *vorziehen*.

Bereits 1961 stellte Eugenio Montale, ein Mann der Vergangenheit und scharfer Beobachter seiner Gegenwart, Unterschiede im Leseverhalten fest und unterschied zwischen Praktiken des Studiums und solchen des Konsums, zwischen dem Lesen, um zu lernen, sich zu erinnern, sich zu bilden, und dem Lesen um des Lesens willen, um sich die Zeit zu vertreiben und sich lediglich zu unterhalten:

> »Insbesondere werden immer weniger Bücher gelesen, während die Zahl der Leser periodisch erscheinender Blätter, Zeitungen, Zeitschriften, Wandzeitungen und anderer Druckerzeugnisse sehr hoch ist. Doch die Leser der fliegenden, alltäglich erscheinenden Veröffentlichungen lesen nicht: Sie sehen sich etwas an, schauen es durch. Sie blättern alles mit der Aufmerksamkeit von Comiclesern durch, selbst wenn sie lesen können; sie überfliegen es und werfen es weg.«[19]

Heute zeigen einige amerikanische Erfahrungen, daß sich offen konsumistische Lesepraktiken, die im Namen einer absoluten Freiheit des

Lesens jegliches Wertesystem und jegliche pädagogische Haltung ablehnen, zunehmend ausbreiten. Einer Umfrage zufolge, die die amerikanische Soziologin Elizabeth Long in Houston (Texas), der heute zukunftsträchtigsten Großstadt der USA, bei siebzig spontan gebildeten Lesergruppen zur Erforschung des Leseverhaltens durchführte, verteidigen etliche ihre unabhängigen Entscheidungen innerhalb eines Repertoires, das man als »Schund« bezeichnen kann: Krimis, Science Fiction, Western und so weiter. Zu diesen Gruppen gehören auch Universitätsdozenten (nicht aus geisteswissenschaftlichen Fächern), Freiberufler, Geschäftsleute. Alle Befragten bestehen auf ihrem Recht, keine »Bildungs-Snobs« sein zu müssen, und halten es für legitim, bei der Auswahl ihrer Lektüren, die bewußt auf das reine Vergnügen zielen, jede Beeinflussung oder Anregung von außen abzulehnen.[20]

Eben aufgrund des Drucks dieser Käuferschicht, die man als neue Massenleser bezeichnen kann, beginnen die Ordnungsschemata, die seit jeher auf den Fundamenten des abendländischen Wissens fußten, auch in den öffentlichen Lesebibliotheken der Vereinigten Staaten, ehedem Tempel und Verbreitungsinstrument des »Kanons« der traditionellen und offiziellen Kultur, sich allmählich zu ändern. So wird Deweys Klassifikation aufgegeben und durch andere Ordnungstypen abgelöst, die den Ansprüchen und dem Geschmack der konsumorientierten Leser besser gerecht werden. In Detroit beispielweise lauten die Themenbereiche der neuen Ordnung: Klassiker; Kunst; die Welt von heute; Menschen und Länder; Spaß und Unterhaltung; Sport; Hobby; Privatleben (worunter Religion und Psychologie fallen); Familie; Haus; Gruppenaktivitäten; Arbeit; Technik; Information.[21] Im Verhältnis zu dem, was wir in einer normalen öffentlichen Lesebibliothek zu finden gewohnt sind, fehlen hier die großen traditionellen Sektoren, in die die Schriftkultur, wie sie uns geprägt hat, gegliedert ist: Naturwissenschaften, Literatur, Geschichte, Philosophie, Politik. Und es ist nicht einmal gesagt, daß in den neuen Ordnungen dieselben Inhalte stecken, nur eben anders geordnet und anders verpackt. Es entsteht der Eindruck, daß sich derzeit nicht nur die Nachfrage verändert – wofür die »wilden« Leser von Houston stehen –, sondern auch das Angebot, und daß eine bestimmte Sorte von Texten nicht mehr als Lektüre angeboten wird, weil sie bald nicht einmal mehr gedruckt werden wird, oder zumindest nicht in solchen Mengen, daß sie einer Massennachfrage würden genügen können.

## Die Unordnung des Lesens

Aus dem bisher Gesagten geht klar hervor, daß sich gerade im Bereich der kulturell fortgeschrittensten Weltgegenden (USA und Europa) eine Art der Massenlektüre Bahn bricht, die einige eilig als »postmodern« bezeichnen, eine »anarchische, egoistische und egozentrische« Lektüre, die nur auf einem Grundsatz beruht: »Ich lese, was mir paßt.«[22]

Wie bereits gesagt, ist sie vor allem aufgrund der Krise der institutionellen und ideologischen Strukturen entstanden, die bis heute die zuvor bestehende »Ordnung des Lesens« aufrechterhielten: die Schule, die im Rahmen eines bestimmten Repertoires streng maßgeblicher Texte eine Pädagogik des Lesens betrieb; die Kirche, die das Lesen zu Zwecken der Andacht und der Moral propagierte; die betont fortschrittliche und demokratische Kultur, die im Lesen einen absoluten Wert für die Heranbildung des idealen Bürgers sah. Die neue Art der Lektüre ist jedoch auch das direkte Ergebnis einer stärkeren Massenalphabetisierung, des Zugangs zum Buch für eine weit höhere Zahl von Lesern als vor fünfzig oder dreißig Jahren sowie der Angebotskrise des Verlagswesens angesichts einer in Begriffen des Geschmacks wie auch zahlenmäßig chaotischen neuen Nachfrage. All diese Elemente ähneln sehr der Krise, die das Lesen als soziale Praxis und das Buch als Instrument dieser Praxis im Lauf des 18. Jahrhunderts in Europa durchgemacht haben, als nämlich ebenfalls neue Massenleser neue Ansprüche stellten, es dem Verlagswesen aber nur mangelhaft und verspätet gelang, ihre steigenden Bedürfnisse zu befriedigen, in einer Zeit, in der die überkommene Trennung zwischen sogenannten »volkstümlichen« Büchern und anspruchsvollen Büchern für viele bürgerliche Leser und einige städtische Leser (zumindest unter den frisch alphabetisierten) an Bedeutung verlor.

Anders als in der Vergangenheit ist das Lesen heute nicht mehr das wichtigste Mittel der Akkulturation, das dem zeitgenössischen Menschen zu Gebote steht. In der Massenkultur wurde es durch das Fernsehen verdrängt, dessen Verbreitung in den letzten dreißig Jahren überall rasant voranschritt. 1955 besaßen in den Vereinigten Staaten 78 Prozent der Familien einen Fernsehapparat; 1970 war dieser Prozentsatz auf 95 Prozent angestiegen, 1985 hatte er 98 Prozent erreicht. Gleichzeitig sank in der amerikanischen Gesellschaft die Zahl der Tageszeitungen: während es 1910 noch mehr als 2500 gegeben hatte, gab es 1948 nur noch 1750 und 1985 nur noch 1676.[23] Die Situation in Europa und Japan ähnelt unter diesem Gesichtspunkt der nordamerikanischen, auch wenn sie nicht genau dieselben Merkmale aufweist. Insgesamt kann man mit Sicherheit behaupten, daß die Rolle der Masseninformation und -bildung, die einige Jahrhunderte lang den »zum Lesen« bestimmten Druckerzeugnissen vorbehalten war, heute in der ganzen Welt auf die audiovisuellen Medien übergegangen ist, die, wie schon ihr Name sagt, zum Hören und Sehen bestimmt sind.

Zum ersten Mal also haben das Buch und die anderen Druckerzeugnisse es mit einem – realen und potentiellen – Publikum zu tun, das seine Informationen aus anderen Quellen bezieht und anders akkulturiert wird, eben durch die audiovisuellen Medien. Ein Publikum also, das daran gewöhnt ist, Botschaften zu lesen, die in Bewegung sind; das in vielen Fällen Mitteilungen schreibt und liest, die auf elektronischem Weg (Computer, Videotext, Fax) erstellt worden sind; das außerdem auch daran gewöhnt ist, sich nicht nur mit Hilfe hochdifferenzierter, sondern auch kostspieliger Prozesse und Geräte zu akkulturieren und diese in völlig anderer Weise zu beherrschen oder zu benutzen als bei der gewöhnlichen Lektüre. Die neuen Lesepraktiken der neuen Leser müssen mit dieser regelrechten Revolution des kulturellen Massenverhaltens koexistieren und werden zwangsläufig von ihnen beeinflußt.

Der Gebrauch der Fernbedienung hat dem Fernsehzuschauer bekanntlich die Möglichkeit verschafft, blitzschnell den Sender zu wechseln, in einem Wirbel von Bildern und Episoden von einem Film zu einer Diskussion umzuschalten, von einem Quiz zu den Nachrichten, von einem Werbespot zu einer Unterhaltungsserie und so weiter. In der planlosen Unordnung des Videos gehen aus einer solchen Praxis neue individuelle Spektakel hervor, zusammengesetzt aus nicht homogenen, nebeneinander gestellten Bruchstücken. Jedes dieser Spektakel hat als einzigen Autor den einzelnen Fernsehzuschauer; keines von ihnen fügt sich in den Rahmen einer organischen, in sich geschlossenen Fernsehkultur; tatsächlich stellen sie zur gleichen Zeit Akte der Abhängigkeit und Akte der Verweigerung dar und sind im einen wie im anderen Fall das Ergebnis von Situationen, die einerseits einen vollkommenen Kulturverlust und andererseits eine originelle kulturelle Schöpfung bedeuten. Das *zapping* (so die angloamerikanische Bezeichnung der Praxis) ist ein individuelles Instrument des Konsums und der völlig neuen audiovisuellen Schöpfung. Mit seiner Hilfe hat sich der Konsument der Medienkultur daran gewöhnt, eine aus inhomogenen Bruchstücken bestehende und, vor allem aus einer rationalen und traditionellen Perspektive, »sinnlose« Botschaft zu rezipieren. Aber es handelt sich um eine Botschaft, die ein Minimum an Aufmerksamkeit verlangt, damit man ihr folgen und sie genießen kann, und ein Maximum an Spannung und spielerischer Teilnahme, damit sie überhaupt entsteht.

Diese immer weiter verbreitete mediale Praxis ist genau das Gegenteil der in traditionellem Sinn verstandenen, linearen und fortschreitenden Lektüre, während sie dem Querlesen, dem Überspringen, dem bald schnellen, bald langsamen Lesen mit Unterbrechungen, wie es ungenügend akkulturierte Leser praktizieren, recht nahekommt. Andererseits ist der kreative Fernsehzuschauer in der Regel aber auch in der Lage, den großen, ausufernden Handlungen der »Seifenopern« zu folgen, den neuen epischen Werken unserer Zeit, den enzyklopädischen Synthesen konsumorientierten Lebens, deren jede einem Roman von über tausend Seiten oder den großen epischen Dichtungen der Vergangenheit mit zwölf oder noch mehr Büchern entsprechen kann.

Die Praxis des *zapping* und die »lange Dauer« der Fernsehserien haben also potentielle Leser geprägt, die nicht nur keinen »Kanon« oder keine »Ordnung des Lesens« kennen, sondern nicht einmal den beim Lesen von Geschriebenem üblichen Respekt für die Ordnung des Textes besitzen, der, insofern er einen Anfang und ein Ende hat, in einer genauen, von anderen festgelegten Reihenfolge gelesen sein will. Andererseits sind diese Leser jedoch in der Lage, einer sehr langen Serie von Ereignissen zu folgen, wenn sie nur mit den Merkmalen eines mythischen Hyperrealismus ausgestattet ist, wie sie für die sogenannte »populäre« Erzählfiktion typisch sind.

## Wie gelesen wird

Die traditionelle Ordnung der Lektüre bestand (oder besteht) nicht nur aus einem einheitlichen, hierarchisierten Repertoire lesbarer und »zu lesender« Texte, sondern auch aus bestimmten Gewohnheiten im Verhalten der Leser und bei der Benutzung von Büchern, für die eigens ausgestattete Umgebungen und spezielle Einrichtungsgegenstände und Instrumente nötig sind. Immer schon hat es in der tausendjährigen Geschichte des Lesens gegensätzliche, nämlich rigide, professionelle, geordnete wie auch freie, unbeschwerte und nicht reglementierte Praktiken der Buchbenutzung gegeben. Im 13. und 14. Jahrhundert etwa standen in Europa dem Lesen der am Tisch sitzenden, von Büchern, Pulten und unterschiedlichen Gerätschaften umgebenen professionellen Leser die freien Leseerfahrungen der höfischen Welt und das zwang- und regellose Lesen volkssprachlicher Texte im bürgerlichen »Volk« gegenüber.

Solange sie Bestand hatte, hat die herrschende Ordnung der Lektüre auch der zeitgenössischen Kultur einige Regeln diktiert, wie zu lesen sei und wie sich Leser verhalten sollten. Sie leiten sich direkt von den didaktischen Praktiken der modernen Pädagogik her und haben in der zwischen dem 19. und dem 20. Jahrhundert institutionalisierten bürgerlichen Schule genaue Anwendung gefunden. Nach diesen Regeln muß man beim Lesen aufrecht sitzen, die Arme auf dem Tisch und das Buch vor sich liegen haben; man muß mit höchster Konzentration lesen, ohne sich zu rühren, ohne ein Geräusch von sich zu geben, ohne die anderen zu stören, ohne zuviel Platz zu beanspruchen; man muß ordentlich lesen, den Einteilungen des Buches folgen und sorgfältig im Buch blättern, ohne es zu verbiegen, Eselsohren zu knicken, es zu beschädigen oder zu zerfleddern. Auf der Grundlage dieser Prinzipien wurde der heilige Ort für die Lektüre »aller« geplant, die Lesesäle der angelsächsischen *public libraries*, der öffentlichen Bibliotheken, die folglich den traditionellen Lesesälen der Bibliotheken für Studium, Arbeit und Forschung fast aufs Haar gleichen.

Das Lesen auf der Grundlage dieser Prinzipien und Modelle ist also eine ernsthafte und anspruchsvolle Tätigkeit, die Anstrengung und Aufmerksamkeit verlangt, sich oft in Gemeinschaft, aber immer in Ruhe und nach strengen Verhaltensregeln abspielt. Die anderen Arten des Lesens – allein, irgendwo zu Hause, in völliger Freiheit – sind natürlich bekannt und auch erlaubt, gelten jedoch als eher zweitrangig, werden gerade eben geduldet und als potentiell subversiv empfunden, weil sich darin ein nur geringer Respekt für die – natürlich verehrungswürdigen – Texte des »Kanons« ausdrückt.

Einer Untersuchung zufolge, die Piero Innocenti bei einer absolut zufällig ausgewählten, im wesentlichen über eine mittlere bis höhere Bildung verfügenden Gruppe italienischer Leser durchgeführt hat, sollen die Lesegewohnheiten der Italiener, zumindest in den dokumentierten Altersstufen und Schichten, ziemlich traditionell geblieben sein. Von achtzig befragten Personen wünschen sich nur sehr wenige, im Freien zu lesen; zwölf lesen am liebsten am Tisch oder Schreibtisch; vier nennen hier auch die Bibliothek. Der bevorzugte Ort ist allerdings das Haus und darin das eigene Zimmer (sofern vorhanden), wo dann abwechselnd auf dem Bett und im Sessel gelesen wird; vielen gilt der Zug als optimaler Ort für die Lektüre, praktisch gleichbedeutend mit dem häuslichen Sessel. Die Antworten verweisen im großen und ganzen auf einen Verhaltenskodex, der noch aus dem 19. und frühen 20. Jahrhundert stammt und mit Praktiken zusammenhängt, die (abgesehen vom Zug) sogar schon vor einigen Jahrhunderten im neuzeitlichen Europa aufkamen; jedenfalls ist an ihm nichts wesentlich Neues.[24]

Das Konventionelle und Traditionelle an den Lesegewohnheiten der Befragten dieser Untersuchung hat sowohl mit deren hohem Bildungsgrad als auch mit ihrer Schichtzugehörigkeit und ihrem mittleren Alter zu tun. Außerdem spielt eine Rolle, daß es sich um akkulturierte Europäer handelt. Gewiß nicht zufällig legte das einzige Mädchen unter 20 aus der Stichprobe, das zudem nur über einen Hauptschulabschluß verfügte, Vorlieben und Gewohnheiten an den Tag, die sich von denen der anderen klar abheben. So gab sie auch an, eine ihrer bevorzugten Lesepositionen sei es, auf einem Teppich am Boden ausgestreckt zu liegen.[25]

Wir haben bereits angedeutet, daß die Jugendlichen unter 20 potentiell und naturgemäß ein Publikum darstellen, das den Kanon, jeden Kanon, ablehnt und anarchische Entscheidungen bevorzugt. Tatsächlich lehnen sie auch die jeden Kanon wie selbstverständlich begleitenden Verhaltensregeln ab. Wie kürzlich geschrieben wurde, »geben

Jugendliche an, immer und egal wo alles zu lesen. Der Comic hat diese Eigenschaft, sich an jede Umgebung anzupassen (...).«[26]

Wenn man die höheren Bildungsstätten in den Vereinigten Staaten, besonders einige Universitätsbibliotheken, aufsucht, gewinnt man den Eindruck (sofern man einer persönlichen und verhältnismäßig zufälligen Erfahrung allgemeine Bedeutung beilegen darf), daß dort wie auch anderswo gerade die jungen Leser im Begriff sind, die Verhaltensregeln, die die Lesepraxis bislang ziemlich rigide geprägt haben, zu ändern. Daß sich das ausgerechnet in den Bibliotheken feststellen läßt, erscheint dem europäischen Beobachter um so bedeutsamer, weil das heißt, daß das traditionelle Modell sich noch nicht einmal mehr am Ort seiner einstmals triumphalen Würdigung halten kann.

Wie gestaltet sich der neue *modus legendi*, den die jungen Leser vertreten?

Vor allem bringt er eine völlig freie und individuelle Körperhaltung mit sich; man kann zum Beispiel auf dem Boden liegend oder an die Wand gelehnt, *unter* (sic!) den Lesetischen sitzend oder mit den Füßen auf dem Tisch (so das älteste und bekannteste Stereotyp) lesen. Zweitens lehnen die »neuen Leser« die üblichen Auflageflächen für die zu lesenden Bücher – den Tisch, das Pult, den Schreibtisch – fast durchgehend ab oder benutzen sie zweckfremd, also auf unvorhergesehene Weise. Sehr selten legen sie das aufgeschlagene Buch auf diese Flächen, sondern neigen eher dazu, ihren Oberkörper, ihre Beine, ihre Arme darauf abzustützen, die Körperhaltungen beim Lesen dabei unendlich variierend. Außerdem schließt der neue *modus legendi* auch eine intensive und direkte physische Beziehung zum Buch ein, weit mehr, als dies traditionell üblich war. Das Buch wird stark strapaziert, geknickt, verbogen, aufgebrochen, herumgeschleppt und in gewisser Weise in Besitz genommen gerade durch die intensive, lang anhaltende und gewaltsame Benutzung, wie sie für ein nicht so sehr durch Lektüre und Lernen, sondern eher durch Konsum gekennzeichnetes Verhältnis typisch ist.

Die neue Art des Lesens beeinflußt die soziale Rolle und die Präsenz des Buches in der gegenwärtigen Gesellschaft und trägt hier selbst noch gegenüber der jüngsten Vergangenheit zu Veränderungen bei, wie sich leicht feststellen läßt, wenn man die Modalitäten seiner Aufbewahrung untersucht. Den traditionellen Verhaltensregeln zufolge mußte – oder müßte – das Buch an einem eigens dafür bestimmten Ort (der Bibliothek) aufbewahrt werden, oder, in privater Umgebung, in speziellen Möbeln wie Bücherborden, Bücherregalen, Bücherschränken und so weiter. Heute existiert das Buch im Hause (doch immer mehr auch in der Bibliothek, wo andere Materialien als Bücher raschen Zuwachs verzeichnen) neben einer großen Zahl elektronischer Informations- und Bildungsmittel und vielen technischen oder auch nur symbolischen Apparaten, mit denen die Umgebung der Jugendlichen ausgestattet ist und die ihren Lebensstil charakterisieren. Von all diesen Dingen ist das Buch das am wenigstens teure, das am meisten strapazierbare (man kann darin herumschreiben, es bemalen und mit dem »Textmarker« bearbeiten), das am leichtesten verderbliche. Die Modalitäten seiner Aufbewahrung stehen in enger Beziehung zu denen seiner Benutzung: So frei, zufällig und erfinderisch diese sind, so gut kommen jene ohne einen festgesetzten Ort und sicheren Standort aus. Das Buch wird, wenn überhaupt, *unter* und *zusammen mit* den anderen Gegenständen inmitten einer unendlich vielfältigen und abwechslungsreichen beweglichen Einrichtung aufbewahrt und teilt deren zu einem guten Teil unweigerlich kurzlebiges Schicksal.

All dies spiegelt sich letztlich auch in den Lesegewohnheiten wider, insofern die kurze Aufbewahrungszeit wie auch das Fehlen eines genauen Standorts und folglich der sicheren Möglichkeit des Wiederfindens einen früher oft wiederholten Vorgang schwierig, ja unmöglich macht: das Wiederlesen eines schon gelesenen Werkes, das in direktem Zusammenhang mit einer Auffassung des Buches als eines Textes steht, den es zu bedenken, zu lernen, zu respektieren und in Erinnerung zu behalten gilt; ganz gewiß aber nicht mit der Auffassung, das Buch sei lediglich ein Gegenstand zum momentanen Gebrauch, den man konsumiere und verliere oder sogar, kaum ausgelesen, wegwerfe.

Hans Magnus Enzensberger, der kategorisch behauptete, »die Lektüre ist ein anarchischer Akt«, verteidigte schon vor etlichen Jahren die absolute Freiheit des Lesers gegen den Autoritätsanspruch, den die Tradition der Textkritik und -interpretation für sich geltend macht: »Der Leser hat (...) immer recht, und es kann ihm niemand die Freiheit nehmen, von einem Text den Gebrauch zu machen, der ihm paßt.« Oder:

»Zu dieser Freiheit gehört es, hin- und herzublättern, ganze Passagen zu überspringen, Sätze gegen den Strich zu lesen, sie mißzuverstehen, sie umzumodeln, sie fortzuspinnen und auszuschmücken mit allen möglichen Assoziationen, Schlüsse aus dem Text zu ziehen, von denen der Text nichts weiß, sich über ihn zu ärgern, sich über ihn zu freuen, ihn zu vergessen, ihn zu plagiieren und das Buch, worin er steht, zu einem beliebigen Zeitpunkt in die Ecke zu werfen.«[27]

## Das Fehlen von Kanons und neue Kanons

Unsere augenblickliche Situation scheint also sowohl auf der Ebene des Repertoires als auch auf der der Gebrauchs- und Aufbewahrungspraktiken durch starke Symptome der Auflösung der für die westliche Schriftkultur charakteristischen »Ordnung des Lesens« gekennzeichnet zu sein. Hierzu trägt stark ein Herstellungssystem bei, das sich irrational verhält, das darauf abgestellt ist, in kürzester Frist ein Maximum an Profit herauszuschlagen, ohne sich um Zukunftsperspektiven zu kümmern, während der Umstand, daß die Bücher (und anderen Druckerzeugnisse) in ein und demselben Mediensystem mit den audiovisuellen Medien koexistieren, sie an den Rand drängt, da sie durch ihr substantielles Unvermögen geschwächt sind, sich an Fristen, Gebrauchspraktiken und Lernmethoden anzupassen, die tendenziell immer weniger auf die traditionelle Schrift angewiesen sind. Ein weiterer und komplementärer Aspekt des Phänomens ist die Entstehung jener neuen Lesepraktiken, die wir soeben analysiert haben und die in der Figur des »anarchischen Lesers« Gestalt gewinnen. Sie wird vorerst durch die Jugendlichen verkörpert, sich jedoch gewiß vervielfältigen und höchstwahrscheinlich zum vorherrschenden Modell der näheren Zukunft werden.

Diesem neuen Leser und seinen innovativen Lesepraktiken entspricht im Umkreis des Produktionszyklus des Buchs in einem gewissen Sinn eine andere anomale und potentiell anarchische Gestalt: der Schriftsteller, der Verbrauchsliteratur verfaßt, Texte anderer umschreibt, Liebesromane oder Krimis abfaßt oder unbedeutende Zeitungen zusammenstellt, der oft dazu verurteilt ist, anonym zu bleiben, oder durch die beziehungsweise in den Redaktionsteams untergeht. In der langen Geschichte der abendländischen Schriftkultur ist das keine neue Erscheinung. Vielmehr tauchten solche Schriftsteller noch bei jeder Produktionskrise, jedem starken Publikumszuwachs und deutlichem Auseinanderdriften der Produktniveaus auf, beispielsweise in Frankreich in der zweiten Hälfte des 18. Jahrhunderts, am Vorabend der Französischen Revolution.[28] In den verschiedenen Phasen ihrer Geschichte hat diese zwiespältige Figur oft eine aktive Rolle bei der Infragestellung des herrschenden kulturellen (und politischen) Systems gespielt, so wie das auch auf sein Pendant, den »anarchischen« Leser, zutreffen könnte und zum Teil bereits zutraf.

Alles bisher Gesagte gilt vor allem, wenn nicht ausschließlich, für die fortschrittliche westliche Welt, zu der neben Europa die USA, die UdSSR (zumindest bis 1989), Japan und einige wenige andere Gebiete zählen; es gilt nicht für andere in sich gefestigte kulturelle Traditionen, die noch stark von ihren spezifischen »Kanons« von Texten gekennzeichnet sind und ihre jeweils eigenen Lesegewohnheiten haben, vor allem die islamische Welt mit ihrem reichen Erbe an Schriftkultur, auf das zu verzichten sie auch angesichts des umstrittenen, konsumverheißenden Verwestlichungsprozesses nicht gewillt zu sein scheint. Genausowenig gilt es für China, das in kultureller Hinsicht noch abgeschlossen ist und eine feste dogmatische Tradition respektiert, auch wenn es reich ist an verschiedenartigsten Schrifterzeugnissen.

Daß die Welt auch hinsichtlich der Hervorbringung und Inanspruchnahme der Schriftkultur in sehr unterschiedliche kulturelle Bereiche geteilt ist, ist zwar keine Neuigkeit; so ist es immer schon gewesen, ja in der ferneren wie auch näheren Vergangenheit waren die Unterschiede zwischen den verschiedenen Gegenden bei den Schrifterzeugnissen und Lesepraktiken sogar noch stärker ausgeprägt als heute. Aber gerade deshalb stellt sich am Ende dieses Jahrhunderts die Frage nach einer einheitlichen oder vielfältigen Zukunft des Lesens mit Dringlichkeit, verstärkt sich doch die Tendenz zur Monopolisierung und zur Auslöschung sowohl von Markt- als auch von Produktunterschieden durch die Medienkultur immer mehr.

Soweit man also voraussehen kann, machen die allgemeine Schwächung des westlichen Kanons und der Umstand, daß sich in multiethnischen und konfliktgeladenen Situationen andere Repertoires in ihn einmischen und sich auf der individuellen Ebene gleichzeitig »anarchische« Praktiken durchsetzen, das Lesen offenbar zu einem uneinheitlichen, differenzierten Phänomen und zu einer völlig regellosen Praxis, wenn man von individuellen Erfahrungen oder dem Verhalten kleiner Gruppen einmal absieht. Damit ereignet sich das genaue Gegenteil von dem, was bei den elektronischen Massenmedien und speziell beim Fernsehen passiert, dessen »Kanon« von Sendungen rasch dazu tendiert, sich weltweit zu vereinheitlichen und das Publikum unabhängig von seiner jeweiligen kulturellen Tradition gleichzumachen; auch wenn die Guerilla des *zapping* allmählich zu einem Faktor individueller anarchischer Unordnung innerhalb der ehernen »Ordnung des Videos« wird.

In Wahrheit erscheint es verfehlt (wenn auch vielleicht unvermeidlich), sich an dieser Stelle zu fragen, inwieweit die hier skizzierte Zukunft der Lektüre und des Lesens, bestehend aus individuellen Praktiken, aus persönlichen Entscheidungen und Ablehnungen von Regeln und Hierarchien, aus produktivem Chaos und wildem Konsum, aus Hybridisierungen verschiedener Repertoires und divergierenden, doch parallelen Produktionsniveaus, zu begrüßen oder abzulehnen ist. Tatsächlich befinden wir uns offenbar in einem ausgedehnten und komplexen Prozeß, der sich im Lauf eines oder zweier Jahrzehnte, zusammen mit der Wende vom 2. zum 3. Jahrtausend, konsolidieren und durchsetzen wird. Erst in fünfzig oder hundert Jahren werden wir wissen, wohin er uns geführt hat, und können dann, wenn uns der Sinn danach steht, ein Urteil darüber fällen. Jetzt ist es dafür noch zu früh.

*Aus dem Italienischen von Martina Kempter*

# Anmerkungen

## Einleitung

1 M. de Certeau, *L'Invention du quotidien,* Bd. 1: *Arts de faire*, 2. Aufl., Paris 1990, S. 251.

2 Ebd., S. 247.

3 P. Ricœur, *Temps et récit,* Bd. 3: *Le Temps raconté,* Paris 1985, S. 228–263 (dt.: *Zeit und Erzählung,* Bd. 3: *Die erzählte Zeit,* München 1991, S. 253–293).

4 S. Fish, *Is There a Text in this Class? The Authority of Interpretative Communities,* Cambridge, Mass. 1980.

5 D. F. McKenzie, *Bibliography and the Sociology of Texts,* The Panizzi Lectures (London 1985), London 1986, S. 20.

6 R. Stoddard, »Morphology and the Book from an American Perspective«, *Printing History,* 17 (1990), S. 2–14.

7 Platon, *Phaidros* 275d, 4 u. 5 (dt.: *Meisterdialoge,* eingel. v. O. Gigon, übertr. v. R. Rufener, Frankfurt a. M./Olten/Wien o. J., S. 367).

8 Hier genügt der Hinweis auf die klassische Arbeit von E. G. Turner, *Athenian Books in the Fifth and Fourth Centuries B. C.,* London 1977.

9 B. M. W. Knox, »Silent Reading in Antiquity«, *Greek, Roman and Byzantine Studies,* 9 (1968), S. 421–435.

10 Festzustellen ist, daß Platons Haltung zum Geschriebenen weit aufgeschlossener und wohlgesonnener ist, wo es nicht um philosophische Zusammenhänge oder solche der »Wahrheit« geht; dies wird hervorgehoben und eingehend diskutiert bei G. Cerri, *Platone sociologo della comunicazione,* Mailand 1991, S. 119–128.

11 Zu den Lesetechniken in Verbindung mit den sie bezeichnenden Verben siehe – neben dem Artikel von P. Chantraine, »Les verbs grecs signifiant ›lire‹«, in: *Mélanges Henri Grégoire,* Bd. 2, Brüssel 1950, S. 115–126, und den Arbeiten Svenbros – die Beiträge von G. F. Nieddu, »Decifrare la scrittura, ›percorrere‹ il testo: momenti e livelli diversi dell'approccio alla lettura nel lessico dei Greci«, *Giornale italiano di filologia,* 40 (1988), S. 17–37, und D. J. Allan, »Anagignosko and Some Cognate Words«, *The Classical Quarterly,* n.s., 30 (1980), S. 244–251.

12 Zu den verschiedenen Momenten des Übergangs von einer mündlichen Kultur zu einer vollendeten Schriftkultur verweise ich nur auf den Überblick bei L. E. Rossi, »L'ideologia dell'oralità fino a Platone«, in: V. G. Cambiano/L. Canfora/D. Lanza (Hg.), *Lo spazio letterario della Grecia antica,* Bd. 1: *La produzione e la circolazione del testo,* Tl. 1: *La polis,* Rom 1992, S. 77–106.

13 Wir verweisen hier auf L. Canfora, *La biblioteca scomparsa,* Palermo 1986.

14 R. Nicolai, »Le biblioteche dei ginnasi«, *Nuovi annali della Scuola speciale per archivisti e bibliotecari,* 1 (1987), S. 17–48.

15 M. Citroni, »Le raccomandazioni del poeta: apostrofe al libro e contatto col destinatario«, *Maia,* n.s., 38 (1986), S. 111–146.

16 G. M. Rispoli, »Declamazione e lettura nella teoria retorica e grammaticale greca«, *Koinonia,* 15 (1991), S. 93–133.

17 Was die Problematik der Überlieferung der lateinischen Texte in älterer Zeit betrifft, sei verwiesen auf die Arbeit von O. Pecere, »I meccanismi della tradizione testuale«, in: G. Cavallo/P. Fedeli/A. Giardina (Hg.), *Lo spazio letterario di Roma antica,* Bd. 3: *La ricezione del testo,* Rom 1990, S. 297–386.

18 J. Diethart/Ch. Gastgeber, »Sechs eindringliche Hinweise für den byzantinischen Leser aus der Kommentarliteratur zu Dionysios Thrax«, *Byzantinische Zeitschrift,* 86/87 (1993–94), S. 386–401.

19 E. Patlagean, »Discours écrit, discours parlé à Byzance«, *Annales. Economies, Sociétés, Civilisations,* 34 (1979), S. 264–278: Der Aufsatz bietet eine Reihe scharfsinniger Beobachtungen zur Schriftkultur in Byzanz.

20 Grundlegend zu den Lesepraktiken dieser Zeit ist der Aufsatz von F. Alessio, »Conversazione e modelli di sapere nel medioevo«, in: P. Rossi (Hg.), *La memoria del sapere. Forme di conservazione e strutture organizzative dall'antichità a oggi,* Rom/Bari 1988, S. 99–133.

21 Francesco Petrarca, *De remediis utriusque fortunae,* 1, 43, hg. v. G. Contini, in: *Mostra di codici petrarcheschi laurenziani,* Florenz 1974, S. 75–81.

22 Zu dieser und weiteren Fragen der Beziehung zwischen Buch, Lektüre und

Publikum in den letzten Jahrhunderten des Mittelalters genügt der Hinweis auf A. Petrucci, »Il libro manoscritto«, in: *Letteratura italiana Einaudi*, Bd. 2: *Produzione e consumo*, Turin 1983, S. 499–524.

Kapitel 1

## ARCHAISCHES UND KLASSISCHES GRIECHENLAND: DIE ERFINDUNG DES STILLEN LESENS

1 Pierre Chantraine, »Les verbes grecs signifiant ›lire‹?«, in: *Mélange Grégoire*, Bd. 2, Brüssel 1950, S. 115–126.
2 Sophokles, Fr. 144 [2]Nauck.
3 Theokrit, *Idyllen* 18, 47–48.
4 Epicharmos, Fr. 224 Kaibel.
5 Siehe C. Gallavotti, »Letture epigrafiche«, *Quaderni Urbinati di cultura classica*, 20 (1975), S. 172–177; B. Forssmann, »ANNEMOTA in einer dorischen Gefäßinschrift«, *Münchener Studien zur Sprachwissenschaft*, 34 (1976), S. 39–44.
6 Hesychios, s.v. *annémein* (=*ananémein*); Scholion zu Pindar, III, 222, 16–17 Drachmann.
7 Die Verben werden gewöhnlich in der Infinitivform angegeben (Anm. d. Ü.).
8 W. Peek, *Griechische Vers-Inschriften*, Bd. 2, Berlin 1955, Nr. 1210, 1–3.
9 Vgl. Emile Benveniste, »Aktiv und Medium im Verb«, in: *Probleme der allgemeinen Sprachwissenschaft*, München 1974, S. 189–198.
10 Chantraine, »Les verbes«, S. 115.
11 Plutarch, *Leben des Lykurk* 16, 10.
12 Alkman, Fr. 40 Page.
13 Hermippos, Fr. 88 Wehrli.
14 Für den *nomodós* genannten Richter (Magistrat) siehe Strabon, XII, 2,9.
15 Simonides, Fr. 37, 11–12 Page; Herodot, I, 173.
16 Hesiod, *Werke und Tage* 224 und 213.
17 Plutarch, ebd., 13, 1–4.
18 A. Magdelain, *La Loi à Rome*, Paris 1978, S. 17.
19 Platon, *Theaitetos* 143c, in: ders., *Sämtliche Werke*, Frankfurt a. M. 1991, S. 161 (sofern es für die Argumentation unumgänglich schien, wurde an dieser und an den anderen Stellen die deutsche Übersetzung Platons nach dem französischen Original modifiziert – Anm.d.Ü.).
20 Siehe Demosthenes, XXI, *Gegen Midias* 8 und 10, usw.

21 P. Herrmann, »Teos und Abdera im 5. Jahrhundert v. Chr.«, *Chiron*, 11 (1981), S. 8 und 11.

22 Chantraine, »Les verbes«, S. 126.

23 Hesychios, s.v. *epeneímato*.

24 Pindar, *Olympien* 10, 1.

25 Chantraine, »Les verbes«, S. 115.

26 Für den Ausdruck siehe Hippokrates, *Von der Diät* I, 23.

27 In der deutschen Übersetzung von Eugen Helmlé: »Fonwostinktsnso«, eine sehr treue Übersetzung des französischen Originals; vgl. Raymond Queneau, *Zazie in der Metro*, Frankfurt a. M. 1960, S. 7 (Anm. d. Ü.).

28 Anecdota Graeca II, 793–795 Bekker; vgl. Liddell-Scott-Jones, s.v. *stoicheĩon*, II, 1.

29 Xenophon, *Erinnerungen an Sokrates* I, 6, 14.

30 Äsop, *Fabeln* 276 Chambry.

31 Zu diesen beiden Verben siehe Chantraine, »Les verbes«, S. 122–126 und 118. Für die Bedeutung »Beziehungen haben mit« siehe Plutarch, *Leben des Solon* 20, 4, und Xenophon, *Anabasis* I, 2, 12, usw.

32 Gorgias, Fr. 11, 8 Diels-Kranz.

33 Pindar, Fr. 152 Bowra, usw.

34 M. Charles, *Rhétorique de la lecture*, Paris 1977, S. 9.

35 Aischines, *Gegen Timarchos*, mit den Analysen von K. J. Dover, *Homosexualité greque*, franz. Übers., Paris 1982, S. 42.

36 Michel Foucault, *Sexualität und Wahrheit. Der Gebrauch der Lüste*, Bd. 2, Frankfurt a. M. 1986, S. 235–310.

37 Vgl. S. 533, Anm. 5.

38 Platon, *Phaidros* 242c.

39 Platon, *Politeia* II, 9, 366e.

40 G. Pfohl, *Greek Poems on Stones: Epitaph. From the Seventh to the Fifth Century*, Bd. 1, Textus Minores, Bd. 36, Leiden 1967, Nr. 15.

41 M. Guarducci, *Epigrafia greca*, Bd. 3, Rom 1979, S. 482.

42 M. Burzachechi, »Oggetti parlanti nelle epigrafi greche«, *Epigraphica*, 24 (1962), S. 3–54.

43 M. Lazzarini, *Le formule delle dediche nella Grecia arcaia* (Atti della Academia nazionale dei Lincei. Memorie. Classe di szienze morali, storichi e filologiche, 8. Serie, XIX, 2), Rom 1976, Nr. 658.

44 Vgl. den klassischen Artikel von J. Balogh, »Voces paginarum«, *Philologus*, 82 (1927), S. 84–109 u. 202–240. Kritik in: B. M. W. Knox, »Silent Reading in Antiquity«, *Greek, Roman and Byzantine Studies*, 9 (1968), S. 421–435.

45 Platon, *Kriton* 54d.
46 Platon, *Sophistes* 263e-264a; *Theaitetos* 189e-190a.
47 Platon, *Apologie* 31d (vgl. *Theages* 128d; *Phaidros* 241b-c).
48 *Daimónion* ist das Diminutiv von *daímon* (wörtlich: »Verteiler«, von *daíesthai*, »verteilen«).
49 E. A. Havelock, »Dikaiosune. An Essay in Greek Intellectual History«, *Phoenix*, 23 (1969), S. 49–70.
50 Knox, »Silent Reading«, S. 432–435.
51 Euripides, *Hippolytos* 874–875.
52 Aristophanes, *Ritter* 118–127.
53 P. Saenger, »Silent Reading. Its Impact on Late Medieval Script and Society«, *Viator*, 13 (1982), S. 378.
54 Saenger, ebd., S. 378 ff., 383 f., 405.
55 Plutarch, *Leben des Solon* 29.
56 Vgl. Ch. Segal, *La Musique du Sphinx*, Paris 1987, S. 263–298.
57 G. Thomson, *Aeschylus and Athens*, London [2]1950, S. 181–183.
58 Homer, *Odyssee* 15, 167–170. Tatsächlich übersetzt Johann Heinrich Voß die entsprechende Stelle: »da sann (...) Menelaos / Hin und her, mit Verstand das Wunderzeichen zu deuten« (Homer, *Ilias. Odyssee*, Frankfurt a. M. 1990, S. 708 – Anm.d.Ü.).
59 Platon, *Timaios* 72a-b.
60 A. Pickard-Cambridge, *Dithyramb, Tragedy and Comedy*, 2. Aufl., Oxford 1962, S. 88.
61 Aristoteles, *Von der sinnlichen Wahrnehmung* 437b.
62 Ebd., vgl. Empedokles, Fr. A 9 Diels-Kranz.
63 Alexander von Aphrodisias, *Von der sinnlichen Wahrnehmung* 56, 12.
64 Vgl. S. Sambursky, *The Physical World of the Greeks*, Oxford 1956, S. 126–128.
65 Leukippos, Fr. A 9 Diels-Kranz.
66 Die folgenden Zitate finden sich in den Versen 432–434; 103; 465–469; 646–648.
67 Herodot, I, 124; 187; II, 102, 106, 133, 136, 141; III, 88; IV, 91; V, 60, 61, 90, 92; VI, 77; VII, 228; VIII, 22, 136.
68 Platon, *Phaidros* 275d.
69 Euripides, *Hippolytos* 865, 877, 878–880.
70 Platon, *Phaidros* 275d-276a; vgl. *Philebos* 38e-39a.
71 Pindar, *Olympien* 10, 1–3.
72 Aristoteles, *Poetik* 4, 1449a16.

73 Aischylos, *Der gefesselte Prometheus* 788–789. Die weiteren Zitate stammen aus folgenden Stücken: *Die Schutzflehenden* 178–179, 991–992; *Eumeniden* 273–275; *Choephoren* 450.

74 Platon, *Phaidros* 276d.

75 Athenaios, VII, 276a; X, 448b, 453c-454a (=Kallias, Fr. 31 Edmonds). Vgl. E. Pöhlmann, »Die ABC-Komödie des Kallias«, *Rheinisches Museum* 114 (1971), S. 230–240.

76 Euripides, Fr. 382 [2]Nauck.

77 Sophokles, Fr. 117 [2]Nauck.

## Kapitel 2
## Vom Volumen zum Kodex: Lesen in der römischen Welt

1 A. E. Astin, *Cato the Censor,* Oxford 1978, S. 135–137.

2 Plutarch, *Cato Maior* 20, 7.

3 Zu dieser Frage begnüge ich mich mit dem Hinweis auf N. Lewis, *Papyrus in Classical Antiquity,* Oxford 1974, S. 85–87.

4 Livius, XL, 29, 6.

5 Lewis, *Papyrus,* S. 88; T. Dorandi, »Lucilio, fr. 798 Krenkel«, *Studi italiani di filologia classica,* n.s., 63 (1982), S. 216–218, und ders., »Glutinatores«, *Zeitschrift für Papyrologie und Epigraphik,* 50 (1983), S. 25–28.

6 J. van Sickle, »The Book-Roll and Some Conventions of the Poetic Book«, *Arethusa,* 13 (1980), S. 12.

7 S. Mariotti, *Lezioni su Ennio,* Urbino 1991, S. 17–23.

8 Plutarch, *Cato Minor* 68, 2–70, 2.

9 Cicero, *fin.* 3, 7.

10 Zu diesen eroberten und allgemeiner zu den privaten Bibliotheken in Rom von der ausgehenden Republik bis zu den ersten Jahrhunderten der Kaiserzeit siehe zumindest H. Blanck, *Das Buch in der Antike,* München 1992, S. 152–160.

11 Interessante Bemerkungen zu Büchern und Bibliotheken der Zeit Ciceros macht O. Pecere, »I meccanismi della tradizione testuale«, in: G. Cavallo/P. Fedeli/A. Giardina (Hg.), *Lo spazio letterario di Roma antica,* Bd. 3: *La ricezione del testo,* Rom 1990, S. 314–319.

12 Cicero, *ad Q. fr.* 3, 5, 6 (dt.: *An Bruder Quintus,* lat.-dt., hg. u. übers. v. H. Kasten, München 1965, S. 149).

13 Cicero, *Brut.* 65, 122, 129, 133.
14 Cicero, *Att.* 2, 20, 6.
15 Ebd., 1, 20, 7 (vgl. auch 2, 1, 12).
16 Ebd., 4, 10, 1 u. 4, 14, 1; auch Cicero, *fin.* 3, 7.
17 P. Zanker, *Augustus und die Macht der Bilder,* München 1987, S. 35–38.
18 Catull, 14, 17–18; Cicero, *Phil.* 2, 21. Siehe auch T. P. Wiseman, »Looking for Camerius: the Topography of Catullus 55«, *Papers of the British School at Rome,* 48 (1980), S. 6–16.
19 Cicero, *Tusc.* 4, 6.
20 Ebd., 1, 6.
21 Cicero, *fin.* 5, 52.
22 E. Rawson, *Intellectual Life in the Late Roman Republic,* London 1985, S. 49, wo jedoch für die republikanische Zeit allzu verbreitete Lesegewohnheiten angenommen werden.
23 E. A. Lowe, *Codices Latini Antiquiores,* Bd. 3, Oxford 1983, Nr. 385.
24 Catull, 22. Siehe L. Gamberale, »Libri e letteratura nel carme 22 di Catullo«, *Materiali e discussioni,* 8 (1982), S. 143–169.
25 R. D. Anderson/P. J. Parsons/R. G. M. Nisbet, »Elegiacs by Gallus from Qasr Ibrîm«, *The Journal of Roman Studies,* 69 (1979), S. 125–155.
26 E. A. Lowe, *Codices Latini Antiquiores,* II, 2. Aufl., Oxford 1972, Nr. 223, und *Suppl.,* Oxford 1971, Nr. 1721.
27 E. Auerbach, *Literatursprache und Publikum in der lateinischen Spätantike und im Mittelalter,* Bern 1958, S. 178.
28 P. Veyne, »Das Römische Reich«, in: Ph. Ariès/G. Duby (Hg.), *Geschichte des privaten Lebens,* Bd. 1: *Vom Römischen Imperium zum Byzantinischen Reich,* übers. v. H. Fliessbach, Frankfurt a. M. 1989, S. 31.
29 Zu den öffentlichen Bibliotheken in Rom siehe noch einmal zumindest Blanck, *Das Buch,* S. 160–178.
30 V. M. Strocka, »Römische Bibliotheken«, *Gymnasium,* 88 (1981), S. 315.
31 Blanck, *Das Buch,* S. 120–129.
32 Gellius, *noct. Att.* 18, 4, 1–11.
33 H. J. Martin, *Histoire et pouvoirs de l'écrit,* Paris 1988, S. 81.
34 Ich begnüge mich hier mit dem Hinweis auf H.-I. Marrou, *Μουσικὸς ἀνήρ. Etudes sur les scènes de la vie intellectuelle figurante sur les monuments funéraires romains,* Grenoble 1938, S. 24–197.
35 Nützliche Betrachtungen hierzu finden sich bei S. Settis in: ders/A. La Regina/G. Agosti/V. Farinella, *La colonna traiana,* Turin 1988, S. 107–114.
36 Petronius, *sat.* 58, 7.

37 R. P. Duncan-Jones, »Age-Rounding, Illiteracy and Social Differentiation in the Roman Empire«, *Chiron,* 7 (1977), S. 335–353.

38 Quintilian, *inst.* 1, 1, 25–34.

39 Petronius, *sat.* 75, 4.

40 Als Materialsammlung nach wie vor nützlich, wenn auch in mancher Hinsicht überholt und in manch anderer einer kritischen Revision bedürftig, ist die einzige Arbeit, auf die ich hier hinweisen möchte: J. Balogh, »›Voces paginarum‹. Beiträge zur Geschichte des lauten Lesens und Schreibens«, *Philologus,* 82 (1927), S. 84–129 u. 202–240.

41 Vgl. allgemein K. Quinn, »The Poet and his Audience«, in: W. Haase (Hg.), *Aufstieg und Niedergang der römischen Welt,* Bd. 2: *Principat,* 30.1, Berlin/New York 1982, S. 155–158.

42 Quintilian, *inst.* 1, 8, 1 (dt. *Ausbildung des Redners. 12 Bücher,* Teil 1, hg. u. übers. v. H. Rahn, 2. Aufl., Darmstadt 1988).

43 Gellius, *noct. Att.,* 18, 4, 2.

44 Zeugnisse sind gesammelt bei F. di Capua, »Osservazioni sulla lettura e sulla preghiera ad alta voce presso gli antichi, *Rendiconti dell'Accademia di Archeologia, Lettere e Belle Arti di Napoli,* n.s., 28 (1953), S. 59–62.

45 J. Marouzeau, »Le Style oral latin«, *Revue des Etudes Latines,* 10 (1932), S. 147–186.

46 Quintilian, *inst.* 9, 4, 138 u. 11, 2, 33.

47 Zur Interpunktion in der Antike ist nach wie vor grundlegend R. W. Müller, *Rhetorische und syntaktische Interpunktion. Untersuchungen zur Pausenbezeichnung im antiken Latein,* Tübingen 1964 (Diss.); siehe jedoch auch die wichtigen Bemerkungen von M. B. Parkes, *Pause and Effect. An Introduction to the History of Punctuation in the West,* Aldershot 1992, S. 9–19.

48 Vgl. H.-J. Martin, »Pour une histoire de la lecture«, *Revue française d'histoire de livre,* n.s., 16 (1977), S. 585.

49 Vgl. Quinn, »The Poet«, S. 158–165.

50 U. E. Paoli, »›Legere‹ e ›recitare‹«, *Atene e Roma,* n.s., 3 (1922), S. 205–207 (Zitat auf S. 206).

51 P. Fedeli, »I sistemi di produzione e diffusione«, in: G. Cavallo/P. Fedeli/A. Giardina (Hg.), *Lo spazio letterario di Roma antica,* Bd. 2, *La circolazione del testo,* Rom 1989, S. 349–367.

52 B. M. V. Knox, »Silent Reading in Antiquity«, *Greek, Roman and Byzantine Studies,* 9 (1968), S. 421–435; S. Mollfulleda, »La lectura, ¿eslabon entre la lengua escrita y la hablada?«, *Revista española de linguistica,* 18 (1988), S. 38 ff.

53 Horaz, *sat.* 1, 6, 122 u. 2, 5, 68; Augustinus, *conf.* 6, 3, 3 (bezogen auf Ambrosius).
54 R. Chartier, »Du livre au livre«, in: R. Chartier (Hg.), *Pratiques de la lecture,* Marseille/Paris 1985, S. 67.
55 Apuleius, *met,* 1, 1, 1.
56 Lukian, *ind.* 2–4, 7, 18–19, 24.
57 Plinius, *ep.* 9, 23, 2.
58 Iuvenal, *sat.* 6, 451 (dt.: *Satiren,* lat.-dt., hg. u. übers. v. J. Adamietz, München 1993).
59 Ovid, *met.* 9, 522–525.
60 Ovid, *met.* 6, 576–583.
61 Ovid, *ep.* 3, 1–4.
62 Ovid, *ars* 2, 745–756 u. 3, 45–48.
63 Textstellen sind gesammelt und diskutiert bei M. Citroni, »Le raccomandazioni del poeta: apostrofe al libro e contatto col destinatario«, *Maia,* n.s., 38 (1986), S. 111–146.
64 E. G. Turner, *Greek Manuscripts of the Ancient World,* 2. überarb. und erw. Aufl., hg. v. P. J. Parsons, London 1987, S. 96.
65 Ovid, *trist.* 2, 471–492.
66 M. Citroni, »Marziale e la letteratura per i Saturnali (poetica dell'intrattenimento e cronologia della pubblicazione dei libri)«, *Illinois Classical Studies,* 24 (1989), S. 201–206 (Zitat auf S. 205).
67 M. Citroni, *Poesia e lettori in Roma antica,* Rom/Bari 1995, S. 442 f.
68 Citroni, »Marziale e la letteratura per i Saturnali«, S. 206–226, wo alle entsprechenden Quellen untersucht werden (Zitat auf S. 226).
69 Eine umfassende Sammlung solchen Materials wird diskutiert bei F. De Martino, »Per una storia del genere pornografico«, in: O. Pecere/A. Stramaglia (Hg.), *La letteratura di consumo nel mondo greco-latino, Atti del convegno internazionale (Cassino, 14–17 settembre 1994),* Cassino 1996).
70 Longos, *proem.* 3.
71 Zum Lesepublikum für diese Art von Texten vgl. zumindest T. Hägg, *The Novel in Antiquity,* Oxford 1983, S. 90–101; K. Treu, »Der antike Roman und sein Publikum«, in: H. Kuch (Hg.), *Der antike Roman. Untersuchungen zur literarischen Kommunikation und Gattungsgeschichte,* Berlin 1989, S. 178–197; E. L. Bowie, »Les Lecteurs du roman grec«, in: M.-F. Baslez/Ph. Hoffman/M. Trédé (Hg.), *Le Monde du roman grec. Actes du Colloque international tenu à l'Ecole normale superieure (Paris, 17–19 décembre 1987),* Paris 1992, S. 55–61.

72 Photios, *bibl.*, cod. 166, 111a-b.
73 B. Egger, »Zu den Frauenrollen im griechischen Roman. Die Frau als Heldin und Leserin«, in: *Groningen Colloquia on the Novel,* I, Groningen 1988, S. 33–66.
74 Lukian, *imag.* 9 (dt.: *Panthea oder die Bilder,* in: ders., *Werke in drei Bänden,* übers. v. C. M. Wieland, Bd. 2, Berlin, Weimar 1974, S. 130).
75 R. Queneau, *Les Ecrivains célèbres,* Bd. 1, Paris 1951, S. 95.
76 P. Fedeli, in: Petronio Arbitro, *I racconti del »Satyricon«,* Rom 1988, S. 7–15.
77 Apuleius, *met.* 9, 30, 1.
78 Apuleius, *met.* 1, 1, 1.
79 A. Henrichs, *Die Phoinikikà des Lollianos. Fragmente eines neuen griechischen Romans,* Bonn 1972.
80 Dies bezeugt das byzantinische Lexikon *Suda* (hg. v. A. Adler, IV, Leipzig 1953, S. 724).
81 Parkes, *Pause and Effect,* S. 12.
82 *The Oxyrynchus Papyri,* LXII, London 1974, Nr. 3010.
83 Gellius, *noct. Att.* 9, 4, 1–5.
84 E. G. Turner, *Greek Papyri. An Introduction,* 2. Aufl., Oxford 1980, S. 204.
85 N. Horsfall, »The Origins of the Illustrated Book«, *Aegyptus,* 63 (1983), S. 199–216.
86 *Papiri dell'Istituto Papirologico »G. Vitelli«,* Bd. 1, Florenz 1988, S. 32 f.
87 A. Hartmann, »Eine Federzeichnung auf einem Münchener Papyrus«, in: *Festschrift für G. Leidinger zum 60. Geburtstag am 30. Dezember 1930,* München 1930, S. 103–108.
88 *The Oxyrynchus Papyri,* LXII, Nr. 3001.
89 *The Oxyrynchus Papyri,* XXII, London 1954, Nr. 2331.
90 Auf diesem Aspekt im Verhältnis zur wachsenden Leserzahl besteht zu Recht Citroni, *Poesia e lettori,* S. 442–459.
91 Martial, I, 117, 10–17; IV, 72, 2; XIII; 3, 4.
92 Martial, I, 2, 1–4; XIV, 184, 186, 188, 190, 192.
93 Lowe, *Codices Latini Antiquiores,* II, Nr. 207.
94 Zur laufenden Debatte vgl. zumindest – neben der klassischen Arbeit von C. H. Roberts/T. C. Skeat, *The Birth of the Kodex,* Oxford 1983 – M. McCornick, »The Birth of the Kodex and the Apostolic Life-style«, *Scriptorium,* 39 (1985), S. 150–158; J. van Haelst, »Les Origines du Kodex«, in: A. Blanchard (Hg.), *Les Débuts du Kodex,* Turnhout 1989, S. 13–35; W. V. Harris, »Why Did the Kodex Supplant the Book-Roll?«, in: J. Monfasani/ R. G. Musto (Hg.), *Renaissance Society and Culture. Essays in Honor of*

Eugene F. Rice, Jr., New York 1991, S. 71–85; T. C. Skeat, »Irenaeus and the Four Gospel Canon«, *Novum Testamentum,* 34 (1992), S. 194–199, u. ders., »The Origin of the Christian Kodex«, *Zeitschrift für Papyrologie und Epigraphik,* 102 (1994), S. 263–268.

95 Ich begnüge mich mit dem Hinweis auf Hägg, *The Novel,* S. 154–165 (Zitat auf S. 162), und auf den neuen Band *La narrativa cristiana antica. Codici narrativi, strutture formali, schemi retorici. XXIII. Incontro di studiosi dell'antichità cristiana (Roma, 5–7 maggio 1994),* Rom 1995.

96 Cyrill von Jerusalem, *procatech.* 14 (PG, 33, Sp. 356 A-B).

97 Augustinus, *soliloq.* 1, 10, 17, hg. v. W. Hörmann, CSEL, Bd. 89, Wien 1986, S. 26.

98 *vita Melan. jun.,* 23 (aber siehe auch die weiter unten herangezogenen Abschnitte 26 u. 33), hg. v. D. Gorce, Paris 1962, S. 174, 178, 180, 188 (SC, 90). Zum Verhältnis der heiligen Melanie zur Schriftkultur lese man die schönen Seiten von A. Giardina, »Melania, la santa«, in: A. Fraschetti, *Roma al femminile,* Rom/Bari 1994, S. 277–283.

99 A. Petrucci, »Dal libro unitario al libro miscellaneo«, in: A. Giardina (Hg.), *Società romana e impero tardoantico,* Bd. 4, *Tradizione dei classici, trasformazione della cultura,* Rom/Bari 1986, S. 173–187 (Zitat auf S. 179 und weiter unten, S. 186).

100 Cassiodor, *inst.* 1, 3, 1.

101 Skeat, »The Origin of the Kodex«, S. 265 f.

102 Hieronymus, *praef. in Ezech.* (PL, 78, Sp. 996 A).

103 Cassiodor, *inst.* 1, 15, 12.

104 Zu diesem Prozeß siehe zumindest H. Toubert, »Formes et fonctions de l'enluminure«, in: R. Chartier/H.-J. Martin (Hg.), *Histoire de l'édition française,* I, *Le livre conquérant. Du Moyen Age au milieu du XVII*[e] *siècle,* Paris 1989, S. 110–111.

105 Cassiodor, *inst.* 1, 31, 2.

## Kapitel 3
## Klösterliche Lektürepraktiken im Hochmittelalter

* Ich danke Prof. D. Ganz, Dr. A. Grotans, Dr. P. Saenger, G. Tunbridge und Dr. R. Zim für hilfreiche Stellungnahmen und wertvolle Anregungen; bei den Teilnehmern des Colloquiums am Zentrum für Mediävistik an der Uni-

versity of Minnesota bedanke ich mich für anregende Diskussionen. Die Verantwortung für die im Beitrag vertretenen Ansichten trage ausschließlich ich selbst.

1 Diese Definition der *officia grammaticae* erscheint in verschiedenen Formen in den Schriften der Grammatiker seit der Spätantike und in den Zusätzen zu Manuskripten aus dieser Spätphase, die grammatische Texte enthalten. Eine erweiterte Version des Textes (die aus dem Vorwort zu der als »Anonymus ad Cuimnanum« bekannten Abhandlung in der Stiftsbibliothek von St. Paul in Lavanttal, Ms. 23.2.16, fol. 23 stammt) findet sich zusammen mit einer kurzen Darstellung der Tradition abgedruckt in M. Irvine, »Bede the Grammarian, and the Scope of Grammatical Studies in Eighth Century Northumbria«, *Anglo-Saxon England*, 15 (1986), S. 15–44. Siehe auch H.I. Marrou, *Histoire de l'éducation dans l'antiquité*, 6. Aufl., Paris 1965, S. 406–410.

2 In den meisten Fällen gab man einer Lesart ohne Rücksicht auf andere Zeugnisse oder Texttraditionen auf der eklektischen Basis des subjektiven Interesses den Vorzug. Gelegentlich verglich ein Leser den Text mit anderen Abschriften, zum Beispiel in: Vatikan, Biblioteca apostolica, MS Vatican lat. 3363, fol. 3, wo Duns Scotus eine Stelle aus Boethius, *De consolatione philosophiae*, anführt, die *»quidam codices habent«*; siehe M.B. Parkes, *Scribes, Scripts and Readers. Studies in the Communication, Presentation and Dissemination of Medieval Texts*, London 1991, S. 259–262.

3 Siehe Augustinus, *De doctrina Christiana* II, 4. Der Verfasser der aus dem 7. Jahrhundert stammenden Grammatik der irischen Sprache rechtfertigte sein Werk mit dem Hinweis auf den Turmbau zu Babel und dessen Folgen; siehe *Auraicept na n-Éces, The Scholar's Primer*, hg. v. G. Calder, Glasgow 1917.

4 Die Standardsammlung von Texten stellt *Grammatici latini*, hg. v. H. Keil, Leipzig 1857–1870, dar. Siehe insb. L. Holtz, *Donat et la tradition de l'enseignement grammaticale: Etude sur l'*Ars Donati *et sa diffusion (IVe – IXe siècle)*, Paris 1981, und Quellen; C. Lambot, »La Grammaire latine selon les grammairiens latins du IVe et du Ve siècle«, *Revue Bourgignon publiée par l'Université de Dijon*, 28 (1908). Ergänzungen zu dieser Tradition, die aus dem 9. Jahrhundert stammen und dem Zweck dienten, den Prozeß der *discretio* zu befördern, finden sich auch bei V. Law, *The Insular Latin Grammarians*, Woodbridge 1982, erörtert.

5 Siehe insb. H.-I. Marrou, *Saint Augustin et la fin de la culture antique*, Paris 1958.

6 Siehe Marrous Bemerkungen in *Histoire de l'éducation*, S. 446–447.

7 *»Omnis qui nomen vult monachi vindicare, litteras ei ignorare non liceat«*,

Ferreolus, *Regula*, II (Patrologia series latina, hg. v. J.P. Migne [im folgenden mit *PL* bezeichnet], LXVI, 959). Solche Ermahnungen finden sich beispielsweise bei Paulus in *1. Timotheus*, IV, 13 und bei Gregorius, *Moralia in Iob*, XXIV, 3, 16 (*PL*, LXXVI, 295), »*viva lectio est vita bonorum*«. Vgl. D. Illmer, *Formen der Erziehung und Wissensvermittlung im frühen Mittelalter*, München 1971.

8 Dhouda, *Manuel pour mon fils*, hg. v. P. Riché, Paris 1975, [2]1991.

9 P. Riché, »Le Psautier, livre de lecture élémentaire«, *Etudes merovingiennes, Actes des journées de Poitiers* 1952, Paris 1953, S. 253–256; A. Petrucci, »Scrittura e libro nel Italia alto medievale«, *Studi medievali*, X (1969), S. 157–207, bes. 164 ff.

10 Gregorius, *Dialogi* I, prol. 9; *Moralia in Iob* XXX, 37; *Homeliae in Evangelia*, XXXVIII, 15, XXXIV, 10; *Homeliae in Ezekiel* II, 7, 3.

11 »(...) *grammaticorum autem doctrina potest etiam proficere ad vitam dum fuerit in meliores usus assumpta*«, Isidorus, *Libri sententiarum* III, XIII, 3 (PL, LXXXIII, 698); siehe J. Fontaine, *Isidore de Seville et la culture classique dans l'Espagne wisigothique*, Paris 1959, II, S. 787; J. Leclercq, »Pedagogie et formation spirituelle du VIe au IXe siècle«, in: *La Scuola nell' occidente latino dell' alto medioevo*, Settimane di studio di Centro Italiano di Studi sull' alto medioevo, Bd. 19, Spoleto 1972, S. 255–290.

12 Zum Ideal des *vir eloquentissimus* siehe O. Seeck, *Geschichte des Untergangs der antiken Welt*, IV, Berlin 1911, S. 168–204; Marrou, *Saint Augustin*, S. 3–9 u. 85–89.

13 Vgl. Aulus Gellius, *noct Att.* 13, 31, 5.

14 »*Qui autem ad hujusmodi provehitur gradum, iste erit doctrina et libris imbutus, sensuumque ac verborum scientia perornatus, ita ut in distinctionibus sententiarum intelligat ubi finiatur junctura, ubi adhuc pendet oratio, ubi sententia extrema claudatur. Sicque expeditus vim pronuntiationis tenebit, ut ad intellectum omnium mentes sensusque promoveat, discernendo genera pronuntiationum, atque exprimendo sententiarum proprios affectus, modo indicantis voce, modo dolentis, modo increpantis, modo exhortantis, sive his similia secundum genera propriae pronuntiationis*«, Isidorus, *De ecclesiasticis officiis* II, 11, 2 (*PL*, LXXXIII, 791). Siehe M. Banniar, »Le Lecteur en Espagne wisigothique d'après Isidore de Seville. De ses fonctions à l'état de la langue«, *Revue des études Augustiniennes*, 21 (1975), S. 112–144. Hildemar, ein Mönch aus Corbie im 9. Jahrhundert, diskutierte diese Passage aus Isidorus in seinem Kommentar zur Ordensregel: siehe *Expositio Regulae ab Hildemaro tradita*, hg. v. R. Mittermüller, Regens-

burg/New York 1880, S. 427ff. In Abschriften von Texten, die in der Liturgie, im Kapitelhaus oder im Refektorium laut gelesen wurden, wird gewöhnlich der Interpunktion mehr Beachtung geschenkt als sonst; häufig werden über Silben, die betont werden müssen, Akzente gesetzt.

15 15 Abschriften von Terenz sind uns aus dem Zeitraum vom 9. bis zum 11. Jahrhundert erhalten geblieben, siehe *Texts and Transmission: A Survey of the Latin Classics*, hg. v. L.D. Reynolds, Oxford 1983, S. 418. Über die Lektüre von Terenz als Mittel zur Verbesserung der Beredsamkeit siehe Quintilian, *inst.* I, 11, 12.

16 Roswitha von Gandersheim war bestrebt, die Frauendarstellungen bei Terenz zu korrigieren und die Keuschheit christlicher Jungfrauen herauszustreichen; siehe *Hroswitha of Gandersheim*, hg. v. A.L. Haight, New York 1965.

17 Zu den klösterlichen Aktivitäten der *lectio* und der *meditatio* siehe Cassian, *Collatio*, XIV, 10; J. Leclercq, *The Love of Learning and the Desire of God*, New York 1961, S. 18–22; P. Riché, *Education et culture dans l'occident barbare 6*$^{e}$*-8*$^{e}$ *siècle*, Paris 1962, S. 161f.

18 *La Règle de Saint Benoît*, hg. v. A. De Vogüé u. J. Neufville, Paris 1971–1972, Kap. 48. Diese Anordnung wird in späteren Regelsammlungen wiederholt, z. B. in den Statuten von Lancfranc, hg. v. M.D. Knowles, *Corpus consuetudinum monasticum*, III, Siegburg 1967, S. 5.

19 Siehe J. Fontaine, »Fins et moyens de l'enseignement ecclésiastique dans l'Espagne wisigothique«, in: *La Scuola nell' occidente latino dell' alto medioevo*, Settimane di studio di Centro Italiano di studi sull' alto medioevo, Bd. 19, Spoleto 1972, S. 145–202, bes. S. 180f., 187–190.

20 Isidorus, *Libri sententiarum* III, 14, 9 u. 8 (*PL*, L XXXIII, 689).

21 Einen Abriß dieser Entwicklung bietet M.B. Parkes, *Pause and Effect. An Introduction to the History of Punctuation in the West*, Aldershot 1992.

22 Auch wenn die Existenz von Urkunden in der Antike und die Entwicklung von Abkürzungsformen wie etwa den *notae iuris* und den Tironischen Noten darauf hindeuten, daß die Schrift als Registrationsmittel (speziell für Verwaltungszwecke) wahrgenommen wurde, galt sie doch primär als Mittel zur Aufzeichnung des gesprochenen Wortes und nicht als eigenständige Erscheinung der Sprache: vgl. H.C. Teitler, *Notarii and Exceptores*, Amsterdam 1985, D. Ganz, »On the History of Tironian Notes«, in: *Tironische Noten*, hg. v. P. Ganz (Wolfenbütteler Mittelalter-Studien, 1), Wiesbaden 1990, S. 35–51.

23 Isidorus, *etym.* I, 3, 1; dagegen Augustinus, *trin.* X, 19. Siehe Parkes, *Pause and Effect*.

24 Riché, »Le Psautier, livre de lecture élémentaire«; A. Lorcin, »La Vie scolaire dans les monastères d'Irland au V$^{e}$–VII$^{e}$ siècle«, *Revue du Moyen Age latine*, 1 (1945), S. 221–236.

25 Siehe z. B. R.I. Page, »The Study of Latin Texts in Late Anglo-Saxon England, 2. The evidence of English glosses«, in: *Latin and the Vernacular Languages in Early Medieval Britain*, hg. v. N.P. Brooks, Leicester 1982. Demgegenüber erläutern die meisten zeitgenössischen Glossen in *lingua romana* ein einzelnes lateinisches Wort (das wahrscheinlich in der gesprochenen Sprache ausgestorben oder veraltet war) durch ein anderes, das in einer mittelalterlichen romanischen Sprache fortlebt, siehe z. B. B. Bischoff, »A propos des Gloses de Reichenau. Entre latin et français«, in: ders., *Mittelalterliche Studien*, III, Stuttgart 1981, S. 234–243.

26 *Thesaurus palaeohibernicus*, hg. v. W. Stokes/J. Strachan, Repr. Dublin 1975, I, S. 399, Nr. 118a15; II, S. 117, Nr. 64a18; H.D. Meritt, *Old English Glosses (a Collection)*, New York 1945, S. 35, Nr. 28, 334.

27 *Thesaurus*, I, S. 22, Nr. 17d6; Meritt, S. 33, Nr. 28, 256.

28 *Thesaurus*, I, S. 248, Nr. 73a9–10; S. 416, Nr. 123b2.

29 *Die althochdeutschen Glossen*, hg. v. E. Steinmeyer/E. Sievers, Berlin 1882 II, S. 38, Nr. 11; S. 76, Nr. 66, 54; S. 164, Nr. 31; S. 71, Nr. 53; S. 77, Nr. 3. Zu den syntaktischen Glossen angelsächsischer Schreiber siehe G.R. Wieland, *The Latin Glosses on Arator and Prudentius in Cambridge University Library MS Gg. 5.35*, Toronto 1983.

30 Meritt, S. 4, Nr. 30, 49, 52.

31 Siehe Parkes, *Scribes, Scripts and Readers*, S. 1–18 u. 104–112.

32 Siehe Donatus, *Ars maior* II, 2 (hg. v. Holtz, S. 603): *»Littera est pars minima vocis articulata«* (vgl. Priscian, inst. I, 3 u. 7–8). Eine anonyme Abhandlung von den britischen Inseln in St. Paul in Lavanttal, Stiftsbibliothek MS 25.2.16, hebt in einer Glosse zu dieser Stelle aus Donatus die Wahrnehmung von Buchstaben als *schriftliche* Phänomene hervor: *»Vocis duae sunt partes: articulata et confusa. Articulata est que scribi potest, quae sub est articulis, id est digitis qui scribent, vel quod artem habeat et exprimat: Confusa est quae scribi non potest.«* (fol. 54v). Die Anfänger schrieben Buchstaben ab, damit sie sich ihre *figurae* einprägten, und sprachen sie aus, damit sie sich ihre *potestates* merkten.

33 Der Ausdruck *litterae absolutae* wurde von Bonifatius, *ep.* 63, verwendet, *S. Bonifatii et Lullii Epistolae*, hg. v. M. Tangl, MGH, Epistolae selectae 1, Berlin 1916, S. 131.

34 Einzelheiten zu dem Folgenden finden sich in Parkes, *Scribes, Scripts and*

*Readers*, S. 1–18. Eine bewußte Sprachanalyse anderer Art trifft man in der Abschrift eines Kommentars zur Verslehre aus dem 8. Jahrhundert (Paris, Bibliothèque nationale, MS lat. 11411, fol. 123), wo Zitate zur Illustration von Metaplasmen entsprechend dem Versmaß statt nach Maßgabe der Redeteile wiedergegeben werden, zum Beispiel: *»dumpela . gode . saeuit . hiempseta . quosuso . rion«* (= Aen., VI, 52: *»dum pelago desaeuit hiemps et aquosus orion«*).

35 Siehe z. B. Parkes, *Pause and Effect*, Abb. 11.

36 Zu nennen sind Würzburg, Universitätsbibliothek, M.P.th.f.12; Mailand, Biblioteca Ambrosiana, MS C 301 inf.; Oxford, Bodleian Library, MS Auct.F.4.32.

37 Die neueste Darstellung ist Korhammer, »Mittelalterliche Konstruktionshilfen und A.E. Wortstellung«, *Scriptorium*, 37 (1980), S. 18–58.

38 Paris, Bibliothèque nationale, MS lat. 12132, wurde in der zweiten Hälfte des 9. Jahrhunderts in Reims von ebd., MS lat. 2630, kopiert, das seinerseits im 6. Jahrhundert in Italien abgeschrieben wurde. Zu Beziehungen zwischen den beiden Manuskripten siehe J. Vezin, »Hincmar de Reims et Saint-Denis à propos de deux manuscrits du De Trinitate de Saint Hilaire«, *Revue d'histoire des textes*, 9 (1979), S. 289–298; Parkes, *Pause and Effect*, Abb. 49 u. 50, mit Abschriften, Übersetzungen und Kommentar.

39 *Grammatici latini*, hg. v. Keil, VII, S. 54, 1–13. Eine neuere Darstellung der allgemeinen Situation bietet R. Wright, *Late Latin and Early Romance in Spain and Carolingian France,* Liverpool 1982, S. 104–144, mit Literatur.

40 Das persönliche Sprachsystem eines Schreibers bestand nicht bloß in seiner »Muttersprache«, sondern umfaßte auch all die verschiedenen Elemente seiner linguistischen Erfahrung im Bereich des gesprochenen und des geschriebenen Wortes; dazu gehörten das Lateinische und unter Umständen mehr als eine Landessprache beziehungsweise verschiedene Dialekte einer Landessprache. In der zweiten Hälfte des 9. Jahrhunderts stand der Schreiber vielleicht schon unter dem Einfluß der Neubelebung des Lateinischen, um die sich nach der These von Wright und D. Norberg, (»A quelle époque a-t-on cessé de parler latin en Gaule«, *Annales* (1966), S. 346–350) Paulus Diaconus oder Alkuin bemühten.

41 Leiden, Bibliotheek der Rijksuniversiteit, MS Lipsius 7 (Faks. von fol. 291v, in: E. Chatelain, *Paléographie des classiques latins*, Paris 1884–1900, Tafel 142) ist eine Kopie von ebd., MS Vossianus lat. Nr. 2, 61 (Faks. von fol. 80v in Chatelain, Tafel CXLI des gleichen Textstückes).

42 Vergleiche die Ausführungen über *praepositiones loquelares* in Pompeius,

*Commentum in artis Donati*, in: *Grammatici latini*, hg. v. Keil, Bd. 5, S. 271, 21, und in Pseudo Sergius, *Explanationes*, ebd., Bd. 4, S. 517, 6.

43 *De arte metrica et de schematibus et tropis*, hg. v. C.B. Kendall, in: Beda, *Opera didascalica*, Bd. 1, Corpus Christianorum, series latina, 123A, Turnhout 1975. Alkuins Liste von Figuren (*PL*, CI, 857) betont sogar noch stärker diejenigen, die zur Veränderung der Wortfolge führen.

44 Die Theorie der *circumstantiae rerum* oder *periochas* ist auf Hermagoras (*Fragmenta*, hg. v. D. Matthes, Leipzig 1962, S. 13 ff.) zurückgeführt worden; siehe außerdem Fortunatianus, *Ars rhetoricae*, II, 1; Victorinus, *In rhetorica Ciceronis*; die unter dem Namen *Anecdotum Parisianum* bekannte Sammlung aus dem ausgehenden 8. Jahrhundert (Paris, Bibliothèque nationale, MS lat. 7530); und im 8. oder 9. Jahrhundert Pseudo-Augustinus, *De rhetorica*, VII; allesamt abgedruckt in *Rhetores latini minores*, hg. v. C. Halm, Leipzig 1863, S. 103, 226, 586 u. 141. Ein Schreiber aus dem 9. Jahrhundert berichtet, Duns Scotus habe offenbar in seiner Lehrtätigkeit Gebrauch von den Fragen (s. u.) gemacht (*Vitae Vergilianae*, hg. v. J. Brummer, Leipzig 1912, S. 62). Über die Verwendung der *circumstantiae* in der *accessus*-Literatur siehe den zusammenfassenden Bericht von A.J. Minnis, *Medieval Theory of Authorship*, London 1934, S. 15–19, mit Literaturangaben.

45 Aus einem Text »Quomodo VII circumstantiae rerum in legendo ordinande sint«, abgedruckt in: *Die Schriften Notkers und seine Schule*, hg. v. P. Piper, Freiburg i.Br. 1882, Bd. 1, S. XVf. (eine Kopie aus dem 10. Jahrhundert befindet sich in Zürich, Zentralbibliothek, MS C 98, fol. 38v); ein vergleichbares Beispiel wird zit. v. H. Hagen, *Anecdota helvetica*, Leipzig 1870, S. XLIII, das aus der Abschrift eines anonymen Kommentars zu Donatus aus dem 10. Jahrhundert (Bern, Burgerbibliothek, MS 432) stammt.

46 Z. B. von Ekkehart IV. von St. Gallen in Glossen zum Text von Orosius und an anderen Stellen; siehe E. Dümmler, »Ekkehart IV von St. Gallen«, *Zeitschrift für deutsches Altertum und deutsche Literatur*, 14 (1869), S. 23; *Der Liber benedictionum Ekkeharts IV.*, hg. v. J. Egli, St. Gallen 1901, S. XLVIII, Anm. 2.

47 *»Hoc totum corpus litterae et tamquam corpus homini«* (*PL*, XCVI, 958A-B); *»Ecce hominem integrem corpore anima et spiritu. Ecce et librum integrem historia tropologia et mystice intellegentur«* (ebd., 962C).

48 Augustinus, *De doctrina Christiana* II, 6, 7; III, 9, 13, u. 27, 38.

49 *De schematibus et tropis* II, 2 (12), hg. v. Kendall, S. 161–169; Bonifatius, *Epistola* 34, hg. v. Tangl, S. 59.

50 Siehe R.H. u. M.A. Rouse, »Bibliography before print. The medieval *De viris illustribus*«, in: *The Role of the Book in Medieval Culture*, hg. v. P. Ganz, *Bibliologia*, Bd. 3, Turnhout 1986, I, S. 133–153.

51 »*Spiritus sanctus infinitos in ea constituit intellectus ideoque nullius expositoris sensus sensum alterius aufert*«, in Duns Scotus, *De divisione naturae* (*PL*, CXXII, 690, 696); vgl. Smaragdus de Saint Mihiel, *Diadema monachorum*, III (*PL*, CII, 598A). Einen Überblick über die Exegese in diesem Zeitraum bietet C. Spicq, *Esquisse d'une histoire de l'exegèse latine au moyen âge*, Paris 1944, S. 10–60.

52 *De clericorum institutione*, praef. (*PL*, cvii, 296).

53 Ebd., III, 7 (*PL*, CVII, 384C); III, 13 (ebd., 389C); vgl. Augustinus, *De doctrina Christiana* III, 10, 14, u. XXIX, 49; sowie 2. *Tim.*, III, 16.

54 *De clericorum institutione* III, 11 (*PL*, CVII, 387B); vgl. Augustinus, *De doctrina Christiana* III, 2, 2, u. XXVIII, 39.

55 Zum Interesse an Martianus Capella siehe G. Glauche, »Die Rolle der Schulautoren im Unterricht von 800 bis 1100«, in: *La Scuola nell' occidente latino dell' alto medioevo*, S. 617–636, bes. S. 621–624; C. Leonardi, »I codici di Marziano Capella«, *Aevum*, 33 (1959), S. 433–489; ebd., 34 (1960), S. 1–99 u. 411–534; M.L.W. Laistner, »Martianus Capella and his ninth-century commentators«, *Bulletin of the John Rylands Library*, 9 (1925), S. 130–138. Die *Mythologiarum ad Catum presbyterum libri tres* befinden sich in Fulgentius Panciades, *Opera*, hg. v. R. Helm, Leipzig 1898; zu ihrem Einfluß siehe M.L.W. Laistner, *The Intellectual Heritage of the Early Middle Ages*, Cornell 1957, S. 202–215. Die Schrift von Mythographus II findet man in *Scriptores rerum mythicarum Latini libri tres*, hg. v. G.H. Bode, Celle 1834; siehe M. Manitius, *Geschichte der lateinischen Literatur des Mittelalters*, Bd. 2, München 1923, S. 656–660.

56 Aus Oxford, Bodleian Library, MS Laud. Misc. 135, fol. 134v; aus Würzburg: zu den Einzelheiten siehe Parkes, *Pause and Effect*, Abb. 65.

57 Die unterschiedlichen Auslegungen dieser Passage, auf welche die Interpunktion in anderen Abschriften schließen läßt, und ihre Beziehung zur Entwicklung der Interpunktion als eines Elements der Pragmatik der Sprache in ihrer schriftlichen Erscheinungsform findet man in Parkes, *Pause and Effect*, Kap. 7, erörtert.

58 Zu Faksimiles früher volkssprachlicher Texte siehe E. Monaci, *Facsimili di documenti per la storia delle lingue e della letteratura romanze*, Rom 1910; *Schrifttafeln zum althochdeutschen Lesebuch*, hg. v. H. Fischer, Tübingen

1966; die Reihe *Early English Manuscripts in Facsimile*, Kopenhagen 1951; die ältesten irischen Glossen in *Epistolae Beati Pauli glosatae glosa interlineali*, hg. v. L.C. Stern, Halle 1910; »Cambrai Homily« in: New Palaeographical Society, *Facsimiles of Ancient MSS &c.*, hg. v. E.M. Thompson/G.F. Warner u. a., Reihe II, London 1913–1930, Abb. 10(b). Zum Einfluß von Glossaren siehe »Palaeographical Commentary«, in: *The Epinal, Erfurt, Werden and Corpus Glossaries*, Facs., hg. v. B. Bischoff u. a., Kopenhagen 1988. Zur Anordnung von Versen siehe Parkes, *Pause and Effect*, Kap. 8.

59 Parkes, *Scribes, Scripts and Readers*, S. 1–18.

## Kapitel 4
## Das scholastische Modell der Lektüre

1 Betrachtet man die Techniken des Lesens im Mittelalter, pflichtet man schließlich der Überlegung von H.-J. Martin bei: »(...) unsere Ahnen besaßen vom Lesen eines Textes eine ganz andere Vorstellung als wir. Demzufolge konzipierten sie eine Seite oder ein Buch auch ganz anders. Zudem unterschied sich ihre Sicht der Beziehung zwischen dem geschriebenen Diskurs und dem gesprochenen Diskurs völlig von der unseren. Gewiß kann man hierzu eine ganze Geschichte ausarbeiten.« Vgl. H.-J. Martin, »Pour une histoire de la lecture«, *Revue française d'histoire du Livre*, 46 (1977), S. 583. Eine allgemeine Übersicht über diese Problematik findet man bei: G. Cavallo, *Libri e lettori nel Medioevo. Guida storica e critica*, Biblioteca Universale Laterza 296, Rom/Bari 1989.

2 Der griechische Ausdruck, von dem sich der Titel des Werkes ableitet, bezeichnet nämlich die Tätigkeit des Lehrens oder Unterrichtens. Siehe Hugues de Saint-Victor (Hugo von Sankt Viktor), *L'Art de lire. Didascalicon*, Einleitung, Übersetzung und Anmerkungen v. M. Lemoine, Paris: Sagesses chrétiennes 1991.

3 *PL*, Nr. 213, Col. 713–718.

4 Siehe P. Saenger, »Silent Reading. Its Impact on Late Medieval Script and Society«, *Viator*, 13 (1982), S. 367–414; P. Saenger, »Manières de lire médiévales«, in: *Histoire de l'édition française*, Bd. 1: *Le Livre conquérant. Du Moyen Age au milieu du XVII^e^ siècle*, Paris 1982, S. 131–141.

5 A. Petrucci, »Lire au moyen âge«, *Mélanges de l'Ecole française de Rome: Moyen Age-Temps modernes*, 96 (1984), S. 604.

6 Ebd., S. 604–616.

7 M.-D. Chenu, *Introduction à l'étude de saint Thomas d'Aquin*, 2. Aufl., Université de Montréal, Publications de l'Institut d'Etudes Médiévales, Bd. 11, Montréal/Paris 1954, S. 67.

8 C. C. I. Webb (Hg.), *Ioannis Saresberiensis Episcopi Carnotensis Metalogicon libri IIII*, Oxford 1919, S. 53f.

9 Siehe Ch. Vulliez, »Vocabulaire des écoles et des méthodes d'enseignement au moyen âge«, Vortrag auf einem Kolloquium in Rom (21.–22. Okt. 1989), hg. v. O. Weijers, *CIVICIMA: Etudes sur le vocabulaire intellectuel du moyen âge*, Bd. 5, Turnhout 1992, S. 94.

10 Siehe V. Colli, »Termini del diritto civile«, in: O. Weijers (Hg.), *Méthodes et instruments du travail intellectuel au moyen âge, CIVICIMA: Etudes sur le vocabulaire intellectuel du moyen âge*, Bd. 3, Turnhout 1990, S. 234: »Gli storici del diritto sono soliti classificarli *lecturae*, per contrapposizione alle *glossae* marginali. Nel secolo XII testi esegetici di questo genere erano parimenti denominati *glossae*. Il termine *lectura* non designava allora la relazione scritta di quanto lo scolaro aveva appreso a lezione. *Lectura* si riferiva al metodo d'insegnamento, al modo di leggere un testo, cioè d'interpretarlo.« Andererseits findet man *lectura* gleichzeitig auch im Sinne von Lesen eines Textes, der nichts mit dem Unterricht zu tun hat. So schreibt Robert von Melun im Vorwort zu seinen *Sententiae*: »Was sucht man anderes beim Lesen als ein profundes Verständnis des Textes?« Siehe: R. Martin (Hg.), »Sententiae«, in: Robert von Melun, *Œuvres de Robert de Melun*, Bd. 3, *Spicilegium Sacrum Lovaniense* 21, Löwen 1947, S. 11.

11 Siehe O. Weijers, »Terminologie des universités au XIIIe siècle«, in: *Lessico Intellettuale Europeo*, Bd. 39, Rom 1987, S. 300: »Der Ausdruck *lectura* bezieht sich ebenfalls auf die erwähnte Unterrichtsmethode, auf das kommentierte Lesen von Texten. Aber im Unterschied zu *lectio* bezeichnet *lectura* nie nur eine einzige Lektion. Damit bezeichnet man eine Reihe von Unterrichtsstunden zu einem bestimmten Thema, das heißt Unterricht in Form von Kursen. Ebenso wie ursprünglich das Wort *lectio* bezeichnet *lectura* die ›Lektüre‹, die Tätigkeit des ›Lesens‹, also den Unterricht durch Magister oder Bakkalaurei, der sich auf ganz bestimmte Texte stützt. Diesem Ausdruck folgt manchmal ein Genitiv, der das jeweilige Fach bezeichnet, wie bei *lectura* ›*Ut nullus admittatur ad lecturam extraordinariam in jure civili odicis*‹, oder es folgt zum Beispiel *in* mit dem Ablativ.«

12 G. Severino Polica »Libro, lettura, ›lezione‹ negli Studia degli ordini mendicanti (sec. XIII)«, in: *Le scuole degli ordine mendicanti*, Todi 1978, S. 375–413.

13 Siehe J. Taylor, *Insegnare a leggere e scrivere*, Mailand 1976; M. T. Clanchy, *From Memory to Written Record. England (1066–1307)*, London 1979, S. 34–45; W. J. Ong, *Oralità e scrittura. La tecnologica della parola*, Bologna 1986; G. d'Onofrio, »Theological Ideas and the Idea of Theology in the Early Middle Ages (9th-11th Centuries)«, *Freiburger Zeitschrift für Philosophie und Theologie*, 38, 3 (1991), S. 273–297.

14 Siehe: B. Munk-Olsen, »Les Classiques latins dans les florilèges médiévaux antérieurs au XIII^e^ siècle«, *Revue d'Histoire des Textes*, 9 (1979), S. 56.

15 Siehe: d'Onofrio, »Theological«, S. 278 f: »So füllten sich die Klosterbibliotheken zwischen dem 9. und dem 11. Jahrhundert Jahr für Jahr immer mehr mit neuen, aber unoriginellen exegetischen Traktaten, zusammengestellt aus Exzerpten aus den Schriften der Kirchenväter, die durch kurze Verbindungssätze miteinander verknüpft wurden. Von Alcuin bis zur Zeit Anselms gab es eine wahre Blüte von exegetischen Kompilationen aus den Quellen der Kirchenväter, die oft sogar nur voneinander abgeschrieben sind und auf einen modernen Leser ziemlich uninteressant wirken. Tatsächlich findet man in diesen Texten auf den ersten Blick keine methodologische oder theologische Fragestellung.«

16 Robert von Melun, *Œuvres*, Bd. 7, S. 5 f.

17 Über das Gedächtnis lese man: M. Carruthers, »The Book of Memory. A Study of Memory in Medieval Culture«, *Cambridge Studies in Medieval Literature*, 10, Cambridge 1990; und J. Coleman, *Ancient and Medieval Memories. Studies in the Reconstruction of the Past*, Cambridge 1992.

18 »Dialogus inter militem et clericum«, I, 7, 13, zit. nach: J. Miethke, »Die mittelalterlichen Universitäten und das gesprochene Wort«, *Historische Zeitschrift*, 251 (1990), S. 35.

19 Petrus Lombardus, *Magistri Petri Lombardi Sententiae in IV libris distinctae*, Bd. 1, Tl. 1, 3. Aufl., Grottaferrata/Rom 1971, S. 4.

20 R. H. Rouse, »Cistercian Aids to Study in the Thirteenth Century«, *Studies in Medieval Cistercian History*, 2 (1976), S. 123–134; R. H. Rouse, »La Diffusion en Occident au XIII^e^ siècle des outils de travail facilitant l'accès aux textes autoritatifs«, *Islam et Occident au Moyen Age*, Bd. 1, *Revue des études islamique*, 44 (1976), S. 115–147; R. H. Rouse, »Le Dévoloppement des instruments de travail au XIII^e^ siècle«, in: *Culture et travail intellectuel dans l'Occident médiéval*, Paris 1981, S. 115–144; R. u. M. Rouse, »Statim invenire: Schools, Preachers and New Attitudes to the Page«, in: *Renaissance and Renewal in the Twelfth Century*, Oxford 1982, S. 201–335; R. u. M. Rouse, »La Naissance des index«, in: *Histoire de l'édition française*,

Bd. 1: *Le Livre conquérant. Du Moyen Âge au milieu du XVII*^e^ *siècle*, Paris 1982, S. 77–85; M. B. Parkes, »The Influence of the Concepts of ›Ordinatio‹ and ›Compilatio‹ on the Development of the Book«, in: J. J. G. Alexander/M. T. Gibson (Hg.), *Medieval Learning and Literature. Essays presented to R. W. Hunt*, Oxford 1976, S. 115–141.

21 Siehe I. Illitch, *Du lisible au visible. Sur l'art de lire de Hugues de Saint-Victor. Un commentaire du ›Didascalicon‹ de Hugues de Saint-Victor*, aus dem Englischen von J. Mignon, Paris 1991, S. 13: »*Omnium expetendorum prima est sapientia.* ›Vor allen anderen Dingen soll man vor allem nach Weisheit streben‹. So übersetzt Jerome Taylor den ersten Satz des um das Jahr 1128 verfaßten *Didascalicon* von Hugo von Sankt Viktor.«

22 Ch. Schmitt, »Auctoritates, Repertorium, Dicta, Sententiae, Flores, Thesaurus and Axiomata. Latin Aristotelian Florilegia in the Renaissance«, in: J. Wiesner (Hg.), *Aristoteles. Werk und Wirkung. Paul Moraux gewidmet,* Bd. 2: *Kommentierung, Überlieferung, Nachleben*, Berlin 1987, S. 515–537.

23 D. A. Callus, »Introduction of Aristotelian Learning to Oxford«, *Proceedings of the British Academy*, 19 (1943), S. 275: »Ebenso wie in den hohen Fakultäten der Theologie, des Rechts und der Medizin erlangten die *Abbreviationes*, *Extracta* oder *Summae*, wie sie allgemein genannt wurden, auch unter den Studenten an der Artistenfakultät große Beliebtheit. Traktate, Kommentare und *Quaestiones*, die in verschiedenen Abstufungen die Methode und Technik des mittelalterlichen Unterrichts repräsentierten, zielten darauf ab, den Gedanken des Autors zu erfassen und die tiefe Bedeutung seiner Lehre mit all ihren Konsequenzen zu entdecken. Die *Abbreviationes* sollten den Anfängern eine inhaltliche Zusammenfassung von ihren Lehrbüchern bieten. In der Artistenfakultät benutzte man die *Abbreviationes* möglicherweise als Lehrbücher, mit denen der *Cursor* Neulinge in das aristotelische *Corpus* einführte. Vielleicht waren sie auch lediglich als praktische Hilfe bei privaten Studien gedacht. Auf jeden Fall wurden sie in den Schulen ständig als Ausgangspunkt bei der philosophischen Ausbildung benutzt. Sie präsentierten in knapper Form die wichtigsten philosophischen Begriffe, die bei allen, die den Text selbst studieren wollten, vorausgesetzt werden mußten.«

24 Siehe J. Hamesse, »Le Vocabulaire de la transmission orale des textes«, in: O. Weijers (Hg.), *Vocabulaire du livre et de l'écriture au moyen âge, CIVICIMA: Etudes sur le vocabulaire intellectuel du moyen âge*, Bd. 2, Turnhout 1989, S. 168–194.

25 C. Lafleur, *Quatre introductions à la philosophie au XIII^e siècle. Textes critiques et étude historique*, Université de Montréal, Publications de l'Institut d'Etudes Médiévales, Bd. 23, Montreal/Paris 1988.

26 Siehe P. Glorieux, »L'Enseignement au moyen âge. Techniques et méthodes en usage à la Faculté de Théologie de Paris, au XIII^e siècle«, *Archives d'histoire doctrinale et littéraire du Moyen Age*, 35 (1968), S. 65–186.

27 Siehe J. Hamesse, *Les Autographes à l'époque scolastique*, Vortrag, gehalten auf dem internationalen Kolloquium über *Les autographes* (Erice, 25.–30. Sept. 1990). Das Protokoll soll 1994 in Spoleto veröffentlicht werden.

28 Siehe B. M. Reichert (Hg.), *Monumenta Ordinis Praedicatorum Historica*, Teil 4, *Acta capitulorum generalium*, Bd. 2, Rom/Stuttgart 1899, S. 80.

29 Siehe ebd., Vortrag von P. Saenger.

30 Siehe Anm. 24.

31 H. Denifle, E. Chatelain (Hg.), *Chartularium Universitatis Parisiensis*, Bd. 3, Paris 1894, S. 9.

32 Wir wissen, daß dies in Oxford nicht der Fall war. Das Studium dauerte dort wesentlich länger als anderswo, wodurch sich vielleicht erklärt, warum dort wesentlich mehr Übungen gehalten wurden und die Studenten mehr Zeit besaßen, um den verlangten Stoff auswendig zu lernen. Siehe: M. B. Parkes, »The Provision of Books«, in: J. I. Catto/T. A. R. Evans (Hg.), *The History of the University of Oxford*, Bd. 2, *Late Medieval Oxford*, Oxford 1992, S. 407: »Studenten, die in der Artistenfakultät für den ersten Studiengrad lesen mußten, brauchten keine Bücher, da sie sich Vorlesungen anhören konnten, bei denen ein Magister oder Bakkalaureus einen vorgeschriebenen Text Satz für Satz vorlas. Dieser erklärte und kommentierte dabei jeweils jeden einzelnen Satz.«

33 Siehe die Konstitutionen des Jordan von Sachsen aus dem Jahre 1228 in: H. C. Scheeben, »Die Konstitutionen des Predigerordens unter Jordan von Sachsen«, *Quellen und Forschungen zur Geschichte des Dominikanerordens in Deutschland*, Bd. 38, Köln/Leipzig 1939, S. 76.

34 Humbert von Romans, *Expositio super regulam sancti Augustini*, Kap. 144, *De studio philosophiae*, hg. v. J. J. Berthier, Turin 1956.

35 Siehe F. Ehrle, »Historia bibliothecae Romanorum Pontificum tum Bonifatianae tum Avenionensis«, in: *Biblioteca dell'Accademia storico-giurdica*, Bd. 7, Rom 1890, S. 180. Diese Behauptung findet ihren Ursprung in einer berühmten Passage im 2. Buch, Kap. 91 der *Rerum memorandarum libri* von Petrarca, in der die wohlbekannte Vorliebe von Johannes XXII. für Tabellen und Zusammenfassungen beschrieben wird, in: Francesco Pe-

trarca, »Rerum memorandarum libri«, kritische Ausgabe von G. Billanovitch, *Edizione Nazionale delle opere di Francesco Petrarca*, Bd. V-P.Ia, Florenz 1943, S. 102.

36 4. Predigt (2. Febr. 1332), Kap. 2, in: M. Dykmans, »Les Sermons de Jean XXII sur la vision béatifique«, in: *Pontificia Universitas Gregoriana, Miscellanea Historiae Pontificiae*, Bd. 34, Rom 1973, S. 149, 11–150, 3.

37 Man weiß z. B., daß Papst Johannes XXII. zwar den Dominikaner Giovanni Dominici da Montpellier darum bat, ihm eine Zusammenfassung der *Summa Theologica* des Heiligen Thomas zu erstellen (*Vat. Borgh.*, 116–119), daß er jedoch eine *tabula* eben dieses Werkes (*Vat. lat.*, 814) benutzte, um darauf seine persönlichen Anmerkungen zu notieren. Siehe A. Maier, »Annotazioni autografe di Giovanni XXII in codici vaticani«, in: *Ausgehendes Mittelalter. Gesammelte Aufsätze zur Geistesgeschichte des 14. Jahrhunderts*, Bd. 2, Rom 1967, S. 87 f.

38 Das Manuskript wird zur Zeit in der Vatikanischen Bibliothek unter der Nummer *Urbin. lat., 207* aufbewahrt. Siehe C. Stornajolo (Hg.), »Codices Urbinates latini«, in: *Bibliothecae Apostolicae Vaticanae codices manu scripti recensiti iussu Leonis XIII Pont. Maximi*, Rom 1902, S. 199 f.

39 Siehe: Vatikanische Bibliothek, *Urbin. Lat., 207*, fol. 218r.

40 Siehe S. 550, Anm. 8; außerdem den Artikel von J. Hamesse, »Parafrasi e compendi«, in: *Lo spazio letterario del Medioevo*, Bd. 3: *La ricezione del testo*, Rom 1995.

41 Siehe A. G. Rigg, »Anthologies«, in: *Dictionary of the Middle Ages*, Bd. 1, o. O. 1982, S. 317.

42 Siehe P. O. Kristeller, »Medieval Aspects of Renaissance Learning«, in: E. P. Mahoney (Hg.), *Duke Monographs in Medieval and Renaissance Studies*, Bd. 1, Durham 1974, S. 106 f.

43 Siehe Charles B. Schmitt, »Aristotle and the Renaissance«, in: *Martin Classical Lectures*, Bd. 27, Cambridge: Harvard University Press 1983, S. 44 f.: »Heutzutage greifen viele Studenten bei ihrer Pflichtlektüre auf Auszüge, Zusammenfassungen und Resümees von Lehrbüchern zurück, aber dies war ebenfalls in der Renaissance der Fall. An den Universitäten der Renaissance bestanden die philosophischen Standardtexte aus verschiedenen Schriften von Aristoteles, die gewöhnlich in lateinischer Übersetzung gelesen wurden. Später wuchs, ebenso wie heute, um die vorgeschriebenen Schriften eine umfangreiche – sogar wesentlich umfangreichere – Sammlung zusätzlicher Literatur herum. Viele dieser Formen wurden aus dem Mittelalter übernommen. Andererseits erlaubte und ermunterte das Zeital-

ter des Buchdrucks die Entwicklung neuer Gattungen interpretierender Literatur. Ich denke, die Zahl der verschiedenen, von Aristoteles inspirierten Werke, die seit der Entstehung des Buchdrucks bis 1650 herausgegeben wurden, übersteigt die Anzahl der Textausgaben mitsamt der diversen Übersetzungen. Hierzu zählen: Kommentare, Sammlungen von *Sententiae*, Kompendien, Lehrbücher, Vorträge, Einführungen, *Quaestiones*, Paraphrasen, *Tabulae*, unabhängige Traktate, Dissertationen und verschiedene andere Schriftformen.«

44 Siehe Charles B. Schmitt, »Philosophy and Science in Sixteenth-Century Italian Universities«, in: *The Renaissance. Essays in Interpretation to Eugenio Garin*, London/New York 1982, Nachdruck in: *Variorum Reprints*, Bd. 15, London 1984, S. 315: »Im ersten Drittel des 17. Jahrhunderts bestanden die maßgeblichen aristotelischen Lehrbücher für das katholische Europa aus den Kommentaren, die die Jesuiten der Universität von Coimbra zusammengestellt hatten.«; Ch. B. Schmitt, »Auctoritates, Repertorium, Dicta, Sententiae, Flores, Thesaurus and Axiomata Latin Aristotelian Florilegia in the Renaissance«, in: J. Wiesner (Hg.), *Aristoteles*, S. 515–537.

45 Dieser übermäßige Rückgriff auf universitäre Techniken verringerte die literarische Produktion der Autoren, da er sie dazu anhielt, besonders die Kunst der Diskussion zu pflegen. Gerade dies veranlaßte Descartes übrigens dazu, zu den Quellen zurückzukehren. Nachdem er die Originalautoren gelesen hatte, begann er seine »Meditationen« zu schreiben, was im völligen Gegensatz zur Methode der Fragestellungen stand, die im Mittelalter ihre Blütezeit erlebt hatte. Diese Methode bevorzugte die Technik der Argumentation und vernachlässigte eine eingehende Texterläuterung, die sich aus einer persönlichen Betrachtung ergibt. Übrigens erklärt Descartes dies in seinen *Réponses aux secondes objections*, Bd. 9, S. 122: »Dies war der Grund dafür, warum ich eher *Meditationen* als *Dispute* oder *Fragen* wie die Philosophen, oder aber *Theoreme* und *Probleme* wie die Geometer geschrieben habe (...), um dadurch zu bezeugen, daß ich nur für diejenigen geschrieben habe, die sich die Mühe geben wollen, ernsthaft mit mir zu meditieren und alle Dinge aufmerksam zu betrachten.«

46 J. de Ghellinck, »Un Evêque bibliophile au XIV^e siècle: Richard Aungerville de Bury (1345). Contribution à l'histoire de la littérature et des bibliothèques médiévales«, *Revue d'histoire ecclésiastique*, 18 (1922), S. 271–312, 482–508. Der Bischof von Durham zögerte übrigens nicht, den Inhalt seiner Bibliothek allen Gebildeten der Stadt zugänglich zu machen: »Es ist zu vermuten, daß ein Großteil jener Werke, die von den Gelehrten aus Dur-

ham zitiert oder benutzt wurden, diesen Gelehrten nur dank der Erwerbungen des bibliophilen Bischofs zugänglich gemacht worden sind. Da der Katalog dieser Bibliothek anscheinend endgültig verloren gegangen ist, könnte man den Bestand der Abteilungen für Wissenschaften, profane Literatur und Philosophie somit durch Rückschlüsse rekonstruieren.« (ebd., S. 495).

47 Zitiert nach de Ghellinck, »Un Evêque«, S. 505.

48 Siehe H.-J. Martin, »Pour une histoire de la lecture«, *Revue française d'histoire du livre*, 46 (1977), S. 602. Sicher ist es kein Zufall, daß diese Bewegung in Nordeuropa von den Anhängern der *devotia moderna* – den *frères de la vie commune* und den Chorherren von Windesheim – übernommen wurde. Diese Männer – Erben einer spirituellen Bewegung, die langsam in den Klöstern aufgekeimt war und nun die gebildeten Laien, von denen es unter den unternehmenden Bürgern immer mehr gab, erreichte – wollten das kollektive liturgische Gebet durch eine persönliche Meditation, durch das Bemühen um einen unmittelbaren Kontakt zu Gott ersetzen. Hierzu stützten sie sich auf Schriften, die anfangs häufig von gewissen Werken der Kirchenväter inspiriert waren. Zwar mußte das Lesen auch hier sehr langsam vonstatten gehen, da sich der Lesende nach einigen Zeilen immer selbst befragte, um mit sich Zwiesprache zu halten oder um sich an den Allmächtigen zu wenden. Und gewiß führte das Lateinische solcher Texte auch die mittelalterliche Tradition weiter. Allerdings war man nun bestrebt, es weiteren Kreisen verständlich zu machen. Aber man muß nur die Schrift *Über die Nachfolge Christi* des Thomas von Kempen lesen, um sich klarzumachen, daß es sich bei diesen Texten um schwer verständliche Werke handelt, die ständig die Handhabung abstrakter Begriffe erfordern. Allein durch diese Tatsache können wir uns vorstellen, aus welchem Antrieb heraus zum Beispiel die *frères de la vie commune* – die, nebenbei bemerkt, oft den Beruf eines Kopisten ausübten – immer neue Schulen gründeten und sich bemühten, in ihnen ein solides klassisches Wissen zu vermitteln.

## Kapitel 5
## Lesen im Spätmittelalter

1 P. Saenger, »The Separation of Words and the Order of Words. The Genesis of Medieval Reading«, *Scrittura e Civiltà*, 14 (1990), S. 49–74.

2 Siehe Monique Cécile Garand, »La Scriptorium de Guibert de Nogent«,

*Scriptorium*, 32 (1977), S. 3–29, bes. S. 15 u. Abb. 1–3; dies., »Analyse d'écritures et macrophotographie. Les manuscrits originaux de Guibert de Nogent«, *Codices manuscripti*, 1 (1975), S. 112–123, bes. Abb. 1–3.

3 Rudolf Goy, *Die Überlieferung der Werke Hugos von St. Viktor*, Monographien zur Geschichte des Mittelalters, Bd. 14, Stuttgart 1976, S. 135, Nr. 8 u. Abb. 2.

4 Siehe Ernst S. Rothkopf, »Incidental Memory for Information in Text«, *Journal of Verbal Learning and Verbal Behavior*, 10 (1971), S. 608–613.

5 Prolog zu: *De tribus maximus circumstantiis gestorum* des Hugo von Sankt Viktor, hg. v. William M. Green, »Hugo of Saint-Victor. *De tribus maximus circumstantiis gestorum*«, *Speculum*, 18 (1943), S. 490.

6 Charles Henry Buttimer (Hg.), *Hugh de Saint Victor. Didascalicon, de studio legendi*, Studies in Medieval and Renaissance Latin, Bd. 10, Washington 1939, S. 57f.

7 Buttimer, *Hugh de Saint Victor. Didascalicon*, S. 58; vgl. *Ars Victorini grammatici*, in: Keil, *Grammatici latini* 6, 188.

8 Roger Baron (Hg.), *Hugonis de Sancto Victore opera propraedentica*, Notre Dame 1966, S. 127.

9 Carlo de Clercq, »Le *Liber de rota verae religionis* d'Hugues de Fouilloi«, *Bulletin du Cange*, 29 (1959), S. 219–228, mit zwei Abb., sowie »Hugues de Fouilloi imagier de ses propres œuvres?«, *Revue du nord*, 45 (1963), mit vier Abb.

10 Johannes von Salisbury, *Metalogicon* I, 24, hg. v. Clement C.J. Webb, Oxford 1929, S. 53–54.

11 Ebd., *Metalogicon* I, 20.

12 Ebd., *Metalogicon* I, 21, S. 50f.

13 Richalm, *Liber revelationum de insidiis et versutiis daemonum adversus homines*, Bernard Pez, *Thesaurus*, Bd. 1, Tl. 2, Sp. 390.

14 Siehe Usmer Berlière, *L'Access bénédictine des origines à la fin du XIII^e^ siècle*, Paris 1927.

15 Jean Mabillon, *Sancti Bernardi abbatis primi clarevallicensis Opera omnia*, Bd. 2, Paris 1690, S. 219f.

16 *De interiore domo* 24; *PL* 184, 520B-C, zit. bei Jean Leclercq, »Aspect spirituel de la symbolique du livre au XII^e^ siècle«, in: *L'homme devant Dieu. Mélanges offerts au Père Henri de Lubac*, Etudes publiées sous la direction de la Faculté de théologie S.J. de Lyon-Fourvière, Bd. 56–58, Paris 1963–1964, Tl. 2, S. 64. Absalon de Springkirsbach, *Sermo 25*; *PL* 211, 1518-C, zit. bei Leclercq, ebd.

17 Richard Rouse, »La Diffusion en occident au XIIIe siècle des outils de travail facilitant l'acces aux textes autoritatifs«, *Revue des études islamiques*, 44 (1976), S. 118 u. 120–123.
18 Monique-Cécile Garand, »Auteurs latins et autographes des XIe et XIIe siècles«, *Scrittura e civiltà*, 5 (1981), S. 98 u. Abb. 1.
19 Petrus Cellensis, *Tractatus de disciplina claustrali*, Kap. 19 (de lectione); *PL* 202, 1125–26; Gérard de Martel/Pierre de Celle: *L'Ecole de Cloître*, Sources chrétiennes, Bd. 240, Paris 1977, S. 233–236.
20 De Martel, *Pierre de Celle*, S. 74–78, mit 2 Abb.
21 Gérard de Martel, »Recherches sur les manuscrits des sermons de Pierre de Celle«, *Scriptorium*, 33 (1979), S. 3–17 u. Abb. 1.
22 Léopold Delisle, *Matériaux pour l'édition de Guillaume de Jumièges préparée par Jules Lair*, o.O. 1910, S. 485–487.
23 Quintilian, *inst.* 10, 3, 19–20.
24 Edmond René Labande, *Guibert de Nogent. Autobiographie*, Paris 1981, S. 136–139.
25 Ebd., S. 144f.
26 *PL* 156, 340.
27 Siehe M.-C. Garand, »Auteurs«, S. 88–97.
28 Labande, *Guibert de Nogent*, S. 136f.
29 André Boutemy, »Odon d'Orléans et les origines de la bibliothèque de l'abbaye de Saint-Martin de Tournai«, in: *Mélanges dédiés à la mémoire de Félix Grat*, Bd. 2., Paris 1946–1949, S. 179–222. Ein Beispiel für das *scriptorium* von Saint-Martin ist Paris, BN NAL 2195, *France: Manuscrits datés*, Bd. 4, Tl. 1 (1981), S. 231 u. Abb. 17. Unter den *prosodiae* finden sich *traits d'union* und spitze Akzente zur Bezeichnung des doppelten »i«. Paris, BN NAL 2195, ein Psalter, der 1107 in Saint-Martin kopiert wurde, weist strenge Worttrennung auf, mit *prosodiae*, zu denen *traits d'union* und der spitze Akzent auf dem doppelten »i« zählen.
30 Josephus-Maria Canivez (Hg.), *Statuta capitulorum generalium ordinis cisterciensis*, Bd. 1, Löwen 1933–1941, S. 26.
31 Jean Leclercq, »Saint Bernard et ses secrétaires«, *Revue bénédictine*, 61 (1951), S. 208–228; vgl. Bernard, *Epistula 89*; *PL* 182, 220–221.
32 R. W. Southern (Hg.), *The Life of Saint Anselm Archbishop of Canterbury by Eadmer*, London 1962, S. VIII–XXIV; ders., *Saint Anselm and His Biographer. A Study of Monastic Life and Thought 1059–1130*, Oxford 1933, S. 367–374; das Frontispiz ist eine Abbildung des ersten Textblattes.

33 Einen Überblick bietet P. Bloch, »Autorenbild«, in: Engelbert Kirschbaum, *Lexikon der christlichen Ikonographie*, Bd. 1 (1968), S. 232–234.

34 Wolfram von dem Steinen, *Notker. Der Dichter und seine geistige Welt*, Bd. 2, Bern 1948, Abb. 1–3.

35 Jean Leclercq, »Aspects littéraires de l'œuvre de Saint Bernard«, *Cahiers de civilisation médiévale*, 1 (1958), S. 440 u. Abb. 3 u. 4.

36 S.J.P. Van Dijk, *The Myth of the Aumbrey. Notes on Medieval Reservation Practice and Eucharistic Devotion with Special Reference to the Findings of Dom Gregory Dix*, S. 80, Abb. 10.

37 John J. O'Meara, »Giraldus Cambrensis. In topographia Hiberniae«, *Proceedings of the Royal Irish Academy*, 52C4 (1949), S. 115–152.

38 Beispiele sind etwa das Evangeliar von Heinrich III., Bremen, Universitätsbibl., b. 21, das aus Echternach stammt; Faksimile (Wiesbaden, ca. 1980); Paris, BN lat. 8551, fol. 1, ein Evangeliar aus Trier, das in der Zeit von 1002–1014 abgefaßt wurde; *France: Manuscrits datés*, Bd. 3 (1974), S. 87; Nachdruck, Paris, BN Collection Porcher; Reims, BM 9, fol. 23, Nachdruck, Paris, BN Collection Porcher.

39 Luba Eleen, *The Illustrations of the Pauline Epistles in French and English Bibles of the Twelfth and Thirteenth Centuries*, Oxford 1982, Abb. 54, 55, 59, 61, 100.

40 *Beschreibendes Verzeichnis der Illuminierten Handschriften in Österreich*, Bd. 4, 2 (1911), Abb. 58 u. 60.

41 Pierre Petitmengin/Bernard Flusin, »Le Livre antique et la dictée. Nouvelles recherches«, in: Enzo Lucchesi/H.D. Saffrey (Hg.), *Mémorial André-Jean Festugière. Antiquité païenne et chrétienne*, Cahiers d'orientalisme, Bd. 10, Genf 1984, S. 247–262, Abb. 61, 71 u. 103; A.I. Doyle, »Further Observations on Durham Cathedral MS A.IV.34«, in: J.P. Gumbert/M.J.M. De Haan (Hg.), *Litterae Textuales. Essays Presented to G.I. Lieftinck*, Bd. 1, Amsterdam 1972–1976, S. 35–47.

42 Neil R. Ker, »Copying an Exemplar. Two Manuscripts of Jerome on Habakuk«, in: Pierre Cockshaw/Monique-Cécile Garand/Pierre Jodogne (Hg.), *Miscellanea codicologica F. Massai dictata*, Les publications de Scriptorium, Bd. 8, Gent 1979, I, S. 203–210 u. Abb. 30–33.

43 Waitz (Hg.), *Hermani liber de restauratione s. Martini Tornacensis*, in: *MGH: Scriptores*, 14 (1983), S. 312f.

44 *Ikonographie der Heiligen*, Bd. 2, S. 442, 446.

45 Siehe »Word Separation and Its Implications for Manuscript Production«, in den Sitzungsberichten des Wolfenbütteler Seminars vom 12.–14. No-

vember 1990, Peter Rück (Hg.), *Die Rationalisierung der Buchherstellung im Mittelalter und in der frühen Neuzeit*, Ergebnisse eines Buchgeschichtlichen Seminars (Wolfenbüttel, 12.–14. Nov. 1990), Marburg 1994.

46 Siehe z. B. Dorothee Klein, »Autorenbild«, *Reallexikon zur deutschen Kunstgeschichte*, Bd. 1, 1937, S. 1312; Paris, BN lat. 415, fol. 1.

47 In Louis J. Batillon/Bertrand G. Gayot/Richard H. Rouse, *La production du livre universitaire au moyen âge. Exemplar et pecia*, Paris 1988, findet man die Abbildung eines solchen Buchhandlungsexemplars mit großem Wortabstand. Exemplare in der Volkssprache wiesen einen ähnlich großen Wortabstand auf; siehe z. B. Paris, BN fr. 794 (S. XIII in.), beschrieben von Mario Roques, »Le manuscrit français 794 de la Bibliothèque Nationale et le scribe Guiot«, *Romania*, 73 (1952), S. 177–199.

48 Petrarca, *Epistolae familiares* XXIII, 19, hg. v. G. Martrelotti, *Petrarca. Prose*, Mailand 1955, S. 1016; *Epistolae variae* XV, hg. v. Joseph Fracassetti, *Francisci Petrarcae. Epistolae de rebus familiaribus et variae*, Florenz, Bd. 3, 1959–1963, S. 332–333; Conrad H. Rawski, *Petrarch. Four Dialogues for Scholars*, Cleveland/Ohio 1967, S. 78 u. 138.

49 Beispiele sind etwa Paris, BN lat. 1160, fol. 3, und London, B.L. Add. 20694, fol. 189, St. Markus; Janet Backhouse, *Book of Hours*, London 1986, S. 20, Abb. 13.

50 Harry Levin/Ann Buckler Addis, *The Eye-Voice Span*, Cambridge/Mass. 1979, S. 71–76 u. 79.

51 Wo das Ausschließen praktiziert wurde, kopierte man die Texte in sinnunabhängiger Abfolge; siehe G.I. Lieftinck, »Mediaeval Manuscripts with Imposed Sheets«, *Het Boek*, ser. 3, 34 (1960–61), S. 210–220; Pieter Obbema, »Writing on Uncut Sheets«, *Quaerendo*, 8 (1978), S. 337–354. Vergleichbare frühere Beispiele für mechanisches Kopieren bietet W. M. Lindsay, *Palaeographia latina*, Bd. 2, S. 26–28, u. Bd. 4, S. 84–85; A.I. Doyle, »Further Observations on Durham Cathedral MS AIV. 34«, in: Gumbert/de Haan (Hg.), *Litterae Textuales*, S. 35–47.

52 Dieser Vorgang wurde von heutigen Psychologen und Psycholinguisten erforscht: siehe Samuel Fillenbaum, »Memory for Gest. Some Relevant Variables«, *Language and Speech*, 9 (1966), S. 217–227; Jacqueline Struck Sachs, »Recognition Memory for Syntactic and Semantic Aspects of Connected Discourse«, *Perception and Psychophysics*, 2 (1967), S. 437–442; John R. Anderson, »Verbatim and Prepositional Representation of Sentences in Immediate and Long-Term Memory«, *Journal of Verbal Learning and Verbal Behavior*, 13 (1974), S. 149–162; Eric Wanner, *On Remembering,*

*Forgetting, and Understanding Sentences. A Study of the Deep Structure Hypothesis*, Janua linguarum, series minor, Bd. 170, Den Haag 1974.

53 Zu Beispielen für diese Proto-Kursivschrift siehe die Handschrift von Albertus Magnus, in: S. Harrison Thomson, *Latin Bookhands of the Later Middle Ages*, Cambridge 1969, Nr. 38; vgl. die von Thomas von Aquin, in: Antoine Dondaine, *Secrétaires de Saint Thomas*, Rom 1956, Abb. 36–38.

54 Albert d'Haenens, »Ecrire en couteau dans la main gauche. Un aspect de la physiologie de l'écriture occidentale au XIe et XIIe siècles«, in Rita Lejeune/Joseph Deckers (Hg.), *Clio et son regard. Mélanges d'histoire, d'histoire de l'art et d'archéologie offerts à Jacques Stiennon à l'occasion de ses vingt-cinq ans d'enseignement à l'université de Liège*, Lüttich 1982, S. 129–141; Pieter F. J. Obbema, »Writing on Uncut Sheets«, S. 353. Das Frontispiz der Manuskripte der *Bible moralisée* aus der Morgan Library zeigt einen Schreiber, der die Seite mit seinem Messer festhält, während er nach Diktat schreibt.

55 Porcher, *Medieval French Miniatures*, S. 93.

56 Nicolas von Lyra, Prolog zu seinen *Postillae* über das 1. Buch Mose, *Postilla super totam Bibliam*, Straßburg 1492; Nachdr. Frankfurt a. M. 1971, fol. 101 v.

57 »nihilominus testimonium perhibeo vobis quale positum est in epistola mea Ad fratres de Monte Dei quod Scripturas Sacras nullus unquam plene intelliget qui non affectus scribentium induerit«, Jean Gerson, *Œuvres complètes*, Bd. 5, hg. v. P. Glorieux, Paris 1960, S. 334.

58 Humbert von Romans, *Expositio Regulae B. Augustini*, in: Joachim Joseph Berthier, *Humbertus de Romanis. Opera de vita regulari*, Bd. 1, Rom 1888–1889, S. 186.

59 *Chartularium Universitatis Parisiensis*, hg. v. H. Denifle/E. Chatelain, 4 Bde., Paris 1889–1897, Bd. 1, S. 386; César Egasse du Boulay, *Historia Universitatis Parisiensis*, Bd. 4, Paris 1665–1773, 159; Hastings Rashdall, *The Universities of Europe in the Middle Ages*, hg. v. F.M. Powicke/A.B. Emden, Oxford 1936, S. 423, Anm. 1–2.

60 Pierre Dubois, *De recuperatione Terre Sancte*, hg. v. Angelo Diotti, Florenz 1977, S. 163.

61 Im Jahre 1271 erwähnt Jean d'Orléans, Kanzleivorsteher von Notre-Dame, »libros tradendos et recuperandos pauperibus scolaribus in theologica studentibus«; Alfred Franklin, *Les anciennes bibliothèques de Paris*, Bd. 1, Paris 1867–1873, S. 8, Anm. 5; vgl. ebd., S. 9, Anm. 1; Rashdall, *The Universities of Europe*, S. 423. Im 15. Jahrhundert waren an der Sorbonne 30 Abschriften der *Sentenzen* von Petrus Lombardus für die

Ausleihe verfügbar; siehe Jeanne Vielliard, »Le Registre de prêt de la bibliothèque du Collège de Sorbonne au XVe siècle«, *Mediaevalia Lovaniensia*, 6 (1978), S. 291.

62 A. Tuilier, »La Bibliothèque de la Sorbonne et les livres enchainés«, *Mélanges de la Bibliothèque de la Sorbonne*, 2 (1981), S. 22f. u. 26.

63 Vgl. James J. Murphy, »The Double Revolution of the First Rhetorical Textbook Published in England. The *Margarita eloquentiae* of Guglielmus Traversagnus (1479)«, *Texte: Revue de critique et de théorie littéraire*, 1989, S. 367–376.

64 Das *Regiensis Livy*, Vat. reg. lat. 792, war zum Beispiel nicht in Kapitel unterteilt.

65 L.D. Reynolds, *Texts and Transmissions. A Survey of the Latin Classics*, Oxford 1983, S. 209.

66 Malcolm Parkes, »The Influence of the Concepts of *Ordinatio* and *Compilatio* on the Development of the Book«, in: J.J.G. Alexander/M.T. Gibson (H+g.), *Medieval Learning and Literature. Essays Presented to Richard William Hunt*, Oxford 1976, S. 124f.; Daniel A. Callus, »The ›Tabula super originalia patrum‹ of Robert Kilwardby O.P.«, in: *Studia medievalia in honorem R.J. Martin*, Brügge 1948, S. 243–270; Richard W. Hunt, »Chapter Headings of Augustine *De trinitate* ascribed to Adam Marsh«, *Bodleian Library Record*, 5 (1954), S. 63.

67 Parkes, »The Concepts of *Ordinatio* and *Compilatio*«, S. 118–122; Richard H. u. Mary A. Rouse, *Preachers, Florilegia and Sermons. Studies on the Manipulus florum of Thomas of Ireland*, Toronto 1979, S. 7–36.

68 Marichal, »L'Ecriture latine et la civilisation occidentale«, S. 237–240; Parkes, »The Concepts of *Ordinatio* and *Compilatio*«, S. 121; Parkes, *Pause and Effect*, S. 44.

69 Paris, BN lat. 4436 u. lat. 4523.

70 Siehe z. B. die *Tragödien* von Seneca in der Abschrift von 1397, Paris, BN lat. 8824. Dieses System wurde in der Straßburger Bibelausgabe von 1492 verwendet, um die *Postillae* des Nicolas von Lyra dem Bibeltext zuzuordnen (siehe oben, S. 561, Anm. 56).

71 D.F. McKenzie, »Speech-Manuscript-Print«, in: D. Oliphant/R. Bradford (Hg.), *New Directions in Textual Studies*, Austin 1990, S. 104.

72 Paul Saenger/Michael Heinlen, »Incunable Description and Its Implications for the Analysis of Fifteenth-Century Reading Habits«, in: Sandra Hindman (Hg.), *Printing the Written Word. The Social History of Books, ca. 1450–1520*, Ithaca/N.Y. 1992, S. 249.

73 Paul von Burgos, *Additiones ad postillam Nicolai de Lyra*, ließ sich nur auf diese Weise benutzen. Zu Handschriften dieses Textes siehe Friedrich Stegmüller, *Repertorium Biblicum medii aevi*, Bd. 4, Madrid 1940–1941, S. 197.

74 Georges Dogaear/Marguerite Debae, *La librairie de Philippe le Bon. Exposition organisée à l'occasion du 500e anniversaire de la mort du duc*, Brüssel 1967, Abb. 33.

75 M.B. Parkes, »Tachygraphy in the Middle Ages. Writing Techniques Employed for *Reportationes* of Lectures and Sermons«, *Medioevo e Rinascimento*, 3 (1989), S. 159–169.

76 Ein italienisches Beispiel aus dem 14. Jahrhundert bietet Astrik L. Gabriel, *Garlandia: Studies in the History of the Mediaeval University*, Frankfurt a. M. 1969, Abb. XXV; zu einem französischen Beispiel aus dem 13. und 14. Jahrhundert siehe Paris, Bibliothèque de la Sorbonne 31, fol. 278, abgebildet auf dem Umschlag des Ausstellungskatalogs *La vie universitaire parisienne au XIIIe siècle*, Paris 1974; Astrik L. Gabriel, *Student Life in Ave Maria College, Mediaeval Paris. History and Chartulary of the College*, Publications in Mediaeval Studies, Bd. 14, Notre Dame 1955, Abb. 25 u. 26. Duns Scotus wurde im 14. Jahrhundert gemalt, wie er Studenten unterrichtet, die Bücher vor sich haben; Jacques Guy Bougerol, *Saint Bonaventura et la sagesse chrétienne*, Paris 1963, S. 150. In der 2. Hälfte des 15. Jahrhunderts findet man die gleiche Seminarraum-Ikonographie häufig in frühen Druckwerken; siehe z. B. Guilhelmus von Gouda als Lehrer, Leonide Mees, *Bio-bibliographia Franciscana neerlandica ante saeculum XVI*, Bd. 3, Nieuwkoop 1974, S. 77 (Abb. 92).

77 A. Van Hove, »La Bibliothèque de la faculté des arts de l'Université de Louvain«, in: *Mélanges d'histoire offerts à Charles Moeller à l'occasion de son jubilé de 50 années de professorat à l'Université de Louvain 1863–1913*, Bd. 1, Löwen 1914, S. 616. Siehe auch Gerhardt Powitz, »Modus Scolipetarum et Reportistarum: Pronuntiatio and Fifteenth-Century University Hands«, *Scrittura e civiltà*, 12 (1988), S. 201–211.

78 Die Universität erwartete vom Professor, daß er seine Vorlesung hielt wie ein Pfarrer seine Predigt; *Chartularium Universitatis Parisiensis*, Bd. 3, 39, S. 642 u. 646. Im 14. und 15. Jahrhundert unterschied sich die Ikonographie des Predigers von der des Professors insofern, als der Prediger normalerweise gezeigt wurde, wie er, ohne daß vor ihm ein Schrifttext lag, aus dem Stegreif sprach; siehe z. B. Paris, BN lat. 646B, fol. 1, lat. 17294, fol. 65v und 66v, lat. 17716, fol. 43, fr. 147, fol. 1, fr. 177, fol. 315, fr. 244, fol. 1, u. fr. 824, fol. 1. Das Bemühen, den Vorlesungsstil lebendiger zu machen, war offen-

bar nicht von Erfolg gekrönt; im Jahre 1454 widerrief Kardinal Estouteville das Verbot, *legere ad pennam*, das heißt, Vorlesungen Wort für Wort vom Blatt abzulesen, *Chartularium Universitatis Parisiensis*, Bd. 4, S. 727.

79 Jean Destrez, *La pecia dans les manuscrits universitaires du XIII^e^ et du XIV^e^ siècle*, Paris 1935; Louis J. Bataillon/Bertrand G. Guyot/Richard Rouse, *La Production du livre universitaire au moyen age. Exemplar et pecia*, Paris 1985.

80 Im 14. Jahrhundert mußten an der Universität von Bologna Doktoren, wenn sie Streitfragen erörterten, ihre Manuskripte abliefern, damit diese geprüft und abgeschrieben werden konnten; Denifle, *Archiv für Literatur- und Kirchengeschichte des Mittelalters*, Bd. 4, S. 321 f. In Angers wurden die professoralen Vorlesungen durch die Bibliothek der Universität für Abschriften zur Verfügung gestellt; Celestin Port, »La Bibliothèque de l'Université d'Angers«, *Notes et notices angevines*, Angers 1879, S. 34. Die zuerst von Port veröffentlichten Dokumente wurden von Marcel Fournier, *Les Statuts et privilèges des universités françaises*, Bd. 1 (1890), S. 387–389, erneut herausgebracht. Die These, daß Abschriften noch vor der mündlichen Darbietung angefertigt wurden, hat Kantorowicz kategorisch abgewiesen; sie würde aber erklären, warum man auf mittelalterlichen Miniaturen Studenten sieht, die allem Anschein nach die gleichen Texte leise lesen, aus denen der Professor vorträgt; siehe z. B. Paris, BN lat. 14023., fol. 2 u. 123. Etwa um 1300 verlangte ein englischer Theologe von seinen Studenten, daß sie ihre Argumente schriftlich vorlegten, damit er sie beim Redigieren seiner Vorlesung berücksichtigen konnte – ein Hinweis darauf, in welchem Ausmaß die schriftliche Kommunikation dem mündlichen Vortrag unter Umständen parallel lief oder sogar vorausging; P. Glorieux, *La Littérature quodlibétique*, Bd. 1, Paris 1925–1935, S. 52. Zur Beziehung zwischen mündlichen Argumenten und ihrer veröffentlichten Form siehe auch Jean Acher, »Six disputations et un fragment, d'une repetition orléanaise«, *Mélanges Fitting*, Bd. 2, Montpellier 1907, S. 300 f. In französischen Gerichtshöfen war es ebenfalls die Regel, mündliche Darstellungen durch schriftliche Argumentationen näher auszuführen. Mitte des 15. Jahrhunderts vertrat Thomas Basin die Ansicht, mündliche Argumentationen seien deshalb überflüssig und könnten abgeschafft werden; siehe P. Guilhiermoz, »De la persistance du caractère oral dans la procédure civile française«, *Nouvelle revue historique de droit français et étranger*, 13 (1889), S. 21–65. Die schriftlichen Plädoyers waren vor allem in Fällen nötig, die zu kompliziert waren, um durch mündliche Mitteilung verständlich zu werden. Das Ge-

richt verwendete die Termini *dit de bouche* und *dit en escriptures*, um zwischen den beiden Formen der argumentativen Darstellung zu unterscheiden, die in ihrer logischen Struktur die engste Parallelität zu den *quaestiones* der scholastischen Rechtsschulen aufwies. Die Aufgabe der Protokollierung der mündlichen Plädoyers fiel einem Schreiber zu und nicht dem Berichterstatter, der einer der Richter war.

81 Siehe zum Beispiel Gozzolis Porträt des Heiligen Bonaventura, Bougerol, *Saint Bonaventure*, S. 163, und die Darstellung der *scientia*, Paris, BN fr. 541, fol. 108. Im 16. Jahrhundert wählte Geoffrey Whitney als Symbol des Schweigens den Gelehrten im Talar, der über einem aufgeschlagenen Buch brütet, siehe Raymond B. Waddington, »The Iconography of Silence and Chapman's *Hercules*«, *Journal of the Warburg and Courtauld Institutes*, 33 (1970), S. 97.

82 Martin Grabmann, »Abkürzende Bearbeitungen der Aristotelischen Schriften: *Abbreviationes, Summulae, Compendia, Epitomata*«, *Sitzungsberichte der Bayerischen Akademie der Wissenschaften, Philosophisch-historische Abteilung*, Tl. 5 (1939), S. 54–104. Nicolas von Lyra behauptete ausdrücklich, daß man sich von den Unterschieden zwischen dem hebräischen Alten Testament und der Vulgata, die er in seinen *Postillae* behandelt hatte, in seinem *Tractatus de differentia* leicht ein Bild machen könne (*»expeditius videri«*); Hailperin, *Rashi and the Christian Scholars*, S. 285, Anm. 22.

83 Dubois, *De recuperatione Terre Sancte*, S. 163.

84 Hailperin, *Rashi and the Christian scholars*, S. 139.

85 Das Regular des Augustinischen Konvents von Springiersbach-Rolduc, das ca. 1229 niedergeschrieben wurde, kennt ein Singen oder Lesen unter der Hörbarkeitsschwelle (wir würden von Flüstern oder Murmeln sprechen), das nicht als Störung der Stille gilt; Stephanus Weinfurter, *Consuetudines canonicorum regularium Springirsbacenses Rodenses*, CCCM, Bd. 48, Turnhout 1978, S. 18, 67, 78, 82, 101. Der *Liber Ordinis Sancti Victoris Parisiensis* legte Regeln fest, wie kleine Mönchsgruppen auf so relativ ruhige Weise liturgische Texte rezitieren und Psalmen singen konnten, daß sie nicht das Gebot, Stille zu wahren, verletzten; Luc Jocqué/Ludo Milis, *Liber ordinis Victoris Parisiensis*, CCCM, Bd. 61, Turnhout 1984, S. 145, 147 u. 149.

86 Clark, *The Care of Books*, S. 145–164. Eine Miniatur aus dem 15. Jahrhundert, die solch eine Bibliothek abbildet, findet man bei François Dolbeau, »Les Usagers des bibliothèques«, in: André Vernet (Hg.), *Histoire des bibliothèques françaises*, Bd. 1, Paris 1989, S. 394.

87 H.W. Garrod, »The Library Regulations of a Medieval College«, *The Library*, 4, 8 (1927), S. 315. Zum wachsenden Umfang der Handbibliotheken siehe die von Richard H. Rouse zusammengestellte Bibliographie, »The Early Library of the Sorbonne«, *Scriptorium*, 21 (1967), S. 60.

88 Rouse, »The Early History of the Sorbonne«, S. 59.

89 A. Van Hove, »La Bibliothèque de la faculté des arts«, S. 602–625.

90 Léopold Delisle, *Le Cabinet des manuscrits de la Bibliothèque nationale*, Bd. 2, Paris 1868–1891, II, S. 181, Nr. 6.

91 Siehe die Satzung der Bibliothek der Universität von Angers, Port, »La Bibliothèque de l'Université d'Angers«, S. 28, und von Oxford, Anstey, *Munimenta academica*, Bd. 1, S. 263–266.

92 F. J. McCuigan und W.I. Rodier, »Effects of Auditory Stimulation on Covert Oral Behavior During Silent Reading«, *Journal of Experimental Psychology*, 76 (1965), S. 649–655; Robert M. Weisberg, *Memory, Thought, and Behavior*, New York 1980, S. 235f., vgl. S. 159f. In antiken Bibliotheken war das laute Lesen eine akzeptierte Praxis; siehe Optatus, Bischof von Mileve, *Contra Parmenianum Donatistam* VII, 1; hg. v. Karl Ziusa, CSEL, Bd. 26, Wien 1893, S. 165.

93 Berthier, *Humbertus de Romanis. Opera de vita regulari*, Bd. 1, S. 421; K.W. Humphreys, *The Book Provisions of the Medieval Friars*, Amsterdam 1964, S. 136.

94 Anstey, *Munimenta academica*, Bd. 1, S. 263f.

95 Port, »La Bibliothèque de l'Université d'Angers«, S. 31.

96 Delisle, *Le Cabinet des manuscrits*, S. 201, behauptete zu Recht, daß der Text, wie ihn Claude Hémérés Manuskript *Sorbonae origines* wiedergibt, zeitlich mit der Errichtung eines neuen Gebäudes für die Bibliothek um 1483 zusammenfällt. Wenn Delisle daraus den Schluß zieht, diese Regeln seien nur für gedruckte Bücher gedacht gewesen, so findet das allerdings in den urkundlichen Zeugnissen des 15. Jahrhunderts keine Stütze. Für jede der Vorschriften an der Sorbonne lassen sich in Satzungsbestimmungen aus dem 15. Jahrhundert Vorläufer finden. Hinzu kommt, daß die Sorbonne im Jahre 1493 immer noch handgeschriebene Bücher erwarb; siehe Franklin, *Les Anciennes bibliothèques de Paris*, Bd. 1, S. 256, Anm. 8. Handschriften und gedruckte Bücher waren in spätmittelalterlichen Bibliotheken miteinander vermischt; dazu siehe Dominique Coq, »L'Incunable, un bâtard du manuscrit«, *Gazette du livre médieval*, 1 (1981), S. 10f.

97 Eugène Müntz, *La Bibliothèque du Vatican au XV*[e] *siècle d'après des documents inédits*, Paris 1887, S. 140.

98 Rouse/Rouse, *Preachers, Florilegia and Sermons*; Pieter F.J. Obema, »The Rooklooster Register Evaluated«, *Quaerendo*, 7 (1977), S. 326–353.

99 Saenger/Heinlin, »Incunable Description«, S. 239–250.

100 In Oxford, Angers und Paris: Anstey, *Munimenta academica*, S. 139f.; Port, »La Bibliothèque de l'université d'Angers«, S. 32; Delisle, *Le Cabinet des manuscrits*, S. 201.

101 P. Saenger, »Coupure et séparation des mots sur le Continent«, in: Henri-Jean Martin/Jean Vezin, *La Mise en page et mise en texte du livre manuscrit*, Paris 1990, S. 450–455.

102 Nach 1320 war das *quodlibet* kein wichtiges Instrument mehr, um Kontroversen auszutragen. Alle Schriften Ockhams wurden als private Traktate verbreitet und waren nicht dazu gedacht, im Seminarraum den Studenten mündlich vorgetragen zu werden. Zum Verschwinden des *quodlibet* siehe Gordon Leff, *Paris and Oxford Universities in the Thirteenth and Fourteenth Centuries. An Institutional and Intellectual History*, New York 1968, S. 249.

103 Vielleicht war das der Grund, warum im Jahre 1259 die Dominikaner das Verbot erließen, in die Vorlesung außer dem Buch, aus dem der Professor dozierte, noch irgendeine andere Schrift mitzubringen; *Chartularium Universitatis Parisiensis*, S. 386.

104 Anne Hudson, »A Lollard Quaternion«, *Review of English Studies*, n.s., 22 (1971), S. 442.

105 *Chartularium Universitatis Parisiensis*, I, S. 486 u. 543.

106 *Chartularium Universitatis Parisiensis*, II, S. 271.

107 Ebd., S. 576.

108 Robert Gaguin berichtete vom Anketten der Bücher in einem Brief an Guillaume Fichet; Charles Samaran u. a., *Auctarium chartularii Universitatis Parisiensis*, Bd. 3 (1935), S. 259f. Gaguins Bericht wird durch einen Brief aus dem Jahre 1479 bestätigt, den Jean d'Estouteville an den Rektor der Universität von Paris schrieb: »*Le Roy m'a chargé faire declouer et defermer tous les livres de Nominaux qui ja pieça furent sceelez et clouez par M. D'Avranches ès colleges de la dite Université à Paris et que je vous fisse sçavoir que chascun y etudiast qui voudrait*«, du Boulay, *Historia Universitatis Parisiensis*, Bd. 5, S. 739.

109 Geoffroy von Beaulieu, *Sancti Ludovici vita*, in: *Recueil des historiens des Gaules et de la France*, Bd. 20, Paris 1840, S. 14f.; *Vie de Saint Louis par le confesseur de la reine Marguerite*, ebd., S. 79f.

110 Bernard Guenée, »La Culture historique des nobles. Le succès des *Faits*

*des Romains*, XIII$^{e}$-XV$^{e}$ siècles«, in: *La noblesse au moyen-âge XI$^{e}$-XV$^{e}$ siècles. Essais à la mémoire de Robert Boutruche*, hg. v. Philippe Contamine, Paris 1976, S. 268.

111 Gaston Paris und A. Jeanroy schreiben über die *Chronique* von Villehardouin, sie habe *»l'air d'avoir été parlé, comme il était destiné à être écouté«*; Paris/Jeanroy, *Extraits des chroniqueurs français*, Paris 1912, S. 6.

112 Joinville spricht davon, er habe sein Buch *»fait escrire«*, *Histoire de Saint Louis*, Kap. 1. Er geht davon aus, daß sein Buch laut vorgelesen wird und daß die Zuhörer *»orrez«*, Kap. 7 und *passim*. Der Autor des *Roman de Lancelot* wird in einer Miniatur gezeigt, wie er diktiert, Paris, BN fr. 342, fol. 150, kopiert im Jahre 1274. 1298 diktierte Marco Polo *La Description du monde*, hg. v. Louis Hambis, Paris 1955, S. 2.

113 Nur dieser Prozeß erklärt die Textvarianten wie etwa umgestellte Zeilen und Stanzen, die man in der provenzalischen Dichtung findet. Guillaume Machaut schildert diesen Prozeß des mündlichen Abfassens und Diktierens, wenn er in *Livre du voir-dit* schreibt: *»Quant j'eus fiat le dit et le chant, Je le fis escrire et noter«*; hg. v. Paulin Paris, Paris 1875, S. 180. Eine spanische Miniatur des 13. Jahrhunderts zeigt, wie die *Cantigas* zum Lobpreis der Jungfrau Maria einem Schreiber diktiert werden; Robert I. Burns, *American Historical Review*, 76 (1971), S. 1383 (unten links). Es gibt auch Bilder von Schreibern, die offenbar Troubadour-Lieder niederschreiben; Hendrik Van der Werf, *The Chanson of the Troubadours and Trouvères*, Utrecht 1972, Abb. 3 u. 4.

114 Vgl. die jüngste Erörterung provenzalischer Texte des 12. Jahrhunderts bei Laura Kendrick, *The Game of Love. Troubadour Wordplay*, Berkeley 1988, S. 35. Ein ähnliches Phänomen ist die Schwierigkeit, die französische Bauern des frühen 12. Jahrhunderts mit der Worttrennung hatten, wenn sie schrieben; siehe Marcel Jousse, *L'Anthropologie du geste*, Bd. 1, Paris 1974–1978, S. 340.

115 Dag Norberg, *Manuel pratique de Latin médiéval*, Paris 1968, S. 90.

116 Siehe Kendrick, *The Game of Love*, S. 31f. u. 195f.

117 *Fillastre* und *maistre* sind gute Beispiele; am Ende des Mittelalters wurde das »s« nicht mehr ausgesprochen.

118 Im Französischen wurde *devoir* zu *debvoir*, *fevre* zu *febvre*. Im Englischen wurde das »b« in *debt* eingefügt. Siehe Albert C. Baugh, *A History of the English Language*, New York 1957, S. 250, und J. Vachek, »English Orthography. A Functionalist Approach«, in: W. Haas, *Standard Languages, Spoken and Written*, Manchester 1982, S. 37–56. Unter dem Einfluß

des Humanismus erreichten die Abweichungen von der phonetischen Orthographie in Frankreich in der ersten Hälfte des 16. Jahrhunderts ihren Höhepunkt, begannen aber zu verschwinden, nachdem Jacques Peletier, Louis Meigret und Jean Antoine Baif eine Kampagne für die Wiederherstellung einer Schreibweise geführt hatten, die den Klang der Wörter exakt wiedergibt.

119 Ein Beispiel bietet Paris, BN fr. 794, beschrieben von Mario Roques, »Le Manuscrit fr. 794 de la Bibliothèque Nationale et le scribe Guiot«, *Romania*, 73 (1952), S. 177–199. Für diesen Hinweis bin ich Geneviève Hasenohr zu Dank verpflichtet.

120 Paul Saenger, »Colard Mansion and the Evolution of the Printed Book«, *Library Quarterly*, 45 (1975), S. 405–418.

121 D.J.A. Ross, *Alexander Historiatus. A Guide to Medieval Illustrated Alexander Literature*, London 1963, S. 69–71.

122 Monfrin, »Les Traducteurs et leur public en France au Moyen Age«, S. 255.

123 Georges Tessier, *Diplomatique royale française*, Paris 1962, S. 305.

124 Ludwig XI. erteilte seinen Sekretären die Vollmacht, seine Handschrift zu imitieren, um den Korrespondenzfluß zu beschleunigen: Joseph Vaesen/Etienne Charavay, *Lettres de Louis XI roi de France*, Paris 1909, S. VI; Robert Henri Bautier, »Les Notaires et secrétaires du roi des origines au milieu du XVIe siècle«, in: André Lapeyre/Rémy Scheurer, *Les notaires et secrétaires du roi sous les règnes de Louis XI, Charles VIII et Louis XII. Notices personelles et généalogies*, Paris 1978, S. XXVII.

125 Tessier, *Dipomatique*, Frontispiz.

126 Pierre Bersuires Übersetzung der *Römischen Geschichte* von Livius und Jean von Sys Übersetzung der Bibel mit lateinischem Kommentar sind die wichtigsten literarischen Denkmale aus der Regierungszeit von Johann II.; siehe Delisle, *Le Cabinet des Manuscrits*, Bd. 1, S. 16.

127 Monfrin, »Les Traducteurs et leur public«, S. 260–262.

128 Delisle, *Le Cabinet des Manuscrits*, Bd. 1, S. 201; Claire Richter Sherman, *The Portraits of Charles V of France (1338–80)*, New York 1969, S. 13.

129 Sherman, ebd., Abb. 11. Vgl. eine Miniatur, die König Salomon als Lehrer zeigt, Rosy Schilling, »The Master of Egerton 1070. Hours of René d'Anjou«, *Scriptorium*, 8 (1954), Abb. 26.

130 Paul Saenger, »Books of Hours and the Reading Habits of the Later Middle Ages«, S. 153.

131 Zum Vokabular für klösterliches Lesen siehe S.J.P. van Dijk, »Medieval

Terminology and Methods of Psalm Singing«, *Musica Disciplina*, 6 (1952), S. 9f.; Carolo A. Lewis, *The Silent Recitation of the Canon of the Mass*, Excerpta ex dissertatione ad Lauream in Facultate Theologica Universitatis Gregorianae, Bay Saint Louis/Mississippi 1962; Saenger, »Books of Hours«, S. 143–145.

132 Saenger, ebd., S. 146; Jouvenal des Ursins berichtet, Karl VII. habe ihn angewiesen, er solle gehen *»en vos chambres des comptes, du Tresor de vos chartres et ailleurs pour voir les lettres et chartres necessaires«*, um das *Traictie compendieux contre les Anglois* zu schreiben; zit. bei P.S. Lewis, »War Propaganda and Historiography in Fifteenth Century France and England«, *Transactions of the Royal Historical Society*, 1965, S. 16.

133 Zu Christine de Pisan als Schriftstellerin siehe Paris, BN fr. 603, fol. 1, fr. 835, fol. 1, und fr. 1176, fol. 1. Zu Froissart siehe BN fr. 86, fol. 11.

134 Dogaer/Debai, *La Librairie de Philippe le Bon*, Abb. 39.

135 Jean Barthelemy verwendete *écrire* in diesem Sinne, Paris, BN fr. 9611, fol. 1. Im Prolog zu seiner Übersetzung der *Kommentarien* von Julius Caesar sprach Jean du Chesne von den *»Commentaires que Cesar mesmes escript de sa main«* und bezeichnete Cäsar als einen *»escripvain«*, British Library Royal 16 G. VIII. Lefèvre, *L'Histoire de Jason*, S. 125, nannte Philipp den Guten von Burgund den *»père des escripvains«*. Mitte des 14. Jahrhunderts dagegen hatte Pierre Bersuire für das lateinische Wort *scriptor*, das »Autor« bedeutete, keine französische Übersetzung parat; siehe Jean Rychner, »La Traduction de Tite-Live par Pierre Bersuire«, in: Anthime Fourrier (Hg.), *L'Humanisme médiéval dans les littéraires romaines du XII^e^ au XIV^e^ siècle*, Paris 1964, S. 170f.

136 Antoine Thomas, *Jean de Gerson et l'éducation des dauphins de France. Etude critique suivie du texte de deux de ses opuscules et de documents inédits sur Jean Majoris précepteur de Louis XI.*, Paris 1930, S. 50f.

137 Siehe z. B. *Fleurs des histoires* von Jean Mansel, worin die Heiligenriten angeordnet waren *»en ordre selon le A.B.C. pour plus legerement trouver celui donc l'on vouldra lire«*, Paris, BN fr. 57, fol. 9. Zur ersten Einführung solcher Verzeichnisse in volkssprachliche Texte siehe F. Avril, »Trois manuscrits des collections de Charles V et de Jean de Berry«, *BEC*, 127 (1969), S. 293.

138 Sherman, *The Portrait of Charles V. of France*, S. 42ff.

139 Als Beispiel für solche volkssprachlichen Schriftbänder siehe Michel François, »Les Rois de France et les traditions de l'abbaye de Saint-Denis à la fin du XV^e^ siècle«, in: *Mélanges Félix Grat*, Paris 1946–1949, Abb. 7 u.

8; Pierre Champion, *Louis XI.*, Bd. 2, Paris 1928, Abb. 20. Im 16. Jahrhundert betrachtete Martin Luther das Schriftband als Bestandteil der Ikonographie der Auferstehungsszene, siehe Catherine Delano Smith, »Maps as Art and Science. Maps in Sixteenth Century Bibles«, *Imago Mundi*, 42 (1990), S. 67.

140 Ein frühes Beispiel für *cursiva formata* im Zusammenhang mit einem wesentlich literarischen Text stellt Paris, Archives nationales, Registre JJ 28, dar, das aus der Regierungszeit Philipps des Schönen stammt. Für literarische Texte wurde die Schrift erstmals regelmäßig während der Regierungszeit Karls V. benutzt; siehe z. B. Paris, BN fr. 16993. Vgl. Léopold Delisle, *Recherches sur la librairie de Charles V.*, Paris 1905, S. 230.

141 Paul Saenger, »Geoffroy Tory et le nomenclature des écritures livresques françaises du XVe siècle«, *Le Moyen-âge*, 4, 32 (1977), S. 493–520.

142 Geoffroy Tory, *Champ fleury*, hg. v. Gustave Cohen, Paris 1913, fol. 72.

143 Jean Froissart, *Chroniques*, Prolog zu Buch 1.

144 G.W. Coopland (Hg.), *Philippe de Mezières, Chancellor of Cyprus. Le songe du vieil Pelerin*, Bd. 1, Cambridge 1969, S. 102.

145 Paul Saenger, »The Education of Burgundian Princes 1435–1490«, University of Chicago 1972 (Diss.), S. 179–267.

146 Paul Saenger, »John of Paris. Principal Author of the *Quaestio de potestate papae*«, *Speculum*, 56 (1981), S. 41–55.

147 Pierre de Gros, *Jardin des nobles*, Paris, BN fr. 193.

148 Siehe Saenger, »Books of Hours«, S. 148 u. 153f.

149 Guillaume Fillastre, *L'Histoire de la Thoison d'Or*, Paris, BN fr. 140, fol. 78, überließ zum Beispiel den Lesern die Entscheidung darüber, ob ein Fürst in letzter Instanz seiner Familie oder der *chose publique* verpflichtet war.

150 Paulin Paris, *Les Manuscrits français de la Bibliothèque du roi*, Bd. 4, Paris 1836–1848, 131–135.

151 Paris, BN lat. 6607.

152 Paul Saenger, »The Earliest French Resistance Theory. The Role of the Burgundian Court«, *Journal of Modern History*, Suppl. 51 (1979), S. 1225–1249.

153 Siehe z. B. einen Hundeschwanz, durch den Analverkehr angedeutet wird, Paris, BN lat. 12054 (S. 12), fol. 330v.

154 Ein typisches Beispiel für solche Illustrationen bietet eine Abschrift der französischen Übersetzung von Valerius Maximus, *Facta et dicta memorabilia*, aus dem 15. Jahrhundert; Robert Melville, *Erotic Art of the West*,

London 1973, Abb. 16. Die Miniatur wird in der Bildunterschrift und im Text fälschlich ins 16. Jahrhundert datiert. Andere Beispiele findet man bei Edward Lucie Smith, *Erotism in Western Art*, London 1972. Diese Manuskripte sind die unmittelbaren Vorläufer der erotischen Kunst des späten 15. und des 16. Jahrhunderts, vor allem der von Hieronymus Bosch; siehe Anthony Bosman, *Jérôme Bosch*, Paris 1962, S. 16; Otto Brusendorf/Paul Henningsen, *Love's Picture Book. The History of Pleasure and Moral Indignation from the Days of the Classical Greece Until the French Revolution*, Kopenhagen 1960; Eduard Fuchs, *Geschichte der Erotischen Kunst*, München 1912, S. 175. Das Bordell wurde gewöhnlich als öffentliches Bad dargestellt.

155 *Les cent nouvelles nouvelles*, hg. v. Franklin P. Sweetzer, Genf 1966, S. 22.

156 Eine Beschreibung des erhaltenen Manuskripts findet man bei Pierre Champion, *Les cent nouvelles nouvelles*, Paris 1928, S. XCVI–CXVII, und bei J. Gerber Young/P. Henderson Aitken, *A Catalogue of the Manuscripts in the Library of the Hunterian Museum in the University of Glasgow*, Glasgow 1908, S. 201–203.

157 Jean Harthan, *The Book of Hours*, New York 1977, S. 24 u. 26. Versteigert bei Sotheby's im November 1990, Los-Nr. 140, erworben durch Pierre Berès. Diesen Hinweis verdanke ich Christopher de Hamel.

158 A. Grunzweig, »Quatre lettres autographes de Philippe le Bon«, *Revue belge de philologie et d'histoire*, 4 (1925), S. 431–437.

159 *Thomas à Kempis et la dévotion moderne*, Ausstellungskatalog der Bibliothèque Royale, Brüssel 1971, S. 34.

160 Paris, Arsenal 5205, fol. »F«.

161 Paris, Arsenal 5206, fol. 174.

162 Paris, BN fr. 982, fol. 51v. Vergleichbar großes Gewicht wurde in England auf die private Frömmigkeit gelegt; Pantin, »Instructions for a Devout and Literate Layman«, S. 406f.

163 Paris, BN fr. 982, fol. 56.

164 Paris, BN fr. 407, fol. 5.

165 Ebd., fol. 7.

166 Jacques Toussaert, *Le Sentiment religieux en Flandre à la fin du moyen-âge*, Paris 1963, S. 351f.

167 Siehe z. B. Poitiers, BM 95, fol. 104 u. 139v.

## Kapitel 6
# Das Lesen in den jüdischen Gemeinden Westeuropas im Mittelalter

1 Einen Überblick über die Ausübung jüdischer Selbstverwaltung in vormoderner Zeit bieten S. W. Baron, *The Jewish Community. Its History and Structure to the American Revolution,* 3 Bde., Philadelphia 1942; L. Finkelstein, *Jewish Self-Government in the Middle Ages,* 2. Aufl., New York 1964; S. Schwartzfuchs, *Kahal. La communauté juive de l'Europe médiévale,* Paris 1986.

2 Vgl. zu diesem Punkt, bezogen auf unser Thema, A.-M. Chartier/J. Hébrard, *Discours sur la lecture (1880–1980),* Paris 1989, S. 15–74.

3 Vgl. zu diesem Punkt A. Petrucci, »La concezione cristiana del libro fra VI e VII secolo«, *Studi medievali,* 3/14 (1973), S. 961–984, wiederabgedr. in G. Cavallo (Hg.), *Libri e lettori nel medioevo. Guida storica e critica,* Rom/Bari 1977, S. 5–26. Zu vergleichbaren Phänomenen, wie sie Ethnologen bei primitiven oder jedenfalls noch nicht alphabetisierten Gesellschaften beobachtet haben, vgl. z. B. J. Goody, *Literacy in Traditional Societies,* Cambridge 1968, S. 16–18 (dt.: ders., *Literalität in traditionalen Gesellschaften,* übers. v. Friedhelm Herborth/Thomas Lindquist, Frankfurt a. M. 1981).

4 Zur *Buchrolle des Achimaatz* gibt es inzwischen eine umfangreiche Literatur. Für eine erste Orientierung ausreichend erscheint uns der Hinweis auf die Bibliographie bei R. Bonfil, »Tra due mondi. Prospettive di ricerca sulla storia culturale degli Ebrei dell'Italia meridionale nell'alto medioevo«, *Italia Judaica,* Bd. 1: *Atti del I° Convegno Internazionale, Bari, 18–22 maggio 1981,* Rom 1983, S. 153–158.

5 *Megillat Achimaatz,* hg. v. B. Klar, 2. durchgesehene Aufl., Jerusalem 1974, S. 30. Zur analogen christlichen Vorstellung von der Unreinheit der Frau in Zusammenhang mit der Berührung von Kultgegenständen siehe z. B. im *Decretum Gratiani* das Kap. 25 der Distinctio 23 (Verbot für die Frauen, Kultgegenstände zu berühren) und den Kommentar des Rufinus zu dem von Gregor dem Großen aufgestellten und von Gratian rezipierten Verbot für die Frauen, die Kirche zu betreten: »denn die Frau ist das einzige Lebewesen, das menstruiert; in Berührung mit ihrem Blut reift das Obst nicht, wird der Wein sauer, welkt das Gras, verlieren die Bäume ihre Früchte, rostet das Eisen, wird die Luft dunkel, und wenn Hunde jenes Blut auflecken, werden sie tollwütig«. Die entsprechenden Stellen werden zitiert und untersucht bei A. Boreau, *La papesse Jeanne,* Paris 1988, S. 44f.

6 Man vgl. z. B. die Geschichte von dem Streich, den Silanus dem Apostel vom Heiligen Land spielt, analysiert bei Bonfil, »Tra due mondi«.

7 Es ist unbedingt erforderlich, die Vorstellung vom Profanen in Anführungszeichen zu setzen, da es im Mittelalter nichts rein Profanes gibt.

8 Zur Ausübung ökumenischer Macht von den im muslimischen Orient gelegenen Zentren aus siehe S. Dov Goitein, *A Mediterranean Society,* Bd. 2, Berkeley 1971, S. 5–40. Zum Prozeß des Übergangs der Westjuden von palästinischer zu babylonischer Hegemonie vgl. Bonfil, »Tra due mondi«.

9 Siehe Th. Docherty, *On Modern Authority. The Theory and Condition of Writing, 1500 to the Present Day,* Sussex/New York 1987, S. 2–43. Vgl. D. Weiss Halivni, *Midrash, Mishnah and Gemara,* Cambridge/Mass. 1986.

10 Vgl. R. W. Southern, *The Making of the Middle Ages,* New Haven/London 1953, S. 170–184.

11 Die vollständigste und neueste Untersuchung zum *Sefer Josippon* bietet David Flussers Einleitungsband (in hebräischer Sprache) zu der von ihm besorgten kritischen Ausgabe des Werkes: *The Yossippon [Josephus Gorionides],* Bd. 2, Jerusalem 1980. Der Text liegt in Band 1 (ebd., 1978) vor.

12 Zu Donnolo und seinem Werk siehe A. Sharf, *The Universe of Shabbetai Donnolo,* Warminster 1976, und G. Sermoneta, »Il neo-platonismo nel pensiero dei nuclei ebraici stanziati nell'Occidente latino (riflessioni sul ›Commento al Libro della Creazione‹ di Rabbi Sabetai Donnolo), in: *Gli Ebrei nell'Alto Medioevo. Spoleto, 30 marzo – 5 aprile 1978,* Spoleto 1980 (*Settimane di studio del Centro Italiano di studi sull'alto medioevo,* Bd. 26), S. 867–925.

13 Zu diesem Punkt vgl. allgemein S. W. Baron, *A Social and Religious History of the Jews,* Bd. 4, 2. Aufl., Philadelphia 1957, S. 150–227, 315–352; I. A. Agus, *Urban Civilization in Pre-Crusade Europe,* 2 Bde., New York 1965; ders., *The Heroic Age of Franco-German Jewry,* New York 1969; H. Hillel Ben Sasson, »The ›Northern‹ European Jewish Community and Its Ideals«, *Journal of World History,* 11 (1968), S. 208–219.

14 Tatsächlich sind die folgenden Überlegungen zu den in der vorigen Fußnote angeführten Studien nicht alle ausformuliert. Sie bieten vielmehr erste Ergebnisse einer noch laufenden neuen Lektüre der Quellen, die hoffentlich schon bald in eine umfassendere Arbeit münden kann.

15 *Sefer Chassidim,* hg. v. Wistinetski, Frankfurt a. M. 1924, S. 6. Zum Verständnis des *Sefer Chassidim* und zum entsprechenden soziokulturellen Kontext in den jüdischen Gemeinden des Rheinlandes vgl. die unlängst erschienenen Untersuchungen, die auch die dazu nötige umfassende Biblio-

graphie bieten: I. G. Marcus, *Piety and Society. The Jewish Pietists of Medieval Germany,* Leiden 1981; ders., »Hierarchies, Religious Boundaries and Jewish Spirituality in Medieval Germany«, *Jewish History,* 1/2 (1986), S. 7–26; P. Schaefer, »The Ideal of Piety of the Ashkenazi Hasidim and Its Roots in Jewish Tradition«, *Jewish History,* 4/2 (1990), S. 9–23.

16 Ebd., Bd. 1, S. 179.

17 »Meir Bar-Ilan, Rishumah shel i Yediath ha-Keriah al Keriath Megilla ve-Hallel« [»Der prägende Einfluß der Lesefähigkeit auf das Ritual der Megillah- und Hallel-Lektüre«], *Proceedings of the American Academy for Jewish Research,* 53 (1987), Hebrew Section, S. 11f.

18 Vgl. D. J. Silver, *Maimonidean Criticism and the Maimonidean Controversy, 1180–1240,* Leiden 1965; H. Hillel Ben-Sasson, »The Maimonidean Controversy«, in: ders., *Trial and Achievement. Currents in Jewish History,* Jerusalem 1974, S. 230–242.

19 Vgl. A. S. Halkin, »Yedaiah Bedershi's Apology«, in: A. Altmann (Hg.), *Jewish Medieval and Renaissance Studies,* Cambridge/Mass. 1967, S. 165–184.

20 Für einen raschen Überblick über diese Themen vgl. P. Girard, »Le peuple du livre brûlé«, in: *Censures. De la Bible aux larmes d'Eros,* Paris 1987, S. 24–31.

21 Bemerkenswert ist dieses Phänomen beispielsweise bei Salomom ben Adret. Siehe hierzu Halkin, »Yedaiah Bedershi's Apology«.

22 Es erübrigt sich, hier die Entstehung und Geschichte des Nexus zwischen kultureller Führungsschicht und Verfolgung des Buches bei den Christen seit der Gründung der Pariser Universität und der Bulle *Parens Scientiarum* im Jahr 1231 zu rekapitulieren. Siehe hierzu z. B. *Censures,* S. 214–216.

23 Vgl. Silver, *Maimonidean Criticism,* S. 15–17.

24 Die Geschichte wird rekonstruiert von R. Bonfil in der *Einleitung* zu der photomechanischen Ausgabe der *editio princeps* des *Sefer Nofet Tsufim* von Messer Leon, hg. v. der National- und Universitätsbibliothek Jerusalem, 1981, S. 15–18.

25 Siehe R. Bonfil, *Rabbis and Jewish Communities in Renaissance Italy,* Oxford 1990, S. 67–75 *et passim;* ders., »Le savoir et le pouvoir«, in: *La Société juive dans l'histoire,* das demnächst beim Verlag Fayard, Paris, erscheinen wird.

26 Die Logik, die zu einer solchen Politik führt, ist die Jorges aus Umberto Ecos *Name der Rose.* Jorge, der als Blinder von den tausend Ablenkungen visueller Repräsentationen der Wirklichkeit nicht überwältigt wird, sieht besser als jeder andere die »Gefahr«, die aus der ambivalenten Haltung

gegenüber Inhalten erwächst, die einigen erlaubt und anderen verboten sind. Er optiert für die Zerstörung der Ambivalenz, was einer Zerstörung der Inhalte gleichkommt.

27 In *Der Name der Rose* führt die Bücherverbrennung aufgrund der unerbittlichen Fatalität der Geschichte zur Zerstörung der Abtei.

28 Hierzu siehe z. B. A. Rotondò, »La censura ecclesiastica e la cultura«, in: *Storia d'Italia,* Bd. 5: *I documenti,* Turin 1973, S. 1397–1492. Zur Zensur des jüdischen Buches vgl. W. Popper, *The Censorship of Hebrew Books,* Einleitung v. M. Carmilly-Weinberger, New York 1969 (1. Aufl. 1899); P. F. Grendler, »The Distruction of Hebrew Books in Venice, 1568«, *Proceedings of the American Academy of Jewish Research,* 45 (1978), S. 103–130; B. Ravid, »The Prohibition of Jewish Printing and Publishing in Venice and the Difficulties of Leone Modena«, in: I. Twersky (Hg.), *Studies in Medieval Jewish History and Literature,* Bd. 1, Cambridge/Mass. 1979, S. 135–153.

29 Der Text der Verordnung ist (mit englischer Übersetzung) zugänglich in Finkelstein, *Jewish Self-Government,* S. 301 u. 304.

30 Vgl. z. B. A. Rotondò, »Cultura umanistica e difficoltà di censori. Censura ecclesiastica e discussioni cinquecenteschi sul platonismo«, in: *Le Pouvoir et la plume. Incitation, contrôle et repression dans l'Italie du XVI^e siècle,* Paris 1982, S. 15–50; N. Longo, »Fenomeni di censura nella letteratura italiana del Cinquecento«, ebd., S. 275–284.

31 R. Bonfil, »Some Reflections on the Place of Azariah del Rossi's Meor Enayim in the Cultural Milieu of Italian Renaissance Jewry«, in: B. Dov Cooperman (Hg.), *Jewish Thought in the Sixteenth Century,* Cambridge/Mass., 1983, S. 23–48.

32 Vgl. die in Anm. 30 erwähnten Studien.

33 Vgl. Anm. 2.

34 Siehe z. B. W. J. Ong, *Orality and Literacy. The Technologizing of the World,* London, 4. Aufl., New York 1987, S. 122; A. Petrucci, »Pouvoir de l'écriture, pouvoir sur l'écriture dans l'Italie de la Renaissance«, *Annales. Economie, Société, Civilisation,* 43 (1988), S. 823–847.

35 Vgl. Docherty, *On Modern Authority,* ebd.

36 Zu diesem Punkt vgl. den neueren Beitrag von E. Armstrong, *Before Copyright. The French Book-Privilege System, 1498–1526,* Cambridge 1990.

37 M. Benayahu, *Haskamah u-reshuth bi-defussey Venezia [»Copyright, Autorization and Imprimatur for Hebrew Books Printed in Venice«],* Jerusalem 1971.

38 Vgl. K. R. Stow, »The Burning of the Talmud in 1553 in the Light of Sixteenth Century Catholic Attitudes toward the Talmud«, *Bibliothèque d'Humanisme et de Renaissance,* 34 (1972), S. 435–459.
39 Vgl. zu diesem Thema die Diskussion zwischen A. Rotondò und M. Berengo in *Le pouvoir et la plume,* S. 303–306.
40 Vgl. A. Patterson, *Censorship and Interpretation. The Conditions of Writing and Reading in Early Modern England,* Madison/Wisc. 1984. Ebd., S. 4: »It is to censorship that we in part owe our very concept of ›literature‹.«
41 Für Italien wurde das Phänomen teilweise beleuchtet von R. Bonfil, »Le biblioteche degli ebrei d'Italia nell'epoca del Rinascimento«, in: *Atti dell'VIII° Congresso Internazionale dell'Associazione Italiana per lo Studio del Giudaismo,* S. Miniato (Pisa), November 1990, Bologna 1993.
42 Vgl. R. Bonfil, »Can Medieval Storytelling Help Understand Midrash?«, Vortrag auf dem Kongreß im Januar 1990 in Boston.
43 Siehe dazu *The Iggeres of Rav Sherira Gaon,* übers. u. mit Anm. versehen von N. D. Rabinowich, Jerusalem 1988.
44 Was die nach und nach »zugänglich gemachten« Texte betrifft, so waren auch sie im *Sendschreiben des Rab Scherira* aufgeführt.
45 Bonfil, »Tra due mondi«.
46 Vgl. hierzu z. B. G. Cavallo, »Aspetti della produzione libraria nell'Italia meridionale longobarda«, in: ders., *Libri e lettori nel medioevo,* S. 101–129.
47 M. A. Shulvass, ein Pionier auf diesem wie auch auf vielen anderen Gebieten, bemerkte diesen Zusammenhang bereits in der Einleitung zu einer der sehr wenigen Untersuchungen, die Judaisten unserem Thema gewidmet haben: vgl. sein »Le-Toledoth ha-Sefer bi-Tehum Tarbuth ha-Yahaduth ha-Ashkenazith bi-yemey ha-Beinayim« [»Zur Geschichte des Buches im Kulturkreis des aschkenasischen Judentums«], in: S. Bernstein/A. Churgin, *Samuel K. Mirsky Jubilee Volume,* New York 1958, S. 337–349 (wiederabgedr. in M. A. Shulvass, *Bi-Tsvat ha-Doroth* [»Im Griff der Jahrhunderte«], Tel Aviv/Jerusalem 1960, S. 9–22).
48 Goitein, *A Mediterranean Society,* ebd.
49 Vgl. Anm. 13.
50 Bonfil, *Le savoir et le pouvoir.*
51 Hg. v. Theodor-Albeck, Jerusalem 1965, S. 1.
52 Zu diesem besonderen Motiv, Teil des allgemeineren Gegensatzes zwischen Gesetz und Wort Christi, der im Zentrum des Paulinischen Denkens steht, siehe Marcel Simon, *Verus Israel. Etude sur les relations entre Chrétiens et Juifs dans l'Empire Romain (135–425),* Paris 1948 (Neudr. 1964), S. 96f.

53 R. Bonfil, »La sinagoga in Italia come luogo di riunione e di preghiera«, in: *Il Centenario del Tempio Israelitico di Firenze. Atti del Convegno, 24 ottobre 1982,* Florenz 1985, S, 36–44.

54 Zur Gemeindeorganisation siehe allgemein S. W. Baron, *The Jewish Community. Its History and Structure to the American Revolution,* 3 Bde., Philadelphia 1942; S. Schwartzfuchs, *Kahal. La communauté juive de l'Europe médiévale,* Paris 1986.

55 Vgl. R. Chartier, »Urban Reading Practices, 1660–1780«, in: *The Cultural Uses of Print in Early Modern France,* Princeton/N.J. 1987, S. 183–239; Chartier/Hébrard, *Discours sur la lecture,* S. 81–167.

56 Zu dem soziologischen Modell vgl. z. B. K. Polanyi, *The Livehood of Men,* New York 1977, S. 55.

57 *The Responsa of Rabbenu Gershom Meor Hagolah,* hg., mit einem Vorwort u. Anm. versehen v. S. Eidelberg, New York 1955, Nr. 66, S. 153f. Wie Eidelberg zu dieser Stelle zu Recht anmerkt, wurde dieser Grundsatz mehrere Jahrzehnte später nicht von allen *sic et simpliciter* geteilt. Vgl. jedoch ebd. auch das Zitat aus den *Responsen* Rabbi Meirs aus Rothenburg (13. Jh.), hg. v. Praga, Nr. 179, wo ebenfalls kategorisch davon ausgegangen wird, daß »ein Mann seine Bücher gewöhnlich den Lernenden leiht«.

58 *Sefer Chassidim,* hg. v. Wistinetzki, 2. Aufl., hg. v. J. Freimann, Frankfurt a. M. 1924, S. 99, Nr. 309; S. 303, Nr. 1215, etc.

59 Zu dem Brauch, Synagogen Bücher zu vererben, vgl. z. B. den Fall von Bonaiuto da Bagnacavallo, welcher der Synagoge im Haus von Musetto da Padova eine vierbändige Bibel hinterließ, »ut omnes volentes legere possint et discere«. Das Dokument wurde veröffentlicht von R. Cessi, »La condizione degli ebrei banchieri in Padova nel secolo XIV«, *Bollettino del Museo Civico di Padova,* 6 (1907), und läßt sich jetzt auch nachlesen in ders., *Padova Medievale. Studi e documenti,* hg. v. D. Gailo, Padua 1985, S. 329, Dok. 1.

60 Vat. Urb. 22/1.

61 I. Sonne, »Book Lists Through Three Centuries«, *Studies in Bibliography and Booklore,* 2 (1955/56), bes. S. 7–9.

62 Vgl. Shulvass, »Le-Toledoth«, S. 21 f.

63 Ebd.

64 Vgl. z. B. Sonne, »Book Lists«.

65 Erste bibliographische Anhaltspunkte finden sich bei Bonfil, *Rabbis and Jewish Communities,* S. 272–280; Z. Baruchson, *ha-Sifriyot ha-Peratiyot shel Yehoudey Duksut Mantua* [»*The Private Libraries of North Italian Jews at the Close of the Renaissance. Chapters in the History of the Book*

*and Reading Interests as Reflected in the History of the Book Lists of Mantuan Jews at the End of the 16th Century«*] Bar Ilan University 1985 (Diss. in hebräischer Sprache, mit englischer Zusammenfassung); aus dieser Studie Frau Baruchsons sind später einige Aufsätze zu Einzelaspekten hervorgegangen, darunter jüngst »Tefutsat Sefarim Kitvey Kodesh ve-Sifrut Classit be-Sifriyot Yehudey Italia« [»Die Verbreitung von Texten religiösen Charakters und der klassischen Literatur in jüdischen Bibliotheken der italienischen Renaissance«], *Italia,* 8 (1989), S. 87–99 des hebräischen Teils, wo der Leser auch die früheren Aufsätze der Autorin aufgelistet findet. Siehe schließlich auch J.-P. Rothschild, »Quelques listes de livres hébreux dans des manuscrits de la Bibliothèque Nationale de Paris«, *Revue d'histoire des textes,* 17 (1987), S. 291–346, wo auch frühere Arbeiten des Autors und vieler anderer erwähnt sind.

66 Ph. Ariès, »L'histoire des mentalités«, in: J. Le Goff/R. Chartier/J. Revel (Hg.), *La nouvelle histoire,* Paris 1978, S. 402–422.

67 Ein typisches Beispiel ist hier das Werk von Mosè ben Joab Rieti, der im 16. Jahrhundert in Florenz lebte: In seiner noch handschriftlichen Gedichtsammlung, die Umberto Cassuto seinerzeit untersucht hat, stehen religiöse Gedichte direkt neben anderen, die wir heute schlichtweg als pornographisch empfinden würden. Vgl. U. Cassuto, *Gli Ebrei a Firenze nell'età del Rinascimento,* Florenz 1918 (Nachdr. 1965), S. 340–346.

68 R. Bonfil, *Changing Mentalities of Italian Jews between the Renaissance and Baroque Periods. Some Preliminary Reflections* (im Druck).

69 Man denke z. B. an die bedeutendsten mittelalterlichen Werke jüdischer Theologie: das *Buch der Glaubenslehren und -ansichten* von Saadia Gaon (10. Jh.), das Buch *Kusari* von Juda Halevi und den *Führer der Verirrten* von Maimonides (12. Jh.).

70 Welche Position man in der augenblicklichen Diskussion über die Bedeutung des Lateinischen für die Definition des Grades der Lese- und Schreibfertigkeit auch einnehmen mag (vgl. zu dieser Diskussion z. B. F. H. Bauml, »Varieties and Consequences of Medieval Literacy and Illiteracy«, *Speculum,* 55 (1980), S. 237–265, und die kürzlich erschienene Präzisierung von D. H. Green, »Orality and Reading: The State of Research in Medieval Studies«, *Speculum,* 65 (1990), S. 267–280), auf unsere Schlußfolgerung darf sie sich unserer Meinung nach nicht spürbar auswirken. Vielleicht ist es hier auch angebracht, daran zu erinnern, daß das Lateinische für die katholische Kirche eindeutig eine heilige Sprache war (vgl. I. M. Resnick, »Lingua Dei, lingua hominis. Sacred Language and Medieval Texts«, *Viator,* 21 (1990), S. 51–74).

71 Vgl. R. Muchembled, *Popular Culture and Elite Culture in France, 1400–1750,* Baton Rouge/London 1985, S. 166.

72 Klassische Beispiele dafür sind Gebetbücher und *Pessach-Haggada* mit Übersetzungen in die Volkssprache sowie Büchlein mit Geboten speziell für Frauen.

73 Dieses Phänomen wurde zu Recht hervorgehoben von Y. Hayim Yerushalmi, *From Spanish Court to Italian Ghetto. A Study in Seventeenth-Century Marranism and Jewish Apologetics,* Seattle/London 1981 (1. Aufl. 1971).

74 Vgl. z. B. B. D. Weinryb, *The Jews of Poland. A Social and Economic History of the Jewish Community in Poland from 1100 to 1800,* Philadelphia 1973, S. 107–118.

75 A. Stahl, »Ritual Reading among Oriental Jews«, *Anthropological Quarterly,* 52 (1979), S. 115–120; H. E. Goldberg, »The Zohar in Southern Marocco. A Study in the Ethnography of Texts«, *History of Religions,* 29 (1990), S. 233–258.

76 Aaron aus Lunel erwähnt beispielsweise die Lektüre der Sprüche der Väter (*Pirke Awot*) in der Synagoge. *Sefer ha-Manhiq,* hg. v. Y. Refael, Jerusalem 1978, S. 189f., Abs. 65.

77 *Megillah* 32a. Siehe zu diesem Punkt E. Werner/L. Kravitz, »The Silence of Maimonides«, *Proceedings of the American Academy for Jewish Research,* 53 (1986), S. 179–201.

78 Gedruckte *Megillot* scheinen von italienischen Druckern tatsächlich in Umlauf gebracht worden zu sein, doch leider ist uns keine davon überliefert. Die Tatsache wird von Rabbi Mosè Provenzali in einer Antwort aus seinen noch handgeschriebenen *Responsen* erwähnt.

79 Vgl. R. Chartier, »From Ritual to the Heart. Marriage Charters in Seventeenth-Century Lyons«, in: *Culture of Print. Power and Uses of Print in Early Modern Europe,* Princeton/N. J. 1989, S. 174–190.

80 M. Lyons, *Le Triomphe du livre. Une histoire sociologique de la lecture dans la France du XIX^e^ siècle,* Paris 1987, S. 222.

81 C. Sirat, *Ecriture et civilisations,* Paris 1976, insbes. S. 2–20. Vgl. auch M. Beit-Ariè, *Hebrew Codicology,* Paris 1977.

82 Wir glauben nicht, daß es sich hier lohnt, die Übernahme des kleinen Formats für die Andachtsbücher besonders zu berücksichtigen: Einerseits ist das Phänomen ohne weiteres parallel zu dem im christlichen Bereich feststellbaren; andererseits ist es nicht schwierig zu zeigen, daß in dieser Hinsicht auch die handschriftliche jüdische Tradition eine sehr starke Kontinuität seit dem Mittelalter aufweist.

83 Z.B. Parma, Biblioteca Palatina, Ebr. 3596, fol. 3v, repr. in Th. u. M. Metzger, *La vie juive au Moyen Age, illustré par les manuscrits hébraiques du XIII^e au XVI^e siècle,* Fribourg (CH) 1982, S.105, Abb.146; London, British Library, Add. 14762, fol. 7v, repr. ebd., S. 128, Abb. 175; Jerusalem, Israel Museum, Ms. Rothschild, fol. 44v, repr. ebd., S. 190, Abb. 266.

84 Vgl. Lyons, *Le triomphe du livre,* S. 223, 240–248; Chartier-Hébrard, *Discours sur la lecture,* S. 397–453.

85 Sehr zu Recht hervorgehoben in Chartier-Hébrard, *Discours sur la lecture.*

86 Die wichtigsten sind: Die Autobiographie von Leone Modena (*The Autobiography of a Seventeenth-Century Venetian Rabbi. Leon Modena's Life of Judah,* hg. u. übers. M. R. Cohen, Princeton/N. J., 1988, und die Erinnerungen der Glückel von Hameln, zu denen wir uns weiter unten (vgl. Anm. 103) äußern werden. Zu diesen und einigen anderen vgl. den Aufsatz von N. Zemon Davis, »Fame and Secrecy. Leon Modena's Life as an Early Modern Autobiography«, in: *The Autobiography,* S. 50–70.

87 *Pessach-Haggada,* London, British Library, Or. 2884, fol. 17v, mehrmals repr., z. B. in B. Narkiss, *Hebrew Illuminated Manuscripts,* Jerusalem 1969, S. 58f.; Metzger/Metzger, *La vie juive au Moyen Age,* S. 72, Abb. 103.

88 Vgl. z. B. C. Ginzburg, »High and Low. The Theme of Forbidden Knowledge in the Sixteenth and Seventeenth Centuries«, *Past and Present,* 73 (1976), S. 29–41.

89 *Pessach-Haggada,* London, British Library, Add. 14761, fol. 28v, repr. in Metzger/Metzger, *La vie juive au Moyen Age,* S. 266, Abb. 378.

90 *Pessach-Haggada,* London, British Library, Add. 14762, fol. 6, repr. in Narkiss, *Hebrew Illuminated Manuscripts,* S. 125.

91 Jerusalem, Jewish National and University Library, Nr. 8, 4450, repr. in Metzger/Metzger, *La vie juive au Moyen Age,* S. 69, Abb. 96.

92 Es ist schwer zu sagen, ob auf dieser Miniatur die Figuren ohne Bart, Kinder oder Frauen darstellen, denn falls es sich um Frauen handeln würde, würden wir einen Vorhang zwischen den beiden Räumen erwarten, die im übrigen deutlich voneinander getrennt sind.

93 Darmstadt, Hessische Landes- und Hochschulbibliothek, Cod. or. 8, fol. 37v, repr. in Narkiss, *Hebrew Illuminated Manuscripts,* S. 127, und Metzger/Metzger, *La vie juive au Moyen Age,* S. 121, Abb. 169 u. 122, Abb. 170.

94 Die Verzeichnisse waren Gegenstand eingehender Untersuchung in den oben, in Anm. 64, erwähnten Arbeiten Z. Baruchsons.

95 Bonfil, *Le biblioteche degli ebrei d'Italia* (im Druck).

96 Vgl. Lyons, *Le triomphe du livre,* S. 233, und die dort verzeichnete Bibliographie.

97 Die deshalb in Beziehung zu setzen ist mit dem unterschiedlichen Modernitätsgrad Westeuropas im Vergleich zu Osteuropa.

98 Eine systematische Untersuchung zum Ursprung und zur Verbreitung dieses Stereotyps, wie wir sie in diesem Rahmen leider nicht bieten können, würde in diesem Zusammenhang gewiß hochinteressante Ergebnisse zutage bringen.

99 Siehe in diesem Zusammenhang das weiter oben Gesagte.

100 Chartier, »Urban Reading Practices«, S. 219–221; M. Poulain, »Scènes de la lecture dans la peinture, la photographie, l'affiche de 1881 à 1889«, in: Chartier/Hébrard, *Discours sur la lecture,* S. 427–453.

101 Diesen Faden weiterzuverfolgen würde uns recht weit vom Thema unseres Aufsatzes abbringen. In groben Zügen ist das Phänomen jedoch allgemein bekannt. So haben die mittelalterlichen Texte für die Bestimmung des jüdischen Denkens auch an der Universität beispielsweise weitaus mehr Gewicht als für analoge Positionsbestimmungen im nichtjüdischen Bereich. Die Werke des Maimonides oder Juda Halevis sind, zusammen mit der wieder brandaktuell gewordenen mittelalterlichen *Kabbala,* immer noch die bevorzugten Texte der philosophischen Debatte im Judentum.

102 Ch. Turniansky, »Le-toledoth ha ›Teitch-Humesh‹, ›Humesh mit hibber‹« [»Zur Geschichte der Pentateuchübersetzungen ins Jiddische«], in: *Iyyunim be-Sifruth. Devarim (...) likhvod Dov Sadan (...)* [»Aufsätze zu Ehren Dov Sadans«], Jerusalem 1988, S. 21–58.

103 Was den jüdischen Bereich anlangt, vgl. hierzu E. Toitou, »Shitato ha-parshanit shel Rashbam al reka ha-metsiut ha-historit shel zemano« [»Rashbams exegetische Methode in ihrem historischen Kontext«], in: *Iyyunim be-sifrut hazal, be-mikra uve-toledot Israel [»Studies in Rabbinic Literature, Bible and Jewish History in Honour of Ezra Zion Melamed«*], Ramat-Gan 1982, S. 62.

104 *Die Memoiren der Glückel von Hameln, 1645–1719,* hg. v. D. Kaufmann, Frankfurt a. M. 1896. Das Werk wurde teilweise oder ganz ins Deutsche, Englische, Niederländische, Hebräische, Französische und Italienische übersetzt. Wir beschränken uns darauf, Hinweise zu den beiden zuletzt erwähnten Sprachen zu geben: *Memoires de Glückel Hameln,* übers. u. eingel. v. L. Poliakov, Paris 1971; *Memorie di Glückel Hameln,* übers. v. V. Luccattini Vogelmann, Florenz 1984. Zur englischen Fassung vgl. Davis, »Fame and Secrecy«, S. 55, Anm. 13.

105 Ch. Turniansky, »Die literarischen Quellen der Memoiren von Glückel Hameln«, wird demnächst in jiddischer Sprache erscheinen in dem Band zu Ehren von Ch. Smeruk, Zalman Shazar Center, Jerusalem.

106 Möglicherweise bietet sich hier auch ein weiterer lohnender Gegenstand für die Erforschung der »mündlichen Literatur«. Vgl. A. B. Lord, *The Singer of Tales,* New York 1968; R. Finnegan, »What is Oral Literature Anyway? Comments in the Light of Some African and Other Comparative Material«, in: B. A. Stoltz/S. Shannon (Hg.), *Oral Literature and the Formula,* Bd. 3, Ann Arbor 1976, S. 127–166; sowie der vor kurzem erschienene präzise Aufsatz von D. H. Green, »Orality and Reading. The State of Research in Medieval Studies«, *Speculum,* 65 (1990), S. 267–280.

107 Vgl. Lyons, *Le triomphe du livre,* S. 231–236.

108 Vgl. Chartier, »Urban Reading Practice«, S. 222.

109 Vgl. M. Picard, *La Lecture comme jeu. Essai sur la littérature,* Paris 1986, S. 46.

110 Chartier, »Urban Reading Practices«, S. 224.

111 Vgl. Lyons, *Le triomphe du livre,* S. 233.

112 Aufgrund ihres angeblichen natürlichen »Leichtsinns« ist es der Frau nach den »orthodoxen« Rechtsvorschriften tatsächlich stillschweigend erlaubt, Texte zu lesen, die für den Mann als verboten gelten, so daß sie potentiell in der Lage ist, Inhalte, die andernfalls dazu verdammt wären, außerhalb des »sakralen« internen Raumes zu bleiben, in diesen einzuführen. In diesem Zusammenhang ergibt sich also eine weitere Einschränkung der mittelalterlichen Hierarchie, in der, wie wir gesehen haben, einzig die Männer der Führungseliten diese Rolle spielen konnten. Ein bemerkenswertes Beispiel, das in dieser Hinsicht untersucht werden sollte, ist die italienische Barockdichterin Sara Copio Sullam. M.E. spielt auch Glückel in ihrem kulturellen Kontext eine solche Rolle. Schließlich würde eine aufmerksame Beobachtung der Verhaltensweisen in den modernen Versionen der »orthodoxen« jüdischen Gesellschaft mit äußerster Klarheit die Kontinuität dieses Modells bis in unsere Tage hinein ergeben.

113 Die erste Ausgabe eines solchen Textes scheint im Jahr 1740 in Ägypten gedruckt worden zu sein, die zweite 1777 in Venedig. Bis heute gab es unzählige Neuauflagen.

114 Vgl. zu diesem Punkt G. Sermoneta, »Aspetti del pensiero moderno nell'Ebraismo italiano tra Rinascimento ed età barocca«, in: *Italia Judaica. »Gli Ebrei in Italia tra Rinascimento ed età barocca«. Atti del II Convegno internazionale, Genova 10–15 giugno 1984,* Rom 1986, S. 17–35.

Kapitel 7

## DER HUMANIST ALS LESER

1 N. Machiavelli, *Opere*, Bd. 3: *Lettere*, hg. v. F. Gaeta, Turin 1984, S. 425 f.

2 Siehe die gute Darstellung in M. Lowry, *The World of Aldus Manutius*, Ithaca/N.Y. 1979.

3 E. Panofsky, *Die Renaissancen der europäischen Kunst*, übers. v. H. Günther, Frankfurt a. M. 1979; E. Garin, *L'umanesimo italiano*, Florenz 1952, und *Medioevo e Rinascimento*, Bari/Rom 1980. Einige Überlegungen zu dieser Literatur finden sich in Anthony Grafton, *Defenders of the Text*, Cambridge/Mass. 1991, Kap. 1.

4 Charakteristischerweise bezeichnete Budé diese Praxis als Folge der »Ignoranz des Accursius, oder vielmehr seines Jahrhunderts, die in unserer Zeit lächerlich ist«; siehe E. H. Kantorowicz, *The King's two Bodies*, Princeton/N.J. 1957, S. 126.

5 Petrarca, »Posteritati«, in: *Opere*, hg. v. G. Ponti, Mailand 1968, S. 886–900.

6 Erasmus, *Methodus*, hg. u. übers. G. B. Winkler, *Ausgewählte Werke*, hg. v. W. Welzig, Bd. 3, Darmstadt 1967, S. 50 f.

7 E. P. Goldschmidt, *Hieronymus Münzer und seine Bibliothek*, London 1938, S. 35–37.

8 Zum Allgemeinen siehe L. J. Bataillon u. a. (Hg.), *La Production di livre universitaire au moyen âge. Exemplar et pecia*, Paris 1988, insbesondere die Artikel v. H. V. Schooner (»La Production du livre par la pecia«, S. 17–37) und R. H. u. M. A. Rouse (»The Books Trade at the University of Paris, ca. 1250–ca. 1350«, S. 41–114).

9 *Seniles* VI,5, zit. in A. Petrucci, »Libro e scrittura in Francesco Petrarca«, in: ders. (Hg.), *Libri, scrittura e pubblico nel Rinascimento*, Bari/Rom 1979, S. 5.

10 B. L. Ullman, *The Origin and Development of Humanistic Script*, Rom 1960; J. Wardrop, *The Script of Humanism*, Oxford 1953; M. Meiss, »Towards a More Comprehensive Renaissance Paleography«, in: *The Painter's Choice*, New York 1976, S. 151–175; Petrucci (Hg.), *Libri, scrittura e pubblico*. Zu Poggio siehe E. Walser, *Poggius Florentinus*, Leipzig 1914, S. 104–110.

11 Eine klassische Fallstudie dazu ist B. L. Ullman, *The Humanism of Coluccio Salutati*, Padua 1963. Zu allgemeineren Informationen siehe C. Bec, *Les Livres des florentins (1413–1608)*, Florenz 1984.

12 Zum Vatikan siehe J. Bignami Odier/J. Ruysschaert, *La Bibliothèque Vati-*

*cane de Sixte IV à Pie XI*, Vatikanstadt 1973; zu San Marco siehe J. Onians, *Bearers of Meaning*, Princeton/N.J. 1988, Kap. 20.

13 M. Baxandall, *Giotto and the Orators*, Oxford 1971.

14 Eine Reproduktion findet sich in Federigo da Montefeltro, *Lettere di stato e d'arte (1470–1480)*, Rom 1949, Frontispiz; besser ist die Reproduktion in J. Hankins, »The Popes and Humanism«, in: A. Grafton (Hg.), *Rome Reborn*, Vatikanstadt u. a. 1993, S. 52, Abb. 45.

15 Montefeltro, *Lettere*, S. 115 f.

16 E. Ph. Goldschmidt, *The Printed Book of the Renaissance*, Amsterdam 1974.

17 A. Petrucci, »Alle origini del libro moderno. Libri di banco, libri da bisaccio, libretti da mano«, in: Petrucci (Hg.), *Libri, scrittura e pubblico*, S. 139–156.

18 F. Anzelewsky, *Dürer-Studien*, Berlin 1983, S. 182–185.

19 P. de Nolhac, *Les Correspondants d'Alde Manuce*, Rom 1888, S. 26.

20 A. Petrucci, »›L'antiche e le moderne carte‹. *Imitatio* e *renovatio* nella riforma grafica umanistica«, in: J. Autenrieth u. a. (Hg.), *Renaissance- und Humanistenhandschriften*, München 1988, S. 4 f.

21 C. Mitchell, *A Fifteenth Century Italian Plutarch*, London 1961.

22 Petrucci, »›L'antiche e le moderne carte‹«, S. 11.

23 E. Fahy (Hg.), *The Medici Aesop*, New York 1989.

24 Was Plinius anbetrifft, siehe L. Armstrong, »The illustrations of Pliny's *Historia naturalis* in Venetian Manuscripts and Early Printed Books«, in: J. B. Trapp (Hg.), *Manuscripts in the First Fifty Years after the Invention of Printing*, London 1983, S. 97–106.

25 Zu Maximilian siehe J.-D. Müller, *Gedechtnus*, München 1982. Für weitere Fallstudien siehe M. B. Winn, »Antoine Vérard's Presentation Manuscripts and Printed Books«, in: Trapp (Hg.), *Manuscripts in the First Fifty Years*, S. 66–74; P. Spunar, »Der humanistische Kodex in Böhmen als Symbol der antiken (fremden) Kultur«, in: Autenrieth (Hg.), *Renaissance- und Humanistenhandschriften*, S. 99–101.

26 E. H. Gombrich, »From the Revival of Letters to the Reform of the Arts«, in: *Essays in the History of Art Presented to Rudolf Wittkower*, London 1967, S. 71–82.

27 Zu zwei Perspektiven der Wichtigkeit des Zwischenhändlers siehe R. Darnton, *The Kiss of Lamourette*, New York 1990, S. 107–187; L. Hellinga, »Manuscripts in the hands of printers«, in: Trapp (Hg.), *Manuscripts in the First Fifty Years*, S. 3–11.

28 W. Benjamin, »Ich packe meine Bibliothek aus«, in: *Angelus Novus*, Frankfurt a. M. 1966, S. 169–178.

29 Am einflußreichsten E. Eisenstein, *The Printing Press as an Agent of Change*, Cambridge 1979.

30 M. A. u. R. H. Rouse, *Cartolai, Illuminators and Printers in Fifteenth Century Italy*, UCLA University Research Library, Department of Special Collections, Occasional Papers 1 (1988).

31 Zur Reklame im Zeitalter der Handschriften siehe H. Widmann u. a. (Hg.), *Der Deutsche Buchhandel in Urkunden und Quellen*, Bd. 1, Hamburg 1965, S. 15 f., und ders., *Geschichte des Buchhandels vom Altertum bis zur Gegenwart*, Wiesbaden 1975, Bd. 1, S. 37.

32 Rouse/Rouse, S. 58.

33 Weitere Belege für die Verbreitung dieser Praktiken finden sich bei Armstrong, »The Illustration of Pliny's *Historia naturalis*«.

34 Vespasiano da Bisticci, *Vite de uomini illustri del secolo XV*, Florenz 1938, S. 108 f. Zu Vespasiano siehe G. M. Cagni, *Vespasiano da Bisticci e il suo epistolario*, Rom 1969, und A. C. de la Mare, *Vespasiano da Bisticci. Historian and Bookseller*, London 1965 (Diss.).

35 Vespasiano, *Vite*, S. 528.

36 Ebd., S. 539.

37 Ebd., S. 112.

38 Siehe J. Fischer SJ. (Hg.), *Claudii Ptolemaei Geographiae Codex Urbinas Graecus 82, Tomus prodromus*, Leiden/Leipzig/Turin 1932.

39 Vespasiano, *Vite*, S. 108 f., 524.

40 C. Koeman, *Joan Blaeu and his Grand Atlas*, Amsterdam 1970.

41 P. S. Allen u. a. *(Hg.), Opus epistolarum Des. Erasmi Roterodami*, Bd. 1, Oxford 1908–1956, S. 439.

42 H. Bots (Hg.), *Correspondance de Jacques Dupuy et de Nicholas Heinsius (1646–1656)*, Den Haag 1971, S. 78; F. F. Blok, *Nicolaas Heinsius in dienst van Christina van Zweden*, Delft 1949, S. 92–99.

43 Siehe H. J. de Jonge (Hg.), *The Auction Catalogue of the Library of J. J. Scaliger*, Utrecht 1977.

44 Siehe E. Diehl, *Bookbinding. Its Background and Technique*, New York 1980; A. Hobson, *Humanists and Bookbinders*, Cambridge 1990, sowie J. B. Trapps Rezension von Hobson in *Times Literary Supplement* v. 17. Mai 1991.

45 Vat. lat. 1626, fol. 2r; *Miniature del Rinascimento*, Vatikanstadt 1950.

46 Vat. lat. 2094, fol. 8r; ebd., Abb. III. Zwei weitere schöne Beispiele aus dem Vatikan sind ein Exemplar von Ciceros *Orationes* (Vat. lat. 1742) und ein Vergil (Urb. lat. 350).

47 Vat. lat. 3870; siehe G. Morello, *Raffaello e la Roma dei Papi. Catalogo della Mostra*, Vatikanstadt 1986, S. 75.
48 Lowry, *World of Aldus Manutius.*
49 Reproduziert in S. Hindman, *Pen to Print*, College Park 1977, Abb. 79; siehe ebd., S. 190–192.
50 Zu Maximilian I. siehe ebd., S. 181–189; L. Silver, »Prints for a Prince«, in: J. C. Smith (Hg.), *New Perspectives on the Art of Renaissance Nuremberg*; Müller, *Gedechtnus.*
51 Vgl. Vespasianos Kommentar zu Bessarion: »Während der gesamten Zeit, die er der römischen Kurie angehörte, ließ sich Bessarion ständig Kopien von Texten jeglicher Disziplinen anfertigen, sowohl auf griechisch wie auf lateinisch. Und er kopierte nicht nur, sondern kaufte auch alle Bücher, die er nicht besaß, und gab den größten Teil seines Einkommens für dieses lobenswerte Unterfangen aus«; *Vite*, S. 159f. In diesem Fall war das Lob in Anbetracht der Gescheitheit sowie des Geschmacks und Unternehmungsgeistes, den Bessarion als Sammler auf bemerkenswerte Weise zeigte, natürlich völlig gerechtfertigt. Siehe auch Benjamin, »Ich packe meine Bibliothek aus«.
52 P. de Nolhac, *Pétrarque et l'humanisme*, Paris 1899; B. L. Ullman, *Studies in the Italian Renaissance*, Rom 1955.
53 Goldschmidt, *Hieronymus Münzer.*
54 Siehe Benjamin, *Angelus Novus*, für eine subtile Erörterung der Weise, in der Bücher zu einer Sammlung werden.
55 A. Traversari, *epist.* 7,1.
56 Guarino, *Epistolario*, hg. v. R. Sabbadini, Bd. 2, Venedig 1915–1919, S. 270.
57 E. Fahy, Einleitung zu *The Medici Aesop.*
58 A. Grafton/L. Jardine, *From Humanism to the Humanities*, London/Cambridge (Mass.) 1986, S. 53–57.
59 P. D. Huet, *Commentarius de rebus ad eum pertinentibus*, Amsterdam 1718, bezeichnet merkwürdigerweise die fortlaufende Paraphrasierung als eine von Montausier geforderte Neuheit (S. 286–293).
60 Zum Allgemeinen siehe Grafton/Jardine, *From Humanism to the Humanisties*. Hinsichtlich der klassischen Welt siehe vor allem R. Kaster, *Guardians of Language*, Chicago/London 1987. Mehrere Aufsätze P. O. Kristellers, die in seinen Sammelband *Renaissance Thought and Its Sources* (hg. v. M. Mooney, New York 1979) aufgenommen wurden, betonen die durch die Jahrhunderte hindurch starke Kontinuität des Lehrstoffs in den *artes liberales*. In den bislang erschienenen sechs Bänden des *Catalogus transla-*

*tionum et commentariorum*, begründet v. Kristeller u. F. Cranz und jetzt hg. v. V. Brown, Washington/D.C., 1960ff., findet man dazu in großer Zahl Primärquellen mit Kommentierung.

61 M. Baxandall, *Die Wirklichkeit der Bilder. Malerei und Erfahrung im Italien des 15. Jahrhunderts*, übers. v. H.-G. Holl, Frankfurt a. M. 1977; ders., *Die Kunst der Bildschnitzer. Tilmann Riemenschneider, Veit Stoß und ihre Zeitgenossen*, übers. v. B. Sauerländer, München 1984.

62 G. Güldner, *Das Toleranz-Problem in den Niederlanden im Ausgang des 16. Jahrhunderts*, Lübeck/Hamburg 1968, S. 97f., 103, 110f. Über seinen Kontrahenten Coornhert, der ihn mißverstanden hatte, schrieb Lipsius bezeichnenderweise: »Man sollte den alten Herren wieder in die Schule schicken«. Zum Allgemeineren siehe Grafton/Jardine, *From Humanism to the Humanities*, bes. S. 11 f. u. Anm. 30.

63 Grafton/Jardine, *From Humanism to the Humanities*, Kap. 1.

64 Zum Allgemeinen siehe J. Chomarat, *Grammaire et rhétorique chez Erasme*, Paris 1981.

65 Erasmus, *Agadiorum chiliades*, Basel 1536, II.1.1., S. 355; ich habe auch die hilfreiche Übersetzung und Anmerkungen von M. M. Phillips, *Erasmus on his Times*, Cambridge 1965, benutzt.

66 Erasmus, *Adagiorum chiliades*, Basel 1536, II.1.1., S. 356: »Plutarch schrieb darüber in seiner Abhandlung *De Iside et Osiride*, wie es, Suidas zufolge, auch der Grieche Chairemon tat. Ich habe den Verdacht, daß das unlängst von mir gesehene Dokument dieser Art aus Exzerpten aus seinem Werk besteht.« Vgl. P. W. van der Horst, *Chaeremon*, Leiden 1984.

67 Erasmus, *Adagiorum Chiliades*, S. 355f.

68 Ebd., S. 357.

69 Zu Erasmus' vielen anderen, ähnlichen Werken siehe Chomarat, *Grammaire et rhéthorique chez Erasme*.

70 Siehe W. J. Ong, »Commonplace Rhapsody. Ravisius Textor, Zwinger, and Shakespeare«, in: R. R. Bolgar (Hg.), *Classical Influences on European Literature, A.D. 1500–1700*, Cambridge 1976, S. 91–126.

71 Siehe J. H. Franklin, *Jean Bodin and the Sixteenth-Century Revolution in the Methodology of Law and History*, New York/London 1963.

72 J. Hankins, *Plato in Fifteenth-Century Italy*, Bd. 1, Teil 2, Leiden 1990. Siehe auch seine faszinierende Typologie der Arten des Lesens im 15. Jahrhundert, Bd. 1, S. 18–26.

73 R. C. Lamberton, *Homer the Theologian*, Berkeley 1986.

74 D. u. E. Panofsky, *Pandora's Box*, 2. Aufl., New York 1962. (dt.: *Die Büchse*

der *Pandora. Bedeutungswandel eines mythischen Symbols*, Frankfurt a.M./New York 1992.

75 Erasmus, *Adagiorum Chiliades*, II.1.1, S. 357–361 (ein dem Originaltext hinzugefügter Exkurs). Zum Allgemeineren siehe L. Jardine, *Erasmus. Man of Letters*, Princeton 1993; seinem Manuskript und den Gesprächen mit seinem Autor habe ich vieles zu verdanken.

76 A. Grafton, *Joseph Scaliger*, Bd. 1, Oxford 1983, S. 97f.

77 P. Godman, »Literary Classicism and Latin Erotic Poetry of the Twelfth Century and the Renaissance«, in: P. Godman/O. Murray (Hg.), *Latin Poetry and the Classical Tradition*, Oxford 1990, S. 149–182; J. H. Hexter, *The Vision of Politics on the Eve of the Reformation*, London 1973.

78 Vespasiano, *Vite*, S. 281.

79 Ebd., S. 83–122.

80 Ebd., S. 469.

81 Siehe auch Hankins, *Plato in Fifteenth-Century Italy.*

82 Zu einigen Beispielen siehe Bec, *Les livres des florentins*; Ullman, *The Humanism of Coluccio Salutati*; P. Kibre, *The Library of Picco della Mirandola*, New York 1936.

83 M. D. Reeve, »Manuscripts Copied from Printed Books«, in: Trapp (Hg.), *Manuscripts in the First Fifty Years*, S. 12f.; vgl. C. F. Bühler, *The Fifteenth-Century Book*, Philadelphia 1960.

84 J. Trithemius, *In Praise of Scribes*, hg. v. K. Arnold, Lawrence/Kans. 1974, S. 60: »Wir prägen die Dinge, die wir kopieren, uns besser ein, weil uns dadurch beim Schreiben und Lesen eine kleine Verzögerung aufgenötigt wird.«

85 Scaligers Manuskript befindet sich jetzt in der Universität Leiden, MS Scal. 61; siehe K. Müllers Ausgaben von Petronius' *Satyricon*, München 1961, 1965, 1978, sowie M. D. Reeve, »Petronius«, in: L. D. Reynolds (Hg.), *Texts and Transmission*, Oxford 1983, S. 295–300.

86 I. Maïer, *Les Manuscrits d'Ange Politien*, Genf 1965; R. Ribuoli, *La collazione polizianea del Codice bembino di Terenzio*, Rom 1981; J. N. Grant, *Studies in the Textual Tradition of Terence*, Toronto 1986.

87 A. Grafton, *Defenders of the Text*, Kap. 4.

88 P. de Nolhac, *Pétrarque et l'humanisme*; G. Billanovich, »Petrarch and the Textual Tradition of Livy«, *Journal of the Warburg and Courtauld Institutes*, 14 (1951); C. Quillen, »The Humanist as Reader«, Princeton 1990 (Diss.). Eine aufschlußreiche Fallstudie eines hochgradig »personalisierten« Buchs ist J. C. Margolin, »Laski lecteur et annoteur du ›Nouveau

Testament‹ d'Erasme«, in: J. Coppens (Hg.), *Scrinium Erasmianum*, Bd. 1, Leiden 1969, S. 93–128.

89 Siehe G. C. Moore Smith, *Gabriel Harvey's Marginalia*, Stratford-upon-Avon 1913; S. Stern, *Gabriel Harvey*, Oxford 1979; von W. Colman ist eine Gesamtausgabe von Harveys *Marginalia* in Vorbereitung.

90 A. Grafton, »Rhetoric, philology and Egyptomania in the 1570s. J. J. Scaliger's Invective against M. Guilandinus's *Papyrus*«, *Journal of the Warburg and Courtauld Institutes*, 42 (1979), S. 167–194; Huet, *Commentarius*, S. 291 f.

91 Siehe L. Jardine u. A. Grafton, »›Reading for Action‹: How Gabriel Harvey Read his Livy«, *Past and Present*, 129 (1990), S. 30–78; die Beschreibung von Cujas bei der Arbeit stammt aus P. Des Maizeaux (Hg.), *Scaligerana*, Bd. 1, Amsterdam 1740, S. 75.

92 F. Gilbert, *Machiavelli and Guicciardini*, Princeton/N.J. 1965. (dt.: *Guicciardini/Machiavelli. Und die Geschichtsschreibung der italienischen Renaissance*. Berlin 1991.)

93 Zu all diesen Punkten siehe Jardine/Grafton, »›Reading for Action‹«.

94 Grafton, *Defenders of the Text*, S. 1–3.

95 *Huetiana*, Amsterdam 1723, S. 3: »Ich kann also sagen, daß ich die Literatur blühen und sterben gesehen und daß ich sie überlebt habe.«

96 Huet, *Commentarius*, S. 295.

97 Ebd.; vgl. *Huetiana*, S. 104 f., für eine andere Darstellung.

## Kapitel 8
## Die protestantische Reformation und das Lesen

1 Fr. Lambert, *Commentarii de prophetia, eruditione et linguis*, Straßburg 1526.

2 Martin Luther, *Kritische Gesamtausgabe*, Abt. 2: *Tischreden*, Bd. 1, Weimar 1912, S. 523, Nr. 1038 [i. Orig. lat.].

3 J. Foxe, *Acts and Monuments*, Bd. 3, London: G. Townsend & S. R. Cattley 1837–1841, S. 720.

4 Zu diesem Thema siehe meine Einleitung zu Jean-François Gilmont (Hg.), *La Réforme et le livre. L'Europe de l'imprimé (1517–v. 1570)*, Paris 1990, S. 19–28.

5 Carla Bozzolo/Ezio Ornato, »Les Bibliothèques entre le manuscrit et l'imprimé«, in: *Histoire des bibliothèques françaises*, Bd. 1, Paris 1989, S. 346.

6 In allen Fragen zu der Entwicklung des protestantischen Buches und seinem Einfluß auf die Reformation verweise ich auf Gilmont (Hg.), *La Réforme et le livre*. 15 Autoren bieten darin einen detaillierten Überblick über die Stellung des protestantischen Buches in allen europäischen Ländern im 16. Jahrhundert.

7 A. Richart, *Mémoires sur la Ligue dans le Laonnais*, Laon 1869, S. 492, zitiert nach Francis Higman in Gilmont (Hg.), *La Réforme et le livre*, S. 146.

8 Siehe H. A. P. Schmidt, *Liturgie et langue vulgaire. Le Problème de la langue liturgique chez les premiers réformateurs et au concile de Trente*, Analecta gregoriana, Bd. 53, Rom 1950; Vittorio Coletti, *Parole dal pulpito. Chiesa e movimenti religiosi tra latino e volgare nell'Italia del Medioevo e del Rinascimento*, Collane di saggistica, Bd. 6, Casale Montferrato 1983 (frz.: *L'Eloquence de la chaire. Victoires et défaites du latin entre moyen âge et Renaissance*, Paris 1987).

9 Luther, *Gesamtausgabe*, Abt. 1: *Werke*, Bd. 6, Weimar 1888 (unver. Nachdr. 1966), S. 203.

10 Luther, *Gesamtausgabe*, Abt. 1: *Werke*, Bd. 30, 2, Weimar 1909, S. 637.

11 Luther, *Gesamtausgabe*, Abt. 1: *Werke*, Bd. 6, S. 362.

12 Marc Lienhard/*Martin Luther, Un Temps, une vie, un message*, Paris/Genf 1983, S. 188–195; siehe auch J. L. Flood in Gilmont (Hg.), *La Réforme et le livre*, S. 80–83.

13 J. Calvin, *Opera quae extant omnia*, Bd. 12, Braunschweig/Berlin 1863–1900, Sp. 316.

14 Théodore de Bèze, *Correspondance*, Bd. 13, Genf 1988, S. 19.

15 Luther, *Gesamtausgabe*, Abt. 4: *Briefwechsel*, Bd. 4, Weimar 1933, S. 484 [i. Orig. lat.].

16 Francis M. Higman in: Gilmont (Hg.), *La Réforme et le livre*, S. 132 f.

17 Calvin, *Opera*, Bd. 11, Sp. 804.

18 Luther, *Gesamtausgabe*, Abt. 1: *Werke*, Bd. 6, S. 461.

19 J. Lecler, »Protestantisme et ›libre examen‹. Les étapes et le vocabulaire d'une contreverse«, *Recherches de science religieuse*, 57 (1969), S. 321–374.

20 R. Gawthrop/G. Strauss, »Protestantism and Literacy in Early Modern Germany«, *Past and Present*, 104 (1984), S. 31–55, insb. S. 32–43. Siehe auch R. Engelsing, *Der Bürger als Leser. Lesergeschichte in Deutschland (1500–1800)*, Stuttgart 1974, S. 37.

21 Luther, *Gesamtausgabe*, Abt. 1: *Werke*, Bd. 10, 1, 1, Weimar 1919, unver. Nachdr. 1966, S. 728.

22 Luther, *Gesamtausgabe,* Abt. 1: *Werke*, Bd. 6, S. 461.
23 Luther, *Gesamtausgabe,* Abt. 1: *Werke*, Bd. 37, Weimar 1910, unver. Nachdr. 1964, S. 512. Siehe auch Lienhardt, *Luther*, S. 326.
24 Luther, *Gesamtausgabe,* Abt. 2: *Tischreden*, Bd. 5, Weimar 1919, unver. Nachdr. 1967, S. 1967, Nr. 6288.
25 Luther, *Gesamtausgabe,* Abt. 1: *Werke*, Bd. 15, Weimar 1899, unver. Nachdr. 1966, S. 49.
26 Philipp Melanchthon, *Melanchthons Werke in Auswahl*, R. Stupperich (Hg.), Bd. 2/1, Gütersloh 1978, S. 17, 189, siehe auch S. 193 f.
27 A. Snyder, »Word and Power in Reformation Zurich«, *Archiv für Reformationsgeschichte*, Bd. 81 (1990), S. 263–285.
28 *The Statues of the Realm*, Bd. 3, London 1817, S. 896: 34 und 35 Henry VIII., c. 1, ss. 10–13.
29 Calvin, *Opera*, Bd. 55, Sp. 151, 160; siehe auch Ph. Denis in Guy Bedouelle/ Bernard Roussel (Hg.), *Bible de tous les temps*, Bd. 5: *Le temps des Réformes et la Bible*, Paris 1989.
30 Théodore de Bèze, *Questions et responses chrestiennes* ..., Genf 1572; Nachdr. in Bèze, *Correspondance*, Bd. 13, S. 19–21.
31 Genève, Arch. Etat (Staatsarchiv Genf), Reg. Cons., Bd. 57, fol. 154r, 159r.
32 *Registres de la Compagnie des pasteurs de Genève*, Bd. 5, Genf 1976, S. 347.
33 Zitiert nach Philippe Denis in Bedouelle Roussel (Hg.), *Bible de tous les temps*, Bd. 5, S. 531; siehe H. S. Bender, Stichwort *»Bible«*, in *The Mennonite Encyclopedia*, Bd. 1, o. O. 1955, S. 322–324.
34 Zitiert nach Thomas Müntzer, *Die Fürstenpredigt und andere Schriften*, hg. v. Günther Franz, Stuttgart: Reclam 1967, S. 4.
35 Zitiert nach Müntzer, *Fürstenpredigt*, S. 7.
36 Zitiert nach Müntzer, *Fürstenpredigt*, S. 47.
37 M. Schaub, *Müntzer contre Luther. Le Droit divin contre l'absolutisme princier*, Paris 1984, S. 78–80, 186; Bernard Roussel in Bedouelle/Roussel (Hg.), *Bible de tous les temps*, Bd. 5, S. 314–318.
38 Valentin Ickelsamer, *Die rechte weis auffs kürtzist lesen zu lernen*, Erfurt 1527; und ders., *Clag etlicher Brüder an alle Christen*, o. O. 1525. Zit. nach Gawthrop, Strauss, *Protestantism*, S. 42.
39 Brief vom 4. März 1527 an Conrad Cordatus, hg. v. Oecolampade 1527, siehe Elmer Ellsworth Schultz Johnson (Hg.), *Letters and Treatises of Caspar Schwenckfeld von Ossig. June 11, 1524–1527*, Leipzig 1911; Bd. 2, Nr. 41, S. 581–599. Siehe auch B. Roussel in Bedouelle/Roussel (Hg.), *Bible de tous les temps*, Bd. 5, S. 318–320.

40 Guy Bedouelle, »Le Débat catholique sur la traduction de la Bible en langue vulgaire«, in: I. Backus/Francis Higman (Hg.) *Théorie et pratique de l'exégèse*, Genf 1990, S. 39–59; siehe auch Bedouelle/Roussel (Hg.), *Bible de tous les temps*, Bd. 5, S. 471–476.

41 B. Chédozeau, *La Bible et la liturgie en français. L'Église tridentine et les traductions bibliques et liturgiques, 1600–1789*, Paris 1990.

42 Luther, *Gesamtausgabe*, Abt. 4: *Briefwechsel*, Bd. 2, Weimar 1931, S. 191 [i. Orig. lat.].

43 R. Chartier, »Die Praktiken des Schreibens«, in: Philippe Ariès/Roger Chartier, *Von der Renaissance zur Aufklärung. Geschichte des privaten Lebens*, Bd. 3, Frankfurt a. M. 1991, S. 115 f.

44 R. Engelsing, *Analphabetentum und Lektüre*, Stuttgart 1973, S. 20. Siehe R. Scribner, »How much could read?«, in: W. J. Mommsen (Hg.), *Stadtbürgertum und Adel in der Reformation*, Stuttgart 1979, S. 44 f.

45 D. Cressy, *Literacy and the Social Order*, Cambridge 1980, S. 176.

46 P. F. Grendler, »The Organisation of Primary and Secondary Education in the Italian Renaissance«, *The Catholic Historical Review*, 71 (1985), S. 204.

47 R. S. Schofield, »The Measurement of Literacy in Pre-Industrial England«, in: Jack Goody (Hg.), *Literacy in Traditional Societies*, Cambridge 1975, S. 311–325 (dt.: Jack Goody (Hg.), *Literalität in traditionalen Gesellschaften*, Frankfurt a. M. 1980.

48 A. Petrucci, »Alle origini del libro moderno. Libri da banco, libri da bisaccia, libretti da mano«, *Italia medioevale e umanistica*, 12 (1969), S. 295–313.

49 Jean Crespin in einer Ausgabe der *Ilias* im Sedezformat, Genf 1559.

50 Siehe Natalie Z. Davis, *Humanismus, Narrenherrschaft und die Riten der Gewalt. Gesellschaft und Kultur im frühneuzeitlichen Frankreich*, Frankfurt a. M. 1987, Kap. »Buchdruck und Volk«, S. 210–249.

51 Von dieser Kampagne sind nur wenige gedruckte Zeugnisse auf uns gekommen, siehe D. M. Loades in Gilmont (Hg.), *La Réforme et le livre*, S. 280 f.

52 C. E. Harline, *Pamphlets, Printing and Political Culture in the Early Dutch Republic*, Archives internationales d'histoire des idées, Bd. 116, Dordrecht 1987; zum Lesen mit lauter Stimme siehe S. 65 f.

53 Robert W. Scribner, *For the Sake of Simple Folk. Popular Propaganda for the German Reformation*, Cambridge 1981; Hans-Joachim Köhler (Hg.), *Flugschriften als Massenmedium der Reformationszeit. Beiträge zum Tübinger Symposium 1980*, Stuttgart 1981 (Spätmittelalter und frühe Neuzeit, 13).

54 Zitiert nach Snyder, *Word and Power*, S. 274.

55 Robert W. Scribner, *Popular Culture and Popular Movements in Reformation Germany*, London 1987, S. 54–60, 65.

56 M. Browet-Duquène/O. Henrivaux, »L'Œuvre catéchétique de Luther«, in: H. R. Boudin/A. Houssiau (Hg.), *Luther aujourd'hui*, Louvain-la-Neuve 1983, S. 89–110 (Cahiers de la Revue théologique de Louvain, Bd. 11). Siehe auch P. Colin (Hg.), *Aux origines du catéchisme en France*, Paris 1989, obwohl diese Aufsatzsammlung nur den katholischen Katechismus behandelt.

57 Gawthrop/Strauss, *Protestantism*, S. 36–38.

58 W. S. Reid, »The Battle Hymns of the Lord. Calvinist Psalmody of the Sixteenth Century«, *Sixteenth Century Essays & Studies*, 2 (1971), S. 36–54. Zu Bucer siehe R. Bornert, *La Réforme protestante du culte à Strasbourg au XVI^e^ siècle (1523–1598)*, Leiden 1981, S. 469–484.

59 Patrice Veit, »Martin Luther, chantre de la Réforme. Sa conception de la musique et du chant d'église«, *Positions luthériennes*, 30 (1982), S. 47–66; Patrice Veit, »Das Kirchenlied in der Reformation Martin Luthers«, *Veröffentlichungen des Instituts für Europäische Geschichte Mainz. Abteilung Abendländische Religiöse Geschichte*, Nr. 120 (1986). Zur Kommunikation durch den Gesang siehe Scribner, *Popular Culture*, S. 60–62.

60 R. Zim, *English Metrical Psalms. Poetry as Praise and Prayer, 1535–1601*, Cambridge 1987.

61 Eine sehr anschauliche Zusammenfassung zu diesem Thema bietet G. Morisse, »Le Psautier de 1562«, *Psaume. Bulletin de la recherche sur le psautier huguenot*, 5 (1991), S. 106–127; siehe auch den bereits klassischen Artikel von E. Droz, »Antoine Vincent. La Propagande protestante par le psautier«, in: *Aspects de la propagande religieuse*, Genf 1957, S. 276–293.

62 P. Pidoux, »Les Origines de l'impression de musique à Genève«, in: *Cinq siècles d'imprimerie genevoise*, Bd. 1, Genf 1980, S. 97–108.

63 Zitiert nach M. Bohatcová, in: Gilmont (Hg.), *La Réforme et le livre*, S. 409.

64 J. Crespin, *Histoire des martyrs*, Bd. 1, Toulouse 1885, S. 647. Dieses Dokument wurde 1564 zum ersten Mal veröffentlicht.

65 Gawthrop/Strauss, *Protestantism*, S. 40; A. Riising, in: Gilmont (Hg.), *La Réforme et le livre*, S. 444; R. Kick in Gilmont (Hg.), *La Réforme et le livre*, S. 472.

66 A. G. Johnston, in: Gilmont (Hg.), *La Réforme et le livre*, S. 170.

67 G. Franz, *Huberinus – Rhegius – Holbein*, Nieuwkoop 1973 (Bibliotheca humanistica et reformatorica, Bd. 7).

68 A. G. Johnston in Gilmont (Hg.), *La Réforme et le livre*, S. 178–180.

69 Silvana Seidel Menchi in Gilmont (Hg.), *La Réforme et le livre*, S. 369–372.

70 G. Moreau, *Histoire du protestantisme à Tournai jusqu'à la veille de la Révolution des Pays-Bas*, Paris 1962, S. 151.

71 Bèze, *Correspondance*, Bd. 13, S. 19.

72 Calvin, *Opera*, Bd. 13, Sp. 591–593.

73 J. Calvin, *Commentaire sur la première épistre aux Corinthiens*, Genf 1547, S. 4.

74 A. W. Pollard/R. G. Redgrave, *A Short-Title Catalogue of Books Printed in England, Scotland, & Ireland, 1475–1640*, 2. Aufl., Nr. 14553.

75 L. Hein, *Italienische Protestanten und ihr Einfluß auf die Reformation in Polen*, Leiden 1974, S. 35.

76 H. von Schade, *Joachim Westphal und Peter Braubach. Briefwechsel*, Arbeiten zur Kirchengeschichte Hamburgs, Bd. 15, Hamburg 1981.

77 Siehe J.-F. Gilmont, *Jean Crespin, un éditeur réformé du XVI$^{e}$ siècle*, Genf 1981, S. 205.

78 Siehe Silvana Seidel Menchi in Gilmont (Hg.), *La Réforme et le livre*, S. 348.

79 Moreau, *Histoire du protestantisme*, S. 137.

80 Luther, *Gesamtausgabe*, Abt. 1: *Werke*, Bd. 54, Weimar 1928, S. 179 [i. Orig. lat.].

81 Calvin, *Opera*, Bd. 15, Sp. 214.

82 Calvin, *Opera*, Bd. 13, Sp. 70f. Zu diesem Band mit Predigten siehe Ph. Hughes, *The Reformation in England*, Bd. 2, London 1953, S. 95.

83 M. de Certeau, »Lire: braconnage et poétique de consommateurs«, *Projet*, 124 (1978), S. 447–457, Nachdr. unter dem Titel »Lire: un braconnage«, in: ders., *L'Invention du quotidien*, Bd. 1, Paris 1980, S. 279–296.

84 Francis M. Higman, »Luther et la piété de l'église gallicane. Le Livre de vraye et parfaicte oraison«, *Revue d'histoire et de philosophie religieuse*, 63 (1983), S. 91–111; siehe auch Francis M. Higman, »Les Traductions françaises de Luther, 1524–1550«, in: J.-Fr. Gilmont (Hg.), *Palaestra typographica*, Verviers 1984, S. 11–56. Zum *Catechismo* siehe S. Cavazza, »Libri in volgare et propaganda eterodossa: Venezia, 1543–1547«, in: *Libri, idee e sentimenti religiosi nel cinquecento italiano*, Modena 1987, S. 18f.

85 Siehe U. Rozzo in Gilmont (Hg.), *La Réforme et le livre*, S. 345.

86 Siehe Silvana Seidel Menchi in Gilmont (Hg.), *La Réforme et le livre*, S. 369–372.

87 Siehe Silvana Seidel Menchi in Gilmont (Hg.), *La Réforme et le livre*, S. 368f.

88 Calvin, *Opera,* Bd. 11, Sp. 634 f.
89 Zitiert nach Jane O. Newman, »The Word Made Print. Luther's 1522 New Testament in an Age of Mechanical Reproduction«, *Representations*, 11 (1985), S. 97.
90 Calvin, *Opera,* Bd. 15, Sp. 220.
91 Die Auswirkungen des Buchdrucks auf die Korrektur der religiösen Texte sind Gegenstand des oben zitierten Artikels von J. O. Newman.
92 Calvin, *Opera,* Bd. 11, Sp. 418.
93 Calvin, *Opera,* Bd. 11, Sp. 681–682.
94 Francis M. Higman, *The Style of John Calvin in his French Polemical Treatises*, Oxford 1967. Siehe auch Francis M. Higman, »Theology in French. Religious Pamphlets from the Counter-Reformation«, *Renaissance and Modern Studies*, 23 (1979), S. 128.
95 Calvin, *Opera,* Bd. 21, Sp. 70; Bd. 12, Sp. 540; siehe auch H. Rückert in *Supplementa calviniana*, Bd. 1, Neukirchen-Vluyn 1961, S. 9 f; R. Peter, *Supplementa calviniana*, Bd. 6, Neukirchen-Vluyn 1971, S. 34.
96 Calvin, *Opera,* Bd. 32, Sp. 449 f.; Bd. 35, Sp. 521–524; Bd. 25, Sp. 598; siehe auch: Bd. 35, Sp. 589.
97 Calvin, *Opera,* Bd. 8, Sp. 373 f.; Bd. 12, Sp. 401.
98 Calvin, *Opera,* Bd. 12, Sp. 302.
99 Calvin, *Opera,* Bd. 35, Sp. 521–524, 589. Das Vorwort zu *Vingtdeux sermons*, Genf: Girard 1554, wurde in den *Calvini opera* nicht nachgedruckt.
100 Siehe Patrice Veit in Bedouelle/Roussel (Hg.), *Bible de tous les temps*, Bd. 5, S. 661.
101 Willem Frijhoff, »Naissance d'un public réformé«, in: *Le Grand Atlas des littératures*, Paris 1990, S. 293.

## Kapitel 9
## Die Gegenreformation und das Lesen

1 Zu dieser Frage vgl. das Buch von Bernard Chédozeau, *La Bible et la liturgie en français. L'Eglise tridentine et les traductions bibliques et liturgiques (1600–1789)*, Paris 1990. Eine Analyse der Beziehungen zwischen Tradition und Heiliger Schrift in der nachtridentinischen katholischen Kirche findet man in Philipp Boutry, »Tradition et Ecriture. De la théologie aux sciences sociales«, *Enquête. Anthropologie, histoire, sociologie*, 2 (2. Semester 1995).

2 Siehe V. Baron, *La Contre-Réforme devant la Bible. La question biblique*, Lausanne 1943, insbes. S. 81–132.

3 Dekret der 22. Sitzung des Tridentinischen Konzils, *De sacrificio missae*, Kapitel 8, 17. September 1562. Während der 24. Sitzung (1563) bestimmte der 7. Kanon des Dekrets (der übrigens den 11. Kanon des Dekrets der fünften Sitzung vom 17. Juni 1546 aufnahm), daß der Priester »an allen Fest- und Feiertagen während der großen Messe oder im Gottesdienst auch in der Volkssprache den heiligen Text und die heilsamen Ermahnungen, die in ihm enthalten sind«, erläutern soll, »wobei er sich bemühen soll, sie in die Herzen aller Gläubigen einzuprägen und diese gründlich im Gesetz unseres Herrn zu unterweisen.« Vgl. *Les Conciles oecuméniques*, Bd. 2, Tl. 2, Paris 1994, S. 1494 u. 1552.

4 Über die Erstellung der offiziellen Texte des Tridentinischen Konzils informiere man sich in der neueren Studie von Guy Bedouelle, »La Réforme catholique«, in: ders./Bernard Roussel (Hg.), *Le Temps des Réformes et la Bible*, Paris 1989, S. 327–368.

5 Ebd., S. 350–355.

6 Zur Frage des päpstlichen Privilegs lese man nach bei: D. Pallier, »Les Impressions de la Contre-Réforme en France et l'apparition des grandes compagnies de libraires parisiens«, *Revue Française d'Histoire du Livre*, 31 (April-Juni 1981), S. 215–273. Das Zitat steht auf S. 268.

7 Zur geographischen Verteilung der großen Zentren des Buchdrucks im 16. Jahrhundert siehe J. F. Gilmont, »Les Centres de la production imprimée aux XV$^{e}$ et XVI$^{e}$ siècles«, in: S. Cavaciocchi (Hg.), *Produzione e commercio della carta e del libro secc. XIII–XVIII*, Florenz 1992, S. 343–364.

8 J. Materné, »The *Officina Plantiniana* and the Dynamics of the Counter-Reformation (1590–1650)«, in: Cavaciocchi (Hg.), *Produzione e commercio*, S. 481–490. Siehe ebenfalls den Artikel von R. M. Kingdon, »The Plantin Breviaries. A case study in the sixteenth century business operations of a publishing house«, in: *Humanisme et Renaissance*, 1960, S. 133–150.

9 Wir folgen hier der Beweisführung in Pallier, *Impressions de la Contre-Réforme*.

10 Siehe Chédozeau, *La Bible et la liturgie*; und vom selben Autor »La Bible française chez les Catholiques«, in: P. M. Bogaert (Hg.), *Les Bibles en français. Histoire illustrée du Moyen-Age à nos jours*, Turnhout 1991, S. 134–168.

11 Regel IV des *Index* von Sandoval, zitiert nach: Chédozeau, *La Bible et la liturgie*, S. 84.

12 Ebd., S. 85, Regel V des *Index* von Sotomayor. Die beiden Inquisitoren verdammen hier die Übersetzung der *Horarien*, das heißt den Gottesdienst in der Volkssprache. Der *Index* des Jahres 1667 verurteilt ausdrücklich die *Heures de Notre-Dame latin français*, einen Text des Gottesdienstes, der für die einfachen Gläubigen bestimmt war.

13 Siehe *Dictionnaire de la Bible*, Bd. 2, Sp. 1956–1965.

14 Der Gebrauch von Ausgaben in den Volkssprachen war erlaubt »unter der Bedingung, daß sie vom Heiligen Stuhl gebilligt sind, oder mit Anmerkungen der Kirchenväter oder von gelehrten katholischen Schriftstellern herausgegeben wurden«. Die spanische Inquisition erließ ein entsprechendes Dekret am 20. Dezember 1782, also ein Vierteljahrhundert nach der römischen Breve.

15 Zu diesem Punkt siehe F. Béthencourt, »Les Visites inquisitoriales de contrôle des livres«, in: D. Julia (Hg.), *Culture et société dans l'Europe moderne et contemporaine. Yearbook of the Departement of History and Civilization*, Florenz: Institut Universitaire Européen 1992, S. 17–34. Die Dissertation des Autors über *Les Inquisitions modernes en Espagne, Portugal et Italie, 1478–1874*, Paris 1995, enthüllt neue Informationen zur Tätigkeit der Inquisition in Italien, Spanien und Portugal.

16 Siehe J. A. de Freitas Carvalho, »La Bible au Portugal«, in: Y. Belaval/D. Bourel (Hg.), *Le Siècle des Lumières et la Bible*, Paris 1986, S. 235–265. Wir meinen hier nicht jene portugiesische Version der Bibel, die zwischen 1681 und 1759 unter der Leitung der Königlich Dänischen Mission in Batavia veröffentlicht wurde und das Werk eines kalvinistischen Missionars aus Portugal, Joao Ferreira de Almeida, war.

17 Zu den italienischen Bibelausgaben siehe P. Stella, »Produzione libraria religiosa e versioni della Bibbia in Italia tra età dei lumi e crisi modernista«, in: M. Rosa (Hg.), *Catolicesimo e Lumi nel Settecento italiano*, Rom 1981, S. 99–125.

18 Zur sogenannten Bibel »der Theologen aus Löwen« siehe Chédozeau, *La Bible et la liturgie*, S. 110–113, und J. F. Gilmont, »La Bible française chez les Catholiques au seizième siècle«, in: Pierre M. Bogaert (Hg.), *Les Bibles en français*, S. 91–101.

19 Die Zitate stammen aus der hervorragenden Studie über N. Le Maire von Chédozeau, *La Bible et la liturgie*, S. 200–206.

20 Zit. ebd., S. 207.

21 Vgl. die bereits zitierten Werke von Bernard Chédozeau und außerdem vom selben Autor »La Publication de l'Ecriture par Port-Royal, première

partie: 1653–1669«, *Chroniques de Port-Royal*, (1984), S. 35–42; und »Deuxième partie. L'Ancien Testament de la ›Bible de Sacy‹, 1672–1693«, *Chroniques de Port-Royal*, (1986), S. 195–203.

22 Es handelt sich dabei um die Vorschläge 79 und 85, die von der Bulle *Unigenitus* verdammt wurden. Sie wurden veröffentlicht von Chédozeau, *La Bible et la liturgie*, S. 219–221.

23 Zu diesem Punkt siehe: J. Orcibal, *Louis XIV et les protestants*, Paris 1951; Bernard Chédozeau, »Les Distributions de livres aux nouveaux convertis et leurs incidences sur le statut du laïc catholique«, *XVII*^e^ *siècle*, Nr. 154 (Jan.–März 1987), S. 39–51.

24 Brief von Guy de Sève de Rochechouart, Bischof von Arras an Fénelon, 1. Februar 1707, *Correspondance de Fénelon*, Text, vorgelegt und komm. v. Jean Orcibal in Zusammenarbeit mit J. Le Brun u. I. Noyé, Bd. 12, Genf 1990, S. 270.

25 Brief von Fénelon an Guy de Sève de Rochechouart, Februar 1707, ebd., S. 270–284. Die angeführten Zitate befinden sich auf S. 283 f.

26 Über die vielen verschiedenen Formen der Seminare siehe D. Julia, »L'Education des ecclésiastiques en France aux XVII$^{e}$ et XVIII$^{e}$ siècles«, in: *Problèmes d'histoire de l'éducation*, Seminarsschriften der Ecole Française de Rome und der Universität Rom-La Sapienza, Rom 1988, S. 141–205.

27 Das *Opus tripartitum* von Gerson, das aus einer zufälligen Zusammenstellung von drei kleinen didaktischen Traktaten über die zehn Gebote, die Kunst zu beichten und die Kunst zu sterben bestand, wurde übrigens auch im Anhang der Synodialverfassung (*Statuts Synodaux*) der Diözese Poitiers aus dem Jahre 1544 publiziert. Es erschien 1558 in französischer Übersetzung in der Synodialverfassung der Diözese Cahors und 1556 auf okzitanisch in der Verfassung der Diözese Rodez. In der Studie von N. Lemaître, *Le Rouergue flamboyant: Le clergé et les fidèles du diocèse de Rodez (1417–1563)*, Paris 1988, S. 434–436, wird aufgezeigt, daß Gersons Buch in der ersten Hälfte des 16. Jahrhunderts für die Ausbildung des Klerus eine »bequeme« Lösung bot und wegen seiner didaktischen Klarheit zur Grundlage für die katholische Predigt wurde.

28 Zur Entwicklung der Vorschriften, die sich auf die Bibliotheken der Pfarrhäuser bezogen siehe D. Julia/D. McKee, »Les Confrères de Jean Meslier. Culture et spiritualité du clergé champenois au XVII$^{e}$ siècle«, *Revue d'Histoire de l'Eglise de France*, 69 (1983), S. 61–86.

29 Hirtenbrief vom 25. September 1657, veröffentlicht in N. N., *Statuts, Ordonnances, Mandemens, Règlemens, et Lettres Pastorales imprimez par*

*ordre de Monseigneur L'Illustrissime et Révérendissime Messire Louis-Antoine de Noailles, Eveque Comte de Chaalons Pair de France*, Châlons-sur-Marne: Jacques Seneuze 1963, S. 107–110. Das Buch von Matthieu Beuvelet, *Méditations sur les principales vérités chrétiennes et ecclésiastiques (...) composées pour l'usage du séminaire établi par Mgr l'archevêque de Paris à l'église paroissiale de Saint-Nicolas du Chardonnet*, Paris 1654, war einer der Bestseller jener Literatur, die sich im 17. Jahrhundert an die Geistlichen richtete. Du Pont war in Wirklichkeit der spanische Jesuit La Puente.

30 In einem Brief, in dem er das Buch mit dem Titel *Apologie pour les casuistes* verdammte, forderte der Bischof von Châlons-sur-Marne, Félix Vialart de Herse, seine Priester dazu auf, das Wissen »vom rechtmäßigen Spenden der Sakramente und der getreuen Führung der Seelen« aus der »vertrauten und gottesfürchtigen Lektüre« einer Reihe ganz bestimmter Schriften zu schöpfen. Anschließend empfahl er ihnen, »um in diesen Dingen Erfahrung zu gewinnen«, »beflissen den Vorträgen« ihrer Dekane beizuwohnen und sich jeweils »sorgfältig« darauf vorzubereiten: *Quatrième lettre au clergé du diocèse contenant la condamnation du livre intitulé Apologie pour les Casuistes*, 25. September 1655, in: N. N., *Statuts*, S. 261.

31 Zur Veranstaltung der klerikalen Konferenzen siehe L. Perouas, *Le Diocèse de La Rochelle de 1648 à 1724. Sociologie et pastorale*, Paris: SEVPEN 1964, S. 254–256; C. Berthelot du Chesnay, *Les Prêtres séculiers en Haute-Bretagne au XVIII^e^ siècle*, Rennes 1984, S. 427–432; J. M. Gouesse, »Assemblées et associations cléricales. Synodes et conférences ecclésiastiques dans le diocèse de Coutances aux XVII^e^ et XVIII^e^ siècles«, *Annales de Normandie*, 24 (1974), S. 37–71; und schließlich den bereits zit. Artikel v. D. Julia u. D. McKee.

32 M. de Certeau, *L'Ecriture de l'histoire*, Paris 1975, S. 208 f.

33 Zu diesem Punkt siehe H. J. Martin, *Livre, pouvoirs et société à Paris au XVII^e^ siècle (1598–1701)*, Genf 1969.

34 Brief vom Kanzler Pontchartrain an den Bischof von Carcassonne, 4. März 1711, Bibliothèque nationale, Fonds français, Ms. Nr. 21133, fol. 208v-209. Die von den Bischöfen gedruckten Bücher mußten übereinstimmen mit »der rechten Lehre und der öffentlichen Ordnung«, vgl. den Brief von Kanzler Pontchartrain an François Bochart de Saron de Champigny, Bischof von Clermont, 27. Juli 1708, Bibliothèque nationale, Fonds français, Ms. Nr. 21128, fol. 791 v. Während des Konflikts um die Bulle *Unigenitus* störten die Hirtenbriefe der Bischöfe tatsächlich manchmal die öffentliche Ordnung.

35 Wir geben hier den Wortlaut des Privilegs wieder, das dem Buchhändler Jacques Seneuze, »Drucker des Bischofs Comte de Chalons«, am 27. November 1681 für dreißig Jahre gewährt wurde.

36 Im bereits erwähnten N. N., *Statuts*, Kap. »Abrégé de bibliotecque pour les ecclésiastiques qui se trouve chez Jacques Seneuze, Imprimeur de Monseigneur, avec les prix au plus juste«.

37 Siehe L. Châtellier, *Tradition chrétienne et renouveau catholique dans le cadre de l'ancien diocèse de Strasbourg (1650–1770)*, Paris 1981, S. 164f. u. 390–392. Zwischen 1701 und 1790 wurden 86 Werke als Neujahrsgeschenke publiziert: etwa die Hälfte (genauer 40, d.h. 46,5 Prozent) waren spirituelle Ratgeber oder Texte zur Moral, 14 waren Auslegungen der Heiligen Schrift und 11 waren Bücher zur Kirchengeschichte. Seit der Mitte des 18. Jahrhunderts nahmen die Kirchenväter, die Spiritualisten und die französischen Schriftgelehrten des 17. Jahrhunderts größeren Raum ein. Zur sozialen Zusammensetzung der akademischen Kongregation von Molsheim siehe L. Châtellier, »La Congrégation académique de Molsheim et la société alsacienne à la fin du dix-huitième siècle«, *Société d'histoire et d'archéologie de Molsheim et environs*, Jahresband 1980, S. 89–97.

38 Von 55 identifizierten Autoren gehörten 30 dem Jesuitenorden an. Eine vollständige Sammlung der *Etrennes* der Kongregation von Molsheim wird in der Bibliothek des Straßburger Grand Séminaire aufbewahrt.

39 Insbesondere in Deutschland und Mitteleuropa. Siehe E. Villaret, *Les Congrégations mariales*, Bd. 1: *Des Origines à la suppression de la Compagnie de Jésus (1540–1773)*, Paris 1947, S. 485–492.

40 Zit. nach Châtellier, *Tradition chrétienne*, S. 165.

41 Archives départementales de l'Yonne, G 1622.

42 Siehe Perouas, *Le Diocèse de La Rochelle*, S. 263 f.

43 Eine ausführliche Analyse des Inhalts der Bibliotheken findet man im Artikel von Julia/McKee, *Les Confrères de Jean Meslier*, S. 73–78.

44 Siehe J. Quéniart, *Les Hommes, l'Eglise et Dieu dans la France du XVIII^e^ siècle*, Paris 1978, S. 69–77.

45 L. Allegra, *Ricerche sulla cultura del clero in Piemonte. Le biblioteche parrochiali nell' Arcidiocesi di Torino sec. XVII–XVIII*, Turin 1978.

46 Siehe G. Greco, »Fra disciplina e sacerdozio. Il clero secolare nella Società italiana del Cinquecento al Settecento«, in: M. Rosa (Hg.), *Clero et Società nell'Italia moderna*, Bari 1992, S. 45–113.

47 Siehe Certeau, *L'Ecriture de l'histoire*, S. 203–212.

48 J. Meslier, *Œuvres complètes*, kritische Gesamtausgabe v. J. Deprun/R.

Desné/A. Soboul, 3 Bde., Paris 1970–1972; hier Bd. 2, S. 32.

49 Zum Brief über den jungen Mann in der Kutsche siehe M. de Certeau, *La Fable mystique XVI^e^-XVII^e^ siècles*, Paris 1982, Kap. 7, »L'Illettré éclairé«, S. 280–329.

50 Zur Literaturgattung der *Figures de la Bible* siehe den Artikel von M. Engammère, »Les Figures de la Bible. Le Destin oublié d'un genre littéraire en image (XVI^e^-XVII^e^ siècle)«, in: *Mélanges de l'école française de Rome, Italie et Méditerranée*, 106 (1994), S. 549–591.

51 Über die Anleitung beim Lesen und die spirituelle Lektüre ist der Briefwechsel des 17. Jahrhunderts besonders aufschlußreich, vor allem der von Fénelon, den J. Orcibal (15 Bde., erschienen bei Klinksieck, Paris, und bei Droz, Genf) herausgegeben hat.

52 Brief von Fénelon an die Herzogin von Beauvilliers, 16. Januar 1686, in Jean Orcibal (Hg.), *Correspondance de Fénelon*, Bd. 2, Paris 1972, S. 20 f.

53 Ebd., S. 21.

54 Brief an Minister Seignelay, La Rochelle, 29. Juni 1687, ebd., S. 58.

55 Brief an Minister Seignelay, La Tremblade, 8. März 1686, ebd., S. 32.

56 Ebd., S. 33.

57 Brief an Minister Seignelay, Juni 1687, ebd., S. 57.

58 Brief an Bossuet, La Tremblade, 8. März 1686, ebd., S. 34.

59 Siehe H.-J. Martin, »Classements et conjonctures«, in: H. J. Martin/R. Chartier (Hg.), *Histoire de l'édition française*, Bd. 1: *Le Livre conquérant. Du Moyen Age au milieu du XVI^e^ siècle*, Paris 1982, S. 449.

60 Siehe z. B. L. Desgraves, »L'Inventaire du fonds de livres chez J. Mongiron-Millanges en 1672«, *Revue française d'histoire d'histoire du livre*, (1973), S. 125–171, oder G. Hanlon, *L'Univers des gens de bien. Culture et comportement des élites urbaines en Agenais-Condomois au XVII^e^ siècle*, Bordeaux 1989; darin wird das Inventar der Buchhandlung Jean Jacques Bru in Agen aus dem Jahre 1689 analysiert (S. 312–317). Hier berücksichtigen wir nicht den Fall des Buchhändlers Nicolas aus Grenoble, der von H.-J. Martin genauer untersucht wurde, weil dieser calvinistische Buchhändler zwar viele Werke zur katholischen Theologie und Spiritualität verkauft hat, für eine Analyse der Verkaufsstätten religiöser Texte aber möglicherweise nicht repräsentativ ist.

61 Hier nur zwei Beispiele: Jean-François Behourt, ein Drucker aus Rouen, der 1759 starb, hinterließ 200 000 Andachtsbücher, davon 33 000 Stundenbücher, 15 000 Gesangbücher und 12 000 Katechismen. Siehe Jean Quéniart, *L'Imprimerie et la librairie à Rouen au XVIII^e^ siècle*, Paris 1969, S. 137.

Das Inventar, das 1789, nach dem Tod des Buchhändler-Verlegers Etienne Garnier, in Troyes angefertigt wurde, zeigt, daß 42,7 Prozent seines Lagerbestands, insgesamt 189672 Exemplare, aus religiösen Büchern bestand: Psalter, Heiligenlegenden, Pilgerbücher, Gesangbücher, Weihnachtslieder und Katechismen waren besonders zahlreich vertreten. Siehe H. J. Martin, *Le Livre français sous l'Ancien Régime*, Paris 1987, Kap. »Culture écrite, culture orale. Culture savante et culture populaire«, insbes. S. 160–165.

62 J. Brancolini/M. T. Boussy, »La vie provinciale du livre à la fin de l'Ancien Régime«, in: François Furet (Hg.), *Livre et société dans la France du XVIII^e^ siècle*, Bd. 2, Paris, Den Haag 1970, S. 3–35. Die Angaben der beiden Manuskripte, auf die sich diese Untersuchung stützt (Bibliothèque nationale, Fonds français 22018 und 22019), wurden veröffentlicht von R. L. Dawson, *The French Booktrade and the ›Permission simple‹ of 1777. Copyright and Public Domain with an Edition of the Permit Registers*, Oxford 1992 (Studies on Voltaire and the Eighteenth-Century, Nr. 301). Zum Geschick von *L'Ange conducteur* lese man nach bei M. Vernus, »Un Best-seller de la littérature religieuse. *L'Ange conducteur* du XVII^e^ au XIX^e^ siècle«, in: *Actes du 109^e^ Congrès national des sociétés savantes, Dijon 1984; Section d'histoire moderne et contemporaine*, Bd. 1: *Transmettre la foi. XVI^e^-XX^e^ siècles, Kap. 1: Pastorale et prédications en France*, Paris 1984, S. 231–244.

63 Siehe A. Tallon, *La Compagnie du Saint-Sacrement*, Paris 1990, S. 37–47. Das gemeinsame Lesen spiritueller Werke ist ebenfalls belegt in den Mailändischen Andachtsbruderschaften um 1600; siehe R. Bottoni, »Libri et lettura nelle confraternite milanesi del secundo Cinquecento«, in: N. Raponi/A. Turchini (Hg.), *Stampa, libri et lettura a Milano nell'età di Carlo Borromeo*, Mailand 1992, S. 247–277.

64 Siehe Louis Châtellier, *L'Europe des dévots*, Paris 1987, S. 137.

65 Siehe B. Dompier/F. Hernandez, »Les Livres de piété des pénitents du XVIII^e^ au XIX^e^ siècle. la négation de la Révolution?«, *Provence historique*, 39 (1989), S. 257–271; M.-H. Froeschlé-Chopard, »La Dévotion du Rosaire à travers quelques livres de piété«, *Histoire, economie, société*, Nr. 10 (1991), S. 299–316.

66 Siehe X. Toscani, »Le ›Scuole della dottrina cristiana‹ come fattore di alfabetizzazione«, *Società e Storia*, 26 (1984), S. 757–781; P. F. Grenler, »Borromeo and the School of Christian Doctrine«, in: J. M. Headley/J. B. Tomaro (Hg.), *San Carlo Borromeo Catholic Reform and Ecclesiastical Politics in the Second Half of the Sixteenth Century*, London/Toronto 1988, S. 158–171.

67 Briefe von Ignatius von Loyola an Petrus Canisius, 13. August 1554, Übersetzung in: Ignace de Loyola, *Ecrits*, Paris 1991, S. 893.

68 Zum Katechismus von Canisius siehe O. Braunsberger, *Entstehung und erste Entwicklung der Katechismen des Seligen Petrus Canisius aus der Gesellschaft Jesu*, Freiburg i. Br. 1893.

69 Zu den lateinischen wie den deutschen Ausgaben des Katechismus von Canisius siehe F. Streicher, *S. Petri Canisii Doctoris Ecclesiae Catechismi latini et germanici*, Bd. 1, Tl. 1–2, Rom/München 1933–1936.

70 Zur Verbreitung von Canisius in den französischsprachigen Ländern siehe G. Bedouelle, »L'Influence des catéchismes de Canisius en France«, in: P. Colin u. a., *Aux origines du catéchisme en France*, Paris 1989, S. 67–86.

71 Siehe z. B. die verschiedenen *ordo classium* und *ratio studiorum*, verfaßt 1564 von Père Ledesma, Präfekt des Unterrichts im römischen Kolleg, veröffentlicht in L. Lukacs, *Monumenta paedagogica Societatis Iesu*, Bd. 2, Rom 1974. Im römischen Kolleg nahm man den Katechismus jeden Freitag eine halbe Stunde lang in zwei getrennten Klassen durch. Die jüngsten Schüler sagten ihren Lehrern den Katechismus täglich auswendig auf, die älteren einmal oder mehrmals die Woche. Ebd., Bd. 3, Rom 1974, S. 371.

72 Vgl. die Protokolle der Kongregation der Provinz Aquitaine für das Jahr 1576, veröffentlicht in L. Lukacs, *Monumenta paedagogica Societatis Iesu*, Bd. 4, Rom 1981, S. 287f. Seit 1571 unterrichtete man Canisius' kleinen Katechismus in den Gymnasien von Chambéry, Lyon, Tournon und Avignon auf französisch.

73 Siehe E. Germain, »Du prône au catéchisme dans le diocèse de Paris«, in: Colin u. a., *Aux origines du catéchisme*, S. 106–119.

74 Siehe Perouas, *Le Diocèse de La Rochelle*, S. 276f.

75 Zum Katechismus der Pfarrgemeinde Saint-Nicolas in Chardonnet siehe D. Julia, »La Leçon de catéchisme dans l'*Escole Paroissiale* (1654)«, in: Colin u. a., *Aux origines du catéchisme*, S. 160–187.

76 Siehe z. B. die *Catéchismes ou abrégés de la doctrine chrétienne ci-devant intitulés Catéchisme de Bourges*, verfaßt von La Chétardie, der Ende des 17. Jahrhunderts Pfarrer von Saint-Sulpice in Paris war. Wir folgen hier der Pariser Ausgabe, 1707 in Paris veröffentlicht; so schrieb der Autor: »Monseigneur unser Prälat wollte, daß die Fragen und Antworten klar und kurz sind. So findet man sie hier auch vor. Man möge sich streng an sie halten und nur in Ausnahmefällen von ihnen abweichen, in der Überzeugung, daß sich in die Köpfe von Kindern nichts besser einprägt, als jene Dinge, die häufig und immer in denselben Worten wiederholt und eingetrichtert wer-

den. (...) Er erhofft sich einen um so größeren Nutzen von dieser kurzen Zusammenfassung, als wir durch lange und wohlerwogene Erfahrung gesehen haben, daß die Kinder hierzu in der Lage sind. Wir haben nämlich untersucht, was für Vorstellungen sie haben und welche Ausdrücke sie benutzen, was sie leicht oder nur schwer verstehen, behalten und wiederholen können, und daran haben wir uns gehalten.«

77 Siehe *Catéchisme abrégé de la doctrine chrétienne imprimé par l'ordre de Monseigneur l'évêque de Mende pour l'usage de son diocèse*, 2 Bde., Mende 1684, ursprünglich ein Hirtenbrief des Bischofs an die Prioren und Pfarrer.

78 »Avertissement de Monseigneur l'Archevêque d'Auch sur la nouvelle édition du Catéchisme à l'usage de son Diocèse«, 4. August 1764, in: *Catéchisme à l'usage du diocèse d'Auch*, Ausgabe des Jahres 1764.

79 Hierzu drei Beispiele: Die am 10. März 1695 von Henri de Thyard de Bissy erlassenen Statuten für die Schulen der Diözese Toul empfahlen allen Lehrern, den Katechismus zweimal die Woche aufsagen zu lassen und darauf zu achten, »daß jedes Kind seinen Katechismus hat«. Der Hirtenbrief von Pierre Sabatier, Bischof von Amiens, vom 25. Juli 1707 verlangte von allen Schullehrern, sie sollten »den ganzen Katechismus geläufig beherrschen, ohne das Buch in der Hand halten zu müssen, was ungehörig wirkt bei Leuten, die perfekt unterwiesen sein sollten in allem, was sie anderen beibringen«. Außerdem sollte der Katechismus als »erstes französisches Buch nach dem Alphabet« benutzt werden. 1744 beschloß die Synode der Diözese Boulogne, daß der »Katechismus das erste Lesebuch für alle Kinder, die das Alphabet beendet haben, sein soll«.

80 Ch. de Caylus, *Avis et instructions sur les ordonnances publiées dans le synode tenu au Palais épiscopal les 18 et 19 juin 1738*, Paris 1742, S. 168.

81 Alle Zitate stammen aus dem Vorwort: »Du dessein et de l'usage de ce catéchisme« zum Katechismus von Claude Fleury, *Catéchisme historique contenant en abrégé l'histoire et la doctrine chrétienne*, Paris 1683.

82 Siehe hierzu F. Brossier u. a., *Catéchismes, mémoires d'un temps: 1687. Les manuels diocésains de Paris et de Meaux (Bossuet)*, Paris 1988.

83 Fleury, *Catéchisme historique*, Kap. »Du dessein et de l'usage de ce catéchisme«.

84 Die Bibel von Royaumont wurde dort von 1680 bis 1692 gelesen; siehe den Brief von Monsieur Tronson an Monsieur Le Vayer de Bressac, Superior des Seminars von Autun, 14. Dezember 1692, in L. Tronson, *Correspondance*, Briefe, ausgew., komm. und hg. v. L. Bertrand, Bd. 1, Paris 1904, S. 161 f.

85 Nicolas A. Rétif de la Bretonne, *Monsieur Nicolas*, Bd. 1, Paris 1959, S. 187.

86 Citoyen Renaud, *Mémoire historique sur la ci-devant communauté des écoles chrétiennes du faubourg Saint-Antoine*, Paris, Jahr XII, S. 20.

87 *Vie de M. Grosley, écrite en partie par lui-même, continuée et publiée par l'abbé Maydieu, chanoine de l'Eglise de Troyes en Champagne, dédiée à un inconnu*, Paris 1787, S. 14. Die *Figures de la Bible* gehörten zu den Schulbüchern, die im Kolleg von Troyes benutzt wurden, sehr wahrscheinlich in Ausgaben, die in Troyes selbst erschienen waren.

88 X. A. Séjourné, *Histoire du vénérable serviteur de Dieu, Julien Manoir*, Bd. 2, Paris/Poitiers 1885, S. 214.

89 Siehe G. Le Menn, »Les Catalogues des libraires bretons (1695–1746)«, *Mémoires de la Société d'histoire et d'archéologie de Bretagne*, 62 (1985), S. 301–311.

90 Siehe M. Foisil, »Un Jésuite normand missionnaire en Basse-Normandie. Pierre Sandret (1658–1738)«, *Annales de Bretagne et des pays de l'Ouest*, 81 (1974), S. 537–552.

91 Siehe J. B. Bergier, *Histoire de la communauté de prêtres-missionnaires de Beaussé et des missions faites en Franche-Comté depuis 1676 jusqu'en 1850*, Besançon: Cyprien Monnot 1853; M. Vernus, »La Diffusion du petit livre de piété et de la bimbeloterie religieuse dans le Jura (au XVIIIe siècle)«, in: *Actes du 103e Congrès national des sociétés savantes, Caen 1980, Section d'histoire moderne et contemporaine*, Bd. 1, Paris 1983, S. 127–141.

92 Siehe L. Châtellier, »Livres et missions rurales au XVIIIe siècle. L'Exemple des missions jésuites dans les pays germaniques«, in: Hans E. Bödeker/Gérald Chaix/Patrice Veit, *Le Livre religieux et ses pratiques / Der Umgang mit dem religiösen Buch. Etudes sur l'histoire du livre religieux en Allemagne et en France à l'époque moderne / Studien zur Geschichte des religiösen Buches in Deutschland und Frankreich in der frühen Neuzeit*, Göttingen 1991, S. 183–193.

93 Privatarchiv von M. Carrère, Rodez, Rechnungsbuch des Buchhändlers Leroux. Michel Chappat wurde auch »Eisenwarenhändler« genannt.

94 J. Leuduger, *Le Bouquet de la Mission ou l'Abrégé des Veritez et Maximes que l'on enseigne dans les Missions*, rev., korr. u. erw. Aufl., Rennes 1700. Das Zitat stammt aus dem »Préface aux peuples de la campagne«. Louis-Marie Grignion de Monfort wurde von Jean Leuduger zum Missionar ausgebildet. Siehe J. B. Blain, *Abrégé de la vie de Louis-Maris Grignion de Montfort*, Text aufgezeichnet, vorgestellt und mit Anmerkungen versehen von L. Perous, Rom 1973, S. 146–148.

95 Leuduger, *Le Bouquet*, S. 308.

## Kapitel 10

## »Populärer« Lesestoff und »volkstümliche« Leser in Renaissance und Barock

1 Lucien Febvre/Henri-Jean Martin, *L'Apparition du livre, L'évolution de l'Humanité*, Paris 1958.

2 Philippe Berger, »La Lecture à Valence de 1474 à 1560. Evolution des comportements en fonction des milieux sociaux«, in: *Livre et lecture en Espagne et en France sous l'Ancien Régime*, Kolloquium der Casa de Velazquez, Paris 1981, S. 97–107; und Philippe Berger, *Libro y lectura en la Valencia del Renacimiento*, Valencia 1987.

3 André Labarre, *Le Livre dans la vie amiénoise du XVIe siècle. L'Enseignement des inventaires après décès, 1503–1576*, Paris/Löwen 1971.

4 P. Clark, »The Ownership of Book in England, 1560–1640. The Example of Some Kentish Townsfolk«, in: Lawrence Stone (Hg.), *Schooling and Society. Studies in the History of Education*, Baltimore 1976, S. 95–111.

5 Carlo Ginzburg, *Der Käse und die Würmer. Die Welt eines Müllers um 1600*, Frankfurt a. M. 1983.

6 Sara T. Nalle, »Literacy and Culture in Early Modern Castile«, *Past and Present*, 125 (Nov. 1989), S. 65–96.

7 Maxime Chevalier, »El público de las novelas de caballerías«, in: *Lectura y lectores en la España de los Siglos XVI y XVII*, Madrid 1976, S. 65–103.

8 Marcel Bataillon, »Santa Teresa, lectora de libros de caballerías«, in: *Varia lección de clásicos españoles*, Madrid 1964, S. 21–23.

9 Daniel Eisenberg, »Who Read the Romances of Chivalry?«, *Kentucky Romance Quarterly*, 20 (1973), S. 209–233; und Daniel Eisenberg, *Romances of Chivalry in the Spanish Golden Age*, Newark 1982, S. 89–118, Zit. auf S. 105.

10 Zu den verschiedenen Definitionen von »populär« siehe Lawrence Levine, »The Folklore of Industrial Society. Popular Culture and Its Audience«, *American Historical Review*, 97, 5, Dez. 1992, S. 1369–1399, insb. S. 1373; und Roger Chartier, »Cultura popular. Retorno a un concepto historiográfico«, *Manuscrits*, 12 (1994), S. 43–62.

11 Vgl. die Übersicht von Paloma Díaz-Mas, »Prólogo«, in Paloma Díaz-Mas (Hg.), *Romancero*, Barcelona 1994, S. 1–50.

12 Vgl. die Bibliographien in Antonio Rodriguez Moñino, *Diccionario bibliográfico de pliegos sueltos poéticos (siglo XVI)*, Madrid 1970; Antonio Rodriguez Moñino, *Manual bibliográfico de cancioneros y romanceros impresos durante el siglo XVI*, Madrid 1973; Giuliana Piacentini, *Los Pliegos Sueltos*,

*Ensayo de une bibliografía analítica del romancero antiguo*, Bd. 1: *Los Textos (Siglos XV y XVI)*, Pisa 1981; Giuliana Piacentini, *Cancioneros y romanceros, Ensayo de una bibliografía analítica del romancero antigua*, Bd. 2: *Los Textos (Siglos XV y XVI)*, Pisa 1986. Zu den *romances nuevos* und den *pliegos sueltos* im 17. Jahrhundert siehe Maria Cruz García de Entarría, *Sociedad y poesía de cordel en el Barroco*, Madrid 1973.

13 Diaz-Mas, *Romancero*, S. 32.

14 Die Definition des *pliego* kann über diese ursprüngliche Form hinaus erweitert werden. Ein *pliego suelto* besaß einen Höchstumfang von 32 Seiten »y aún más« (d. h. vier Druckbögen und mehr) nach Moñino, *Diccionario bibliográfico*, S. 11; von 32 Seiten (d. h. vier Druckbögen) nach García de Enterría, *Sociedad*, S. 61; und von 32 Seiten »y aún mas« nach Joaquín Marco, *Literatúra popular en España en los siglos XVIII y XIX. Una aproximación a los pliegos de cordel*, Madrid 1977, S. 33.

15 Víctor Infantes, »Los pliegos sueltos poéticos. Constitución tipográfica y contenido literario (1482–1600)«, in: Víctor Infantes (Hg.), *En el Siglo de Oro. Estudios y textos de literatura áurea*, Potomac 1992, S. 47–58.

16 Jean-François Botrel, »Les Aveugles colporteurs d'imprimés en Espagne, Tl. 1, La Confrérie des aveugles de Madrid et la vente des imprimés du monopole à la liberté du commerce (1581–1836)«, in: *Mélanges de la Casa de Velazquez*, Bd. 9 (1973), S. 417–482; und Jean-François Botrel, »Les Aveugles colporteurs d'imprimés en Espagne, Tl. 2: Les Aveugles considérés comme mass-media«, in: *Mélanges de la Casa de Velazquez*, Bd. 10 (1974), S. 233–271.

17 Tessa Watt, *Cheap Print and Popular Piety (1550–1640)*, Cambridge 1991.

18 Adam Fox, »Ballads, Libels and Popular Ridicule in Jacobean England«, *Past and Present*, 145 (Nov. 1994), S. 47–83.

19 Margaret Spufford, *Small Books and Pleasant Histories. Popular Fiction and its Readership in Seventeenth-Century England*, London 1981.

20 Watt, *Cheap Print*, S. 257–295, Kap. »The Development of the Chapbook Trade«.

21 Zur *Bibliothèque bleue* vgl. die Studie von Roger Chartier, *Lectures et lecteurs dans la France d'Ancien Régime*, Paris 1987, S. 110–121, S. 247–270 u. 271–351.

22 Paul Ricœur, *Temps et récit. Le Temps raconté*, Bd. 3, Paris 1985, S. 228–263.

23 Ebd., S. 239.

24 Wolfgang Iser, *Der Akt des Lesens. Theorie ästhetischer Wirkung*, München 1976.

25 Hans Robert Jauß, *Literaturgeschichte als Provokation*, Frankfurt a. M. 1970.

26 D. F. McKenzie, *Bibliography and the Sociology of Texts*, London 1986 (frz.: *La Bibliographie et la sociologie des textes*, mit einem Vorwort von Roger Chartier: »Textes, formes, interprétations«, Paris 1991).

27 Stanley Fish, *Is There a Text in This Class? The Authority of Interpretive Communities*, Cambridge/Mass. 1980, S. 1–17.

28 Margit Frenk, »Lectores y oidores. La difusión oral de la literatura en el Siglo de Oro«, in: Giuseppe Bellini (Hg.), *Actas del Septimo Congresso de la Asociación International de Hispanistas*, Bd. 1, Rom 1982, S. 101–123.

29 Ebd., S. 115 f.

30 B. W. Ife, *Reading and Fiction in Golden-Age Spain. A Platonist Critique and Some Picaresque Replies*, Cambridge 1985.

31 Ebd., S. 16 f.

32 Jaime Moll, »Diez años sin licencias imprimir comedias y novelas en los reinos de Castillas (1625–1634)«, *Boletín de la Real Academia de España*, Bd. 54 (1974), S. 97–103; D. W. Cruickshank, »›Literature‹ and the Book-Trade in Golden-Age Literature«, *The Modern Language Review*, 73/4 (Okt. 1978), S. 799–824.

33 McKenzie, *Bibliography*, S. 20.

34 Spufford, *Small Books*, S. 91–101, und als Beispiel für einen Katalog S. 262–267.

35 Henri-Jean Martin, »Culture écrite et culture orale, culture savante et culture populaire dans la France d'Ancien Régime«, *Journal des Savants* (Juli-Dez. 1975), S. 225–282.

36 Joana Escobedo, *Plecs poètics catalans del segle XVII de la Biblioteca de Catalunya*, Barcelona 1988.

37 Antonio Rodriguez Moino, *Poesía y cancioneros (siglo XVI)*, Madrid 1968, S. 31–33. Nach Pedro M. Cátedra und Víctor Infantes bestand ein »el auténtico ›pliego‹ de origen« aus einem zweimal gefalteten Druckbogen (d. h. 8 Seiten) im Quartformat und »debemos admitir que cada plana [»zusätzlich«] aleja de su primitiva condición el producto original«, »Estudio«, in: *Los pliegos sueltos de Thomas Croft (Siglo XVI)*, Valencia 1983, S. 11–48, Zitat auf S. 25 f.

38 Mercedes Agulló y Cobo, *Relaciones de sucesos*, Bd. 1: *Años 1477–1619*, *Cuadernos Bibliográficos*, Bd. 20, Madrid 1966.

39 E. C. Riley, *Cervantes's Theory of the Novel*, Oxford: At the Clarendon Press 1962, S. 81–115, Kap. »Author and Reader«; María Cruz García de

Enterría, »Lectura y rasgos de un público«, *Edad de Oro*, 12 (1993), S. 119–130.

40 Jean-Pierre Seguin, *L'Information en France avant le périodique: 517 canards imprimés entre 1529 et 1631*, Paris 1964; und z. B. Roger Chartier, »La Pendue miraculeusement sauvée. Etude d'un occasionnel«, in: Roger Chartier (Hg.), *Les Usages de l'imprimé (XV^e^-XIX^e^ siécle)*, Paris 1987, S. 83–127.

41 William Eamon, »Arcana Disclosed. The Advent of Printing, the Books of Secrets Tradition, and the Development of Experimental Science in the Sixteenth Century«, *History of Science*, Bd. 22, Tl. 2, Nr. 56 (Juni 1984), S. 111–150.

42 Lorraine Daston, »Marvelous Facts and Miraculous Evidences in Early Modern Europe«, *Critical Inquiry*, 18/1 (1991), S. 93–124.

43 Lisa Jardine, Anthony Grafton, »›Studied for Action‹: How Gabriel Harvey Read His Livy«, *Past and Present*, 129 (Nov. 1990), S. 30–78.

44 Ann Blair, »Humanist Methods in Natural Philosophy. The Commonplace Book«, *Journal of the History of Ideas*, 53/4 (Okt.–Dez. 1992), S. 541–551.

45 Als Beispiel, allerdings nur für Frankreich, siehe die folgenden Memoiren und Autobiographien: Valentin Jamerey-Duv. *Mémoires. Enfance et éducation d'un paysan au XVIII^e^ siècle*, mit einem Vorwort von Jean Marie Goulemot, Paris 1981; Jacques-Louis Ménétra, *Journal de ma vie. Jacques-Louis Ménétra, compagnon vitrier au XVIII^e^ siècle*, hg. v. Daniel Roche, Paris 1982; Anne Fillon, *Louis Simon, étaminier (1741–1820) dans son village du Haut Maine au siècle des Lumières*, Universität von Maine 1982 (Diss.).

46 Silvana Seidel Menchi, *Erasmo in Italia (1520–1580)*, Turin o. J., S. 286–321; Silvana Seidel Menchi, *Erasmus als Ketzer. Reformation und Inquisition im Italien des 16. Jahrhunderts*, Leiden 1992.

47 Vgl. die Studie von Francis Goyet, »A Propos de ›ces pastissages de lieux communs‹ (le rôle des notes de lecture dans la genèse des *Essais*)«, *Bulletin de la Société des Amis de Montaigne*, 5 (1986), S. 11–26 u. 7 f.; und ebd., 6 (1987), S. 9–30; Francis Goyet, *Rhétorique et littérature. Le ›lieu commun‹ à la Renaissance*, Universität Paris-XII 1993 (Diss.).

48 Jardine/Grafton, *Studied*, S. 78, Anm. 148.

49 Siehe Lisa Jardine, *Erasmus. Men of Letters. The Construction of Charisma in Print*, Princeton 1993; Anthony Grafton/Lisa Jardine/William Sherman, *Reading in the Renaissance*, bisher unveröffentlicht.

## Kapitel 11
## Gibt es eine Leserevolution am Ende des 18. Jahrhunderts?

1 J. G. Heinzmann, *Appel an meine Nation über die Pest der deutschen Literatur*, Bern 1795 (Nachdr. Hildesheim 1977), S. 139.

2 Zit. nach W. Krauss, »Über den Anteil der Buchgeschichte an der Entfaltung der Aufklärung.«, in: ders., *Zur Dichtungsgeschichte der romanischen Völker*. Leipzig 1965, S. 194–312.

3 J. G. Beyer, »Ueber das Lesen, insofern es zum Luxus unserer Zeiten gehört.«, in: *Acta Academiae Electoralis Moguntinae Scientiarum Utilium*, Bd. 12, Erfurt 1794, S. 7.

4 In Frankreich herrschen quantitative Analysen etwa von Nachlaßinventaren und Bibliothekskatalogen vor, die allerdings nur relativ globale Folgerungen erlauben. Sie verzeichnen oft nur, was gesammelt, nicht aber, was gelesen wurde. Denn Zerlesenes und Verdächtiges wurde ausgesondert, oft repräsentieren Kataloge einen obsoleten Bestand von Generationen, begünstigen die traditionellen Kulturträger und den kulturellen Kontext gegenüber den Innovationen. In Deutschland freilich sind sogar diese eingeschränkten Kenntnisse nur punktuell vorhanden, hier überwiegen theoretische Modelle ohne empirische Absicherung.

5 Ian Watt, *Der bürgerliche Roman*, Frankfurt a. M. 1974, S. 230.

6 Vgl. dazu R. Engelsing, *Analphabetentum und Lektüre*, Stuttgart 1973, S. 62 ff.

7 R. Schenda, *Volk ohne Buch. Studien zur Sozialgeschichte der populären Lesestoffe 1770–1910*, Frankfurt a. M. 1970, S. 445.

8 Helmut Kiesel/Paul Münch, *Gesellschaft und Literatur im 18. Jahrhundert*, München 1977, S. 160.

9 Schenda, *Volk ohne Buch*, S. 88.

10 B. Haug, Das Gelehrte Wirtemberg, Stuttgart 1790, S. 26–32, zit. nach M. Hasselhorn, *Der altwürttembergische Pfarrstand im 18. Jahrhundert*, Stuttgart 1958, S. 33 f.

11 Alberto Martino, *Die deutsche Leihbibliothek. Geschichte einer literarischen Institution*, Wiesbaden 1977, S. 52.

12 R. Chartier, *Lesewelten. Buch und Lektüre in der frühen Neuzeit*, Frankfurt/New York 1990, S. 181.

13 Watt, *Der bürgerliche Roman*, S. 52.

14 Jean-Jacques Rousseau, *La Nouvelle Héloïse*, Tl. 6, Brief 5, S. 695.

15 R. Chartier, »Ist eine Geschichte des Lesens möglich?«, *Zeitschrift für Literaturwissenschaft und Linguistik*, 57/58 (1985), S. 258.
16 Josef Anton Weissenbach, *Vorstellungen über den Krieg, den man itzt gefährlichen Schriften anzukündigen hat; an alle so wohl geistliche, als weltliche Oberkeiten*. Augsburg 1793, S. 7 f.
17 Robert Darnton, »Rousseau und seine Leser«, S. 137.
18 Watt, *Der bürgerliche Roman*, S. 201.
19 Darnton, *Rousseau und seine Leser*, S. 127 ff.
20 Ebd., S. 134.
21 Ebd., S. 144 f.
22 Rolf Engelsing, »Perioden der Lesergeschichte«, *Archiv für Geschichte des Buchwesens*, 10 (1970), Sp 945–1002.
23 Erich Schön, *Der Verlust der Sinnlichkeit oder Die Verwandlungen des Lesers. Mentalitätswandel um 1800*, Stuttgart 1987, S. 327.
24 L. Mejer, »Brief an H. C. Boie vom 1. 1. 1784«, zit. nach Ilse Schreiber (Hg.), *Ich war wohl klug, daß ich dich fand. H. C. Boies Briefwechsel mit Luise Mejer 1777–1785*, München 1961, S. 275.
25 Vgl. Schön, *Der Verlust der Sinnlichkeit*, S. 326.
26 Johann Adam Bergk, *Die Kunst, Bücher zu lesen. Nebst Bemerkungen über Schriften und Schriftsteller*, Jena 1799, S. 69.
27 Vgl. Schön, *Der Verlust der Sinnlichkeit*, S. 328.
28 Vgl. dazu auch Eva Maria Hanebutt-Benz (Hg.), *Die Kunst des Lesens. Lesemöbel und Leseverhalten vom Mittelalter bis zur Gegenwart* (Ausstellungskatalog), Frankfurt a. M. 1985, S. 109 ff.
29 Watt, *Der bürgerliche Roman*, S. 219.
30 Schön, *Der Verlust der Sinnlichkeit*, S. 167.
31 Jean Paul, »Briefe und bevorstehender Lebenslauf. Konjektural-Biographie, sechste poetische Epistel«, zit. nach ders., *Werke*, hg. v. Norbert Miller, Bd. 4, München 1962, S. 1070.
32 Karl G. Bauer, *Über die Mittel, dem Geschlechtstrieb eine unschädliche Richtung zu geben*, Leipzig 1791, S. 190.
33 Bergk, *Die Kunst, Bücher zu lesen*, S. 59.
34 Ebd., S. 407.
35 Jean Paul, »Kleine Nachschule zur ästhetischen Vorschule, I. Miserikordias-Vorlesung«, zit. nach ders., *Werke*, hg. v. Norbert Miller, Bd. 5, München 1963, S. 495.
36 Watt, *Der bürgerliche Roman*, S. 54.
37 Ebd., S. 240 f.

38 »Ueber Mode-Epoken in der Teutschen Lektüre«, *Journal des Luxus und der Moden* (November 1792), S.549–558.

39 Vgl. Martino, *Die deutsche Leihbibliothek*, S.57.

## Kapitel 12

## Die neuen Leser im 19. Jahrhundert: Frauen, Kinder, Arbeiter

1 François Furet/Jacques Ozouf, *Lire et Ecrire. L'alphabétisation des français de Calvin à Jules Ferry*, 2 Bde., Paris 1977.

2 Roger Schofield, »Dimensions of Illiteracy in England, 1750–1850«, in: Harvey J. Graff, *Literacy and Social Development in the West. A Reader*, Cambridge 1981, S.201–213.

3 Dieter Langewiesche/Klaus Schonhoven, »Arbeiterbibliotheken und Arbeiterlektüre im Wilhelminischen Deutschland«, *Archiv für Sozialgeschichte* 14, 1976, S.140.

4 Daniel Roche, *Le Peuple de Paris. Essai sur la culture populaire au $18^{e}$ siècle*, Paris 1981, S.206–209.

5 Langewiesche/Schonhoven, »Arbeiterbibliotheken«, S.136.

6 Martyn Lyons, *Le Triomphe du Livre. Une histoire sociologique de la lecture dans la France du $XIX^{e}$ siècle*, Paris 1987.

7 C.-A. Sainte-Beuve, »De la littérature industrielle«, in: *Portraits contemporains*, 5 Bde., Paris 1869–1876, Bd.2, S.444–471.

8 Wilkie Collins, »The Unknown Public«, in: *Victorian Fiction. A Collection of Essays*, hg. v. I. B. Nadel, New York 1986.

9 R. Chartier/D. Julia/M. u. M. Compère, *L'Education en France du $XVI^{e}$ au $XVIII^{e}$ siècle*, Paris 1976, S.102–105.

10 Martyn Lyons/Lucy Taksa, *Australian Readers Remember*, Melbourne 1992, Kap. 3.

11 P.-J. Hélias, *Le Cheval d'Orgeuil. Mémoires d'un Breton au pays bigouden*, 2 Bde., Genf 1979, 1. Bd., S.167.

12 Lyons, *Triomphe du Livre*, S. 101.

13 Anon. (Audin-Rouvière), *La Cuisinière bourgeoise*, Paris 1846.

14 Evelyne Sollerot, *La Presse féminine*, Paris 1963.

15 *Le Journal Illustré*, 8 (3.–10. April 1864).

16 Stendhal, *Correspondance*, hg. v. Paupe/Chéramy, 3 Bde., Paris 1903, Bd.3, S.89–92.

17 Lise Quéffelec, »La Lecteur du roman comme lectrice. Stratégies romanesques et stratégies critiques sous la Monarchie de Juillet«, *Romantisme*, 16/53 (1986), S. 9–21.
18 Zit. in Richard D. Altick, *The English Common Reader. A Social History of the Mass Reading Public, 1800–1900*, Chicago 1957, S. 112f.
19 M.-J. Brisset, *Le Cabinet de Lecture*, 2 Bde., Paris 1843, Bd. 1, S. 10.
20 Georges Duby (Hg.), *Histoire de la France urbaine*, Bd. 4: *La Ville de l'âge industriel. Le cycle haussmannien*, S. 366.
21 Anne-Marie Thiesse, *Le Roman du Quotidien. Lecteurs et lectures populaires à la belle époque*, Paris 1984, S. 22.
22 Dies./Martyn Lyons/Lucy Taksa, »›If Mother caught us Reading!‹ Impressions of the Australian Women Reader, 1890–1933«, *Australian Cultural History*, 11, S. 39–50.
23 Lyons, *Triomphe du Livre*, S. 186.
24 Furet/Ozouf, *Lire et écrire*, Bd. 2, S. 32–33 u. 263.
25 Maurice Gotard, *Les Ecoles primaires de la France bourgeoise, 1833–1875*, Toulouse o. J., S. 162–169.
26 P. Lorain, *Tableau de l'instruction primaire en France*, Paris 1837, S. 2–5.
27 Antoine Prost, *Histoire de l'Enseignement en France, 1800–1867*, Paris 1968, S. 113.
28 Pamela Horn, *Education in rural England, 1800–1914*, Dublin 1978, S. 138.
29 Ebd., S. 146.
30 Ebd., S. 116.
31 Ebd., S. 118.
32 Ebd., S. 53.
33 Ebd., S. 120.
34 Philip McCann, *Popular Education and Socialization in the 19th Century*, London 1977, S. 28–30.
35 Lyons, *Triomphe du Livre*, S. 95.
36 Catherine Velay-Vallantin, »Le Miroir des Contes. Perrault dans les bibliothèques bleues«, in: R. Chartier (Hg.), *Les Usages de l'imprimé*, Paris 1987, S. 168.
37 John M. Ellis, *One Fairy Story Too Many. The brothers Grimm and their tales*, Chicago 1985, S. 193.
38 Segolene Le Men, *Abécédaires à figures au 19ᵉ siècle*, Paris 1984.
39 *Magasin d'Education et de Récréation*, Bd. 4 (1865/66), S. 371.
40 Isabelle Jan, »Children's Literature and Bourgeois Society since 1860«, *Yale French Studies*, 43 (1969), S. 57–72.

41 Jean Hassenforder, *Développement comparé des bibliothèques publiques en France, en Grande-Bretagne et aux Etats-Unis dans la seconde moitié du XIXe siècle (1850–1914)*, Paris 1967.
42 Charles Dickens, *Speeches*, hg. v. K. J. Fielding, Oxford 1960, S. 152–154.
43 Georges Duveau, *La Pensée ouvrière sur l'éducation pendant la Seconde République et le Second Empire*, Paris 1948, S. 185.
44 Agricole Perdiguier, *Livre du compagnonnage*, Paris 1857, S. 231 ff.
45 Jean-Baptiste Dumay, *Mémoires d'un militant ouvrier du Creusot (1841–1905)*, hg. v. Pierre Ponsot, Grenoble 1976, S. 116–118.
46 Roger Bellet, »Une bataille culturelle, provinciale et nationale. À propos des bons auteurs pour bibliothèques populaires«, *Révue des Sciences Humaines*, 34 (1969), S. 453–473.
47 Langewische und Schonhoven, »Arbeiterbibliotheken und Arbeiterlektüre im Wilhelminischen Deutschland«, in: *Archiv für Sozialgeschichte* XIV, 1976, S. 136.
48 Ebd., S. 138.
49 Ebd., S. 150–151.
50 Lyons, *Triomphe du Livre*, S. 182.
51 Langewiesche/Schonhoven, »Arbeiterbibliotheken«, S. 163.
52 Ebd., S. 167.
53 Lyons, *Triomphe du Livre*, S. 190.
54 R. K. Webb, *The British Working-Class Reader, 1790–1848. Literacy and social tension*, London 1955, S. 22.
55 John Burnett (Hg.), *Useful Toil. Autobiographies of working people from the 1820s to the 1920s*, Harmondsworth 1977, S. 231 u. 308.
56 Thomas Cooper, *The Life of Thomas Cooper, written by himself*, London 1872/1897, S. 57.
57 Jocelyne Baty Goodman (Hg.), *Victorian Cabinet-Maker. The memoirs of James Hopkinson, 1819–1894*, London 1968, S. 83.
58 William Thom, *Rhymes and Recollections of a Handloom Weaver*, 2. Aufl., London 1845, S. 13.
59 John James Bezer, *Autobiography of One of the Chartist Rebels of 1848*, in: David Vincent (Hg.), *Testaments of Radicalism. Memoirs of Working Class Politicians*, 1790–1885, London 1977, S. 157.
60 Maxim Gorki, *Meine Universitäten*, Frankfurt a. M. 1961, S. 28f.
61 Ebd., S. 108.
62 J. W. u. Anne Tibble (Hg.), *The Prose of John Clare, including the Autobiography, 1793–1824*, London 1951, S. 32.

63 William Edwin Adams, *Memoirs of a Social Atom*, 2 Bde., London 1903, Bd. 1, S. 44f.

64 William Aitken, »Remembrances and the Struggles of a Working Man for Bread and Liberty«, *Ashton-under-Lyne News*, 25. September 1869, S. 3b.

65 David Vincent, *Bread, Knowledge and Freedom. A Study of 19th Century Working-Class Autobiography*, London 1981, S. 124.

66 David D. Hall, »The Uses of Literacy in New England, 1600–1850«, in: William L. Joyce u. a., *Printing and Society in Early America*, Worcester 1983; Rolf Engelsing, *Der Bürger als Leser. Lesergeschichte in Deutschland, 1500–1800*, Stuttgart 1974.

67 John Buckley (Pseudonym), *A Village Politician. The Life Story of John Buckley*, hg. v. J. C. Buckmaster, London 1897, S. 2.

68 George L. Craik, *The Pursuit of Knowledge under Difficulties*, London 1876, S. 248f.

69 Charles Shaw, *When I was a Child*, Sussex 1977, S. 220f. [Faksimile einer anonymen Ausgabe von 1903].

70 Thomas Carter, *Memoirs of a Working Man*, London 1845, S. 186 u. 191.

71 Martin Nadaud, *Les Mémoires de Léonard, ancien garçon maçon*, Paris o. J., S. 96.

72 James Dawson Burn, *The Autobiography of a Beggar-Boy*, hg. v. D. Vincent, London 1978 (1. Aufl. 1855), S. 93f.

73 Adams, *Memoirs of a Social Atom*, Bd. 1, S. 164.

74 Agricole Perdiguier, *Mémoires d'un campagnon*, Moulins 1914, S. 137.

75 Carter, *Memoirs of a Working Man*, S. 135.

76 Zit. in Craik, *The Pursuit of Knowledge under Difficulties*, S. 248f.

77 Samuel Bamfort, *Early Days*, hg. v. W. H. Chaloner, London 1967 (1. Aufl. 1848/49), S. 192–194.

78 William Cobbett, *The Autobiography of William Cobbett*, hg. v. William Reitzel, London 1967, S. 27.

79 Ebenezer Elliott, »Autobiography«, *The Athenaeum*, I/1159 (12. Januar 1850), S. 48.

80 Bamford, *Early Days*, S. 210.

81 Robert Owen, *The Life of Robert Owen, written by himself, with selections from his writings and correspondence*, Bd. 1, London 1857, S. 14.

82 Thiesse, *Le Roman du Quotidien*, S. 19.

83 Henry Mayhew, *London Labour and the London Poor*, hg. v. J. D. Rosenberg, 4 Bde., New York 1968, Bd. 1, S. 25.

84 Francis Kilvert, *Kilvert's Diary. Selections*, hg. v. William Plomer, 3 Bde., London 1977, Bd. 1, S. 301 f.

## Kapitel 13
## Lesen um zu lesen: Eine Zukunft für die Lektüre

* »Lire pour lire. La lecture littéraire« lautet der (aus einem Text von Georges Perec übernommene) Titel der von B. Sarrazin und R. Setrick zusammengestellten Ausgabe 7 (1990) von *Textuel*, der Zeitschrift der Université Paris VII, die eine Reihe von Aufsätzen über die persönliche und literarische Lektüre sowie die Schullektüre enthält.

1 R. Pattison, *On Literacy. The Politics of the Word from Homer to the Age of Rock*, Oxford 1984, S. 202.

2 R. Barthes/A. Compagnon, »Lettura«, in: *Enciclopedia Einaudi*, Turin 1979, S. 176–199; hier S. 198.

3 R. Luperini, »Tendenze attuali della critica in Italia«, *Belfagor*, 46 (1991), S. 365–376; hier S. 376.

4 Die hier diskutierten Daten sind entnommen aus A. Petrucci, *Scrivere e no. Politiche della scrittura e analfabetismo nel mondo di oggi*, Rom 1989, S. 45–81.

5 Vgl. auch Barthes/Compagnon, »Lettura«, S. 178.

6 M. Foucault, *L'Ordre du discours* (1970), Paris 1984 (dt.: ders., *Die Ordnung des Diskurses*, München 1974).

7 Diese Definition entnehme ich dem *Lessico universale italiano*, Bd. 4, Rom 1970, S. 99.

8 Foucault, *L'Ordre*, S. 10 f. (dt. Übers.: S. 7).

9 Ebd., S. 38 (dt. Übers.: S. 25).

10 *Guida alla formazione di una biblioteca pubblica e privata. Catalogo sistematico e discografia. Con un commento di Delio Cantimori, una lettera di Salvatore Accardo e una documentazione sull'esperienza di Dogliani*, Turin 1969; davon gibt es eine 2., neubearb. Aufl., hg. v. P. u. I. Terni/P. Innocenti, Turin 1981.

11 Ebd., S. 2.

12 Ebd., S. 551.

13 *Enciclopedia europea*, Bd. 12, *Bibliografia. Repertorio. Statistiche*, Mailand 1984. Die *Bibliografia* nimmt die S. 7–928 ein.

14 Pattison, *On Literacy*, S.201.

15 Ebd., S.207.

16 Vgl. hierzu F. Colombo, *Il destino del libro e altri destini*, Turin 1990, S.11–34; die hier wiedergegebene Einschätzung findet sich auf S. 94. Informationen und Daten zur Situation des Verlagswesens in den Vereinigten Staaten habe ich mir durch die Sichtung der Jahrgänge 1990 und 1991 (bis April) von *Publishers Weekly. The International New Magazine of Book Publishing* beschafft.

17 Berichtet hat darüber G. Ambrosini in *Il manifesto* v. 30. April 1991, S.10.

18 Berichtet hat darüber R. Ceserani in *Il manifesto* v. 26. April 1991, S.10.

19 E. Montale, »I libri nello scaffale«, in: ders., *Auto-da-fé. Cronache in due tempi*, Mailand 1966, S.96–100; das Zitat aus dem Text, der vom 24. Oktober 1961 datiert, befindet sich auf S.96.

20 E. Long, »Reading Groups and the Postmodern Crisis of Cultural Authority«, *Cultural Studies*, 1 (1987), S.306–327. Zu den neuen, individualistischen und freien Arten des Lesens vgl. aber auch die Schlußfolgerungen der beiden Herausgeber in A. M. Chartier/J. Hébrard (Hg.), *Discours sur la lecture (1880–1980)*, Paris 1989, S.507–510. Zur aktuellen Situation in Rußland vgl. C. Basoli, »Nuova editoria a Mosca«, *Belfagor*, 46 (1991), S.667–680.

21 Berichtet darüber hat R. Zanobi, »Dewey sugli scaffali«, *Biblioteche oggi*, 5 (1987), 1, S.84–88.

22 So P. Innocenti, *La pratica del leggere*, Mailand 1989 (*Quaderni di Biblioteche oggi*, 4), S.12.

23 M. L. De Fleur, »How Massive are Mass-Media?«, *Syracuse Scholar*, 10/1 (1990), S.14–34. Doch bereits 1963 konnte der englische Forscher Ronald Morris feststellen, daß das Lesen gegenüber dem Fernsehen und den anderen nichtschriftlichen Kommunikationsmitteln an Boden verloren hatte und daß sich dieser Prozeß in den zehn vorangegangenen Jahren verschärft hatte; vgl. R. Morris, *Success and Failure in Learning to Read*, 3. Aufl., hg. v. D. McKay, London 1973, S.25.

24 Innocenti, *La pratica*, S.219–315.

25 Sie trägt die Nr.61; vgl. ebd., S.271.

26 F. Marini-Mariucci, *Il testo, il lettore. Analisi teorico-practica della comprensione*, Rom 1979, S.49 (das Zitat übernehme ich aus Innocenti, *La pratica*, S.152).

27 H.-M. Enzensberger, »Bescheidener Vorschlag zum Schutze der Jugend

vor den Erzeugnissen der Poesie«, in: ders., *Mittelmaß und Wahn*, Frankfurt a. M. 1988, S. 23–41; hier S. 33 f.

28 Vgl. hierzu R. Chartier, *Les origines culturelles de la Revolution française*, Paris 1990, S. 73–80 u. 98–102 (dt.: *Die kulturellen Ursprünge der Französischen Revolution*, Frankfurt/New York 1995).

# Bibliographie

## 1. Allgemeine Literatur

*Alfabetismo e cultura scritta nella storia della società italiana,* Atti del Seminario tenutosi a Perugia, 29.–30. März 1977, Perugia 1978.

Barker, Nicolas (Hg.), *A Potencie of Life. Books in Society,* The Clark Lectures, 1986–1987, London 1993.

Bialostocki, Jan, *Livres de sagesse et livres de vanités. Pour une symbolique du livre dans l'art,* Paris 1993.

Blumenberg, Hans, *Die Lesbarkeit der Welt*, Frankfurt a. M. 1981, [3]1993.

Bödeker, Hans Erich (Hg.), *Histoires du livre. Nouvelles orientations*, Paris 1995.

Boyarin, Jonathan (Hg.), *The Ethnography of Reading*, Berkeley 1993.

Chartier, Roger, *Forms and Meanings. Texts, Performances, and Audiences from Codex to Computer,* Philadelphia 1995.

– /Martin, Henri-Jean (Hg.), *Histoire de l'édition française*, 4 Bde., Paris 1982–1986, Neuaufl. Paris 1989–1991.

– »Ist eine Geschichte des Lesens möglich?«, *Zeitschrift für Literaturwissenschaft und Linguistik*, 57/58 (1985), S. 250–273.

– (Hg.), *Histoires de la lecture. Un bilan des recherches*, Paris 1995.

– »Le Message écrit et ses réceptions: du codex à l'écran«, *Revue des sciences morales et politiques*, 2 (1993), S. 295–309.

– *L'Ordre des livres. Lecteurs, auteurs, bibliothèques en Europe entre XIV<sup>e</sup> et XVIII<sup>e</sup> siècle,* Aix-en-Provence 1992.

– (Hg.), *Pratiques de la lecture*, Marseille 1985, Neuaufl. Paris 1993.

Christin, Anne-Marie (Hg.), *Espaces de la lecture*, Paris 1988.

Cresti, E./Maraschio, N./Toschi, L. (Hg.), *Storia e teoria dell' interpunzione*. Atti del Convegno internazionale di Studi, Florenz 19.–21. Mai 1988, Rom 1992.

Darnton, Robert, »First Steps Toward a History of Reading«, in: ders., *The Kiss of Lamourette. Reflections in Cultural History*, New York/London 1990, S. 154–187 (dt.: *Der Kuß des Lamourette. Kulturelle Streifzüge*, München 1998, S. 98–134).

– *Censorship in Comparative Perspective. France 1789 – East Germany 1989*, The Adams Helms Lecture 1994, Stockholm 1995.

Davidson, Cathy (Hg.), *Reading in America. Literature and Social History*, Baltimore 1989.

Davison, Peter (Hg.), *The Book Encompassed. Studies in Twentieth-Century Bibliography*, Cambridge 1992.

Detienne, Marcel (Hg.), *Transcrire les mythologies. Tradition, écriture, historicité*, Paris 1994.

Eisenstein, Elizabeth, *The Printing Press as an Agent of Change. Communications and Cultural Transformations in Early Modern Europe*, Cambridge 1979, gekürzte Neuausg. u. d. T.: *The Printing Revolution in Early Modern Europe*, Cambridge 1983.

Flynn, Elizabeth/Schweickert, Patrocina P. (Hg.), *Gender and Reading. Essays on Readers, Texts, and Contexts*, Baltimore 1986.

Gilmont, Jean-François, *Le Livre, du manuscrit à l'ère électronique. Notes de bibliologie*, Liège [2]1993.

Goody, Jack, *The Domestication of the Savage Mind*, Cambridge 1977.

– *The Interface between the Written and the Oral*, Cambridge 1987.

– (Hg.), *Literacy in Traditional Societies*, Cambridge 1968 (dt.: *Literalität in traditionalen Gesellschaften*, Frankfurt a. M. 1981).

Graff, Harvey J., *Literacy and Social Development in the West*, Cambridge 1981.

– *The Legacies of Literacy. Continuities and Contradictions in Western Culture and Society*, Bloomington/Indianapolis 1987.

Hall, David D., »Readers and Reading in America. Historical and Critical Perspectives«, *Proceedings of the American Antiquarian Society*, 103/2 (1994), S. 337–357.

Hanebutt-Benz, Eva-Maria (Hg.), *Die Kunst des Lesens. Lesemöbel und Leseverhalten vom Mittelalter bis zur Gegenwart* (Ausstellungskatalog), Frankfurt a. M. 1985.

*Histoire des bibliothèques françaises*, 4 Bde., Paris 1988–1992.

Iser, Wolfgang, *Der Akt des Lesens. Theorie ästhetischer Wirkung*, München 1976, [4]1994.
McKenzie, D. F., *Bibliography and the Sociology of Texts*, The Panizzi Lectures 1985, London 1986.
– »Speech-Manuscript-Print«, in: Dave Oliphant/Robin Bradford (Hg.), *New Directions in Textual Studies*, Austin 1990, S. 86–109.
Manguel, Alberto, *A History of Reading*, New York/Toronto 1996 (dt.: *Eine Geschichte des Lesens*, Berlin 1998).
Martin, Henri-Jean, *Histoire et pouvoirs de l'écrit*, unter Mitarbeit v. Bruno Delmas, mit einem Vorwort v. Pierre Chaunu, Paris 1988.
Masson, André, *Le Décor des bibliothèques du Moyen Age à la Révolution*, Genf 1972.
Nies, Fritz, *Bahn und Bett und Blütenduft. Eine Reise durch die Welt der Leserbilder*, Darmstadt 1991.
Ong, Walter J., *Orality and Literacy. The Technologizing of the Word*, London/New York 1982 (dt.: *Oralität und Literalität. Die Technologisierung des Wortes*, Opladen 1987).
Pelizzari, M. R. (Hg.), *Sulle vie della scrittura. Alfabetizzazione, cultura scritta e istituzioni in età moderna*, Atti del Convegno di Studi, Salerno, 10.–12. März 1987, Neapel 1989.
Petrucci, Armando/Gimeno Blay, Francisco M. (Hg.), *Escribir y leer en Occidente*, Valencia 1995.
Petrucci, Armando, *La Scrittura. Ideologia e rappresentazione*, Turin 1986 (engl. Übers.: *Public Lettering. Script, Power, and Culture*, Chicago 1993).
– *Le scritture ultime. Ideologia della morte e strategie dello scrivere nella tradizione occidentale*, Turin 1995 (engl. Übers.: *Writing the Dead. Death and Writing Strategies in the Western Tradition*, Stanford 1998).
»Pratiche di scrittura e pratiche di lettura nell'Europa moderna«, *Annali della Scuola Normale di Pisa*, Classe di Lettere e Filosofia, R. 3, Bd. 23, 2 (1993), S. 375–823.
Resnick, Daniel P. (Hg.), *Literacy in Historical Perspective*, Washington 1983.
Reynolds, Leighton D./Wilson, Nigel G., *Scribes and Scholars. A Guide to the Transmission of Greek and Latin Literature*, Oxford 1968, Neuaufl. 1974.
– (Hg.), *Texts and Transmission. A Survey of the Latin Classics*, Oxford 1983.
Rose, Jonathan, »Rereading the Common Reader. A Preface to a History of Audiences«, *Journal of History of Ideas*, 53 (1992), S. 47–70.
Rossi, Pietro (Hg.), *La memoria del sapere. Forme di conservazione e strutture organizzative dall'Antichità a oggi*, Bari/Rom 1988.

Saenger, Paul, »Physiologie de la lecture et séparation des mots«, *Annales ESC* (1989), S. 939–952.
Wittmann, Reinhard, *Geschichte des deutschen Buchhandels. Ein Überblick*, München 1991, [2]1999.

## 2. Griechische und römische Antike

Blanchard, Alain (Hg.), *Les Débuts du codex*, Turnhout 1989.
Blanck, Horst, *Das Buch in der Antike*, München 1992.
Bowman, Alan K./Woolf, Greg (Hg.), *Literacy and Power in the Ancient World*, Cambridge 1994.
Canfora, Luciano, *La Biblioteca scomparsa*, Palermo 1986.
– »Lire à Athènes et Rome«, *Annales ESC* (1989), S. 925–937.
Cavallo, Guglielmo (Hg.), *Le Biblioteche nel mondo antico e medievale*, Rom/Bari 1989.
– »Discorsi sul libro«, in: Giuseppe Cambiano/Luciano Canfora/Diego Lanza (Hg.), *Lo spazio letterario della Grecia antica*, Bd. 1: *La produzione e la circolazione del testo*, Tl. 3: *I Greci e Roma*, Rom 1994, S. 613–647.
– »Donne che leggono, donne che scrivono«, in: Renato Raffaelli (Hg.), *Vicende e figure femminili in Grecia e a Roma*, Ancona 1995, S. 517–526.
– »Libro e cultura scritta«, in: *Storia di Roma*, Bd. 4: *Caratteri e morfologie*, Turin 1989, S. 693–734.
– (Hg.), *Libri, editori e pubblico nel mondo antico. Guida storica e critica*, Rom/Bari 1977.
– »Libri scritti, libri letti, libri dimenticati«, in: *Il secolo di ferro. Mito e realtà sel secolo X*, Settimane di studio del Centro italiano di studi sull' alto medioevo, 38, Spoleto 1991, S. 759–802.
– »Testo, libro, lettura«, in: ders./Paolo Fedeli/Andrea Giardina (Hg.), *Lo spazio letterario di Roma antica*, Bd. 2: *La circolazione del testo*, Rom 1989, S. 307–341.
– »Gli usi della cultura scritta nel mono romano«, in: *Princeps Urbium. Cultura e vita sociale dell' Italia romana*, Mailand 1991, S. 171–251.
Citroni, Mario, *Poesia e lettori in Roma antica*, Rom/Bari 1995.
Detienne, Marcel (Hg.), *Les Savoirs de l'écriture en Grèce ancienne*, Lille 1988.
Dupont, Florence, *L' Invention de la littérature. De l'ivresse grecque au livre latin*, Paris 1994.

Fehrle, Rudolf, *Das Bibliothekswesen im alten Rom. Voraussetzungen, Bedingungen, Anfänge*, Wiesbaden 1986.

Giovè Marchioli, Nicoletta, *Alle origini delle abbreviature latine. Una prima ricognizione (I secolo a.C. – IV secolo d.C.)*, Messina 1993.

Harris, William W., *Ancient Literacy*, Cambridge, Mass./London 1989.

Jacob, Christian/Polignac, François de (Hg.), *Alexandrie III^e^ siècle avant J.-C. Tous les savoirs du monde ou le rêve d'universalité des Ptolémées*, Paris 1992.

Knox, Bernard, »Silent Reading in Antiquity«, *Greek, Roman, and Byzantine Studies*, 9 (1968), S. 421–435.

*Literacy in the Roman World*, Ann Arbor, Mich. 1991.

Lledó, Emilio, *El surco del tiempo. Meditaciones sobre el mito platónico de la escritura y la memoria*, Barcelona 1992.

Roberts, Colin H./Skeat, Theodor C., *The Birth of the Codex*, London 1987.

Salles, Catherine, *Lire à Rome* (mit paleographischen, papyrologischen und kodikologischen Appendices von René Martin), Paris 1992.

Scheid, John/Svenbro, Jesper, *Le Métier de Zeus. Mythe du tissage et du tissu dans le monde grec et romain*, Paris 1994.

Sellin, Gerhard/Vouga, François (Hg.), *Logos und Buchstabe. Mündlichkeit und Schriftlichkeit im Judentum und Christentum der Antike*, Tübingen 1997.

Svenbro, Jesper, *Phrasikleia. Anthropologie de la lecture en Grèce ancienne*, Paris 1988.

Thomas, Rosalind, *Literacy and Orality in Ancient Greece*, Cambridge 1993.

– *Oral Tradition and Written Record in Classical Athens*, Cambridge 1989.

## 3. Mittelalter

Alexandre-Bidon, Danièle, »La Lettre volée. Apprendre à lire à l'enfant au Moyen Age«, *Annales ESC* (1989), S. 953–992.

Banniard, Michel, *Viva voce. Communication écrite et communication orale du IV^e^ au IX^e^ siècle*, Paris 1992.

Bäuml, F. H., »Varieties and Consequences of Medieval Literacy and Illiteracy«, *Speculum*, 55 (1980), S. 237–265.

Biller, Peter/Hudson, Anne (Hg.), *Heresy and Literacy. 1000–1530*, Cambridge 1994.

Buc, Philippe, *L'Ambiguïté du livre. Prince, pouvoir et peuple dans les commentaires de la Bible au Moyen Age*, Paris 1993.

Camille, Michael, »Seeing and Reading. Some Visual Implications of Medieval Literacy and Illiteracy«, *Art History*, 8 (1985), S. 26–49.

Cavallo, Guglielmo, »Dallo scriptorium senza biblioteca alla biblioteca senza scriptorium«, in: Giovanni Pugliese Carratelli (Hg.), *Dall' eremo al cenobio*, Mailand 1987, S. 331–422.

– (Hg.), *Libri e lettori nel medioevo. Guida storica e critica*, Rom/Bari 1977.

– (Hg.), *Libri e lettori nel mondo bizantino. Guida storica e critica*, Rom/Bari 1982.

Cerquiglini-Toulet, Jacqueline, *La Couleur de la mélancolie. La Fréquentation des livres au XIV*e *siècle, 1300–1415*, Paris 1993.

Clanchy, Michael T., *From Memory to Written Record. England 1066–1307*, Oxford/Cambridge, Mass. [2]1993.

Dagenais, John, *The Ethics of Reading in Manuscript Culture. Glossing the »Libro de buen amor«*, Princeton 1994.

*The Early Medieval Bible. Its Production, Decoration, and Use*, Cambridge 1994.

Gimeno Blay, Francisco M., »Analfabetismo y alfabetización femeninos en la Valencia del Quinientos«, *Estudis*, 19 (1993), S. 59–101.

Ganz, Peter (Hg.), *Das Buch als magisches und als Repräsentationsobjekt*, Wiesbaden 1992.

– (Hg.), *The Role of the Book in Medieval Culture*, Proceedings of the Oxford International Symposium (26. September – 1. Oktober 1982), Turnhout 1986.

Goldberg, P. J. P., »Lay Book Ownership in Late Medieval York: The Evidence of Wills«, *The Library*, 6. Reihe, 16/3 (September 1994), S. 181–189.

Green, Dennis H., *Medieval Listening and Reading. The Primary Reception of German Literature. 800–1300*, Cambridge 1994.

Grundmann, Herbert, »Litteratus-Illiteratus. Der Wandel einer Bildungsnorm vom Altertum zum Mittelalter«, *Archiv für Kulturgeschichte*, 40 (1958), S. 1–65.

Hillgarth, J. M., *Readers and Books in Majorca. 1229–1550*, Paris 1991.

Hugo von Sankt Viktor, *Didascalicon de studio legendi/Studienbuch*. Lat./dt. (Fontes Christiani, 2. Folge, 27), eingeleitet u. übers. v. Thilo Offergeld, Freiburg i. Br. 1997.

Hunger, Herbert, *Schreiben und Lesen in Byzanz. Die byzantinische Buchkultur*, München 1989.

Huot, Sylvia J., *The Romance of the Rose and its Medieval Readers. Interpretation, Reception, Manuscript Transmission*, Cambridge 1993.

Hyde, J. K., *Literacy and Its Uses. Studies on Late Medieval Italy*, Manchester 1994.

Illich, Ivan, *Du lisible au visible. La naissance du texte. Un Commentaire du Didascalicon de Hugues de Saint-Victor*, Paris 1991 (dt.: *Im Weinberg des Textes. Als das Schriftbild der Moderne entstand. Ein Kommentar zu Hugos »Didascalicon«*, Frankfurt a. M. 1991, Neuaufl. München 1996).

Irvine, Martin, *The Making of Textual Culture. »Grammatica« and Literary Theory. 350–1100*, Cambridge 1994.

Keller, Hagen, »Vom ›heiligen Buch‹ zur ›Buchführung‹. Lebensfunktionen der Schrift im Mittelalter«, *Frühmittelalterliche Studien*, 26 (1992), S. 1–31.

Kock, Thomas/Schlusemann, Rita (Hg.), *Laienlektüre und Buchmarkt im späten Mittelalter*, Frankfurt a.M. 1997.

Lerer, Seth, *Chaucer and his Readers. Imagining the Author in Late Medieval England*, Princeton 1993.

McKitterick, Rosamond, *The Carolingians and the Written Word*, Cambridge 1989.

– (Hg.), *The Uses of Literacy in Early Medieval Europe*, Cambridge 1990.

Martin, Henri-Jean/Vezin, Jean (Hg.), *Mise en page et mise en texte du livre manuscrit*, Paris 1990.

Parkes, Malcolm B., »The Influence of the Concepts of *Ordinatio* and *Compilatio* on the Development of Book«, in: J. J. G. Alexander/M. T. Gibson (Hg.), *Medieval Learning and Literature. Essays presented to Richard William Hunt*, Oxford 1976, S. 115–141.

– *Pause and Effect. An Introduction to the History of Punctuation in the West*, Aldershot 1992.

– *Scribes, Scripts and Readers. Studies in the Communication, Presentation and Dissemination of Medieval Texts*, London 1991.

Pearsall, Derek (Hg.), *Manuscripts and Readers in Fifteenth-Century England. The Literary Implications of Manuscript-Study*, Cambridge 1983.

Petrucci, Armando, »Le biblioteche antiche«, in: *Letteratura italiana*, Bd. 2: *Produzione e consumo*, Turin 1983, S. 527–554.

– »Il libro manuscritto«, in: *Letteratura italiana*, Vol. 2: *Produzione e consumo*, Turin 1983, S. 499–524.

– »Lire au Moyen Age«, in: *Mélanges de l'École française de Rome, Moyen Age et temps modernes*, Bd. 96, 1984, S. 603–616.

– *Scriptores in urbibus. Alfabetismo e cultura scritta nell'Italia altomedievale*, Bologna 1992.
– »Storia e geografia dell culture scritte (dal secolo XI al secolo XVIII)«, in: *Letteratura italiana, storia e geografia*, Bd. 2, 2, Turin 1988, S. 1193–1292.
– *Writers and Readers in Medieval Italy. Studies in the History of Written Culture*, New Haven 1995.
*La Production du livre universitaire au Moyen Age. Exemplar et pecia*, Paris 1988.
Rouse, Richard H., »Cistercian Aids to Study in the Thirteenth Century«, *Studies in Medieval Cistercian History*, 2 (1976), S. 123–134.
– /Rouse, Mary A., *Preachers, Florilegia, and Sermons. Studies on the »Manipulus florum« of Thomas of Ireland*, Toronto 1979.
Saenger, Paul, »Books of Hours and the Reading Habits of the Late Middle Ages«, *Scrittura e civiltà*, 9 (1985), S. 239–269.
– »The Separation of Words and the Order of Words. The Genesis of Medieval Reading«, *Scrittura e civiltà*, 14 (1990), S. 49–74.
– »Silent Reading. Its Impact on Late Medieval Script and Society«, *Viator. Medieval and Renaissance Studies*, 13 (1982), S. 367–414.
Sicard, Patrice, *Diagrammes mediévaux et exégèse visuelle. Le »Libellus de formatione arche« de Hugues de Saint-Victor*, Paris/Turnhout 1993.
Sirat, Colette, *Du scribe au livre. Les Manuscrits hébreux au Moyen Age*, Paris 1994.
Stock, Brian, *The Implications of Literacy. Written Language and Models of Interpretation in the Eleventh and Twelfth Centuries*, Princeton 1983.
*Vocabulaire du livre et de l'écriture au Moyen Age* (CIVICIMA. Études sur le vocabulaire intellectuell du Moyen Age, 2), Turnhout 1989.
Zumthor, Paul, *La Lettre et la voix. De la »littérature« mediévale*, Paris 1987 (dt.: *Die Stimme und die Poesie in der mittelalterlichen Gesellschaft*, München 1994).

## 4. Renaissance, Reformation und Gegenreformation

Ambrosoli, Mauro, »Lettori e chiosatori delle edizioni a stampa di Pier de' Crescenzi tra 1474 e 1561«, *Rivista storica italiana*, 46/2 (1984), S. 360–413.
Aquilon, Pierre/Martin, Henri-Jean (Hg.), *Le Livre dans l'Europe de la*

*Renaissance*, Actes du XXVIII^e Colloque international d'Etudes humanistes de Tours, Paris 1988.

Balsamo, Luigi, *Produzione e circulazione libraria in Emilia (XIV–XVIII sec.). Studi e ricerche*, Rom 1983.

Bath, Michael, *Speaking Pictures. English Emblem Books and Renaissance Culture*, London/New York 1994.

Bec, Christian, *Les Livres des Florentins (1413–1608)*, Florenz 1984.

Benedict, Philip, »Bibliothèques protestantes et catholiques à Metz au XVI^e siècle«, *Annales ESC* (1985), S. 343–370.

Bennett, Henry Stanley, *English Books and Readers. 1475 to 1557*, Cambridge 1970.

– *English Books and Readers. 1558–1603*, Cambridge 1965.

Berger, Philippe, *Libro y lectura en la Valencia del Renacimiento*, Valencia 1987.

Blair, Ann, »Humanist Methods in Natural Philosophy. The Commonplace Book«, *Journal of History of Ideas*, 53/4 (1992), S. 541–551.

Bonfil, Robert, *Rabbis and Jewish Communities in Renaissance Italy*, Oxford 1990.

Bottigheimer, Ruth B., »Bible Reading, ›Bibles‹ and the Bible for Children in Early Modern Germany«, *Past and Present*, 139 (Mai 1993), S. 66–89.

Bouza Alvarez, Fernando, »La Biblioteca del Escorial y el orden de los saberes en el siglo XVI«, in: *El Escorial. Arte, poder y cultura en la corte de Felipe II*, Cursos de Verano El Escorial 1988, Madrid 1988, S. 81–99.

– *Del escribano a la biblioteca. La civilización escrita europea en la Alta Edad Moderna (Siglos XV–XVII)*, Madrid 1992.

– »Monarchie en lettres d' imprimerie. Typographie et propagande au temps de Philippe II«, *Revue d'histoire moderne et contemporaine* (1994), S. 206–220.

Brown, Cynthia J., *Poets, Patrons, and Printers. Crisis of Authority in Late Medieval France*, Ithaca/London 1995.

Certeau, Michel de, »La Lecture absolue. (Théorie et pratiques des mystiques chrétiens, XVI–XVIIe siècles)«, in: Dällenbach, Lucien/Ricardou, Jean (Hg.), *Problèmes actuels de la lecture*, Paris 1982, S. 65–79.

Châtelain, Jean-Marc, *Livres d'emblèmes et de devises. Une anthologie (1531–1735)*, Paris 1993.

– »Livres d'emblème et livre du monde«, *Revue française d'histoire du livre*, 86–87 (1995), S. 87–104.

Chevalier, Maxime, *Lectura y lectores en la España de los Siglos XVI y XVII*, Madrid 1976.

Chrisman, Miriam Usher, *Lay Culture, Learned Culture, Books and Social Change in Strasbourg, 1480–1519*, New Haven/London 1982.

Crofts, Richard A., »Books, Reform and the Reformation«, *Archiv für Reformationsgeschichte*, 71 (1980), S. 21–36.

– »Printing, Reform and the Catholic Reformation in Germany (1521–1545)«, *Sixteenth Century Journal*, 16 (1985), S. 369–381.

*La Cultura del Renaixement. Homenatge al Pare Miquel Batllori*, Bellatera, Monografies Manuscrits, I, 1985.

Davis, Natalie Zemon, *Society and Culture in Early Modern France, Stanford 1975* (dt.: *Humanismus, Narrenherrschaft und die Riten der Gewalt. Gesellschaft und Kultur im frühneuzeitlichen Frankreich*, Frankfurt a. M. 1987).

– »Beyond the Market. The Books as Gifts in Sixteenth-Century France«, *Transactions of the Royal Historical Society*, 33 (1983), S. 69–88.

Frenk, Margit, »›Lectores y oídores‹. La Difusión oral de la literatura en el Siglo de Oro«, in: Giuseppe Bellini (Hg.), *Actas del Septimo Congreso de la Asociación Internacional de Hispanistas*, Bd. I, Rom 1982, S. 101–123.

Gaisser, Julia Haig, *Catullus and His Renaissance Readers*, Oxford 1993.

Gawthrop, Richard/Strauss, Gerald, »Protestantism and Literacy in Early Modern Germany«, *Past and Present*, 104 (1984), S. 31–55.

Giesecke, Michael, *Der Buchdruck in der frühen Neuzeit. Eine historische Fallstudie über die Durchsetzung neuer Informations- und Kommunikationstechnologien*, Frankfurt a. M. 1994, Neuaufl. 1998.

Gilmont, Jean-François (Hg.), *La Réforme et le livre. L'Europe de l'imprimé (1517–v. 1570)*, Paris 1990.

Ginzburg, Carlo, *Il formaggio e i vermi. Il cosmo di un mugnaio del' 500, Turin 1976* (dt.: *Der Käse und die Würmer. Die Welt eines Müllers um 1600*, Neuausg. Berlin 1993).

Göpfert, Herbert G. (Hg.), *Beiträge zur Geschichte des Buchwesens im konfessionellen Zeitalter* (Wolfenbütteler Schriften zur Geschichte des Buchwesens, 11), Wiesbaden 1985.

Goyet, Francis, »A propos de ›ces pastissages de lieux communs‹ (Le Rôle des notes de lecture dans la genèse des *Essais*)«, *Bulletin de la Société des Amis de Montaigne*, 5–6 (1986), S. 11–26; 7–8 (1987), S. 9–30.

Grafton, Anthony, *Defenders of the Text. The Traditions of Scholarship in an Age of Science. 1450–1800*, Cambridge, Mass./London 1991.

Heger, Henrik/Matillon, Janine (Hg.), *Les Croates et la civilisation du livre*, Paris 1986.

Higman, Francis, *La Diffusion de la Réforme en France. 1520–1565*, Genf 1992.

Hindman, Sandra (Hg.), *Printing the Written Word. The Social History of Books, ca. 1450–1520*, Ithaka/London 1991, S. 225–258.

Hirsch, Rudolf, *Printing, Selling and Reading. 1450–1550*, Wiesbaden 1967, ²1974.

Ife, B. W., *Reading and Fiction in Golden-Age Spain. A Platonist Critique and Some Picaresque Replies*, Cambridge 1985.

Infantes, Víctor, *En el Siglo de Oro. Estudios y textos de literatura áurea*, Potomac 1992.

Jardine, Lisa, *Erasmus, Man of Letter. The Construction of Charisma in Print*, Princeton 1993.

– /Grafton, Anthony, »›Studied for Action‹. How Gabriel Harvey Read His Livy«, *Past and Present*, 129 (1990), S. 30–78.

Labarre, André, *Le Livre dans la vie amiénoise du XVI^e siècle. L'enseignement des inventaires après décès du XVI^e siècle (1503–1576)*, Paris/Louvain 1971.

López-Vidriero, María Luisa/Cátedra, Pedro M. (Hg.), *El libro antiguo español*, Actas del primer Coloquio Internacional, Madrid, 18.–20. Dezember 1986, Salamanca 1988.

– /Cátedra, Pedro M. (Hg.), *El libro antiguo español*, Actas del segundo Coloquio Internacional, Madrid, Salamanca 1992.

Maiello, Francesco, *Storia del calendario. La misurazione del tempo, 1450–1800*, Turin 1994.

Margolin, Jean-Claude/Pendergrass, Jean/Van der Poel, Marc, *Images et lieux de mémoire d'un étudiant du XVI^e siècle. Etude, transcription et commentaire d'un cahier de latin d'un étudiant néerlandais*, Paris 1991.

Marín Martínez, Tomás, »Estudio introductorio«, in: ders./José Manuel Ruiz Asencio/Klaus Wagner (Hg.), *Catálogo Concordado de la Biblioteca de Hernando Colón*, Fundación MAPFRE-América et Cabildo de la Catedral de Sevilla, Bd. 1, Madrid 1993, S. 19–35.

Nelson, William, »From ›Listen, Lordings‹ to ›Dear Reader‹«, *University of Toronto Quarterly. A Canadian Journal of the Humanities*, 46/2 (1976/77), S. 110–124.

Newman, Jane O., »The Word Made Print. Luther's 1522 *New Testament* in an Age of Mechanical Reproduction«, *Representations*, 11 (1985), S. 95–113.

Pardo Tomás, José, *Cienca y censura. La Inquisición española y los libros científicos en los siglos XVI y XVII*, Madrid 1991.

Patterson, Annabel M., *Censorship and Interpretation. The Conditions of Writing and Reading in Early Modern England*, Madison 1984.

Petrucci, Armando (Hg.), *Libri, scrittura e pubblico nel Rinascimento. Guida storica e critica*, Rom/Bari 1979.

Quondam, Amedeo, »La letteratura in tipografia«, in: *Letteratura italiana*, Bd. 2: *Produzione e consumo*, Turin 1983, S. 555–686.

Raponi, Nicola/Turchini, Angelo (Hg.), *Stampa, libri e letture a Milano nell'età di Carlo Borromeo*, Mailand 1992.

Richardson, Brian, *Print Culture in Renaissance Italy. The Editor and the Vernacular Text, 1470–1600*, Cambridge 1994.

Rico, Francisco, »La *princeps* del *Lazarillo*. Título, capitulación y epigrafes de un texto apócrifo«, in: *Problemas del Lazarillo*, Madrid 1988.

Schmitt, Charles B., *Aristotle and the Renaissance*, Cambridge 1983.

Scribner, R. W., *For the Sake of Simple Folk. Popular Propaganda for the German Reformation*, Cambridge 1981, Neuaufl. Oxford 1994.

Seidel Menchi, Silvana, *Erasmo in Italia. 1520–1580*, Turin 1987.

Sherman, William H., *John Dee. The Politics of Reading and Writing in the English Renaissance*, Amherst 1995.

Soman, Alfred, »Press, Pulpit and Censorship in France before Richelieu«, *Proceedings of the American Philosophical Society*, 120/6 (1976), S. 439–463.

Strauss, Gerald, *Luther's House of Learning*, Baltimore 1978.

Trovato, Paolo, *Con ogni diligenza corretto. La stampa e le revisioni editoriali dei testi letterari italiani (1470–1570)*, Bologna 1991.

Tyson, Gerald P./Wagonheim, Sylvia S. (Hg.), *Print and Culture in the Renaissance. Essays on the Advent of Printing in Europe*, Newark/London/Toronto 1986.

Veit, Patrice, »Piété, chant et lecture. Les pratiques religieuses dans l'Allemagne protestante à l'époque moderne«, *Revue d'histoire moderne et contemporaine* (1990), S. 624–641.

Zedelmaier, Helmut, *Bibliotheca Universalis und Bibliotheca Selecta. Das Problem der Ordnung des gelehrten Wissens in der frühen Neuzeit*, Köln/Weimar/Wien 1992.

## 5. Barock und Aufklärung

Achinstein, Sharon, *Milton and the Revolutionary Reader*, Princeton 1994.

Ankarcrona, Anita, *Bud på böcker. Bokauktioner i Stockholm. 1782–1801*, Stockholm 1989.

Appel, Charlotte, »Læsning og læsefærdighet i 1600-tallets Danmark. Problemer og perspektiver for et nyt forskningsfelt«, *Nordisk Tidskrift fö Boch- och biblioteksväsen*, 79 (1992).

Armbruster, Carol, *Publishing and Readership in Revolutionary France and America*, Westport, Conn. 1993.

Arnold, Werner/Vodosek, Peter (Hg.), *Bibliotheken und Aufklärung* (Wolfenbütteler Schriften zur Geschichte des Buchwesens), Wiesbaden 1988.

Barber, Giles/Fabian, Bernhard (Hg.), *Buch und Buchhandel in Europa im achtzehnten Jahrhundert / The Book and the Book Trade in Eighteenth-Century Europe*, Fünftes Wolfenbütteler Symposium, 1.–3. November 1977, Hamburg 1981.

Barber, Siegmund, *»Amadis de Gaule« and the German Enlightenment*, Bern/New York 1984.

Barbu, Daniel, »Loisir et pouvoir. Le temps de la lecture dans les pays roumains au XVIII$^{e}$ siècle«, *Revue des études sud-est européennes. Mentalités-civilisations*, 28/1–4 (1990), S. 17–27.

Beckmann, Friedhelm, *Französische Privatbibliotheken. Untersuchungen zu Literatursystematik und Buchbesitz im 18. Jahrhundert*, Frankfurt a.M. 1988.

Bennett, Henry Stanley, *English Books and Readers. 1603 to 1640*, Cambridge 1970.

Berger, Günther, *Der komisch-satirische Roman und seine Leser. Poetik, Funktion und Rezeption einer niederen Gattung im Frankreich des 17. Jahrhunderts*, Heidelberg 1984.

– »Littérature et lecteurs à Grenoble aux XVII$^{e}$ et XVIII$^{e}$ siècles. Le public littéraire dans une capitale provinciale«, *Revue d'histoire moderne et contemporaine* (1986), S. 114–132.

– (Hg.), *Zur Geschichte von Buch und Leser im Frankreich des Ancien Régime. Beiträge zu einer empirischen Rezeptionsforschung*, Rheinfelden 1986.

Bergk, Johann Adam, *Die Kunst, Bücher zu lesen. Nebst Bemerkungen über Schriften und Schriftsteller*, Jena 1799, Nachdr. Leipzig 1967.

Berkvens-Stevelinck, C./Bots, H./Hoftijzer, P. G./Lankhorst, O. S. (Hg.), *Le Magasin de l'Univers. The Dutch Republic as the Centre of the European Book Trade*, Papers presented at the International Colloquium held at Wassenaar, 5.–7. Juli 1990, Leiden 1992.

Berthold, Christian, *Fiktion und Vieldeutigkeit. Zur Entstehung moderner Kulturtechniken des Lesens im 18. Jahrhundert*, Tübingen 1993.

Björkman, Margareta, *Läsarnas nöje. Kommersiella Lånbibliotek i Stockholm*, 1783–1809, Göteborg 1992.

Bödeker, Hans Erich (Hg.), »Lesekulturen im 18. Jahrhundert«, *Aufklärung*, 6/1 (1991).

– /Chaix, Gérald/Veit, Patrice (Hg.), *Le Livre religieux et ses pratiques. Etudes sur l'histoire du livre religieux en Allemagne et en France à l'époque moderne / Der Umgang mit dem religiösen Buch. Studien zur Geschichte des religiösen Buches in Deutschland und Frankreich in der frühen Neuzeit*, Göttingen 1991.

Bracht, Edgar, *Der Leser im Roman des 18. Jahrhunderts*, Frankfurt/New York 1987.

Braida, Lodovica, *Le guide del tempo. Produzione, contenuti e forme degli almanacchi piemontesi nel Settecento*, Turin 1989.

– *Il commercio delle idee. Editoria e circolazione del libro nella Torino del'700*, Florenz 1995.

Brouwer, Han, »Rondom het boek. Historisch onderzoek naar leescultur, in het bijzonder in de achttiende eeuw. Een overzicht van boronnen en benaderingen. Resultaten en problemen«, *Documentatie-Blad Werkgroep Achttiende Eew*, 20/1 (1988), S. 51–120.

– »Lezen in de provincie. Zwolle in de late achttiende en negentiende eeuw«, in: Kloek, J. J./Mijnhardt, W. W. (Hg.), *De productie, distributie en consumptie van cultuur*, Amsterdam 1991, S. 127–134.

*Buch und Sammler. Private und öffentliche Bibliotheken im 18. Jahrhundert*, Colloquium der Arbeitsstelle 18. Jahrhundert Gesamthochschule Wuppertal, Universität Münster, 26.–28. September 1977, Heidelberg 1979.

Bürger, Christa/Bürger, Peter/Schulte-Sassen, Jochen (Hg.), *Aufklärung und literarische Öffentlichkeit*, Frankfurt a. M. 1980.

Capp, Bernard, *English Almanacs 1500–1800. Astrology and the Popular Press*, New York 1979.

Carlsson, Arne, *Böcker i bohuslänska bouppteckingar. 1752–1808*, Göteborg 1972.

Cátala Sanz, Jorge Antonio/Boigues Palomares, Juan José, »Bibliotecas nobiliarias. Una primera aproximación a las lecturas de la nobleza valenciana del siglo XVIII«, *Estudis*, 14 (1989), S. 103–144.

Cerda Díaz, J., *Libros y lectura en la Lorca del siglo XVII*, Murcia 1986.

Chartier, Roger, *Lectures et lecteurs dans la France d'Ancien Régime, Paris 1987* (auszugsweise ins Dt. übers. in: ders., *Lesewelten. Buch und Lektüre in der frühen Neuzeit*, Frankfurt/New York 1990).

Chartier, Roger, »Loisir et sociabilité. Lire à haute voix dans l'Europe moderne«, *Littérature classique*, 12, »La Voix au XVII$^{e}$ siècle«, S.127–147.

– »Les Pratiques de l'écrit«, in: Philippe Ariès/Georges Duby (Hg.), *Histoire de la vie privée*, Bd. 3: *De la Renaissance aux Lumières* (hg. v. Philippe Ariès u. Roger Chartier), Paris 1986, S. 113–161 (dt.: *Geschichte des privaten Lebens*, Bd. 3: *Von der Renaissance zur Aufklärung* (hg. v. Ph. Ariès u. R. Chartier), Frankfurt a. M. 1991, S. 115–165).

– (Hg.), *Les Usages de l'imprimé (XV$^{e}$-XIX$^{e}$ siècle)*, Paris 1987.

Châtelain, Jean-Marc, »Lire pour croire. Mises en texte de l'emblème et art de méditer au XVII$^{e}$ siècle«, *Bibliothèque de l'école des Chartes*, 150 (1992), S. 321–351.

Couton, Georges, *Ecritures codées. Essais sur l'allégorie au XVII$^{e}$ siècle*, Paris 1990.

Curto, Diogo, *O Discurso político em Portugal (1600–1650)*, Lissabon, Centro de Estudos de História e Cultura Portuguesa, Projecto Universidade Aberta, 1988.

Dandrey, Patrick (Hg.), »La Voix au XVII$^{e}$ siècle«, *Littératures classiques*, 23 (1990).

Dann, Otto, *Lesegesellschaften und bürgerliche Emanzipation. Ein europäischer Vergleich*, München 1981.

Darnton, Robert, *Bohème littéraire et Révolution. Le monde des livres au XVIII$^{e}$ siècle*, Paris 1983.

– *The Business of the Enlightenment. A Publishing History of the »Encyclopédie«, 1775–1800*, Cambridge, Mass./London 1979 (dt.: *Glänzende Geschäfte. Die Verbreitung von Diderots Encyclopédie, oder: Wie verkauft man Wissen mit Gewinn?*, Berlin 1993).

– *The Corpus of Clandestine Literature in France. 1769–1789*, New York 1995.

– *Edition et sédition. L'Univers de la littérature clandestine au XVIII$^{e}$ siècle*, Paris 1991.

– *The Forbidden Best-Sellers of Pre-Revolutionary France*, New York/London 1995.

– *The Literary Underground of the Old Régime*, Cambridge 1982 (dt.: *Literaten im Untergrund. Lesen, Schreiben und Publizieren im vorrevolutionären Frankreich*, München 1985, Neuausg. Frankfurt a. M. 1988).

– »Readers Respond to Rousseau. The Fabrication of Romantic Sensitivity«, in: *The Great Cat Massacre and Other Episodes in French Cultural History*, New York 1984, S. 214–256 (dt: *Das große Kassenmassaker. Streifzüge durch die französische Kultur vor der Revolution*, München 1989).

– /Roche, Daniel (Hg.), *Revolution in Print. The Press in France, 1775–1800*, Berkeley 1989.

Davidson, Cathy, *Revolution and the Word. The Rise of the Novel in America*, Oxford 1986.

Dibon, Paul, *Regards sur la Hollande du Siècle d'Or*, Neapel 1990.

*La Diffusion et la lecture des journaux de langue française sous l'Ancien Régime / Circulation and Reception of Periodicals in the French Language during the 17th and the 18th Century*, Amsterdam/Maarsen 1988.

Ducreux, Marie-Elisabeth, »Livres d'hommes et de femmes, livres pour les hommes et pour les femmes. Réflexions sur la littérature de dévotion en Bohême au XVIII<sup>e</sup> siècle«, in: Jaroslav Pánek/Miloslav Polívka/Noemi Rejchrtová (Hg.), *Husitství – Reformace – Renesance. Sborník k 60. narozeninám Frantiska Smahela*, 3. Bd., Prag 1994, S. 915–945.

Duranton, Henri/Labrosse, Claude/Rétat, Pierre (Hg.), *Les Gazettes européennes de langue française (XVII<sup>e</sup>-XVIII<sup>e</sup> siècle)*, Table ronde internationale, Saint-Étienne, 21.–23. Mai 1992, Saint-Étienne 1992.

Dutu, Alexandru, *Les Livres de sagesse dans la culture roumaine*, Bukarest 1971.

– *Dimensiunea umana a istoriei. Directii in istoria mentalitatitor*, Bukarest 1986.

– *Humanisme, Baroque, Lumières. L'Exemple roumain*, Bukarest 1984.

Eisenstein, Elizabeth L., *Grub Street Abroad. Aspects of the French Cosmopolitan Press from the Age of Louis XIV to the French Revolution*, Oxford 1992.

Engelsing, Rolf, »Die Perioden der Lesergeschichte in der Neuzeit. Das statistische Ausmaß und die soziokulturelle Bedeutung der Lektüre«, *Archiv für Geschichte des Buchwesens*, 10 (1970), S. 944–1002.

– *Der Bürger als Leser. Lesergeschichte in Deutschland, 1500–1800*, Stuttgart 1974.

Feather, John, *The Provincial Book Trade in Eighteenth-Century England*, Cambridge 1985.

François, Etienne, »Livre, confession et société en Allemagne au XVIII<sup>e</sup> siècle«, *Revue d'histoire moderne et contemporaine* (1982), S. 353–375.

Frieiro, Eduardo, *O Diabo na livraria do Cônego*, Belo Horizonte/São Paulo 1981.

Furet, François/Ozouf, Jacques, *Lire et écrire. L'alphabétisation des Français de Calvin à Jules Ferry*, Paris 1977.

Gersmann, Gudrun, *Im Schatten der Bastille. Die Welt der Pariser Schriftstel-*

*ler, Kolporteure und Buchhändler am Vorabend der Französischen Revolution*, Stuttgart 1993.
Goodman, Dena, *The Republic of Letters. A Cultural History of the French Enlightenment*, Ithaca/London 1994.
Göpfert, Herbert G. (Hg.), *Buch und Leser*, Hamburg 1977.
– (Hg.), *Buch- und Verlagswesen im 18. und 19. Jahrhundert. Beiträge zur Geschichte der Kommunikation in Mittel- und Osteuropa*, Essen 1987.
– *Vom Autor zum Leser. Beiträge zur Geschichte des Buchwesens*, München 1977, Neuaufl. 1994.
Goetsch, Paul, *Lesen und Schreiben im 17. und 18. Jahrhundert. Studien zu ihrer Bewertung in Deutschland, England, Frankreich*, Tübingen 1994.
Gough, Hugh, *The Newspaper Press in the French Revolution*, London 1988.
Goulemot, Jean-Marie, *Ces livres qu'on ne lit que d'une main. Lecture et lecteurs de livres pornographiques au XVIII^e^ siècle*, Aix-en-Provence 1991, Neuaufl. Paris 1994.
Guedes, Fernando, *O livro e a leitura em Portugal. Subsídios para a sua história. Séculos XVIII–XIX*, Lissabon/São Paulo 1987.
Guttormsson, Loftur, »Island. Læsefærdighed og folkedannelse, 1540–1800«, in: *Nordisk kulturhistoria. Läskunnighet och folkbildning före folskoleväsendet*, Jyväskylä 1981.
Hall, David D., »Introduction. The Uses of Literacy in New England, 1600–1850«, in: William L. Joyce/David D. Hall/Richard D. Brown/John B. Hench (Hg.), *Printing and Society in Early America*, Worcester, Mass., S. 1–47.
– *Worlds of Wonder, Days of Judgement. Popular Religious Belief in Early New England*, Cambridge, Mass./London 1990.
Hansen, João Adolfo, *A Sátira eo engenho. Gregório de Matos e a Bahia do século XVII*, São Paulo 1989.
Hébrard, Jean, »La Scolarisation des savoirs élémentaires à l'époque moderne«, *Histoire de l'éducation*, 38 (1988), S. 7–58.
Heinzmann, Johann Georg, *Appell an meine Nation. Über die Pest der deutschen Literatur*, Bern 1795, Nachdr. Hildesheim 1977.
Herman, Jan/Pelckmans, Paul (Hg.), *L'Epreuve du lecteur. Livres et lectures dans le roman d'Ancien Régime*, Actes du VIII^e^ colloque de la Société d'analyse de la topique romanesque, Louvain-Anvers, 19.–21. Mai 1994, Louvain/Paris 1995.
Hesselmann, Peter, *Simplizissimus Redivivus. Eine kommentierte Dokumentation der Rezeptionsgeschichte Grimmelshausens im 17. Jahrhundert und 18. Jahrhundert*, Frankfurt a. M. 1992.

Houston, R. A., *Scottish Literacy and Scottish Identity. Illiteracy and Society in Scotland and Northern England 1600–1800*, Cambridge 1985.

Hunt, Lynn (Hg.), *The Invention of Pornography. Obscenity and the Origins of Modernity, 1500–1800*, New York 1993 (dt.: *Die Erfindung der Pornographie. Obszönität und die Ursprünge der Moderne*, Frankfurt a. M. 1994).

Infelise, Mario/Marini, Paola (Hg.), *L'Editoria del '700 e i Remondini*, Bassano del Grappa 1992.

Jarrick, Arne, *Mot det moderna förnuftet. Johan Hjerpe och andra småborgare i upplysningstidens Stockholm*, Stockholm 1992.

Kiesel, Helmuth/Münch, Paul, *Gesellschaft und Literatur im 18. Jahrhundert. Voraussetzungen und Entstehung des literarischen Marktes in Deutschland*, München 1977.

Kloek, J. J./Mijnhardt, W. W., »The Eighteenth Century Revolution in Reading: A Myth?«, in: *Transactions of the Seventh International Congress of the Enlightenment*, Bd. 2, Oxford 1989, S. 645–651.

Korshin, Paul J. (Hg.), *The Widening Circle. Essays on the Circulation of Literature in Eighteenth Century* (mit Beiträgen von Robert Darnton, Bernhard Fabian und Roy McKeen Wiles), Philadelphia 1976.

Labrosse, Claude, *Lire au XVIII^e^ siècle. ›La Nouvelle Héloïse‹ et ses lecteurs*, Lyon 1985.

Leal, Ildefonso, *Libros y bibliotecas en Venezuela colonial, 1633–1767*, Caracas 1978.

»Lectura, Inquisición y Sociedad en el Antiguo Régimen«, *Historia Social*, 14 (1992), S. 85–119.

»Lecture et réécriture«, *Cahiers de littérature du XVII^e^ siècle* (hg. v. Alain Viala), 10 (1988).

Lefèvre, Martine, »Bibliothèques et lecteurs à la Bastille au XVIII^e^ siècle«, *Bulletin du bibliophile*, 2 (1994), S.33–368.

*Leser und Lesen im 18. Jahrhundert*, Colloquium der Arbeitsstelle Achtzehntes Jahrhundert Gesamthochschule Wuppertal, 24.–26. Oktober 1975, Heidelberg 1977.

*Lesewut, Raubdruck und Bücherluxus. Das Buch in der Goethe-Zeit*, Goethe-Museum Düsseldorf, Anton-und-Katharina-Kippenberg-Stiftung, 1977.

Lext, Gösta, *Bok och samhälle i Göteborg, 1720–1809*, Göteborg 1950.

»Libros, libreros y lectores«, *Revista de Historia Moderna. Anales de la Universidad de Alicante*, 4 (1984).

Lisboa, João Luis, *Ciência e Política. Ler nos finais do Antigo Regime*, Lissabon 1991.

Loureiro, Olímpia Maria da Cunha, *O livro e a leitura no Porto no Século XVIII*, Porto 1994.
Love, Harold, *Scribal Publication in Seventeenth-Century England*, Oxford 1993.
Lüsebrink, Hans-Jürgen/Tietz, Manfred (Hg.), *Lectures de Raynal. L'Histoire des deux Indes en Europe et en Amérique au XVIII^e siècle*, Oxford 1991.
Mac Carthy, J. A., »Lektüre und Lesertypologie im 18. Jahrhundert (1730–1770). Ein Beitrag zur Lesergeschichte, am Beispiel Wolfenbüttels«, *Internationales Archiv für Sozialgeschichte der Literatur*, 1983, S. 35–82.
McKitterick, David, »Customer, Reader, and Bookbinder. Buying a Bible in 1630«, *The Book Collector*, 40, 3 (1991).
Marchesini, Daniele, *Il bisogno di scrivere. Usi della scrittura nell'Italia moderna*, Rom/Bari 1992.
Markussen, Ingrid/Skovgaard-Petersen, Vagn, »Læsefærdighed og læsebehov i Danmark ca. 1550 til 1850«, in: *Nordisk kulturhistoria. Läskunnighet och folkbildning före folskoleväsendet*, Jyväskylä 1981.
Martin, Henri-Jean, *Le Livre français sous l'Ancien Régime*, Paris 1987.
– *Livre, pouvoirs et société à Paris au XVII^e siècle (1598–1701)*, Genf 1969.
– /Lecocq, M., *Livres et lecteurs à Grenoble. Les registres du libraire Nicolas (1645–1668)*, Genf/Paris 1977.
Maza, Sarah, *Private Lives and Public Affairs. The Causes Célèbres of Prerevolutionary France*, Berkeley 1993.
Mix, York-Gotthart (Hg.), *Kalender? Ey, wie viel Kalender! Literarische Almanache zwischen Rokoko und Klassizismus*, Wolfenbüttel 1986.
Moureau, François (Hg.), *De bonne main. La Communication manuscrite au XVIII^e siècle*, Paris/Oxford 1993.
Neveu, Bruno, *Erudition et religion aux XVII^e et XVIII^e siècles*, Paris 1994.
Papacostea-Danielopulo, Cornelia/Démeny, Lidia, *Carte si tipar in Societatea Româneasca si Sud-Est Europeana (Secolele XVII–XIX)*, Bukarest 1985.
Patterson, Annabel, *Censorship and Interpretation. Writing and Reading in Early Modern England*, Madison, Wisc. 1984.
Plejel, Hilding, *Våra äldsta folkböcker*, Lund 1967.
Popkin, Jeremy, *Revolutionary News. The Press in France, 1769–1792*, Durham/London 1990.
Alberto Postigliola (Hg.), *Libro, editoria, cultura nel Settecento italiano*, Materiali della Società italiana di studi sul seccolo XVIII, Rom 1988.
*Produzione e circolazione libraria a bologna nel Settecento. Avvio di un'indagiane*, Atti del V Colloquio, Bologna, 22.–23. Februar 1985, Bologna 1987.

Prüsener, Marlies, »Lesegesellschaften im achtzehnten Jahrhundert. Ein Beitrag zur Lesergeschichte«, *Archiv für Geschichte des Buchwesens*, 13 (1973), S. 370–594.

Raabe, Mechthild, *Leser und Lektüre im 18. Jahrhundert. Die Ausleihebücher der Herzog August Bibliothek Wolfenbüttel 1714–1799*, München/London/New York/Paris 1989.

Raabe, Paul, *Bücherlust und Lesefreuden. Beiträge zur Geschichte des Buchwesens im 18. und frühen 19. Jahrhundert*, Stuttgart 1984.

– (Hg.), *Öffentliche und private Bibliotheken im 17. und 18. Jahrhundert. Raritätenkammern, Forschungsinstrumente oder Bildungsstätten?*, Bremen/Wolfenbüttel 1977.

Raven, James, *Judging New Wealth. Popular Publishing and Responses to Commerce in England, 1750–1800*, Oxford 1992.

Rivers, Isabel (Hg.), *Books and their Readers in Eighteenth-Century England*, Leicester 1982.

Roche, Daniel, *Le Peuple de Paris. Essai sur la culture populaire au XVIII^e^ siècle*, Paris 1981.

– *Les Républicains des lettres. Gens de culture et Lumières au XVIII^e^ siècle*, Paris 1988.

Saisselin, Rémy G., »After the Battle. Imaginary in the Eighteenth Century«, *Studies on Voltaire and the Eighteenth Century*, 311 (1993), S. 115–141.

Salman, Jeroen/Verhoeven, Garrelt, »The Comptoir-Almanacs of Gillis Joosten Saeghman«, *Quaerendo*, 23, 2 (1993), S. 93–114.

Sandin, Bengt, *Hemmet, gatan, fabriken eller skolan. Folkundervisning och barnuppfostran i svenska städer, 1600–1850*, Lund 1986.

Sauvy-Wilkinson, Anne, »Lecteurs du XVIII^e^ siècle. Les Abonnés de la Bibliothèque universelle des romans. Première approche«, *Australian Journal of French Studies*, 1986, S. 48–60.

Schlup, Michael, »Sociétés de lecture et cabinets littéraires dans la principauté de Neuchâtel (1750–1800). De nouvelles pratiques de lecture«, *Musée neuchâtelois*, 24 (1987), S. 81–104.

Schön, Erich, *Der Verlust der Sinnlichkeit oder die Verwandlungen des Lesers. Mentalitätswandel um 1800*, Stuttgart 1987.

Schulze, Sabine (Hg.), *Leselust. Niederländische Malerei von Rembrandt bis Vermeer*, Stuttgart 1993.

Siegert, Reinhart, »Aufklärung und Volkslektüre exemplarisch dargestellt an Rudolph Zacharias Becker und seinem ›Noth- und Hülfsbüchlein‹«, *Archiv für Geschichte des Buchwesens*, 19 (1978), S. 565–1348.

Smout, T. C., »Born Again at Cambusling. New evidence on Popular Religion and Literacy in Eighteenth-Century Scotland«, *Past and Present*, 97 (1982), S. 114–127.

Spufford, Margaret, »First Steps in Literacy. The Reading and Writing Experience of the Humblest Seventeenth-Century Spiritual Autobiographers«, *Social History*, 4 (1979), S. 407–435.

– *Small Books and Pleasant Histories. Popular Fiction and its Readership in Seventeenth-Century England*, London 1981.

Trénard, Louis (Hg.), *Les Bibliothèques au XVIII$^e$ siècle*, Bordeaux 1989.

Van Selm, Bert, »Almanacken, lietjes, en somwijl wat wonder, wat nieus«. Volkslectuur in de Noordelijke Nederlanden (1480–1800). Een onbekende grootheid«, *Leidschrift*, 5, 3 (1988/89), S. 33–68.

– *Inzichten en vergezichten. Zes beschouwingen over het onderzoek naar de geschiedenis van de Nederlandse boekhandel*, Amsterdam 1992.

Velculescu, Catalina, *Carti populare si cultura româneasca*, Bukarest 1984.

– *Intre scriere si oralitate*, Bukarest 1988.

Vercruysse, Jeroom (Hg.), *La Communication par l' imprimé au XVIII$^e$ siècle / Communication through the Printed Word in the 18th Century*, Archives et Bibliothèques de Belgique / Archief- en Bibliotheekwezen in België, 54, 1–4, 1983.

Ward, Albert, *Book Production, Fiction, and the German Reading Public. 1740–1800*, Oxford 1974.

Warner, Michael, *The Letters of the Republic. Publication and the Public Sphere in Eighteenth-Century America*, Cambridge, Mass./London 1990.

Watt, Ian, *The Rise of the Novel. Studies in Defoe, Richardson and Fielding*, 1957, Neuausg. Berkeley 1967 (dt.: *Der bürgerliche Roman*, Frankfurt a. M. 1974).

Watt, Tessa, *Cheap Print and Popular Piety. 1550–1640*, Cambridge 1991.

Weil, Françoise, *L'Interdiction du roman et de la librairie. 1728–1750*, Paris 1986.

Weruaga Prieto, Angel, *Libros y lectura en Salamanca. Del Barroco a la Ilustración (1650–1725)*, Salamanca 1993.

Willke, Ingeborg, *ABC-Bücher in Schweden*, Stockholm 1965.

Wittmann, Reinhard, *Buchmarkt und Lektüre im 18. und 19. Jahrhundert. Beiträge zum literarischen Leben 1750–1880* (Studien und Texte zur Sozialgeschichte der Literatur, 6), Tübingen 1982.

– (Hg.), *Bücherkataloge als buchgeschichtliche Quellen in der frühen Neuzeit* (Wolfenbütteler Schriften zur Geschichte des Buchwesens, 10), Wiesbaden 1985.

Wolf, Edwin, *The Book Culture of a Colonial American City. Philadelphia Books, Bookmen, and Booksellers*, Oxford 1988.

Woodmansee, Martha, *The Author, Art, and the Market. Rereading the History of Aesthetics*, New York 1994.

Wu, Duncan, *Wordsworth's Reading. 1770–1799*, Cambridge 1993.

Yerushalmi, Yosef Hayim, *From Spanish Court to Italian Ghetto. Isaac Cardoso. A Study in Seventeenth-Century Marranism and Jewish Apologetics*, New York 1971, Neuausg. Seattle 1981.

Zardin, Danilo, *Donna e religiosa di rara eccellenza. Prospera Corona Bascapè. I libri e la cultura nei monasteri milanesi del Cinque e Seicento*, Florenz 1992.

## 6. Das 19. Jahrhundert

Altick, Richard D., *The English Common Reader. A Social History of the Mass Reading Public. 1800–1900*, Chicago 1957.

Bachmann, Martin, *Politik und Bildung. Die schweizerischen Lesegesellschaften des 19. Jahrhunderts unter besonderer Berücksichtigung des Kantons Zürich*, Frankfurt/Bern 1993.

Barbier, Frédéric, *L'Empire du livre. Le livre imprimé et la construction de l'Allemagne contemporaine (1815–1914)*, Paris 1995.

Bartine, David, *Reading, Criticism and Culture. Theory and Teaching in the United States and England. 1820–1950*, Columbia 1992.

Berengo, Marino, *Intellettuali e librai nella Milano della Restaurazione*, Turin 1980.

Bertaux, Jean-Jacques, »Lecture et musique en milieu populaire rural au XIX^e^ siècle. Un exemple ornais«, *Recueil d'études offerts en hommage au doyen Michel de Boüard, Annales de Normandie*, Sondernr., 1 (1982), S. 37–58.

Bloch, R. Howard, *God's Plagiarist. Being an Account of the Fabulous Industry and Irregular Commerce of the Abbé Migne*, Chicago/London 1994.

Borchardt, D. H./Kirsop, W. (Hg.), *The Book in Australia. Essays towards a Cultural and Social History*, Melbourne 1988.

Botrel, Jean-François, *Libros, prensa y lectura en la España del siglo XIX*, Madrid 1993.

Brodhead, Richard H., *Culture of Letters. Scenes of Reading and Writing in Nineteenth-Century America*, Chicago 1993.

Brooks, Jeffrey, *When Russia Learned to Read. Literacy and Popular Literature, 1861–1917*, Princeton 1985.

Chartier, Roger (Hg.), *La Correspondance. Les Usages de la lettre au XIX^e^ siècle*, Paris 1991.

Denning, Michael, *Mechanic Accents. Dime Novels and Working-Class Culture in America*, London/New York 1987.

Engelsing, Rolf, *Analphabetentum und Lektüre. Zur Sozialgeschichte des Lesens in Deutschland zwischen feudaler und industrieller Gesellschaft*, Stuttgart 1973.

Ericsson, Tom/Harnesk, Börje, *Präster, predikare opch profeter. Läseriet i övre Norrland. 1850–1850*, Gideåa 1994.

Escolano, Benito (Hg.), *Leer y escribir en España. Doscientos años de alfabetisación*, Madrid 1992.

Flint, Kate, *The Woman Reader. 1837–1914*, Oxford 1993.

Galarneau, C./Lemire, M. (Hg.), *Livre et lecture au Québec (1800–1850)*, Québec 1988.

Gilmore, William J., *Reading Becomes a Necessity of Life. Material and Cultural Life in Rural New England 1780–1835*, Knoxville 1989.

Glénisson, Jean/Le Men, Ségolène (Hg.), »Le Livre d'enfance et de jeunesse en France«, *Revue française d'histoire du livre*, Sondernr., 82–83 (1994).

Hesse, Carla, *Publishing and Cultural Politics in Revolutionary Paris. 1789–1810*, Berkeley 1991.

»Histoire de l'édition en France (XIX^e^-XX^e^ siècle)«, *Bulletin de la Société d'histoire moderne et contemporaine*, Nr. 3–4 (1994), S. 35–72.

Howsam, Leslie, *Cheap Bibles. Nineteenth-Century Publishing and the British and Foreign Bible Society*, Cambridge 1991.

Klancher, Jon P., *The Making of English Reading Audiences. 1790–1832*, Madison, Wisc. 1987.

Kuitert, Lisa, *Het ene boek in vele delen. De uitgave van literaire series in Nederland. 1850–1900*, Amsterdam 1993.

Lamonde, Yvan (Hg.), *L'Imprimé au Québec. Aspects historiques (XVIII^e^–XX^e^ siècle)*, Québec 1983.

Laplanche, François, *La Bible en France entre mythe et critique. XVI^e^–XIX^e^ siècle*, Paris 1994.

Levine, Lawrence L., *Highbrow/lowbrow. The Emergence of Cultural Hierarchy in America*, Cambridge 1988.

*Littérature populaire. Peuple et littérature*, Colloque de l'université de Lau-

sanne, 9. Juni 1989, *Etudes et mémoires de la section d'histoire de l'université de Lausanne*, 1989.
»Le Livre et ses lecteurs«, *Romantisme*, 47 (1985).
Lyons, Martyn, *Le triomphe du livre. Une Histoire sociologique de la lecture dans la France du XIX$^{e}$ siècle*, Paris 1987.
Machor, James L. (Hg.), *Readers in History. Nineteenth-Century American Literature and the Context of Response*, Baltimore 1993.
Martínez Martín, Jesús A., *Lectura y lectores en el Madrid del siglo XIX*, Madrid 1991.
Martino, Alberto, *Die deutschen Leihbibliotheken. Geschichte einer literarischen Institution (1756–1914)*, Wiesbaden 1990.
Matlock, Jann, *Scenes of Seduction. Prostitution Hysteria, and Reading Difference in Nineteenth-Century France*, New York 1994.
Myllyntaus, Timo, *The Growth and Structure of Finnish Print Production. 1840–1900*, Helsinki 1984.
Parent-Lardeur, Françoise, *Les Cabinets du lecture. La Lecture publique sous la Restauration*, Paris 1982.
Peterson, Carla L., *The Determined Reader. Gender and Culture in the Novel from Napoléon to Victoria*, New Brunswick, N. J. 1986.
Pozzi, Gabriela, *Discurso y lector en la novela del siglo XIX (1834–1876)*, Amsterdam 1990.
Raffler, Marlies, *Bürgerliche Lesekultur im Vormärz. Der Leseverein am Joanneum in Graz (1819–1871)*, Frankfurt/Berlin/Bern 1993.
Ragone, Giovanni, »La letteratura e il consumo. Un profilo dei gener e dei modelli nell'editoria italiana (1845–1925)«, in: *Letteratura italiana*, Bd. 2: *Produzione e consumo*, Turin 1983, S. 687–772.
Richter, Noë, *La Lecture et ses institutions. 1700–1918*, Le Mans 1987.
Savart, Claude, *Les Catholiques en France au XIX$^{e}$ siècle. Le Témoignage du livre religieux*, Paris 1985.
Scheidt, Gabriele, *Der Kolportagebuchhandel (1869–1905)*, Stuttgart 1994.
Schenda, Rudolf, *Folklore e letteratura populare. Italia-Germania-Francia*, Rom 1986.
– *Die Lesestoffe der kleinen Leute. Studien zur populären Literatur im 19. und 20. Jahrhundert*, München 1977.
– *Volk ohne Buch. Studien zur Sozialgeschichte der populären Lesestoffe 1770–1910*, Frankfurt a. M. 1970, [3]1988.
– *Von Mund zu Ohr. Bausteine zu einer Kulturgeschichte volkstümlichen Erzählens in Europa*, Göttingen 1993.

Smith Allen, James, *In the Public Eye. A History of Reading in Modern France. 1800–1940*, Princeton 1991.
– *Popular French Romanticism. Authors, Readers and Books in the 19th Century*, Syracuse 1981.
Solari, Gabriella, »Littérature à un sous, à deux sous, à trois sous. Permanences et transformations de l'impression populaire en Italie à la fin du XIXe siècle«, in: Dominique Julia (Hg.), *Culture et société dans l'Europe moderne et contemporaine*, Yearbook of the Department of History and Civilization/Annuaire du Département d'Histoire et Civilisation, Florenz 1992, S. 59–88.
Stora-Lamarre, Annie, *L'Enfer de la IIIe République. Censeurs et pornographes (1881–1914)*, m. einem Vorwort v. Michelle Perrot, Paris 1990.
Tavoni, Maria Gioia, *Libre et lettura da un secolo all'altro*, Modena 1987.
Thiesse, Anne-Marie, »Mutations et permanences de la culture populaire. La Lecture à la Belle Epoque«, *Annales ESC* (1984), S. 70–91.
– *Le Roman du quotidien. Lecteurs et lectures populaires à la Belle Epoque*, Paris 1984.
Vaillant, Alain (Hg.), *Mesure(s) du livre*, Colloque organisé par la Bibliothèque nationale de la Société des études romantiques, 25.–26. Mai 1989, Paris 1992.
Vicinus, Martha, *The Industrial Muse. A Study of Nineteenth Century British Working Class Literature*, New York 1974.
Vincent, David, *Literacy and Popular Culture. England. 1750–1914*, Cambridge 1989.
Webb, Robert K., *The British Working-Class Reader, 1790–1848. Literacy and Social Tension*, London 1955, Neuausg. New York 1971.
Zavala, Iris M., *Lecturas y lectores del discurso narrativo dieciochesco*, Amsterdam 1987.

## 7. Das 20. Jahrhundert

Anis, Jacques/Lebrave, Jean-Louis (Hg.), *Texte et ordinateur. Les Mutations du lire-écrire*, La Garenne-Colombes 1991.
Birkerts, Sven, *Die Gutenbergelegien. Lesen im elektronischen Zeitalter*, Frankfurt a. M. 1997.
Bolter, David J., *Writing Space. The Computer, Hypertext, and the History of Writing*, Hillsdale, N. J. 1991.
Certeau, Michel de, *L'Invention du quotidien*, Bd. 1: *Arts de faire*, Paris 1980,

Neuausg. 1990 (dt.: *Kunst des Handelns* (Übers. des ersten Teils von *L'Invention du quotidien*), Berlin 1988).

Chaintreau, Anne-Marie/Lemaître, Renée, *Drôles de bibliothèques ... Le Thème de la bibliothèque dans la littérature et le cinéma* (m. einem Vorwort v. Roger Chartier), Paris 1990.

Chartier, Anne-Marie/Hébrard, Jean, *Discours sur la lecture (1880–1980)*, Paris 1989.

Debray, Régis, *Manifestes médiologiques*, Paris 1994.

Establet, Roger/Felouzis, Georges, *Livre ou télévision. Concurrence ou interaction?*, Paris 1992.

Fabre, Daniel (Hg.), *Ecritures ordinaires*, Paris 1993.

Fox, Richard W./Jackson Lears, T. J. (Hg.), *The Culture of Consumption*, New York 1983.

Gleize, Joëlle, *Le Double miroir. Le livre dans les livres de Stendhal à Proust*, Paris 1992.

Hoggart, Richard, *The Uses of Literacy. Aspects of Working-Class Life with Special Reference to Publications and Entertainments*, London 1957, Neuausg. New Brunswick, N. J. 1992.

Kaestle, Carl F. u. a., *Literacy in the United States. Readers and Reading since 1880*, New Haven 1991.

Kuhlmann, Marie/Kuntzmann, Nelly/Bellour, Hélène, *Censures et bibliothèques au XX$^{e}$ siècle*, Paris 1989.

Leenhardt, Jacques/Jósza, Peter, *Lire la lecture. Essai de sociologie de la lecture*, Paris 1982.

Lyons, Martyn/Taska, Lucy, *Australian Readers Remember. An Oral History of Reading. 1890–1930*, Melbourne 1992.

McAleer, Joseph, *Popular Reading and Publishing in Britain. 1914–1950*, Oxford 1992.

Nunberg, Geoffrey, »The Place of Books in the Age of Electronic Reproduction«, *Representations* (Sonderausg.: *Future Libraries*), 42 (1993), S. 13–37.

Ory, Pascal, *La Belle Illusion. Culture et politique sous le signe du Front populaire. 1935–1938*, Paris 1994.

Peroni, Michel, *De l'écrit à l'écran*, Paris 1991.

Petrucci, Armando, *Scrivere e no. Politiche della scrittura e analfabetismo nel mondo d'oggi*, Rom 1987.

Picard, Michel, *La Lecture comme jeu*, Paris 1986.

– (Hg.), *La Lecture littéraire*, Paris 1988.

Poulain, Martine (Hg.), *Lire en France aujourd'hui*, Paris 1993.

– (Hg.), *Pour une sociologie de la lecture. Lecture et lecteurs dans la France contemporaine*, Paris 1988.

Radway, Janice A., *Reading the Romance. Women, Patriarchy, and Popular Literature*, Chapel Hill/London 1984.

*Regards européens. La lecture d'Est en Ouest*, Paris 1993.

Richter, Noë, *La Lecture et ses institutions. 1919–1989*, Le Mans 1989.

Santonja, Gonzalo, *La República de los libros. El nuevo libro popular de la II República*, Barcelona 1989.

Tuman, Myron C. (Hg.), *Literacy Online. The Promise (and Peril) of Reading and Writing with Computers*, Pittsburgh 1992.

# Autorinnen und Autoren

Robert Bonfil beschäftigt sich bei seinen Studien v.a. mit der jüdischen Kultur im Zeitalter der Renaissance, besonders in bezug auf Italien. Zu seinen Veröffentlichungen zählt *Rabbis and Jewish Communities in Renaissance Italy* (1990).

Guglielmo Cavallo (geb. 1938) ist ordentlicher Professor für griechische Paläographie an der La Sapienza-Universität in Rom. Zu seinen Veröffentlichungen zählen »Libro e cultura scritta«, in: *Storia di Roma Einaudi*, Bd. 4 (1989); »Testo, libro, lettura«, in: *Lo spazio letterario di Roma antica*, hg. v. G. Cavallo, P. Fedeli und A. Giardina, Bd. 2 (1989).

Roger Chartier (geb. 1945) ist Studiendirektor an der Ecole des Hautes Etudes en Sciences Sociales. Auf deutsch sind bisher von ihm erschienen *Die Geschichte des privaten Lebens*, Bd. 3, hg. zus. mit Ph. Ariès (1991); *Lesewelten. Buch und Lektüre in der frühen Neuzeit* (1991); *Die kulturellen Ursprünge der Französischen Revolution* (1995)

Jean-François Gilmont (geb. 1934) lehrt an der katholischen Universität Löwen, wo er auch Bibliothekar ist. Er hat u.a. veröffentlicht *Jean Crespin. Un Editeur réformé du XVI^e siècle* (1981); *Le livre, du manuscrit à l'ère électronique. Notes de bibliologie* (1989).

Anthony Grafton ist Dodge Professor für Geschichte an der Universität Princeton. Er ist Autor u.a. von *Joseph Scaliger. A Study in the History of Classical Scholarship* (1983–1993); und von *Defenders of the Text* (1991).

Jacqueline HAMESSE (geb. 1942) leitet zur Zeit die Academia Belgica in Rom. Sie beschäftigt sich mit mittelalterlicher lateinischer Paläographie, Kodikologie und Methodologie der mittelalterlichen Philosophiegeschichte und hat u.a. *Auctoritates Aristotelis. Un Florilège médiéval* (1974) veröffentlicht. Eine ihrer Studien über *Les Florilèges philosophiques* ist im Druck.

Dominique JULIA ist Directeur de recherche am Zentrum für historische Forschungen der Ecole des Hautes Etudes en Sciences Sociales und lehrt am Institut der Europäischen Universität in Florenz. Veröffentlichungen v.a. zur Religions- und Bildungsgeschichte vom 16. bis zum 19. Jahrhundert: *Les trois couleurs du tableau noir. La Révolution.* (1981); *Atlas de la Révolution Française*, Bd. 2: *L'Enseignement* (1987).

Martyn LYONS (geb. 1946) ist außerordentlicher Professor für Geschichte an der Universität von New South Wales in Sidney. Er hat u.a. veröffentlicht *Le Triomphe du livre. Une Histoire sociologique de la lecture dans la France du XIX^e^ siècle* (1987); *Australian Readers Remember. An Oral History of Reading, 1890–1930* (1992).

Malcolm PARKES (geb. 1930) ist Dozent für Paläographie an der Universität Oxford und Mitglied des Keble College in Oxford. Zu seinen Veröffentlichungen zählen *Scribes, Scripts and Readers* (1991); *Pause and Effect, an Introduction to the History of Punctuation in the West* (1992).

Armando PETRUCCI (geb. 1932) lehrt Paläographie an der Scuola Normale Superiore in Pisa. Er hat u.a. veröffentlicht *La scrittura. Ideologia e rappresentazione* (1986); *Medioevo da leggere* (1992); *Le scritture ultime* (1995); *Writers and Readers in Medieval Italy. Studies in the History of Written Culture* (1995).

Paul SAENGER ist George A. Poole III Curator of Rare Books an der Newberry Library in Chicago. Er ist Autor u.a. von *A Catalogue of the Pre-1500 Western Manuscript Books at the Newberry Library* und von *Space Between Words. The Origins of Silent Reading* (im Druck).

Jesper SVENBRO (geb. 1944) ist Studiendirektor am CNRS und Mitglied des Centre Louis Gernet. Er hat u.a. veröffentlicht *Phrasikleia. Anthologie de la lecture en Grèce ancienne* (1988). Zwei seiner Bücher sind ins Italienische übersetzt: *La parola e il marmo. Alle origini della poetica greca* (1984) und *Storia della lettura nella Grecia antica* (1991).

Reinhard Wittmann (geb. 1945) ist Leiter der Abteilung Literatur (Hörfunk) des Bayerischen Rundfunks und Honorarprofessor für Geschichte des Buchwesens an der Ludwig-Maximilians-Universität in München. Zu seinen Veröffentlichungen zählen u.a. *Buchmarkt und Lektüre im 18. und 19. Jahrhundert* (1982) und *Geschichte des deutschen Buchhandels* (1991/²1999).

# Personenregister

# Sach- und Ortsregister